中央部门预算编制指南

（2015 年）

财政部预算司　编

中国财政经济出版社

图书在版编目（CIP）数据

中央部门预算编制指南．2015 年 / 财政部预算司编．—北京：中国财政经济出版社，2014.7

ISBN 978 - 7 - 5095 - 5511 - 8

Ⅰ.①中… Ⅱ.①财… Ⅲ.①国家机构 - 国家预算编造 - 中国 - 2015 - 指南 Ⅳ.①F812.3 - 62

中国版本图书馆 CIP 数据核字(2014)第 142200 号

责任编辑：杨　静　　　　责任校对：杨瑞琦

封面设计：郁　佳

中国财政经济出版社出版

URL：http：//www.cfeph.cn

E - mail：cfeph @ cfeph.cn

社址：北京市海淀区阜成路甲 28 号　邮政编码：100142

营销中心电话：88190406　北京财经书店电话：64033436　84041336

北京财经印刷厂印刷　各地新华书店经销

787×960 毫米　16 开　53.75 印张　803 000 字

2014 年 7 月第 1 版　2014 年 7 月北京第 1 次印刷

定价：70.00 元

ISBN 978 - 7 - 5095 - 5511 - 8/F · 4455

深化部门预算改革　建立现代预算制度 扎实做好2015年中央部门预算编制工作

——张少春副部长2014年6月6日在中央部门预算编制布置会上的讲话

（代序言）

同志们：

这次会议的主要任务是，总结一年来部门预算管理和改革进展情况，研究推进部门预算改革，部署2015年中央部门预算编制工作。下面，我讲几点意见，供同志们参考。

一、一年来部门预算管理和改革情况

一年来，财政部和中央各部门坚决贯彻党中央、国务院决策部署，紧紧围绕主题主线，按照深化财税体制改革的总体部署，密切配合，精诚协作，共同推进改革，加强管理，部门预算工作取得了新进展。

（一）突出重点，严控一般，全面落实中央八项规定精神和厉行节约有关要求

加大重点支出保障力度。积极落实党中央、国务院确定的各项政策，支持全面深化改革各项工作，加大对经济社会发展薄弱环节的投入力度，增强中央部门履职能力。

严格控制一般性支出。2013年预算执行中，统一按5%的比例压减中央和国家机关各部门一般性支出。各部门深入开展党的群众路线教育实践

活动，主动压缩出国（境）团组、加强公务用车管理、规范公务接待活动，“三公”经费财政拨款执行数比年初预算数减少 8.15 亿元，下降 10.2%。2014 年，进一步压缩“三公”经费预算，中央本级“三公”经费财政拨款预算比上年年初预算减少 8.18 亿元，下降 10.3%。完善因公临时出国经费、会议费等相关公务支出标准，健全厉行节约规章制度。

（二）着眼长远，改革创新，完善预算分配机制

推进预算支出标准体系建设。扩大基本支出定员定额管理范围，将 1 家行政单位、4 家参公单位和 19 家公益性事业单位纳入试点。根据政策调整、物价变动等因素，调整完善定额标准。完善项目支出定额标准，新制订、修订了差旅费、培训费等 12 项通用定额标准，进一步推动专用定额标准和部门内部标准建设。

推进政府购买服务工作。按照国务院办公厅《关于政府向社会力量购买服务的指导意见》精神，财政部部内建立了司局分工机制，发文明确了政府购买服务工作的总体原则和预算管理的有关要求，其他相关制度建设工作正在稳步推进。对中央部门政府购买服务资金情况进行了全面调查分析，做到心中有数。按照积极稳妥的原则，启动了 2014 年中央部门政府购买服务试点工作。

（三）规范管理，增强统筹，提高部门预算管理水平

改进项目支出预算管理。进一步细化预算编制，提高年初预算到位率，压缩年初代编预算规模。加强项目库建设，加大项目支出预算审核力度，对部分重点项目开展投资评审，结合评审结果统筹安排预算。加强专项资金管理，开展了中央财政科技经费优化整合、科技重大专项中期评估等工作。

提高部门对预算资金的统筹能力。2014 年预算编制中，允许部门在财政部下达的预算控制数规模内，结合本部门实际情况在具体项目之间统筹调整，按程序报批后列入预算。同时，提高部门在资金使用上的统筹运用能力，对执行中新增经费缺口，优先通过部门机动经费、年度部门预算和以前年度结转资金等既有资金调剂解决。

（四）强化约束，盘活存量，提高财政资金使用效益

加强预算执行管理。继续实行预算编制与预算执行挂钩的机制。强化

预算执行约束，减少部门预算调整，从严审核追加预算申请。改进用款计划管理，提高资金支付效率。加强预算执行监控，对执行进度偏慢的项目及时提出预算调整建议，避免将压力拖到年底。

强化财政拨款结转结余资金管理。推进预算编制与结转结余资金管理有机结合，加大结转结余资金统筹使用力度，将各部门尚未动用的结余资金全部统筹用于2014年预算编制。加强对财政拨款结转结余资金的统计分析，加快结转资金执行进度，努力控制结转结余资金规模。

（五）扩面增点，拓展模式，深入推进预算绩效管理工作

扩大预算绩效管理范围。2014年，共有1667个项目纳入中央部门绩效目标管理，涉及资金约1335亿元，分别比上年增长41%和88%；共有886个项目纳入中央部门绩效评价范围，涉及资金约760亿元，分别比上年增长81%和115%。

规范预算绩效管理程序。逐步建立了绩效目标的设立、审核、批复机制，评价项目的确认及评价报告的提交、审核、反馈机制，评价结果的反馈、应用、整改机制等，形成了一套覆盖全面、前后衔接、较为规范的管理程序。

拓展预算绩效管理模式。部分部门开始试编部门整体支出绩效目标，开展了下属单位整体绩效评价试点。财政部开展了部门整体支出管理绩效综合评价，确定了拟开展重点绩效评价的领域和项目，并选择了部分部门的评价项目开展绩效再评价试点。

（六）顺势而为，推进公开，提高部门预算透明度

主动接受人大、审计监督。根据《国务院机构改革和职能转变方案》，调整报送全国人大审议预算的部门范围，2014年共有95家中央部门预算报送全国人大审议。继续完善报送全国人大审议的预算报表。积极配合审计监督，认真落实审计意见。

部门预算公开取得新突破。一是公开的部门范围进一步扩大。2014年共有99个部门公开了部门预算，其中，有4个部门是首次公开。二是公开的内容更加细化。除涉密内容外，中央财政预算和中央部门预算全部公开到项级科目。三是"三公"经费公开力度进一步加大。在公开的预算报表中，专门增加了"'三公'经费财政拨款预算表"，将公务用车购置及运

行费细化公开为公务用车购置费和公务用车运行费。

同志们，这些成绩来之不易，是在党中央、国务院正确领导下中央各部门勤奋工作的结果，与全国人大、审计署的帮助、监督和指导密不可分。在此，我代表财政部党组向大家表示衷心的感谢！

二、下一步深化部门预算改革的思路

党的十八届三中全会将财税体制改革的重要性提升到一个前所未有的新高度，习近平总书记在三中全会上指出，“这次全面深化改革，财税体制改革是重点之一”。李克强总理在十二届全国人大二次会议上所作的《政府工作报告》中指出，要“抓好财税体制改革这个重头戏”。借此机会，我就深化部门预算改革谈几点认识。

（一）深化部门预算改革是建立现代财政制度的必然要求

建立现代财政制度是三中全会立足全局、面向未来提出的重要战略思想。推进国家治理体系和治理能力现代化、使市场在资源配置中起决定性作用、更好发挥政府作用，必须深化财税体制改革、建立现代财政制度。三中全会《决定》专门用一个部分对深化财税体制改革作了部署，明确提出了改进预算管理制度，完善税收制度，建立事权和支出责任相适应的制度等重大改革举措。在《决定》的其他部分，还有多处与财税改革直接相关的内容，如提高国有资本收益上缴公共财政比例、严格控制财政供养人员总量、加快事业单位分类改革、推广政府购买公共服务等。同时，还要积极推进农业、教育、科技、司法等各领域的改革。这些都与部门预算工作密不可分。

建立和完善现代预算制度，对完善社会主义市场经济体制、建立现代财政制度、推进国家治理体系和治理能力现代化具有重要意义。三中全会《决定》提出了“实施全面规范、公开透明的预算制度”的要求。全面规范是现代财政制度的内在要求。主要是政府所有收支都要纳入预算管理，国家资产和负债情况要通过政府综合财务报告全面反映，做到预算编制科学完整，预算执行规范有效，预算管理和控制统筹考虑当前和长远。公开透明是现代国家治理的客观要求，也是财政效率和安全的客观需要，本质上是政府行为的公开透明，是把政府的权力关进“笼子”里的重要制度保证。主要是政府要向社会全面公开机构职能、预算制度、编制程序、收支安排、执行结果等信息。

（二）当前部门预算管理中存在的问题

部门预算改革15年来，围绕一些重点、难点问题，大家共同努力，积极调研，通过完善管理制度、规范管理流程、提高管理绩效，初步建立了一套较为完备的部门预算管理体系。但随着改革的深入，现行预算管理制度也暴露出一些与现代国家治理要求不相适应的问题，突出表现在以下几个方面：

第一，部门预算的前瞻性和规划性不够。一些重大政策、事项还没有形成稳定的运行机制。一些行业的宏观规划与预算不够衔接，导致财政投入与事业发展“两张皮”，资金使用效率较低。缺少安排公共资源的中期规划和对多年度总量平衡的谋划，影响了财政的可持续性。

第二，预算资金统筹力度不够。与财政收支增幅或生产总值挂钩的重点支出较多，资金分配不尽合理。预算分配权不够统一。公共财政预算、政府性基金预算、国有资本经营预算支出安排存在交叉重叠。

第三，预算编制的标准化程度不够。受一些客观条件和其他改革进程制约，基本支出定员定额管理的覆盖面还比较窄。项目支出定额标准体系建设总体进展偏慢。有的部门没有将已制定的标准应用到预算编制中。

第四，预算约束力不够。一些部门缺乏纪律观念和预算约束意识，执行中频繁申请调整预算。一些部门对预算执行工作重视不足。预算绩效管理工作质量有待提高，绩效评价结果运用机制尚未完全建立。机构编制管理、资产管理与预算管理不够衔接。

第五，政府购买服务工作力度不够。不少部门对政府购买服务工作的意义认识还不到位。由于事业单位分类改革还没有完全到位，事业单位尚未真正实现由“养人”向“办事”转变。政府购买服务的监督和评价机制还没有建立起来。

第六，预算透明度不够。目前报送全国人大审议和向社会公开的部门预算还只是到功能分类。一些专项支出政策制定、预算分配的透明度不高。预算公开的基础工作不够扎实，政府收支分类科目设置、项目预算管理等还难以完全适应预算公开的要求。

这些问题相互交织，直接影响了预算分配的规范性和财政资金使用的有效性，制约了相关工作的开展，必须通过全面深化改革、加强管理，认真加以解决。

（三）深化部门预算改革的思路

按照深化财税体制改革的总体部署，下一步深化部门预算改革的思路是，全面贯彻落实党的十八届三中全会精神，加强顶层设计，健全体制机制，进一步完善政府预算体系，加大预算统筹力度，健全预算支出标准，推进全口径预算管理；进一步改进预算控制方式，推进中期财政规划和部门滚动规划管理，建立跨年度预算平衡机制；进一步提高预算效率，优化支出结构，盘活存量资金，增强绩效意识，严肃财经纪律，从严控制一般性支出；进一步推进预算公开透明，实施规范的预算公开制度，着力构建现代部门预算管理制度体系，充分发挥部门预算在国家治理中的重要作用。

三、2015 年中央部门预算管理和改革的重点工作

2015 年是实施“十二五”规划的最后一年，也是全面贯彻落实党的十八届三中全会精神、全面深化改革的关键一年。2015 年预算编制要求已在预算编制通知中作了详细布置。下面，我结合当前财政经济形势，强调几项重点工作：

（一）当前财政经济形势

今年以来，我国经济运行总体平稳，经济增速、就业、物价等主要经济指标处于年度预期目标范围，经济运行继续保持在合理区间。但同时，经济工作仍面临不少困难和压力。在当前经济运行态势下，全国公共财政收入保持了增长，但增幅有所放缓。1－5 月，全国公共财政收入 6.12 万亿元，增长 8.8%，其中：中央财政收入 2.89 万亿元，增长 6.3%；地方财政本级收入 3.23 万亿元，增长 11.2%。全国公共财政支出 5.26 万亿元，增长 12.9%，其中：中央财政本级支出 0.88 万亿元，增长 13.1%；地方财政支出 4.38 万亿元，增长 12.9%。

今后一段时期，我国经济保持稳定增长有不少有利条件，但经济发展面临的风险依然不小。财政收入中低速增长与支出刚性增长的矛盾在一定时期内仍将十分突出。根据面临的财政经济形势，2015 年中央部门预算编制要继续牢固树立过紧日子的思想，全面贯彻落实党中央、国务院的各项决策部署，坚持稳中求进、改革创新，向深化改革要动力，优化支出结构，盘活存量，用好增量，从严控制一般性支出，推进预算公开透明，提高财政资金使用绩效。

（二）几项重点工作

1. 优化财政支出结构，盘活财政存量资金，推进厉行节约长效化、常态化、制度化

一是进一步控制和压缩“三公”经费等一般性支出。在保障重点、民生支出的同时，按照李克强总理在国务院第二次廉政工作会议上提出的“继续严控‘三公’经费和会议费，做到只减不增”的要求，继续按“零增长”的原则编制“三公”经费预算，2015 年“三公”经费和会议费预算比上年只减不增。细化“三公”经费预算编制和批复，加强“三公”经费执行管理，执行中原则上不追加中央部门“三公”经费预算。结合公务用车制度改革进展，严格控制车辆购置数量和经费。严格执行新修订的公务接待、会议、培训等经费管理办法。加快推进公务支出管理制度建设，增强制度的针对性和可操作性，进一步扎紧制度的笼子。

二是严格控制楼堂馆所建设和机构编制。结合实物费用定额管理、资产管理等工作，严把预算安排关，确保不新建政府性楼堂馆所。按照“财政供养人员只减不增”的要求，加强机构编制管理与预算管理的协调制约，严格机构编制管理，从严控制机构设置和人员编制总量。

三是进一步盘活财政存量资金。加强财政拨款结转结余资金管理，建立结转结余资金清理机制。完善预算编制与预算执行、结转结余资金管理相结合的机制，结合预算执行和结转结余资金情况统筹编制预算。做好预算执行的前期准备工作，加快预算资金支付进度，避免形成新的存量资金。

四是强化预算约束。预算刚性约束是现代预算制度的一个重要标志。预算一经人大审议通过，即具有法律效力，除无法预见的临时性或特殊支

出事项外，原则上不再调整。预算执行中，除因突发情况、新出台政策、新增单位等因素，必须在当年增加安排的支出外，各部门一律不得申请追加预算。

2. 推进中期规划管理，加大项目整合力度，提高预算编制的科学性、规范性和前瞻性

一是推进中期财政规划和部门滚动规划管理改革。按照党的十八届三中全会精神，我们把实行中期财政规划管理作为深化预算管理制度改革的一项重点工作。中期财政规划，就是要在中期财政资源总量确定的情况下，将规划期内政府动用公共资源的框架描述清楚，对规划期内的重大改革、重要政策和重大项目，研究制定政策目标、运行机制和评价办法。中期财政规划编制要上接“天线”，下接“地气”。在部门层面，要推进中央部门滚动规划管理。具体地讲，就是各部门根据国民经济和社会发展规划，结合财政支出政策、有关行业、领域事业发展规划以及部门职责，制定各个部门、各个领域的规划，并实行滚动管理。这个规划也是要动用公共资源的规划。这两个层面的规划紧密衔接，互为前提和基础，是辩证统一的关系。

二是加强项目库建设，加大项目清理整合力度。结合中期财政规划和部门滚动规划管理改革，提升项目库管理水平。对项目实行分层次、分类别管理。加大项目精简、整合力度，提高项目设置的合理性，建立正常的进入退出机制。健全项目预算审核机制，推进重大项目预算评审常态化、规范化，把评审结果作为预算安排的重要依据之一。

三是清理规范重点支出挂钩事项。在编制 2015 年预算时，对农业、教育、科技等重点支出，不再采取先确定支出总额再安排具体项目的办法，而是进一步加强对相关支出政策和内容的审核，据实安排预算。

3. 完善预算支出标准，加大预算统筹力度，进一步夯实预算编制和管理基础

一是健全预算支出标准体系。预算支出标准体系建设是一项重要的经常性、基础性工作。要结合事业单位分类改革，完善事业单位财政保障机制。健全行政事业单位资产配置标准，完善实物费用定额管理模式。推进项目支出定额标准体系建设，强化部门主体责任，尽快完成已列入计划的

通用及专用定额标准建设工作，加强部门内部标准建设。做好标准应用工作。

二是增强各类预算之间的统筹协调。按照全国人大关于加强全口径预算管理的要求，建立公共财政预算与政府性基金预算、国有资本经营预算之间的统筹协调和资金调配机制。规范政府性基金预算和国有资本经营预算收支范围，加大政府性基金预算、国有资本经营预算调入公共财政预算的力度。各部门在编报预算时不能多头申请经费。

三是规范部门预算编报口径。从 2015 年起，将部门预算划分为部门财政拨款收支预算和部门财务收支预算两个层次。其中，部门财政拨款收支预算与中央公共财政预算和政府性基金预算衔接，部门财务收支预算全面反映包括财政拨款收支、事业收支、事业单位经营收支和其他收支等在内的部门收支预算情况。

4. 改进公共服务供给，促进政府职能转变，做好政府购买服务有关预算管理工作

一是合理安排政府购买服务所需资金。政府购买服务是一个新生事物，目前正处于摸索阶段。各部门要创新思维，充分发挥积极性和主动性，积极推进政府购买服务工作。同时也要认识到，就政府而言，政府购买服务主要是转变职能；就财政而言，主要是财政资金使用方式的变化，目的是提高公共服务供给质量和财政资金使用效率。推广政府购买服务，不是新增一块财政资金，而是在既有财政预算中统筹安排，不能借机要钱、要项目。

二是做好与有关政策的衔接，加快转变政府职能。一方面，结合事业单位分类改革、行业协会商会脱钩等相关改革，推进政府购买服务工作，厘清购买主体与承接主体的边界，真正实现购买服务市场化、社会化。另一方面，运用政府购买服务的理念，结合财政资金使用方式和机构编制的变化，协同推进事业单位加快改革，厘清政府和市场的关系。

三是加强政府购买服务制度建设。扩大中央部门政府购买服务试点范围，规范政府购买服务操作流程。建立健全绩效评价机制，构建政府购买服务绩效评价指标体系，对政府购买服务的执行情况和公共服务的提供情况进行全过程跟踪。建立健全政府购买服务信息公开及监督问责机制，提

高政府购买服务的透明度、公正性和规范性。

5. 牢固树立绩效理念，强化预算支出绩效，推进预算绩效管理常态化、规范化、制度化

一是继续扩大预算绩效管理范围。2015 年，各部门纳入绩效目标管理的项目资金规模要力争达到本部门公共财政预算项目支出财政拨款规模的 40%。纳入绩效评价试点范围的项目资金规模要力争达到本部门公共财政预算财政拨款规模的 8%。

二是提升预算绩效管理工作质量。强化绩效目标编制管理，将绩效目标审核与预算编制密切衔接，逐步将绩效目标向社会公开。研究在现有预算执行监控系统中增加相应的绩效信息点，及时监控绩效运行情况。扩大第三方社会力量参与绩效评价的范围并加强管理，健全绩效评价指标体系，扩大绩效再评价范围。

三是积极开展重点绩效评价工作。各部门要积极配合财政部做好重点领域和项目绩效评价试点工作，并可自行选择部分领域和项目开展重点绩效评价试点。财政部将选择部分中央部门开展部门整体支出绩效评价试点，中央部门也可选择部分下属单位开展单位整体支出绩效评价试点。在开展年度绩效评价的基础上，积极选择部分重大项目开展中期绩效评估试点。

四是强化绩效评价结果应用。建立评价结果与预算安排结合机制，原则上对评价结果好的项目要继续予以支持；对评价结果较差且不按要求整改的，要调减资金规模或调整支出结构。逐步将绩效评价结果向人大报告，扩大评价结果向社会公开范围。

6. 完善预算监督机制，加大预算公开力度，着力打造透明预算

一是强化部门内部控制和财政监督。各部门要按照《行政事业单位内部控制规范》要求，进一步健全并有效实施内部控制机制。配合做好中央基层预算单位综合财政监管工作，加强监管成果的应用，提高基层单位预算管理水平。

二是继续主动配合接受人大、审计监督。进一步细化报送人大审议的部门预算内容，完善部门预算格式，增强预算的可读性，方便人大代表审议、监督。对人大、审计监督中提出的问题和意见，各部门要认真落实

整改。

三是大力推进预算公开。部门预算要逐步公开到基本支出和项目支出。对此，各部门务必要高度重视，做好充分准备，使预算能够充分反映部门履行的职能和重点工作任务，让群众能看懂、社会能监督。

以上是2015年部门预算管理和改革的主要工作。为做好今后一段时期部门预算管理和改革工作，我再提几点要求：

一是牢固树立全局意识和中长期观念。全面深化改革是中央立足国家整体利益、根本利益、长远利益进行的战略部署。大家一定要站在党和国家事业全局的高度思考问题、推动工作，树立可持续意识和中长期观念，注意长远利益和眼前利益的结合。

二是注重部门预算改革与其他各项改革协同推进。随着改革的深入，部门预算改革与其他各项改革的关联性、系统性、互动性越来越强。在预算安排和管理上，要处理好政府和市场的关系，处理好中央和地方的关系，区分好公共性的层次和层级。同时，要密切关注和支持农业、教育、司法、社保等相关领域的改革，使各项改革相互配合，相互促进，产生良性互动。

三是进一步严肃财经纪律。严明的财经纪律、良好的财政秩序是深化部门预算改革的重要保障。在十八届中央纪委三次全会和国务院第二次廉政工作会议上，习近平总书记、李克强总理专门强调要严肃财经纪律。要牢固树立依法行政、依法理财的理念，按规定用途拨付和使用资金。加强内部管理和控制，避免廉政风险，最大限度压缩自由裁量权。加大对违反财经纪律问题的监督检查力度，把所有政府财政资金纳入监督范围，对违规违纪行为要按照《财政违法行为处罚处分条例》严肃处理。

同志们，2015年中央部门预算编制工作即将启动。新一轮深化改革赋予我们更大的责任，我们深感任务艰巨，使命光荣。这次会议结束后，希望各部门立即行动起来，精心组织，周密布置，全面深化部门预算改革，协同推进相关领域改革，为全面建成小康社会、实现中华民族伟大复兴的中国梦做出更大贡献！

目　　录

第一章　中央部门预算改革回顾

第一节　中央部门预算改革的背景

部门预算是编制政府预算的一种制度和方法，由政府各部门依据国家有关法律法规及其履行职能需要编制，反映部门所有收入和支出情况的综合财政计划，是政府各部门履行职能和事业发展的物质基础。实行部门预算改革，是我国加强财政支出管理的一项重大改革，对加强财政预算管理、提高财政资金的使用效率和效益、从源头预防腐败等，具有深远而重大的影响。

一、部门预算改革是市场经济体制和公共财政制度的内在要求

作为国家治理的基础和重要支撑，财政预算制度必须服从于和服务于国家的政治经济制度。国家政治经济制度的变革必然要求财政预算制度进行相应调整。

改革开放初期，我国采用的预算编制方法是按照计划经济体制建立起来的，财政统收统支，资金按功能切块分配，带有明显的计划分配的痕迹，属于建设型财政的范畴。随着社会主义市场经济的建立和完善，政府的职能和活动范围逐步向提供公共服务、调节收入分配、促进经济增长等方面转变。财政作为政府履行职能的物质基础、体制保障、政策工具和监管手段，亟需按照社会主义市场经济的要求，建立与之相适应的公共财政

体系。

1994 年实施的分税制财政体制改革，从收入方面初步理顺了中央与地方间的分配关系，增强了中央财政的宏观调控能力，但是，财政支出方面的改革相对滞后，仍然采用与计划经济体制相适应的传统功能预算，已不能适应公共财政改革的要求。预算的编制方法、管理模式、运行机制和职责配置等都需要根据新的要求进行系统变革，逐步建立与市场经济体制和公共财政制度相适应的预算管理体系。

二、部门预算改革是消除传统功能预算种种弊端的必然选择

在计划经济体制下，传统功能预算适应于特定的历史需求，充分发挥集中力量办大事的制度优势，为国家重大战略和政策的实施提供了充足的财力保障。但是，随着社会主义市场经济的逐步建立，传统功能预算与市场经济和公共财政不相适应的地方日益显现和增多，影响了预算管理的健康发展。

（一）预算编制范围窄，涵盖不完整

部门预算改革前，我国的财政资金包括预算内资金、预算外资金、政府性基金、其他资金等，但预算编制范围仅限于预算内资金，各类预算外资金、政府性基金等基本上由各部门自行安排使用。这种管理方式对预算管理水平要求较低，满足了特定时期的实际需要，但由于缺乏有效监管，预算外资金等部门自行控制的资金在分配和使用方面随意性很大，既影响了资金配置的效率，又容易使这部分资金成为单位发放福利的“小金库”，助长腐败滋生。

（二）预算编制较简单，方法不科学

部门预算改革前，预算分配基本采用“基数加增长”的方法。这种预算编制方法虽然简单易操作，但由于财政部门没能根据部门实际需求动态分配预算，很容易形成“马太效应”。随着时间的推移，既有的分配格局不断强化，部门之间的分配失衡不断加大，使预算安排的公正性和合理性

被大幅削弱。

（三）预算编制时间短，程序不规范

部门预算改革前，整个预算编制过程仅有四、五个月。由于时间仓促，预算编制的许多基础性工作很难完成，预算收支也缺乏详细的调查研究，数据的准确性难以保障。同时，预算单位和财政部门为按时提交预算草案，往往采取层层代编的方式编制预算，加剧了预算编制的混乱局面，导致预算编制和预算执行严重脱节。

（四）预算支出安排粗放，管理不到位

在传统功能预算模式下，由于各种因素影响，大量资金没有到细化到具体单位，需要执行中再行细化下达，影响了预算资金的时效性和使用效益。即使下达到预算单位的支出，有些也没有明确到具体用途，预算单位可以进行“二次分配”，不利于财政资金监督，容易发生资金挤占、挪用等现象，影响了财政资金使用的安全性和有效性。

（五）预算管理主体较多，财权不统一

在传统的预算模式下，一方面，中央部门内部没有统一的预算管理单位，各业务司局直接向财政部申请预算，而财政部内部各业务司局对预算也是切块管理，再加上预算编制不完整，导致财政部和各部门均难以掌握部门年度预算安排情况。另一方面，除财政部外，一些经费的使用安排是由国家计委、国家经贸委、国管局等部门负责安排下达。由于分工把口、各管一摊，预算资金管理分散、混乱，造成资金间统筹使用的难度加大，重复建设和投入的问题比较严重。

上述问题不但影响了预算管理的科学化和规范化，而且在一定程度上弱化了财政职能。要消除传统功能预算的种种弊端，就要紧密结合我国特殊的历史背景和现实国情，对我国的预算管理模式进行全面思考和大胆创新，推动建立新型的预算管理制度。

三、部门预算改革是全国人大和审计署推动的直接结果

传统功能预算暴露的种种问题引起了全国人大和审计署的高度重视。1999 年 6 月，全国人大和审计署均提出要改进和规范中央预算编制工作：“要严格执行预算法，及时批复预算”；“要细化报送全国人大审查批准的预算草案内容，增加透明度”；“报送内容应增加对中央各部门支出、中央补助各地方的支出和重点项目的支出等”。全国人大预算工作委员会要求财政部 2000 年向全国人大提交中央预算草案时，要提供中央各部门的预算收支等资料，要报送部门预算。为贯彻落实全国人大的要求，推进依法行政、依法理财，财政部向国务院报送了《关于落实全国人大常委会意见改进和规范预算管理工作的请示》，提出了细化政府预算编制，实施部门预算改革的初步构想。经国务院批准，财政部印发了《关于改进 2000 年中央预算编制的意见》，正式拉开部门预算改革的序幕。

第二节　中央部门预算改革的主要内容

中央部门预算改革总体上遵循了“循序渐进、先易后难、逐步完善”的思路，先搭框架、再磨细节、稳步推进，既始终坚持部门预算改革的基本方向，确保改革不断向前推进，又结合改革进展和部门可承受力分步实施，控制好改革力度，确保相关措施得到有效消化，从而取得了较好的效果。

一、2000 年中央部门预算改革

2000 年是部门预算改革的第一年，改革的主要内容包括：

（一）延长预算编制时间

1999 年度以前，中央各部门编制预算一般从 11 月份开始，预算编制

时间为4个月；2000年度部门预算编制提前到9月份进行，预算编制时间延长为6个月。

（二）改变预算编制程序

从以前自上而下的代编方式转变为自下而上的汇总方式，从基层预算单位开始编制预算，解决了预算分配不能细化到具体项目的问题。

（三）采取综合预算编制方法

要求部门将所有收支统一纳入部门预算中反映，改变传统预算只反映预算内收支，大量预算外资金只报账甚至不报账的粗放管理方式。

（四）试行"一个部门一本预算"

将一个部门所有的收入和支出都按照统一的编报内容和形式在一本预算中反映，统一编报时间、统筹安排资金，改变了经费管理渠道分散、资金分配混乱的弊端，明确了中央部门在部门预算编制中的主体地位。

（五）开始向全国人大报送部门预算

教育部、农业部、科技部、原劳动和社会保障部等4个部门作为首批部门预算试点单位，开始向全国人大提供部门预算。

（六）严格按照法律规定的时间批复预算

严格按照《预算法实施条例》的规定，财政部在全国人民代表大会批准中央预算之日起30日内，批复中央各部门预算；中央各部门在财政部批复本部门预算之日起15日内，批复所属各单位预算。

二、2001年中央部门预算改革

2001年部门预算改革的主要内容包括：

（一）改变预算编制方法

首次提出按照基本支出和项目支出编报部门预算，并开始在一些部门中进行试点，对部门预算中的基本支出实行定员定额管理，对项目支出实行项目审核管理，初步改变了按照“基数法”编制预算的方法。

（二）调整机构和人员设置

财政部在内设机构上进行了适当调整，将原来按预算收支功能设置的机构，调整为按部门预算管理的要求设置，基本理顺了财政部内各司局与中央各部门之间的关系。中央部门也普遍根据自身的工作性质和对象调整了内设机构，由财务部门统一管理本部门的预算工作，并充实了财务部门的力量。

（三）试编部门“政府采购预算”

要求部门根据下达的部门预算控制数，在“二上”时依据财政部公布的采购品目和实施政府采购的条件，对符合条件要求的支出项目编制部门采购计划，并要求在预算执行过程中，根据部门采购计划开展采购工作。

（四）全面推行“一个部门一本预算”

中央 159 个部门全部按照部门预算的要求编报了部门预算，初步实现了职责范围明确、各项收支清晰、项目预算到位、“一个部门一本预算”的目标。

（五）扩大向全国人大提供部门预算的范围

2001 年向全国人大报送的部门预算增加了公安部、水利部等部门，由 2000 年的 4 个增加到 26 个。

三、2002 年中央部门预算改革

2002 年部门预算改革的主要内容包括：

（一）规范基本支出和项目支出预算编制

印发了《中央部门基本支出预算管理试行办法》和《中央部门项目支

出预算管理试行办法》两个管理办法。所有行政事业经费一律划分为基本支出和项目支出两部分，纳入试点范围的中央部门按照两个办法规定的方式分别核定基本支出预算和项目支出预算，未纳入试点范围的中央部门也参照执行。

（二）细化中央部门预算编制

对2002年政府预算收支科目进行了细化调整，将原一般预算支出中的12个目级科目修改、扩充为44个目级科目，同时将这44个目级科目归并划分为人员支出、日常公用支出、对个人和家庭的补助支出、固定资产购建和大修理支出四个部分，从而改变了原预算科目中目级科目分类过于简单的状况。各部门在财政部下达的基本支出预算控制数内，根据本部门实际情况，在目级科目下编制本部门的基本支出预算，细化预算项目。

（三）加大预算外资金纳入预算管理的力度

按照国务院《关于深化收支两条线，进一步加强财政管理的意见》（国办发［2001］93号）的要求，将公安部等5个部门的行政性收费全部纳入预算管理，收入全部缴入国库，支出由财政部根据其履行职能的需要通过预算予以安排；对国家质检总局等28个部门实行“收支两条线”管理，预算外收入全部纳入专户管理，相应的支出由财政部根据部门履行职能的需要统筹安排；改变国税系统和海关系统按照收入比例提取经费的办法，实行“预算制”，按照部门预算的统一要求核定经费支出。

（四）全面编制政府采购预算

所有编制部门预算的单位，都要正式编制政府采购预算，财政部在批复其部门预算时一并批复，为推进政府采购制度改革创造条件。

四、2003年中央部门预算改革

2003年部门预算改革主要是新增了项目清理、项目滚动管理等内容。

（一）完善基本支出定额管理方式

修订和完善《中央本级基本支出管理办法（试行）》，进一步明确界定了基本支出范围，将原界定过于笼统、界限不够明确的列入基本支出的经常性专项业务支出明确列为项目支出。为了满足基本支出预算定额管理的需要，根据支出的性质，对政府预算支出目级科目进行合理归并，由此确定基本支出的 20 个定额项目。进一步扩大基本支出定额试点范围，在 2002 年试点的基础上，再增加 118 个试点事业单位。

（二）改进项目预算管理模式

一是制定《中央本级项目库管理规定（试行）》，进一步明确项目预算分类。二是清理正式批复的预算项目。为了解决中央部门申报项目过多过滥的问题，规范项目支出预算管理，对中央部门 2003 年度已安排项目进行了一次清理，分别按照党中央、国务院已定项目、经常性专项业务费项目、已经部门协商需要延续项目和其他类项目四大类重新划分了项目类别。三是根据《中央本级项目支出预算管理办法（试行）》和《中央本级项目库管理规定（试行）》，建立了中央部门项目库和财政部项目库，明确界定了项目库管理权限和职责，充实了项目审核内容，为实行项目的滚动管理打下基础。

（三）进一步加强预算外资金“收支两条线”管理

印发了《财政部、中国人民银行关于将部分行政事业性收费纳入预算管理的通知》，将经贸、外贸、人事等部门和单位的 118 项行政事业性收费纳入财政预算管理，进一步推进综合预算编制改革。

（四）积极稳妥地推进政府收支科目改革

一是将 44 个支出目级科目归并为 35 个，以更好地适应单位核算和财政预算管理的需要。二是按支出功能分类的一般原则先行对农业、教育、科学等部分支出的类、款、项级科目进行修改，重点把项级科目修改为能够反映出政府工作职能和任务的工作计划，以便在编制部门预算的过程中将这些工作计划落实到分部门的项目预算安排上。

五、2004年中央部门预算改革

2004年中央部门预算改革主要是新增了实物费用定额试点、设定项目申报上限、绩效评价试点等内容。

（一）积极探索研究中央部门实物费用定额管理，搞好实物费用定额试点工作

选择审计署、人事部、劳动和社会保障部、国家信访局、中编办等5个部门进行实物费用定额试点工作。根据上述单位1999—2001年中央行政部门房产、车辆的实际支出情况，测算了其房产的费用消耗标准和车均消耗水平，据此下达了2004年行政机关用房和机动车辆实物费用消耗性定额标准，在试点部门采取“虚实结合”的方式运行，以促进和加强中央部门实物资产高效管理，为建立费用定额与资产占用相结合的定额标准体系做好前期准备工作。

（二）规范项目支出预算管理

一是加强项目清理工作。对非试点单位纳入财政部项目库中的项目进行重新界定，将属于基本支出但列入项目预算的支出事项从项目库中剔除；按照统一标准对列入部门预算的国家确定的重点项目、专项业务项目以及与部门协商需跨年度安排的项目进行审定，为项目预算的滚动管理奠定基础。二是设置项目预算申报限额。为解决部门预算“一上”报“天书”，项目库中项目过多、过滥的问题，从编制2004年部门预算开始，对申报预算的项目进行了规模控制，要求中央部门申报预算的项目总额应控制在本部门上年度财政已安排项目支出预算总额的120%以内。三是规范项目排序工作。首先保障“前三类项目”，然后根据轻重缓急安排其他项目，初步建立起与国家宏观政策及部门履行职能紧密结合的预算分配机制，保障了政府施政目标的实现和部门履行职能的需要，提高了预算分配的科学性、规范性和准确性。同时，在项目清理的基础上，将国务院已研

究确定项目、经常性专项业务费项目和跨年度支出项目滚动转入下一年度项目库。

（三）“收支两条线”改革进一步深化，综合预算改革向纵深推进

取消了预算外资金管理的一些过渡性政策，增加了司法部、信息产业部等 7 个部门进行预算外资金“收支脱钩”改革试点，扩大了试点范围，使试点部门达到 40 个，基本实现了对预算外资金的规范管理。

（四）调整部门机动经费安排比例

为了解决部门在预算执行中零星增支和临时性开支问题，减少追加事项，对所有中央行政事业单位机动经费安排情况进行调整，将原开支行政管理费和公检法支出的定员定额试点单位按日常公用经费的 3% 安排机动经费，改为按基本支出的 3% ~5% 安排，并根据实际情况进行分类分档。核定了各部门机动经费的适用比例，即原则上按 3% 安排，但对一些资金规模较小的单位，按照 4% ~5% 的比例安排，且明确规定部门机动经费编列在项目支出预算中。

（五）预算编制时间进一步延长

从编制 2004 年中央部门预算开始，5 月份就着手进行预算编制前的项目清理工作，预算编制时间延长到 10 个月，为提高预算编制质量提供了保证。

（六）尝试对支出项目进行绩效评价

为提高预算资金使用的有效性，中央部门在报送 2004 年项目预算时，对 2003 年预算已安排的跨年度项目，选择一些项目附报已安排资金的绩效评价材料，作为 2004 年项目预算安排的重要依据。

六、2005 年中央部门预算改革

2005 年中央部门预算改革主要是新增了结余资金管理等内容。

（一）完善基本支出定额管理，扩大实物费用定额试点范围

对2004年实物消耗定额试点经验进行总结，结合国管局、发改委等部门制定的实物配置标准制定实物消耗定额标准，完善实物费用定额试点方案，为在中央部门全面推行房产、车辆的实物费用定额管理奠定基础。同时，扩大试点范围，在原有5个试点部门基础上，增加财政部等13个实物费用定额试点部门，研究建立费用定额与资产占用相结合的定额标准体系。

（二）加强项目支出预算管理的基础工作

进一步加强对“前三类支出项目”的清理和预算项目的遴选、论证与审核，切实提高项目申报质量。针对“前三类支出项目”存在范围过宽、数量过多等问题，进一步加强了对项目的清理和类别界定，包括对“国务院已研究确定项目”等的准入条件严格限定、执行期限重新进行认定，对项目设置重复的，要重新进行资源整合；对“经常性专项业务费项目”明确支出范围，核定单项支出标准。

（三）研究制定部门预算绩效评价管理办法

按照《关于完善社会主义市场经济若干问题的决定》确定的“建立预算绩效评价体系”的要求，印发了《中央部门预算支出绩效考评管理办法（试行）》，稳步推进部门预算绩效评价工作的开展。通过建立项目预算安排与项目执行效果评价有机联系的绩效评价体系，逐步提高预算资金使用的有效性。

（四）加强对财政拨款结余资金的管理

制定印发了《中央部门财政拨款结余资金管理（暂行）规定》，要求中央部门在编制预算时，应根据结余资金清理情况，统筹安排预算，严格控制一方面要求增加项目预算、另一方面却存在大量结余资金的情况。

（五）进一步深化“收支两条线”改革，推进综合预算编制工作

在国家质检总局等40个部门的预算外收入已纳入预算或实行收支脱

钩管理的基础上，将广电总局集中的广告收入等预算外收入逐步纳入预算。对实行收支脱钩管理的部门原先用预算外资金安排的支出，中央财政将根据其履行职能的基本需要，通过财政拨款予以保障。

（六）制定《政府收支分类改革方案》，推进政府收支分类改革模拟试点工作

政府收支分类科目是部门预算编制和执行的基础，财政部从 1999 年开始启动这项改革，经过反复研究、论证和修改，制定了《政府收支分类改革方案》。为保证改革的顺利实施，2005 年选择了科技部、水利部、交通部、中纪委、国家中医药管理局、原环保总局等 6 个中央部门以及河北、天津、湖北、湖南、海南等 5 个地区，按照《政府收支分类改革方案》进行改革模拟试点，进一步完善改革方案。

七、2006 年中央部门预算改革

2006 年中央部门预算改革主要是新增了绩效评价试点等内容。

（一）完善定员定额管理体系，稳步推进实物费用定额试点工作

一是适当调整公安边防九总站等单位公用经费定额标准；二是根据科研机构改革方案，将中国地震局下属部分单位纳入定员定额试点范围；三是积极推进实物费用定额试点工作，进一步积累经验，为下一步由“虚转”变为“实转”奠定了基础。

（二）严格控制项目支出申报规模，加强项目库滚动管理

一是继续设置“天花板”，将中央部门申报项目预算总额控制在本部门上年度预算批复总额的 120% 之内，从严控制部门申报项目的规模。二是继续进行项目清理工作。严格按照项目管理办法中有关项目类别划分的标准对项目进行排序，并按照项目的轻重缓急合理安排预算，优先保障前三类支出项目。三是加强项目的论证、审核、遴选，对部分职能交叉的项目进行整合，推动项目滚动管理。

（三）深化“收支两条线”改革，推进综合预算管理工作

从2005年开始，财政部会同广电总局，采取分步走的方式，对其集中收入预算管理模式进行改革。在编制2006年预算时，广电总局集中的中央电视台广告收入已全部纳入预算管理，支出由财政部根据广电事业发展的需要在部门预算中统筹考虑。截至2006年底，国务院批准的收费项目90%以上已纳入预算管理，政府性基金则全部纳入预算管理。

（四）加强结余资金管理，提高财政资金使用效率

按照《中央部门财政拨款结余资金管理暂行规定》，在编制2006年预算时，要求部门要统筹考虑并尽快消化财政拨款结余资金；对年度预算执行中要求追加的项目，也要求部门尽量先从本部门的净结余资金中安排。

（五）规范绩效评价管理制度，稳步推进绩效评价试点工作

一是按照绩效评价管理办法总体要求和各行业的实际情况，制定或修订更具可操作性的分行业的绩效评价管理办法；二是切实推进绩效评价试点工作，对“农业科技跨越计划”等4个支出项目进行绩效评价试点，并为这些项目规定了绩效评价经费的计提比例；三是加大了宣传力度，通过多种形式营造“讲绩效、重绩效”的良好氛围。

（六）为全面推进政府收支分类改革做好准备

经国务院批准，政府收支分类改革将于2007年全面实施。为确保改革顺利推进，对改革方案进行了必要的修订，按照新的政府收支体系重新设计部门预算编制报表，组织中央部门进行预算数据转换工作等等。各部门大力支持并积极配合，包括对基层预算单位进行集中培训，制定本部门的政府收支分类科目转换表，按财政部统一要求进行数据转换等，为按照新科目编制2007年部门预算打下了坚实的基础。

八、2007年中央部门预算改革

2007年中央部门预算改革主要是新增了实施政府收支分类改革、推进

资产管理与预算管理有机结合等内容。

（一）全面实施政府收支分类改革，积极进行项目支出经济分类试点

一是全面实施政府收支分类改革。按照新的政府收支分类分别编制政府一般预算、政府性基金预算和预算外收支预算。为便于比较分析，在按新科目编制部门预算的同时，又按老科目编制一套预算，实现了新老科目的完整对接。二是积极进行项目支出经济分类试点。2007 年印发了《财政部关于项目支出预算按照经济分类编制试点的通知》，并选择了农业部、水利部、国家统计局等 14 个中央部门开展按经济分类编制项目支出预算的试点工作，以总结经验，为下一步全面实行按经济分类编制项目支出预算打好基础。

（二）加强资产管理，促进资产管理与预算管理的有机结合

1. 资产配置环节。对有规定配置标准的资产，各部门应按照标准进行配备；对没有规定配备标准的资产，应当从严控制、合理配备，能通过调剂解决的，原则上不重新购置。行政事业单位购置有规定配备标准的资产，必须由本单位资产管理部门会同财务部门审核资产存量后，提出拟购置资产的品目、数量，报同级财政部门批准后列入单位年度部门预算。未经批准，不得列入部门预算，也不得安排经费。

2. 资产使用环节。加强对资产处置收入和有偿使用收入的管理。一是严格履行国有资产处置和对外出租、出借审批手续，未经批准，不得处置和对外出租、出借。二是加强行政事业单位国有资产处置收入和有偿使用收入实行“收支两条线”管理，收入必须上缴中央财政专户，支出由中央财政按照批准的计划和用途从财政专户中拨付。行政事业单位国有资产有偿使用收入原来用于自行发放津贴补贴的部分，上缴财政专户后，由财政部统筹安排，作为规范津贴补贴后的资金来源。

（三）继续推进基本支出管理

一是继续完善定员定额标准体系。根据中央部门履职需要、政策调整、物价变动和经济发展状况等因素，对部门定员定额标准体系进行适当

调整和完善。二是在积极开展中央行政事业单位的清产核资的同时，加强与中编办、国管局、中直管理局等部门的协调，着手建立中央部门人员和资产数据库，实现资产、实物费用定额与支出定额之间的有效衔接。

（四）继续加大对项目支出预算的滚动管理

一是集中资金确保重点项目支出需要。一方面，中央部门申报项目预算要继续设置“天花板”，要求各部门在申报项目规模不突破上限的前提下，做好项目排序工作。另一方面，加强项目清理工作，严格按照项目划分标准把关，优先保证党中央、国务院已定项目的资金需要。二是继续细化项目预算编制。部门预算要从最基层预算单位开始逐级编制，一方面使基层预算单位能够真正从工作需要出发，合理编报预算；另一方面可以细化预算管理，切实提高预算编制的准确性。

（五）加强财政拨款结余资金管理，防止财政资金大量留滞

一是研究建立加强结余资金管理的激励机制。如将结余资金管理与解决部门历史欠账有机结合起来，使部门有内在动力来消化结余资金。同时，对结余资金规模大、管理不利、解决措施不到位的中央单位给予适当“负激励”。二是将结余资金情况和预算编制结合起来，中央部门在编报预算时应优先动用净结余资金；专项结余较多时，应在编报预算时压缩申报规模。财政部在安排中央部门下一年度预算时，统筹考虑中央部门结余资金情况来测算部门预算数。

（六）加大绩效评价力度

一方面，对2006年绩效评价试点的情况及时进行总结；另一方面，2007年又选择了农业部“农业生态环境保护”等6个项目进行绩效评价试点，并加强对试点项目的指导，做到试点工作不变样、不走偏。

九、2008年中央部门预算改革

2008年中央部门预算改革主要是新增了实施项目清理激励机制、实行

出国经费“零增长”政策、推行部门预算内部公开、压缩公用经费等内容。

（一）大力压缩一般性行政支出

严格控制对竞争性领域的投入，严格控制党政机关事业单位办公楼等楼堂馆所建设和财政补助事业单位机构数量增加，严格控制人、车、会、招待费等行政性支出的增长；实行出国经费零增长政策，有效抑制出国经费膨胀，降低政府行政成本。预算执行中，贯彻落实国务院第 9 次常务会议的要求，对中央国家机关公用经费统一压缩 5%。

（二）大力推进预算编制细化管理

要求各部门将 2008 年部门预算细化到基层预算单位，不得代编下级单位预算。按照全国人大、审计署的相关要求，加大了中央总预算代编规模的压缩力度，对年初代编项目实行严格控制，除了部分政策性、据实结算的项目外，其他项目原则上不得代编。

（三）改进基本支出管理

一是扩大基本支出定员定额试点，将 40 家参公单位纳入定员定额试点范围，实行定员定额试点的范围已涵盖 97 家行政单位、34 家事业单位、40 家参公单位、开支“离退休人员管理机构”科目的行政单位离退休机构及武警部队 6 警种。二是将实物费用定额试点部门扩大到 25 家，试点方式也从“虚转”转成部分“实转”。三是启动京外中央单位离退休人员购房补贴，将部分中央京外单位离退休人员的购房补贴纳入部门预算。

（四）加强项目支出管理

一是加大项目整合力度。对部门预算中零碎、散乱和交叉重复的项目进行了整合，如环境保护部项目数由 2007 年的 108 个整合到 2008 年的 40 个。二是继续做好项目清理工作。建立项目清理的激励机制，鼓励中央部门加大对前三类项目的清理力度，实现项目滚动管理。

（五）提高部门机动经费比例

为进一步提高部门自主权，把提高预算年初到位率和减少预算调整的要求落到实处，解决部门在预算执行中零星增支和临时性开支问题，2008年对中央部门机动经费的安排进行了调整。将定员定额试点单位原按基本支出的3%～5%安排的部门机动经费，改为按10%安排，对垂直管理部门也按基本支出的1%～2%安排系统机动经费。

（六）进一步扩大绩效评价试点

在2007年对农业部“农业生态环境保护”等6个项目进行绩效评价试点的基础上，2008年进一步扩大到74个部门的108个项目，涉及预算资金达23亿元。

（七）推进部门预算公开透明

一是进一步增加向全国人大报送部门预算的数量，由2007年的40个增加到2008年的50个。二是提高报送全国人大审议预算的精细化程度，将教育、科学技术、社会保障和就业、农林水事务等15类关系民生的重点科目明细到46个款级科目。三是开始试行部门预算的内部公开，选择了财政部、审计署等11个中央部门推行部门预算内部公开试点，要求上述部门通过内部上网、张贴和指定地点陈列查看等方式，将本部门预算在内部进行公开。

十、2009年中央部门预算改革

2009年中央部门预算改革主要是新增了控制“三公”经费、建立人员信息数据库、启动项目支出定额标准体系建设、部门预算对社会公开等内容。

（一）严格控制“三公”经费增长

编制2009年预算时，对公务购车用车经费、会议费、公务接待费、出国费等支出，全部实行零增长。预算执行中，认真落实《中办国办关于党政机关厉行节约若干问题的通知》（中办发［2009］11号）文件精神，与审计署联合发文，布置中央部门压缩2009年因公出国（境）费、公务用车购置及运行费、公务接待费（以下简称“三公”经费）工作。

（二）完善中央部门预算管理工作规程

修订印发了《中央部门预算管理工作规程》，建立了涵盖中央部门预算编制、中央本级支出预算指标管理、财政拨款结余资金管理、中央部门预算支出绩效评价管理、网络系统管理以及相关保密要求等在内的中央部门预算管理工作规程，基本涵盖了中央部门预算管理的主要工作。同时，对部门预算编报、审核和管理中的时间节点、职责分工和有关要求进行了详细的规定，以确保部门预算编报管理的有序开展。

（三）提高部门预算的完整性和规范性

一是为实现部门预算的完整性，从编制2009年预算起，要求中央部门在“一上”预算时要编报基本支出预算，原则上按上年预算批复数编报。二是减少代编预算规模。从编制2009年部门预算起，“一下”预算控制数全部细化到项级科目，并着力减少中央本级代编预算规模。中央部门原则上不得代编下级单位预算，有预算分配权部门要按照全国人大和审计署关于切实提高年初部门预算到位率的要求，采取有效措施，将代编指标比例严格控制在国务院规定的范围之内。

（四）推进基本支出定额管理改革

一是稳步扩大定员定额试点范围，将37家参公单位和31家公益性事业单位纳入定员定额试点，2009年基本支出定员定额试点范围扩大到97家行政单位、103家事业单位、77家参公单位和武警部队6警种，以及大部分行政单位离退休人员和离退休管理机构人员。二是进一步完善现行定员定额标准体系，结合物价水平、政策变化等因素，对定员定额标准进行适当调整。三是针对部门基础信息较为零散、不成体系的问题，研究开发了中央部门人员信息数据库，组织部门进行了初步填报。四是继续推进实物费用定额试点工作，推进节约型政府建设，降低行政成本。

（五）启动项目支出定额标准体系建设工作

针对项目支出定额标准数量少、覆盖面窄、尺度不一等问题，启动了项目支出定额标准体系建设工作。一是在借鉴地方财政部门项目支出标准建设有关经验的基础上，印发了《中央本级项目支出标准体系建设总体方案》，提出了项目支出定额标准体系建设的总体思路、建设目标和职责分工。二是印发了《中央本级项目支出定额标准管理暂行办法》。管理办法从规范项目支出定额标准管理入手，明确了项目支出定额标准管理的程序和职责分工。三是按照先易后难的原则，启动了党政机关办公用房大中修定额标准等 12 项通用定额标准的制修订工作。四是按照项目支出定额标准体系建设的需要，在保持现有四种分类方式的基础上，根据项目属性将项目支出进一步细分为大型会议和培训类等 13 类，并按新的 13 类分类方式进行了项目清理。

（六）加强行政事业单位资产管理，推进预算管理和资产管理的有机结合

在 2009 年部门预算表中新增“中央行政事业单位资产存量情况表”、“中央行政事业单位新增资产配置预算表”，对新增资产配置情况进行专项审核，初步建立了财政部内部资产配置事项审批的流程，形成了资产管理部门与预算管理部门协调配合的行政事业单位国有资产管理机制。

（七）推进绩效评价工作

一是进一步扩大了绩效评价试点范围，经严格筛选，确定了监察部“治理商业贿赂专项”等 94 个部门的 167 个项目作为 2009 年绩效评价试点项目，试点部门和项目分别比 2008 年增长 27% 和 54%。二是加强对绩效评价工作的指导，提高部门开展绩效评价的规范化和科学化。三是积极推进绩效评价结果内部公开工作。四是提高绩效评价结果运用力度，要求部门将其作为改进部门预算管理的重要依据。

（八）继续提高部门预算的透明度

一是进一步增强全国人大对部门预算的审查力度，主动扩大报送全国人大的部门预算范围，由 2008 年的 50 个部门增加到 95 个部门，基本覆盖了所有国务院组成部门。二是细化报送内容，将教育、科学、社会保障和就业、农林水事务等重点支出全部细化到款级科目。三是充分发挥审计署和财政部驻各地专员办的作用，加强对预算资金执行情况的监督和检查，防止对财政资金的挤占、挪用。四是按照《政府信息公开条例》有关要求，积极推进部门预算公开工作，主动接受社会监督。2009 年，财政部在人代会闭幕后第一时间向社会公布了预算报告，受到社会各界的一致好评。

十一、2010 年中央部门预算改革

2010 年中央部门预算改革主要是新增了根据预算执行进度压缩预算、取消预算外资金等内容。

（一）继续压缩“三公”经费等行政经费支出

一是实行公用经费压缩 5% 的政策。在根据部门编制内增人增支正常核定公用经费的基础上，统一压缩 5%。二是实行项目支出零增长的政策。除党中央、国务院已确定的重点支出外，其他项目支出预算按零增长控制。三是严格控制中央部门出国（境）费等“三公”经费。要求各部门 2010 年“三公”经费支出不得超过 2009 年调整预算后的规模。

（二）继续推进预算支出定额标准体系建设

一是加强基本支出定额标准管理。扩大基本支出定员定额试点范围，2010 年将 28 家参公单位、9 家公益性事业单位新增纳入定员定额试点范围，进一步完善基本支出定额标准体系，着手建立人员基础信息数据库，推进实物费用定额试点工作，探索建立人员定额与实物定额相结合的定额标准体系。二是着力推进项目支出定额标准体系建设。在 2009 年印发实

施方案和管理办法基础上，2010年又印发了《中央本级项目支出定额标准管理部内规程》，明确了开展标准体系建设工作的部内分工和工作流程，确保此项工作成为日常预算管理的组成部分；扩大项目支出定额标准体系建设试点范围。在2009年启动部分通用定额标准建设试点工作基础上，2010年又启动了非棉纤维公证检验经费等12项专用定额标准以及城乡住户调查等58项部门内部标准的建设任务。

（三）加强综合预算管理

印发了《财政部关于将按预算外资金管理的收入纳入预算管理的通知》，明确规定自2011年1月1日起，除教育收费纳入财政专户管理外，将中央和地方预算外管理的非税收入全部纳入预算管理。

（四）加强预算执行管理

1. 及时批复和下达预算。2010年，在全国人大批复中央部门预算草案后的一周内，将预算全部批复到中央部门。对于代编预算，要求有关单位尽早提出资金分配方案并下达预算，以确实提高预算执行进度。

2. 规范部门预算调整管理。对于当年执行进度缓慢、预计年底可能形成较多结转和结余资金的项目，要求中央部门及时提出调减当年预算，或调整用于部门新增支出的建议；同时，严格控制部门预算调整时限，除据实结算等特殊事项外，中央部门应在9月底之前提出资金分配计划，10月底之前完成调整预算批复工作，超过以上时限未下达的预算指标，年底收回中央总预算，对因不可抗力等特殊原因必须在9月底之后下达的，按当年剩余月份支出需要安排预算。

3. 建立预算编制与预算执行的挂钩机制。根据2009年7月底中央单位预算执行情况，在考虑基本建设支出等特殊因素之后，对于预算执行进度低于30%的，分部门按科目核减2010年预算“一下”控制数。

4. 加大资金统筹使用力度。充分发挥部门机动费在应对临时性、突发性事项中的作用，部门年度执行中提出新的增支因素，优先通过机动经费解决，机动经费不足时再考虑追加预算。在编制2010年部门预算时，加大结转和结余资金统筹力度，对于结转资金较多的部门和项目，适当减少下年预算安排规模，将中央部门尚未使用的结余资金全部统筹用于下年支出。

（五）规范绩效评价管理

研究制定了《财政部关于进一步推进中央部门预算项目支出绩效评价试点工作的通知》，进一步明确了绩效评价各方职责，建立了“项目承担单位开展自评、中央主管部门组织实施评价和财政部进行重点评审”相结合的新模式，规范了绩效评价工作程序，构建了包括项目绩效目标和项目绩效问题框架两部分的绩效评价内容体系，并根据上述变化修订了绩效评价文本。

（六）完善结转和结余资金管理制度

修订印发了《中央部门财政拨款结转和结余资金管理办法》，一是将原财政拨款结余资金的概念明确为财政拨款结转资金和结余资金；二是为加强事业单位基本支出的管理，并与即将修订出台的《事业单位财务规则》相衔接，要求事业单位的基本支出结转资金不再提取事业基金，全部纳入基本支出结转资金管理，并要求事业单位在实行国库管理制度改革后，已转入事业基金但尚未支用的财政拨款基本支出结余资金，一并纳入基本支出结转资金管理；三是强化结余资金管理，中央部门在预算执行中，原则上不得动用项目支出结余资金，全部统筹用于下年预算。

（七）继续提高预算管理的透明度

一是继续强化全国人大对部门预算的监督作用。不断增加报送全国人大审议的部门预算数量，由 2009 年的 95 家增加到了 2010 年的 98 家，基本涵盖了所有非涉密的中央部门，预算信息也进一步细化，大多数支出已细化到款级科目。二是推进部门预算社会公开。研究出台了《财政部关于进一步做好预算信息公开工作的指导意见》，明确了由各中央部门负责本部门的预算、决算公开工作，规定凡是《条例》规定应该公开、能够公开的事项，都应及时、主动公开，原则上应将报送全国人大审议通过的部门预算中的收支预算总表和财政拨款支出预算表作为部门预算公开的最基本格式和内容先行公开。经统计，2010 年报全国人大审议的 98 个中央部门中，有 75 个中央部门向社会公开了部门预算。

十二、2011 年中央部门预算改革

2011 年中央部门预算改革主要新增了“三公”经费公开等内容。

（一）继续严格控制“三公”经费等行政经费支出

编制 2011 年部门预算时，继续严格控制“三公”经费支出，要求 2011 年“三公”经费预算不得超过上年预算规模。严格控制党政机关办公楼等楼堂馆所建设，大力压缩会议、文件、通信等一般性支出，切实控制和降低行政运行成本。预算执行中，按照国务院第 148 次常务会议精神，又按 2% 的比例进一步压缩了相关部门公务用车购置及运行费。

（二）继续完善支出定额标准体系建设

基本支出方面，在深入调查研究的基础上，初步建立了体现不同类型事业单位特点的分类分档定额标准体系；扩大定员定额试点范围，新增 14 家参公管理事业单位和 34 家公益性事业单位作为定员定额试点单位；稳步推进实物费用定额试点，优化试点方案，按照人员定额和实物定额相结合的方式核定试点单位公用经费规模。项目支出方面，加快项目支出定额标准体系建设，颁布了中央行政单位通用办公设备配置标准和经费标准，在华国际会议费、房租费等一些通用定额标准也在抓紧制定过程中；部门内部标准体系建设加快推进。

（三）完善预算编制与预算执行、结转和结余资金管理、资产管理及政府采购相结合的机制

一是与预算执行相结合。审核项目支出预算时，对执行进度慢的，严格按比例核减下年预算。二是与结转和结余资金管理相结合。要求各部门主动动用财政拨款结转资金，并将尚未动用的财政拨款结余资金全部统筹用于预算编制。对结转和结余资金规模大、多年居高不下的部门，适当压

缩其财政拨款预算。三是与资产管理及政府采购相结合。注重新增资产配置预算与部门基本支出、项目支出和政府采购预算之间的衔接。

（四）全面取消预算外资金，推进综合预算管理

一是全面取消预算外资金。按照 2011 年全面取消预算外收入的总体部署，积极推进收支两条线改革，全面清理行政事业性收费等非税收入，预算外收入或纳入一般预算管理或纳入政府性基金管理，同时，规范行政事业单位资产出租出借收入管理。二是进一步规范部门预算编报范围，对纳入部门预算编报范围的收支按单位性质和资金类型进行了细化，要求中央部门根据本部门履行职能的需要及事业发展规划准确预测所有收支，特别是要加强非本级财政拨款的管理。

（五）进一步完善预算支出绩效评价体系

一是加强制度建设，印发了《财政支出绩效评价管理暂行办法》。二是进一步扩大中央部门绩效评价试点范围，2011 年共确定试点项目 242 个，涉及 149 个部门，比 2010 年增加 32 个部门、37 个项目，涉及资金近 70 亿元，绝大多数中央一级部门已纳入绩效评价试点范围。三是首次批复了绩效评价试点项目的绩效目标。

（六）部门预算公开的步伐明显加快

一是报送全国人大审议的中央财政预算内容得到了进一步细化。教育、科学技术和农林水事务支出等重点支出进一步细化并公开到项级科目。二是中央部门预算公开工作继续向前推进。截至 2011 年 5 月 20 日，报送全国人大审议预算的 98 个中央部门中，已有 88 个公开了 2011 年部门预算。三是明确了“三公”经费公开的时间和工作程序，中央部门要在全国人大常委会审查批准中央本级“三公”经费总额后，公开本部门 2010 年“三公”经费决算数和 2011 年预算情况。

十三、2012 年中央部门预算改革

2012 年中央部门预算改革主要集中在规范“三公”经费执行管理、

完善行政单位基本支出定额体系、推进部门预算公开等方面。

（一）继续规范“三公”经费管理

按照党中央、国务院关于厉行节约的要求，继续实行“三公”经费预算零增长，各部门2012年年初“三公”经费预算不得超过上年执行中压缩后的“三公”经费预算数。同时，从2012年起，严格控制执行中“三公”经费预算调整，原则上执行中不再增加“三公”经费预算，对于部门确因特殊情况需要增加“三公”经费，一律报国务院批准后再行调整。

（二）加快预算支出定额标准体系建设

在基本支出方面，从编制2012年部门预算起，中央行政单位基本支出全面实行人员定额和实物定额相结合的预算方式，并将在京行政机关本级在职人员津贴补贴支出也纳入其中，使定额标准更加全面、科学。同时，进一步扩大事业单位定员定额试点范围，将34家事业单位纳入试点。在项目支出方面，新制定了在华举办国际会议费用开支标准1项通用定额标准和国家体育总局运动员保障经费标准等多项专用定额标准，部门内部标准建设工作有序推进。

（三）完善绩效评价管理体系

以贯彻落实全国预算绩效管理工作会议精神为契机，深入推进预算绩效管理工作。一是加强绩效目标管理。基本所有中央一级预算单位都选择部分项目填报了绩效目标，确定了细化和量化的绩效指标，财政部对绩效目标进行了认真审核并予以批复，为预算执行、绩效监控和绩效评价打下了基础。二是继续扩大绩效评价范围。2012年，共确定165个中央一级单位的378个绩效评价试点项目，涉及资金137.96亿元，比上年增加136个项目，增加68亿元，实现了“横向到边”和“两个提高”的要求。三是规范绩效评价报告管理。财政部对提交的绩效评价报告进行了审核，正式反馈了审核意见，要求相关部门根据审核意见进一步加强管理、提高效益。

（四）推进部门预算公开工作

一是预算公开范围继续扩大，首次向社会公开 2010 年度部门决算，首次向社会公开中央本级“三公”经费和行政经费总额、各部门“三公”经费预决算情况，同时将中央部门预算公开报表由 2 张增加到 5 张。二是预算公开管理更加规范。在 2012 年中央部门预算向社会公开时，统一了预算公开格式，在公开预算报表的基础上，增加了部门基本情况、增加变动原因、预算科目名词解释等内容，也统一了预算公开时间，避免部门瞻前顾后，推迟公开。三是预算公开效果更加明显。据统计，截至 2012 年 5 月 17 日，报全国人大审查预算的 98 个部门中，有 95 个部门公开了部门预算，比去年同期增加了 7 个。98 个部门之外，中国出版集团等 2 个部门也公开了部门预算。社会公众对中央部门预算公开也给予了积极评价。

（五）加强非本级财政拨款收入管理

要求中央部门在预决算编制中，要全面、准确地反映中央部门预决算收支。为统一规范管理，中央部门非本级财政拨款收入纳入“其他收入”中反映，支出要体现在部门支出预决算中。具体来讲，一是中央部门要科学、合理地编制综合预算，在部门预算的编制、执行、调整和决算等各个环节，对非本级财政拨款均严格按照现行有关管理规定执行。二是财政部相关司按照综合预算的原则，加强对其他收入，特别是非本级财政拨款的审核、管理，科学编制、严格执行部门预算，不允许无预算列收列支非本级财政拨款。三是加强基础工作，规范中央部门会计核算和决算口径，合理填列决算报表，如实反映中央部门非本级财政拨款情况。

十四、2013 年中央部门预算改革

2013 年中央部门预算改革主要集中在推进基本支出定额体系建设、推进部门预算公开等方面。

（一）扩大基本支出定额管理范围

根据参公单位审批等情况，将新批准的 6 家参公单位、疾病预防控制

等行业的60家公益性事业单位纳入2013年定额管理范围。逐步扩大规范津贴补贴资金逐步纳入人员经费定额管理范围，2013年进一步将部分京外行政单位和参公单位规范津贴补贴资金纳入定额管理。完善公用经费定额标准。推进定员定额与实物费用定额相结合的公用经费测算模式，并结合燃油价格、供暖价格提高等因素和部门实际支出情况，调整完善实物费用定额标准。

（二）推进项目支出定额标准体系建设

加快通用定额标准建设步伐，在已出台通用办公设备家具购置、在华召开国际会议费用开支标准的基础上，即将完成通用办公软件配置标准，启动了会议费、外宾接待费等费用开支标准的制定工作。大力推进部门内部标准建设，引导各部门制定部门内部标准，规范部门内部预算分配行为。

（三）推进综合预算管理

一是加强非财政拨款收支预算管理，着重清理规范非本级财政拨款，要求部门充分、合理预计各项非本级财政拨款收支，并将其全部列入部门预算，提高预算的完整性和准确性；二是加大统筹安排使用结转和结余资金力度，对于结转资金规模较大的项目，适当核减下年预算规模，将可动用的结余资金要全部统筹用于2013年预算。通过上述措施，全面提高各类资金的统筹层次，优化财政资金的配置效率。

（四）推进全过程预算绩效管理

一是继续加强绩效目标管理。2013年，中央部门纳入绩效目标管理的项目达到1182个，涉及资金709亿元，分别比上年增加591个和467亿元，增长100%和192%。二是继续扩大绩效评价范围。2013年，中央部门纳入绩效评价试点的项目共490个，涉及资金353亿元，分别比上年增加120个和215亿元，增长30%和156%，继续实现了“横向到边”的要求。三是不断加强绩效评价管理工作。督促中央部门按期完成2012年绩效评价工作，按财政部审核意见认真整改绩效评价工作，推进绩效评价结果与预算安排结合机制、报告及公开机制等。

（五）稳步推进部门预算公开工作

一是公开更加及时。部门预算批复后，督促相关部门抓紧时间准备相关公开材料，并在 4 月 18 日一天集中公开部门预算，比上年公开时间有所提前。二是内容更加全面细致。新增同步公开了 2013 年“三公”经费预算、政府性基金收入预算，同时进一步将科学技术、文化体育与传媒 2 个类级科目细化到项级科目。三是主动回应社会关切。对社会公众比较关注的“三公”经费、住房保障支出等问题，中央部门在预算公开时，主动作了较为详细的解释说明，避免引起社会误解。

十五、2014 年中央部门预算改革

2014 年中央部门预算改革主要集中研究制定中央本级支出三年滚动规划改革方案、规范政府购买服务预算管理、加快推进部门预算公开等方面。

（一）认真落实约法三章，严格控制“三公”经费等一般性支出

按 5% 的比例统一压减中央国家机关 2013 年一般性支出，相应压减“三公”经费预算。严格落实“约法三章”，一律不安排政府性楼堂馆所建设资金，规范和加强中央部门机构编制管理，严格实行“三公”经费零增长政策，2014 年中央本级“三公”经费财政拨款预算进一步减少。健全厉行节约长效机制，加强内控制度建设和公务支出制度建设，完善相关支出标准，推进公务用车改革。

（二）研究完善部门预算管理措施

研究制定了中央本级支出三年滚动规划改革方案，提出了规划编制的基本原则、方式方法、工作安排和管理程序。开展了中央财政科技经费优化整合工作和民口科技重大专项中期绩效评估工作，切实加强专项资金管理。加强公共预算与政府性基金预算和国有资本经营预算的衔接，合理确

定各自的收支范围，加强非本级财政拨款管理，推进全口径预算管理。

（三）推进预算支出标准体系建设

在基本支出定员定额管理方面，新增1家行政单位、4家参公事业单位和19家公益事业单位为定员定额管理单位。根据政策调整、物价变动和公车改革等因素，调整完善定额标准。在项目支出定额标准方面，新制修订差旅费、会议费、培训费等12项通用定额标准。专用定额标准和部门内部标准建设步伐加快。项目支出定额标准在预算管理方面的作用得到增强。

（四）加强政府购买服务预算管理

印发了《财政部关于政府购买服务有关预算管理问题的通知》，明确了政府购买服务的资金来源、预算管理办法、执行监控、信息公开、绩效评价等具体要求。

（五）增强中央部门的主体地位

在预算编制过程中，允许部门在财政部下达的预算控制数规模内，结合本部门实际需要，在具体项目间进行调整，按程序报批后列入预算。在预算执行过程中，发挥部门的统筹协调作用，允许部门在履行报批程序后，通过部门机动经费、年度部门预算和以前年度结转资金，调剂解决当年新增经费缺口。

（六）推进绩效评价管理工作

2014年中央部门绩效目标管理的项目1667个，涉及资金约1335亿元，分别比上年增长41%和88%；中央部门绩效评价的项目886个，涉及资金约760亿元，分别比上年增长81%和115%。逐步建立起绩效目标的设立、审核、批复机制，评价项目的确认及评价报告的提交、审核、反馈机制，评价结果的反馈、应用、整改机制。研究开展部门整体支出管理绩效综合评价工作。

（七）积极推进部门预算公开

2014 年共有 95 家中央部门预算报送全国人大审议，部门预算报表信息更加细化。2014 年 4 家部门首次公开了部门预算，5 家部门首次公开了“三公”经费预算。除涉密内容外，中央部门预算全部公开到最底层的“项”级科目，所有财政拨款安排的“三公”经费都要详细公开，并将“公务用车购置及运行费”细化为“公务用车购置费”和“公务用车运行费”。

第三节　中央部门预算改革的总体评价

十多年来，中央部门预算改革不断向前推进，预算编制更加全面规范，预算管理更加公开透明，管理措施更加丰富完善，运行机制更加顺畅高效，为中央履行职能和事业发展提供了可靠的财力保障。可以说，一个与公共财政框架相适应的新型财政预算编制和管理体系已经初步确立。主要体现在以下几个方面：

一、对落实国家宏观政策及部门履行职能的保障能力进一步增强

传统功能预算管理模式下，预算资金实行切块管理，肢解了一个部门的财务管理职能，使部门在资金管理上缺乏通盘考虑，也影响了部门各项工作任务的统筹规划。部门预算改革以后，实行“一个部门一本预算”，部门预算管理的完整性得到了提高。在新的情况下，中央部门在编制年度预算就要对本部门年度预算进行总体规划，结合本部门职能和年度工作安排统筹考虑并申报预算，促使部门将预算编制与部门职能和事业发展紧密联系在一起。同时，财政部门在编制年度预算时，根据国家战略需要以及党中央国务院具体要求，研究提出具体预算编报要求，为部门编制年度预算提供指引，并对具体项目预算实行分类管理，优先保障国家已确定的重点项目，然后再安排经常性专项业务和跨年度支出项目，最后再结合财力

可能统筹安排其他项目。这种新型的预算分配机制，确保了国家重大政策得到贯彻落实，也更符合部门履行职能的实际需要。

二、预算约束机制不断强化，预算的计划性和严肃性得到了增强

传统的功能预算编制方法，很多资金年初未能及时落实到具体的支出项目，待到预算执行中再确定支出项目，随用随批。有些部门的预算经财政部批准后，在执行中经常不断地被调整，违背了预算的严肃性。部门预算改革以后，一方面改变了过去层层留机动的做法，预算全部批复到具体项目和具体单位，减少了资金在中间环节的滞留，提高了预算的年初到位率，为各预算单位严格按照预算执行创造了条件；另一方面改变了预算外资金、各种政府性基金由单位自行安排的做法，按照综合预算的要求，将预算外资金和部门其他财政性资金全面纳入预算管理或实行收支脱钩管理，部门预算的完整性得到提高，预算管理的随意性得到了控制。同时，财政部积极加强预算执行管理，严格预算执行约束，如有调整必须按程序报财政部门审批，提高了部门预算管理的严肃性。

三、预算编制时间延长和编制方法改进，预算编制的科学化和规范化得到了提高

实行部门预算改革以后，部门预算编制时间，从 1999 预算年度以前的 11 月份开始、3 月份批复的 4 个月时间，逐步延长到目前的 5 月份开始项目清理、3 月份批复预算的 10 个月时间。预算编制时间的延长，为部门全面、准确、科学、细化地编报预算提供了充足的时间保障。预算编制方法也逐步从传统的“基数加增长”过渡到按基本支出和项目支出分别测算，基本支出实行定员定额管理，项目支出立足项目库实行滚动管理，在编制程序上坚持从基层预算单位编起，逐级汇总，预算批复时则是逆向批复到具体单位和具体项目，直接延伸到最基层的预算单位，大大提高了预算编制的精细化程度和科学化水平。

四、预算编制的责任主体更为明确，预算真正成为部门自己的预算

实行部门预算改革以后，在制度涉及上不断强化中央各部门主体地位，强调中央部门既是预算编制的主体，也是预算执行和绩效评价的主体；既是权利主体，同时也是责任主体。在实际操作中，将各中央部门编报的年初预算作为财政部门审核编制明年预算的重要依据。中央部门也切实改变了以往粗放的预算编报方式，充分履行预算编报的主体责任。为了全面准确反映经费需求，中央部门要结合部门职能、行业发展规划和年度工作计划等情况，认真分析提出下年需要开展的工作，统筹考虑各类资源，科学合理地设置预算项目，并结合工作安排、人力物力投入和预算定额标准等，详细编报年度经费预算。通过上述变革，逐步形成了中央部门为主、财政部门总体平衡的预算管理格局，部门预算理念不断增强，预算管理上下一盘棋的局面初步建立。

五、部门预算公开工作不断推进，部门预算的透明度得到了增强

全国人大监督的广度和深度不断延伸。报送全国人大审议的部门预算数量逐年增加，已从 2000 年的 4 个部门增加到 2013 年的 95 个，基本涵盖所有非涉密的中央部门；报送的预算信息不断细化，大多数支出已细化到项级科目。社会监督逐步推进。从 2010 年起，中央部门率先将报送全国人大审议的收支预算总表和财政拨款支出预算表向社会公开，从 2011 年起，开始将“三公”经费预算和决算向社会公开，为公众监督预算开辟了新的途径。截至 2013 年，已有 95 个中央部门公开了部门预算和“三公”经费预算，公开信息的数量和细化程度都逐年有所提高。

六、预算资金管理措施日趋完善，财政资金的使用效益得到了增强

实行部门预算改革以后，财政部着力扭转以往“重分轻管”的局面，不断提高加强和完善财政资金管理措施，让有限的财政资金发挥出最大的使用效益。一方面在全面实行绩效预算尚不成熟的前提下，积极开展绩效评价工作，逐步扩大范围，加强组织管理，推进部门预算安排与绩效评价的结合，推动中央部门树立绩效观念，主动提高财政资金使用效益。另一方面加强预算执行管理和财政拨款结转结余管理，建立健全预算执行监测分析制度，严格控制预算调整事项和调整时限，建立预算编制与预算执行和财政拨款结转结余资金的挂钩制度，不断提高财政资金的使用效率和效益。

在看到成绩的同时，也应当清醒地认识到部门预算管理中存在的一些突出问题，包括：基本支出定额核定方法有待完善，与部门公共资源占有的结合力度有待增强，定额标准的科学性有待提高；项目支出标准体系建设滞后，项目库的支撑作用有待加强，项目的滚动管理机制有待健全，中期财政规划亟需建立；预算绩效评价试点有待加快，评价结果与预算编制的结合力度有待提高；部门结转结余资金规模较大，盘活财政存量资金的任务较重；预算公开力度有待加大，预算透明度还有很大的提升空间等等。与此同时，党的十八届三中全会对深化财税体制改革提出了新的明确要求，实施全面规范、公开透明的预算制度，清理规范重点支出同财政收支增幅或生产总值挂钩事项，建立跨年度预算平衡机制，建立权责发生制的政府综合财务报告制度等等，都要在今后的部门预算编制中加以体现和落实，这就要求财政部门站在更高的层次，以更大的改革勇气，深刻总结前期经验和不足，加快创新机制、完善措施、深化改革，全面解决部门预算中存在的突出问题，将党的十八届三中全会精神落到实处。

第二章　中央部门预算编制及调整规程

不以规矩，无以成方圆。中央部门预算编制及调整规程是规范部门预算编报行为、统一部门预算时间和程序、合理划分职责分工的重要依据，是保证预算工作顺利开展的重要基础。实行部门预算改革以来，财政部从构建公共财政体制和部门预算管理实际需要出发，不断调整完善，逐步建立起了内容全面、分工合理、职责清晰、运转顺畅的部门预算管理规程。本章在介绍中央部门预算编制总体规程的基础上，着重介绍中央部门内部不同司局在预算编制和调整中的职责分工和基本业务流程。

第一节　中央部门预算编制程序改革简要回顾

2000 年实行部门预算改革之前，财政部对不同性质的资金实行切块管理，预算编制程序和编报途径各不相同，编制要求不尽一致，不可避免地出现预算编制时间不统一、编制内容和形式不规范等问题，许多经费预算批复都没有按照预算管理规定时限执行，甚至有的经费预算在预算年度即将结束时才下达。从 2000 年实行部门预算改革开始，规范管理程序就一直是部门预算改革的主要内容之一。这种程序的规范不仅体现在职责分工的重新界定和明确，也体现在预算管理时间节点的统一规范；不仅体现在中央部门和财政部在预算管理中的职责分工，也体现在中央部门和财政部内部不同司局在预算管理中的职责分工。

改革之初，结合实施部门预算改革的实际需要，为了实现预算编制的规范化和制度化，也为了帮助中央部门准确理解和执行政策，财政部设计了中央部门预算编制参考规程，力求统一内部预算管理运行机制、全面提高预算编报质量。为保证规程的适用性，结合部门预算改革的新举措、新内容，此后每年都对部门预算编制规程进行修订和完善，逐渐形成了“二上二下”预算编制规程。

2004年，财政部印发了《2004年中央部门预算编制“二上二下”规程》，使预算编制规程正式成为部颁文件，大大提高了管理规程的规范性。但2004年印发的规程侧重于规范财政部内部不同司局在预算管理中的职责分工和业务流程，对财政部和中央部门之间的职责分工和业务流程涉及较少；同时，随着结转和结余资金管理、绩效评价等工作的开展，2004年印发的规程涵盖范围不全、职责不够细化等问题逐步显现。

2008年，按照完整、规范、精细和科学的要求，财政部重新对部门预算编制和调整程序进行了梳理，制定了《中央部门预算管理工作规程》，对财政部和中央部门、财政部内部职责分工和业务流程做了全面规定，提高了部门预算管理的规范性、科学性和有效性。

2010年，结合部门预算改革进展和实际工作需要，财政部对《中央部门预算管理工作规程》进行了修订，进一步细化了预算管理工作要求，将部门预算管理的各项成熟规定和做法及时纳入规程管理，提高工作规程的科学性、适用性和可操作性。

第二节 中央部门预算编制的总体规程

一、中央部门预算编制总体职责分工

中央部门预算管理涉及全国人大、国务院、财政部、中央部门等不同主体，按照《预算法》和《预算法实施条例》的有关规定，在预算编制这一框架中，各方的职责分工大致如下：

全国人民代表大会：审查中央预算草案及中央预算执行情况的报告；批准中央预算和中央预算执行情况的报告；改变或者撤销全国人民代表大

会常务委员会关于预算、决算的不适当的决议。

国务院：编制中央预算草案；向全国人民代表大会作关于中央预算草案的报告；组织中央预算的执行；决定中央预算预备费的动用；编制中央预算调整方案；改变或者撤销中央各部门关于预算的不适当决定、命令；向全国人民代表大会、全国人民代表大会常务委员会报告中央预算的执行情况。

财政部：具体编制中央预算草案；具体组织中央预算的执行；提出中央预算预备费动用方案；具体编制中央预算的调整方案；定期向国务院报告中央预算的执行情况。

中央部门：编制本部门预算草案；组织和监督本部门预算的执行；定期向财政部报告预算的执行情况。

二、中央部门预算编制总体流程

在明确各方职责分工的基础上，财政部根据预算管理具体工作需要，将预算管理流程大致分为五个阶段："准备"阶段、"一上"阶段、"一下"阶段、"二上"阶段和"二下"阶段。

（一）部门预算编制"准备"阶段

时间节点为每年 4 月至 5 月，主要参与方为财政部和中央部门。主要目的是通过开展项目清理工作、前置预算编制环节，提高部门预算编制的科学性和准确性，逐步实现预算编制的滚动管理。主要工作是对本年度预算已批复项目进行清理，提出滚动列入下一年度中央部门预算的"前三类项目"和打捆项目，并下发中央部门。主要程序为按照逐层汇总的原则，由中央部门先对年度预算已批复项目进行清理，再将清理结果报送财政部，由财政部审核确定后反馈中央部门，作为下一年度预算编制的基础。

（二）部门预算编制"一上"阶段

时间节点为每年 6 月至 7 月，主要参与方为财政部和中央部门，其中财政部的职责是布置预算编制工作并具体指导中央部门预算编制，中央部门的职责是具体编制本部门下一年度预算，主要工作在中央部门。主要目的是由中央部门提出下一年度预算建议数。中央部门编制预算从基层预算单位编起，基层预算单位按照预算编制通知要求，在项目清理基础上编制项目预算建议数，并按照本单位编制人数和实有人数以及上年基本支出定额标准编制基本支出预算，形成本单位年度部门预算，然后层层审核汇总，由一级预算单位审核汇编成部门预算建议数，报送财政部。同时，一级预算单位需提供相关的基础数据和相关资料，主要是涉及基本支出核定的编制人数和实有人数、增人增编的文件，项目支出的文件依据和测算说明。

（三）部门预算编制“一下”阶段

时间节点为每年8月至10月，主要参与方为国务院、财政部和中央部门，其中国务院的职责是审批中央本级预算初步方案，财政部的职责是审核、汇总、平衡中央部门“一下”控制数并形成中央本级预算初步方案，中央部门的职责在于配合财政部做好相关工作，并及时提供相关辅助材料，该阶段的主要工作在财政部。主要目的是由财政部下达各部门预算控制数。对各中央部门上报的预算建议数，由财政部部门预算管理司进行初审，报预算司审核、平衡，并按照规定的工作程序反复协商、沟通，最后由预算司汇总形成中央本级预算初步方案报国务院，经批准后向各中央部门下达预算控制数。涉及有预算分配权部门的指标，由财政部相关主体司对口联系，其分配方案并入“一下”预算控制数，列入相关中央部门预算，由财政部统一向中央部门下达。

（四）部门预算编制“二上”阶段

时间节点为每年11月至下年2月，主要参与方为全国人大、国务院、财政部和中央部门，其中全国人大的职责是审议中央预算草案，国务院的职责是编制中央预算草案，财政部的职责是审核各部门预算草案、汇总形成中央预算草案和部门预算，中央部门的职责是编制本部门预算草案。主要目的是形成下一年度的中央预算和各部门预算草案。具体过程为：中央部门根据财政部下达的预算控制限额，编制部门预算草案上报财政部。基本支出在支出经济分类科目之间由中央部门根据自身情况在现行财务制度规定内自主编制；项目支出必须按照财政部下达的预算控制限额进行编制，并对支出项目进行分解细化，落实到项目具体承担单位。财政部在对各中央部门上报的预算草案审核后，汇总成按支出功能分类编制的中央本级财政预算草案和部门预算，报国务院审批后，再报人大预工委和财经委审核，最后提交人代会审议。

（五）部门预算编制“二下”阶段

时间节点为每年 3 月至 4 月，主要参与方为财政部和中央部门，其中财政部的职责是及时批复各部门预算，中央部门的职责是根据财政部批复的部门预算，及时批复各所属单位预算。主要目的是以正式文件的形式下达下一年度预算。财政部根据全国人民代表大会批准的中央预算草案批复部门预算。具体过程为：在人代会批准预算草案后一个月内，财政部统一批复中央部门预算，各部门则在财政部批复本部门预算之日起 15 日内，批复所属各单位的预算，并负责具体执行。

第三节　中央部门预算编制的内部职责分工

一、基本组织体系

部门预算反映了一个部门所有的收入和支出，涉及各个管理层面，是部门事业发展和行政管理的集中体现，具有很强的综合性。鉴于部门预算的特殊意义，国务院领导曾明确指出：“部门预算不是财务司长的预算，而是部长的预算，是党组的预算”。因此，部门预算编制工作应在部门党组的统一领导下，形成由财务司局牵头组织、其他业务司局分工负责、相互配合的组织结构，同时要建立、健全科学的民主决策机制和严密的监督制约机制，确保预算管理公开、公正、规范、科学。

二、内部职责分工

部门党组：对有关部门预算的重大问题做出决定，审定部门预算。

部门预算编制小组（由部门主管领导及财务司局、各业务司局主要领导组成）：对部党组负责，研究解决部门预算管理中的重大问题；审议部门预算管理规章制度、年度预算编制基本思路和原则、部门预算建议草案、预算调整方案以及预算执行情况。

财务司局：统筹部门预算编制具体工作。研究提出部门预算管理规章制度；汇总提出年度部门预算建议草案；管理部门预算基础资料动态数据库，负责审核所属单位人员经费、日常公用经费支出标准定额；审核部门事业发展项目，统一管理部门项目库；审核、批复所属单位预算；办理部门预算调整事宜；组织部门预算执行。

其他业务司局：重点做好专项事业经费管理工作。研究提出专项事业发展规划；对事业发展项目进行可行性研究及效益分析，为部门预算编制提供项目储备；提出年度预算及调整相关建议；执行年度相关预算，严格管理和使用预算资金，充分发挥预算资金使用效益。

三、有关基础性工作

夯实部门预算编制工作的基础，是编好部门预算的前提。中央部门应努力做到以下几点：

（一）彻底转变预算观念

摈弃热衷于争取资金、忽视提高资源配置效率的预算管理方法，将申报预算、使用资金、监督检查和绩效评价等工作有机结合起来，切实管好用好预算资金。

（二）加强预算管理制度建设

建立一套完整的部门预算组织体系。在部门预算编制、审核、执行、调整、监督、账户管理等方面均做到有章可循。特别是要根据部门预算改革和国库集中支付制度改革的总体要求，对不同性质预算资金的管理内容、程序、方法做出明确规定，形成部门内部规范的预算管理机制，以达到制度化、规范化理财的目的。

（三）按照综合预算的要求，合理预测部门及所属单位收入能力

统筹安排财政资金及本部门其他各项收入，最大限度地提高部门财力资源的配置效率。

（四）真实、准确地摸清家底

掌握部门资源动态变化情况。部门要保证预算编制的准确性，需要扎扎实实地做好摸清家底的工作：一是合理界定本部门的职责、职能和年度工作目标；二是全面、准确把握本部门各项事业发展的规划和实施计划，掌握本部门机构设置、人员编制和构成；三是彻底清查部门所占用资产、资源的使用情况、质量状况及分布状况；四是认真测算本部门支出范围、开支标准，分析近年来部门的财务收支状况及预算执行情况等。在摸清家底的工作中，要实事求是，不得弄虚作假，以保证摸家底的严肃性。

（五）建立科学合理的部门预算项目库

对预算项目实施滚动管理。要根据部门事业发展需要、国民经济发展计划以及中央财力可能来决定是否申请、何时申请、申请多少项目预算资金，避免盲目编报预算的现象。中央部门应根据本部门、本行业的发展计划，每年定期发布项目申报指南，公布下一预算年度项目资金投入的原则和方向，指导所属各预算单位的项目申报。所属预算单位根据项目申报指南，对计划开展的项目进行规划，经充分论证后上报。上级财务部门审核后（涉及各专项业务的项目需要会同业务部门共同审核），将条件成熟的项目列入项目库，将条件尚不成熟的项目退回申报单位。同时，中央部门要对已经进入部门项目库的项目搞好中长期规划，确定项目安排顺序，实行滚动管理。

第四节　中央部门编制预算的内部流程及有关要求

按照实际工作程序，部门预算编制程序分为“准备”、“一上”、“一下”、“二上”、“二下”五个阶段，各阶段部门财务司局及其他业务司局的具体职责如下：

一、准备阶段

这一阶段的工作主要是上一年度预算批复项目的清理，预算基础资料的收集、分析和论证等前期准备工作，是编制好部门预算的基础。

（一）财务司局的职责

在对上一年度预算批复项目进行清理、对以前年度本部门和所属预算单位收支情况进行认真分析基础上，结合下一年度本部门和所属预算单位的工作计划、任务以及事业发展规划，对下一年度本部门总体收支规模进行初步预测，组织业务司局提出下年度预算的支出重点，提交部门党组审定。

组织所属各预算单位和业务司局，按照财政部通知规定的范围和标准进行项目清理工作；认真界定“前三类项目”，并提供项目立项依据（党中央、国务院文件，财政部批复文件）、项目执行期限、项目分年度数额等；对于确实不能提供立项依据的，要说明理由，并逐项说明项目的支出范围。按照规定的时间将项目清理结果以书面形式报财政部部门预算管理司和预算司。

根据综合预算原则，对部门年度政府性基金及部门其他收入进行初步测算，提出年度相关收入预算的管理原则及实施方案。

按照部门预算改革的要求，深入分析本部门和所属预算单位的基本情况；准确、真实、透彻、细致地掌握本部门和各单位的人员、资产等动态基础数据；建立部门基本情况动态数据资料库。

指导和督促所属预算单位认真做好预算编制的基础工作。

按照加强财政拨款结转和结余资金的要求，做好对本部门财政拨款结转和结余资金的统计、分析、核查等管理工作，为在预算中统筹使用财政拨款结转和结余资金做好准备。

组织业务司局制定政府采购预算编制内容，确定实行政府采购项目的原则，负责政府采购预算编制的各项准备工作。

根据本部门预算单位变更情况，及时向财政部提出预算单位信息变更申请。

负责部门预算改革与国库集中收付制度改革配套协调工作。

对部门预算执行情况进行分析，并及时报送财政部。

做好本部门“三公”经费和会议费预算的统计、分析和测算准备等工作。

收集汇总下一年度重大支出变动事项，提交部门党组审定，并及时报送财政部。

（二）业务司局的职责

配合财务司局积极做好项目清理工作。

根据事业发展特点和规划向财务司局提出职责范围内年度预算支出重点的建议。

配合财务司局、协助所属预算单位认真做好预算编制的基础工作。

做好本单位“三公”经费和会议费预算的统计、分析和测算等准备工作。

根据年度事业发展规划和工作计划，配合财务司局对职责范围内的以前年度基本支出执行情况进行分析。

配合财务司局做好下一年度重大支出变动事项。

根据项目库管理要求和本部门年度预算支出重点，配合财务司局做好职责范围内的项目库管理工作；配合财务司局对职责范围内的以前年度项目支出执行情况进行分析。

（三）有关要求

1. 要严格按照部门预算编制时间节点向财政部报送相关文件。

2. 如有预算单位信息需要变更，应在项目清理完成后再提出预算单位信息变更申请，并在部门预算“二上”前报送财政部。

二、“一上”及审核阶段

在财政部正式布置部门预算编制工作后，部门财务司局要及时向领导汇报，及时布置所属预算单位预算编制工作。所属预算单位对项目支出预算按上级部门确定的已经列入项目库的项目编制。部门财务司局收到所属预算单位“一上”预算后，会同业务司局审核汇总形成部门“一上”预算，在报经部门党组审批后，在规定时间内报送财政部。具体流程如图 2－1 所示。

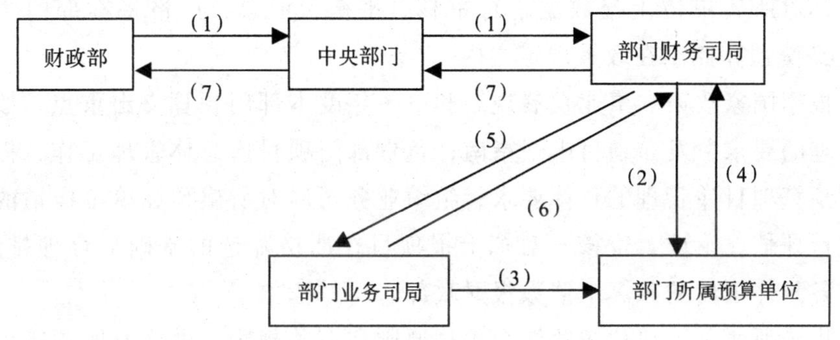

图 2－1　部门预算“一上”流程

（1）财政部布置预算编制工作；

（2）部门财务司局向部门业务司局和所属预算单位布置预算编制工作；

（3）部门业务司局向所属预算单位布置职责范围内的预算编制工作；

（4）所属预算单位上报“一上”预算；

（5）部门财务司局将所属预算单位上报的“一上”预算按职责分解到业务司局；

（6）部门业务司局向财务司局反馈审核意见；

（7）部门财务司局提出本部门“一上”预算报部门党组审核后报送财政部。

（一）财务司局的职责

布置所属预算单位的预算编制工作，下发年度预算编制通知，组织所属单位有关培训。

具体指导所属预算单位按预算编制要求编制“一上”预算，包括解释各项预算编制政策、指导预算表格填列和预算软件操作等涉及预算编制的各项工作。

指导和督促所属预算单位如实、准确地填报人员基础数据等基础信息，并根据所掌握的各预算单位人员、资产等动态基本情况对各预算单位“一上”预算有关基础数据的准确性、真实性进行审核。

指导和督促所属单位认真测算“三公”经费预算和会议费预算的测算工作，对所属单位上报数据进行审核、平衡、汇总，严格将本部门“三公”经费预算控制在政策规定之内。

根据国家政策、事业发展规划和下一年度本部门预算支出重点，按项目管理的要求，发布项目申报指南；负责部门项目库总体管理工作，提出年度预算项目库管理的具体要求；组织业务司局对所属预算单位申请的项目进行评估、论证、审核，对拟上报项目在严格筛选的基础上合理排序，确定各具体项目的预算申请数报财政部。

指导所属预算单位按照综合预算原则和有关规定，做好所属预算单位收入预算的测算、填报工作；对所属单位“一上”预算中的以前年度财政拨款结转和结余资金、政府性基金及部门其他收入进行核实，提出本部门收入预算建议数报财政部。

接收所属预算单位“一上”预算，利用预算编制软件进行技术性审核；对项目名称、项目文本等进行规范性审核；对所属单位填报的结转、结余资金和其他收入收支情况进行准确性、真实性审核；对申报预算进行总体平衡，将申报预算总额度控制在财政部要求之内；负责汇总后形成本部门“一上”预算报财政部，并按照财政部要求撰写详细、准确的文字说明。

组织所属单位和业务司局，对以前年度部分预算已安排的重大支出项目进行评价，并撰写绩效评价材料，随本部门“一上”预算报财政部。

将本部门以前年度财政拨款结转和结余资金的安排使用计划，随本部门“一上”预算报财政部。

提出下年度拟进行绩效评价试点项目建议，随“一上”预算报送财政部。

（二）业务司局的职责

负责向财务司局提出职责范围内的项目支出预算的审核意见。

负责向财务司局提出职责范围内项目支出预算中所列项目的排序建议。

认真测算“三公”经费预算和会议费预算。

配合财务司局积极做好绩效评价工作。

（三）有关要求

1. 确保部门预算的真实性和完整性。充分、合理预计部门预算中各项收入，真实、完整反映各项支出，详细填报部门职能和机构设置情况、部门预算编制说明等文字材料。严格按照国家有关保密法规规定标注部门预算数据及相关文件密级。

2. 纳入2015年中央部门预算编报范围的收支包括：一是行政单位：全部收支列入部门预算；二是事业单位（包括财政补助事业单位、经费自理事业单位及参照公务员法管理事业单位等）：除开展独立核算经营活动发生的收支以外，其他的收支全部列入部门预算；三是军队武警：全部收支列入部门预算；四是社会团体：公共财政预算财政拨款、政府性基金预算财政拨款等收支列入部门预算；五是企业：公共财政预算财政拨款、政府性基金预算财政拨款等收支列入部门预算。

3. 按照人员编制、实有人数和有关预算管理制度规定编报基本支出预算，认真填报基础信息数据库相关数据。2015年预算中人员编制或实有人数情况较上年发生变化的，要说明原因并提供相关证明文件。

4. 编报的项目名称要真实、全面反映项目主要信息，体现项目涉及的主要工作或事项，以及项目的主要支出内容等，用词要精练简洁（控制在30个字符以内），避免使用字母及英文缩写，确需使用的应括注规范汉语译名。

5. 2015年中央部门项目支出预算，除党中央、国务院已确定的重大支出以及教育、科学、农业等重点支出外，其他一般性项目支出预算要严格控制。细化项目支出预算编制，原则上项目支出要全部分解落实到基层单位和具体用途，上级单位不得代编下级单位预算。继续实行前三类项目核减激励机制，继续开展按经济分类编制项目支出预算试点工作。

6. 规范重点项目执行管理，原则上当年财政拨款预算金额在1亿元

（含）以上的项目应全部选为重点项目，教育、社保、就业、医疗卫生、住房等民生支出中未达到 1 亿元的大额项目也应选为重点项目。

7. 加大结转和结余资金统筹使用力度。经财政部批复确认的截至 2013 年底项目支出累计结余资金，除已安排使用的部分外，其余部分原则上全部统筹用于 2015 年预算支出。对 2014 年结转资金要充分预计，在 2015 年“二上”预算中全面、完整地反映。

8. 中央部门在申报 2015 年预算时，要将以前年度绩效评价结果作为重要参考依据。扩大绩效目标管理和绩效评价范围，2015 年纳入绩效目标管理的项目资金规模要力争达到本部门项目支出规模的 40%，纳入绩效评价试点范围的项目资金规模要力争达到本部门公共财政支出规模的 8%。鼓励中央部门在此基础上进一步扩大范围。积极配合财政部做好重点领域和项目绩效评价试点工作，并可自行选择部分领域和项目开展重点绩效评价试点，以及选择部分下属单位开展单位整体支出绩效评价试点。进一步完善评价结果反馈机制，督促整改评价中发现的问题，并将相关情况报财政部备案。

9. 部门“一上”预算须使用部发文，一级预算单位为司局级的可使用司发文。

10. 对于向预算分配权部门申请的项目预算，除纳入“一上”部门预算中报送财政部外，还应按有关要求单独报送相关部门。有预算分配职能的部门要按照全国人大、审计署关于切实提高年初预算到位率的要求，采取有效措施，将预留指标比例严格控制在规定的范围之内，并将预算指标落实情况按规定时间反馈财政部。

三、“一下”阶段

此阶段的主要任务是落实财政部下达的预算指标控制数。

（一）财务司局的职责

对财政部审核本部门“一下”预算指标申请数时，给予必要的配合。

根据财政部下达的年度部门预算指标控制数，在与业务司局充分协商的基础上，结合本部门事业发展规划和年度预算支出重点综合平衡后，形成各所属预算单位“一下”具体预算指标控制数方案报部门党组。

对按定员定额核定基本支出的所属预算单位，按照已确定的定员定额标准，考虑财力对基本支出定额标准可能提供的保障程度，测算各所属预算单位基本支出“一下”预算指标控制数。

对非定员定额管理的基本支出经费，参照各所属预算单位历年开支水平以及各种影响预算的增减因素，在所属各预算单位提供的预算建议数基础上根据财政部下达的预算控制限额综合平衡后测算所属各预算单位基本支出“一下”预算指标控制数。

根据财政部审核确认的本部门年度项目支出预算建议数和排序，确定所属预算单位“一下”项目支出预算指标控制数。

根据财政部下达本部门政府性基金“一下”预算指标控制数，测算所属预算单位政府性基金“一下”预算指标控制数。

将“一下”预算指标，包括住房改革支出中动用以前年度财政拨款结余和售房收入结余控制数，下达所属各预算单位。

根据财政部确定的绩效评价试点项目，向所属单位下达绩效评价试点项目。

（二）业务司局的职责

根据本部门事业发展规划，按照年度预算支出重点，向财务司局提出职责范围内的各所属预算单位“一下”具体预算指标控制数方案。

认真做好支出预算细化工作。

（三）有关要求

1. 如实反映部门预算需求情况，并按财政部要求及时提供相关证明材料和说明。

2. 及时将“一下”控制数下达到所属单位，督促所属单位按时上报预算。

3. 做好对所属单位的政策解释工作。

四、"二上"阶段

在财政部下达部门预算控制数后，部门财务司局应会同其他业务司局，按下达的预算控制数对"一上"预算按确保重点、兼顾一般的原则进行调整，下达所属预算单位的预算控制数。所属预算单位编制本单位"二上"预算逐级上报，部门财务司局会同业务司局审核汇总后形成部门"二上"预算，经一定的审批程序后，在规定时间内上报财政部。具体流程如图 2-2 所示。

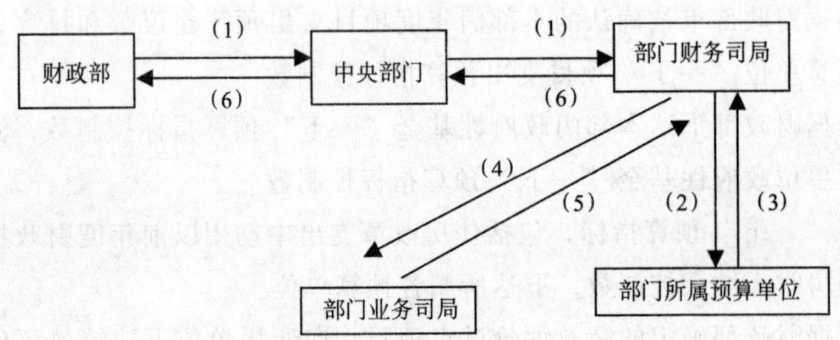

图 2-2 预算编制"二上"流程

（1）财政部下达预算控制数；

（2）部门财务司局向所属预算单位布置预算编制工作；

（3）所属预算单位上报"二上"预算；

（4）部门财务司局将所属预算单位上报的"二上"预算按职责分解到业务司局；

（5）部门业务司局向财务司局反馈审核意见；

（6）部门财务司局提出本部门"二上"预算报部门党组审核后报送财政部。

（一）财务司局的职责

指导所属各预算单位根据下达的"一下"预算指标控制数编制"二上"预算。

接收所属各预算单位"二上"预算，利用预算编制软件进行技术性审核，对预算细化分解情况进行审核。

做好“三公”经费和会议费预算编报审核工作，将“三公”经费控制在政策规定之内，并新增资产配置预算、部门预算安排等情况做好衔接。

汇总形成上报财政部的本部门年度预算草案，报部门党组审核、批准后报送财政部。

组织、审核和汇总列入绩效评价试点范围的项目绩效目标、编写自评报告等，并将有关材料随部门“二上”预算报送财政部备案。

（二）业务司局的职责

负责向财务司局提出职责范围内项目支出预算中所列项目的审核意见。

负责向财务司局提出职责范围内的基本支出预算和项目支出预算的审核意见。

负责具体编写实行绩效评价试点项目的项目绩效目标、编写自评报告等内容。

（三）有关要求

1. 中央部门要按时（12月10日之前）向财政部上报“二上”预算。

2. 根据收入增减因素变化情况，调整编制部门“二上”收入预算。财政拨款收入应严格按照财政部下达的“一下”预算控制数编报。

3. 认真做好预算细化工作，将所有支出全部落实到具体项目和具体单位，原则上不允许代编下级单位预算。如因特殊情况在“二上”预算时确实无法细化到具体执行单位的预算事项，部门应提出具体理由并准确定义代编项目名称，报财政部审核同意后，可由中央部门列在部门本级作代编处理，执行中按调整预算程序细化后执行，在未进行细化前部门不得动用。

4. 年初安排给中央部门的机动经费（名称统一列为“机动经费”）要统一列为其他项目，原则上年初不允许分解到下级单位，执行中根据实际需要，报财政部审批同意后再分解下达。

5. 根据财政部"一下"预算控制数相应调整项目文本相关内容，将调整后项目文本与"二上"预算一并报送财政部。

6. 财政部原则上不再调整"一下"控制数指标。如确因党中央、国务院新确定增支事项等特殊情况需要调整"一下"预算控制数的，或因特殊原因需调整新增资产配置预算的，部门应提出充分理由、提供相关材料于11月20日前上报财政部。经财政部批准后，按照财政部下达的"一下"预算控制数调整数编制"二上"部门预算。

五、"二下"阶段

在财政部批复本部门预算后，部门财务司局应根据财政部批复的预算在15日内批复所属单位预算。具体流程如图2－3所示。

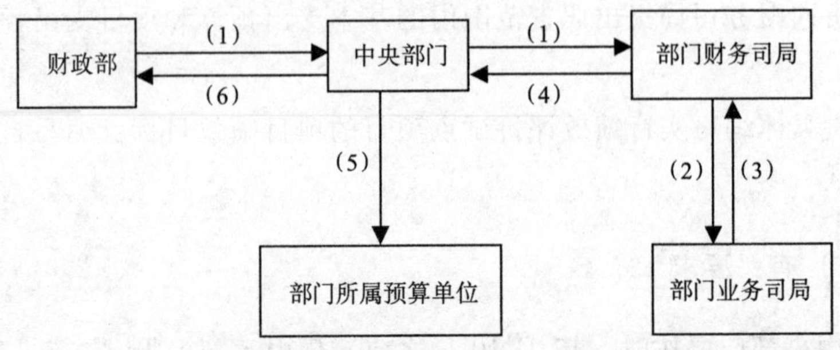

图2－3 预算编制"二下"流程

（1）财政部批复部门预算；

（2）部门财务司局将财政部批复的预算按职责分解到业务司局；

（3）部门业务司局提出批复预算的建议反馈财务司局；

（4）部门财务司局拟订所属各预算单位预算批复方案；

（5）批复所属各预算单位预算；

（6）部门将所属预算单位批复情况抄送财政部。

（一）财务司局的职责

根据财政部批复本部门的预算，组织部门预算批复工作。做好"三公"经费和会议费预算细化工作。

起草统一的部门预算批复文件和预算批复表格，在规定的时间内将财政部批复的预算分解、下达各所属单位预算批复文件。

督促各所属预算单位及时批复下属单位预算，并将批复结果报主管部门财务司局备案。

根据财政部“二下”批复的预算，对绩效目标做出调整的，及时报财政部备案。

按照有关要求，做好本部门预算公开以及“三公”经费和行政经费等公开工作。

（二）业务司局的职责

配合财务司局做好各下属单位预算批复工作。

配合财务司局做好预算公开工作。

（三）有关要求

1. 中央部门要按时间及时向下批复预算，做好本部门预算公开工作。

2. 中央部门应严格按照财政部批复的部门预算分解批复下级单位预算，不得在批复预算时对基本支出和项目支出预算进行调整或细化，如确需进一步调整或细化的，按照调整预算程序办理。

第五节　部门预算的调整

在预算执行过程中，出现国家政策发生变化或重大自然灾害等不可预见因素，由预算单位向上级部门提出预算调整申请，部门财务司局组织业务司局对所属预算单位的预算调整申请进行审核后，对符合预算调整条件的报财政部申请调整预算。预算调整申请应包括调整的事项和原因、调整的必要性、调整的金额等。对调整理由不充分的预算调整申请，财政部不予受理。具体流程如图 2－4 所示。

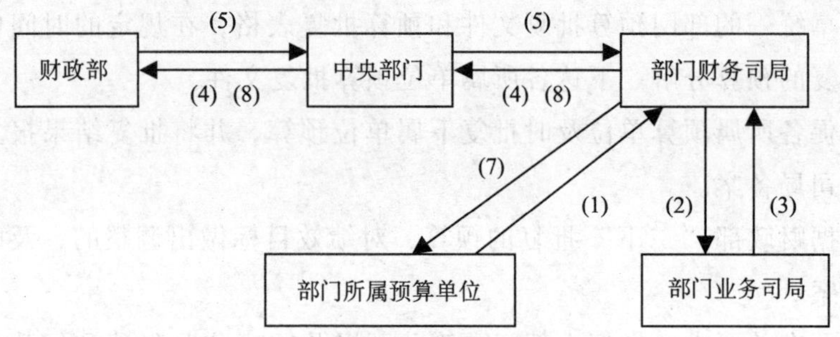

图 2－4　预算调整流程

（1）部门所属预算单位提出调整预算申请；

（2）部门财务司局将所属预算单位调整预算申请分解到业务司局；

（3）部门业务司局对调整预算申请提出审核建议反馈财务司局；

（4）部门财务司局提出本部门调整预算申请经部门领导批准后报财政部；

（5）财政部审批部门上报的调整预算申请；

（6）部门财务司局根据财政部批准调整预算申请拟定预算调整方案报部门党组；

（7）财政部批复调整预算后，根据财政部批复调整部门所属预算单位预算；

（8）将所属预算单位预算调整情况报财政部备案。

一、职责分工

（一）财务司局的主要职责：

1. 组织业务司局对所属各预算单位要求调整预算的事项进行审核，提出处理建议，需要报财政部申请调整的，起草上报财政部的预算调整申请。

2. 财政部批准调整部门预算后，组织业务司局根据财政部对本部门预算的调整情况提出对所属各预算单位的调整方案，报部门领导审定后下达。

（二）业务司局的主要职责：

配合财务司局完成各项预算调整事宜。

二、工作要求

（一）部门预算调整要依据充分，理由合理，说明翔实，测算准确。

（二）预算执行中，除因突发情况、新出台政策、新增单位等因素，必须在当年增加安排的支出外，不得申请和办理追加预算。对涉及新建楼堂馆所、增加财政供养人员和“三公经费”的事项，坚决按照“政府性的楼堂馆所一律不得新建；财政供养人员只减不增；公费接待、公费出国、公费购车只减不增”的要求，从严控制。

（三）对部门因突发情况、新出台政策、新增单位等因素，必须当年安排的新增支出，应首先通过当年已批复的部门预算资金、以前年度结转资金调剂解决或通过部门机动经费解决，如不能满足需要方可申请追加预算。要加强机动经费在部门内部各单位之间的统筹，在部门机动经费未使用完毕前，不得申请追加财政拨款预算。机动经费的使用应符合国家有关规定，用于重点、急需的支出。

（四）加强“三公经费”执行管理，执行中原则上不再追加部门“三公经费”预算。

（五）财政部年初已批复预算的项目支出，因部门前期论证工作不充分以及其他不可预期原因造成项目无法执行的，原则上执行中不得调整项目用途，应作调减当年预算处理。

（六）对年初预算已申请，财政部预算批复未安排的项目，或年初预算已安排部门又提出增加支出的项目，除特殊情况外，当年预算执行中不得再申请追加预算。

（七）对列部门本级代编，执行中需细化的支出，部门应按照调整预算程序，将细化方案报财政部审批后执行。部门申请细化年初预算应尽量集中办理，一般为预算批复后至6月30日。

（八）除年初已定的代编预算项目外，每年上半年原则上不得追加预算。除按照相关规定和要求可以办理追加预算，且因特殊情况延误的事项外，对部门未在 8 月 31 日前送达财政部的追加预算申请，不予办理。

（九）涉及预算数额调整的文件须使用部发文（一级预算单位为司局级的可使用司发文，下同），不涉及预算数额调整的说明性文件可使用司发文。

第三章　2015年中央部门预算编制总体思路

第一节　中央部门预算编制的指导思想和基本原则

一、指导思想

以邓小平理论、“三个代表”重要思想、科学发展观为指导，全面贯彻落实党的十八大、十八届二中、三中全会、中央经济工作会议和全国财政工作会议精神，遵循现代国家治理理念，坚持稳中求进、改革创新，完善体制机制，加强预算管理，实现有效监督，努力构建全面规范、公开透明的预算制度。2015年中央部门预算编制要紧紧围绕全面深化改革的总体部署，紧密结合财政经济形势，坚持依法理财、统筹兼顾，优化财政支出结构，盘活财政存量，用好财政增量，从严控制“三公”经费等一般性支出；深化部门预算改革，推进中期财政规划和部门滚动规划管理，健全预算支出标准体系，深化国库集中收付和政府采购制度改革；加强全口径预算管理，强化预算执行监督，严肃财经纪律，硬化预算约束，推进预算绩效管理，提高预算透明度。

二、基本原则

中央部门预算是整个国家财政预算的重要组成部分，与国民经济和社会发展、国家宏观政策、政府施政目标以及中央部门履行职能等联系紧密，预算草案一经全国人大批准即具有法律效力，因此，中央部门预算具有很强的严肃性。中央部门在预算编制过程中，应遵循以下原则：

（一）合法性原则

部门预算的编制要符合《中华人民共和国预算法》和国家其他法律、法规的要求，充分体现党和国家的方针政策，并在法律赋予部门的职能范围内进行。收入方面，组织政府性基金收入要符合国家法律、法规的规定；行政事业性收费要按财政部、国家发展改革委核定的收费项目和标准测算等。支出方面，支出预算要结合本部门的事业发展计划、职责和任务测算；对预算年度收支增减因素的预测要充分体现与国民经济和社会发展计划的一致性，要与经济增长速度相匹配；项目和投资支出方向要符合国家产业政策；支出的安排要体现厉行节约、反对浪费、勤俭办事的方针；人员经费支出要严格执行国家工资和社会保障的有关政策、规定及开支标准；日常公用经费支出要按国家、部门或单位规定的支出标准测算；部门预算需求不得超出法律赋予部门的职能。

（二）真实性原则

部门预算收支的预测必须以国家社会经济发展规划和履行部门职能的需要为依据，对每一收支项目的数字指标应认真测算，力求各项收支数据真实准确。机构、编制、人员、资产等基础数据资料要按实际情况填报；各项收入预算要结合近几年实际取得的收入并考虑增收减收因素测算，不能随意夸大或隐瞒收入；支出要按规定的标准，结合近几年实际支出情况测算，不得随意虚增或虚列支出；各项收支要符合部门的实际情况，测算时要有真实可靠的依据，不能凭主观印象或人为提高开支标准编制预算。

（三）完整性原则

部门预算编制要体现综合预算的思想。各部门应将所有收入和支出全部纳入部门预算，按财政拨款收支预算和财务收支预算两个层次进行编制。全面、准确地反映部门各项收支情况。

（四）科学性原则

预算收入的预测和安排预算支出的方向要科学，与国民经济社会发展状况相适应，有利于促进国民经济协调健康、可持续发展。预算编制的程序设置要科学，合理安排预算编制每个阶段的时间，既要以充裕的时间保证预算编制的质量，也要注重提高预算编制的效率。预算编制的方法要科学，测算的过程要有理有据。预算的核定要科学，基本支出预算定额要依照科学的方法制定，项目支出预算编制中要对项目进行遴选，分轻重缓急排序，科学合理地选择项目。

（五）稳妥性原则

部门预算的编制要做到稳妥可靠，量入为出，收支平衡，不得编制赤字预算。收入预算要留有余地，没有把握的收入项目和数额，不要列入预算，以免收入不能实现时，造成收小于支；预算要先保证基本工资、离退休费和日常办公经费等基本支出，避免预算执行中频繁调整。项目预算的编制要量力而行，有多少钱办多少事。

（六）重点性原则

部门预算编制要做到合理安排各项资金，本着“统筹兼顾，留有余地”的方针，在兼顾一般的同时，优先保证重点支出。根据重点性原则，要先保证基本支出，后安排项目支出；先重点、急需项目，后一般项目。基本支出是维持部门正常运转所必需的开支，如：人员基本工资、国家规定的各项津贴补贴、离退休人员的离退休费、保证机构正常运行所必需的公用经费支出以及完成部门职责任务所必需的其他支出，因此要优先安排预算，不能留有缺口；项目支出根据财力情况，按轻重缓急，优先安排党中央、国务院交办的事项，符合国民经济和社会发展规划、符合国家财政宏观调控和产业政策的项目。

（七）透明性原则

部门预算要体现公开、透明原则。要通过建立完善科学的预算支出标准体系和推进滚动规划管理，实现预算分配的标准化、科学化，减少预算分配中存在的主观随意性与“暗箱操作”，使预算分配更加规范、透明。主动接受人大、审计和社会监督，按照《政府信息公开条例》（国务院令第492号）等文件精神，建立健全部门预算信息披露制度和公开反馈机制，推进部门预算公开。

（八）绩效性原则

部门预算应建立绩效管理制度，对预算的编制、执行和完成结果实行全面的追踪问效，不断提高预算资金的使用效益。在项目申报阶段，要填报绩效目标和绩效指标，并进行充分的可行性论证，以保障项目确实必需、可行；在项目执行阶段，要建立严格的绩效监控制度，以对项目进程和资金使用情况进行监督，对阶段性成果进行评价；在项目完成阶段，项目单位要及时组织验收和总结，并形成绩效报告报中央部门；中央部门要及时开展绩效评价工作并将绩效评价报告汇总报财政部。中央部门和财政部要将项目完成情况和绩效评价结果分别记入中央部门项目库和财政部项目库，并作为财政部以后年度审批立项的参考依据，以强化对部门预算资金使用过程的监督和使用效益的考核分析，促使预算资金的安排由“重分配”向“重管理”转变。

第二节　2015年中央部门预算编制的工作重点

一、坚持厉行勤俭节约，努力降低行政成本

发扬艰苦奋斗、勤俭节约的优良传统，严格执行中央八项规定和国务院“约法三章”要求，认真落实《党政机关厉行节约反对浪费条例》。严格控制一般性支出，细化“三公”经费预算管理，继续按照零增长的原则编制“三公”经费预算，“三公”经费和会议费比上年只减不增。健全公务支出管理制度体系，加强公务支出的督查问责，深化公务用车制度改

革，全面实行公务卡制度，不新建政府性楼堂馆所，规范和加强机构编制管理，推进厉行节约工作长效化、常态化、制度化。

二、完善预算分配机制，提高预算安排的规范性

结合事业单位分类改革，研究完善事业单位经费保障机制，扩大基本支出定员定额管理范围，优化基本支出和项目支出结构。推进项目支出定额标准体系建设，加强定额标准的运用，发挥定额标准对项目预算安排的支撑作用。细化部门预算编制，推进预算编制与预算执行、结转结余资金管理和部门决算的有机结合，提高年初预算到位率。

三、推进中期规划管理，提高预算管理的科学性

推进中期财政规划和部门滚动规划管理改革，强化规划对年度预算的约束，增强预算的前瞻性和可持续性。健全项目支出预算管理制度，改进项目库管理，规范预算项目设置，加大项目精简、整合力度，控制和减少项目数量，完善重大项目事前评审机制和中期绩效评估机制。清理规范重点支出同财政收支增幅或生产总值挂钩事项，据实安排重点支出，不再采取先确定支出总额再安排具体项目的办法。

四、强化全口径预算管理，提高部门预算的完整性

厘清公共财政预算、政府性基金预算和国有资本经营预算的功能定位，明确收支范围，加强统筹协调，避免资金安排交叉重复。对相关支出，首先通过政府性基金预算和国有资本经营预算安排；如有不足且必须安排，再通过公共财政预算安排。加强中央部门除当年财政拨款以外的事业收入、经营收入等其他资金的管理。规范部门预算口径和报送格式，从 2015 年起，将部门预算划分为部门财政拨款收支预算和部门财务收支预算两个层次。

五、提升预算绩效管理质量，提高财政资金使用效益

牢固树立绩效管理理念，大力培育绩效管理文化，健全全过程预算绩效管理机制。继续扩大预算绩效管理范围，强化绩效目标编制管理，提升预算绩效管理工作质量。积极开展重点领域和项目绩效评价试点工作，开展部门整体支出绩效评价试点。加大绩效评价结果与预算安排相结合的力度，推进绩效评价结果向社会公开。

六、严格预算执行管理，增强预算约束力

强化预算执行约束，严格执行全国人大审议通过的预算，减少和规范预算调整事项。健全预算支出责任制度和执行通报制度，加强预算执行动态监控，规范全年用款计划编报工作，加强重点支出项目执行管理，严格按照财政国库管理制度规定支付资金。配合做好建立权责发生制政府综合财务报告制度工作。加强政府采购管理，全面编制政府采购预算，规范政府采购预算的范围、内容和程序，发挥政府采购政策功能。做好政府购买服务有关预算管理工作，完善政府购买服务绩效评价和信息公开机制。

七、加强资产配置预算管理，推进资产管理与预算管理、财政国库管理有机结合

建立健全以配置流程和配置标准为核心的行政事业资产配置管理体系。加强行政事业单位资产配置预算管理，从严控制新增资产数量和经费。规范行政事业单位国有资产有偿使用及处置行为，按照有关规定将行政事业单位国有资产处置收入、行政单位国有资产出租出借收入缴入国库，纳入预算管理。构建和完善资产管理与预算管理、财政国库管理之间依法合规、有机衔接、有效制衡的工作机制和业务流程。完善资产管理信息系统。

八、积极推进部门预算公开，提高预算透明度

强化部门主体责任，提高部门预算公开的主动性和积极性，健全信息披露制度，做好舆论宣传和相关解释工作。扩大公开范围，除涉密部门外，所有使用财政拨款的部门均应公开本部门预算。细化公开内容，将中央部门预算公开到基本支出和项目支出。继续推进“三公”经费公开。

第四章　2015年中央部门收入预算编制

中央部门预算收入，是中央部门编制年度预算时，预计在预算编制周期内从各种渠道依法取得的各类收入的总称，是中央部门履行职能、完成各项工作任务的财力保障。中央部门必须依法、准确、真实、完整地编制收入预算。

第一节　中央部门收入预算编制概述

中央部门的收入长期以来主要包括一般财政拨款收入、政府性基金预算拨款收入、事业收入、经营收入、其他收入等。自从实施中央部门预算改革以来，为加强资金监管，加大财政性资金的统筹使用力度，财政部明确提出实行综合预算管理，要求部门将所有收支统一纳入部门预算中反映，改变传统预算只反映预算内收支，大量预算外资金只报账甚至不报账的粗放管理方式，中央部门收入预算编制的范围、内容、形式等也相应不断变更。特别是随着综合预算的逐步推进以及《国务院办公厅转发财政部〈关于深化收支两条线改革，进一步加强财政管理意见〉的通知》（国办发［2001］93号）的发布，对预算外资金等非税收入的监管力度逐步加大，一是推进收支两条线改革，将非税收入逐步纳入预算管理，直至全面取消预算外资金；二是推进非税收入收缴改革，避免坐收坐支。

一、推进收支两条线改革

按照国办发［2001］93号“对中央部门区分不同情况，分别采取将预算外资金纳入预算管理或实行收支脱钩管理等办法”的要求，2002 年，一是将公安部等 5 个行政执法部门按规定收取的所有预算外收入（不含所属院校的收费）全部纳入预算，全额上缴中央国库；其支出由财政部按部门履行职能的需要核定，确保经费供给。二是对国家质检总局等 28 个中央部门的预算外资金（不含所属院校的收费）实行收支脱钩管理，其预算外收入缴入财政专户，财政部按核定的综合定额标准，统筹安排年度财政支出，编制综合财政预算。三是改变国税系统、海关系统按收入比例提取经费的办法，实行“预算制”，按照部门预算的统一要求核定经费支出。自 2002 年 7 月起，将政府性基金全部纳入预算管理。2003 年，印发了《财政部、中国人民银行关于将部分行政事业性收费纳入预算管理的通知》，将经贸、外贸等部门和单位的 118 项行政事业性收费纳入财政预算管理。2004 年，进一步扩大了试点范围，增加了司法部、信息产业部等 7 个部门进行预算外资金“收支脱钩”改革试点，使试点部门达到 40 个，基本实现了对预算外资金的规范管理。2005 年，将广电总局集中的广告收入等预算外收入逐步纳入预算管理。2006 年，广电总局集中的中央电视台广告收入全部纳入预算管理，支出由财政部根据广电事业发展的需要在部门预算中统筹考虑。2007 年，将土地出让收支全额纳入政府性基金预算管理。2008 年，将彩票公益金纳入政府性基金预算管理；印发《中央级事业单位国有资产处置管理暂行办法》，明确中央事业单位资产处置收入上缴中央国库，实行“收支两条线”管理。2009 年，印发《中央行政单位国有资产处置收入和出租出借收入管理暂行办法》，明确将中央行政单位国有资产处置收入和出租出借收入分别上缴中央国库和中央财政专户；印发《财政部关于将按预算外资金管理的全国性及中央部门和单位行政事业性收费纳入预算管理的通知》，明确从 2010 年 1 月 1 日起，将司法部等部门 35 项收费（含以前年度欠缴及未缴财政专户的资金和财政专户结余资金）全额上缴国库，支出通过一般预算或基金预算安排，不再作为预算外资金管理。2010 年，印发《财政部关于将按预算外资金管理的收入纳入预算管理的通知》，明确从 2011 年 1 月 1 日起，中央部门的教育收费收入作为本部门的事业收入，纳入财政专户管理，其余中央部门预算外收入全部上缴中央国库，支出通过一般预算或政府性基金预算安排。中央部门收取的主管部门集中收入、国有资产出租出借收入、广告收入、捐赠收入、回收资金、利息收入等预算外收入纳入一般预算管理，使用时用于收入上缴部门的相关支出，专款专用。从此，预算外资金正式退出历史舞台。

二、建立非税收入收缴分离制度

从 2002 年开始，按照国库管理制度改革方案的要求，逐步建立非税收入“单位开票、银行代收、财政统管”的非税收入收缴制度。一是财政部门设立预算外资金财政专户，取消主管部门和执收单位设立的收入过渡户，对预算外资金汇缴专户实行零余额管理。二是取消原对一些预算外资金按一定比例留用的政策，预算外资金收支统一由财政专户反映。三是中央部门非税收入收缴改革范围继续扩大。截至 2009 年底，对 65 个中央部门和 35 个财政监察专员办事处执收的非税收入实施了国库集中收缴，改革的单位范围和资金范围进一步扩大。四是对国有资本、国有资源、国有资产收入实施国库集中收缴管理，进一步扩大改革的资金范围。截至 2009 年底，33 个中央部门所属 70 个执收单位收缴的事业单位国有资产处置收入实行了国库集中收缴。五是完善全国非税收入执收项目库，研究提出了推进中央地方分成收入、高等院校收费收入改革的措施。六是将国库集中支付改革的范围从一般预算资金扩大到政府性基金。2009 年，全年通过中央收缴系统实现非税收入 2440 亿元，比上年增加 670 亿元。全国 36 个省（区、市）和计划单列市本级、280 多个地市、2100 多个县（区）、超过 23 万个执收单位实施了非税收入收缴管理改革。

第二节　2015 年中央部门收入预算编制

一、中央部门收入预算的构成

2015 年中央部门收入预算来源主要包括上年结转、财政拨款收入、上级补助收入、事业收入、事业单位经营收入、下级单位上缴收入、其他收入、用事业基金弥补收支差额等。主要涉及的预算表有："财政拨款收支预算总表"、"财务收支预算总表"、"财务收入预算表"、"非财政拨款收入明细表"、"中央行政事业单位资产处置收入和行政单位资产出租出借收入表"等。

1. 上年结转。指以前年度安排、预计结转到本年度使用的资金，包括财政拨款结转资金、财政拨款结余资金、教育收费和其他资金的结转资金情况。

2. 财政拨款收入。指由中央财政拨款形成的部门收入，不包括非本级财政拨款收入以及预计年度执行中从其他中央部门接收到的财政拨款收入。按现行管理制度，中央部门预算中反映的财政拨款仅包括公共财政预算财政拨款收入和政府性基金预算财政拨款收入。

3. 上级补助收入。指预算单位从主管部门或上级单位取得的非财政拨款补助收入。

4. 事业收入。指事业单位开展专业业务活动及辅助活动取得的收入，包括教育收费收入等。

5. 事业单位经营收入。指事业单位在专业业务活动及辅助活动之外开展非独立核算经营活动取得的收入。事业单位的经营收入必须具备以下两个特征：一是经营活动取得的收入，而不是专业业务活动及其辅助活动取得的收入；二是取得的经营收入是非独立核算的。

6. 下级单位上缴收入。指本单位所属下级单位（包含独立核算和非独立核算的，相关支出纳入和未纳入部门预算的下级单位）上缴给本单位的全部收入（包括下级事业单位上缴的事业收入、其他收入和下级企业单位上缴的利润等）。

7. 其他收入。填列除上述收入以外的各项收入，主要包括非本级财政拨款、事业单位的投资收益等收入。

8. 用事业基金弥补收支差额。指预计用事业基金弥补本年度收支差额的数额。只有事业单位预计收入小于支出时，才可以用事业基金弥补收支差额。

二、中央部门收入预算编制的总体要求

中央部门在预测收入预算时，应本着科学、合理的原则，遵循项目合

法合规、内容全面完整、数字真实准确的总体要求。

（一）项目合法合规

部门填列的各项收入，必须是预计依法取得的各项收入。从 2011 年起，除学费收入纳入财政专户实行专项管理以外，交通运输部主管部门集中收入纳入政府性基金预算管理，其余中央预算外资金全部取消，纳入公共财政预算管理。各部门必须严格执行国家政策规定，认真做好以下几类收入编报工作。

1. 主管部门集中收入。主管部门集中收入主要指国家机关、实行公务员管理的事业单位、代行政府职能的社会团体及其他组织集中所属事业单位的收入。按照《财政部关于将按预算外资金管理的收入纳入预算管理的通知》的规定，主管部门集中收入等预算外收入应上缴国库、纳入一般预算管理，各部门不得作为本单位收入。

2. 以政府名义接受的捐赠收入。以政府名义接受的捐赠收入是指以各级政府、国家机关、实行公务员管理的事业单位、代行政府职能的社会团体以及其他组织名义接受的非定向捐赠货币收入，不包括定向捐赠货币收入、实物捐赠收入以及以不实行公务员管理的事业单位、不代行政府职能的社会团体、企业、个人或者其他民间组织名义接受的捐赠收入。以政府名义接受的捐赠收入，必须坚持自愿原则，不得强行摊派，不得将以政府名义接受的捐赠收入转交不实行公务员管理的事业单位、不代行政府职能的社会团体、企业、个人或者其他民间组织管理。按照《财政部关于将按预算外资金管理的收入纳入预算管理的通知》的规定，捐赠收入等预算外收入应上缴国库、纳入一般预算管理，不得作为本单位“其他收入”反映。

3. 政府财政资金产生的利息收入。政府财政资金产生的利息收入是指税收和非税收入产生的利息收入，按照中国人民银行规定计息，统一纳入政府非税收入管理范围。按照《财政部关于将按预算外资金管理的收入纳入预算管理的通知》的规定，利息收入等预算外收入应上缴国库、纳入一般预算管理，不得作为本单位“其他收入”反映。

（二）内容全面完整

中央部门收入预算的收入项目较多，资金来源各有不同，中央部门在填报预算时应做到全面反映、完整填报，对单位预计取得的各项收入进行全面反映，不应在部门预算之外保留其他收入项目。

从近几年决算与预算的对比情况看，特别要处理好两类收入的编报工作：一类是事业收入；另一类是其他收入，包括非本级财政拨款收入和二次分配财政拨款收入等。

（三）数字真实准确

部门预算收入的预测必须以国家社会经济发展计划和履行部门职能的需要为依据，同时结合近几年实际取得的收入并考虑增收减收因素测算，不能随意夸大或隐瞒收入，力求各项收入项目预算数据真实准确。

三、中央部门收入预算测算依据

部门收入是各部门切实履行其职能的财力保证。根据部门的发展规划、行使职能的需要对年度部门收入进行测算、分析，是部门预算编制工作的重要内容。中央部门在编制部门收入预算时，应对各项需求和资金来源进行认真测算、分析。

1. 明确预算目标。各部门要依据国家的中长期发展计划和本部门的职能，提出工作重点、任务，列出部门需要安排的重要事项，建立起各部门的年度预算目标。

2. 收集相关资料。部门财政拨款收入的测算要在占有大量信息的基础上进行，部门应全面收集与部门预算编制相关的信息资料，如：部门资产数量和分布状况，部门财务状况，财政货币政策，经济增长速度，中央财政对部门财政拨款需求的满足程度等等。

3. 分析、归集部门预算需求。一方面，要对收集的有关部门预算的各类资料进行深入分析，确保数据、信息的真实准确；另一方面，要对收集的信息、资料进行归类汇总，形成部门完整的决策信息。

4. 测算部门预算需求。根据财政部有关文件的规定，部门预算需求分为两个部分进行测算。一部分是基本支出。该项支出是以定员定额方式确定的，定员定额水平由财政部根据当年国家财政状况确定。因此，各部门应集中力量做好人员基础数据的整理工作，如人员数量、结构（编制内、编制外、行政、事业）；另一部分是项目支出。该项支出是根据部门履行职能和事业发展的实际需要确定的，各部门要根据国民经济发展规划、本部门事业发展计划以及中央财政的承受能力合理测算项目预算。

5. 测算财政拨款资金需求。按照项目合法合规、内容全面完整、数字真实准确的要求，对非财政拨款资金进行充分预计。部门预算需求先用非财政拨款资金满足后，其缺口部分即为财政拨款资金需求。

四、中央部门收入预算编制程序

按照中央部门预算编制“二上二下”规程，“一上”时，各部门应合理预计2015年各渠道资金收入，特别是非财政拨款渠道的资金收入，按照不同来源、不同收入项目分别编制预算，汇总后形成中央部门收入预算。“二上”时，各部门可根据实际需要调整收入预算，其中，财政拨款必须按照财政部下达的预算控制数填列，其他资金则根据社会经济发展形势、部门年度工作重点、预算执行进度情况以及上年收入规模等合理调整。

五、需要说明的几个问题

（一）关于非本级财政拨款收入管理问题

为统一规范管理，中央部门非本级财政拨款收入纳入“其他收入”中反映。中央部门要科学、合理地编制综合预算，如实反映非本级财政拨款收入情况，规范会计核算，准确填列预算报表，不得隐瞒不报，也不允许无预算列收列支非本级财政拨款。

下一步，财政部将逐步对中央部门非本级财政拨款进行清理，理顺经费渠道，实现全面规范管理。一是要仔细甄别每一笔非本级财政拨款的合理性，对于合理的部分，应当分门别类地制定相应的政策，进一步规范管理。对于不合理的部分，应当逐步予以取消。二是要本着财权与事权相匹配的原则，理顺中央部门经费保障体制。对于应由中央财政保障的相关支出，要在中央财力许可的情况下给予适当安排，同时不再允许中央部门从地方政府取得财政拨款收入，全面实现规范管理的目标。

（二）关于内部往来收入冲抵问题

为了真实准确地反映部门预算收入，对部门内部往来造成汇总数据中重复计算的收入，包括上缴上级支出、补助下级支出、下级单位上缴收入、上级补助收入等，在“收入预算录入表”、“非财政拨款收入明细录入表”中以负数的方式进行冲抵。具体冲抵办法详见中央部门预算报表体系章节有关内容。

（三）关于部门预算中财政拨款收入的范围

按照现行部门预算管理规定，部门预算中仅需反映公共财政预算财政拨款收入、政府性基金预算财政拨款收入。国有资本经营预算财政拨款收入暂不纳入部门预算管理。

第五章　中央部门基本支出预算编制

第一节　基本支出改革总体情况

一、基本支出改革的背景和历程

基本支出预算是部门预算的主要组成部分，是中央部门为保障其机构正常运转、完成日常工作任务而编制的年度基本支出计划。

部门预算改革前，基本支出采取基数加增长的方法核定。财政每年在核定部门基本支出预算时，是以上年度基数为基础，考虑下一年度财政收入状况和各项增支因素，对不同的支出确定一个增长比例和规模，从而确定一个新的基数。由于这种分配方式的主观随意性较强，且每年确定支出增长比例和规模时不可能全面考虑各种影响支出的因素，年复一年，基数往往脱离了部门经费开支水平的实际情况，导致部门间经费保障苦乐不均现象较为严重。

从2001年起，财政部开始对基本支出试点“定员定额”管理方式，选择了农业部等10个试点部门，在中央编办核定各部门人员编制基础上，根据各单位履行职能的需要和财力可能等因素，制定了中央部门的人均基本支出标准。2002年，财政部颁布《中央本级基本支出预算管理办法(试行)》，在中央部门全面推开基本支出定员定额试点，并对基本支出的内涵作了新的界定，即将原基本支出中列支的“经常性专项业务费”改列项目支出，一方面是为了各部门或单位的基本支出在口径上具有可比性，使基本支出预算分配更加合理、公平、透明，另一方面也是为了体现部门或单位的不同业务特点，有利于加强对经常性专项业务费的管理。随着改革的推进，定员定额试点范围不断扩大，编制2014年部门预算时，已扩大到所有行政单位、绝大多数参照公务员法管理事业单位（以下简称“参公单位”）和部分公益性较强的事业单位。经过10多年的完善，目前基本支出定员定额已基本实现了与中央部门性质、职能、业务范围和工作任务相适应，与中央部门机构正常运转和日常工作任务的合理需要相适应，与国家当年财政收入情况相适应的良好局面，既提高了基本支出安排的公正性和合理性，也提高了行政事业单位基本支出的保障水平。

二、基本支出改革的主要内容

（一）完善制度体系，提高基本支出的规范性

在深入调查研究的基础上，2001年财政部研究制定了《中央部门基本支出预算管理试行办法》，确立了基本支出实行定员定额管理的新模式，明确了基本支出实行定员定额管理的具体思路。2002年，结合2001年定员定额试点情况，及时将《中央部门基本支出预算管理试行办法》修订为《中央本级基本支出预算管理办法（试行）》，以更好地规范基本支出管理。2007年，在认真听取中央部门有关意见的基础上，结合基本支出改革工作的重点，财政部重新修订印发了《中央本级基本支出预算管理办法》（以下简称“《办法》”）。在做好修订完善基本支出管理办法的同时，结合形势发展和管理需要，进一步完善基本支出财政拨款结转和结余资金管理规定、基本支出预算编制管理规程等。

（二）扩大定员定额试点范围，提高定员定额的覆盖面

按照积极稳妥，逐步推进的原则，2001年率先选择国务院系统10个部门进行了定员定额试点。2002年将试点范围从行政管理经费、公检法司支出扩大到包括气象事业费、地震事业费、供销社事业费、交通事业费、高校经费和离退休管理机构经费的范围。此后，试点范围逐年扩大，试点

单位也逐步由单一的行政单位扩展到参公事业单位和公益性事业单位。截至编制 2014 年部门预算时，基本支出定员定额试点范围已经扩大到全部的行政单位、绝大多数参公单位和部分公益性较强的事业单位。

（三）创新管理方法，提高定额标准的合理性

结合经济发展、物价变动、工资政策调整等因素，及时调整基本支出定额标准，积极研究建立定额标准的动态调整机制。在此基础上，实行了行政单位实物费用定额试点工作，推进资产管理与预算管理相结合。从编制 2012 年部门预算开始，将实物费用定额试点扩大到所有中央部门本级，初步建立了人员定额和实物费用定额相结合的基本支出标准体系，基本支出预算分配的科学性、合理性进一步提高。

（四）夯实管理基础，建立基础信息数据库

本着积极稳妥，循序渐进和充分整合利用现有资源等原则，2009 年财政部启动了中央部门基础信息数据库建设工作，以全面掌握当前中央部门编制、人员、工资、津补贴等情况。2015 年基础信息数据库增加了规范津贴补贴经费申报模块，实现了规范津贴补贴经费测算的自动化。目前，中央部门基础信息数据库基本上覆盖了所有由公共财政预算拨款安排支出的单位，所含信息既包括了在职人员，也包括了离休退休人员；既包括了人员工资、津贴补贴信息，也包含了部门本级的办公用房、公务用车等资产信息，进一步夯实了基本支出管理基础，提高了基本支出预算的科学化、精细化。

第二节 基本支出预算管理

一、基本支出预算的基本概念

（一）基本支出预算的含义

基本支出预算主要是保障单位机构正常运转、完成日常工作任务而编

制的年度支出计划，包括人员经费和日常公用经费两部分。人员经费主要是指维持机构正常运转且可归集到个人的各项支出。公用经费主要是指维持机构正常运转但不能归集到个人的各项支出。

（二）基本支出预算编制的原则

1. 综合预算的原则。在编制基本支出预算时，各部门要对当年财政拨款和以前年度结转和结余资金、其他资金，包括单位财政补助收入、非税收入和其他收入等，统筹考虑、合理安排。

2. 优先保障的原则。部门预算的编制要根据财力可能，结合单位的行政事业工作任务需要，合理安排各项资金。预算资金的安排，要首先用于基本支出的合理需要，保障中央部门的正常运转，履行基本职能。在此基础上，本着“有多少钱办多少事”的原则，安排各类项目支出。

3. 定额管理的原则。基本支出预算实行以定员定额为主的管理方式，同时结合部门资产占有情况，通过建立实物费用定额标准，实现资产管理与定额管理相结合。对于基本支出中没有财政拨款的事业单位，其基本支出预算可以按照国家财务规章制度的规定和部门预算编制的有关要求，结合单位的收支情况，采取其他方式合理安排。

需要特别强调的是：基本支出预算实行以定员定额为主的管理方式，这一“定额”指的是预算分配定额，它用于公开、透明、规范地分配预算，而不是预算执行定额。另外，目前下达给部门的定员定额是综合定额，而不是单项定额，但在具体定额标准制定过程中是按照单项定额分项目测算的。

（三）基本支出定额项目

根据基本支出的性质和基本支出定员定额管理的需要，结合近年来加强因公出国（境）费、公务用车购置及运行费和公务接待费管理，以及推进实物费用定额试点的有关要求，从编制 2012 年部门预算起，财政部对基本支出定额项目进行适当调整。

1. 人员经费定额项目。人员经费定额共有 8 个具体项目，分别为：基本工资、津补贴及奖金、社会保障缴费、离退休费、助学金、医疗费、住房补贴和其他人员经费，在支出经济分类科目中体现为“工资福利支出”

和“对个人和家庭的补助”两部分。为了定额计算的规范和方便，将支出经济分类科目中的一些项目进行了归并，其中共有4个定额项目是由多个支出经济分类科目归并而成的：

（1）将津贴补贴、奖金、绩效工资归并为“津补贴及奖金”。

（2）将离休费、退休费、退职（役）费归并为“离退休费”。

（3）将住房公积金、提租补贴、购房补贴归并为“住房补贴”。

（4）将工资福利支出中的伙食费、伙食补助费、其他工资福利支出和“对个人和家庭的补助”中的抚恤金、生活补助、救济费、奖励金、生产补贴、其他对个人和家庭的补助支出、武警部队的被装购置费归并为“其他人员经费”。

2. 日常公用经费定额项目。2012年，按照加强“三公”经费管理和建立人员定额和实物费用定额相结合的基本支出标准体系的要求，对日常公用经费定额项目进行了调整，将原有水电费、取暖费、物业管理费三个定额项目调整为仅反映办公用房的相关开支，原有交通费定额项目调整为仅反映公务用车运行维护方面的开支，办公用房和公务用车以外的其他开支反映在“其他费用”定额项目中。按此，日常公用经费定额共有13个具体项目，分别是：办公及印刷费、办公用房水电费、邮电费、办公用房取暖费、办公用房物业管理费、公务用车运行维护费、差旅费、日常维修费、会议费、专用材料费、一般购置费、福利费和其他费用，在支出经济分类科目中体现为“商品和服务支出”和“其他资本性支出”等。为了定额计算的规范和方便，将支出经济分类科目中的一些项目进行了归并，其中共有5个定额项目是由多个支出经济分类科目归并而成的：

（1）将办公费、印刷费归并为“办公及印刷费”。

（2）将水费、电费中用于办公用房的支出归并为“办公用房水电费”。

（3）将“办公设备购置”中的一般办公设备购置、“专用设备购置”中的一般专用设备购置、武警部队用的装备购置费及“其他资本性支出”中非大批量的图书资料购置费归并为“一般购置费”。

（4）将培训费、咨询费、手续费、劳务费、委托业务费、公务接待费、工会经费、专用燃料费、被装购置费（武警部队的被装购置费除外）、武警部队的军队其他运行维护费、办公用房以外的水电费、取暖费、物业管理费、其他交通费用和其他商品和服务支出等归并为“其他费用”。

需要说明的是，构成日常公用经费定额的13个具体项目仅包括“商品和服务支出”和“其他资本性支出”中的日常公用经费开支，不包括租赁费、大型会议、大型修缮、大型购置、专项培训、大型设施的专项运行维护等按照项目支出管理的经常性专项经费。

（四）定额项目的具体内容

掌握定额项目所应包括的具体内容有助于在实际工作中更好地编制预算与核算经费。定额项目包括的具体内容如表5-1所示。

表5-1　基本支出定额项目的主要内容

定额项目	主要内容
一、人员经费	
1. 基本工资	反映按规定发放的基本工资，包括公务员的职务工资、级别工资；机关工人的岗位工资、技术等级工资；事业单位工作人员的岗位工资、薪级工资；各类学校毕业生试用期（见习期）工资、新参加工作工人学徒期、熟练期工资；军队（武警）军官、文职干部的职务（专业技术等级）工资、军衔（级别）工资、基础工资和军龄工资；军队士官的军衔等级工资、基础工资和军龄工资等。
2. 津贴及奖金	（1）津贴补贴：反映经国家批准建立的机关事业单位艰苦边远地区津贴、机关工作人员地区附加津贴、机关工作人员岗位津贴、事业单位工作人员特殊岗位津贴补贴。 （2）奖金：反映机关工作人员年终一次性奖金。 （3）绩效工资：反映事业单位工作人员的绩效工资。
3. 社会保障缴费	反映单位为职工缴纳的基本养老、基本医疗、失业、工伤、生育等社会保险费，残疾人就业保障金，军队（含武警）为军人缴纳的伤亡、退役医疗等社会保险费。
4. 离退休费	包括离休费、退休费、退职（役）费。 （1）离休费：反映行政事业单位和军队移交政府安置的离休人员的离休费、护理费和其他补贴。 （2）退休费：反映行政事业单位和军队移交政府安置的退休人员的退休费和其他补贴。 （3）退职（役）费：反映行政事业单位退职人员的生活补贴，一次性支付给职工或军官、军队无军籍退职职工、运动员的退职补助，一次性支付给军官、文职干部、士官、义务兵的退役费，按月支付给自主择业的军队转业干部的退役金。

续表

定额项目	主要内容
5. 助学金	反映各类学校学生助学金、奖学金、学生贷款、出国留学（实习）人员生活费，青少年业余体校学员伙食补助费和生活费补贴，按照协议由我方负担或享受我方奖学金的来华留学生、进修生生活费等。
6. 医疗费	反映行政事业单位在职职工、离退休人员的医疗费，军队移交政府安置的离退休人员的医疗费，学生医疗费，优抚对象医疗补助，以及按国家规定资助农民参加新型农村合作医疗和城镇居民参加城镇居民基本医疗保险的支出和对城乡贫困家庭的医疗救助支出。
7. 住房补贴	包括住房公积金、提租补贴、购房补贴。 （1）住房公积金：反映行政事业单位按人社部和财政部规定的基本工资和津贴补贴以及规定比例为职工缴纳的住房公积金。 （2）提租补贴：反映按房改政策规定的标准，行政事业单位向职工（含离退休人员）发放的租金补贴。 （3）购房补贴：反映按房改政策规定，行政事业单位向符合条件职工（含离退休人员）、军队（含武警）向转役复员离退休人员发放的用于购买住房的补贴。
8. 其他人员经费	包括“工资福利支出”中的伙食费、伙食补助费、其他工资福利支出和“对个人和家庭的补助”中的抚恤金、生活补助、救济费、奖励金、生产补贴、其他对个人和家庭的补助、武警部队的被装购置费等。 （1）伙食费：反映军队、武警义务兵、供给制学员伙食费和干部、士官灶差补助等支出。 （2）伙食补助费：反映单位发给职工的伙食补助费，如误餐补助等。 （3）其他工资福利支出：反映各种加班工资、病假两个月以上期间的人员工资、编制外长期聘用人员、长期临时工工资，公务员及参照和依照公务员制度管理的单位工作人员转入企业工作并按规定参加企业职工基本养老保险后给予的一次性补贴等。 （4）抚恤金：反映按规定开支的烈士遗属、牺牲病故人员遗属的一次性和定期抚恤金，伤残人员的抚恤金，离退休人员等其他人员的各项抚恤金。 （5）生活补助：反映按规定开支的优抚对象定期定量生活补助费，退役军人生活补助费，行政事业单位职工和遗属生活补助，因公负伤等住院治疗、住疗养院期间的伙食补助费，长期赡养人员补助费，由于国家实行退耕还林禁牧舍饲政策补偿给农牧民的现金、粮食支出、复员军人以及村干部的补助支出，看守人员和犯人的伙食费、药费等。 （6）救济费：反映按规定开支的城乡贫困人员、灾民、归侨、外侨及其他人员的生活救济费，包括城市居民的最低生活保障费，随同资源枯竭矿山破产但未参加养老保险统筹的矿山所属集体企业退休人员按最低生活保障标准发放的生活费，农村五保供养对象、贫困户、麻风病人的生活救济费，精简退职老弱残职工救济费，福利、救助机构发生的收养费以及救助支出等。

续表

定额项目	主要内容
8. 其他人员经费	实物形式的救济也在此科目反映。 （7）奖励金：反映政府各部门的奖励支出，如对个体私营经济的奖励、计划生育目标责任奖励、独生子女父母奖励等。 （8）生产补贴：反映各种对个人发放的生产补贴支出，如国家对农民发放的农机具购置补贴、良种补贴、粮食直补以及发放给残疾人的各种生产经营补贴等。 （9）其他对个人和家庭的补助：反映婴幼儿补贴、职工探亲旅费、退职人员及随行家属路费、符合条件的退役回乡义务兵一次性建房补助、符合安置条件的城镇退役士兵自谋职业的一次性经济补助费、对农户的生产经营补贴等。 （10）武警部队的被装购置费：按现行管理方式，武警的被装购置费支出在人员经费支出中反映（法院、检察院、政府各部门等被装购置支出在日常公用经费或项目支出中反映）。
二、日常公用经费	
9. 办公及印刷费	包括办公费和印刷费。 （1）办公费：反映单位购买按财务会计制度规定不符合固定资产确认标准的日常办公用品、书报杂志等支出。 （2）印刷费：反映单位的印刷费支出。
10. 办公用房水电费	包括单位办公用房的水费、污水处理费和电费。
11. 邮电费	反映单位开支的信函、包裹、货物等物品的邮寄费及电话费、电报费、传真费、网络通讯费等。
12. 办公用房取暖费	反映单位办公用房取暖用燃料费、热力费、炉具购置费、锅炉临时工的工资、节煤奖等。
13. 公务用车运行维护费	反映公务用车租用费、燃料费、维修费、过桥过路费、保险费、安全奖励费等。
14. 差旅费	反映单位工作人员出差发生的城市间交通费、住宿费、伙食补贴费和市内交通费。
15. 会议费	会议费是指二、三、四类会议经费，反映单位在会议期间按规定开支的住宿费、伙食费、会议室租金、交通费、文件印刷费等支出（一类会议按项目支出管理）。
16. 福利费	反映单位按规定提取的福利费。
17. 物业管理费	反映单位开支的办公用房的物业管理费，包括综合治理、绿化、卫生等方面的支出。
18. 日常维修费	反映单位日常开支的固定资产（不包括车船等交通工具）修理和维护费用，网络信息系统运行与维护费用，以及按规定提取的修购基金（租赁费、大型修缮费和修理费按项目支出管理）。

续表

定额项目	主要内容
19. 专用材料费	反映单位购买日常专用材料的支出。具体包括药品及医疗耗材，农用材料，兽医用品，实验室用品，专用服装，消耗性体育用品，专用工具和仪器，艺术部门专用材料和用品，广播电视台发射台发射机的电力、材料等方面的支出。
20. 一般购置费	包括一般办公设备购置费（含办公家具）、一般专用设备购置费、按固定资产管理的图书资料购置费、武警部队用的装备购置等（大型设备购置费、大批量的图书资料购置费按项目支出管理）。
21. 其他费用	包括日常培训费、咨询费、手续费、劳务费、非办公用房水电、取暖、物业管理费、公务接待费、委托业务费、工会经费、专用燃料费、被装购置费（不含武警部队的被装购置费）、其他交通费用、军用油料费、武警部队的其他运行维护费、其他商品和服务支出等。 （1）日常培训费：反映各类日常培训支出。按标准提取的“职工教育经费”也在此反映（专项培训费按项目支出管理）。 （2）咨询费：反映单位咨询方面的支出。 （3）手续费：反映单位支付的各类手续费支出。 （4）劳务费：反映支付给单位和个人的劳务费用，如临时聘用人员、钟点工工资，稿费、翻译费，评审费等。 （5）非办公用房水电费：反映单位支付的除办公用房以外的水费和电费。 （6）非办公用房取暖费：反映单位支付的除办公用房以外的取暖费。 （7）非办公用房物业管理费：反映单位支付的除办公用房以外的物业管理费。 （8）公务接待费：反映单位按规定开支的各类公务接待（含外宾接待）费用。 （9）委托业务费：反映因委托外单位办理业务而支付的委托业务费。 （10）工会经费：反映单位按规定提取的工会经费。 （11）专用燃料费：反映用作业务工作设备的车、船设施等的油料支出。 （12）被装购置费：反映法院、检察院、政府各部门以及军队（不含武警）的被装购置支出。 （13）其他交通费用：反映单位除公务用车运行维护费以外的其他交通费用。如飞机、船舶和其他车辆燃料费、维修费、过桥过路费、保险费、出租车费用等。 （14）军用油料费：反映军队（含武警）军事装备的油料费支出。 （15）武警部队的其他运行维护费：反映武警部队的其他运行维护支出。 （16）其他商品和服务支出：反映上述未包括的日常公用支出。如行政赔偿费和诉讼费、国内组织的会员费、来访费、广告宣传、其他劳务费及离休人员特需费、公用经费等。

(五) 定额项目与支出经济分类款级科目的关系

为了更清晰地反映定额项目与支出经济分类款级科目的关系，现将其以表5-2列示。

表5-2　　定额项目与支出经济分类款级科目关系表

定额项目	支出经济分类款级科目
一、人员经费	包括工资福利支出和对个人和家庭的补助
1. 基本工资	基本工资
2. 津贴及奖金	津贴补贴
	奖金
	绩效工资
3. 社会保障缴费	社会保障缴费
4. 离退休费	离休费
	退休费
	退职（役）费
5. 助学金	助学金
6. 医疗费	医疗费
7. 住房补贴	住房公积金
	提租补贴
	购房补贴
8. 其他人员经费	伙食费
	伙食补助费
	其他工资福利支出
	抚恤金
	生活补助
	救济费
	奖励金
	生产补贴
	武警部队的被装购置费
	其他对个人和家庭的补助支出
二、日常公用经费	商品和服务支出、其他资本性支出等科目中属于基本支出的内容

续表

定额项目	支出经济分类款级科目
9. 办公及印刷费	办公费
	印刷费
10. 办公用房水电费	“水费”中的办公用房水费
	“电费”中的办公用房电费
11. 邮电费	邮电费
12. 办公用房取暖费	“取暖费”中的办公用房取暖费
13. 公务用车运行维护费	公务用车运行维护费
14. 差旅费	差旅费
15. 会议费	“会议费”中二、三、四类会议费
16. 福利费	福利费
17. 办公用房物业管理费	“物业管理费”中的办公用房物业管理费
18. 日常维修费	“维修（护）费”中的日常维修（护）费
19. 专用材料费	专用材料费
20. 一般购置费	“办公设备购置费”中的一般办公设备购置费
	“专用设备购置费”中的一般专用设备购置费
	武警部队用的装备购置费
	“其他资本性支出”中非大批量的图书资料购置费
21. 其他费用	“培训费”中的日常培训经费
	咨询费
	手续费
	劳务费
	“水费”中的非办公用房水费
	“电费”中的非办公用房电费
	“取暖费”中的非办公用房取暖费
	“物业管理费”中的非办公用房物业管理费
	公务接待费
	委托业务费
	工会经费
	专用燃料费
	被装购置费（不含武警部队的被装购置费）
	其他交通费用
	军用油料费
	武警部队的军队其他运行维护费
	其他商品和服务支出

二、基本支出定员定额标准

根据部门预算管理有关规定，基本支出定员定额标准由“双定额”构成，即综合定额和财政补助定额。综合定额是针对综合预算而言的，是指财政部按人或物核定的部门、单位总体或某个定额项目的大口径支出标准，如财政部核定某单位在职职工人均支出水平5万元/年，人均5万元/年即为综合定额；财政补助定额是财政部对与其有预算缴拨款关系的部门、单位按人或物核定的财政补助标准，是为了保证财政预算分配的公平、公正和规范而制定的分配标准，即财政预算分配定额，如财政部按某单位在职职工人数人均补助2万元/年，人均2万元/年即为财政补助定额。

（一）制定定员定额标准的依据

制定定员定额标准既要依据国家方针政策和财务制度的有关规定，又要考虑实际支出因素的变化。人员经费的定额标准，严格按照国家的工资制度和有关政策规定的开支范围、开支标准核定；日常公用经费定额标准的核定，相关支出开支标准有文件规定的，一般以文件规定为准；没有文件规定的，按照《办法》的有关规定参照相关因素进行核定。对虽有文件规定但在实际工作已难以执行、与现实情况差距过大的标准，根据实际情况做适当调整。

（二）制定定员定额标准的一般程序和方法

制定定员定额标准，是一项政策性强、涉及范围广、工作量大、要求高的工作。它既关系到行政事业单位财务管理水平的提高，又影响到行政事业工作任务的完成，同时，还与国家、单位、个人三者的利益密切相关。因此在制定定员定额标准时，必须贯彻执行国家有关方针、政策，做好深入细致的调查研究工作。根据公平和效率的原则，制定的定额标准既要体现公平性，又要照顾到不同类型单位的需要。按照《办法》的规定，制定定额标准一般应从以下4个方面进行：

1. 明确定额的计算对象。部门或单位的基本支出是与人、物或工作任务紧密相关的，因此，定额的计算对象必然是人、物或工作任务。人员经费定额中的各项内容一般以人作为计算对象，日常公用经费定额项目中的各项内容的计算一般也以人为主，同时辅之以能够定量的物或工作任务，即物化指标。如办公用房水电费、取暖费和物业管理费按面积，公务用车运行维护费按车辆台数、剧团按演出场次等。也就是说，定额的制定是根据支出的具体情况来确定具体计算对象的。

2. 收集基础数据。一般以单位各年度财务决算数据为依据，同时参考单位各年度有关预算数据，或通过专项调查收集有关数据资料。一般数据资料包括两部分：一是单位收支数据。如单位组织收入及支出的明细数据；二是人员、资产、工作任务、业务性质等基础数据。收集数据的范围视测算的需要而定。

3. 分析整理数据。首先要剔除一些不合理的因素，使收集的数据资料在范围、内容上与定额标准涵盖的范围、内容相一致，确保各项数据资料准确并在测算口径上具有可比性。长期以来，在基本支出经费的使用和管理过程中，一方面存在着经费供需矛盾突出，用项目经费弥补基本支出经费的情况，但同时也存在着一些不应在基本支出中列支的内容而列支基本支出的情况。因此，在制定基本支出定员定额标准的过程中，要对现有基本支出的开支内容进行彻底清理，对基本支出的开支范围进行准确界定，确保基础数据真实、可靠，定额标准的确定合理、规范。

4. 核定各项综合定额标准。定额标准是根据财力可能，结合部门的工作量、占有的资源、实际支出状况及部门分类，以人或实物资产为计算对象制定的。在制定定额标准时，首先要测算出各类部门的单项基准定额；在单项基准定额的基础上，兼顾公平和现状，确定同类部门的分档定额标准，然后确定各部门所应执行的各个单项定额标准。各个单项定额标准的总和，构成单位基本支出的综合定额。

需要说明的是：单项基准定额是同类部门、同一项目的平均开支水平，它是制定同类部门不同单位之间同一项目定额标准的基础。单项基准定额不是某项具体定额，它是制定同类部门不同单位同一项目定额的一个参照标准，在具体核定某部门或单位某项定额时，定额标准可能高于、低于或等于基准定额。例如，有 A、B、C、D、E 五个业务性质基本相似的部门，则可以把它们视为同类部门。在测算定额标准时，首先要用加权平均法测算得出这类部门各个单项基准定额。如 A、B、C、D、E 五部门的邮电费分别为人均 400 元、500 元、600 元、700 元、800 元，邮电费基准定额就是这五部门的加权平均数，可能是 650 元。以单项基准定额 650 元为基础，兼顾公平和五部门的支出现状，确定分档定额标准。将上述五部门的邮电费分为三档：D、E 为一档，定额标准为 780 元；C 为二档，定额标准为 660 元；A、B 为三档，定额标准为 530 元。这样基本支出 21 个单项定额标准分别确定后，形成单位的综合定额标准可能为：年人均 32000 元（其中：人员经费 15000 元；日常公用经费 17000 元）。另外，这种定额分档并不是绝对的，它根据改革的力度确定，档次越少公平性越强，部门利益调整就越大。根据这种方法初步测算确定出定额标准以后，还要进行复盘试算。除进一步分析各单位支出的历史演变过程和未来发展趋势外，还要看目前制定的各单位的定额标准是否符合国家的方针政策和各单位对资金的客观需求。最终，根据财力情况，经过反复比较测算以后，才能确定定额标准。

（三）定员定额标准体系

部门预算改革以来，随着基本支出改革的不断深化，基本支出定员定额管理的实施范围逐步扩大。2001 年，首先选择了国家计委、外经贸部、农业部、铁道部、科技部、文化部、公安部、司法部、人事部和审计署等 10 个行政部门进行基本支出定员定额管理试点。2002 年，基本支出定员定额管理试点单位扩大到绝大部分行政部门及部分依照国家公务员制度管理的事业单位，包括中国地震局机关、全国供销合作总社机关、中国气象局机关及系统以及长航公安局等 4 个单位。公检法司部门所属的开支公检法司支出的事业单位、行政单位离退休机构也参加了试点。2003 年进一步扩大了定员定额试点范围，将部分公益性事业单位纳入定员定额试点范围。根据 2003 年国务院机构改革情况，2004 年试点单位范围中减少了国家经贸委、国家体改办、外经贸部、中央企业工委等 4 个部门，增加了国资委和商务部 2 个部门。此外，按照《办法》规定的原则，从 2004 年起对武警内卫、边防、消防、警卫、森林、黄金部队 6 警种实行参照定额管理。根据中央机构设置变化情况，2005 年试点行政部门中增加了国务院南水北调办；同时在国税系统选择了辽宁、甘肃、湖北、江苏 4 个省份进行了定员定额试点。2007 年又将国家林业局的兰州、西安、武汉、贵阳等 7 个林业监察专员办、审计署特派办、国家保密局涉密载体销毁中心纳入试点范围。2008 年，结合参公单位审批情况，将中直管理局中央文献研究室、外交部档案馆、国家统计局各级调查队等 40 家参公单位纳入定员定额试点，基本支出定员定额管理的覆盖面进一步扩大。2009 年以来，结合参公单位审批和分类推进事业单位改革进展情况，逐步将参公单位和公益性事业单位纳入定额试点。结合部门预算管理有关要求，逐步建立了较为完善的分类分档定额标准体系，提高了基本支出预算分配的科学性和合理性。

1. 行政单位。根据中央行政单位所承担的职能，以及定额管理工作的需要，从预算管理的角度考虑，将中央行政部门划分为人大政协民主党派、党务部门、综合性部门、公检法司部门、专业管理部门、一般政务部门、人民团体等七种类型。2014 年行政单位基本支出定员定额试点范围如表 5－3 所示。

表 5－3　　2014 年实行定员定额管理的行政单位

序号	代码	试点部门
1	199	全国人大办公厅
2	200	全国政协办公厅
3	101	国务院办公厅
4	102	国家发展与改革委员会
5	105	教育部
6	106	科学技术部
7	107	国防科工局
8	108	国家民委
9	109	国家体育总局
10	114	外交部
11	114	外交学会
12	115	监察部
13	116	人力资源社会保障部

续表

序号	代码	试点部门
14	118	民政部
15	119	财政部
16	120	住房和城乡建设部
17	121	国土资源部
18	122	国家铁路局
19	123	交通运输部
20	124	工业和信息化部（机关及系统）
21	125	农业部
22	126	水利部
23	128	商务部
24	129	文化部
25	130	新闻出版广电总局
26	131	卫生和计划生育委员会
27	133	国家安全生产监督管理总局（机关及系统）
28	137	审计署（机关及特派办）
29	138	国家邮政局（机关及系统）
30	139	国家税务总局
31	140	国家民用航空局
32	142	国务院机关事务管理局
33	143	国家统计局
34	144	环境保护部
35	145	国家旅游局
36	146	国家测绘局
37	147	国家质量监督检验检疫总局
38	149	国家能源局
39	150	国家工商行政管理总局
40	151	国家海洋局
41	154	国家文物局
42	158	国家外国专家局
43	159	国家食品药品监督管理局
44	160	国家中医药管理局
45	161	国务院法制办公室
46	162	国务院宗教事务局
47	164	国家粮食储备局
48	165	国家物资储备局

续表

序号	代码	试点部门
49	169	国家林业局
50	170	国务院侨务办公室
51	171	国务院港澳事务办公室
52	179	国务院三峡建设委员会
53	258	国务院南水北调工程建设委员会办公室
54	260	国务院参事室
55	263	中央编办
56	285	国务院扶贫办
57	292	国家信访局
58	295	国务院国有资产监督管理委员会
59	188	中央组织部
60	155	国家档案局
61	156	国家保密局
62	189	中央宣传部
63	190	中央统战部
64	191	中央对外联络部
65	192	共青团中央
66	193	中央对外宣传办公室
67	196	中共台湾工作办公室
68	198	中央办公厅（中直机关事务管理局）
69	262	中央国家机关工作委员会
70	253	中纪委
71	207	全国妇联
72	208	全国台联
73	211	新闻工作者协会
74	272	中国国民党革命委员会
75	273	中国民主同盟
76	274	中国民主建国会
77	275	中国民主促进会
78	276	中国农工民主党
79	277	中国致公党
80	278	九三学社
81	279	台湾民主自治同盟
82	206	中国文联
83	209	全国侨联

续表

序号	代码	试点部门
84	210	中国残联
85	212	中国作家协会
86	213	中国科协
87	214	中国对外友好协会
88	215	中国贸促会
89	216	宋庆龄基金会
90	283	全国工商联
91	261	中国法学会
92	265	中国红十字总会
93	111	公安部（含边防九总站和秦城监狱）
94	203	最高人民检察院
95	204	最高人民法院
96	113	司法部（含燕城监狱）

2. 参照公务员法管理的事业单位。从 2006 年起，财政部开始研究参公单位纳入定员定额试点工作。经过几年的努力，参公单位定员定额试点工作在规范预算管理、保障单位运行等方面取得了初步成效，摸清了参公单位基本情况，逐项核定了参公单位基本工资和津补贴项目，改变了传统的基数加增长核定方法，规范了基本支出预算管理，提高了定额标准的科学性、准确性，保障了参公单位的正常运转。2014 年参公单位基本支出定员定额试点范围如表 5－4 所示。

表 5－4　　2014 年实行定员定额管理的参公单位

序号	单位名称
1	中华全国供销合作总社机关
2	中国地震局（机关及系统）
3	中国气象局（机关及系统）
4	中央编译局
5	政法研究所
6	中国藏学研究中心
7	中央社会主义学院
8	质检总局国家标准化管理委员会机关
9	质检总局国家认证认可监督管理委员会机关

续表

序号	单位名称
10	质检总局中国纤维检验局
11	农业部东海区渔政渔港监督管理局
12	农业部南海区渔政渔港监督管理局
13	农业部黄渤海区渔政渔港监督管理局
14	农业部渔业船舶检验局
15	农业部渔政指挥中心
16	国家海洋局海监总队
17	国家海洋局极地考察办公室
18	司法部法律援助中心
19	司法部直属煤炭管理局
20	国防科工局三线调整协调中心
21	人社部人事争议仲裁中心
22	财政部国库支付中心
23	财政部世界银行贷款项目评估中心
24	财政部关税政策研究中心
25	国务院发展研究中心
26	统计局服务业调查中心
27	统计局各级调查队
28	工商总局商标局
29	国管局中央国家机关政府采购中心
30	中宣部中国思想政治工作研究室
31	中国外文局
32	科技部科学技术奖励办公室
33	哲学社会科学基金规划办公室
34	国土资源部中国地质调查局
35	环保部环境监理（监察）机构
36	建设部稽查办公室
37	安监总局国家安全生产应急救援指挥中心
38	水利部长江水利委员会等 7 个流域机构
39	中国老龄协会
40	卫生计生委卫生监督中心
41	中央文献研究室
42	中央党史研究室
43	中直管理局北戴河接待办公室机关服务处

续表

序号	单位名称
44	中直管理局中直机关采购中心
45	国家保密局中央和国家机关涉密载体销毁中心
46	国家档案局中国第一历史档案馆
47	国家档案局中国第二历史档案馆
48	国家林业局森林资源监督管理办公室
49	国家林业局派驻内蒙古森林资源监督专员办事处
50	国家林业局派驻长春森林资源监督专员办事处
51	国家林业局派驻龙江森林资源监督专员办事处
52	国家林业局派驻大兴安岭森林资源监督专员办事处
53	国家林业局派驻合肥森林资源监督专员办事处
54	国家林业局派驻福州森林资源监督专员办事处
55	国家林业局派驻武汉森林资源监督专员办事处
56	国家林业局派驻广州森林资源监督专员办事处
57	国家林业局派驻成都森林资源监督专员办事处
58	国家林业局派驻贵阳森林资源监督专员办事处
59	国家林业局派驻云南森林资源监督专员办事处
60	国家林业局派驻西安森林资源监督专员办事处
61	国家林业局派驻北京森林资源监督专员办事处
62	国家林业局派驻上海森林资源监督专员办事处
63	国家林业局派驻乌鲁木齐森林资源监督专员办事处
64	国家林业局濒危物种进出口管理中心
65	国家林业局林业工作站总站
66	国家林业局西北华北东北防护林建设局
67	中编办中国行政体制与机构改革研究中心
68	中编办国家事业单位登记管理局
69	外交部档案馆
70	工商总局商标评审委员会（商标评审局）
71	中央统战部中国和平统一促进会秘书处
72	中央对外联络部信息编研室
73	中央对外宣传办公室互联网新闻研究中心
74	全国人大机关采购中心
75	国家民委民族理论政策研究室（民族问题研究中心）
76	中央纪委信息中心（网络举报管理中心）
77	中国计划生育协会

续表

序号	单位名称
78	农业部草原监理中心
79	公安部中国国际友谊促进会
80	公安部信息通信中心
81	公安部网络侦察技术研发中心
82	公安部禁毒情报技术中心
83	中国地方志指导小组办公室
84	监察部廉政理论研究中心
85	财政部农业综合开发评审中心
86	财政部干部教育中心
87	国家统计局普查中心
88	中直管理局机关服务处
89	中直管理局人防办工程管理处
90	中直管理局人防设施维修总站
91	中共中央办公厅毛主席纪念堂管理局
92	中办老干部局万寿路俱乐部
93	高检院检察技术信息研究中心
94	国务院机关老干部活动中心
95	国家安全生产监督管理总局矿山救援指挥中心
96	国家安全生产监督管理总局调度中心
97	国家知识产权局专利局
98	国家知识产权局专利复审委员会
99	国家粮食局军粮供应服务中心
100	农业部农村合作经济经营管理总站
101	水利部农村水电及电气化发展中心（局）
102	国家林业局国有林场和林木种苗工作总站
103	国家林业局防治荒漠化管理中心
104	国家林业局湿地保护管理中心
105	人力资源和社会保障部社会保险事业管理中心
106	民政部民间组织服务中心
107	国家林业局科技发展中心
108	国家民委全国少数民族古籍整理研究室
109	财政部财政票据监管中心
110	中共中央对外联络部国际交流中心
111	中央编办电子政务中心

续表

序号	单位名称
112	公安部物证鉴定中心
113	中办秘书局（参公部分）
114	中国工程院机关
115	国家税务总局集中采购中心
116	国家税务总局教育中心
117	国家税务总局电子税务管理中心
118	海关总署物资装备采购中心
119	全国海关信息中心（全国海关电子通关中心）
120	全国海关教育培训中心
121	国家林业局退耕还林（草）工程管理中心
122	卫生计生委药具管理中心
123	交通运输部珠江航务管理局
124	水利部移民开发局
125	中组部领导干部考试与测评中心
126	中组部党建研究所
127	人力资源和社会保障部宣传中心
128	公安部警用装备物资储备中心
129	公安部情报中心
130	国家林业局天然林保护工程管理中心

3. 事业单位。2008 年开始，为进一步深化事业单位基本支出改革，财政部每年在所有中央部门范围内开展了事业单位基本情况调查。在对中央部门所属事业单位的基本情况、人员情况、收支情况等进行摸底和分析的基础上，结合分类推进事业单位改革工作，逐步将公益性事业单位纳入定员定额试点范围。针对事业单位定额试点工作中存在的定额标准较低、分类分档定额标准体系尚未建立的情况，编制 2011 年部门预算时，在深入调查研究的基础上，针对不同参公、事业单位基本支出现状、经费需求情况和中央财力，考虑单位规格、管理级次、所处地域等因素，初步建立了事业单位的分类分档定额标准。2014 年事业单位基本支出定员定额试点范围如表 5－5 所示。

表5-5 2014年实行定员定额管理的事业单位

序号	单位名称
1	中国社会科学院机关（含财务基建计划局）
2	中国社会科学院经济研究所
3	中国社会科学院工业经济研究所
4	中国社会科学院农村发展研究所
5	中国社会科学院财贸经济研究所
6	中国社会科学院数量经济与技术经济研究所
7	中国社会科学院人口研究所
8	中国社会科学院哲学研究所
9	中国社会科学院马克思主义研究所
10	中国社会科学院世界宗教研究所
11	中国社会科学院考古研究所
12	中国社会科学院历史研究所
13	中国社会科学院近代史研究所
14	中国社会科学院世界历史研究所
15	中国社会科学院文学研究所
16	中国社会科学院少数民族文学研究所
17	中国社会科学院外国文学研究所
18	中国社会科学院语言研究所
19	中国社会科学院世界经济与政治研究所
20	中国社会科学院美国研究所
21	中国社会科学院俄罗斯东欧中亚研究所
22	中国社会科学院日本研究所
23	中国社会科学院欧洲研究所
24	中国社会科学院西亚非洲研究所
25	中国社会科学院拉丁美洲研究所
26	中国社会科学院法学研究所
27	中国社会科学院民族学与人类学研究所
28	中国社会科学院社会学研究所
29	中国社会科学院新闻与传播研究所
30	中国社会科学院图书馆
31	郭沫若纪念馆
32	中国社会科学院城市发展与环境研究中心
33	中国社会科学院中国边疆史地研究中心
34	中国社会科学院金融研究所

续表

序号	单位名称
35	中国社会科学院研究生院
36	中国社会科学院国家法研究中心
37	中国社会科学杂志社
38	中国社会科学出版社
39	中国社会科学院服务局
40	当代中国研究所
41	中国社会科学院亚洲太平洋研究所
42	中国社会科学院政治学研究所
43	国家档案局档案干部教育中心
44	国家博物馆
45	鲁迅博物馆
46	食品药品监督管理局评审中心
47	食品药品监督管理局药品评价中心
48	残联中国聋儿康复研究中心
49	安监总局档案馆
50	安监总局国际交流合作中心
51	公安部机关所属事业单位
52	公安部南京警犬研究所
53	公安部南昌警犬基地
54	公安部昆明警犬基地
55	公安部南方研究所
56	公安部警犬技术学校
57	公安部管理干部学院
58	公安部人民警察干校
59	司法行政学院
60	中央司法警官教育学院
61	国家检察官学院
62	最高人民检察院机关服务中心
63	国家法官学院
64	中国应用法学研究所
65	最高人民法院机关服务中心
66	国家保密技术研究所
67	交通部长江航运公安局
68	国家民委中国民族语文翻译中心

续表

序号	单位名称
69	国家宗教事务局宗教研究中心
70	中国藏语系高级佛学院
71	中央台办信息中心
72	中央台办海峡两岸关系研究中心
73	卫生计生委中国人口宣传教育中心
74	国家发改委药品价格评审中心
75	中国地质调查局发展研究中心
76	国家测绘局测绘发展研究中心
77	国家海洋局北海分局
78	国家海洋局东海分局
79	国家海洋局南海分局
80	国家信息中心（本级）
81	中国农业科学院农田灌溉研究所
82	农业部南京农业机械化研究所
83	黑龙江省农垦总局政法系统
84	国家林业局四川卧龙国家级自然保护区管理局
85	国家林业局甘肃白水江国家级自然保护区管理局
86	国家林业局华东林业调查规划设计院
87	国家林业局大兴安岭林业勘察设计院
88	国家林业局陕西佛坪国家级自然保护区管理局
89	国家林业局东北航空护林中心
90	国家林业局西南航空护林总站
91	国家林业局森林防火预警监测信息中心
92	国家林业局森林病虫害防治总站
93	民政部档案资料馆
94	中国残联就业服务指导中心
95	中国残疾人辅助器具中心
96	中国新闻社
97	中国国土资源经济研究院
98	国土资源部实物地质资料中心
99	环境保护部核与辐射安全中心
100	国家测绘局地图技术审查中心
101	国家测绘局职业技能鉴定指导中心
102	国家石油储备中心

续表

序号	单位名称
103	中国农业科学院草原研究所
104	中国热带农业科学院橡胶研究所
105	卫生计生委科学技术研究所
106	中国地质科学院水文地质环境地质研究所
107	中国地质博物馆
108	中国地质图书馆
109	青岛海洋地质研究所
110	南京地质矿产研究所
111	中国地质调查局水文地质工程地质技术方法研究所
112	国家海洋局第一海洋研究所
113	国家海洋环境预报中心
114	国家海洋信息中心
115	国家海洋标准计量中心
116	国家海洋局海洋发展战略研究所
117	中国农业科学院兰州畜牧与兽药研究所
118	中国热带农业科学院热带作物品种资源研究所
119	中国热带农业科学院热带生物技术研究所
120	中国水产科学研究院珠江水产研究所
121	中国气象局沈阳大气环境研究所
122	中国气象局武汉暴雨研究所
123	中国气象局兰州干旱气象研究所
124	中国气象局乌鲁木齐沙漠气象研究所
125	中国民族博物馆
126	国家民委信息中心
127	北京新文化运动纪念馆
128	中国华侨历史博物馆
129	中国华侨华人历史研究所
130	国家图书馆
131	中央国家机关人防设施维护管理总站
132	中央统战部信息中心
133	全国人大图书馆
134	中国国际问题研究所
135	中宣部思想政治工作研究所（非参公部分）
136	国家节能中心

续表

序号	单位名称
137	国家林业局对外合作项目中心
138	商务部国际贸易经济合作研究院
139	审计署审计科研所
140	国务院港澳办公室港澳研究所
141	国家文物局中国文化遗产研究院
142	中国科学院声学研究所
143	国土资源部中国地质科学院岩溶地质研究所
144	国土资源部中国土地勘测规划院
145	国土资源部宣传教育中心
146	民政部社会福利和社会进步研究所
147	残联中国康复科学所
148	农业部中国农业科学院农业环境与可持续发展研究所
149	农业部中国农业科学院棉花研究所
150	农业部中国农业科学院上海兽医研究所
151	农业部中国水产科学研究院黑龙江水产研究所
152	农业部中国水产科学研究院黄海水产研究所
153	农业部中国水产科学研究院南海水产研究所
154	中国气象局北京城市气象研究所
155	新闻出版广电总局中国版本图书馆
156	新闻出版广电总局中国印刷博物馆
157	宋庆龄基金会宋庆龄故居管理中心
158	文化部梅兰芳纪念馆
159	文化部中国工艺美术馆
160	卫生计生委中国人口与发展研究中心
161	中国外文局对外传播研究中心
162	中国外文局违法和不良信息举报中心
163	质检总局国家标准化管理委员会标准信息中心
164	中央国家机关工委法制教育中心
165	国家安全生产监督管理总局宣传教育中心
166	国家海洋局国家卫星海洋应用中心
167	国家海洋局中国极地研究中心
168	水利部黄河水利委员会水文局
169	水利部海河水利委员会水文局
170	国务院扶贫办中国国际扶贫中心

续表

序号	单位名称
171	卫生计生委统计信息中心
172	新闻出版广电总局无线电台管理局（共47家单位）
173	卫生计生委中国疾病预防控制中心（共12家单位）
174	文化部中国美术馆
175	国家测绘地理信息局卫星测绘应用中心
176	国家测绘地理信息局国家测绘产品质量检验测试中心
177	中国社会科学院社会发展战略研究院
178	中国社会科学院信息情报研究院
179	中国文联戏剧艺术中心等14家单位

（四）定额标准的调整

制定定额标准是一项非常具体和繁琐的工作，工作量大、需要考虑的因素多。为保证定额标准既科学合理又切实可行，除对行政机关或事业单位的开支范围进行合理划分外，定额标准还要随着时间推移、政策的变化、业务特点和单位职责的变动、物价水平和经济发展状况等实际情况的变化作适当的调整。《办法》中对定额标准的调整作了以下规定：定额标准的执行期限与预算年度一致；定额标准的调整在预算年度开始前进行；定额标准一经下达，在年度预算执行中不作调整；影响预算执行的有关因素，在确定下一年度定额标准时，由财政部统一考虑。

（五）2015年定额标准的制定

根据预算管理方式的不同特点，行政单位和事业单位定员定额标准分别采取不同的制定方式：

1. 2015年试点行政单位定员定额标准的制定。由于行政单位除财政拨款收入外，基本没有其他收入来源，因此行政单位的综合定额和财政补助定额是一致的。2015年，将在上年的基础上，进一步完善行政单位定员定额标准：

（1）人员经费定额的测算。根据人力资源社会保障部统发工资情况、规范津贴补贴政策和国家对工资福利和社会保障等方面的有关规定，核定

2015年人员经费定额标准。

（2）日常公用经费定额的测算。认真分析现行定额标准体系存在的问题和不足，根据中央部门履行职能情况、有关政策调整、物价水平变化和经济发展状况等因素，结合行政单位办公用房、公务用车等资产占用情况，对人员定额和实物定额标准进行适当调整和完善，不断提高预算编制的合理性、规范性和准确性。

2. 2015年试点事业单位定员定额标准的制定。由于大部分事业单位有不同的收入来源，且与财政的关系也有很大的差别，因此事业单位适用“双定额”——综合定额和财政补助定额。2015年财政部测算、下达给试点事业单位的定员定额标准仍为财政补助定额。

（1）人员经费定额的测算。根据现行国家对工资福利和社会保障等方面的有关规定，综合考虑调资和津贴补贴政策，测算提出2015年人员经费定额补助标准。

（2）日常公用经费定额的测算。根据有关政策调整、物价水平变化和经济发展状况等因素，对试点事业单位日常公用经费定员定额标准进行适当调整和完善。

3. 2015年试点参公单位定员定额标准的制定。2015年参公单位定员定额标准将在上年的基础上，进一步完善。

（1）人员经费定额的测算。根据工资制度、规范津贴补贴政策及国家对工资福利和社会保障等方面的有关规定，测算提出2015年人员经费定额补助标准。

（2）日常公用经费定额的测算。根据参公单位履行职能情况、有关政策调整、物价水平变化和经济发展状况等因素，对试点参公单位日常公用经费定员定额标准进行适当调整和完善。

三、基本支出预算编制及调整

（一）基本支出预算的编制

按照部门预算编制规程，基本支出预算的测算过程主要是从部门预算

“一上”到“一下”之间，可分为定额标准制定、人员数据核实、控制数测算和控制数下达四个阶段。

第一阶段：制定定额标准。财政部根据前述的规范程序和方法，分别制定出行政、事业和参公单位基本支出定额标准。

第二阶段：审核基础数据。财政部对各单位报送的人员基本情况进行整理，提取出测算基本支出所需的人员数据，并对人员数据及有关材料进行审核。编制人数的审核应主要以中央编办关于各单位编制数的正式文件为依据，实有人数情况参照人社部统发工资人数情况和单位上年度7月底实际人数进行审核。

第三阶段：基本支出预算控制数测算。财政部根据制定的定额标准和核实的单位人员情况，结合部门基本支出结转情况，测算形成各部门的基本支出预算控制数或财政拨款补助数。其中，人员经费根据编制内实有人数与各项定额标准核定；日常公用经费以人员为计算对象的部分，行政单位根据编制数与各项定额标准核定，事业单位和参公单位根据编制内实有人数（空编按一半计算）与各项定额标准核定；以物耗为计算对象的部分，根据单位实物配置标准与实物费用定额核定。

第四阶段：控制数下达。财政部按照预算编制规程，在规定的时间内，将定额标准和按定额标准计算形成的基本支出预算控制数或财政拨款补助数下达给中央部门或单位。

（二）基本支出预算的调整

为保证预算的严肃性，《办法》对部门自主调整基本支出预算的范围做了如下规定：“中央部门在财政部下达的基本支出预算控制数额或财政拨款补助数额内，根据本部门的实际情况和国家有关政策、制度规定的开支范围及开支标准，在人员经费和日常公用经费各自的支出经济分类款级科目之间，自主调整编制本部门的基本支出预算，在规定的时间内报送财政部”。需要强调的是，在编制基本支出预算时，试点单位基本支出自主调整的范围仅限于人员经费经济分类“款”级科目之间或日常公用经费支出经济分类“款”级科目之间的必要调剂，人员经费和日常公用经费之间不允许自主调整。

《办法》还规定："中央部门要严格执行批准的基本支出预算。执行中发生的非财政补助收入超收部分，原则上不再安排当年的基本支出，可报经财政部批准后，安排项目支出或结转下年使用；发生的短收，中央部门应当报经财政部批准后调减当年预算，当年的财政补助数不予调整。如遇国家出台有关政策，对预算执行影响较大，确需调整基本支出预算的，由中央部门报经财政部批准后进行调整"。

另外，对暂时没有实行定员定额管理的事业单位，也要改进和规范预算分配方法，采取更加科学合理的方式。

第三节　行政单位实物费用定额试点

一、实物费用定额试点的意义和原则

（一）实物费用定额试点的重要意义

2000 年中央部门预算改革后，中央部门基本支出实行定员定额管理，基本支出定额标准中人员经费标准主要依据国家工资政策制定，日常公用经费标准主要依据公用经费支出历史数据测算的人均标准制定，并根据物价等有关变化因素进行调整。随着公共财政体制框架的确立，对财政支出的规范性提出了更高要求。建立实物费用定额管理体系是要对目前基本支出定员定额体系中尚不完善之处予以改进，是对财政支出标准体系的进一步完善和对中央有关节能减排指示精神的具体贯彻和落实，是提高财政支出的合理性、科学性和规范性的一个重要步骤，也是提高财政资金使用效率的一项重要举措。实物费用定额管理体系的建设目标是要最终形成一个人员定额管理和实物费用定额管理相结合的基本支出标准体系，实现政府运行成本的规范化和标准化。

（二）实物费用定额试点的原则

各试点单位要将实物费用定额试点工作与目前的一些工作重点紧密联

系起来，相互结合，全面促进。在试点中要遵循以下几个原则：

1. 与建设节约型政府相结合的原则。试点单位要按照中央关于建设节约型政府的相关要求，结合实物费用的管理，通过加强对实物费用的分析研究，积极查找实物资产消耗中存在的问题和原因，采取有效措施实现节能降耗。同时，财政部门也要根据节能降耗的有关要求对相关实物消耗和费用标准及时进行调整。

2. 与资产管理相结合的原则。资产管理不仅包括对实物资产的静态管理，还包括对资产的使用、运行、维护和相关费用支出的管理，试点单位要将实物资产管理与实物资产的费用管理有机结合起来，探索建立一套完整、有效、动态的资产管理模式。

3. 与支出管理相结合的原则。试点单位要充分利用实物费用定额试点的成果，将实物费用管理与支出管理结合起来，通过对实物费用情况的分析查找内部管理上的不足，采取措施，改进管理，完善内控制度，节约开支，提高支出效益。

二、实物费用定额试点情况

（一）历年试点基本情况

为进一步深化部门预算改革，加强中央部门实物资产管理，促进部门资产管理和预算管理有机结合，财政部于 2004 年选择了审计署、劳动和社会保障部、人事部、中央编办和国家信访局等 5 个中央部门，率先对行政机关的办公用房和公务用车进行实物费用定额试点。其中，办公用房实物费用定额项目包括水电费、取暖费和物业管理费等 3 项内容，公务用车实物费用定额项目包括燃料费、保险费、维修维护费和其他费用等 4 项内容。

受资产管理相关制度、费用开支标准不完善，部门之间资产占有量悬殊等因素制约，2004—2006 年试点采取“虚转”的方式进行，即财政部对试点部门下达行政机关用房和机动车辆的实物费用定额标准，试点部门按照财政部要求设分类账对本部门行政机关用房和机动车辆费用消耗情况单独核算，但实物费用定额标准不与试点部门当年部门预算挂钩，部门仍按财政部下达的基本支出综合预算数执行。

2007 年，在认真总结三年试点经验的基础上，对情况较为复杂的办公用房继续实行“虚转”方式。同时，选择管理相对规范的车辆实物费用实行“实转”，为实现实物费用定额与人员定额结合，推进实物费用定额试点全面“实转”积累经验。具体方案是：按照国管局和中直管理局核定的各部门车辆编制数与车辆实物费用定额标准测算车辆实物费用控制规模。下达 2007 年基本支出“一下”控制数时，以不影响部门基本支出总规模为前提，在日常公用经费中单独标注车辆实物费用控制规模，由各单位在执行中单独核算。

2008 年，财政部积极研究加强实物费用定额与建设节约型政府、资产管理、支出管理相结合的预算管理方式；进一步扩大实物费用定额试点范围，试点部门由 2007 年的 18 家增加到 24 家；在 2007 年车辆实物费用“实转”基础上，2008 年对办公用房、车辆全面“实转”。

2010 年，根据机构改革等情况，将试点单位由 24 家调整为 23 家；结合水电费价格调整和历年来试点情况，适当照顾部门实际，进一步完善实物费用定额标准；调整 2010 年基本支出公用经费测算方式，按照人员定额和实物定额相结合的方式核定 2010 年公用经费规模，实现实物费用真正“实转”，积极探索建立人员定额和实物定额相结合的基本支出标准体系。

2011 年，结合实物费用定额试点执行情况，对机动车辆实物费用定额进行了适当调整和细化，区分部长用车和一般公务用车分别核定实物费用定额标准。

2012 年，在进一步完善实物费用定额标准的基础上，将实物费用定额试点范围扩大到全部中央部门本级。具体为：将现有基本支出公用经费定额项目分为人员定额和实物费用定额两部分，其中办公用房水电费、取暖费、办公用房物业管理费和公务用车运行维护费四个项目作为实物费用定额项目，仅反映部门办公用房和公务用车的相关开支，其他开支内容转列“其他经费”。其他项目仍作为人员定额项目，按人员定额核定支出。从编制 2012 年部门预算开始，纳入定员定额试点范围的中央部门本级全面实行人员定额和实物费用定额相结合的基本支出预算测算方式。

2013年，在总结2012年实物费用定额试点经验的基础上，进一步完善了实物费用定额标准，并继续在中央部门本级全面实行实物费用定额试点。

（二）2014年实物费用定额试点方案

在总结以前年度实物费用定额试点经验的基础上，编制2014年部门预算时，进一步完善了实物费用定额标准，并继续在中央部门本级全面实行实物费用定额试点。

1. 试点单位范围。2014年实物费用定额试点范围仍为纳入定员定额试点的全部中央部门本级。

2. 实物资产配置标准。2014年办公用房配置标准仍按照人均办公用房面积50平方米和人员编制数核定，人均办公用房面积未达到50平方米的，按照人均50平方米核定，超出50平方米低于100平方米部分按照50%核定面积，超出100平方米部分不予核定。另外，对部门自有产权办公用房面积人均超过50平方米的，租赁的办公用房一律不予核定经费。

对公务用车配置标准，考虑到中央部门本级的公务用车超编车辆处理工作已基本完成，2014年按照领导干部用车和一般公务用车编制内实有数核定公务用车运行维护费，对超编车辆一律不安排相关经费。另外，考虑到部门的执法执勤用车、特殊业务用车等运行维护费用主要从项目支出列支，2014年测算仍只包含领导干部用车和一般公务用车。

3. 实物费用定额标准。办公用房实物费用定额包括水电费、取暖费和物业管理费三个定额项目。水电费和物业管理费仍维持2012年定额标准，即水费6.38元/平方米·年、电费72元/平方米·年、物业管理费115元/平方米·年、电梯运行维护费32400元/梯·年。取暖费按照北京市有关文件规定的价格，调整为42元/平方米·年。公务用车实物费用定额按领导干部用车和一般公务用车分别核定。其中，领导干部用车48024元/辆·年，一般公务用车39344元/辆·年。

（三）近年来实物费用定额试点取得的成效

1. 初步摸清了试点部门实物资产配置情况，为推进试点工作奠定了基础。在近几年的试点工作中，根据各试点部门报送的材料，对各部门办公用房、车辆占用情况和相关费用开支进行了统计和初步分析，基本摸清了试点单位的家底，了解了资产管理状况，为实现实物费用定额试点全面“实转”、推进资产管理和预算管理有机结合奠定了较好的基础。

2. 试点范围逐步扩大，实物定额标准逐步完善。2004 年以来实行实物费用定额试点，范围不断扩大，从最初的 5 家扩大到 2011 年的 23 家，又逐步扩大到全部中央部门本级，试点工作逐步铺开。另外，财政部根据物价变动情况，结合试点工作中反映出的问题，逐步修订、完善实物定额标准，合理性、可行性不断提高，一方面更好地满足部门正常运转的需要，另一方面促进了实物定额与人员定额相结合的基本支出标准体系建设。

3. 试点方式逐步由虚到实。从 2007 年开始，在总结试点经验的基础上，财政部首先选择了车辆实物定额项目，由原来的定额内“虚转”调整为定额内“实转”，2008 年又将“实转”项目扩大到办公用房，2012 年我们将试点更进一步，调整 2012 年基本支出公用经费测算方式，按照人员定额和实物定额相结合的方式核定 2012 年公用经费规模。从编制 2012 年部门预算起，中央部门行政单位基本支出预算的核定，由先前的以定员定额管理为主体，部分部门进行实物费用定额试点的方式，全面转为定员定额和实物费用定额相结合的基本支出定额管理方式，中央行政单位基本支出预算管理上了一个新的台阶。

4. 试点部门增强了资产管理意识，加强了支出管理。试点过程中，相关部门按照要求，单独设立台账，独立核算，对资产占用和费用开支情况逐年进行分析整理，许多部门还制定内部管理办法，加强制度建设，强化了支出管理，对部门有效控制行政运行成本、提高财政资金使用效率起到了积极作用。

下一步，要按照深化部门预算改革的总体要求，深入开展调查研究，广泛听取各方意见，结合公务用车制度改革、党政机关清理办公用房情况等，不断调整完善实物费用定额标准，逐步提高资产信息质量，进一步促进基本支出预算分配的科学性和合理性。

第六章　中央部门项目支出预算编制

第一节　项目支出预算管理改革概况

中央部门预算改革以前，部门的项目预算是先有经费预算指标，然后再落实到具体项目，基本上是财政先切块分配资金，再由管理这些资金的部门将其分配到项目和各执行单位。项目预算编制随意，内容粗放、不具体；项目预算与部门职能业务脱节，无法体现预算政策；项目一年一定，缺乏稳定性和长期性；没有科学的项目决策程序，也没有完整的项目预算编审机制；项目执行过程中，缺乏有效监控，也没有追踪问效的制度；项目预算的约束力较差，资金使用的随意性较大，监督也比较薄弱；项目完成后也没有进行规范的成果、效益评价。以上这些都与建立公共财政框架的要求严重不符，制约了预算政策发挥其宏观调节工具的作用，阻碍了财政支出结构的优化，不利于提高财政资金使用的有效性、安全性。

2000 年中央部门预算改革后，财政部将部门预算支出划分为基本支出和项目支出两部分，并分别按照不同模式管理。为改进和加强项目支出预算管理，2001 年，财政部颁布了《中央部门项目支出预算管理试行办法》；2002 年，在对管理办法进行修订的基础上印发了《中央本级项目支出预算管理办法（试行）》，同时还制定了《中央本级项目库管理规定（试行）》；2004 年，再次对管理办法进行修订，将《中央本级项目支出预算管理办法（试行）》和《中央本级项目库管理规定（试行）》合并为《中央本级项目支出预算管理办法（试行）》；2007 年，对项目支出预算管理办法第三次进行修订，印发了《中央本级项目支出预算管理办法》。随着项目支出预算管理相关制度的逐步健全，财政部逐步实施了预算项目立项、预算项目评审、项目库管理、项目预算决策、项目预算执行、项目预算调整、项目预算绩效评价等方面的一系列改革措施，一套程序规范、分配科学、机制顺畅的项目支出预算管理体系逐步建立起来。

部门预算改革至今，中央部门项目支出预算管理改革逐步推进，相关政策和措施的不断补充完善，形成了一条清晰的发展脉络，也深刻反映了预算管理理念的演变过程。中央部门项目支出预算管理改革的脉络总体上可以分为三个阶段：

第一阶段是财政预算从传统模式向部门预算模式转变的过渡阶段，改革的重心是建立健全适应公共财政要求和部门预算管理需要的项目支出预算管理基本框架。这一阶段的重点包括：确立项目支出的基本概念；规范项目支出的范围，区分基本支出与项目支出的范畴；改变项目支出预算编制方法，规范预算申报程序；推行项目库管理，推进项目前期评审；完善项目决策机制，对项目支出按照轻重缓急进行四类划分，以及对重点项目实行滚动管理等。

第二阶段是部门项目支出预算管理逐步完善的阶段，改革的重心是进一步完善项目支出预算管理的框架，由粗到细地深化项目支出预算管理，加强项目支出预算的相关配套管理措施，提高项目支出预算管理的规范性和科学性，为下一步的项目支出预算改革奠定基础。这一阶段的重点包括：延长预算编制时间，进一步完善项目预算编制程序；细化项目支出预算编制，延伸预算单位层次，减少部门代编预算，提高年初预算到位率；进行项目支出按经济分类编制试点；推进项目支出滚动管理，完善项目支出预算审核程序，改进预算决策机制；规范预算调整，加强预算执行管理，增强预算约束性；加强项目支出结转和结余资金管理，推进项目预算编制与预算执行相结合；推进资产管理与预算管理的有机结合等。

第三阶段是在进一步完善和深化部门项目支出预算管理的基础上，逐步向以标准化定额为基础，以产出绩效为导向，拓展预算管理视野的方向迈进，改革的重心是建立健全标准化的项目支出定额标准体系，建立项目支出预算绩效评价体系和绩效评价结果的运用机制，探索建立中期预算管理机制。

第二节　项目支出预算的基本概念

一、项目支出预算的基本含义

项目支出预算是部门支出预算的重要组成部分，是中央部门为完成其特定的行政工作任务或事业发展目标，在基本支出预算之外编制的年度支出计划，包括基本建设、有关事业发展专项计划、专项业务费、大型修缮、大型购置、大型会议等项目支出。

项目支出预算是围绕着“预算项目”编制的支出计划，项目支出预算具有几方面特征：一是专项性，项目支出预算的专项性根植于预算与业务的结合之中，预算围绕项目，项目围绕具有特定目标，项目预算是为完成特定工作任务而编制的经费支出计划，针对不同目标或任务应分别设立项目。二是独立性，每个项目支出预算应有其支出的明确范围，项目之间支出不能交叉，项目支出与基本支出之间也不能交叉，如果出现交叉则说明项目的目标和任务有重叠，项目设置不够科学、合理。三是完整性，项目支出预算应包括完成特定目标或任务所涉及的全部经费支出，应避免将为一个目标或任务而发生的支出拆解分散到多个项目支出中去。

二、项目支出预算编制的原则

（一）综合预算的原则

项目支出预算要体现当年财政拨款、以前年度结转结余资金、事业收入和其他收入等统筹安排的要求。

综合预算是部门预算管理的一条基本原则。部门作为预算编制和执行的主体，应对自身可支配的预算资源进行全面的、完整的、综合性的管理，加强统筹，优化配置，努力提高资源的配置效率。

（二）科学论证、合理排序的原则

申报的项目应当进行充分的可行性论证和严格审核，分轻重缓急合理排序后视当年财力状况择优进行安排。

为保证项目预算的科学性、合理性，项目应当经过充分的论证，证明其可行性和必要性，并经过严格的审核程序，这既是对项目支出预算的前置评价和监督，也是保证预算编制质量和项目目标得以实现的必要程序。在预算支出的需求超出可支配预算资源的情况下，项目分轻重缓急合理排序并结合财力状况择优安排，是一种相对客观、公正的预算资源分配方法，有利于优化资源配置，保障重点和急需，减少项目安排中的主观随意性。

（三）追踪问效的原则

财政部和中央部门对预算资金安排项目的执行过程实施追踪问效，并对项目完成结果及目标进行绩效评价。

追踪问效的原则，体现了预算管理从“重投入”向“重产出”的转变。为保证预算项目实现既定的目标和获得更高的产出效益，财政部和中央部门要对预算项目执行过程进行管理，及时解决执行中出现的问题，优化项目的实施过程，保证项目目标的顺利实现。同时，在项目结束后，将项目的完成结果与预期目标进行对比、分析，评价项目的产出绩效，并以评价结果作为下一步加强管理、优化支出结构和安排后续资金的依据。

三、项目的基本分类

2007 年以前，中央部门预算项目分为行政事业类项目、基本建设项目和其他项目。基本建设类项目是指按照国家关于基本建设管理的规定，通过中央预算基本建设投资资金安排的预算项目。行政事业类项目是指中央级行政事业单位由行政事业费安排的预算项目。其他类项目，是指除上述两类项目之外的预算项目。2007 年政府收支分类改革以后，根据政府收支分类改革情况以及管理的需要，预算项目改为按照重要性、存续情况、内容及性质等进行分类。

（一）为了提高预算安排的科学性，为项目按照“轻重缓急”排序提供基础依据，按照项目的重要性将预算项目分为国务院已研究确定项目、经常性专项业务费项目、跨年度支出项目和其他项目四类

1. 国务院已研究确定项目，是指国务院已研究确定需由财政预算资金重点保障安排的支出项目。此类项目包括：

（1）党中央、国务院文件中明确规定中央财政预算安排的项目（以相关文件为依据）；

（2）党和国家领导人明确批示由财政予以安排、保障，且经国务院总理（或分管财政的国务院领导）同意的项目；

具备上述条件之一的，方可列为国务院已研究确定项目。

2. 经常性专项业务费项目，是指中央部门为维持其正常运转而发生的大型设施、大型设备、大型专用网络运行费和为完成特定工作任务而持续发生的支出项目。此类项目必须同时具备下列条件：

（1）已经（或将要）连续开支 10 年（含 10 年）以上的；

（2）大型设施、设备、网络或电子系统的运行维护费；“两会”经费；人大立法、监督经费；执法部门办案费；公安、安全特殊支出（正常维持等经费）、常例性的专项检查；监管、监测、审批、审查经费。

3. 跨年度支出项目，是指除延续的国务院已研究确定项目和经常性专项业务费项目之外，经财政部批准并已确定分年度预算，需在本年继续安排预算的项目和当年新增的需在本年度及以后年度继续安排预算的支出项目。

4. 其他项目，是指除“前三类支出项目”之外，中央部门为完成其职责需安排的支出项目。

（二）为了实现对预算项目的滚动管理，根据项目的存续时间，又将预算项目分为新增项目和延续项目两类

1. 新增项目，是指本年度新增的需列入预算的项目。

2. 延续项目，是指以前年度已安排过年度预算，需在本年度及以后年度预算中继续安排的项目。延续项目包括“前三类支出项目”中的延续项目和“其他项目”中的延续项目。

“前三类支出项目”中的延续项目，必须明确项目的起止年限，未经财政部门批准，部门不得自行变更项目名称、内容。

“其他项目”中的延续项目，项目内容必须与以前年度安排过的预算项目一致，项目名称原则上也应保持一致性，其他信息可视具体情况调整。

（三）为了推进中央本级项目支出定额标准体系建设，按照项目的内容和性质，将预算项目分为以下 13 类

1. 大型会议、培训类项目：是指行政事业单位围绕中心任务和业务工作召开的工作会议和业务会议（含国际会议），以及开展培训、研讨活动等项目。

2. 专项课题、规划类项目：是指行政事业单位承担的专项课题、制定的专项规划等项目。

3. 信息系统运行维护类项目：是指为保证行政事业单位计算机网络和业务信息化系统正常运行和信息安全而支付的硬件设备维护、软件维护和数据更新等方面的技术服务、光纤租赁、有线网络信息服务、零配件费用等支出项目。

4. 执法办案类项目：是指政法部门和具有执法依据的专设执法机构，为履行职能而专项安排的执法办案项目。

5. 监督检查类项目：是指行政事业单位为履行自身职责、开展相关业务而专项安排的监管、检查、审查等支出项目。

6. 调查统计类项目：是指行政事业单位开展普查、大型调查、专项调查等调查统计专项工作的支出项目。

7. 重大宣传、活动类项目：是指行政事业单位为完成特定工作而专项安排的宣传、活动等项目。

8. 房租类项目：是指行政事业单位因现有用房无法满足工作需要，而专项安排的用于承租办公业务用房的支出项目。

9. 房屋建筑物购建类项目：是指用于购买、自行建造办公业务用房、职工生活用房、教学科研用房等建筑物（含附属设施，如电梯、通讯线路、水气管道等）的支出及前期费用项目。

10. 信息网络购建类项目：是指专项安排的用于行政事业单位电子政务工程、信息化网络购建和改造等支出的项目。

11. 大中型修缮类项目：是指按财务会计制度规定允许资本化的，专项安排用于行政事业单位建筑物、公共基础设施等大型修缮的支出项目。

12. 设备购置类项目：是指行政事业单位为完成其特定行政工作任务和事业发展目标或开办时所发生的交通工具购置、办公设备购置、专用设备购置及储备物资购置项目。

13. 其他类项目：是指行政事业单位为履行职责、完成工作任务，在上述项目之外专项安排的其他项目。

第三节 项目库及项目滚动管理

一、项目库的概念和分类

项目库是对项目进行规范化、程序化管理的数据库系统。项目库分为中央部门项目库和财政部项目库。

（一）中央部门项目库，由中央部门按照申报项目支出预算的要求，结合本部门特点，对所属单位申报的项目进行筛选排序后设立。

中央部门项目库应实行开放式管理。中央部门对所属单位申报预算项目应设置规范的审核程序。中央部门的所属单位按照部门的相关规定程序向中央部门申报项目，中央部门应及时审核，将审核通过的项目纳入中央部门项目库。在编制部门预算时，按照财政部要求的时间和程序，中央部门对项目库中的项目进行筛选、排序，统一向财政部申报项目支出预算。中央部门可以结合本部门业务工作的需要设立项目分库。

（二）财政部项目库，由财政部根据项目支出预算管理的需要，结合财力可能，对中央部门所报项目进行筛选排序后设立。

二、项目库管理的原则

项目库管理应遵循统一规划，分级管理的原则。

（一）统一规划，是指由财政部统一制定中央部门项目库管理的规章制度、项目申报文本，统一设计计算机应用软件。

（二）分级管理，是指中央部门和财政部分别按照规定对各自设立的项目库实行管理。

三、项目排序

项目库中的项目应按照轻重缓急进行合理排序。中央部门年度预算项目排序原则："前三类支出项目"中的延续项目予以优先排序，其他项目按照项目的轻重缓急，择优遴选后进行排序。

对其他项目（包括其他打捆项目），中央部门应根据轻重缓急区分"非常重要"、"比较重要"、"一般"三类进行排序。为保证部门其他项目排序结构合理，对其他项目排序类别的项目数量进行比例控制，"非常重要"、"比较重要"的项目占部门其他项目（打捆项目按 1 个项目计）的比例应分别不超过 30% 和 40%。

四、项目清理

为提高部门预算的科学性，规范项目支出预算管理，推进中央部门和财政部项目库中项目的滚动管理，按照中央部门预算编制规程有关要求，每年年度预算批复后，中央部门和财政部要对中央部门预算已批复的项目进行清理。

（一）项目清理的目的

项目清理是为了提高预算资金配置效率，在对当前年度已批复预算项目进行清理，加强资源统筹，加大项目整合的基础上，对预算项目的类别进行合理界定，实现对部门项目支出结构的优化，为下年度项目支出预算编制奠定基础，推进项目的滚动管理。

（二）项目清理的范围

项目清理的范围包括中央部门年度预算已批复的全部项目。根据项目清理结果，“前三类支出项目”（指国务院已研究确定项目、经常性专项业务费项目和跨年度支出项目）中的延续项目将发给中央部门，纳入部门项目库，与下一年度的新增项目一并编入下一年度预算。

（三）项目清理的原则

1. 同类整合原则。对“前三类支出项目”中由同一单位承担，使用同一项级科目的项目，如支出性质、范围和内容相同或相近，应予以整合。

2. 打捆测算原则。对项目性质、支出内容、支出科目相同，但由多个二级或二级以下单位承担的“前三类支出项目”和其他项目，应打捆测算。

3. 优化结构原则。对主要用于课题研究、培训、部门财务管理、行业规划及标准制订、零星修缮、零星购置、“三公”经费等方面的一般性支出项目，原则上应全部清理为其他项目，并加强归并、整合。

（四）项目清理程序

1. 每年年度预算批复后，财政部统一组织中央部门开展项目清理工作，印发项目清理通知并制发清理软件。

2. 中央部门根据项目清理通知，严格按照规定的范围、标准，对所有本年度预算已经批复项目进行清理，填写“部门预算项目清理表”，并在规定的时间内，将清理结果报财政部。

3. 财政部对中央部门报送的项目清理结果进行审核，提出项目清理类别建议、下年度预算编制中使用的打捆项目建议以及预算建议数，并制作分部门项目数据盘，及时下发各中央部门，作为部门报送下一年度项目支出预算的基础。

（五）具体要求

1. 严格项目类别划分。在项目清理过程中，中央部门应严格按照规定的范围和标准进行清理，不得自行改变项目清理的范围和标准；应严格按照项目类别划分的标准对年度预算已批复项目进行合理的类别划分，对确需调整项目类别的项目进行类别调整；应根据项目清理情况，认真填写部门预算项目清理表。

2. 加强对“前三类支出项目”的管理。在项目清理工作中，应严格控制“前三类支出项目”。其中，对于国务院已研究确定项目和跨年度支出项目，应提供项目立项依据（党中央、国务院文件，财政部批复文件）、项目总投资、项目执行期限、项目分年度预算等；对于经常性专项业务费项目，确实不能提供立项依据的，应说明理由，并逐项说明项目的支出范围。

3. 根据部门预算批复情况，将“前三类支出项目”分为延续项目和一次性支出项目。对一次性项目和执行年限到期的延续项目予以清除，对到期后需继续安排预算的项目，视同其他项目类的新增项目，按照规定程序重新申报；对延续项目，要严格按照项目立项时核定的分年度预算逐年编报。编报延续项目预算时，项目的名称、编码、项目的使用方向不得变动。

4. 实行“前三类支出项目”核减激励机制。对部门申报的“前三类支出项目”支出预算建议数比上年批复数总额减少的（不包括到期项目、一次性项目、有中长期规划且总规模已定的项目、分年计划及预算已定的项目、因统筹动用结转资金而减少财政拨款的项目和因结合执行进度压缩财政拨款的项目），按减少数额相应单独安排“前三类支出项目核减激励支出”，由部门统筹安排相关项目支出。

五、项目的滚动管理

在项目申报阶段建立当前年度预算项目与上年度预算批复项目之间的

联系。具体如下：

预算单位在申报项目时，将项目分为："新增项目"、"前三类延续项目"和"其他类延续项目"，编制时分别按不同规则进行填报，建立延续项目的年度间联系。

"新增项目"：由预算单位自行填报。项目类别统一设为"其他项目"，其余信息项由预算单位自行填报。

"前三类延续项目"：由预算单位从财政部清理后下发的前三类支出项目中选取。对项目名称、科目、项目单位、项目代码、项目类别等信息项，预算单位不可调整；其余信息项，预算单位可自行调整。

"其他类延续项目"：由预算单位从上年已批复的预算项目中选择需列入当年预算的项目，自动将上年项目的相关信息项提取填列到当前项目中，并随机生成"项目代码"。"项目代码"中的年份代码为预算年度的年份。自动提取的信息中，"项目类别"统一设为"其他项目"，预算单位不可调整；其余信息项预算单位可自行调整。

通过上述方式，在项目库中建立起项目年度之间的联系，为实现项目库中项目的多年度信息查询、比较分析、分年安排预算等滚动管理奠定基础。

第四节　项目支出预算的申报

一、申报条件

申报的项目应当同时具备以下条件：

（一）符合国家有关方针政策；

（二）符合财政资金支持的方向和财政资金供给的范围；

（三）属于本部门履行行政职能和促进事业发展需要安排的项目；

（四）有明确的项目目标、组织实施计划和科学合理的项目预算，并经过充分的研究和论证。

二、项目申报文本及其填报要求

（一）项目申报文本的组成

项目的基础申报文本由项目申报书、项目可行性报告、项目评审报告和财政支出绩效目标申报表四部分组成。

1. 项目申报书主要内容：项目名称、项目编码、项目单位、上级单位、中央部门、项目负责人、联系电话、单位地址、邮政编码、项目类别、项目属性、预算科目、项目申请理由及项目主要内容、项目总体目标及分阶段实施计划、项目组织实施条件、项目采购方式、项目支出预算及测算依据等。

2. 项目可行性报告主要内容：一是基本情况，包括项目单位基本情况、项目负责人基本情况、项目基本情况等；二是项目背景情况、项目实施的必要性、项目实施的可行性、项目风险与不确定性；三是实施条件，包括人员调剂、资金条件、基础条件和其他相关条件；四是进度与计划安排；五是主要结论。

3. 项目评审报告主要内容：一是评审方式和评审日期；二是项目基本情况，包括项目名称、项目单位、项目类别、项目属性、项目起止时间、项目材料及法定手续的完备性等；三是项目可行性评审，包括立项依据的充分性、目标设置的合理性、组织实施能力与条件、预期社会经济效益等；四是项目预算评审，包括资金筹措情况和预算支出的合理性；五是项目风险与不确定因素；六是评审总体结论；七是评审机构和专家组签章。

4. 财政支出绩效目标申报表主要内容：项目名称、主管部门、实施单位、项目资金、项目绩效目标和项目绩效指标等。

（二）项目申报文本的填报要求

1. 中央部门申报当年预算时，应按照财政部规定，填写项目申报书并附相关材料。国家发展与改革委员会等有预算分配权的部门通过财政拨款安排的基本建设项目和科学技术项目，除按照规定向相关部门申报外，要同时向财政部申报，申报时项目申报书的内容可适当简化。

2. 新增项目中预算数额较大或者专业技术复杂的项目，除申报项目申报书外，还应当填报项目的可行性报告、项目评审报告。

3. 延续项目中项目计划及项目预算没有变化的，可以不再填写项目的可行性报告和项目评审报告；延续项目中项目计划及项目预算发生较大变化的，应当重新填写项目可行性报告和项目评审报告。

4. 中央部门应当按照财政部规定的时间报送项目申报材料，项目申报材料的内容必须真实、准确、完整。

5. 按照《财政支出绩效评价管理暂行办法》的规定和相关要求，纳入绩效目标管理范围的项目，应填报“财政支出绩效目标申报表”。

三、项目申报程序

（一）项目单位应按照预算管理级次逐级申报项目、编制项目预算，不得越级上报。

（二）中央部门对申报的项目进行严格的论证、审核后，将符合条件的项目纳入本部门项目库。

（三）根据年度部门预算编制的要求，中央部门对其项目库中的项目，择优排序后统一向财政部申报。

四、项目申报的额度控制

为了对中央部门项目支出预算规模增长幅度进行合理控制，避免出现部门年度项目支出预算报“天书”的现象，提高项目支出预算编制的质量，从编制 2004 年部门预算开始，财政部要求各中央部门编报项目预算时，要有保有压，确保重点支出，控制一般性支出，并实行规模控制，将年度项目预算申报规模控制在一定的范围内。2004—2009 年，原则要求中央部门申报预算的项目总额（不包括国家发展改革委安排的建设性资金）应控制在本部门上年度财政已安排项目支出预算总额的 120% 以内。2010—2012 年，除党中央、国务院已确定的重大支出以及教育、科学、农业等重点支出外，要求中央部门申请的其他项目支出预算财政拨款数额原则上要控制在上年度预算批复项目支出预算财政拨款总额以内，按照零增长控制。2013 年以后，中央部门项目支出预算，除重大支出和重点支出外，其他一般性项目支出要严格控制。

五、项目支出预算的细化

部门编制的项目支出预算应细化到具体单位和具体用途，上级单位原则上不得代编下级单位预算，确因特殊情况在“二上”预算时无法细化到具体执行单位的预算事项，部门应提出具体理由并准确定义项目名称，报财政部审核同意后，由中央部门列在部门本级作代编预算处理，执行中按调整预算程序细化后执行，在未细化前部门不得动用。

六、项目支出中统筹安排财政拨款结转和结余资金

按照财政部关于财政拨款结转和结余资金管理的有关规定，中央部门在申报项目预算时，应统筹安排本部门以前年度结转和结余资金。对延续项目预算应结合预计的项目支出结转资金情况，合理提出下年度财政拨款预算申请数；对经财政部批复确认的项目支出累计结余资金，除已统筹安排使用的部分之外，其余原则上应全部统筹用于下一年度预算支出。

第五节　项目支出预算的审核和安排

一、项目支出预算审核的主要内容

（一）项目单位及所申报的项目是否符合规定的申报条件；

（二）项目申报程序是否符合规定；

（三）项目申报书是否符合规定的填报要求，相关材料是否齐全；

（四）项目的申报内容是否真实完整；

（五）项目的规模及开支标准是否符合规定，项目预算是否合理；

（六）购置有规定配备标准或限额以上资产的，是否符合财政部关于资产配置预算的相关规定；

（七）项目绩效目标是否符合相关要求；

（八）项目排序是否合理等。

二、项目支出预算的评审

（一）评审的条件

对以下项目，财政部和中央部门可以组织专家或者委托中介机构进行评审：

1. 延续项目中项目计划和项目预算发生较大变化的；
2. 新增项目预算数额较大的；
3. 专业技术复杂的；
4. 其他需要进行评审的。

（二）评审的形式

项目评审由评审专家组或受委托的中介机构独立进行，任何单位和个人不得干预。

（三）评审的内容

项目评审的内容包括：立项依据的充分性，目标设置的合理性，项目计划实施可行性（项目单位组织实施能力与主客观条件），预期社会经济效益和预算支出的合理性，项目风险与不确定因素等。

项目评审专家组或评审机构在评审后必须出具项目评审报告，并出具“优先选择”、“可选择”或“慎重选择”的明确意见。

三、项目支出预算的核定

财政部根据国家有关方针、政策和中央部门履行职能、事业发展目标，确定当年项目支出预算安排的原则和重点，并根据年度财力状况和项目排序，结合中央部门以前年度项目结转和资金结余情况以及上年度项目支出预算执行进度情况等，统筹安排项目支出预算，测算提出中央部门项目支出预算“一下”控制数，并下达给中央部门。中央部门严格按照财政部下达的项目支出预算“一下”控制数，对部门相关内容进行调整，并编制“二上”预算报送财政部。

为增强部门预算安排的灵活性，从2014年预算编制起，在财政部下达的项目支出预算“一下”控制数范围内，部门报经财政部同意后，可对项目预算进行调剂。

第六节　项目支出预算的批复、调整和实施

一、项目支出预算的批复

财政部依法对中央部门报送的预算申请按照“二上二下”程序进行审核，汇总编制中央部门预算草案报国务院审定后，呈全国人民代表大会审查。草案经全国人民代表大会审查通过后，财政部于30日内将预算批复至各中央部门。中央部门于财政部批复本部门预算后15日内，分解批复下级单位预算，并报财政部备案。

二、项目支出预算的调整

（一）细化年初预算

年初列部门本级代编，执行中需细化的项目支出预算，部门应按照调

整预算程序将细化方案报财政部审批。经财政部审批同意后方可执行。部门申请细化年初预算的应尽量集中办理。部门代编预算原则上要在6月30日前全部细化到所属预算单位。

（二）动用机动经费

动用机动经费时，部门应按照调整预算程序，提出部门（系统）机动经费使用方案，报财政部审批。部门申请动用机动经费应尽量集中办理。

（三）项目支出预算调整

1. 年度项目支出预算一经批复，中央部门和项目单位不得自行调整。预算执行过程中，如发生项目变更、终止、调整的，必须按照规定的程序报批，并进行预算调整。

2. 财政部年初已批复预算的项目支出，因部门前期论证不充分以及其他不可预期原因造成项目无法执行的，执行中原则上不得调整项目用途，应作调减当年预算处理。

3. 对年初已申请预算，但财政部未安排的项目，或年初预算已安排部门又认为存在经费缺口的项目，除特殊情况外，当年预算执行中不得再申请追加预算。

4. 部门因无法预见的临时性或特殊增支事项确需增加当年支出的，应优先通过年初预算安排的部门机动经费解决；在动用机动经费不能满足需要时，方可向财政部提出追加预算申请。

5. 预算执行过程中，部门确因无法预见的临时性或特殊支出事项需调整预算的，应提出本部门调整预算的申请，说明调整理由和具体调整方案，并附有关说明材料（包括机动经费安排使用情况、绩效目标和涉及的新增资产配置情况等）及证明文件等，正式行文报财政部。

6. 申请追加预算，除特殊事项外，应在8月31日前将追加预算申请文件报财政部（以申请文件送达财政部时间为准）。

7. 对中央部门报来的项目预算调整申请，财政部要进行审核，审核同意后正式发文批复。中央部门依据财政部批复文件，相应调整相关预算，并按调整后预算执行。

三、项目支出预算的实施

（一）中央部门应当按照批复的项目支出预算组织项目的实施，并责成项目单位严格执行项目计划和项目支出预算。

（二）按照规定属于政府采购的项目，要严格按照政府采购制度的有关规定和批复的政府采购预算执行。

（三）项目完成后，项目单位应当及时组织验收和总结，并将项目完成情况报中央部门；中央部门应当将项目完成情况汇总后报送财政部。

（四）财政部、中央部门以及项目单位应当对项目的实施过程和完成结果进行监督、检查。

（五）对纳入绩效评价范围的项目，中央部门应按照关于开展绩效评价的相关规定，以及年度部门预算管理要求，做好组织实施工作。绩效评价工作完成后，中央部门应将绩效评价结果及时报送财政部，并将评价结果作为加强项目管理及安排以后年度项目支出预算的重要依据。

第七节　项目支出预算管理的其他问题

一、机动经费管理

机动经费是为解决实行定员定额试点中央行政单位（包括定员定额试点参照公务员法管理事业单位）和部分垂直管理部门在年度预算执行过程中的零星支出和临时性开支，减少预算执行中的调整，而设立的专项经费。

机动经费实行项目预算管理，可调剂用于基本支出，主要用于编制内增人、增编等支出，但不得擅自用于提高人员待遇；机动经费也可调剂用于其他支出。

机动经费动用时应按以下顺序安排支出：编制内增人、增编增加的支出，当年执行中新增不可预见的支出，当年预算已安排项目执行中出现的缺口等。机动经费动用时实行审批管理，应报财政部批准同意后方可动用。

年初部门预算中安排的机动经费（名称统一列为“机动经费”）要统一列为其他项目，原则上年初不允许分解到下级单位，执行中根据实际需要，报财政部审批同意后再分解下达。

二、项目横向分配指标

财政部相关主体司负责横向分配预算指标的审核和测算。横向分配指标具体包括：国家发展改革委管理的基本建设支出（由财政部经建司负责）、国防科工局管理的军工基建和科研经费（由财政部国防司负责）；国家机关事务管理局管理的中央国家机关办公用房大中修经费（由财政部行政政法司负责）；财政部教科文司管理的教育和科学技术支出；财政部社保司管理的行政事业单位离退休经费；财政部综合司管理的中央行政事业单位住房改革支出。

财政部相关主体司负责根据相关规定，测算提出年度横向分配预算指标的总规模建议数，并根据确定的年度横向分配预算指标总规模“一下”控制数，按照有关分配原则、标准，提出横向分配预算指标的分配计划，相应划转有关部门预算管理司，由相关部门预算管理司分别下达给对口管理的部门。

对由有预算分配权部门分配的横项指标，财政部相关主体司负责加强与有预算分配权部门的沟通与协调，督促有关部门按照编制部门预算的要求，严格执行有关年初预算下达比例，按照规定的时间，将所管理的预算指标落到具体的支出项目上和使用单位，确保预算及时下达，提高年初预算到位率。

三、项目打捆管理

为规范和加强项目支出管理，对项目支出预算编制过程中，同一项目由多个部门承担或同一部门内部多个二级单位同时承担的同一性质的延续项目支出，预算测算中实行“打捆”管理。

“打捆”项目必须同时具备以下两个条件：

（一）必须是下一年度预算拟安排的项目，包括“前三类支出项目”和“其他项目”。

（二）必须是跨部门或在部门内由多个二级或二级以下单位共同承担的项目。

（三）必须使用相同的项级支出科目，对使用不同项级科目的项目如需打捆的，应按不同的项级支出科目分别设捆。

项目打捆主要是为了满足预算测算的要求而设置。项目打捆只是增加了项目的一个属性，便于对具有相同性质的项目进行汇总，预算编制和批复的项目仍是明细项目。在实际操作过程中，项目打捆工作主要由财政部有关部门预算管理司完成，中央部门可提出打捆测算建议，并应按照相关要求对具体明细项目进行打捆标识。

四、经常性专项业务费项目的管理

对列入部门预算的经常性专项业务费项目，财政部应当明确项目的支出范围，并会同中央部门根据项目的具体情况，逐步制定专门的管理办法。

第八节　项目支出定额标准体系建设

一、积极推进项目支出定额标准体系建设的必要性

支出定额标准是申请、审核和安排预算资金的依据，项目支出定额标准体系是由通用、专用和部门内部标准组成的相互联系、相互补充的有机整体，在加强项目支出管理、促进预算管理规范化、科学化，以及深化部

门预算改革等方面发挥着重要作用。党的十八届三中全会《中共中央关于全面深化改革若干重大问题的决定》和2014年《政府工作报告》对深化财税体制改革做出了战略部署和重点布置。新形势下，积极推进项目支出定额标准体系建设显得更加必要和迫切。

（一）积极推进标准体系建设有利于实施全面规范、公开透明的预算制度

在预算管理过程中，仍然存在一些支出标准空白、残缺、滞后、摆设等问题，需要尽快从制度根源上加以解决。“实施全面规范、公开透明的预算制度”是全面深化财税改革的一项重要内容，而制定内容完整、结构优化、定额科学、程序规范、修订及时的项目支出定额标准体系，是实施全面规范、公开透明预算制度一项重要基础工程。积极推进标准体系建设有助于建立现代财政制度，解决制度缺失问题，夯实全面深化财税改革的制度基础。

（二）积极推进标准体系建设有利于厉行节约反对浪费，建设节约型政府

党的十八大以来，中共中央出台了关于改进工作作风、密切联系群众的八项规定及实施细则，对厉行勤俭节约、反对铺张浪费提出更高要求，从严控制有关因公出国（境）、差旅、会议、培训、公务用车、公务接待、办公用房等经费支出。2013年底出台的《党政机关厉行节约反对浪费条例》，更是明确提出要“科学设定相关标准”。积极推进项目支出定额标准体系建设，加快运用科学的方法和手段建立各种标准，能够促进项目支出管理全过程的科学化和规范化，不仅有利于节约财政资金，提高资金使用效益，还可以推动形成党政机关厉行节约反对浪费的良好风气，加快推进长效节约型政府的建设。

（三）积极推进标准体系建设有利于树立依法理财意识，推动治理现代化

积极推进项目支出定额标准体系建设，建立一套科学合理、统一规范的项目支出定额标准体系，并以适当方式向社会公开预算分配依据、分配过程和分配结果，不但有利于保证预算分配有法可依，有据可查，做到取信于民，还有利于树立依法理财意识，实现从源头上预防腐败，不断推动

国家治理体系和治理能力现代化。

二、项目支出定额标准体系建设总体目标、任务和思路

自2009年启动项目支出定额标准体系建设以来，财政部高度重视标准体系建设工作，成立了项目定额标准体系建设领导小组，相继制定出台《中央本级项目支出定额标准体系建设实施方案》、《中央本级项目支出定额标准管理暂行办法》、《中央本级项目支出定额标准管理部内规程》等制度办法。其中，印发的《中央本级项目支出定额标准体系建设实施方案》，对项目支出定额标准体系建设的指导思想、基本原则、建设目标、建设任务、实施进度、保障措施等进行了系统的阐述。在这里，重点对建设目标、建设任务和工作思路进行补充说明。

（一）建设目标

实施方案提出，通过推进项目定额标准体系建设，到2020年基本建立起与公共财政相适应的内容完整、结构优化、定额科学、程序规范、修订及时的中央本级项目定额标准体系，形成项目定额标准的有效运行机制和监督评价机制，提高财政预算管理的科学化、规范化和透明化水平。

可见，建设项目支出定额标准体系是中间目标而非终极目标，因此不能简单地为建设而建设，做无用功，而是要通过这一体系的建设和有效运行，推进财政预算管理的规范化、标准化、透明化。从这个意义上讲，标准体系建设可以说是一种预算管理的手段。

（二）建设任务

实施方案列出了研制项目支出定额标准体系、研制预算项目分类标准体系、研制资产管理标准体系、推进部门业务标准化工作、建立完善项目支出定额标准管理规范、建设项目支出定额标准管理信息系统等六项建设任务。

1. 研制项目支出定额标准体系。这是项目支出定额标准体系建设的核心。最终要形成财政部标准和部门内部标准相补充、通用定额标准和专用

定额标准相结合的定额标准体系，为预算申报、审核和安排提供依据。首先，标准体系建设离不开通用定额标准。预算编制要求公平公正，不同的预算项目要有统一的分配依据。但不同的预算项目主要对应于不同的部门职能活动，项目与项目之间很难比较，只有将项目细化为不同的具体用途，对不同的具体用途的开支标准才能进行比较，这就产生了针对具体用途制定开支标准的需要，也就是产生了对通用定额标准的需求。其次，标准体系建设离不开专用定额标准。正如前面提到的，通用定额标准主要对应于具体用途，而预算项目主要对应于部门的职能活动，编制项目预算时，理论上讲可根据通用定额标准逐项核算。但由于预算编制的时效性，我们很难有充分的时间对预算项目一一细化到具体用途再逐项审核，而是需要对通用定额标准进一步进行加工和整合，形成与部门职能活动相对应的专用定额标准。因此，专用定额标准主要解决了标准的适用性问题。再次，标准体系建设离不开部门内部标准。仅有财政部标准是不够的，一方面，财政部标准是“粗线条”的，部门有必要根据各地区、各部门实际情况，将定额标准细化，提高预算管理的科学化精细化水平；另一方面，部门内部标准本身是部门内控制度的重要内容，也是产生财政部标准的蓄水池。

2. 研制预算项目分类标准体系。项目定额标准是项目支出预算编报、审核和安排的基础，而项目管理的形式、内容和项目分类等，又是项目支出定额标准管理的基础。项目管理基础性工作不做好，项目支出定额标准就很难形成有效的体系。为什么要把项目分类标准也单独列出来作为一项建设内容？一方面，现有项目个数太多，中央本级预算项目个数已达7万多个，针对现有预算项目一一制定支出标准既不现实也不合理，客观上需要对现有项目按一定的分类标准进行归集和整合。另一方面，现有的分类标准不能满足需要。按照项目的重要性程度，将项目分为国务院已研究确定项目、经常性专项业务费项目、跨年度支出项目和其他项目四类，其侧重点在于项目的排序，即预算安排上的优先顺序、轻重缓急。因此，实施方案将项目分类标准体系建设作为项目支出定额标准体系建设的一个重要组成部分。

根据项目的基本属性将项目细分为相互补充又涵盖全面的类别，是制定通用定额标准体系的前提条件。根据各部门核心职能活动对预算支出项目进行归集或细化，确保预算项目分类标准体系的稳定性，是制定专用定额标准体系的前提条件。

3. 研制资产管理标准体系。业务工作离不开资产作支撑，业务经费很大一部分都用于资产的购建或维护。且由于资产管理相对独立，有必要将资产管理标准体系建设单独作为项目定额标准体系建设的组成部分，尽快研制资产管理相关标准，形成与部门履行职能相适应的资产配置标准体系、资产更新和报废标准体系和资产耗费标准体系，为各项支出标准的制定提供依据。

4. 推进部门业务标准化工作。通过规范化、标准化部门业务工作，增强预算项目内容的稳定性，是提高项目定额标准体系、特别是专用定额标准稳定性的关键。否则，今年制定出来的项目定额标准，过几年可能就不适用了，项目定额标准也就成了摆设，既劳神又费力。

5. 建立完善项目支出定额标准管理规范。项目定额标准管理规范是开展项目支出定额管理的制度基础。项目定额标准体系建设工作是一项系统工程，为保证相关工作稳妥、有序开展，有必要出台一系列的规范性文件，具体指导项目定额标准管理工作，包括项目定额标准实施方案、管理办法、实施细则等。

6. 建设项目支出定额标准管理信息系统。信息系统是开展项目定额标准管理的技术基础。通过信息系统将项目定额标准管理的各个模块有机衔接，有利于优化工作程序、减少工作量，提高管理效率，更好地促进定额标准体系建设工作的开展。为此，有必要建设项目定额标准管理信息系统，推进定额标准信息的资源共享，满足预算编制、审核等管理的需要。

（三）工作思路

项目支出标准体系建设是一个复杂的系统工程，也是一项长期的工作。结合中央本级项目支出定额标准建设现状，借鉴地方财政部门开展这项工作的经验，要扎实有效地推进这项工作，要重点做好以下工作：

1. 统筹规划、分步实施。实施方案提出，有必要在统筹考虑各方面因素的基础上，制定项目支出定额标准体系建设规划，确保项目定额标准与基本支出定额标准之间的相互衔接，确保财政部标准和部门内部标准之间的相互衔接，确保通用定额标准和专用定额标准之间的相互衔接，发挥标准体系的整体功能。综合考虑各部门业务规模、预算级次、职能活动、管理水平等情况，合理划分定额标准体系建设步骤，分步实施。

实施方案就是对中央本级项目支出定额标准体系建设的总体规划，虽然标准体系表等具体工作尚未明确，但总体框架毕竟搭起来了。同时，实施方案也明确这项工作大致分三个阶段来完成：第一阶段是顶层设计及试点阶段，主要任务是设计项目支出定额标准体系建设总体框架，明确标准体系建设重点任务，发布项目支出定额标准管理办法等规范性文件，开展试点等。第二阶段是全面推进阶段，主要任务是全面推开定额标准研制工作，初步形成覆盖面较广的定额标准体系。第三阶段是完善提高阶段，主要任务是集成定额标准体系各项建设任务的成果，形成全面系统、布局合理的中央本级项目支出定额标准体系，实现对中央本级项目支出定额标准体系的闭环管理和动态优化。

2. 要明确职责，分工合作。明确定额标准体系建设中的职责分工，充分发挥各方的积极性，加强协调合作，相互积极配合，加强政策衔接、信息沟通和经验交流，形成合力，确保定额标准体系建设的有序、高效和整体推进。

按照规定，项目支出定额标准体系建设实行“统一领导，分工负责”的管理体制，由财政部统一领导，财政部和中央部门分工负责。具体而言，通用定额标准由财政部负责制定并发布，专用定额标准一般由部门具体承担制定任务，报财政部批准后，由财政部和相关部门联合发布。当然，为动员出更大的力量来加速实现定额标准体系建设目标，相关标准具体制定任务也可委托中央部门、地方财政部门或者社会中介机构承担。

3. 要突出重点，基础优先。为使定额标准体系建设工作早日见效，在夯实基础工作的前提下，要优先研制一批关键环节的重要标准并实际使用，在实践中不断完善。

（1）要优先启动通用定额标准建设工作。通用定额标准具有普遍适用性、相对稳定性和引导示范性的特点，是整个支出标准体系的基础，也是制定专用定额标准和部门内部标准的依据，因此要作为标准体系建设的第一要务。

（2）要大力推进部门内部标准建设。部门内部标准既是各部门加强内部控制的重要手段，也是产生财政部标准的“蓄水池”，大力推进部门内部标准建设工作，能起到以下几方面的作用：一是有利于凝聚共识，引起各部门对标准体系建设工作的重视；二是有利于积累经验，为大面积铺开标准体系建设工作做好准备；三是可控性较强，比较稳妥。待条件成熟时，部门内部标准可逐步上升为财政部标准。

（3）要积极推进项目分类标准等基础工作。要加强资产管理标准、项目分类标准等的建设工作，推进部门业务工作的规范化、标准化，加强对预算项目的归并和整合等。

三、项目支出定额标准体系建设最新进展情况

2013年以来，根据党中央、国务院最新政策文件精神，财政部更加注重标准编制和应用，组织协调各项工作，督促指导部门开展标准建设，制定出台了《中央和国家机关会议费管理办法》（财行［2013］286号）、《中央和国家机关培训费管理办法》（财行［2013］523号）、《中央和国家机关差旅费管理办法》（财行［2013］531号）、《因公临时出国经费管理办法》（财行［2013］516号）、《中央和国家机关外宾接待经费管理办法》（财行［2013］533号）、《因公短期出国培训费用管理办法》（财行［2014］4号）、《政府机关办公通用软件资产配置标准》（财行［2013］98号）等一系列定额标准管理办法。截至2014年初，中央本级项目支出定额标准体系已汇集183项标准，标准体系建设取得了较大进展。

（一）抓住契机，统筹规划定额标准体系建设

新一届政府成立之初提出“约法三章”要求，为尽快有效落实要求，需要制定更多支出标准对各项公务支出加以规范，定额标准体系建设显得尤为重要，建设任务也更加繁重。按照重点突破、逐步深入、梯次推进的原则，一是紧跟国家发展和社会治理步伐，按照推进厉行节约反对铺张浪费的总体要求，深入贯彻落实十八届三中全会决定，更加注重标准制度建

设。二是聚焦社会关切，践行群众路线，将社会重点关注的办公设备购置费、办公用房大中修费、执法办案费、会议费、培训费等纳入定额标准年度建设任务，深入调研，科学制定相关标准。三是全面落实定额标准体系建设实施方案，明确工作重点，将制定定额标准作为硬任务。同时，把切实使用、全面应用标准作为标准体系建设一项新的重要工作，积极主动推进。

（二）强化管理，完善工作机制促进体系建设

2013 年，通过不断完善项目支出定额标准体系建设工作机制，创新标准制定方式等，积极推进相关工作。一是根据各部门标准建设计划和预算管理实际需要，年初确定并下达了 2013 年项目支出定额标准建设计划，包括通用定额标准 9 项、专用定额标准 5 项和部门内部标准 5 项共 19 项标准的年度编制任务。二是下发《关于进一步推进项目支出定额标准体系建设工作的通知》（财预便［2013］123 号），要求创新标准制定方式，既可利用本单位的力量来承担，也可联合其他单位共同承担，还可以外包方式委托专业机构来做。同时，要吸纳采纳各方标准制定成果，共同构建定额标准体系。三是做好标准应用、信息报送等工作，并将部门内部标准建设作为定额标准体系建设的重点和抓手。四是通过召开中央部门预算培训班，向各部门系统阐述项目支出定额标准体系建设总体工作方案、具体要求及进展情况等，各部门对开展定额标准建设的认识更加统一，形成了比较浓厚的工作氛围。

（三）全力以赴，标准体系建设成效显著

在过去的一年中，财政部积极发挥在厉行勤俭节约中的职能作用，加强与职能部门沟通协调，紧紧抓住社会最关心、反响最强烈的、管理最薄弱的领域，重点突破，标准体系建设取得巨大新进展。一是标准体系建设方向更加明确。中共中央、国务院相继颁布出台党政机关厉行节约反对浪费条例、党政机关停止新建楼堂馆所和清理办公用房等一系列重大指导性文件，为开展标准体系建设提供了基本依循。二是已立项标准建设有新的进展。经过各方努力，列入 2013 年项目支出定额标准建设计划的标准中，

截至2014年初，已制定、修订了培训费、翻译费等8项支出定额标准。其他各项标准有的完成初稿，有的正在征求意见过程中。三是共同构建定额标准体系。项目支出定额标准建设是开放的，通过吸纳各方标准制定成果，不断构建标准体系。在2013年年度计划外，各方还相继出台了政府机关办公通用软件资产配置标准、会议费、因公临时出国费、因公短期出国培训费、研究生国家学业奖学金、研究生国家助学金、中国文学艺术发展专项基金、交响乐团主要乐器配置标准等一批通用、专用和部门内部标准。在会议费、出国费、培训费等管理办法出台后，中央各部门结合部门特点和业务需求，主动制定或修订了本部门（系统）具体管理办法。项目定额标准体系适时开放吸纳了各方制定成果，优化了标准层次和结构，大大推动了相关定额标准在工作实践中的应用，进一步提高了预算管理的科学性和规范性。

（四）加强研究，推动标准公开和应用

一是推动标准全面应用，将已制定出台的标准全面运用到预算编制、执行、绩效管理全过程，实现各个环节有章可循，进而推动预算管理和财务管理活动的制度化、标准化和规范化。二是主动公开，推动标准及时应用。督促新出台的各项标准及时在公众媒体上发布和宣传，审计、人大、社会公众等各方面广泛知悉，通过外部监督促进标准及时应用，提高预算管理的公开透明性。三是加强研究支撑应用。开展基础性研究，采集梳理项目定额标准国内外经验，提高项目定额分类的科学性，积极申报标准研究课题，为项目定额标准体系建设提供理论支撑。四是严格控制公务用车购置和运行费用、会议费、差旅费、培训费、出国（境）经费等重点经费，切实降低行政事业单位运行成本，进一步优化支出结构，将资金更多地用到保民生、促发展、保稳定上来。

四、继续推进项目支出定额标准体系建设的主要举措

2013年项目支出定额标准体系建设虽然取得了一定成绩，但整体来看，由于预算定额标准体系建设仍是一项新生事物，无成熟的经验可供借

鉴，而且定额标准高低又与预算安排多少关系密切，各单位在制定时往往比较谨慎，项目支出定额标准体系建设仍然面临着不少的困难和挑战。为尽快解决标准体系建设过程中出现的困难和问题，结合定额标准体系建设现状，下一步，财政部将紧紧围绕十八届三中全会和2014年政府工作报告最新要求，继续积极稳妥、扎实有序地推进相关工作，力争定额标准体系建设取得更大成绩。

（一）梯度推进，继续开展项目定额标准建设

标准体系建设是一项系统工程，需要各部门相互合作、协同推进。总体来看，各部门标准建设工作较为积极主动，但各部门建设进展仍不均衡，部门标准体系建设规划还不够完善。对此，一是继续抓好通用定额标准建设。考虑到以前年度已立项尚未完成通用定额标准，实际应用价值大，建设需求比较迫切，为尽快规范相关项目经费管理，财政部将花更大力气完成通用定额标准的建设工作。二是及时将专用定额标准和部门内部标准纳入定额标准体系建设计划，并督促各部门抓紧开展标准制定工作，按照2014至2015年标准建设计划要求，细化工作方案并尽快实施。三是重点推动部门内部标准建设。部门内部标准既是各部门加强内部管理的重要手段，也是制定财政部标准的源泉。通过广泛开展部门内部标准建设，进一步推进部门主要业务活动的规范化和标准化。待条件成熟时，部门内部标准可逐步上升为财政部标准，为规范预算管理服务。四是结合即将开展的中期预算编制工作，进一步按项目分类梳理现有标准体系，优化和拓展项目定额标准体系框架结构，逐步实现项目支出编制规范化、标准化管理。

（二）追踪问效，逐步完善标准应用管理机制

项目定额标准的应用是定额标准体系建设的归宿和落脚点，定额标准制定出台以后，各部门在具体应用上尺度把握不一致。一些部门仍沿用“基数加增长”的方法，没有将定额标准应用到编制过程中，在预算执行过程中，对超出标准开支的问题查摆不彻底，定额标准应用机制有待于进一步完善。对此，一是有标准即应用，促进预算管理。对已明确的标准，要切实使用，不能束之高阁，要以标准应用为量尺，将标准全面运用到预

算编制、执行、绩效管理、信息公开全过程。二是建立标准制定和应用的绩效考评机制。建立标准制定、应用、管理工作考核和结果通报制度，对标准建设管理工作表现突出的单位，予以表扬和激励，对标准建设管理工作做得较差的单位，予以督促。研究将标准建设管理工作考核结果纳入年度部门预算编制考核评价体系。三是推进标准管理信息系统建设。信息系统是开展项目定额标准管理的技术基础。随着标准制修订需求增加和部门内部标准建设步伐加快，推进标准建设对信息系统提出越来越高的要求，定额标准体系管理信息化水平有待于进一步加强。建立完善的信息系统，推进定额标准信息的资源共享并将项目定额标准管理的各个模块有机衔接，既有利于进行工作交流互动和标准查询应用，也能够优化工作程序、减少工作量，提高管理效率，满足预算编制、审核等管理的需要。四是完善标准公开机制，建立标准信息发布管理制度。对于不涉及保密的财政部标准，要通过财政部公告、网络媒体等途径加强信息公开，接受社会监督；要求部门在一定范围内公开部门内部标准，促进部门预算管理更加公开透明。

（三）鼓励创新，不断优化标准编制方式

在标准编制过程中，一些复杂性和专业性强的标准需要专业知识支撑，项目支出标准建设单位需要结合市场现状，适当加强与专业机构合作。对此，按照标准制定科学化和规范化的要求，一是完善标准建设思路，标准编制既要结合预算管理实践严控支出，又要实事求是。二是进一步结合政府购买服务工作推进情况，鼓励采用购买服务方式，尝试将专业性强的定额标准外包给专业机构承担，加大标准制定力度，提高标准制定效率。

（四）注重调研，进一步加强干部队伍建设

定额标准体系建设工作涉及面广，覆盖领域多，需要进一步加强理论研究、实践调查和人才保障。为此，一是定期开展标准建设调研活动，支持标准相关课题研究，进一步吸收项目定额标准国内外经验。二是有针对性地组织定额标准培训，提高业务能力，强化标准应用意识，普及标准管理理念。三是注重人才培养，从各单位中选择一批善于研究、敢于创新的人员作为联络员，为开展标准体系建设提供人才保障。

第七章　部门预算报表体系

中央部门预算报表是通过规范、统一的数据表形式对中央部门年度综合收支计划信息的全面、完整反映，是部门预算信息的主要格式载体，也是部门预算管理制度化、规范化、标准化的体现。一套口径完整、重点突出、结构合理、逻辑清晰的部门预算报表体系，对于保证部门预算全面、真实、完整的体现，对于部门有计划地开展工作、履行职能，对于加强预算编制、执行和监督都有着十分重要的意义。为了进一步规范和优化中央部门预算报表体系，根据最新出台的规章制度，结合部门预算改革的需要以及各方的意见和建议，财政部在对 2014 年中央部门预算报表进行修订和完善的基础上制定 2015 年中央部门预算报表。

第一节　中央部门预算报表体系的设计原则和修订情况

一、报表设计原则

中央部门预算报表体系主要包括“录入表”、“预算表”、“预算附表”三部分，“录入表”用于录入或修改基础预算数据，运用数据库管理；“预算表”和“预算附表”根据预算管理的需要从“录入表”中提取数据生成，主要用于审核、汇总、输出预算数据。

2015 年对中央部门预算报表的修订主要遵循以下几个原则：

一是适应管理需要的原则。按照党的十八届三中全会关于“实施全面规范、公开透明的预算制度”的总要求，根据部门预算改革的具体进展，2015 年预算报表设计定位于适应全口径预算管理、基本支出预算管理、项目支出预算管理、财政拨款结转和结余资金管理、政府性基金管理、政府采购预算管理、政府购买服务、资产管理、“三公”经费管理等方面的需要。

二是优化结构的原则。为确保部门预算报表数据的连续和可比，在保持中央部门预算报表基本结构相对稳定基础上，对报表的口径、结构等进行优化，既要保证预算信息真实、完整、准确的得到反映，又要突出重点信息和内容，同时，还要保持合理的勾稽关系。

三是便捷高效的原则。在满足预算编制和管理需要的前提下，发挥信息化技术平台的支撑作用，充分利用信息化系统管理的技术优势，将预算报表与系统软件有机结合，并通过对系统软件各项功能的完善，尽可能实现简化、快捷的操作，直观、便利的查询，以减轻编审人员的工作量，提高预算编审工作效率。

二、报表修订的内容

2015 年中央部门预算报表共设置录入表 15 张，预算表 6 张，预算附表 16 张。与 2014 年中央部门预算报表相比，2015 年部门预算报表主要做了以下调整和修订：

（一）关于调整部门预算表封面格式

将部门预算报表封面上的“单位负责人”、“财务负责人”、“制表人”三人签章，调整为“财务负责人”、“制表人”两人签章。

（二）关于调整部门预算口径及报表结构

根据关于加强全口径预算管理的要求，为了进一步规范和明晰部门预算的口径，保证部门预算与公共财政预算的衔接，对部门预算报表的口径进行调整，将部门预算中的口径划分为部门财政拨款收支预算和部门财务收支预算两个部分。

部门财政拨款收支预算包括公共财政预算财政拨款收支和政府性基金预算财政拨款收支。该口径中的两个部分，分别与公共财政预算和政府性基金预算衔接。

部门财务收支预算包括部门财政拨款收支、事业收支、事业单位经营收支和其他收支等。该口径反映部门的全面财务收支预算情况。

根据上述口径划分，对预算报表结构做以下调整：

一是增加一张“财政拨款收支预算总表”反映部门财政拨款收支预算，包括公共财政预算财政拨款和政府性基金预算财政拨款收支，作为第一张预算表，突出部门预算的基本口径是财政拨款。

二是将原“收支预算总表”改为“财务收支预算总表”，并将政府性基金财政拨款收支的内容纳入该表中，以全面反映部门的综合财务收支。

三是预算表顺序调整如下：

预算表1：财政拨款收支预算总表

预算表2：公共财政预算财政拨款支出表

预算表3：政府性基金预算财政拨款支出表

预算表4：财务收支预算总表

预算表5：财务收入预算表

预算表6：财务支出预算表

四是对预算附表顺序总体上按照“公共财政预算——政府性基金预算——其他”的结构进行调整，将预算附表中涉及政府性基金预算的附表调整到公共财政预算的相关报表之后，资产存量及配置、教育收费、资产处置及出租出借收入等相关预算附表顺序相应顺延。调整后顺序如下：

预算附表1：非财政拨款收入明细表

预算附表2：基本支出预算表

预算附表3：基本支出人员经费表

预算附表4：基本支出日常公用经费表

预算附表5：项目支出预算表

预算附表6：基本支出政府采购预算表

预算附表7：公共财政预算财政拨款结余资金安排支出及科目调整情

况表

预算附表 8：“三公”经费和会议费预算表

预算附表 9：中央行政事业单位住房改革支出预算表

预算附表 10：政府购买服务支出表

预算附表 11：政府性基金预算支出表

预算附表 12：政府性基金财政拨款结转和结余资金来源及安排项目支出情况表

预算附表 13：中央行政事业单位资产存量情况表

预算附表 14：中央行政事业单位新增资产配置预算表

预算附表 15：教育收费安排支出预算表

预算附表 16：中央行政事业单位资产处置收入和行政单位资产出租出借收入表

（三）关于调整公共财政预算项目的资金来源

2014 年及以前年度，“项目支出预算录入表”中设置了“政府性基金”和“银行贷款”两项资金来源，作为对项目资金来源情况进行审核时的参考，批复预算时并不批复。以前年度设置“政府性基金”资金来源主要是考虑到部分预算项目同时通过公共财政预算财政拨款和政府性基金财政拨款“拼盘”安排，但是从近几年的预算编制情况看，公共财政预算财政拨款安排的项目中，已经没有此类“拼盘”项目，而且随着今后公共财政预算与政府性基金预算之间衔接关系进一步理顺，管理口径进一步规范明晰，也不应再出现此类“拼盘”项目，因此，不再在公共财政预算项目的资金来源中单设“政府性基金”资金来源。按此，在“项目支出预算录入表”中不再单独设置“政府性基金”资金来源。

（四）关于反映政府购买服务的内容

为了便于统计分析，在预算报表中增加一张“政府购买服务支出录入表”，对部门公共财政预算财政拨款和事业收入等资金安排的基本支出和项目支出中的购买服务支出情况予以反映，包括购买服务的内容、购买服务的承接主体和购买服务的金额等。预算附表中相应增加一张“政府购买服务支出表”。

（五）关于部门年初未细化项目标识

为了加强对部门代编项目的管理和对预算执行中的拨款控制，从2015年预算编制起，在“项目支出预算录入表”中增加“是否需执行中细化或审批”标识。需标识的项目包括两类：一是部门本级代编的项目，如尚未细化的救灾经费等，由部门自行进行标识，年初未标识的，执行中不得申请细化预算；二是有特殊管理要求，需在执行中报财政部批准后方可动用的经费，如部门机动经费、据实结算项目和待考评后拨款的项目等。该标识由部门填报，财政部审核。年初预算批复后，相关标识信息提供给国库，在执行中用于对相关拨款进行控制时参考。

第二节　中央部门预算录入表的构成及填报方法

一、录入表的构成

2015年中央部门预算录入表共14张。具体包括：

录入表1：收入预算录入表

录入表2：非财政拨款收入明细录入表

录入表3：基本支出预算录入表

录入表4：项目支出预算录入表

录入表5：经营及往来支出预算录入表

录入表6：基本支出政府采购预算录入表

录入表7：公共财政预算财政拨款结余资金来源及科目调整情况录入表

录入表8：中央行政事业单位住房改革支出预算录入表

录入表9：“三公”经费和会议费预算录入表

录入表10：政府购买服务支出录入表

录入表11：政府性基金预算支出录入表

录入表12：政府性基金财政拨款结转和结余资金来源及安排项目支出情况录入表

录入表13：中央行政事业单位资产存量情况录入表

录入表14：中央行政事业单位新增资产配置预算录入表

录入表15：中央行政事业单位资产处置收入和行政单位资产出租出借收入预算录入表

二、单位类型

行政单位：包括国务院所属行政部门、全国人大、全国政协、最高人民法院、最高人民检察院、中国共产党、各民主党派、工商联，以及全国总工会、共青团中央、全国妇联等中央级社会团体。

参照公务员法管理事业单位（简称“参公事业单位”）：指经人力资源社会保障部或中央组织部批准为参照公务员法管理的事业单位。

事业单位：指除参照公务员法管理的事业单位外的其他中央级事业单位。

其他：指除上述行政单位、事业单位之外的单位。

三、预算编报的收支范围

行政单位：全部收支列入部门预算；

事业单位（包括财政补助事业单位、经费自理事业单位及参照公务员法管理事业单位等）：除开展独立核算经营活动发生的收支以外，其他的收支全部列入部门预算；

军队武警：全部收支列入部门预算；

社会团体：公共财政预算财政拨款、政府性基金预算财政拨款等收支列入部门预算；

企业：公共财政预算财政拨款、政府性基金预算财政拨款等收支列入部门预算。

四、财政资金填列范围

部门及所属各级预算单位负责编制、填报本部门（单位）预算，以及汇总下级单位预算。在部门预算“一上”时，部门（单位）按照部门预算编制要求，根据部门（单位）自身的性质、职能、事业发展规划和工作任务，结合部门（单位）编制、人员、资产存量情况，统筹考虑非财政拨款收入等情况，测算填报财政拨款资金需求。部门预算“二上”时，部门（单位）须严格按照财政部下达的“一下”预算控制数或上级预算单位分解下达的“一下”预算控制数填报有关财政拨款资金。部门（单位）从其他部门（单位）取得的财政资金不得直接作为本年财政拨款收入在本部门（单位）预算中列示。

为了简化表头和保持称谓的延续性，在 2015 年预算录入表、预算表和预算附表中，对公共财政预算财政拨款均统一简称“财政拨款”；对政府性基金预算财政拨款均注明政府性基金预算。

五、单位名称和代码

（一）预算单位编制预算时所用的单位名称和代码，由财政部统一规范管理，进入财政部标准代码库。预算单位代码按照统一制定的编码规则确定。

（二）预算编制时，单位名称和代码信息由财政部随预算编制软件下发，部门不能自行修改。

（三）部门因机构调整等原因需要变更单位名称或代码的，应正式向财政部提出申请，经财政部审核同意后，重新下发相关信息。

（四）为免影响预算编制工作，部门应于每年度预算编制开始前将变更单位名称或代码的申请报财政部，如确有特殊情况的，在预算编审过程中也可提出调整预算单位信息的申请。每年 11 月 20 日后，财政部将不再受理涉及下年度预算编制的有关单位名称和代码变更申请。

六、科目名称和编码

（一）部门编制预算时使用的科目名称及科目编码，统一按照《2015 年政府收支分类科目》执行。由财政部随预算编制软件一并下发，在 2015 年部门预算编制过程中如《2015 年政府收支分类科目》发生调整，财政部将及时下发预算编制软件的更新程序。

（二）部门编制预算时填列的支出功能分类科目和经济分类科目均须填列到明细科目。

七、冲抵行

由于部门下属各单位预算自求平衡，各单位预算汇总后，单位之间的往来收支会发生重复计算，造成虚增部门总收支的情况。为解决此问题，在“收入预算录入表”、“非财政拨款明细录入表”和“经营及往来支出预算录入表”中设置“是否冲抵行”选项，对“是否冲抵行”为“是”的数据录入行，允许填列负数，以对部门内部往来收支进行冲抵，避免重复汇总虚增收支。需要注意：部门预算录入表中，除了冲抵行外，其他数据行中均不允许填列负数。

八、录入表内部构成及其填报口径

除上述已单独说明的单位类型、预算编报的收支范围、财政资金填列范围、单位名称和代码、科目名称和科目编码外，以下对各录入表中其他数据填报口径分别进行说明：

（一）录入表 1——收入预算录入表

本表反映部门（单位）2015 年度除政府性基金预算收入以外，其他各项收入的分科目明细情况。

1. 上年结转：填列预计结转到 2015 年度的财政拨款结转资金、财政拨款结余资金、教育收费和其他资金情况。其中：

（1）财政拨款结转资金：填列预计结转到2015年安排使用的公共财政预算财政拨款结转资金数。“收入预算录入表”中“财政拨款结转资金”数，应大于或等于“基本支出预算录入表”和“项目支出预算录入表”中使用以前年度公共财政预算财政拨款结转资金安排的支出数之和。预计的公共财政预算财政拨款结转资金中，项目支出结转资金应全部在2015年部门预算中安排用于原项目；基本支出结转资金原则上也应全部优先用于安排2015年预算支出，如确因基本支出结转较多，不能全部安排动用的，才能出现结转收入大于当年支出的情况。

（2）财政拨款结余资金：填列2014年已经财政部批复确认，可在2015年安排使用的累计公共财政预算财政拨款结余资金数。根据部门预算编制要求，如无其他特殊情况导致结余资金无法动用，公共财政预算财政拨款结余资金应全部在年度部门预算中统筹动用。因此，“收入预算录入表”中“财政拨款结余资金”数，应大于或等于“基本支出预算录入表”和“项目支出预算录入表”中使用以前年度公共财政预算财政拨款结余资金安排的支出数之和。

（3）教育收费：填列以前年度结转至2015年可由部门安排使用的教育收费收入。

（4）其他资金：填列除以前年度公共财政预算财政拨款结转和结余资金以及教育收费以外，其他结转到2015年度的资金。需要注意：一是动用事业基金弥补收支差额，属于本年收入，应填在表中“用事业基金弥补收支差额”列，不能作为上年结转的其他资金填列。二是“其他资金”中不包含“银行贷款”，“银行贷款”属于负债，不应计入部门收入。

2. 财政拨款收入：填列2015年度申请的公共财政预算财政拨款数，应与“基本支出预算录入表”和“项目支出预算录入表”中本年财政拨款支出数之和相等。

3. 上级补助收入：填列单位从主管部门或上级单位取得的非财政拨款补助收入。需要注意：如不存在预算编制范围之外的单位给予补助的情况，经对内部往来收支进行冲抵以后，按部门整体汇总的上级补助收入汇总数原则上应为零。

4. 事业收入：填列事业单位开展专业业务活动及辅助活动取得的收入。其中：

教育收费收入：填列部门上缴财政后，由财政专户核拨给部门的教育收费收入。

5. 事业单位经营收入：填列事业单位在专业业务活动及辅助活动之外开展非独立核算经营活动取得的收入。事业单位的经营收入必须具备以下两个特征：一是经营活动取得的收入，而不是专业业务活动及其辅助活动取得的收入；二是取得的经营收入是非独立核算的。

6. 下级单位上缴收入：填列本单位所属下级单位（包含独立核算和非独立核算的，相关支出纳入和未纳入部门预算的下级单位）上缴给本单位的全部收入（包括下级事业单位上缴的事业收入、其他收入和下级企业单位上缴的利润等）。需要注意：如不存在预算编制范围之外的单位上缴收入的情况，经对内部往来收支进行冲抵以后，按部门整体汇总的下级单位上缴收入汇总数原则上应为零。

7. 其他收入：填列除上述收入以外的各项收入，如事业单位的投资收益、利息收入、捐赠收入等。需要注意："其他收入"中不包含"银行贷款"。

8. 用事业基金弥补收支差额：填列预计用事业基金弥补 2015 年度收支差额的数额。只有事业单位预计收入小于支出时，才可以用事业基金弥补收支差额。

（二）录入表 2——非财政拨款收入明细录入表

本表反映部门（单位）2013—2015 年事业收入、事业单位经营收入、其他收入的情况。事业基金弥补收支差额不在本表中反映。

1. 收入类型：选填事业收入（不含教育收费）、教育收费收入、事业单位经营收入、其他收入、上级补助收入、下级单位上缴收入。各单位在选填相关收入类型时应保证收入类型与单位类型匹配。

（1）按照相关管理规定，教育收费收入属于事业收入，但由于教育收费实行财政专户管理，为了区分统计教育收费，本表中收入类型选项设置了"事业收入（不含教育收费）"。

（2）本表中所填列的教育收费收入是指部门上缴财政专户的教育收费收入。需要注意：“收入预算录入表”中填列的教育收费收入是部门申请由财政专户核拨给部门使用的教育收费收入，与本表反映的上缴财政专户的教育收费收入口径不同。

（3）除了教育收费收入外，其他几项收入与“收入预算录入表”的口径是一致的。因此，本表中除教育收费收入外，其他几项收入的分类型合计数，应与“收入预算录入表”中相关类型收入的合计数分别保持一致。

2. 收入项目：由单位自行填列，以文字方式清晰完整反映收入的具体来源和性质，如：XXX 收费收入、XXX 科研收入、XXX 咨询服务收入等。

3. 2013 年实际收入：填列 2013 年全口径收入数，应与决算数据保持一致。

4. 2014 年预计收入：填列预计的 2014 年全口径收入数。

5. 2015 年预算收入：填列预计的 2015 年全口径收入数。其中：

（1）上年结转：填列以前年度结转至 2015 年可由部门安排使用的收入数。需要注意：教育收费收入的上年结转数是指单位上缴财政专户，预计结转到 2015 年的教育收费收入数。事业单位的事业收入、其他收入等如上年已转入事业基金，则不在本表中填列为上年结转。

（2）本年收入：填列预计的 2015 年当年收入数。

（三）录入表 3——基本支出预算录入表

本表反映部门（单位）通过公共财政预算财政拨款、公共财政预算财政拨款结转和结余资金、其他资金等安排的明细到经济分类的基本支出情况。

1. 支出分类：按照《2015 年政府收支分类科目》中支出经济分类科目，填列部门的基本支出人员经费和日常公用经费支出。

人员经费要根据国家规定的工资标准，按编制内人数测算填报；日常公用经费要根据机构正常运转和日常工作任务的合理需要，结合部门实际支出水平，按机构编制主管部门核定的编制人数测算填报。需要注意的是，部门预算“二上”时，部门在财政部下达的基本支出预算控制数及财政拨款补助数额内，可根据本单位的实际情况和国家有关政策、制度规定的开支范围及开支标准，在人员经费和日常公用经费各自的支出经济分类科目之间，自主调整编制本部门的基本支出预算。人员经费与日常公用经费之间不得自行调剂，且人员经费的调整必须符合国家有关政策规定，不得自行扩大和提高人员工资发放标准，不得留下基本支出硬缺口。在财政部正式批复部门预算后，各部门、各单位要严格按批复的预算执行，不得自行调整变更。

（1）人员经费。包括工资福利支出与对个人和家庭的补助支出两部分，不包括应在“事业单位经营支出”中列支的人员经费。

工资福利支出反映单位开支的在职职工和编制外长期聘用人员的各类劳动报酬，及为上述人员缴纳的各项社会保险费等。具体项目包括：基本工资、津贴补贴、奖金、社会保障缴费、伙食补助费、被装购置费、绩效工资、其他工资福利支出。

对个人和家庭的补助支出反映政府用于对个人和家庭的补助支出。具体项目包括：离休费、退休费、退职（役）费、抚恤金、生活补助、救济费、医疗费、助学金、奖励金、住房公积金、提租补贴、购房补贴、其他对个人和家庭的补助支出。

（2）日常公用经费。反映单位购买商品和服务的支出。具体项目包括：办公费、印刷费、咨询费、手续费、水费、电费、邮电费、取暖费、物业管理费、差旅费、因公出国（境）费用、维修（护）费、会议费、培训费、公务接待费、专用材料费、被装购置费、专用燃料费、劳务费、委托业务费、工会经费、福利费、公务用车运行维护费、其他交通工具运行维护费、办公设备购置费、专用设备购置费、公务用车购置、其他交通工具购置、其他商品和服务支出。

2. 密级：对应资金来源录入行填列，反映单位分科目基本支出人员经费或日常公用经费的密级。

3. 支出合计：各支出经济分类科目的基本支出预算合计数（含各资金来源安排的支出）。

4. 资金来源：人员经费和日常公用经费的各项来源资金预算数（在资金来源录入行填列分来源、分支出功能分类科目的汇总数，不细分到支出经济分类科目）。其中：

（1）合计：反映支出预算的各资金来源总额。

（2）财政拨款：填列2015年用公共财政预算财政拨款资金安排的基本支出预算数。

（3）以前年度财政拨款结转资金：填列使用以前年度公共财政预算财政拨款基本支出结转资金安排的2015年基本支出预算数。

（4）以前年度财政拨款结余资金：填列使用以前年度公共财政预算财政拨款项目支出结余资金安排的2015年基本支出预算数。需要注意：本表中允许填列项目支出结余资金用于安排日常公用经费支出的预算数，但部门应先报经财政部同意后方可填列。

（5）教育收费安排支出：填列用财政专户核拨的教育收费收入安排的2015年基本支出预算数。

（6）其他资金：填列除上述两项资金之外的其他资金安排的2015年基本支出预算数，其中含行政事业单位动用公有住房出售收入安排的住房改革支出数。

（四）录入表4——项目支出预算录入表

本表反映部门（单位）2015年主要通过公共财政预算财政拨款安排的项目支出预算情况，包括项目的总支出、2014年执行进度、2014年支出预算安排以及政府采购等情况。

1. 项目：填列具体的项目名称。项目应从部门项目库中选取。

（1）项目名称要真实、全面的反映项目主要信息，原则上应包含项目涉及的主要工作或事项（如涉及的相关工作或事项有规范名称的应使用该规范名称或简称）以及项目的主要支出内容等信息。用词要精练简洁，避免使用字母及英文缩写，如确需使用的，应括注规范汉语译名。项目名称不得超过30个字符。鉴于项目单位信息已单独列项反映，因此，除由多个单位共同承担一个同名的项目外，项目名称中应尽量不再体现项目单位的名称信息。

（2）项目应由具体承担项目的预算单位细化填报，如果某一项目由一个预算单位承担，则该项目预算由该预算单位负责填报；如果预算由几个预算单位共同承担，则由这几个预算单位分别填报。

2. 项目代码：每个项目对应一个项目代码，项目代码应具有唯一性，不得重复。项目代码由 13 位数字组成（3 位部门代码 +2 位年份码 +8 位项目序号）。

新增项目的代码前 5 位自动生成，后 8 位由部门（单位）自行填写，部门应对下级单位使用的 8 位项目序号进行规范编排，以减少重码的情况。

延续的"前三类支出项目"代码保持与上年度完全一致，系统自动提取，部门（单位）不可调整。

延续的其他项目，项目代码前 5 位自动生成（其中第 4—5 位年份代码自动设置为预算年度的年份代码），后 8 位自动提取对应的上年项目的后 8 位，但部门（单位）可自行调整。

3. 项目类别：按项目类别标准，分为国务院已研究确定项目、经常性专项业务费项目、跨年度支出项目和其他项目。

（1）项目类别的确定规则：延续的"前三类支出项目"，项目类别从财政部下发的数据中提取，部门（单位）不可调整。新增项目的类别自动生成为"其他项目"，部门（单位）不可调整。延续的其他项目的类别自动生成为"其他项目"，部门（单位）不可调整。

（2）打捆项目中明细项目的类别将自动按照该打捆项目的类别设置。

4. 其他项目排序类别：根据本部门的工作任务或事业发展计划，对申请 2015 年财政拨款安排的其他项目，按照轻重缓急的原则确定排序类别。排序属于其他项目的必填信息。

原则上，其他项目的排序工作应由基层预算单位完成，并逐级汇总，汇总单位在汇总时应对其他项目的排序进行审核调整。

（1）其他项目排序类别分为"非常重要"、"比较重要"、"一般重要"三类。

（2）其他项目排序的范围仅包含申请财政拨款安排支出的项目。对不申请财政拨款安排，仅通过结转结余、教育收费收入或其他资金等安排的其他项目不纳入排序范围。

（3）其他项目排序类别的项目数量按比例控制。"非常重要"、"比较重要”的其他项目个数分别占部门纳入排序范围的其他项目总数的比例应分别不超过30%和40%，打捆项目按1个项目计算。软件将对一级预算单位汇总后的部门预算中其他项目排序的比例情况进行审核。

5. 项目密级：填列根据保密管理相关规定确定的项目密级和保密期限。

6. 是否需执行中细化或审批：填列是或否。需填列“是”的项目包括两类：一是部门本级代编的项目，如救灾经费等年初未细化项目。按照相关规定，此类项目如本项未填列“是”，执行中不得申请细化预算。二是有特殊管理要求，需在执行中报财政部批准后方可动用的经费，如部门机动经费、据实结算项目和待考评后拨款的项目等。

7. 是否国库预算执行重点项目：按照《财政部关于印发〈2013年全年用款计划编报有关规定〉的通知》（财库［2012］155号）的相关要求，确定相关项目是否属于需要编报全年用款计划的项目，并相应选填“是”或“否”。国库预算执行重点项目的范围包括：一是原则上预算金额在1亿元（含）以上的项目；二是1亿元以下的项目，部门（单位）自主选择；三是国家发展改革委安排的基建项目。

8. 部门统计标识：填列部门自行设置的相关统计标识。设置此项属性主要是为了便于部门对本部门所属预算单位的预算项目进行分类管理。

9. 总支出：填列项目起止期间各种资金来源安排的项目支出总预算数（如项目为延续多年的项目，应按至少三年的支出填列总支出，其中含执行中追加的预算支出，例如：2015年的项目，应填列其2013—2015年的预算支出之和）。其中：

（1）财政拨款（小计）：反映项目起止期间用公共财政预算财政拨款安排的总支出数。其中：

①建设性资金：填列由国家发展改革委管理的中央基建投资安排的用于基本建设的支出预算，部门在“一上”预算时根据上报国家发展改革委的投资计划情况填报；“二上”时根据国家发展改革委下达的投资计划和财政部下达的“一下”项目预算控制数情况填列。

②财政专项资金：填列除国家发展改革委管理的中央基建投资之外，由公共财政预算财政拨款安排的项目支出预算数。

(2) 教育收费安排支出：填列用财政专户核拨的教育收费收入安排的项目支出预算数。

(3) 其他资金：填列用公共财政预算财政拨款、教育收费、银行贷款之外的其他预算收入安排的项目支出预算数。

(4) 银行贷款：填列用银行贷款安排的项目支出预算数。

10. 2014年财政资金执行进度情况：在部门预算“一上”和“二上”阶段分别填列截至7月底和11月底的2014年公共财政预算财政拨款资金执行进度情况。其中：

(1) 2014年可用财政资金（小计）：反映2014年实际可用的公共财政预算财政拨款资金数。其中：

①当年财政拨款（含追加）：填列项目2014年年初预算批复以及执行中追加的公共财政预算财政拨款数之和。

②2014年初确认结转资金：填列2014年年初财政部批复确认的，该项目实际可结转到2014年使用的公共财政预算财政拨款资金数。应与财政部批复确认的结转资金情况一致。

③2014年预算批复动用结余资金：填列在2014年年初批复的部门预算中已经财政部批准调整用于该项目的公共财政预算财政拨款结余资金数。

(2) 截至7月底执行情况：填列截至7月底的“2014年可用财政资金”执行情况。其中：

①执行数：填列截至7月底的“2014年可用财政资金”执行数。

②执行进度：填列截至7月底的“2014年可用财政资金”执行进度，即“执行数”÷“2014年可用财政资金”×100。

(3) 截至11月底执行情况：填列截至11月底的“2014年可用财政资金”执行情况。其中：

①执行数：填列截至11月底，“2014年可用财政资金”的执行数。

②执行进度：填列截至11月底，“2014年可用财政资金”的执行进度，即“执行数”÷“2014年可用财政资金”×100。

需要说明的是，部门在编制“一上”预算时只需填列“截至7月底执行情况”，在“二上”预算时只需填列“截至11月底执行情况”。

11. 本年安排支出：填列2015年当年安排的项目支出预算数，比照“总支出”下各具体栏目的填列方法填列。

其中：“以前年度财政拨款结转和结余资金”分别填列该项目预计在2015年将使用的以前年度公共财政预算财政拨款结转和结余资金数。

在编制“二上”预算，部门（单位）应结合截至当时的项目支出预算实际执行进度，对结转资金进行充分、合理的预计，尽量提高预计的准确性；对经财政部批复确认的截至2013年底的累计结余资金，除已在2014年及以前年度的部门预算中统筹安排使用的部分之外，其余部分原则上应全部统筹用于2015年预算支出，未经财政部确认，部门不得自行将项目资金确认为结余资金并调整使用。

12. 政府采购金额：填列项目支出中用于政府采购的预算金额，对应各资金来源，按照采购内容分货物、工程、服务三类填列采购预算金额。

（五）录入表5——经营及往来支出预算录入表

本表反映部门（单位）的事业单位经营支出及内部往来的支出情况。

1. 上缴上级支出：填列事业单位按照财政部门和主管部门的规定上缴上级单位的支出。

2. 对下级单位补助支出：填列用公共财政预算财政拨款和政府性基金预算财政拨款收入之外的收入对所属下级单位（包含独立核算和非独立核算的，相关支出纳入和未纳入部门预算的下级单位）补助发生的支出。

3. 事业单位经营支出：填列事业单位在专业业务活动及其辅助活动之外开展非独立核算经营活动发生的支出。事业单位在开展非独立核算经营活动中，应当正确归集实际发生的各项费用数；不能归集的，应当按照规定的比例合理分摊。经营支出应当与经营收入配比。

（六）录入表6——基本支出政府采购预算录入表

本表反映部门（单位）通过基本支出日常公用经费安排的政府采购预算情况。在“政府采购金额”下，对应各资金来源，按照采购内容分货物、工程、服务三类填列采购金额。

（七）录入表 7——公共财政预算财政拨款结余资金来源及科目调整情况录入表

本表反映部门（单位）2015 年度项目支出中安排使用的以前年度公共财政预算财政拨款结余资金的来源情况及相关结余资金的科目调整情况。

1. 调整前科目编码和科目名称：填列 2015 年安排使用的以前年度公共财政预算财政拨款结余资金，调整用途前所在的科目编码和科目名称，即形成结余的项目原所列科目的编码和名称。

2. 小计：反映使用的以前年度公共财政预算财政拨款结余资金总额。

3. 使用国库集中支付改革前结余：填列使用的公共财政预算财政拨款结余资金中未纳入国库集中支付制度改革的数额。

4. 使用国库集中支付改革结余：根据结余资金的支付方式（直接支付和授权支付）分别填列使用的公共财政预算财政拨款结余资金中已纳入国库集中支付制度改革的数额。

（八）录入表 8——中央行政事业单位住房改革支出预算录入表

本表按照《财政部关于编制 2015 年住房改革支出预算的通知》中要求的相关口径填列。需要说明的是，本表中“用财政拨款安排本年支出”为自动计算数（“支出总额”-“2014 年年末结转：其中：安排本年支出”-“2014 年年末售房收入余额：其中：安排本年支出”），因此，本表中需首先填列“支出总额”。

（九）录入表 9——“三公”经费和会议费预算录入表

本表反映部门（单位）2015 年预算中通过基本支出和项目安排的因公出国（境）费、公务用车购置费、公务用车运行费、公务接待费和会议费等经费的预算情况。

1. 按“因公出国（境）费”、“公务用车购置费”、“公务用车运行费”、“公务接待费”、“会议费”分别填列相关来源的资金安排用于“三公”经费和会议费支出预算情况。

2. “三公”经费和会议费的口径：

（1）因公出国（境）费，指单位公务出国（境）的国际旅费、国外城市间交通费、住宿费、伙食费、公杂费等支出。

（2）公务用车购置费，指单位公务用车购置支出（含车辆购置税）。

（3）公务用车运行费，指单位公务用车租用费、燃料费、维修费、过路过桥费、保险费、安全奖励费用等支出。

（4）公务接待费，指单位按规定开支的各类公务接待（含外宾接待）支出。

（5）会议费，指单位在会议（包括一、二、三、四类会议，在华召开的国际会议）期间按规定开支的会议住宿费、伙食费、会议室租金、交通费、文件印刷费等支出。

3. 填列时基本支出明细到项级科目，并与“基本支出预算录入表”中基本支出日常公用经费相关经济分类科目存在对应关系；项目支出明细到具体项目，并与“项目支出预算录入表”中项目存在对应关系。

（十）录入表10——政府购买服务支出录入表

本表反映部门（单位）2015 年预算中通过基本支出和项目安排的用于政府购买服务的支出情况。

1. 为了完整的反映基本支出和项目支出用于政府购买服务的明细情况，本表中同一科目的基本支出和同一项目，可以重复录入多行。

2. 购买服务内容：以文字形式对购买的服务内容进行描述，真实、准确、直观反映出购买的服务内容。购买服务内容应符合《国务院办公厅关于政府向社会力量购买服务的指导意见》（国办发［2013］96 号）的相关要求。

3. 承接主体：根据购买服务的内容和性质，以及对承接主体的要求等，以文字形式对承接主体的性质、行业等进行描述，如：“社会组织”、“企业”、“机构”、“×××类学校”、“×××类医院”等等。

4. 购买服务金额：对应各资金来源，填列 2015 年预计通过不同资金来源安排的用于购买服务的支出数额。

（十一）录入表 11——政府性基金预算支出录入表

本表反映部门（单位）通过本年政府性基金预算财政拨款及以前年度政府性基金预算财政拨款结转和结余资金安排的基本支出和项目支出预算，以及相关的政府采购金额情况。

1. 项目代码：政府性基金预算的项目代码格式为“3 位部门代码 + 2 位年份码 + 字母 J + 7 位项目顺序码”，前 6 位由软件自动生成，后 7 位由部门（单位）自行设置。

2. 项目密级：填列根据保密管理相关规定确定的项目密级。

3. 是否国库预算执行重点项目：按照财库［2012］155 号相关要求，参照公共财政预算重点项目的相关要求，对政府性基金预算财政拨款安排的项目选填“是”或“否”。

4. 支出合计：反映部门（单位）通过本年政府性基金预算财政拨款及以前年度政府性基金预算财政拨款结转和结余资金安排的总体支出。

5. 本年政府性基金财政拨款支出：填列部门（单位）申请用 2015 年当年政府性基金财政拨款安排的基本支出（分人员经费和公用经费）和项目支出预算数。

6. 政府性基金财政拨款结转和结余资金安排的支出：填列部门（单位）通过以前年度政府性基金财政拨款结转和结余资金安排的 2015 年支出。

7. 政府采购金额：按照政府采购相关规定，区分货物、工程、服务三类，填报用当年政府性基金预算财政拨款和以前年度政府性基金预算财政拨款结转结余资金安排的政府采购金额情况。

（十二）录入表 12——政府性基金财政拨款结转和结余资金来源及安排项目支出情况录入表

本表反映部门（单位）2015 年政府性基金项目支出预算中使用的以前年度政府性基金财政拨款结转和结余资金来源情况。

1. 政府性基金财政拨款结转和结余资金安排本年项目支出情况：从政府性基金预算支出录入表中提取“政府性基金财政拨款结转和结余资金安

排的支出”大于零的项目的相关内容。

2. 政府性基金财政拨款结转和结余资金来源项目情况：由部门（单位）按以前年度财政部批复相关项目时的情况填写。

（十三）录入表13——中央行政事业单位资产存量情况录入表

本表反映中央行政事业单位截止到2014年年中的车辆和单位价值200万元及以上大型设备资产存量以及2015年计划报废数量情况。

1. 单位分类：根据行政事业资产管理的实际需要，单位分类分为中央和国家机关本级、垂直管理行政单位、执行行政单位财务会计制度的参公事业单位、执行事业单位财务会计制度的参公事业单位、其他事业单位等5类。其中，执行行政单位财务会计制度的参公事业单位，属于中央和国家机关本级的，在单位分类中，应选填“中央和国家机关本级”。

2. 资产类型：分为部级领导干部用车、一般公务用车、一般执法执勤用车、特种专业技术用车、其他用车和单位价值200万元及以上大型设备6类，不包括《中央级新购大型科学仪器设备联合评议工作管理办法（试行）》（财教［2004］33号）规定评议范围的科学仪器设备。

3. 截止到2014年6月1日资产存量情况：填列分单位截止到2014年6月1日的车辆编制数、分类车辆（分为轿车、越野车、小型载客汽车、大中型载客汽车、其他车型5类）实有数量和单位价值200万元及以上大型设备的实有数量。

4. 2015年计划报废数量：填列2015年预计将报废的分类车辆数量和单位价值200万元及以上大型设备的数量。

（十四）录入表14——中央行政事业单位新增资产配置预算录入表

本表反映中央行政事业单位申请2015年通过公共财政预算财政拨款、政府性基金预算财政拨款和其他资金（含事业单位经营收入）安排购置的分类车辆数量、金额，以及安排购置的单位价值200万元及以上大型设备数量、金额情况。

1. 单位分类：根据行政事业资产管理的实际需要，单位分类分为中央和国家机关本级、部门所属各类行政单位、执行行政单位财务会计制度的参公事业单位、执行事业单位财务会计制度的参公事业单位、其他事业单位等5类。其中，执行行政单位财务会计制度的参公单位，属于中央和国家机关本级的，在单位分类中，应选填“中央和国家机关本级”。

2. 资产类型：分为部级领导干部用车、一般公务用车、一般执法执勤用车、特种专业技术用车、其他用车和单位价值200万元及以上大型设备6类，不包括《中央级新购大型科学仪器设备联合评议工作管理办法（试行）》（财教［2004］33号）规定评议范围的科学仪器设备。

3. 设备购置内容：填写拟购置设备的标准名称。

4. 新增资产配置预算：

（1）车辆购置：按照“轿车”、“越野汽车”、“小型载客汽车”、“大中型载客汽车”和“其他车型”分类，分别填列车辆购置数量和安排的购置金额（分资金来源）。

（2）单位价值200万元及以上大型设备购置：分别填列单位价值200万元及以上大型设备购置数量和安排的购置金额（分资金来源）。

（十五）录入表15——中央行政事业单位资产处置收入和行政单位资产出租出借收入预算录入表

本表反映缴入国库的中央行政事业单位资产处置收入和行政单位资产出租出借收入情况。

1. 科目：填列纳入预算管理的中央行政事业单位资产处置收入和行政单位资产出租出借收入科目，列至目级科目。

2. 单位性质：分为“中央和国家机关”、“垂管单位”、“驻外机构”和“事业单位”。中央和国家机关是指中共中央直属机关，国务院各部委、各直属机构、办事机构，全国人大常委会办公厅，全国政协办公厅，最高人民法院，最高人民检察院，各民主党派中央等；垂管单位是指中央垂直管理系统行政单位；驻外机构是指驻外使领馆、常驻联合国和其他国际组织代表团、中央行政单位驻外非外交性质代表机构等；事业单位是指执行事业单位财务会计制度和中央级事业单位国有资产管理暂行办法的各类事业单位和社会团体。执行行政单位财务和会计制度的中央级参公管理事业单位和社会团体，根据不同情况，选填“中央和国家机关”、“垂管单位”

和“驻外机构”。

例如：国家税务总局机关应填报为“中央部门行政机关本级”，其他各级国家税务局填报为“垂管单位”；外交部机关填报为“中央部门行政机关本级”，驻外使领馆填报为“驻外机构”；中国科学院填报为“事业单位”。

3. 收入项目：填报单位取得相关收入的明细项目，由部门自行填写。

4. 上年结转：填报截至2014年底累计中央行政单位资产处置收入和出租出借收入入库数减去截至2014年底财政预算已安排支出后的累计结转数。需注意的是，事业单位不填此列。

5. 本年预算：填报预计的2015年行政事业单位资产处置收入和行政单位资产出租出借收入。

九、其他需要注意的问题

（一）建立延续项目年度间联系

为了进一步完善部门预算项目库，推进项目滚动管理，在项目申报阶段建立当前年度预算项目与上年度预算批复项目之间的联系。具体如下：

预算单位在录入项目时，将项目分为：“新增项目”、“前三类延续项目”和“其他类延续项目”，编制时分别按不同规则进行填报，建立延续项目的年度间联系。

“新增项目”：由预算单位自行填报。项目类别统一设为“其他项目”，其余信息项由预算单位自行填写。

“前三类延续项目”：由预算单位从财政部清理下发的前三类项目中选取。对项目名称、科目、项目单位、项目代码、项目类别等信息项，预算单位不可调整；其余信息项，预算单位可自行调整。

“其他类延续项目”：由预算单位从上年已批复的预算项目中选择需列入当年预算的项目，自动将上年项目的相关信息项提取填列到当前项目中，并随机生成“项目编码”。自动提取的信息中，“项目类别”统一设为“其他项目”，预算单位不可调整；其余信息项预算单位可自行调整。

在填报项目信息时准确、真实的建立项目年度间联系是一项重要的基础工作，部门（单位）在填报时应认真、细致的做好相关工作。

（二）关于内部往来收支的冲抵处理

1. 为了真实反映中央部门的预算收支，对因部门内部往来造成汇总数据中重复计算的收支（包括：上缴上级支出、补助下级支出、下级单位上缴收入、上级补助收入等）进行冲抵，“收入预算录入表”和“经营及往来支出预算录入表”中允许填列负数。

2. 往来收支冲抵的具体操作方式：①当某预算单位发生往来收支时，该单位自身不做冲抵，保证本单位收支平衡。②该预算单位的上一级预算单位，在汇总下级单位预算后，应在相关表中以负数形式对往来收支进行冲抵，并保证汇总后预算数据收支平衡。③如在内部往来过程中发生了科目调整，上一级预算单位在汇总数据后对内部往来进行冲抵时，应对原科目收入进行冲抵（在收入表中填列负数），并新增相关科目收入。

3. 例如：A 单位（三级预算单位）将事业收入 500 万元（列 2010999 其他海关事务支出）上缴给 B 单位（二级预算单位），B 单位又将这 500 万元（列 2010999 其他海关事务支出）补助给 C 单位（三级预算单位）用于相关支出（列 2010950 事业运行）。上述在发生内部往来的同时还发生了科目的调整。相关单位的预算表编报以及冲抵过程如下：

（1）A 单位填列：“2010999 其他海关事务支出”事业收入 500 万元，“2010999 其他海关事务支出”上缴上级支出 500 万元。

（2）B 单位在填列本单位报表时，应填列：“2010999 其他海关事务支出”下级单位上缴收入 500 万元，“2010999 其他海关事务支出”对下级单位补助支出 500 万元。

（3）C 单位填列：“2010950 事业运行”上级补助收入 500 万元，“2010950 事业运行”基本支出（其他资金）500 万元。

（4）B 单位作为汇总单位，在汇总下级单位预算数据后，应在汇总的预算表中对相关往来进行冲抵处理。一是对往来进行冲抵，填列：“2010999 其他海关事务支出”上缴上级支出 -500 万元，“2010999 其他海关事务支出”下级单位上缴收入 -500 万元，“2010999 其他海关事务支出”对下级单位补助支出-500万元，“2010950事业运行”上级补助收入-500万元。二是对科目进行调整，填列：“2010999其他海关事务支出”事业收入-500万元，“2010950事业运行”事业收入500万元。

4. “收入预算录入表”和“经营及往来支出预算录入表”中设置了“是否冲抵行”属性，如需填列用于冲抵的负数时，可将该属性选择为“是”，录入表中将允许新插入一行填列负数，但该行只允许填列负数。

5. 为了保证部门对内部往来进行冲抵处理的准确性，“中央部门预算编制软件”中设置了对预算表中负数进行审核的功能，部门凡进行了内部往来冲抵处理的，均通过软件进行提示，部门应进行认真核对，保证有关处理无误。

6. 部门在上报的预算编制说明中，对进行的内部往来冲抵情况应专门进行说明。

7. 需要特别强调的是，财政拨款资金不允许通过内部往来在部门内部各单位之间调剂，而应通过直接对指标进行分解的方式下达各相关单位，因此，财政拨款资金不存在冲抵问题。

8. 由于“非财政拨款收入明细录入表”中包括上级补助收入和下级单位上缴收入，该表汇总后也会发生收入重复计算问题，因此，该表中也相应设置了冲抵行。汇总单位在对相关收支进行冲抵时，应对该表中重复的收入一并冲抵。该表与“收入预算录入表”的相关收入存在勾稽关系，如不对两张表同时做相应的冲抵，将出现勾稽关系不一致的问题。

（三）关于结余资金用于基本支出问题

按照相关政策规定，项目支出结余资金可用于安排基本支出人员经费（主要是规范津贴补贴经费缺口）和日常公用经费，部门（单位）在年初预算中将项目支出结余资金用于安排基本支出时应注意以下问题：

1. 按照规范津补贴政策相关规定，中央部门可动用项目支出结余资金安排规范津补贴缺口（人员经费），在编制年初预算时应单独进行说明。

2. 除用于规范津贴补贴缺口外，编制年初预算时，部门（单位）如要将项目支出结余资金安排用于其他人员经费或日常公用经费的，应先报经财政部同意后，方可在年初预算中编列。

3. 部门在编制预算时申请动用的财政拨款结余资金必须是经过财政部批复确认的，部门不得自行将财政拨款资金确认为结余并加以动用。

4. 为保证相关数据准确、一致，对部门动用以前年度项目支出结余资金安排基本支出的，相关资金的来源全部要在“财政拨款结余资金来源及科目调整情况录入表”中予以反映。

（四）关于基本支出中经济分类科目的口径问题

1. 政府收支分类改革以后中央部门（主要是行政单位）的出国费、招待费统一由基本支出转列项目支出，因此，从 2007 年起对日常公用经费下的经济分类进行了限制，不允许填列“出国费”。但是，近几年中央部门陆续反映，事业单位仍有部分出国费用在公用经费中开支，应允许填列“出国费”相关经济分类，以真实反映单位支出情况。为此，从 2011 年起，日常公用经费下的经济分类中允许填列“因公出国（境）费”。单位在“基本支出预算录入表”中填报“因公出国（境）费”时要注意相关支出数据与“‘三公经费’和会议费支出预算录入表”中“因公出国（境）费”之间的勾稽关系，要保持数据的一致性。

2. 除上述“因公出国（境）费用”经济分类外，“基本支出预算录入表”中设置的“公务用车购置”、“公务用车运行维护费”、“公务接待费”均是专门用于反映部门“三公经费”支出的经济分类，如无特殊情况，“基本支出预算录入表”中填列的上述经济分类预算数均应与“‘三公经费’和会议费支出预算录入表”中相关数据保持一致。

3. 考虑到经济分类“租赁费”主要是指租赁办公用房、宿舍、专用通讯网等费用，一般都是比较大额的支出，按照相关规定，应编报项目支出预算，为避免部门在基本支出和项目支出之间划分上的混淆，在基本支出录入表中对“租赁费”经济分类进行了限制，不允许填列。如部门确需通过基本支出安排部分零星的租赁费，应列入基本支出日常公用经费下的“其他商品和服务支出”科目中。

4. 经济分类中“生产补贴”主要反映各种对个人发放的生产补贴支出。考虑到中央部门的此类支出应主要通过项目支出安排，基本支出中基本没有此类性质的支出，因此，在基本支出录入表中对“生产补贴”这一经济分类进行了限制，不允许填列。

（五）关于项目执行进度的填报

为了推进预算编制与执行相结合，在项目支出预算表中增加了反映项目支出执行进度情况的内容，部门在编制“一上”、“二上”预算时要如实填报本单位有关项目支出的实际执行进度情况。填报时要注意以下几点：

1. 2014 年可用财政资金包括三部分：一是 2014 年年初预算批复和执行中追加预算的资金；二是 2014 年年初经财政部批复确认的截至 2013 年底的项目支出结转资金；三是经财政部批准动用的来源于其他项目的结余资金。在此基础上，分别填报截至 7 月底和 11 月底的可用财政资金执行进度情况。

2. “一上”预算时，部门只需填报截至 7 月底的执行进度情况；“二上”预算时部门只需填报截至 11 月底的执行进度情况。

3. 在填列执行进度情况时，部门只需填报截至相关时点的执行数，执行进度比例由软件自动计算生成。

（六）关于项目打捆测算及管理

为规范项目打捆测算相关工作，捆的设立不允许跨明细科目。为此，中央部门在填报项目打捆标识信息时应注意以下问题：

1. 打捆项目由部门在项目清理时提出，经财政部审核同意后随预算软件统一下发，打捆项目的项目类别由财政部限定，部门（单位）不可自行调整。

2. 中央部门在“一上”、“二上”时都必须认真填列明细项目的打捆标识，“二上”时打捆项目总额必须与财政下达的相关项目“一下”控制数一致。

3. 中央部门在“一上”时，对打捆后的项目，要认真填报项目信息和项目文本，项目文本中除应包含该打捆项目的总体情况外，还应有明细项目的分配情况。

4. 对同类性质项目实行打捆管理是为了便于预算测算和审核，因此，项目打捆主要是在预算测算审核过程中使用，财政部正式批复的部门预算中的项目支出预算全部为明细项目。

（七）关于项目绩效评价相关内容的填报

根据《财政支出绩效评价管理暂行办法》（财预［2011］285 号），中央部门预算项目库中设置了“财政支出绩效目标申报表”，项目基础信息中设置了“是否填报绩效目标”和“是否建议纳入绩效评价范围”两个信息项，相关的填报要求说明如下：

1. 对申报绩效目标的项目，部门（单位）在项目库中应将项目的“是否填报绩效目标”信息项应选填“是”，并按照相关规定填报“财政支出绩效目标申报表”。

对不申报绩效目标的项目，该项目的“是否填报绩效目标”信息项应选填“否”，且不填报“财政支出绩效目标申报表”。

2. 部门（单位）应在申报了绩效目标的项目中选择部分作为绩效评价试点的项目，这些项目的“是否建议纳入绩效评价范围”信息项应选填“是”。

（八）关于其他的项目信息项

项目基础信息中增设了“是否申请当年财政拨款”和“是否纳入预算申报”两个信息项。

1. “是否申请当年财政拨款”为必填信息项。增加这一信息项主要是为确定需要纳入项目排序范围的项目。如该信息项选择“是”，则项目的“本年支出—财政拨款—小计”应大于零。如该信息项选择“否”，则项目的“本年支出—财政拨款—小计”应等于零。该信息项为“否”的项目，主要是仅通过以前年度结转资金、结余资金、教育收费或其他收入安排支出的项目。打捆测算的项目，该信息项自动设为“是”。

2. “是否纳入预算申报”为必填信息项。增加这一信息项主要是为了将部门下属预算单位填写的，但又不纳入预算申报的冗余项目信息予以剔除，不再导出上报，以减少财政部项目库中的冗余信息。这一控制，仅在一级预算单位汇总上报时实施。一级预算单位汇总上报预算时，软件自动对项目库与“项目支出预算录入表”的一致性进行审核，即“是否纳入预算申报”信息项为“是”的项目是否全部纳入到预算表中，如有遗漏，将予以提示。一级预算单位导出上报财政的项目库中只包含“是否纳入预算申报”信息项为“是”的项目。

第三节　中央部门预算录入表数据勾稽关系

一、表内数据勾稽关系

（一）录入表1——收入预算录入表

1. “合计”=“上年结转：小计”+“财政拨款收入”+“上级补助收入”+“事业收入：金额”+“事业单位经营收入”+“下级单位上缴收入”+“其他收入”+“用事业基金弥补收支差额”。

2. “上年结转：小计”=“上年结转：财政拨款结转资金”+“上年结转：财政拨款结余资金”+“上年结转：教育收费”+“上年结转：其他资金”。

3. “事业收入：金额”≥“事业收入：其中：教育收费”。

4. “是否冲抵行”为“是”的行，各列均应≤0。

（二）录入表2——非财政拨款收入明细录入表

“2015年预算收入：合计”=“2015年预算收入：上年结转收入”+“2015年预算收入：本年收入”

（三）录入表3——基本支出预算录入表

1. “支出合计”=“资金来源：合计”。

2. “资金来源：合计”=“资金来源：财政拨款”+“资金来源：以前年度财政拨款结转资金”+“资金来源：以前年度财政拨款结余资金”+

“资金来源：教育收费安排支出”+“资金来源：其他资金”。

3. 如科目为 22102，则“资金来源：以前年度财政拨款结余资金”（相关行）= 0。

4. 如科目为 22102，则“支出分类”只允许分别填列“住房公积金”、“提租补贴”、“购房补贴”三个经济分类。

（四）录入表 4——项目支出预算录入表

1. “总支出：合计”≥“2014 年财政资金执行进度情况：2014 年可用财政资金：小计”+“本年安排支出：合计”-“本年安排支出：以前年度财政拨款结转和结余：结转资金”。

2. “总支出：合计”=“总支出：财政拨款：小计”+“总支出：教育收费安排支出”+“总支出：其他资金”+“总支出：银行贷款”。

3. “总支出：财政拨款：小计”=“总支出：财政拨款：建设性资金”+“总支出：财政拨款：财政专项资金”。

4. “总支出：财政拨款：小计”≥“2014 年财政资金执行进度情况：2014 年可用财政资金：小计”+“本年安排支出：财政拨款：小计”+“本年安排支出：以前年度财政拨款结转和结余：结余资金”。

5. “总支出：财政拨款：建设性资金”≥“本年安排支出：财政拨款：建设性资金”。

6. “总支出：财政拨款：财政专项资金”≥“本年安排支出：财政拨款：财政专项资金”。

7. “总支出：教育收费安排支出”≥“本年安排支出：教育收费安排支出”。

8. “总支出：其他资金”≥“本年安排支出：其他资金”。

9. “总支出：银行贷款”≥“本年安排支出：银行贷款”。

10. “2014 年财政资金执行进度情况：2014 年可用财政资金：小计”=“2014 年财政资金执行进度情况：2014 年可用财政资金：当年财政拨款（含追加）”+“2014 年财政资金执行进度情况：2014 年可用财政资金：2014 年初确认结转资金”+“2014 年财政资金执行进度情况：2014 年可用财政资金：2014 年预算批复动用结余资金”。

11. “2014年财政资金执行进度情况：2014年可用财政资金：小计”≥“2014年财政资金执行进度情况：截至7月底执行情况：执行数”。

12. “2014年财政资金执行进度情况：2014年可用财政资金：小计”≥“2014年财政资金执行进度情况：截至11月底执行情况：执行数”。

13. “2014年财政资金执行进度情况：截至7月底执行情况：执行进度%”=“2014年财政资金执行进度情况：截至7月底执行情况：执行数”÷“2014年财政资金执行进度情况：2014年可用财政资金：小计”×100。

14. “2014年财政资金执行进度情况：截至11月底执行情况：执行进度%”=“2014年财政资金执行进度情况：截至11月底执行情况：执行数”÷“2014年财政资金执行进度情况：2014年可用财政资金：小计”×100。

15. “本年安排支出：合计”=“本年安排支出：财政拨款：小计”+“本年安排支出：以前年度财政拨款结转和结余资金：小计”+“本年安排支出：教育收费安排支出”+“本年安排支出：其他资金”+“本年安排支出：银行贷款”。

16. “本年安排支出：财政拨款：小计”=“本年安排支出：财政拨款：建设性资金”+“本年安排支出：财政拨款：财政专项资金”。

17. “本年安排支出：以前年度财政拨款结转和结余资金：小计”=“本年安排支出：以前年度财政拨款结转和结余资金：结转资金”+“本年安排支出：以前年度财政拨款结转和结余资金：结余资金”。

18. “政府采购金额：合计：合计”=“政府采购金额：合计：货物”+“政府采购金额：合计：工程”+“政府采购金额：合计：服务”。

19. “政府采购金额：合计：货物/工程/服务”=“政府采购金额：财政拨款：货物/工程/服务”+“政府采购金额：以前年度财政拨款结转和结余资金：货物/工程/服务”+“政府采购金额：教育收费安排支出：货物/工程/服务”+“政府采购金额：其他资金：货物/工程/服务”+“政府采购金额：银行贷款：货物/工程/服务”。

20. “政府采购金额：财政拨款/以前年度财政拨款结转和结余资金/教育收费安排支出/其他资金/银行贷款：小计”=“政府采购金额：财政拨

款/以前年度财政拨款结转和结余资金/教育收费安排支出/其他资金/银行贷款：货物”+“政府采购金额：财政拨款/以前年度财政拨款结转和结余资金/教育收费安排支出/其他资金/银行贷款：工程”+“政府采购金额：财政拨款/以前年度财政拨款结转和结余资金/教育收费安排支出/其他资金/银行贷款：服务”。

21. “政府采购金额：财政拨款：小计”≤“本年安排支出：财政拨款：小计”。

22. “政府采购金额：以前年度财政拨款结转和结余资金：小计”≤“本年安排支出：以前年度财政拨款结转和结余资金：小计”。

23. “政府采购金额：教育收费安排支出：小计”≤“本年安排支出：教育收费安排支出：小计”。

24. “政府采购金额：其他资金：小计”≤“本年安排支出：其他资金：小计”。

25. “政府采购金额：银行贷款：小计”≤“本年安排支出：银行贷款：小计”。

26. 项目代码是否重复。

汇总单位汇总下级单位预算后，对项目代码是否存在重复进行审核。

27. 其他项目排序比例。

一级预算单位汇总全部下级单位预算后，对纳入其他项目排序范围的项目中排序类别为“非常重要”、“比较重要”的项目个数占纳入其他项目排序范围项目总个数的比例进行审核，分别不超过30%和40%。

28. 项目库与项目表一致性。

（1）项目库中“是否纳入预算申报”属性为“是”的项目，应在项目支出预算录入表中体现。

项目库中“是否纳入预算申报”属性为“否”的项目，不应在项目支出预算录入表中体现。

（2）项目库中“是否申请当年财政拨款”属性为“是”的项目，“本年安排支出：财政拨款：小计”>0。

项目库中“是否申请当年财政拨款”属性为“否”的项目，“本年安排支出：财政拨款：小计”=0。

（五）录入表5——经营及往来支出预算录入表

1. “合计”=“上缴上级支出”+“对下级单位补助支出”+“事业单位经营支出”。

2. “是否冲抵行”为“是”的行，各列均应≤0。

（六）录入表6——基本支出政府采购预算录入表

1. “本年预算：合计：小计”=“本年预算：合计：货物”+“本年预算：合计：工程”+“本年预算：合计：服务”。

2. “本年预算：财政拨款：小计”=“本年预算：财政拨款：货物”+“本年预算：财政拨款：工程”+“本年预算：财政拨款：服务”。

3. “本年预算：以前年度财政拨款结转和结余资金：小计”=“本年预算：以前年度财政拨款结转和结余资金：货物”+“本年预算：以前年度财政拨款结转和结余资金：工程”+“本年预算：以前年度财政拨款结转和结余资金：服务”。

4. “本年预算：教育收费安排支出：小计”=“本年预算：教育收费安排支出：货物”+“本年预算：教育收费安排支出：工程”+“本年预算：教育收费安排支出：服务”。

5. “本年预算：其他资金：小计”=“本年预算：其他资金：货物”+“本年预算：其他资金：工程”+“本年预算：其他资金：服务”。

6. “本年预算：合计：货物”=“本年预算：财政拨款：货物”+“本年预算：以前年度财政拨款结转和结余资金：货物” +本年预算：教育收费安排支出：货物”+“本年预算：其他资金：货物”。

7. “本年预算：合计：工程”=“本年预算：财政拨款：工程”+“本年预算：以前年度财政拨款结转和结余资金：工程”+“本年预算：教育收费安排支出：工程”+“本年预算：其他资金：工程”。

8. “本年预算：合计：服务”=“本年预算：财政拨款：服务”+“本年预算：以前年度财政拨款结转和结余资金：服务”+“本年预算：教育收费安排支出：服务”+“本年预算：其他资金：服务”。

（七）录入表7——公共财政预算财政拨款结余资金来源及科目调整情况录入表

“结余资金来源及来源科目情况：小计”=“结余资金来源及来源科目情况：使用国库集中支付改革前结余”+“结余资金来源及来源科目情况：使用国库集中支付改革结余：直接支付结余”+“结余资金来源及来源科目情况：使用国库集中支付改革结余：授权支付结余”。

（八）录入表8——中央行政事业单位住房改革支出预算录入表

1. “用财政拨款安排本年支出”=“支出总额”-“2014年年末结转：其中：安排本年支出”-“2014年年末售房收入余额：其中：安排本年支出”-“用其他资金安排本年支出”。

2. “2014年年末结转：小计”≥“2014年年末结转：其中：安排本年支出”。

3. “2014年年末售房收入余额：小计”≥“2014年年末售房收入余额：其中：安排本年支出”。

4. “行政单位/事业单位/合计”（行）=“（一）住房公积金”（行）+“（二）提租补贴”（行）+“（三）购房补贴”（行）。

5. “（三）购房补贴”（行）=“1. 按月补贴”（行）+“2. 无房一次性补贴”（行）+“3. 未达标补贴”（行）+“4. 级差补贴”（行）+“5. 其他补贴”（行）。

（九）录入表9——“三公”经费和会议费预算录入表

1. “‘三公’经费：‘三公’经费合计/因公出国（境）费/公务用车购置费/公务用车运行费/公务接待费：合计”=“‘三公’经费：‘三公’经费合计/因公出国（境）费/公务用车购置费/公务用车运行费/公务接待费：财政拨款小计”+“‘三公’经费：‘三公’经费合计/因公出国（境）费/公务用车购置费/公务用车运行费/公务接待费：以前年度财政拨款结转和结余资金：小计”+“‘三公’经费：‘三公’经费合计/因公出国（境）费/公务用车购置费/公务用车运行费/公务接待费：教育收费安排支

出”+“‘三公’经费：‘三公’经费合计/因公出国（境）费/公务用车购置费/公务用车运行费/公务接待费：其他资金”。

2. “会议费：合计”=“会议费：财政拨款小计”+“会议费：以前年度财政拨款结转和结余资金：小计”+“会议费：教育收费安排支出”+“会议费：其他资金”。

3. “‘三公’经费：‘三公’经费合计/因公出国（境）费/公务用车购置费/公务用车运行费/公务接待费：财政拨款：小计”=“‘三公’经费：‘三公’经费合计/因公出国（境）费/公务用车购置费/公务用车运行费/公务接待费：财政拨款：建设性资金”+“‘三公’经费：‘三公’经费合计/因公出国（境）费/公务用车购置费/公务用车运行费/公务接待费：财政拨款：财政专项资金”。

4. “会议费：财政拨款：小计”=“会议费：财政拨款：建设性资金”+“会议费：财政拨款：财政专项资金”。

5. “‘三公’经费：‘三公’经费合计/因公出国（境）费/公务用车购置费/公务用车运行费/公务接待费：以前年度财政拨款结转和结余资金：小计”=“‘三公’经费：‘三公’经费合计/因公出国（境）费/公务用车购置费/公务用车运行费/公务接待费：以前年度财政拨款结转和结余资金：结转资金”+“‘三公’经费：‘三公’经费合计/因公出国（境）费/公务用车购置费/公务用车运行费/公务接待费：以前年度财政拨款结转和结余资金：结余资金”。

6. “会议费：以前年度财政拨款结转和结余资金：小计”=“会议费：以前年度财政拨款结转和结余资金：结转资金”+“会议费：以前年度财政拨款结转和结余资金：结余资金”。

7. “‘三公’经费：‘三公’经费合计：财政拨款：建设性资金/财政专项资金”=“‘三公’经费：因公出国（境）费：财政拨款建设性资金/财政专项资金”+“‘三公’经费：公务用车购置费：财政拨款：建设性资金/财政专项资金”+“‘三公’经费：公务用车运行费：财政拨款：建设性资金/财政专项资金”+“‘三公’经费：公务接待费：财政拨款：建设性资金/财政专项资金”。

8. “‘三公’经费：‘三公’经费合计：以前年度财政拨款结转和结

余资金：结转资金/结余资金”＝“‘三公’经费：因公出国（境）费：以前年度财政拨款结转和结余资金：结转资金/结余资金”+“‘三公’经费：公务用车购置费：以前年度财政拨款结转和结余资金：结转资金/结余资金”+“‘三公’经费：公务用车运行费：以前年度财政拨款结转和结余资金：结转资金/结余资金”+“‘三公’经费：公务接待费：以前年度财政拨款结转和结余资金：结转资金/结余资金”。

9. “‘三公’经费：‘三公’经费合计：教育收费安排支出”＝“‘三公’经费：因公出国（境）费：教育收费安排支出”+“‘三公’经费：公务用车购置费：教育收费安排支出”+“‘三公’经费：公务用车运行费：教育收费安排支出”+“‘三公’经费：公务接待费：教育收费安排支出”。

10. “‘三公’经费：‘三公’经费合计：其他资金”＝“‘三公’经费：因公出国（境）费：其他资金”+“‘三公’经费：公务用车购置费：其他资金”+“‘三公’经费：公务用车运行费：其他资金”+“‘三公’经费：公务接待费：其他资金”。

（十）录入表 10——政府购买服务支出录入表

1. “购买服务金额：财政拨款：合计”=“购买服务金额：财政拨款：小计”+“购买服务金额：以前年度财政拨款结转和结余资金：小计”+“购买服务金额：教育收费安排支出”+“购买服务金额：其他资金”。

2. “购买服务金额：财政拨款：小计”=“购买服务金额：财政拨款：建设性资金”+“购买服务金额：财政拨款：财政专项资金”。

3. “购买服务金额：以前年度财政拨款结转和结余资金：小计”=“购买服务金额：以前年度财政拨款结转和结余资金：结转资金”+“购买服务金额：以前年度财政拨款结转和结余资金：结余资金”。

4. “购买服务内容”或“承接主体”不为空时，“购买服务金额：合计”>0。

（十一）录入表 11——政府性基金预算支出录入表

1. “支出合计”=“本年政府性基金预算支出：合计”+“政府性基金财政拨款结转和结余资金安排的支出”。

2. “本年政府性基金预算支出：合计”=“本年政府性基金预算支出：基本支出：小计”+“本年政府性基金预算支出：项目支出”。

3. “本年政府性基金预算支出：基本支出：小计”=“本年政府性基金预算支出：基本支出：人员经费”+“本年政府性基金预算支出：基本支出：日常公用经费”。

4. “政府采购金额：合计”=“政府采购金额：货物”+“政府采购金额：工程”+“政府采购金额：服务”。

5. “支出合计”-“本年政府性基金预算支出：基本支出：人员经费”≥“政府采购金额：合计”（每一项目行或日常公用经费行）。

（十二）录入表12——政府性基金财政拨款结转和结余资金来源及安排项目支出情况录入表

“政府性基金财政拨款结转和结余资金安排本年项目支出情况：政府性基金财政拨款结转和结余资金安排的支出”（分项目）=“政府性基金财政拨款结转和结余资金来源项目情况：政府性基金财政拨款结转和结余资金”（对应项目合计）。

（十三）录入表13——中央行政事业单位资产存量情况录入表

1. “截至2014年6月1日资产存量情况：车辆实有数（辆/台）：小计”=“截至2014年6月1日资产存量情况：车辆实有数（辆/台）：轿车”+“截至2014年6月1日资产存量情况：车辆实有数（辆/台）：越野汽车”+“截至2014年6月1日资产存量情况：车辆实有数（辆/台）：小型载客汽车”+“截至2014年6月1日资产存量情况：车辆实有数（辆/台）：大中型载客汽车”+“截至2014年6月1日资产存量情况：车辆实有数（辆/台）：其他车型”。

2. “2015年计划报废数量：车辆（辆/台）：小计”=“2015年计划报废数量：车辆（辆/台）：轿车”+“2015年计划报废数量：车辆（辆/台）：越野汽车”+“2015年计划报废数量：车辆（辆/台）：小型载客汽车”+“2015年计划报废数量：车辆（辆/台）：大中型载客汽车”+“2015年计划报废数量：车辆（辆/台）：其他车型”。

3. “截至 2014 年 6 月 1 日资产存量情况：车辆实有数（辆/台）：轿车”≥“2015 年计划报废数量：车辆（辆/台）：轿车”。

4. “截至 2014 年 6 月 1 日资产存量情况：车辆实有数（辆/台）：越野汽车”≥“2015 年计划报废数量：车辆（辆/台）：越野汽车”。

5. “截至 2014 年 6 月 1 日资产存量情况：车辆实有数（辆/台）：小型载客汽车”≥“2015 年计划报废数量：车辆（辆/台）：小型载客汽车”。

6. “截至 2014 年 6 月 1 日资产存量情况：车辆实有数（辆/台）：大中型载客汽车”≥“2015 年计划报废数量：车辆（辆/台）：大中型载客汽车”。

7. “截至 2014 年 6 月 1 日资产存量情况：车辆实有数（辆/台）：其他车型”≥“2015 年计划报废数量：车辆（辆/台）：其他车型”。

8. “截至 2014 年 6 月 1 日资产存量情况：单位价值 200 万元及以上大型设备实有数（台/套）”≥“2015 年计划报废数量：单位价值 200 万元及以上大型设备实有数（台/套）”。

（十四）录入表 14——中央行政事业单位新增资产配置预算录入表

1. 如“资金来源：小计”>0，相应的“数量（辆/台/套）”>0。如“数量（辆/台/套）”>0，相应的“资金来源：小计”>0。

2. 如功能分类科目为政府性基金预算科目，相应行的各项“财政拨款/以前年度财政拨款结转和结余资金/教育收费安排支出/其他资金” =0。

3. 如功能分类科目为公共财政预算支出科目，相应行的各项“政府性基金”=0。

4. “新增资产配置预算：车辆购置：合计：数量（辆/台）”=“新增资产配置预算：车辆购置：轿车：数量（辆/台）”+“新增资产配置预算：车辆购置：越野车：数量（辆/台）”+“新增资产配置预算：车辆购置：小型载客汽车：数量（辆/台）”+“新增资产配置预算：车辆购置：大中型载客汽车：数量（辆/台）”+“新增资产配置预算：车辆购置：其他车型：数量（辆/台）”。

5. “新增资产配置预算：车辆购置：合计：资金来源：小计/财政拨款/财政拨款结转和结余资金/教育收费安排支出/政府性基金/其他资金”=

“新增资产配置预算：车辆购置：轿车：资金来源：小计/财政拨款/财政拨款结转和结余资金/教育收费安排支出/政府性基金/其他资金”+“新增资产配置预算：车辆购置：越野车：资金来源：小计/财政拨款/财政拨款结转和结余资金/教育收费安排支出/政府性基金/其他资金”+“新增资产配置预算：车辆购置：小型载客汽车：资金来源：小计/财政拨款/财政拨款结转和结余资金/教育收费安排支出/政府性基金/其他资金”+“新增资产配置预算：车辆购置：大中型载客汽车：资金来源：小计/财政拨款/财政拨款结转和结余资金/教育收费安排支出/政府性基金/其他资金”+“新增资产配置预算：车辆购置：其他车型：资金来源：小计/财政拨款/财政拨款结转和结余资金/教育收费安排支出/政府性基金/其他资金”。

6. “新增资产配置预算：车辆购置：合计/轿车/越野车/小型载客汽车/大中型载客汽车/其他车型”以及“新增资产配置预算：单位价值200万元及以上大型设备购置”各项下的“资金来源：小计”=“资金来源：财政拨款”+“资金来源：财政拨款结转和结余资金”+“资金来源：教育收费安排支出”+“资金来源：政府性基金”+“资金来源：其他资金”。

7. [“新增资产配置预算：单位价值200万元及以上大型设备购置：资金来源：小计”÷“新增资产配置预算：单位价值200万元及以上大型设备购置：资金来源：数量（台/套）”] > 200。

8. “新增资产配置预算：车辆购置：轿车：资金来源：小计”÷“新增资产配置预算：车辆购置：轿车：数量（辆/台）”≤20。

9. “新增资产配置预算：车辆购置：越野车：资金来源：小计”÷“新增资产配置预算：车辆购置：越野车：数量（辆/台）”≤27。

10. “新增资产配置预算：车辆购置：小型客车：资金来源：小计”÷“新增资产配置预算：车辆购置：小型客车：数量（辆/台）”≤20。

11. “新增资产配置预算：车辆购置：大中型客车：资金来源：小计”÷“新增资产配置预算：车辆购置：大中型客车：数量（辆/台）”≤49。

（十五）录入表15——中央行政事业单位处置收入和行政单位出租出借收入预算录入表

“收入预算：合计”=“上年结转”+“本年预算”。

二、表间数据勾稽关系

（一）录入表 1 与录入 2、3、4、5 表

1. ［录入表 1 收入预算录入表］“事业收入：其中：教育收费”列合计数≤［录入表 2 非财政拨款收入明细录入表］“2015 年预算收入：上年结转”下收入类型为“教育收费收入”的各行汇总合计数 + ［录入表 2 非财政拨款收入明细录入表］“2015 年预算收入：本年收入”下收入类型为“教育收费收入”的各行汇总合计数。

2. ［录入表 1 收入预算录入表］“事业收入：金额”列合计数 = ［录入表 2 非财政拨款收入明细录入表］“2015 年预算收入：本年收入”下收入类型为“事业收入（不含教育收费）”的各行汇总合计数 + ［录入表 2 非财政拨款收入明细录入表］“2015 年预算收入：本年收入”下收入类型为“教育收费收入”的各行汇总合计数。

3. ［录入表 1 收入预算录入表］“事业单位经营收入”列合计数 = ［录入表 2 非财政拨款收入明细录入表］“2015 年预算收入：本年收入”下收入类型为“事业单位经营收入”的各行汇总合计数。

4. ［录入表 1 收入预算录入表］“上级补助收入”列合计数≤［录入表 2 非财政拨款收入明细录入表］“2015 年预算收入：本年收入”下收入类型为“上级补助收入”的各行汇总合计数。

5. ［录入表 1 收入预算录入表］“下级单位上缴收入”列合计数≤［录入表 2 非财政拨款收入明细录入表］“2015 年预算收入：本年收入”下收入类型为“下级单位上缴收入”的各行汇总合计数。

6. ［录入表 1 收入预算录入表］“其他收入”列合计数≤［录入表 2 非财政拨款收入明细录入表］“2015 年预算收入：本年收入”下收入类型为“其他收入”的各行汇总合计数。

7. ［录入表 1 收入预算录入表］“合计”≥［录入表 3 基本支出预算录入表］“支出合计”+［录入表 4 项目支出预算录入表］“本年安排支出：财政拨款：小计”+［录入表 4 项目支出预算录入表］“本年安排支出：以

前年度财政拨款结转和结余资金：小计”+［录入表4项目支出预算录入表］“本年安排支出：教育收费安排支出”+［录入表4项目支出预算录入表］“本年安排支出：其他资金”+［录入表5经营及往来支出预算录入表］“合计”。

8.［录入表1收入预算录入表］“财政拨款收入”=［录入表3基本支出预算录入表］“财政拨款”+［录入表4项目支出预算录入表］“本年安排支出：财政拨款：小计”。

9.［录入表1收入预算录入表］“上年结转：财政拨款结转资金”≥［录入表3基本支出预算录入表］“资金来源：以前年度财政拨款结转资金”+［录入表4项目支出预算录入表］“本年安排支出：以前年度财政拨款结转和结余资金：结转资金”。

10.［录入表1收入预算录入表］“上年结转：财政拨款结余资金”≥［录入表3基本支出预算录入表］“资金来源：以前年度财政拨款结余资金”+［录入表4项目支出预算录入表］“本年安排支出：以前年度财政拨款结转和结余资金：结余资金”。

11.［录入表1收入预算录入表］“上年结转：教育收费”+［录入表1收入预算录入表］“事业收入：其中：教育收费”≥［录入表3基本支出预算录入表］“资金来源：教育收费安排支出”+［录入表4项目支出预算录入表］“本年安排支出：教育收费安排支出”。

12.［录入表1收入预算录入表］“上年结转：其他资金”+［录入表1收入预算录入表］“上级补助收入”+［录入表1收入预算录入表］“事业收入：金额”-［录入表1收入预算录入表］“事业收入：其中：教育收费”+［录入表1收入预算录入表］“事业单位经营收入”+［录入表1收入预算录入表］“下级单位上缴收入”+［录入表1收入预算录入表］“其他收入”+［录入表1收入预算录入表］“用事业基金弥补收支差额”≥［录入表3基本支出预算录入表］“资金来源：其他资金”+［录入表4项目支出预算录入表］“本年安排支出：其他资金”+［录入表5经营及往来支出预算录入表］“上缴上级支出”+［录入表5经营及往来支出预算录入表］“对下级单位补助支出”+［录入表5经营及往来支出预算录入表］“事业单位经营支出”。

（二）录入表3与录入6、7、8、9、10、14表

1.［录入表3基本支出预算录入表］“资金来源：财政拨款”（分科目日常公用经费合计行）≥［录入表6基本支出政府采购预算录入表］“本年预算：财政拨款：小计”（分科目合计行）。

2.［录入表3基本支出预算录入表］“资金来源：以前年度财政拨款结转资金”（分科目日常公用经费合计行）+［录入表3基本支出预算录入表］“资金来源：以前年度财政拨款结余资金”（分科目日常公用经费合计行）≥［录入表6基本支出政府采购预算录入表］“本年预算：以前年度财政拨款结转和结余资金：小计”（分科目合计行）。

3.［录入表3基本支出预算录入表］“资金来源：教育收费安排支出”（分科目日常公用经费合计行）≥［录入表6基本支出政府采购预算录入表］“本年预算：教育收费安排支出：小计”（分科目合计行）。

4.［录入表3基本支出预算录入表］“资金来源：其他资金”（分科目日常公用经费合计行）≥［录入表6基本支出政府采购预算录入表］“本年预算：其他资金：小计”（分科目合计行）。

5.［录入表3基本支出预算录入表］“资金来源：以前年度财政拨款结余资金”（分项级科目合计行）=［录入表7公共财政预算财政拨款结余资金来源及科目调整情况录入表］“结余资金来源及来源科目情况：小计”（基本支出下分项级科目合计）。

6.［录入表3基本支出预算录入表］22102款“资金来源：财政拨款”（分项级科目合计）=［录入表8中央行政事业单位住房改革支出预算录入表］“用财政拨款安排本年支出”（分项合计）。

7.［录入表3基本支出预算录入表］22102款“资金来源：以前年度财政拨款结转资金”（分项级科目合计）=［录入表8中央行政事业单位住房改革支出预算录入表］“2014年年末结转：其中：安排本年支出”（分项合计）。

8.［录入表3基本支出预算录入表］22102款“资金来源：教育收费安排支出”（分项级科目合计）+［录入表3基本支出预算录入表］22102款“资金来源：其他资金”（分项级科目合计）≥［录入表8中央行政事业

单位住房改革支出预算录入表］“2014 年年末售房收入余额：其中：安排本年支出”（分项合计）+［录入表 8 中央行政事业单位住房改革支出预算录入表］“用其他资金安排本年支出”（分项合计）。

9.［录入表 3 基本支出预算录入表］22102 款“资金来源：其他资金”（分项级科目合计）≥［录入表 8 中央行政事业单位住房改革支出预算录入表］“2014 年年末售房收入余额：其中：安排本年支出”（分项合计）。

10.［录入表 3 基本支出预算录入表］22102 款“资金来源：教育收费安排支出”（分项级科目合计）≤［录入表 8 中央行政事业单位住房改革支出预算录入表］“用其他资金安排本年支出”（分项合计）。

11.［录入表 3 基本支出预算录入表］“支出合计”（基本支出项级科目日常公用经费“因公出国（境）费用”经济分类支出合计）=［录入表 9“三公”经费和会议费预算录入表］“‘三公’经费：因公出国（境）费：合计”（基本支出项级科目合计）。

12.［录入表 3 基本支出预算录入表］“支出合计”（基本支出项级科目日常公用经费“公务用车购置”经济分类支出合计）=［录入表 9“三公”经费和会议费预算录入表］“‘三公’经费：公务用车购置费：合计”（基本支出项级科目合计）。

13.［录入表 3 基本支出预算录入表］“支出合计”（基本支出项级科目日常公用经费“公务用车运行维护费”经济分类支出合计）=［录入表 9“三公”经费和会议费预算录入表］“‘三公’经费：公务用车运行费：合计”（基本支出项级科目合计）。

14.［录入表 3 基本支出预算录入表］“支出合计”（基本支出项级科目日常公用经费“公务接待费”经济分类支出合计）=［录入表 9“三公”经费和会议费预算录入表］“‘三公’经费：公务接待费：合计”（基本支出项级科目合计）。

15.［录入表 3 基本支出预算录入表］“支出合计”（基本支出项级科目日常公用经费“会议费”经济分类支出合计）=［录入表 9“三公”经费和会议费预算录入表］“‘三公’经费：会议费：合计”（基本支出项级科目合计）。

16. ［录入表 3 基本支出预算录入表］“支出合计”（基本支出项级科目日常公用经费支出合计）≥［录入表 9“三公”经费和会议费预算录入表］“‘三公’经费：‘三公’经费合计：合计”（基本支出项级科目合计）+［录入表 9“三公”经费和会议费预算录入表］“‘三公’经费：会议费：合计”（基本支出项级科目合计）。

17. ［录入表 3 基本支出预算录入表］“财政拨款/以前年度财政拨款结转资金/以前年度财政拨款结余资金/教育收费安排支出/其他资金”（基本支出项级科目日常公用经费支出合计）≥［录入表 10 政府购买服务支出录入表］“购买服务金额：财政拨款：财政专项资金/以前年度财政拨款结转和结余资金：结转资金/以前年度财政拨款结转和结余资金：结余资金/教育收费安排支出/其他资金”（基本支出项级科目合计）。

18. ［录入表 3 基本支出预算录入表］“财政拨款/教育收费安排支出/其他资金”（基本支出项级科目日常公用经费合计）≥［录入表 14 中央行政事业单位新增资产配置预算录入表］“新增资产配置预算：车辆购置：合计：资金来源：财政拨款/教育收费安排支出/其他资金”（公共财政预算支出项级科目基本支出合计）+［录入表 14 中央行政事业单位新增资产配置预算录入表］“单位价值 200 万元及以上大型设备购置：资金来源：财政拨款/教育收费安排支出/其他资金”（公共财政预算支出项级科目基本支出合计）。

19. ［录入表 3 基本支出预算录入表］“资金来源：以前年度财政拨款结转资金”（基本支出项级科目日常公用经费合计）+［录入表 3 基本支出预算录入表］“资金来源：以前年度财政拨款结余资金”（基本支出项级科目日常公用经费合计）≥［录入表 14 中央行政事业单位新增资产配置预算录入表］“新增资产配置预算：车辆购置：合计：资金来源：财政拨款结转和结余资金”（基本支出项级科目合计）+［录入表 14 中央行政事业单位新增资产配置预算录入表］“单位价值 200 万元及以上大型设备购置：资金来源：财政拨款结转和结余资金”（基本支出项级科目合计）。

20. ［录入表 3 基本支出预算录入表］“支出合计”（公共财政预算支出项级科目的基本支出日常公用经费“公务用车购置”经济分类支出合计）≥［录入表 14 中央行政事业单位新增资产配置预算录入表］“新增资产

配置预算：车辆购置：合计：资金来源：小计”（公共财政预算支出项级科目基本支出合计）－［录入表14中央行政事业单位新增资产配置预算录入表］“新增资产配置预算：车辆购置：合计：资金来源：政府性基金”（公共财政预算支出项级科目基本支出合计）。

（三）录入表4与录入7、9、10、14表

1.［录入表4项目支出预算录入表］“本年安排支出：以前年度财政拨款结转和结余资金：结余资金”（分项目）=［录入表7公共财政预算财政拨款结余资金来源及科目调整情况录入表］“结余资金来源及来源科目情况：小计”（分项目）。

2.［录入表4项目支出预算录入表］“本年安排支出：合计/财政拨款：建设性资金/财政拨款：财政专项资金/以前年度财政拨款结转和结余资金：结转资金/以前年度财政拨款结转和结余资金：结余资金/教育收费安排支出/其他资金”（分项目）≥［录入表9“三公经费”和会议费预算录入表］“‘三公经费’：‘三公经费’合计：合计/财政拨款：建设性资金/财政拨款：财政专项资金/以前年度财政拨款结转和结余资金：结转资金/以前年度财政拨款结转和结余资金：结余资金/教育收费安排支出/其他资金”（分项目）+“会议费：合计/财政拨款：建设性资金/财政拨款：财政专项资金/以前年度财政拨款结转和结余资金：结转资金/以前年度财政拨款结转和结余资金：结余资金/教育收费安排支出/其他资金”（分项目）。

3.［录入表4项目支出预算录入表］“本年安排支出：合计/财政拨款：建设性资金/财政拨款：财政专项资金/以前年度财政拨款结转和结余资金：结转资金/以前年度财政拨款结转和结余资金：结余资金/教育收费安排支出/其他资金”（分项目）≥［录入表10政府购买服务支出录入表］“购买服务金额：合计/财政拨款：建设性资金/财政拨款：财政专项资金/以前年度财政拨款结转和结余资金：结转资金/以前年度财政拨款结转和结余资金：结余资金/教育收费安排支出/其他资金”（分项目）。

4.［录入表4项目支出预算录入表］“本年安排支出：合计/财政拨款：小计/以前年度财政拨款结转和结余资金：小计/教育收费安排支出/其他资金”（分项目）≥［录入表14中央行政事业单位新增资产配置预算录

入表］“新增资产配置预算：车辆购置：合计：资金来源：小计/财政拨款/财政拨款结转和结余资金/教育收费安排支出/其他资金”（分项目）+［录入表 14 中央行政事业单位新增资产配置预算录入表］“新增资产配置预算：单位价值 200 万元及以上大型设备购置：资金来源：小计/财政拨款/财政拨款结转和结余资金/教育收费安排支出/其他资金”（分项目）。

5.［录入表 4 项目支出预算录入表］“政府采购金额：合计：货物”（分项目）≥［录入表 14 中央行政事业单位新增资产配置预算录入表］“新增资产配置预算：车辆购置：合计：资金来源：小计”（分项目）+［录入表 14 中央行政事业单位新增资产配置预算录入表］“新增资产配置预算：单位价值 200 万元及以上大型设备购置：资金来源：小计”（分项目）。

（四）录入表 5 与录入表 14

［录入表 5 经营及往来支出预算录入表］“事业单位经营支出”（公共财政预算支出科目合计）≥［录入表 14 中央行政事业单位新增资产配置预算录入表］“新增资产配置预算：车辆购置：合计：资金来源：其他资金”（事业单位经营支出分科目合计）+［录入表 14 中央行政事业单位新增资产配置预算录入表］“新增资产配置预算：单位价值 200 万元及以上大型设备购置：资金来源：其他资金”（事业单位经营支出分科目合计）。

（五）录入表 6 与录入表 14

［录入表 6 基本支出政府采购预算录入表］“本年预算：合计/财政拨款/以前年度财政拨款结转和结余资金/教育收费安排支出/其他资金：货物”（分科目合计行）≥［录入表 14 中央行政事业单位新增资产配置预算录入表］“新增资产配置预算：车辆购置：合计：资金来源：小计/财政拨款：小计/财政拨款结转和结余资金：小计/教育收费安排支出/其他资金”（公共财政预算基本支出分科目合计行）+［录入表 14 中央行政事业单位新增资产配置预算录入表］“新增资产配置预算：单位价值 200 万元及以上大型设备购置：资金来源：小计/财政拨款：小计/财政拨款结转和结余资金：小计/教育收费安排支出/其他资金”（公共财政预算基本支出分科目合计行）。

（六）录入表 9 与录入表 14

［录入表 9“三公”经费和会议费预算录入表］“‘三公’经费：公务用车购置费：合计/财政拨款：小计/以前年度财政拨款结转和结余资金：小计/教育收费安排支出/其他资金”（科目合计行）≤［录入表 14 中央行政事业单位新增资产配置预算录入表］“新增资产配置预算：车辆购置：合计：资金来源：小计/财政拨款/财政拨款结转和结余资金/教育收费安排支出/其他资金”（公共财政预算科目合计行）。

（七）录入表 11 与录入表 12

1.［录入表 11 政府性基金预算支出录入表］“政府性基金财政拨款结转和结余资金安排的支出”（分项目）=［录入表 12 政府性基金财政拨款结转和结余资金来源及安排项目支出情况录入表］“政府性基金财政拨款结转和结余资金安排本年项目支出情况：政府性基金财政拨款结转和结余资金安排的支出”（分项目）。

2.［录入表 11 政府性基金预算支出录入表］“政府性基金财政拨款结转和结余资金安排的支出”（项目支出合计）=［录入表 12 政府性基金财政拨款结转和结余资金来源及安排项目支出情况录入表］“政府性基金财政拨款结转和结余资金安排本年项目支出情况：政府性基金财政拨款结转和结余资金安排的支出”（合计）。

（八）录入表 11 与录入表 14

1.［录入表 11 政府性基金预算支出录入表］“支出合计”（基本支出分科目汇总数）≥［录入表 14 中央行政事业单位新增资产配置预算录入表］“新增资产配置预算：车辆购置：合计：资金来源：政府性基金”（基本支出行分科目汇总数）+［录入表 14 中央行政事业单位新增资产配置预算录入表］“新增资产配置预算：单位价值 200 万元及以上大型设备购置：资金来源：政府性基金”（基本支出行分科目汇总数）。

2.［录入表 14 中央行政事业单位新增资产配置预算录入表］“新增资产配置预算：车辆购置：合计：资金来源：政府性基金”（分项目数）+

［录入表 14 中央行政事业单位新增资产配置预算录入表］“新增资产配置预算：单位价值 200 万元及以上大型设备购置：资金来源：政府性基金”（分项目数）>0 的项目行，该行项目的编码和名称应与［录入表 11 政府性基金预算支出录入表］中某一项目一致。

3. ［录入表 14 中央行政事业单位新增资产配置预算录入表］“新增资产配置预算：车辆购置：合计：资金来源：政府性基金”（分项目数）+［录入表 14 中央行政事业单位新增资产配置预算录入表］“新增资产配置预算：单位价值 200 万元及以上大型设备购置：资金来源：政府性基金”（分项目数）≤［录入表 11 政府性基金预算支出录入表］“支出合计”（相应项目的分项目数）。

三、其他审核关系

（一）负数审核

对预算录入表中所有非冲抵行的负数均全部列出，并提示用户进行修改。

对预算录入表中所有冲抵行的正数均全部列出，并提示用户进行修改。

（二）单位类型与收支性质一致性审核

1. ［录入表 1 收入预算录入表］中如“单位类型”为“行政单位”或“其他单位”，则“事业收入”+“事业单位经营收入”+“用事业基金弥补收支差额”＝0。

2. ［录入表 5 经营及往来支出预算录入表］中如“单位类型”为“行政单位”或“其他单位”，则“事业单位经营支出”＝0。

（三）其他项目与上年项目关联性审核

“其他类项目”中，如项目的单位、科目和名称均与上年预算批复的某个项目一致，但未建立关联关系的，系统予以提示。

第四节　中央部门预算表

一、预算表的构成

2015 年共设置中央部门预算表 22 张，其中：主表 6 张、附表 16。具体包括：

预算表 1：财政拨款收支预算总表

预算表 2：公共财政预算财政拨款支出表

预算表 3：政府性基金预算财政拨款支出表

预算表 4：财务收支预算总表

预算表 5：财务收入预算表

预算表 6：财务支出预算表

预算附表 1：非财政拨款收入明细表

预算附表 2：基本支出预算表

预算附表 3：基本支出人员经费表

预算附表 4：基本支出日常公用经费表

预算附表 5：项目支出预算表

预算附表 6：基本支出政府采购预算表

预算附表 7：公共财政预算财政拨款结余资金安排支出及科目调整情况表

预算附表 8："三公" 经费和会议费预算表

预算附表 9：中央行政事业单位住房改革支出预算表

预算附表 10：政府购买服务支出表

预算附表 11：政府性基金预算支出表

预算附表 12：政府性基金财政拨款结转和结余资金来源及安排项目支出情况表

预算附表 13：中央行政事业单位资产存量情况表

预算附表 14：中央行政事业单位新增资产配置预算表

预算附表 15：教育收费安排支出预算表

预算附表 16：中央行政事业单位资产处置收入和行政单位资产出租出借收入表

二、预算表内容

（一）预算表 1——财政拨款收支预算总表

本表反映部门（单位）财政拨款收入及按照支出功能分类科目的财政拨款支出总体情况。

1. 本表由录入表 1、录入表 3、录入表 4、录入表 11 的相关数据生成。

2. 本表反映的财政拨款收入包括公共财政预算财政拨款收入和政府性基金预算财政拨款收入。其中两类财政拨款收入又分为本年收入和上年结转。

3. 本表反映的支出包括本年支出合计和结转下年。其中，本年支出包括部门（单位）按支出功能分类类级科目依次列示的支出。

4. 本表收入总计应等于支出总计，上年结转和结转下年均应大于或等于零，即部门（单位）不能编制赤字预算。编制预算时，本年公共财政预算财政拨款收支严格平衡，不形成结转下年支出。政府性基金预算财政拨款收入不论是上年结转还是本年收入，均应全部在本年安排支出，也不形成结转下年支出。仅有上年结转的公共财政预算财政拨款收入在本年不能全部统筹安排使用时，会出现结转下年支出的情况。

（二）预算表 2——公共财政预算财政拨款支出表

本表反映部门（单位）本年公共财政预算财政拨款支出总体情况。

1. 本表由录入表 3、录入表 4 的相关数据生成。

2. 本表中数据行按照预算单位和功能分类类、款、项级科目依次分行列示。

3. 本表中数据列按照基本支出（基本支出又分为人员经费和日常公用经费）和项目支出分列列示。

（三）预算表3——政府性基金预算财政拨款支出表

本表反映部门（单位）本年政府性基金预算财政拨款支出总体情况。

1. 本表由录入表11的相关数据生成。

2. 本表中数据行按照预算单位和功能分类类、款、项级科目依次分行列示。

3. 本表中数据列按照基本支出和项目支出分列列示。

（四）预算表4——财务收支预算总表

本表全面反映部门（单位）财务收支预算总体情况。

1. 本表由录入表1、录入表2、录入表3、录入表4、录入表5、录入表11的相关数据生成。

2. 本表中部门财务收入包括：公共财政预算财政拨款收入、政府性基金预算财政拨款收入、事业收入、事业单位经营收入、其他收入以及事业基金弥补收支差额、上年结转等。

3. 本表中支出总计包括本年支出合计和结转下年。其中，本年支出按照支出功能分类类级科目依次分行列示。

4. 本表中收入总计应等于支出总计，上年结转和结转下年都不得为负数，即部门（单位）不能编制赤字预算。

（五）预算表5——财务收入预算表

本表全面反映部门（单位）财务收入预算总体情况。

1. 本表由录入表1、录入表11的相关数据生成。

2. 本表中数据行按照支出功能分类科目依次分行列示。

3. 本表中数据列反映部门（单位）的分项收入情况，包括：上年结转、公共财政预算财政拨款收入、政府性基金预算财政拨款收入、上级补助收入、事业收入、事业单位经营收入、下级单位上缴收入、其他收入和用事业基金弥补收支差额。

（六）预算表 6——财务支出预算表

本表全面反映部门（单位）财务支出预算总体情况。

1. 本表由录入表 3、录入表 4、录入表 5、录入表 11 的相关数据生成。

2. 本表中数据行按照支出功能分类类、款、项级科目依次分行列示。

3. 本表中数据列反映部门（单位）的分项支出情况，包括：基本支出、项目支出、上缴上级支出、事业单位经营支出和对下级单位补助支出。

三、预算附表内容

（一）预算附表 1——非财政拨款收入明细表

本表反映部门（单位）除公共财政预算财政拨款、政府性基金预算财政拨款、事业基金弥补收支差额以及上缴国库的中央行政事业单位资产处置收入和行政单位资产出租出借收入等以外的部门收入明细情况。

1. 本表由录入表 2 的相关数据生成。

2. 本表中数据行分单位、收入类型、收入项目依次分行列示。

3. 本表中数据列包括 2013 年实际收入、2014—2015 年预计收入情况。

4. 收入类型包括：事业收入（不含教育收费）、教育收费收入、事业单位经营收入、其他收入、上级补助收入、下级单位上缴收入等。

5. 收入项目为收入的具体来源和性质，如：×××收费收入、×××科研收入、×××咨询服务收入等。

（二）预算附表 2——基本支出预算表

本表反映部门（单位）除政府性基金预算财政拨款外的收入安排的基本支出预算情况。

1. 本表由录入表 3 的相关数据生成。

2. 本表中数据行分单位，按照支出功能分类类、款、项级科目依次分行列示。

3. 本表中数据列反映本年公共财政预算财政拨款、以前年度公共财政预算财政拨款结转和结余资金、教育收费和其他收入等资金来源情况。

（三）预算附表3——基本支出人员经费表

本表反映部门（单位）基本支出人员经费明细情况。

1. 本表由录入表3的相关数据生成。

2. 本表中数据行分单位，按照支出功能分类类、款、项级科目依次分行列示。

3. 本表中数据列按照支出经济分类类、款（适当合并）级科目反映基本支出人员经费分项情况。

（四）预算附表4——基本支出日常公用经费预算表

本表反映部门（单位）基本支出日常公用经费明细情况。

1. 本表由录入表3的相关数据生成。

2. 本表中数据行分单位，按照支出功能分类类、款、项级科目依次分行列示。

3. 本表中数据列按照支出经济分类类、款（适当合并）级科目反映基本支出日常公用经费分项情况。

（五）预算附表5——项目支出预算表

本表反映部门（单位）通过非政府性基金预算财政拨款安排的项目支出明细情况。

1. 本表由录入表4的相关数据生成。

2. 本表中数据行按照支出功能分类类、款、项级科目，分具体项目依次列示。

3. 本表中数据列反映部门（单位）项目的基本信息、总支出情况、上年度执行进度情况、本年安排支出情况以及政府采购金额情况。需要注意的是，本表中不包含“银行贷款”安排的相关支出以及相应的政府采购金额。

（六）预算附表 6——基本支出政府采购预算表

本表反映部门（单位）通过非政府性基金预算财政拨款安排的基本支出日常公用经费中用于政府采购支出的情况。

1. 本表由录入表 5 的相关数据生成。

2. 本表中数据行分单位，按照支出功能分类类、款、项级科目依次分行列示。

3. 本表中数据列反映部门（单位）分政府采购组织类型（货物、工程、服务）、分资金来源的基本支出日常公用经费安排政府采购支出情况。

（七）预算附表 7——公共财政预算财政拨款结余资金安排支出及科目调整情况表

本表反映部门（单位）使用以前年度公共财政预算财政拨款结余资金安排 2015 年基本支出和项目支出情况。

1. 本表由录入表 7 的相关数据生成。

2. 本表中数据行按照支出功能分类类、款、项级科目，区分基本支出和项目支出依次分行列示，基本支出具体到科目，项目支出具体到项目，结余资金安排支出和来源项对应错行列示。

3. 本表中数据列反映部门（单位）结余资金安排支出的科目、项目、支出等基本情况，以及来源的科目、是否国库集中支付结余等情况。

（八）预算附表 8——“三公”经费和会议费预算表

本表反映部门（单位）分资金来源安排的因公出国（境）费、公务用车购置费、公务用车运行费、公务接待费和会议费等支出情况。

1. 本表由录入表 9 的相关数据生成。

2. 本表中数据行区分基本支出和项目支出，按照支出功能分类类、款、项级科目依次分行列示，基本支出具体到科目，项目支出具体到项目。

3. 本表中数据列分资金来源反映部门（单位）安排的因公出国（境）费、公务用车购置费、公务用车运行费、公务接待费和会议费等支出情况。

（九）预算附表9——中央行政事业单位住房改革支出预算表

本表反映中央行政事业单位住房改革支出明细情况。

1. 本表由录入表8的相关数据生成。

2. 本表中以固定行反映行政事业单位的住房公积金、提租补贴、购房补贴等分项支出情况。

3. 本表中数据列反映行政事业单位基本情况（符合条件的中央行政事业单位的在职职工、离退休职工人员情况和上年及本年职工基本工资及津贴补贴情况）、住房改革支出总需求，以及其中动用公房出售收入、公共财政预算财政拨款结转资金、其他资金和公共财政预算财政拨款安排住房改革支出的情况。

（十）预算附表10——政府购买服务支出表

本表反映部门（单位）通过非政府性基金预算财政拨款安排用于政府购买服务的支出情况。

1. 本表由录入表10的相关数据生成。

2. 本表中数据行区分基本支出和项目支出，按照支出功能分类类、款、项级科目依次分行列示，基本支出具体到科目，项目支出具体到项目。

3. 本表中数据列分资金来源反映部门（单位）安排的政府购买服务基本信息及支出情况。

（十一）预算附表11——政府性基金预算支出表

本表反映部门（单位）政府性基金预算支出明细情况。

1. 本表由录入表11的相关数据生成。

2. 本表中数据行区分基本支出和项目支出，按照支出功能分类类、款、项级科目依次分行列示。

3. 本表中数据列反映部门（单位）当年政府性基金预算财政拨款收入、政府性基金预算财政拨款结转和结余资金安排基本支出和项目支出情况，以及相应的政府采购情况。

（十二）预算附表 12——政府性基金财政拨款结转和结余资金来源及安排项目支出情况表

本表部门（单位）使用以前年度政府性基金预算财政拨款结转和结余资金安排 2015 年项目支出情况。

1. 本表由录入表 12 的相关数据生成。

2. 本表中数据行按照支出功能分类类、款、项级科目依次分行列示，项目支出具体到项目，结转和结余资金安排支出和来源项对应错行列示。

3. 本表中数据列反映结转和结余资金安排支出的项目和来源项目的科目、名称、代码及支出等情况。

（十三）预算附表 13——中央行政事业单位资产存量情况表

本表反映行政事业单位车辆和 200 万元以上设备的存量情况。

1. 本表由录入表 13 的相关数据生成。

2. 本表中数据行分单位类型和具体单位列示。

3. 本表中数据列反映行政事业单位截至 2014 年 6 月 1 日的资产存量情况（包含分类车辆编制数和实有数，以及单位价值 200 万元及以上大型设备的实有数）和 2015 年计划报废的资产数量。

（十四）预算附表 14——中央行政事业单位新增资产配置预算表

本表反映行政事业单位各种资金来源购置车辆和 200 万元以上设备的预算情况。

1. 本表由录入表 14 的相关数据生成。

2. 本表中数据行按照单位类型、具体单位、资产类型依次分行列示。

3. 本表中数据列反映部门（单位）2015 年购置分类车辆和单位价值 200 万元及以上大型设备的数量及分资金来源的支出预算情况。

（十五）预算附表 15——教育收费安排支出预算表

本表反映部门（单位）用财政专户核拨的教育收费收入安排的支出情况。

1. 本表由录入表 3、录入表 4 的相关数据生成。

2. 本表中数据行分单位，按照支出功能分类类、款、项级科目依次分行列示。

3. 本表中数据列反映部门（单位）用财政专户核拨的教育收费收入安排的基本支出（分人员经费和日常公用经费）和项目支出情况。

（十六）预算附表16——中央行政事业单位资产处置收入和行政单位资产出租出借收入表

本表反映行政事业单位2015年拟上缴财政的行政事业单位资产处置收入和行政单位资产出租出借收入情况。

1. 本表由录入表15的相关数据生成。

2. 本表中数据行按照单位类型、具体单位、收入分类类、款、项、目级科目分行列示。

3. 本表中数据列反映2015年行政事业单位资产处置收入和行政单位资产出租出借收入的收入项目，以及收入预算情况。

第五节　中央部门基础信息数据库

为进一步提高基本支出预算管理水平，财政部设计开发了“中央部门基础信息数据库”（以下简称“基础信息库”），反映各单位人员、工资、津贴补贴和资产等情况，从编报2010年中央部门预算起正式运行。2015年，为提高中央部门规范津贴补贴经费测算工作的信息化水平，提高测算的准确性，基础信息库中增加“规范津贴补贴经费申报”子模块，实现中央部门规范津贴补贴经费测算、审核的自动化。因此，2015年，基础信息库共分两个子模块，即“基础数据填报”和“规范津贴补贴经费申报”。

一、重要意义

（一）建立基础信息库是以人为本的集中体现

基本支出是保障机构正常运转、完成日常工作任务所必须的开支，涉及各级预算单位和广大干部职工的切身利益，是预算支出优先保障的领域。科学合理地制定各项支出政策、安排基本支出预算，都需要以完整、准确的人员、资产等基础信息为支撑。建立和不断完善基础信息库，全面、动态地掌握部门人员、资产情况，有助于提高决策水平，保障广大干部职工的切身利益，这也是在部门预算管理中贯彻落实科学发展观的一个集中体现。

（二）建立基础信息库是推进部门预算科学化、精细化管理的有效途径

科学把握部门预算的基本规律，准确合理安排基本支出预算，不断提高预算管理的科学化、精细化水平，需要强有力的技术手段为支撑。通过建立基础信息库，并实现与工资统发系统和资产管理系统的连接，能够有效整合和充分利用现有资源，实现单位、人员、工资、资产等基础资料的有效衔接，进而运用系统辅助人工的手段完成基本支出预算、包括规范津贴补贴经费的测算和管理，有利于从根本上提高基本支出预算管理水平。

（三）建立基础信息库是预算管理的重要基础性工作

全面掌握人员、资产信息是预算管理的基础性工作之一。近年来，我部日益重视基础工作，在人员信息、资产信息收集和审核方面做了大量工作，但与预算管理的要求相比，还存在着信息不完整、不系统、不准确等问题，需要进一步加强。通过建立和完善基础信息库，有利于实现人员和资产等信息的动态管理，形成完备的基本支出测算基础资料，为基本支出预算安排打下坚实的基础。另外，结合近年来规范津贴补贴经费测算的新要求，编制 2015 年部门预算起，基础信息库中增加了“规范津贴补贴经费申报”子模块，规范津贴补贴经费测算的准确性和信息化水平得到进一步提高。

二、基本原则

（一）积极稳妥，循序渐进

各中央部门预算级次多、情况复杂、基础信息变化频繁，因此，基础

信息库建设是一项复杂的系统工程，不可能一蹴而就，而应本着先易后难，稳步推进的原则，先建立数据库的基本框架，收集主要信息，再结合部门预算改革和管理的要求，不断加以完善。

（二）充分整合、利用现有资源

为减少重复建设，基础信息库以中央部门预算编制系统为平台建设，同时预留了接口，可以与目前部内相关司局已有的信息系统，如决算系统、统发工资系统、资产管理信息系统等进行联网，实现对现有资源的有效整合和充分利用。

（三）适应业务工作需要

建立基础信息库的目的是满足业务工作需要，提高预算管理水平。因此，数据库信息采集的范围、内容、口径等，均按照目前部门预算，特别是基本支出预算测算的方法和要求设计，以适应部门预算编制的需要。

（四）切实减轻部门负担

按照既满足预算编制和管理的需要，又减轻部门负担的原则，一是尽量减少表格数量，简化表格内容；二是只采集总量信息，不采集个人信息；三是对工资统发和资产管理信息系统中已经包含的信息，不再重复填报，减轻部门汇总、审核的工作量。

三、2015 年有关填报要求

为夯实部门预算管理基础，2015 年继续填报中央部门基础信息库。具体要求如下：

（一）为提高中央部门规范津贴补贴经费测算工作的信息化水平，提高测算的准确性，从编制 2015 年部门预算开始，基础信息库中增加“规范津贴补贴经费申报”子模块，实现中央部门规范津贴补贴经费测算的自动化。2015 年，基础信息库共分两个子模块，即“基础数据填报”和“规范津贴补贴经费申报”。

（二）“基础数据填报”子模块，仍按以前年度做法，填报各部门人员、资产等基础信息数据。

1. 对基本支出定员定额试点单位，为方便核对，基础信息库软件中设置了审核公式，系统自动将定员定额试点单位填报的 2015 年人员、资产数据和 2014 年基本支出定员定额测算用人员、资产情况进行比较，并提示增减变化情况。部门需对人员、资产（主要是办公用房面积、电梯数量、供暖情况、公务用车编制和实有数等）增减变化情况、原因等进行单独说明，对人员编制、公务用车编制的变动需提供相关部门的批文。对部分特殊单位，如涉及机构整合的部门等，无法由系统自动实现两年间人员数据对比的，部门也要对基本支出定员定额测算用人数认真核对，并对人员、资产增减变化情况提供相关证明文件。

2. 对非基本支出定员定额试点单位，系统无法自动实现两年间人员数据对比，部门应根据单位实际情况，结合上年基础信息库上报情况，认真填报、审核相关数据，并对人员增减变化情况和基本支出预算需求进行详细说明。

（三）“规范津贴补贴经费申报”子模块，填报各部门 2015 年行政、参公和事业单位规范津贴补贴经费需求。

1. 所有执行规范津贴补贴政策的行政单位和参公单位，以及因离、退休人员补贴标准变动需调整财政补助经费规模的财政补助事业单位均要填报规范津贴补贴经费测算相关数据。

2. 申报规范津贴补贴经费的机构、人员编制情况应与中央编办批复情况同口径保持一致，人员编制数和在职、离休、退休的实有人数，应与基础信息库中相关人员数据同口径（不含行政单位驻外编制人员、机关工勤人员、参公单位非参公管理的事业编制在职人员等未执行规范津贴补贴政策的人员）保持一致。如因特殊原因有差异的，需提供相关文字说明。

3. 规范津贴补贴经费需求包括 2015 年当年经费需求和按照规范津贴补贴标准有关执行时间的规定，需补发以前年度的新增经费需求。年度间新增经费需求变化较大的，需简要说明原因和测算过程。

（四）2015 年基础信息库软件含在部门预算编制软件“基础资料”模块中，请各部门务必认真阅读有关填报说明，并按照要求组织本部门人员、资产、规范津贴补贴经费等数据的填报、审核和汇总工作。

（五）部门报送2015年“一上”预算时，须将基础信息数据盘报财政部信息网络中心（财政部新楼1458房间），同时将“规范津贴补贴经费申报”子模块纸质上报表（“基础数据填报”录入表不需打印）、人员编制批文和车辆编制批文等证明文件、基础数据填报和规范津贴补贴经费测算有关文字说明，以及需要反映的基本支出定员定额管理中的有关问题等一式两份分别报送财政部预算司和对口部门司（“二上”预算不需再报送基础信息库）。

（六）基础信息库建设是加强中央部门人员和资产等基础信息管理，规范津贴补贴经费审核，提高预算管理水平的重要手段。基础信息库中各类信息的填报质量，尤其是人员编制、实有数、资产信息、规范津贴补贴经费需求等数据的准确性直接影响到各部门基本支出预算安排和广大干部职工的切身利益，请各部门务必准确填报、认真核对，并按时报送相关材料。未能报送相关证明文件的部门，人员、车辆增编等涉及的基本支出增支将不予核定。

四、“基础数据填报”子模块填报说明

（一）主要内容

“基础数据填报”子模块对中央行政事业单位的编制、人员、工资、津贴补贴和资产等信息进行管理。子模块共包括10张录入表，分别反映单位基本情况、人员信息、资产信息和工资及津贴补贴信息。具体包括：

1. 反映基础信息部分：录入01表（单位基础信息表）。

2. 反映人员情况部分：包括录入02表（行政单位人员情况表）、录入03表（事业单位人员情况表）、录入04表（参照公务员法管理事业单位人员情况表）三张表。

3. 反映中央部门机关本级资产情况部分：包括录入05表（中央部门本级行政单位办公用房基本情况表）和录入06表（中央部门本级行政单位公务用车基本情况表）两张表。

4. 反映工资及津贴补贴情况部分：包括录入 07 表（在职人员工资信息表（非工资统发））、录入 08 表（在职人员津贴补贴信息表（非工资统发））、录入 09 表（离休人员工资及津贴补贴信息表（非工资统发））、录入 10 表（退休人员工资及津贴补贴信息表（非工资统发））四张表。

（二）填报口径

1. 单位范围。凡中央编办批准设立的中央部门所属行政机关、参照公务员法管理事业单位、事业单位，中央编办核定事业编制的社团、协会等均需填报相关数据。需要说明的是：

（1）所有中央编办批准设立的财政补助事业单位和通过公共财政预算拨款安排支出的经费自理事业单位（主要是收费收入纳入预算管理后通过公共财政预算拨款安排支出的经费自理事业单位，下同），包括企业所属的财政补助和经费自理事业单位，均需填报人员、工资和津补贴数据。无公共财政预算拨款的经费自理事业单位不需填报相关数据。

（2）中央编办核定事业编制的各类学校（含按照生均综合定额标准核定基本支出的高校）、通过公共财政预算拨款安排基本支出或项目支出的企业化管理事业单位需填报人员、工资和津补贴数据。企业和无公共财政预算拨款的企业化管理事业单位不需填报相关数据。

（3）资产数据（录入 05、06 表）仅纳入基本支出定员定额试点范围的中央部门行政机关本级需要填报。

（4）解放军、武警、国家安全部、驻港联络办、驻澳联络办、特会室，因绝密或无人员经费等原因不填报基础信息库。

2. 人员范围。所有人事关系在上述单位的在职人员、离休人员、退休人员均纳入人员、工资和津补贴填报范围。人事关系不在填报单位的编制外的长期或临时聘用人员、遗属人员等不在填报范围之内。如单位确有长期聘用人员等，可在编报预算时以文字说明等方式反映。

3. 时间节点。人员编制数、实有数、工资、津贴补贴信息和资产情况的统计时间节点均为 2014 年 7 月底。

（三）“基础数据填报”子模块录入表表格

录入 01 表

单位基础信息表

预算代码	单位名称	主管部门	单位性质	经费性质	单位所在地	机构规格	备注

录入 02 表

行政单位人员情况表

预算代码	单位名称	编制数															
		合计	行政编制									事业编制				工勤人员编制	离退休管理机构工作人员编制
			小计	机关行政编制	两委人员编制	派驻纪检监察编制	派出地方编制	驻外编制	驻外储备编制	援派机动编制	其他编制	小计	财政补助	经费自理			
														经费自理	企业化管理		

行政单位人员情况表（续）

<table>
<tr><th rowspan="4">预算代码</th><th rowspan="4">单位名称</th><th colspan="18">实有数</th><th rowspan="4">备注</th></tr>
<tr><th rowspan="3">合计</th><th colspan="9">行政人员</th><th colspan="4">事业人员</th><th rowspan="3">机关工勤人员</th><th rowspan="3">离退休管理机构工作人员</th><th rowspan="3">离休人员</th><th rowspan="3">退休人员</th></tr>
<tr><th rowspan="2">小计</th><th rowspan="2">机关行政编制人员</th><th rowspan="2">两委人员编制人员</th><th rowspan="2">派驻纪检监察编制人员</th><th rowspan="2">派出地方编制人员</th><th rowspan="2">驻外编制人员</th><th rowspan="2">驻外储备编制人员</th><th rowspan="2">援派机动编制人员</th><th rowspan="2">其他编制人员</th><th rowspan="2">小计</th><th rowspan="2">财政补助</th><th colspan="2">经费自理</th></tr>
<tr><th>经费自理</th><th>企业化管理</th></tr>
<tr><td></td><td></td><td></td><td></td><td></td><td></td><td></td><td></td><td></td><td></td><td></td><td></td><td></td><td></td><td></td><td></td><td></td><td></td><td></td><td></td><td></td></tr>
<tr><td></td><td></td><td></td><td></td><td></td><td></td><td></td><td></td><td></td><td></td><td></td><td></td><td></td><td></td><td></td><td></td><td></td><td></td><td></td><td></td><td></td></tr>
</table>

录入 03 表

事业单位人员情况表

预算代码	单位名称	编制数				实有数											备注
		合计	财政补助	经费自理		合计	在职人员				离休人员			退休人员			
							小计	财政补助	经费自理		小计	财政补助	经费自理	小计	财政补助	经费自理	
				经费自理	企业化管理				经费自理	企业化管理							

录入 04 表

参照公务员法管理事业单位人员情况表

<table>
<tr><th rowspan="5">单位代码</th><th rowspan="5">单位名称</th><th colspan="11">编制数</th><th colspan="22">实有数</th><th rowspan="5">备注</th></tr>
<tr><th rowspan="4">合计</th><th rowspan="4">参公编制</th><th colspan="4">事业编制</th><th colspan="5">离退休管理机构工作人员编制</th><th rowspan="4">总计</th><th colspan="6">在职人员</th><th colspan="5">离休人员</th><th colspan="5">退休人员</th><th colspan="5">离退休管理机构工作人员</th></tr>
<tr><th rowspan="3">小计</th><th rowspan="3">财政补助</th><th colspan="2" rowspan="2">经费自理</th><th rowspan="3">合计</th><th rowspan="3">参公人员</th><th colspan="3">事业人员</th><th rowspan="3">合计</th><th rowspan="3">参公人员</th><th colspan="4">事业人员</th><th rowspan="3">合计</th><th rowspan="3">参公人员</th><th colspan="3">事业人员</th><th rowspan="3">合计</th><th rowspan="3">参公人员</th><th colspan="3">事业人员</th><th rowspan="3">合计</th><th rowspan="3">参公人员</th><th colspan="3">事业人员</th></tr>
<tr><th rowspan="2">小计</th><th rowspan="2">财政补助</th><th rowspan="2">经费自理</th><th rowspan="2">小计</th><th rowspan="2">财政补助</th><th colspan="2">经费自理</th><th rowspan="2">小计</th><th rowspan="2">财政补助</th><th rowspan="2">经费自理</th><th rowspan="2">小计</th><th rowspan="2">财政补助</th><th rowspan="2">经费自理</th><th rowspan="2">小计</th><th rowspan="2">财政补助</th><th rowspan="2">经费自理</th></tr>
<tr><th>经费自理</th><th>企业化管理</th><th>经费自理</th><th>企业化管理</th></tr>
<tr><td></td><td></td><td></td><td></td><td></td><td></td><td></td><td></td><td></td><td></td><td></td><td></td><td></td><td></td><td></td><td></td><td></td><td></td><td></td><td></td><td></td><td></td><td></td><td></td><td></td><td></td><td></td><td></td><td></td><td></td><td></td><td></td><td></td><td></td><td></td><td></td></tr>
<tr><td></td><td></td><td></td><td></td><td></td><td></td><td></td><td></td><td></td><td></td><td></td><td></td><td></td><td></td><td></td><td></td><td></td><td></td><td></td><td></td><td></td><td></td><td></td><td></td><td></td><td></td><td></td><td></td><td></td><td></td><td></td><td></td><td></td><td></td><td></td><td></td></tr>
</table>

录入05表

中央部门本级行政单位办公用房基本情况表

单位代码	单位名称	办公用房													特殊业务用房												
		建筑面积（平方米）			供暖情况				物业管理（平方米）			电梯数量（部）			建筑面积（平方米）			供暖情况				物业管理（平方米）			电梯数量（部）		
							其他供暖方式													其他供暖方式							
		合计	单位自有	市场租用	供暖面积合计（平方米）	集中供暖方式供暖面积（平方米）	供暖面积（平方米）	供暖方式	合计	单位后勤部门自管面积	委托第三方管理面积	合计	单位自有办公用房	市场租用办公用房	合计	单位自有	市场租用	供暖面积合计（平方米）	集中供暖方式供暖面积（平方米）	供暖面积（平方米）	供暖方式	合计	单位后勤部门自管面积	委托第三方管理面积	合计	单位自有特殊业务用房	市场租用特殊业务用房

录入 06 表

中央部门本级行政单位公务用车基本情况表

单位代码	单位名称	公务用车编制数（辆）													公务用车实有数（辆）													备注
		合计	领导干部用车			一般公务用车						执法执勤用车	特种专业技术用车	其他用车	合计	领导干部用车			一般公务用车						执法执勤用车	特种专业技术用车	其他用车	
			小计	在职领导干部用车	离退休领导干部用车	小计	机关本级一般公务用车	其中：中管干部工作用车	其中：机要通信用车	离退休干部管理机构用车	机关服务中心用车					小计	在职领导干部用车	离退休领导干部用车	小计	机关本级一般公务用车	其中：中管干部工作用车	其中：机要通信用车	离退休干部管理机构用车	机关服务中心用车				

录入 07 表

在职人员工资信息表（非工资统发）

单位代码	单位名称	科目编码	科目名称	单位性质	工资合计	公务员（参照公务员法管理人员）						离退休管理机构人员						机关工勤人员					事业单位人员						备注
						非工资统发人数	工资情况					非工资统发人数	工资情况					非工资统发人数	工资情况				非工资统发人数	工资情况					
							小计	职务工资	级别工资	年终一次性奖金	新录用人员工资		小计	职务工资	级别工资	年终一次性奖金	新录用人员工资		小计	技术等级工资	岗位工资	新进人员工资		小计	岗位工资	薪级工资	绩效工资	新进人员工资	

录入 08 表

在职人员津贴补贴信息表（非工资统发）

单位代码	单位名称	科目编码	科目名称	单位性质	人员身份	合计	规范津贴补贴				国家统一政策规定的津贴补贴																		
							人数	小计	中央财政拨款	现有合法合规渠道	总额	纪检监察办案人员津贴		警衔津贴		艰苦边远地区津贴		西藏特殊津贴		特区津贴		婴幼儿补贴		独生子女父母奖励费		独生子女牛奶价格补贴		交通费	
												人数	总额	人数	总额	人数	总额	人数	总额	人数	总额	人数	总额	人数	总额	人数	总额	人数	总额

在职人员津贴补贴信息表（非工资统发）（续1）

单位代码	单位名称	科目编码	科目名称	单位性质	人员身份	国家统一政策规定的津贴补贴																			
						禁食猪肉补贴		女同志卫生费		书报费		副食品补贴		防暑降温费		冬季取暖补贴		在京中央机关适当补贴		住宅公务电话费		无食堂职工伙食补贴		在京部长级干部宿舍自雇服务人员费用补贴		移动通讯费补贴	
						人数	总额	人数	总额	人数	总额	人数	总额	人数	总额	人数	总额	人数	总额	人数	总额	人数	总额	人数	总额	人数	总额

在职人员津贴补贴信息表（非工资统发）（续2）

单位代码	单位名称	科目编码	科目名称	单位性质	人员身份	国家统一政策规定的津贴补贴																					
						法医、毒物化验人员保健津贴		保健医护人员补贴		人民法院办案人员岗位津贴		人民检察院办案人员岗位津贴		审计人员工作补贴		稽察特派员及助理稽察工作补贴		高级翻译特殊岗位津贴		专利审查人员岗位津贴		密码人员岗位津贴		国家信访局信访岗位津贴		海关工作人员津贴	
						人数	总额	人数	总额	人数	总额	人数	总额	人数	总额	人数	总额	人数	总额	人数	总额	人数	总额	人数	总额	人数	总额

在职人员津贴补贴信息表（非工资统发）（续3）

单位代码	单位名称	科目编码	科目名称	单位性质	人员身份	国家统一政策规定的津贴补贴				地方政府出台政策规定的其他津贴补贴		主管部门规定的津贴补贴		单位自行安排的津贴补贴		其他		备注
						公安干警执勤岗位津贴		其他										
						人数	总额	人数	总额	人数	总额	人数	总额	人数	总额	人数	总额	

录入 09 表

离休人员工资及津贴补贴信息表（非工资统发）

单位代码	单位名称	科目编码	科目名称	单位性质	人员身份	合计	工资统发情况			离休费		离休人员补贴				交通费		书报费		洗理费		护理费	
							总人数	统发工资人数	非统发工资人数	人数	总额	人数	小计	中央财政拨款	现有合法合规渠道	人数	总额	人数	总额	人数	总额	人数	总额

离休人员工资及津贴补贴信息表（非工资统发）（续）

单位代码	单位名称	科目编码	科目名称	单位性质	人员身份	自雇费		警衔津贴		在京中央国家机关补贴		住宅公务电话包干费		艰苦边远地区津贴		西藏特殊津贴		其他补贴		备注
						人数	总额	人数	总额	人数	总额	人数	总额	人数	总额	人数	总额	人数	总额	

录入 10 表

退休人员工资及津贴补贴信息表（非工资统发）

单位代码	单位名称	科目编码	科目名称	单位性质	人员身份	合计	工资统发情况			退休费		退休人员补贴				交通费		书报费		洗理费	
							总人数	统发工资人数	非统发工资人数	人数	总额	人数	小计	中央财政拨款	现有合法合规渠道	人数	总额	人数	总额	人数	总额

退休人员工资及津贴补贴信息表（非工资统发）（续）

单位代码	单位名称	科目编码	科目名称	单位性质	人员身份	自雇费		警衔津贴		在京中央国家机关补贴		住宅公务电话包干费		艰苦边远地区津贴		西藏特殊津贴		其他补贴		备注
						人数	总额	人数	总额	人数	总额	人数	总额	人数	总额	人数	总额	人数	总额	

（四）录入表填报说明

“基础数据填报”子模块录入表共 10 张，各表填报说明如下：

1. 录入 01 表——单位基础信息表

本表填列各部门（单位）基础信息。一个单位一条记录。需要说明的是，以后各表中的“预算代码”、“单位名称”、“单位性质”等信息，均由本表自动生成，必须准确填列。具体填列方法如下：

（1）预算代码：各单位按已确定的预算代码填报，新增单位由主管部门按照财政部统一制定的编码规则确定相应的代码并另附文字说明。

（2）单位名称：按编报部门预算的名称填列。

（3）主管部门：填列本单位的上一级主管部门。

（4）单位性质：分为“行政”、“事业”、“参照公务员法管理”三类。中央编办核定事业编制的社团、协会等，视同事业单位，相应填列“事业”类。

（5）经费性质：填列经中央编办正式批复确认的经费性质，单位性质为“行政”时，在下拉列表框中选择“财政拨款”；单位性质为“事业”、“参照公务员法管理”时，经费性质可选择“财政补助”、“经费自理”和“企业化管理”三类。

（6）单位所在地：填列单位本级所在地，需具体到单位所在的区（县级市、县），如北京市西城区、江苏省南京市鼓楼区、云南省迪庆州香格里拉县等。

（7）机构规格：填列经中央编办正式批复确认的单位级别。如中央编办未明确批复单位级别，按实际级别或主管部门认定的单位级别填列，并在备注中予以说明；如单位级别不包含在下拉列表框中，按照“其他”填列，并在备注中予以说明。

（8）备注：填列其他需要说明的问题。

2. 录入 02 表——行政单位人员情况表

本表填列行政单位人员编制和实有情况。一个单位一条记录。具体填列方法如下：

（1）预算代码、单位名称：系统自动生成，与录入 01 表一致。

（2）编制数：填列截至 2014 年 7 月底“三定规定”或中央编办正式

批复确认的本单位人员编制情况，分为“行政编制”、“事业编制”、“工勤人员编制”和“离退休管理机构工作人员编制”四大类。其中，“行政编制”大类下又细分为机关行政编制、两委人员编制、派驻纪检监察编制、派出地方编制、驻外编制、驻外储备编制、援派机动编制、其他编制八类。填报时，应按照中央编办批文等，对编制类别进行准确区分，填列在相应栏目中，存在“其他编制”的，需另附文字材料，说明编制名称、批复文件等具体内容。需要特别说明的事项如下：

一是注意区分驻外编制和驻外储备编制。驻外编制人员因工资结构、开支科目不同，不纳入基本支出定员定额测算范围，而驻外储备编制人员纳入定员定额测算范围，因此应注意区分。

二是派出地方编制不要重复填列，即：如果中央部门下属的各派出地方机构为独立预算单位，并相应填列了派出地方编制，则本级不应再重复填列派出地方编制。

三是中央编办新批准的军转编制填列在行政编制中，不要填列在其他编制中。

四是领导同志单列编制、有编办正式批文的为领导同志服务人员行政编制、参事等应填列在其他编制中，并需在备注中说明其他编制的编制名称，否则测算时不计入人员编制总数中。

（3）实有数：填列截至2014年7月底的实有人数。如有超编，请另附文字材料，说明原因。

（4）备注：填列其他需要说明的问题。

3. 录入03表——事业单位人员情况表

本表填列事业单位人员编制和实有情况。一个单位一条记录。由于预算管理需要，中编办正式批复的多个事业单位合并为一个独立预算单位管理的，需在备注和说明材料中对各事业单位的编制和实有人数逐个说明。具体填列方法如下：

（1）预算代码、单位名称：系统自动生成，与录入01表一致。

（2）编制数：填列截至2014年7月底“三定规定”或中央编办正式批复确认的、按经费形式（财政补助或经费自理）划分的本单位人员编制情况。

（3）实有数：填列各类编制截至2014年7月底的实有人数。如有超编，请另附文字材料，说明具体原因。

（4）备注：填列其他需要说明的问题。

4. 录入04表——参照公务员法管理事业单位人员情况表

本表填列参公单位人员编制和实有情况，一个单位一条记录。由于预算管理需要，参公单位作为非独立预算单位管理，或多个参公单位合并为一个独立预算单位管理的，需在备注和说明材料中对各参公单位的编制和实有人数逐个说明。具体填列方法如下：

（1）预算代码、单位名称：系统自动生成，与录入01表一致。

（2）编制数：填列截至2014年7月底“三定规定”或中央编办正式批复确认的本单位人员编制，包括“参公编制”、“事业编制”和“离退休管理机构工作人员编制”三大类。

（3）实有数：填列各类编制截至2014年7月底的实有人数。如有超编，请另附文字材料，说明具体原因。需要说明的是，离退休人员应区分参公人员和非参公人员分别填列。按照中组部、人力资源和社会保障部要求，区分的原则是，单位批准参公前的离退休人员为非参公人员，单位批准参公后新退休的人员为参公人员。

（4）备注：填列其他需要说明的问题。

5. 录入05表——中央部门本级行政单位办公用房基本情况表

本表填列截至2014年7月底中央部门本级行政单位（包括人大办公厅、政协办公厅、民主党派、高法院、高检院、人民团体等，下同）使用的办公用房情况，不包括离退休管理机构用房。列入本表填报范围的中央部门本级行政单位需与纳入基本支出定员定额试点的中央部门机关本级范围一致。中央部门本级租用办公用房的，仅反映部门预算中未单独安排项目支出预算用于房租、水电、取暖、物业管理等费用开支的办公用房。中央部门本级和事业单位合署办公的，仅反映本级使用的办公用房情况。中央部门本级办公用房出租、出借给外单位使用的，不在本表反映。具体填列方法如下：

（1）请区分办公用房和特殊业务用房分别填列。

办公用房包括办公室用房、公共服务用房、设备用房和附属用房。其中：办公室用房包括领导人员办公室和一般工作人员办公室；公共服务用房包括会议室、传达室、信访室、档案室、文印室、资料室、收发室、计算机房、储藏室、卫生间、工勤人员用房、警卫用房等；设备用房包括变配电室、水泵房、水箱间、锅炉房、电梯机房、制冷机房、通信机房等；附属用房包括礼堂、食堂、车库、人防设施、消防设施等。

特殊业务用房指除办公室用房等上述四类用房之外的其他用房。对特殊业务用房，请在备注中说明具体用途，并附有关部门审批文件（无审批文件的特殊业务用房，一律不安排相关费用预算）。

（2）建筑面积：区分单位自有办公用房和从市场租用的办公用房分别填列。其中，单位自有办公用房包括单位自建、借用下属单位或其他单位等不需缴纳租金、但需自行支付水电、取暖、物业管理等运行维护费用的办公用房。从市场租用的办公用房指单位租用的需缴纳租金及水电、取暖、物业管理等运行维护费用，且部门预算中未单独安排租房项目支出预算的办公用房。

（3）供暖情况：区分集中供暖方式和其他供暖方式分别填列供暖面积。其中，其他供暖方式包括燃煤锅炉（直供）供暖、燃煤锅炉（间供）供暖、燃油锅炉供暖、燃气锅炉供暖、电锅炉供暖等，需明确填列。不在上述供暖方式之列的，需在备注中说明具体供暖方式。

（4）物业管理：区分单位后勤部门自管和委托第三方管理分别填列。

（5）电梯数量：区分单位自有用房和市场租赁用房，分别填列办公用房和特殊业务用房的电梯数量。

6. 录入 06 表——中央部门本级行政单位公务用车基本情况表

本表填列截至 2014 年 7 月底中央部门本级行政单位公务用车编制和实有情况。列入本表填报范围的中央部门本级行政单位需与纳入基本支出定员定额试点的中央部门机关本级范围一致。部门预算中已单独安排项目支出预算用于公务用车运行维护费用支出的，请在备注中说明项目名称、预算金额、资金来源（财政拨款或其他资金）。已实行公务用车改革的单位，请在备注中说明，并一并说明公务用车改革后发放给个人的交通补贴标准、金额、资金来源等。具体填列方法如下：

（1）请区分领导干部用车、一般公务用车、执法执勤用车、特种专业技术用车和其他用车分别填列。

按照《财政部关于印发〈党政机关公务用车预算决算管理办法〉通知》（财行［2011］9 号）要求，领导干部用车是指用于领导干部公务活动的机动车辆。一般公务用车是指用于办理公务、机要通信等公务活动的机动车辆。执法执勤用车是指用于办案、监察、稽查、税务征管等执法执勤公务的专用机动车辆。特种专业技术用车是指加装特殊专业设备，用于通讯指挥、技术侦查、刑事勘查、抢险救灾、检验检疫、环境监测、救护、工程技术等的机动车辆。其他用车是指上述四种用车之外的机动车辆，如大中型载客车辆、载货车辆等。

(2) 领导干部用车和一般公务用车应与党政机关公务用车问题专项治理时国务院机关事务管理局、中共中央直属机关事务管理局等部门重新核定编制的公务用车范围一致，其中，领导干部用车区分在职领导干部用车（包括部级正职干部专车和部级副职干部专车）和离退休领导干部用车（包括离退休部级正职干部专车和明确保留的离休副部长专车）分别填列；一般公务用车区分机关本级一般公务用车、离退休干部管理机构用车和机关服务中心用车，分别填列；执法执勤用车应与财政部核定编制的执法执勤用车范围一致。车辆编制需附相关证明材料（国务院机关事务管理局、中共中央直属机关事务管理局、财政部文件等），超编请说明原因。

(3) 党政机关公务用车问题专项治理时未经公务用车编制主管部门重新核定编制的以原有编制数为准。党政机关公务用车问题专项治理前后均未经公务用车编制主管部门核定公务用车编制的，可不填报编制数，只填报实有数，并在备注中说明。

7. 录入 07 表——在职人员工资信息表（非工资统发）

本表填列本单位 2014 年 7 月尚未纳入工资统发范围的在职人员工资信息。每个单位每个科目一条记录。填列本表时需要注意：一是本表填列的工资信息均为 7 月份 1 个月的应发数（如年终一次性奖金不在 7 月份发放也应填列）；二是本表需根据在职人员身份和执行工资制度的不同，选择相应的工资类别填列，如：执行公务员工资制度的在职人员，仅需填列表中“公务员（参照公务员法管理人员）”下各项，不能重复填列“机关工勤人员”、“事业单位人员”下各项；三是本表不含驻外、驻港澳人员；四是表中反映工资情况的各项均填写按非工资统发人数计算的支出总额，数字精确到小数点后两位，单位为万元（数额不足 0.01 万元的，按 0.01 万元填列，并在备注中说明实际数额）。具体填列方法如下：

（1）预算代码、单位名称、单位性质：系统自动生成，与录入01表一致。

（2）科目编码：填列《2015年政府收支分类科目》支出功能分类科目“类”、“款”、“项”的编码。

（3）科目名称：填列《2015年政府收支分类科目》支出功能分类科目的科目名称。

（4）公务员（参照公务员法管理人员）：填列执行公务员工资制度的行政人员或参照公务员法管理人员中的非工资统发人数及工资信息。

（5）离退休管理机构人员：填列执行公务员工资制度的离退休管理机构人员中的非工资统发人数及工资信息。

（6）机关工勤人员：填列执行技术工人或普通工人工资制度的机关工勤人员中的非工资统发人数及工资信息。

（7）事业单位人员：填列执行事业单位工资制度的在职人员中的非工资统发人数及工资信息。需要说明的是：鉴于目前只在义务教育学校和公共卫生与基层医疗卫生事业单位实施绩效工资，大部分事业单位绩效工资政策尚未出台，因此，事业单位“绩效工资”一列仅填列上述两类单位的绩效工资，其他事业单位仍按现行津贴补贴发放情况在“在职人员津贴补贴信息表”（录入08表）中填列，例如，属于地方政府出台的津贴补贴项目填入“地方政府出台政策规定的其他津贴补贴”一列。

（8）备注：填列其他需要说明的问题。

8. 录入08表——在职人员津贴补贴信息表（非工资统发）

本表填列本单位2014年7月尚未纳入工资统发范围的在职人员津贴补贴信息。每个单位每一类人员每个科目一条记录，同一单位内不同身份的人员，须分开填列（如参公单位中的参公人员和事业人员须分两条记录填列）。填列本表时需要注意：一是本表填列的津贴补贴信息均为7月份1个月的应发数；二是本表不含驻外、驻港澳人员；三是表中反映津贴补贴情况的各项中的“人数”均填列享受该项津贴补贴的实际人数，“总额”填写按实际享受人数计算的支出总额，数字精确到小数点后两位，单位为万元（数额不足0.01万元的，按0.01万元填列，并在备注中说明实际数额）。四是各项津贴补贴项目，如不在7月份发放（如防暑降温费、冬季取暖费等），也需反映在本表中，防暑降温费、冬季取暖费等非每月发放项目，可填列发放总额，不需换算成按月发放数额，但要在备注中对发放标准等进行简单说明。五是本表不填列住房公积金、提租补贴、购房补贴等各项住房改革支出。具体填列方法如下：

（1）预算代码、单位名称、单位性质：系统自动生成，与录入 01 表一致。

（2）人员身份：在下拉列表框中选择，分为公务员（参照公务员法管理人员）、离退休管理机构人员、机关工勤人员、事业人员四类。

（3）科目编码：填列《2015 年政府收支分类科目》支出功能分类科目"类"、"款"、"项"的编码。

（4）科目名称：填列《2015 年政府收支分类科目》支出功能分类科目的科目名称。

（5）规范津贴补贴：填列行政单位、参公单位按六部委文件规定发放的规范津贴补贴信息，并按经费渠道分为中央财政拨款和现有合法合规渠道两部分，现有合法合规渠道包括原渠道解决数、历年结余解决数、部门预算调剂数等。

（6）国家统一政策规定的津贴补贴：填列经人力资源社会保障部、财政部、国管局等发文确认的津贴补贴信息（不含规范津贴补贴部分）。表中没有列出的津贴补贴项目，列入"其他"，并另附文字说明和文件依据。

（7）地方政府出台政策规定的其他津贴补贴：填列单位所在地政府正式出台的津贴补贴信息，需另附文字说明和文件依据。

（8）主管部门规定的津贴补贴：填列上级主管单位或中央部门正式发文规定的津贴补贴信息，需另附文字说明和文件依据。

（9）单位自行安排的津贴补贴：填列由单位自行发放的津贴补贴信息，需另附文字说明和文件依据。

（10）其他：填列上述五类津贴补贴之外的津贴补贴信息，需另附文字说明和文件依据。

（11）备注：填列其他需要说明的问题。

9. 录入 09 表——离休人员工资及津贴补贴信息表（非工资统发）

本表填列本单位 2014 年 7 月尚未纳入工资统发范围的离休人员工资及津贴补贴信息。每个单位每一类人员每个科目一条记录，同一单位内不同身份的人员，须分开填列（如参公单位中的参公人员和事业人员须分两条记录填列)。填列本表时需要注意：一是本表填列的工资和津补贴信息均为7月份1个月的应发数；二是表中反映工资及津贴补贴情况的各项目中的“人数”均填列享受该项工资或津贴补贴的实际人数，“总额”填写按实际享受人数计算的支出总额，数字精确到小数点后两位，单位为万元(数额不足0.01万元的，按0.01万元填列，并在备注中说明实际数额)。三是津贴补贴项目如不在7月份发放（如防暑降温费、冬季取暖费等)，也需反映在本表中，防暑降温费、冬季取暖费等非每月发放项目，可填列发放总额，不需换算成按月发放数额，但要在备注中对发放标准等进行简单说明。四是本表不填列住房公积金、提租补贴、购房补贴等各项住房改革支出。具体填列方法如下：

(1) 预算代码、单位名称、单位性质：系统自动生成，与录入01表一致。

(2) 人员身份：按离休前的身份填列，在下拉列表框中选择，分为公务员（参照公务员法管理人员)、事业人员两类。

(3) 科目编码：填列《2015年政府收支分类科目》支出功能分类科目“类”、“款”、“项”的编码。

(4) 科目名称：填列《2015年政府收支分类科目》支出功能分类科目的科目名称。

(5) 各工资及津贴补贴项目：按照工资及津贴补贴实际发放情况分别填列。表中没有列出的津贴补贴项目，列入“其他”，并另附文字说明和文件依据。

(6) 备注：填列其他需要说明的问题。

10. 录入10表——退休人员工资及津贴补贴信息表（非工资统发）

本表填列本单位2014年7月尚未纳入工资统发范围的退休人员工资及津贴补贴信息。每个单位每一类人员每个科目一条记录，同一单位内不同身份的人员，须分开填列（如参公单位中的参公人员和事业人员须分两条记录填列)。填列本表时需要注意：一是本表填列的和津补贴信息均为7月份1个月的应发数；二是表中反映工资及津贴补贴情况的各项目中的“人数”均填列享受该项工资或津贴补贴的实际人数，“总额”填写按实际享受人数计算的支出总额，数字精确到小数点后两位，单位为万元（数额不足0.01万元的，按0.01万元填列，并在备注中说明实际数额)。三是各项津贴补贴项目，如不在 7 月份发放（如防暑降温费、冬季取暖费等），也需反映在本表中，防暑降温费、冬季取暖费等非每月发放项目，可填列发放总额，不需换算成按月发放数额，但要在备注中对发放标准等进行简单说明。四是本表不填列住房公积金、提租补贴、购房补贴等各项住房改革支出。具体填列方法如下：

（1）预算代码、单位名称、单位性质：系统自动生成，与录入 01 表一致。

（2）人员身份：按退休前的身份填列，在下拉列表框中选择，分为公务员（参照公务员法管理人员）、事业人员两类。

（3）科目编码：填列《2015 年政府收支分类科目》支出功能分类科目"类"、"款"、"项"的编码。

（4）科目名称：填列《2015 年政府收支分类科目》支出功能分类科目的科目名称。

（5）各工资及津贴补贴项目：按照工资及津贴补贴实际发放情况分别填列。表中没有列出的津贴补贴项目，列入"其他"，并另附文字说明和文件依据。

（6）备注：填列其他需要说明的问题。

五、"规范津贴补贴经费申报"子模块填报说明

为提高中央部门规范津贴补贴经费测算工作的信息化水平，提高测算的准确性，从编制 2015 年部门预算开始，基础信息库中增加"规范津贴补贴经费申报"模块，实现中央部门规范津贴补贴经费测算的自动化。

（一）主要内容

"规范津贴补贴经费申报"子模块共包括 7 张录入表和 3 张生成表。录入表反映行政、参公和事业单位年度规范津贴补贴经费需求、经费渠道及缺口情况。具体包括：

1. 反映规范津贴补贴经费申报单位基础信息：录入 01 表（规范津贴补贴经费申报单位基础信息表）。

2. 反映规范津贴补贴经费需求情况：包括录入 02 表（中央部门行政单

位规范津贴补贴经费需求表）、录入03表（中央部门参公单位规范津贴补贴经费需求表）、录入04表（中央部门事业单位离退休人员补贴经费需求表）。

3. 反映规范津贴补贴经费渠道及缺口情况：包括录入05表（中央部门行政单位规范津贴补贴经费渠道及缺口情况表）、录入06表（中央部门参公单位规范津贴补贴经费渠道及缺口情况表）、录入07表（中央部门事业单位离退休人员补贴经费渠道及缺口情况表）。

生成表反映行政、参公和事业单位年度规范津贴补贴经费需求汇总情况，由系统通过录入表自动生成，不需手工录入。

（二）填报口径

行政单位和参公单位。所有实行了规范津贴补贴政策的行政单位和参公单位的在职、离休、退休人员均要填报规范津贴补贴经费测算相关数据。

事业单位。按照中央纪委等六部委有关规范津贴补贴的规定，目前中央财政仅负担财政补助事业单位离退休人员待遇标准调整后的新增水平部分，原水平部分由现行经费渠道解决。因离、退休人员补贴标准变动需调整财政补助经费规模的财政补助事业单位要填报规范津贴补贴经费测算相关数据。

需要说明的问题是：一是由于预算管理需要，中央编办正式批复的行政、参公和事业单位作为非独立预算单位管理，或多个单位合并为一个独立预算单位管理的，以及按照部门预算管理有关要求，非预算单位需申请规范津贴补贴经费的（如转制科研单位的转制前离退休人员等），需在“规范津贴补贴经费申报单位基础信息表”（录入01表）中增加各个非独立预算单位的基本信息，并按照各明细单位（即具体到各个非独立预算单位）填报规范津贴补贴经费需求。二是国家安全部、驻港联络办、驻澳联络办、特会室，因绝密等原因不填报“规范津贴补贴经费申报”子模块，需申报规范津贴补贴经费的，可按照上述规范津贴补贴经费申报表格样式手工制表、单独报送。三是银监会、证监会、保监会等尚未规范津贴补贴的单位，暂不填报“规范津贴补贴经费申报”子模块。

（三）“规范津贴补贴经费申报”子模块录入表表格

录入01表

中央部门规范津贴补贴经费申报单位基础信息表

单位代码	单位名称	非独立预算单位代码	非独立预算单位名称	单位性质	经费性质	单位所在地区	备注

录人 02 表

中央部门行政单位规范津贴补贴经费需求表

单位代码	单位名称	非独立预算单位代码	非独立预算单位名称	职级	在职人员				离退休管理机构人员				离休人员			退休人员			备注
					人数		规范津贴补贴标准（元/月）	经费需求（万元/月）	人数		规范津贴补贴标准（元/月）	经费需求（万元/月）	人数	补贴标准（元/月）	经费需求（万元/月）	人数	补贴标准（元/月）	经费需求（万元/月）	
					编制数	实有数			编制数	实有数									
				合计															
				正部级															
				副部级															
				正司级															
				副司级															
				正处级															
				副处级															
				正科级															
				副科级															
				科员															
				办事员															

录人 03 表

中央部门参公单位规范津贴补贴经费需求表

单位代码	单位名称	非独立预算单位代码	非独立预算单位名称	职级	在职人员				离退休管理机构人员			
					人数		规范津贴补贴标准（元/月）	经费需求（万元/年）	人数		规范津贴补贴标准（元/月）	经费需求（万元/年）
					编制数	实有数			编制数	实有数		
				合计								
				行政管理人员								
				正部级								
				副部级								
				正司（局）级								
				副司（局）级								
				正处级								
				副处级								
				正科级								
				副科级								
				科　员								
				办事员								

续表

单位代码	单位名称	非独立预算单位代码	非独立预算单位名称	职级	在职人员				离退休管理机构人员			
					人数		规范津贴补贴标准（元/月）	经费需求（万元/年）	人数		规范津贴补贴标准（元/月）	经费需求（万元/年）
					编制数	实有数			编制数	实有数		
				专业技术人员								
				教授及相当职务								
				副教授及相当职务								
				讲师及相当职务								
				助教及相当职务								
				技术员								
				工人								
				高级技师								
				技　师								
				高级工								
				中级工								
				初级工								
				普通工								

中央部门参公单位规范津贴补贴经费需求表（续）

单位代码	单位名称	非独立预算单位代码	非独立预算单位名称	职级	离休人员						退休人员						备注
					参公离休人员			非参公离休人员			参公退休人员			非参公退休人员			
					人数	补贴标准（元/月）	经费需求（万元/年）	人数	补贴标准（元/月）	经费需求（万元/年）	人数	补贴标准（元/月）	经费需求（万元/年）	人数	补贴标准（元/月）	经费需求（万元/年）	
				合计													
				行政管理人员													
				正部级													
				副部级													
				正司（局）级													
				副司（局）级													
				正处级													
				副处级													
				正科级													
				副科级													
				科　员													
				办事员													

续表

单位代码	单位名称	非独立预算单位代码	非独立预算单位名称	职级	离休人员						退休人员						备注
					参公离休人员			非参公离休人员			参公退休人员			非参公退休人员			
					人数	补贴标准（元/月）	经费需求（万元/年）	人数	补贴标准（元/月）	经费需求（万元/年）	人数	补贴标准（元/月）	经费需求（万元/年）	人数	补贴标准（元/月）	经费需求（万元/年）	
				专业技术人员													
				教授及相当职务													
				副教授及相当职务													
				讲师及相当职务													
				助教及相当职务													
				技术员													
				工人													
				高级技师													
				技　师													
				高级工													
				中级工													
				初级工													
				普通工													

录入04表

中央部门事业单位离退休人员补贴经费需求表

单位代码	单位名称	非独立预算单位代码	非独立预算单位名称	职级	离休人员					退休人员					备注
					人数	现有水平（元/月）	调整后水平（元/月）	差额（元/月）	新增水平经费需求（万元/年）	人数	现有水平（元/月）	调整后水平（元/月）	差额（元/月）	新增水平经费需求（万元/年）	
				合计											
				行政管理人员											
				正部级											
				副部级											
				正司（局）级											
				副司（局）级											
				正处级											
				副处级											
				正科级											
				副科级											
				科　员											
				办事员											

续表

单位代码	单位名称	非独立预算单位代码	非独立预算单位名称	职级	离休人员					退休人员					备注
					人数	现有水平（元/月）	调整后水平（元/月）	差额（元/月）	新增水平经费需求（万元/年）	人数	现有水平（元/月）	调整后水平（元/月）	差额（元/月）	新增水平经费需求（万元/年）	
				专业技术人员											
				教授及相当职务											
				副教授及相当职务											
				讲师及相当职务											
				助教及相当职务											
				技术员											
				工人											
				高级技师											
				技　师											
				高级工											
				中级工											
				初级工											
				普通工											

录入 05 表

中央部门行政单位规范津贴补贴经费渠道及缺口情况表

单位代码	单位名称	非独立预算单位代码	非独立预算单位名称	人员类型	科目编码	科目名称	2015 年新增经费需求合计	2015 年当年新增经费需求			补发以前年度		备注
								2015 年当年需求数	2014 年财政补助数（仅 2014 年当年数）	2015 年新增经费需求	补发以前年度新增经费需求	补发以前年度新增经费需求测算说明	
				合计									
				在职人员									
				离退休管理机构人员									
				离休人员									
				退休人员									

录入 06 表

中央部门参公单位规范津贴补贴经费渠道及缺口情况表

单位代码	单位名称	非独立预算单位代码	非独立预算单位名称	人员类型	科目编码	科目名称	2015 年新增经费需求合计	2015 年当年新增经费需求			补发以前年度		备注
								2015 年当年需求数	2014 年财政补助数（仅 2014 年当年数）	2015 年当年新增经费需求数	补发以前年度新增经费需求	补发以前年度新增经费需求测算说明	
				合计									
				在职人员									
				离退休管理机构人员									
				参公离休人员									
				非参公离休人员									
				退休人员									
				非参公退休人员									

录入 07 表

中央部门事业单位规范津贴补贴经费渠道及缺口情况表

单位代码	单位名称	非独立预算单位代码	非独立预算单位名称	人员类型	科目编码	科目名称	合计	2015 年当年					补发以前年度		备注
								2015 年新增水平经费需求	原渠道解决数	历年结余解决数	部门预算调剂数	建议增加部门预算数	补发以前年度（建议增加部门预算数）	补发以前年度（建议增加部门预算数）测算说明	
				合计											
				离休人员											
				退休人员											

（四）录入表填报说明

“规范津贴补贴经费申报”子模块录入表共7张，各表填报说明如下：

1. 录入01表——中央部门规范津贴补贴经费申报单位基础信息表

本表填列申报规范津贴补贴经费的中央部门行政、事业、参公单位测算规范津贴补贴经费需求所必需的基础信息，如单位性质、经费性质、单位所在地区等。需要说明的问题，一是对预算单位，单位性质、经费性质、单位所在地区等信息由系统从“部门预算”模块和“基础数据填报”子模块的相关信息中自动提取，单位需对上述信息进行核对和必要的修改。二是对预算单位下存在一个或多个非独立预算单位的，主要包括中央编办正式批复的行政、参公和事业单位作为非单独预算单位管理，或多个单位合并为一个独立预算单位管理的，以及非预算单位需申请规范津贴补贴经费的（如转制科研单位的转制前离退休人员等，下同），在填报规范津贴补贴经费需求表（录入02—04表）前，需首先在本表列出的预算单位下增加非独立预算单位名称、单位代码（由系统自动生成），并填列单位性质、经费性质、单位所在地区等基础信息，然后按照各个明细单位（即具体到各个非独立预算单位）填报规范津贴补贴经费需求。三是单位性质、所在地区等是测算规范津贴补贴经费的重要信息，各单位务必准确填报。具体填列方法如下：

（1）单位代码：各单位按编报部门预算的单位代码填报。

（2）单位名称：按编报部门预算的名称填列。

（3）非独立预算单位代码：部门预算单位下存在一个或多个非独立预算单位的，需填报非独立预算单位名称，并由系统自动生成单位代码。

（4）非独立预算单位名称：部门预算单位下存在一个或多个非独立预算单位的，需按照中央编办正式批复成立的行政、事业、参公单位名称，填报非独立预算单位名称。

（5）单位性质：分为“行政”、“事业”、“参照公务员法管理”三类。中央编办核定事业编制的社团、协会等，视同事业单位，相应填列“事业”类。

（6）经费性质：填列经中央编办正式批复确认的经费性质，单位性质为“行政”时，在下拉列表框中选择“财政拨款”；单位性质为“事业”、“参照公务员法管理”时，经费性质可选择“财政补助”、“经费自理”和“企业化管理”三类。

（7）单位所在地区：具体到单位所在的区（县级市、县），如北京市西城区、江苏省南京市鼓楼区、云南省迪庆藏族自治州香格里拉县等。预算单位的单位所在地由系统自动提取，单位可进行核对并修改。非独立预算单位的单位所在地区需从下拉列表框中选择录入。

（8）备注：填列其他需要说明的问题。

2. 录入 02 表——中央部门行政单位规范津贴补贴经费需求表

本表填列各部门行政单位的年度规范津贴补贴经费需求。需要说明的是，规范津贴补贴经费需求应为本年度当年的经费需求，不包括按照相关政策需补发以前年度的经费需求。具体填列口径如下：

（1）单位代码：各单位按编报部门预算的单位代码填报。

（2）单位名称：按编报部门预算的名称填列。

（3）非独立预算单位代码：如申报规范津贴补贴经费的单位为非独立预算单位，填列录入 01 表中部门预算单位下相关非独立预算单位的代码。

（4）非独立预算单位名称：如申报规范津贴补贴经费的单位为非独立预算单位，填列录入 01 表中部门预算单位下相关非独立预算单位的名称。

（5）在职人员 - 人数：填列截至 2014 年 7 月底执行规范津贴补贴政策的在职人员编制、编制内实有分职级人数情况，原则上应与“基础数据填报”子模块中“行政单位人员情况表”（录入 02 表）的人员编制和实有人数同口径（不含驻外编制人员、机关工勤人员等未执行规范津贴补贴政策的人员）保持一致。因特殊原因不一致的，需提供文字说明。

（6）在职人员 - 规范津贴补贴标准：填列按照六部委规范津贴补贴政策规定，行政单位在职人员目前应执行的分职级标准，不含国家统一规定的津贴补贴、改革性补贴。京外单位规范津贴补贴标准应按照我部综合司下发的《关于调整二级管理京外中央国家机关规范津贴补贴标准的通知》（财办综［2012］110 号）和《关于调整三级以下管理京外单位津贴补贴标准的通知》（财办综［2013］年 93 号）有关规定填报。“年平均标准”为“年经费需求”除以“人数”再乘以 10000，单位为元。

（7）在职人员－经费需求：等于“人数”乘以“规范津贴补贴标准”乘以12再除以10000。“小计”栏为各职级“经费需求”之和。单位为万元，保留2位小数。本栏由系统自动计算，不需手工录入。

（8）离退休管理机构人员：离退休管理机构工作人员需单独填列。人数、规范津贴补贴标准等填报口径同在职人员。

（9）离（退）休人员－人数：填列截至2014年7月底执行规范津贴补贴政策的分职级离（退）休人员情况，原则上应与“基础数据填报”子模块中“行政单位人员情况表”（录入02表）的离退休人数同口径保持一致。因特殊原因不一致的，需提供文字说明。

（10）离（退）休人员－离（退）休人员补贴标准：填列按照六部委关于离（退）休人员补贴的政策规定，应执行的分职级补贴标准。“年平均标准”为“年需求”除以“人数”再乘以10000，单位为元。

（11）离（退）休人员－经费需求：等于“人数”乘以“规范津贴补贴标准”乘以12再除以10000。“小计”栏为各职级“经费需求”之和。单位为万元，保留2位小数。本栏由系统自动计算，不需手工录入。

（12）备注：填列其他需要说明的问题。

3. 录入03表——中央部门参公单位规范津贴补贴经费需求表

本表填列各部门参公单位的年度规范津贴补贴经费需求。需要说明的问题，一是规范津贴补贴经费需求应为本年度当年的经费需求，不包括按照相关政策需补发以前年度的经费需求；二是离退休人员应区分参公人员和非参公人员分别填列。按照中组部、人社部要求，区分的原则是，单位批准参公前的离退休人员为非参公人员，单位批准参公后新退休的人员为参公人员。具体填列口径如下：

（1）单位代码：各单位按编报部门预算的单位代码填报。

（2）单位名称：按编报部门预算的名称填列。

（3）非独立预算单位代码：如申报规范津贴补贴经费的单位为非独立预算单位，填列录入01表中部门预算单位下相关非独立预算单位的代码。

（4）非独立预算单位名称：如申报规范津贴补贴经费的单位为非独立预算单位，填列录入01表中部门预算单位下相关非独立预算单位的名称。

（5）在职人员－人数：填列截至2014年7月底执行规范津贴补贴政

策的参公在职人员编制、编制内实有分职级人数情况，原则上应与“基础数据填报”子模块中“参照公务员法管理事业单位人员情况表”（录入 04 表）的参公人员编制和实有人数同口径（不含非参公管理的事业编制人员等未执行规范津贴补贴政策的人员）保持一致。因特殊原因不一致的，需提供文字说明。

（6）在职人员－规范津贴补贴标准：填列按照六部委规范津贴补贴政策规定，参公单位在职人员目前应执行的分职级标准，不含国家统一规定的津贴补贴、改革性补贴。京外单位规范津贴补贴标准应按照我部综合司下发的《关于调整二级管理京外中央国家机关规范津贴补贴标准的通知》（财办综［2012］110 号）和《关于调整三级以下管理京外单位津贴补贴标准的通知》（财办综［2013］年 93 号）有关规定填报。“年平均标准”为“年经费需求”除以“人数”再乘以 10000，单位为元。

（7）在职人员－经费需求：等于“人数”乘以“规范津贴补贴标准”乘以 12 再除以 10000。“小计”栏为各职级“经费需求”之和。单位为万元，保留 2 位小数。本栏由系统自动计算，不需手工录入。

（8）离退休管理机构人员：离退休管理机构工作人员需单独填列。人数、规范津贴补贴标准等填报口径同在职人员。

（9）离（退）休人员－参公离（退）休人员－人数：填列截至 2014 年 7 月底执行规范津贴补贴政策的分职级参公离（退）休人员情况，原则上应与“基础数据填报”子模块中“参照公务员法管理事业单位人员情况表”（录入 04 表）中参公离（退）休人员同口径保持一致。因特殊原因不一致的，需提供文字说明。

（10）离（退）休人员－参公离（退）休人员－离（退）休人员补贴标准：填列按照六部委关于离（退）休人员补贴的政策规定，参公离（退）休人员应执行的分职级补贴标准（按照行政单位离退休人员补贴标准执行）。“年平均标准”为“年需求”除以“人数”再乘以 10000，单位为元。

（11）离（退）休人员－参公离（退）休人员－经费需求：等于“人数”乘以“规范津贴补贴标准”乘以 12 再除以 10000。“小计”栏为各职级“经费需求”之和。单位为万元，保留 2 位小数。本栏由系统自动计算，不需手工录入。

（12）离（退）休人员 - 非参公离（退）休人员 - 人数：填列截至2014年7月底执行规范津贴补贴政策的分职级非参公离（退）休人员情况，原则上应与“基础数据填报”子模块中“参照公务员法管理事业单位人员情况表”（录入04表）的非参公离（退）休人员同口径保持一致。

（13）离（退）休人员 - 非参公离（退）休人员 - 离（退）休人员补贴标准：填列按照六部委关于离（退）休人员补贴的政策规定，非参公离（退）休人员应执行的分职级补贴标准（按照事业单位离退休人员补贴标准执行）。“年平均标准”为“年需求”除以“人数”再乘以10000，单位为元。

（14）离（退）休人员 - 非参公离（退）休人员 - 经费需求：等于“人数”乘以“规范津贴补贴标准”乘以12再除以10000。“小计”栏为各职级“经费需求”之和。单位为万元，保留2位小数。本栏由系统自动计算，不需手工录入。

（15）备注：填列其他需要说明的问题。

4. 录入04表——中央部门事业单位离退休人员补贴经费需求表

本表填报的单位范围为因标准变动需调整离、退休人员补贴财政补助经费规模的财政补助事业单位。本表填列各部门事业单位离、退休人员补贴年度新增经费需求。需要说明的是，新增经费需求应为本年度当年的经费需求，不包括按照相关政策需补发以前年度的经费需求。

（1）单位代码：各单位按编报部门预算的单位代码填报。

（2）单位名称：按编报部门预算的名称填列。

（3）非独立预算单位代码：如申报规范津贴补贴经费的单位为非独立预算单位，需选择录入01表中部门预算单位下相关非独立预算单位的代码。

（4）非独立预算单位名称：如申报规范津贴补贴经费的单位为非独立预算单位，需选择录入01表中部门预算单位下相关非独立预算单位的名称。

（5）离（退）休人员 - 人数：填列截至2014年7月底分职级离（退）休人员情况，原则上应与“基础数据填报”子模块中“事业单位人员情况表”（录入 03 表）中离（退）休人员同口径保持一致。因特殊原因不一致的，需提供文字说明。

（6）离（退）休人员 - 现有水平：填列此次调整标准前，按照事业单位离（退）休人员补贴政策各职级人员应执行的标准。

（7）离（退）休人员 - 调整后水平：填列按照事业单位离（退）休人员补贴政策规定各职级人员目前应执行的标准，不含国家统一规定的津贴补贴、改革性补贴。京外单位按所在地政府规定的事业单位离（退）休人员补贴标准填列。

（8）离（退）休人员 - 差额：填列离（退）休人员补贴“现有水平”与“调整后水平”之间的差额。由系统自动生成。

（9）离（退）休人员 - 新增水平经费需求：等于“人数”乘以“差额”乘以 12 再除以 10000。“小计”栏为各职级“新增水平经费需求”之和。单位为万元，保留 2 位小数。

（10）备注：填列其他需要说明的问题。

5. 录入 05 表——中央部门行政单位规范津贴补贴经费渠道及缺口情况表

本表用于填报中央部门行政单位 2015 年规范津贴补贴新增经费需求情况（包括 2015 年当年以及按照相关政策需补发以前年度的新增经费需求）。

（1）单位代码、单位名称、人员类型：系统自动生成，与录入 02 表一致。

（2）非独立预算单位代码、非独立预算单位名称：如申报规范津贴补贴经费的单位为非独立预算单位，系统自动生成代为代码和单位名称，与录入 02 表一致。

（3）科目编码：填列《2015 年政府收支分类科目》支出功能分类科目“类”、“款”、“项”的编码。

（4）科目名称：填列《2015 年政府收支分类科目》支出功能分类科目的科目名称。

（5）2015 年当年新增经费需求 - 2015 年当年需求数：区分在职人员、离退休管理机构人员、离休人员和退休人员，分别填列 2015 年当年规范津贴补贴经费需求（不含补发以前年度经费需求），与录入 02 表规范津贴补贴经费“年需求”数同口径一致，由系统自动取数，不需手工录入。

（5）2015 年当年新增经费需求 - 2014 年财政补助数：区分在职人员、离退休管理机构人员、离休人员和退休人员，分别填列中央财政安排的 2014 年当年的规范津贴补贴经费补助数（不含补发以前年度的支出）。

（6）2015 年当年新增经费需求 - 2015 年当年新增经费需求数：由系统根据“2015 年当年需求数” - “2014 年财政补助数”自动计算，不需手工录入。

（7）补发以前年度 - 补发以前年度新增经费需求：填列根据规范津贴补贴标准有关执行时间的规定，新增经费需求需补发的数额。

（8）补发以前年度 - 补发以前年度新增经费需求测算说明：简要说明补发规范津贴补贴经费的时限（以月为单位填报，如“补发 18 个月”等），补发人数、测算过程等。年度间新增经费需求变化较大的，需说明原因和测算过程（可另附文字说明）。

（9）备注：填列其他需要说明的问题。

6. 录入 06 表——中央部门参公单位规范津贴补贴经费渠道及缺口情况表

本表用于填报中央部门参公单位 2015 年规范津贴补贴经费新增经费需求情况（包括 2015 年当年以及按照相关政策需补发以前年度的新增经费需求）。

（1）单位代码、单位名称、人员类型：系统自动生成，与录入 03 表一致。

（2）非独立预算单位代码、非独立预算单位名称：如申报规范津贴补贴经费的单位为非独立预算单位，系统自动生成代为代码和单位名称，与录入 03 表一致。

（3）科目编码：填列《2015 年政府收支分类科目》支出功能分类科目“类”、“款”、“项”的编码。

（4）科目名称：填列《2015 年政府收支分类科目》支出功能分类科目的科目名称。

（5）2015 年当年新增经费需求 - 2015 年当年需求数：区分在职人员、

离退休管理机构人员、离休人员（区分参公和非参公离休人员）和退休人员（区分参公和非参公退休人员），分别填列 2015 年当年规范津贴补贴经费需求（不含补发以前年度经费需求），与录入 03 表规范津贴补贴经费“年需求”数一致，由系统自动取数，不需手工录入。

（6）2015 年当年新增经费需求－2014 年财政补助数：区分在职人员、离退休管理机构人员、离休人员（区分参公和非参公离休人员）和退休人员（区分参公和非参公退休人员），分别填列中央财政安排的 2014 年当年的规范津贴补贴经费补助数（不含补发以前年度的支出）。

（7）2015 年当年新增经费需求－2015 年当年新增经费需求数：由系统根据“2015 年当年需求数”－“2014 年财政补助数”自动计算，不需手工录入。

（8）补发以前年度－补发以前年度新增经费需求：填列根据规范津贴补贴标准有关执行时间的规定，新增经费需求需补发的数额。

（9）补发以前年度－补发以前年度新增经费需求测算说明：简要说明补发规范津贴补贴经费的时限（以月为单位填报，如“补发 18 个月”等），补发人数、测算过程等。年度间新增经费需求变化较大的，需说明原因和测算过程（可另附文字说明）。

（10）备注：填列其他需要说明的问题。

7. 录入 07 表——中央部门事业单位离退休人员补贴经费渠道及缺口情况表

本表用于填报中央部门事业单位 2015 年离退休人员补贴新增经费需求情况（包括 2015 年当年以及按照相关政策需补发以前年度的新增经费需求）。

（1）单位代码、单位名称、人员类型：系统自动生成，与录入 04 表一致。

（2）非独立预算单位代码、非独立预算单位名称：如申报规范津贴补贴经费的单位为非独立预算单位，系统自动生成代为代码和单位名称，与录入 04 表一致。

（3）科目编码：填列《2015 年政府收支分类科目》支出功能分类科目“类”、“款”、“项”的编码。

（4）科目名称：填列《2015年政府收支分类科目》支出功能分类科目的科目名称。

（5）2015年当年：反映需申请追加的2015年当年（不含补发以前年度经费需求）离休人员补贴和退休人员补贴经费预算数。其中，“2015年新增水平经费需求”应与录入04表离退休人员补贴新增水平经费需求“年需求”数一致，由系统自动取数，不需手工录入。“建议增加部门预算数”为按照2015年新增水平经费需求，扣除原渠道解决数、历年结余解决数和部门预算调剂数后，申请新增的财政补助数。

（6）补发以前年度－补发以前年度新增经费需求：填列根据离退休人员补贴标准有关执行时间的规定，新增经费需求需补发的数额。

（7）补发以前年度－补发以前年度新增经费需求测算说明：简要说明补发规范津贴补贴经费的时限（以月为单位填报，如“补发18个月”等），补发人数、测算过程等。年度间新增经费需求变化较大的，需说明原因和测算过程（可另附文字说明）。

（8）备注：填列其他需要说明的问题。

第八章　中期财政规划和部门滚动规划管理

2013年，党的十八届三中全会《中共中央关于全面深化改革若干重大问题的决定》中明确提出“建立跨年度预算平衡机制”。党的十八届三中全会以后，财政部楼继伟部长在《建立现代财政制度》文章中提出“为实现跨年度预算平衡，还应抓紧研究实行中期财政规划管理，可先编制财政三年滚动规划，实现逐年更新滚动管理，逐步强化三年滚动规划对年度预算的约束性，增强财政政策的前瞻性和财政可持续性”。这标志着，作为深化财税体制改革，健全全面规范、公开透明的预算制度的一项重要基础，财政预算由年度管理向中期管理的改革正式提上了日程。

第一节　中期预算的概念和实践

20世纪60年代以来，许多国家日益关注于对财政政策中长期变化趋势的掌控，一些国家开始突破传统财政预算方式的年度限制，建立多年期的财政计划或规划，也称中期预算，并采用滚动方式编制和管理预算。

一、中期预算的概念

中期预算通常指的并不是法律上的多年拨款，而是一种滚动计划或者政府对其支出的预算。中期预算的概念较为混杂。不同国家和不同国际组织经常使用不同的概念，如：中期预算框架、中期支出框架、中期财政框架、多年滚动预算、多年财政规划等等，其所强调的重点略有差异，但在表达多年财政收支计划上有较多的共同点。世界银行多采用“中期支出框架”的概念，重点强调财政支出。国际货币基金组织则较多采用“中期预算”概念。

世界银行的研究成果认为中期支出框架由三个阶段序列组成，分别是：中期财政框架、中期预算框架和中期绩效框架。其中，中期财政框架侧重于强调中期的收支总量平衡，自上而下的制定宏观经济和财政中期目标；中期预算框架在中期财政框架的基础上，结合国家和部门中期发展战略制定中期预算，设定中期支出上限，侧重于支出的战略性优先配置；而中期绩效框架侧重于通过预算分配鼓励产生更好的绩效表现。

二、中期预算的时间

一般 1 年以上 10 年以下的时间称为中期，10 年以上为长期，但由于编制 10 年以上的预算技术难度较大，不确定性很多，对现实的约束性或指导作用很小，因此，实践中多采用 3—5 年期的预算。大多数 OECD 国家都采用了中期预算，如法国、澳大利亚、新西兰等采用 3 年滚动预算。一些预测能力较强的国家采用的中期预算时间相对较长，如英国、德国、美国、加拿大等采用 5 年滚动预算。有的国家在对经济及预算进行预测时也有部分采用更长期间的情况，如澳大利亚联邦政府在对经济进行预测时长达 10—15 年，美国国会预算局制定的估算报告涵盖未来 10 年的情况，但这些长期预测主要是作为参考，辅助决策使用。

三、中期预算的内容和要点

根据世界银行和国家货币基金组织等机构的研究，编制中期预算的关键内容和要点包括：一是中期预算应根据中期宏观经济框架、财政（与经济）政策目标报告书以及正式的财政约束（如赤字率、负债率）编制；二是包含一份财政、经济政策报告；三是包含一份中期宏观经济和财政预测；四是包含支出部门和机构在下一个预算年度以后 2—4 年的支出估计数，并需要按照功能和经济性质分类；五是中期预算的准备过程与年度预算准备过程相对应，特别是需要根据年度支出限额加以构造；六是中期预算有政府整体层面编制，但所有政府部门都应遵循中期预算为各部门确立的支出限额。

四、中期预算的目标和功能

从理论上说，政府预算管理一般有三大目标：财政纪律、资源优先性配置以及执行绩效。其中执行绩效主要通过下放预算管理权和实行绩效预算的方式达到改善，而前两个目标则是预算管理中处于宏观或者中观层面的目标，需要建立政策目标和预算之间的激励相容，使预算能够自觉的以政策目标为导向。而中期预算的基本作用目标正是基于政府预算管理的上述两个目标。中期预算要求在预算周期内明确规定财政支出限额，摒弃以收定支的预算方式，合理控制财政支出总额，强化财政纪律。

世界银行（1998 年）对“中期支出框架”的目标定位包括几个方面：一是通过建立一个在时间上连贯的资源规划框架，增进宏观经济平衡；二是通过确定不同项目或者产业部门的支出优先权，改进资源配置；三是强化资金和政策的可预见性，促使各部门提前规划，确保项目的连续性；四是为下属部门提供一个总体的硬预算约束和足够的自主权，鼓励资金的有效使用。因此，中期预算主要具有三个方面的功能：宏观经济计划的功能、战略规划的功能和完善年度预算的功能。

五、中期预算的类型

中期预算一般可分为“弹性型”和“固定型”。在弹性型中期预算，根据经济状况的变化，可以每年对经济目标作出调整。预算目标不是一成不变的，会定期调整。固定型通常是针对中期的政府支出作出的，政府支出通常是不能每年进行调整的，除非发生意外情况，如经济增长骤减或者政府更迭等。中期预算还有“滚动型”和“期间型”之分。期间型中期预算所覆盖的时间区间是固定的；在该期间结束之前不会再制定新的框架，除非发生了重大的意外情况。在滚动型中，每年都会增加一个新的年度，并对以前的预测作出更新。

六、中期预算的国际实践

20 世纪中期尤其是 80 年代以来，中期预算作为一项政府预算管理和控制财政风险的有效工具，而在世界范围内被广泛接受，许多发达国家和部分发展中国家都将其作为政府预算改革的一项重要内容。各国实施中期预算管理的根本目标都包含了提高预算资金使用效率的因素，但最初的现实动因却各有不同，主要有几种情况：部分国家是迫于应对经济或金融危机导致的沉重财政赤字和债务负担，而从中期内统筹财政资源配置。比如，泰国为应对 1997 年亚洲金融危机于 2001 年实施了中期财政框架，并于 2006 年建立起中期预算框架。有些国家是因实施财政改革或考虑到未来财政支出压力，而实施中期预算，比如，韩国政府在 1990 年考虑到未来巨大的养老金支出压力，实施了中期财政框架，后来在实践中不断完善，逐步成为实现国家发展战略的重要工具，并于 2005 年过渡到了中期绩效框架。缓解赋权型支出（如：医疗、社保等）的刚性增长带来的收支压力，是许多国家采用中期预算时考虑的一个重要因素。还有一部分国家转向中期预算主要是为了进一步完善财政计划的作用机制，促进预算收支的科学决策和加强政府的宏观经济调控，以建立高效、廉洁、低成本的政府。比如，为了改变资金使用效率和政府行政效率低下的状况，提高政府服务质量，降低政府服务成本，提升公民对政府的满意度，俄罗斯从 2006 年开始试编中期预算，2007 年正式全面推开。

90 年代末开始，中期预算在世界上盛行。据世界银行统计，截至 2008 年，全世界已有 132 个国家实施了中期预算，超过了当今世界上国家数量的三分之二。近年来，我国一些地方政府也在尝试和探索中期预算，河北省、焦作市和芜湖县分别于 2003 年、2009 年和 2010 年开始进行中期预算的改革试点。

第二节 部门预算改革的成效和面临的问题

一、部门预算改革的成效

中央部门预算改革自 2000 年开始实施，十多年来，在党中央、国务院的正确领导下，在中央部门和财政部的共同努力下，通过健全部门预算管理制度、改变预算编制方法、细化预算编制内容、规范预算编制和管理规程、强化预算资金统筹管理、推行基本支出定额管理和项目支出的项目库管理、加强结转和结余资金管理、推进预算绩效管理、实施政府集中收付制度和政府采购制度改革、提高预算透明度等一系列举措，不断深化中央部门预算管理改革，调整优化支出结构，与改革前相比，中央部门预算改革在提高预算的完整性、规范性、科学性、有效性、透明度等方面，都取得了重要的阶段性成效。

二、部门预算改革中的问题

随着部门预算改革的深入，部门预算管理中存在的一些问题也逐步凸显，可分为两个层面来看：

（一）体制机制层面的问题

在体制机制层面，几方面的关系没有理顺：

1. 长期与短期的关系。从总预算看，预算按照年度编制，预算总量一年一定，寻求年度平衡，缺乏对中长期和多年度总量平衡的谋划，预算执行“顺周期”，与政策周期也不衔接，约束力不强，不利于保证财政的可持续性，也不能适应逆周期调控的需要。从部门预算看，由于部门预算编制与部门中长期工作计划、事业发展规划没有紧密衔接，甚至相互脱节，导致预算支出缺乏前瞻性、长期性的统筹规划，预算安排不能体现部门中长期的政策意图和导向，资金投入的方向分散、重点不清，调整较多，投入难以发挥整体效益和累积效益。从项目预算看，许多预算项目从立项到完成，时间往往超过一年，需跨年度、多年延续实施，预算按年度安排的方式割裂了项目资金保障的连续性，由于以后年度资金保障具有不确定性，部门倾向于尽可能在当前年度申请更多预算支出，导致年末结转项目数量和金额较大等问题。

2. 整体与局部的关系。按照职责，财政部门除负责预算总量的平衡外，还要对部门的支出总量实施评估和控制。但是由于部门预算编制与部门职能及事业发展规划“两张皮”，加上支出标准体系不健全，财政部门对部门的支出总量进行评估和控制缺乏依据，导致部门支出的总量难以合理控制，支出结构失衡。另外，一些部门出台政策或开展工作，往往从局部利益出发，动辄提出设立专项资金或基金予以支持、财政投入高于财政收入或支出增幅、提高支出总额占比、建立增长机制、制定规划确定多年支出总额等要求。这些分割、捆绑式的支出政策形成刚性需求，与财政承受能力严重脱节，导致支出结构僵化，增加了预算平衡的难度，也造成“钱等项目”、“敞口花钱”等问题，降低了资金使用效率。

3. 财政部门与中央部门的关系。在预算按年度安排的方式下，由于对未来资金保障没有稳定预期，部门关注于当期预算支出规模的最大化，“重分轻管”较普遍，缺少加强管理、整合项目、优化结构、提高绩效的积极性，申报预算时，“保基数”和“多争取资金”的意识较重，导致前三类支出项目固化、预算“报天书”等问题。而财政部门由于缺乏对部门支出总量的合理控制标准，不得不与部门就具体的支出项目进行“讨价还价”，管得过细，一定程度上成了财政部门在为部门编预算。导致财政部门与中央部门之间的预算管理职责划分不清，形成中央部门与财政部门相互博弈的关系。

（二）具体管理层面的问题

从具体的管理层面看，主要有以下几方面的问题：

1. 预算项目编制零散，管理缺乏层次性。项目数量多、零碎，规模大小不一，大的项目资金规模过亿，小的项目几十万甚至几万元。项目管理的层次单一，不论项目支出规模大小，都作一个层次，采取同样的办法管理，不尽合理。

2. 部分项目立项论证不充分，项目审核不够严。一些部门的项目立项审核程序不健全，缺乏具体制度规范，项目立项论证不充分，审核把关不严格，虚报多报支出的情况仍然存在。有的部门项目审核等工作与预算编制时间不衔接，审核不及时，无法发挥项目库的储备作用。有的项目编制仓促，未经论证审核即编入预算，难保质量。

3. 缺乏支出标准和细化的审核依据。部分项目信息不完整，支出边界不够清晰，存在部分基本支出与项目支出相互调剂使用的现象。项目支出标准体系建设难度较大，预算编制、测算和安排中缺乏标准可依。尚未做到按照经济分类编制项目支出预算，不利于细化管理和加强预算约束，与决算也不衔接。

4. 管理信息分散，年度间可比性差。项目编制和管理缺乏稳定性和连续性，项目的单位、名称、内容等变换随意，项目库“一年一库”，年度之间可比性差，管理难度大。中央部门项目库与财政部项目库未紧密衔接，项目的预算、指标、执行、结转结余等信息分散管理，未有效整合，信息难以顺畅反馈和跟踪。

第三节　实施滚动规划管理的必要性和可行性

实施滚动规划管理，对于保证财政可持续，提升政府调控能力，促进经济社会发展，充分发挥财政职能作用，改进和完善预算管理中的薄弱环节等都具有十分重要的意义和深远的影响。

一、实施滚动规划管理的必要性

（一）有利于促进实现政府工作目标，财政宏观调控和部门履行职能有机结合

我国编制的规划很多，涉及不同领域和地区。这些规划都要在财政年

度预算中予以体现，而在公共资源配置方面反而没有规划可以遵循，导致在财政领域规划和预算“两张皮”。实施滚动规划管理，将更好地促进财政支出结构调整与政府宏观调控目标的实现、部门事业发展规划与国民经济和社会发展规划、部门预算支出安排与部门工作计划的紧密结合，增强财政收支的计划性、综合性，发挥中长期财政政策在宏观调控中的导向作用，使财政政策工具更好的服务于政府施政目标，有利于提升政府执政能力，保障国民经济和社会发展规划的顺利实现。在中长期框架下统筹财政收支平衡，强化财政稳定经济社会发展的功能，充分发挥财政的逆周期调节作用，对实现经济社会持续、稳定发展具有重要意义。

（二）有利于更好地发挥财政管理职能

由于我国正处于社会转型、改革攻坚、矛盾凸显的重要时期，一些重大事情还没有形成稳定的运行机制，加上预算按年度编制，缺少动用公共资源的中期规划和多年度总量平衡的谋划，造成财政预算在年度间波动很大，预算执行“顺周期”，影响了财政支出的稳定性、可持续性和有效性，也难以适应逆周期调控的需要。实施滚动规划管理，确立以实现“跨年度预算平衡”为目标的新型财政管理理念，建立和完善中长期财政收支框架，在较长时间跨度内统筹财政收支平衡、优化支出结构，有利于防范财政风险，增强财政可持续性和提高财政支出绩效。滚动规划管理通过对财政支出总量和部门支出总量进行控制，将有效避免预算调整频繁等问题，提高预算约束效力，增强预算严肃性。滚动规划管理更切合预算项目的周期性特点，能更清楚、完整地反映项目多年支出并预期其成果，为科学的预算决策奠定基础。同时，连续、稳定的预算安排，有利于促进预算安排的科学性、合理性和计划性，提高资金使用效率。

（三）有利于提升部门的预算管理水平

滚动规划管理实行以规划为先导的预算编制模式，以部门中长期事业发展规划和工作计划为基础，滚动编制支出预算，有利于促进部门提高工作的计划性和前瞻性。部门支出总量实行限额控制，既赋予部门更多自主性和灵活性，也对部门的统筹支出及整合资金能力提出了更高要求，有利于促进部门盘活存量资金，调整优化支出结构。同时，支出总量的限额控制，有利于明确权责，理顺预算管理中各方权责关系，建立健全激励相容的运行机制，突出部门在预算编制、预算执行及绩效管理中的主体地位和主体责任，促进部门增强自我约束，改进内部管理和注重提高绩效水平。

二、实施滚动规划管理的可行性

第一，党的十八届三中全会指出“建立跨年度预算平衡机制”，这充分体现了党中央、国务院对建立中长期预算平衡机制的重视。第二，世界其他国家的中期预算管理实践，以及国内“一省一市一县”的滚动预算试点，为中央部门实施滚动规划管理提供了丰富的有益经验，可资借鉴。第三，通过多年来的不断改革，包括：部门预算改革、国库集中收付制度改革、政府采购制度改革、政府收支分类改革以及对预算公开的推进，初步形成了一套程序规范、制度健全、内容完整、运转顺畅，具有可靠的技术支撑和可控性的政府预算制度体系和管理框架，这些改革为下一步实施滚动规划管理奠定了坚实基础。第四，目前正在酝酿中的《预算法》修订，也反映了建立跨年度预算平衡机制的新内容，这将为实施滚动规划管理提供法理依据。第五，许多中央部门对于实施滚动规划管理也十分积极，希望通过实施滚动规划管理进一步理顺机制，促进部门预算管理水平和质量的提升。

第四节　推进滚动规划管理的思路

按照现在的初步思路，滚动规划将从两个层面来推进，一个是中央财政规划，另一个是部门支出规划。三年滚动财政规划编制，对中央部门主要是涉及重大改革、重要政策和重大项目情况，相关工作已在逐步启动。下一步，财政部将研究推进三年滚动部门支出规划编制（简称“部门滚动规划”），初步思路中主要涉及以下要点：

一、拓展支出测算周期，实行逐年滚动管理

改变目前中央财政本级支出只测算编制一年的做法，以三年为周期，在中期财政规划的基础上，编制本级支出规划和部门支出规划，每年度向后递延一年，实行滚动编制和管理。财政部根据国家中长期宏观调控政策，提出未来三年的财政支出政策，结合部门支出需求确定部门未来三年的支出控制数，并下达给中央部门，作为后续年度规划和年度预算编制的基础。下一年度编制预算时，中央部门根据情况变化，结合需要，可对上年编制的三年规划中的后两个年度的支出规划进行适当调整。

二、保证跨年度预算平衡，调整优化支出结构

根据国家宏观调控需要，对总预算收支进行跨年度综合平衡，确定财政支出政策。同时，调整优化支出结构：一是财政部门根据经济社会发展中长期规划，通过确定财政支出政策，明确财政支出结构和重点，并根据经济社会发展情况与政策变化，及时对支出结构进行调整。二是中央部门根据国民经济和社会发展规划，结合财政支出政策和有关行业、领域事业发展规划以及部门职责，制定部门工作计划。三是以部门工作计划为基础，科学、合理的编制部门支出三年滚动规划，优先安排符合事业发展规划、部门工作计划目标的预算项目，并根据各方面发展变化情况，及时修正和调整相关指标。

三、实行支出总量控制，增强预算的硬约束

对中央部门支出总量按照基本支出和项目支出区分，采取不同方式严格控制。部门年度基本支出总量一经确定，原则上执行中不得申请增加。如有零星增编增人，通过机动经费解决。如预算执行中有重大的基本支出调整政策出台，由财政部审核后调整部门的基本支出分年总量。基本支出区分人员经费和日常公用经费，两者间总量不得相互调剂使用。在三年周

期内，部门三年项目支出总量和年度支出总量一经确定，原则上不得突破。如有一般性的新增支事项，全部在部门支出总量内，通过机动经费，或通过项目之间调剂解决。

四、加强项目清理整合，盘活财政资金存量

一是对预算项目实行分层、分类管理。对项目分层次设置，对不同层次的项目实行不同方式的管理，做到粗细结合、有总有分，避免项目散碎，同时大项目应与重大政策形成更紧密的联系。二是提高预算项目的稳定性和细化程度。完善项目编码规则，确保项目的稳定性和唯一性。年度间项目的名称、内容和范围不得随意调整。探索编制全面的经济分类预算。三是推进项目的全周期滚动管理。改变项目预算管理方式，对项目按照项目周期进行多年度滚动管理。同时，完善项目库管理软件，对项目管理中涉及的预算、指标、结转和结余等相关信息进行整合，实现项目全周期管理。四是中央部门要加强对项目进行全面清理整合。部门依据相关行业、领域事业发展规划，对本部门的职能履行、能力建设和工作任务等需求进行全面的分析、梳理，对原有的预算项目进行全面清理，加强对内部支出的统筹和对支出结构的调整优化通过分类归并、整合内容、调整结构，重新合理设置预算项目，压缩项目数量。五是改进结转结余资金管理。对项目周期未结束的，年度剩余资金作为结转资金管理，及时、全面在下年度预算中反映。项目结余以项目周期结束或项目中止、撤销为标准进行确认。

五、健全项目审核机制，充实预算项目储备

推动部门建立分层级的项目审核程序，完善规章制度，明确审核机构和职责，规范审核的内容和要求。同时，发挥中介机构在项目评审中的作用，对专业性强、技术复杂、支出数额较大的项目，组织专家或委托中介机构对项目进行评审，为审核决策提供参考意见。根据部门规划编制和管理的需要，在加强项目审核基础上，充实部门的预算项目储备，提高支出

安排的计划性和前瞻性。

六、推进预算绩效管理，健全全过程绩效管理

结合滚动规划管理，以绩效为导向，强化支出责任，建立适应滚动规划管理的绩效管理体系，强化绩效目标管理，开展绩效运行监控，推进支出项目、部门（或单位）整体、支出结构、政策制度等多层次、多维度的绩效评价，探索中期评估机制，开展多年度绩效评价，建立绩效问责和相应的激励机制，推进绩效评价结果与预算安排有机结合。

第九章 中央部门厉行节约工作情况

第一节 厉行节约反对浪费制度体系

为贯彻落实习近平总书记等中央领导同志关于厉行节约反对浪费制度建设的重要批示精神，2013 年 3 月，中央办公厅制定了推进厉行节约反对浪费制度建设工作方案，明确了厉行节约反对浪费制度建设的目标和任务，其中财政部牵头承担了中央和国家机关会议费、差旅费、培训费、因公临时出国经费、外宾接待经费、国有金融企业负责人职务消费、短期出国培训费用和健全“三公”经费公开制度等 8 项制度的修订或制定工作，配合相关部门开展其他十多项制度建设工作。财政部党组高度重视，成立了工作组，积极开展工作。本着立足当前、着眼长远、顶层设计、整体推进、统筹协调、督促落实的原则，做到厉行节约与推动发展并行、制度清理与制度制定同步、完善制度与深化改革并重，重点解决原制度滞后、重复交叉、标准不一、刚性不够、操作性不强等问题，切实增强制度的针对性、规范性、科学性。截至 2014 年 2 月，中央和国家机关会议费、差旅费、因公临时出国费、外宾接待费、培训费和因公短期出国培训费等 6 项制度已经印发执行。《国有金融企业负责人职务消费管理办法》的制定正在加快推进之中，“三公”经费公开有关制度规定等也随部门预算公开工作统筹推进。

一、中央和国家机关会议费管理办法修订的背景和主要内容

（一）修订背景

原中央和国家机关会议费管理办法等有关规定对规范中央和国家机关会议费管理发挥了积极作用。但是，由种种原因，中央和国家机关会议费管理中仍然存在不少问题，主要表现在：一是会议审批不严，一些单位召开二类会议不按规定程序报批，三类会议审批流于形式，各类业务会议召开随意性较大，导致会议数量失控。二是会议规模失控，一些单位召开二类会议和三类会议，不严格按照规定控制与会人数，不按照规定安排会议工作人员，一些业务性会议的人数、规模要求不明确，致使超规模开会现象普遍。三是超范围开支会议费的现象普遍，一些单位开会不严格执行会议费管理的制度规定，发放洗漱用品、纪念品、礼品，制作豪华背景板，在会场和主席台摆放花草，提供烟草制品，购置办公用品等，增加了会议成本。四是会议费报销审查不严，对一些不符合规定的会议费开支缺乏有效的监控。五是一些单位存在着以会议名义套取现金、以会议费名义开支接待费、向下级单位转嫁会议费负担等违规违纪问题。

为贯彻落实中央要求，进一步加强中央和国家机关会议费管理，切实精简和严格控制会议，大力改进会风，提高会议效率和质量，努力节约会议费开支，不断降低会议成本，根据中办厉行节约反对浪费制度建设任务分工，财政部会同国管局、中直管理局对现行中央和国家机关会议费管理相关制度进行了研究梳理，结合实际情况，起草了《中央和国家机关会议费管理办法》。

（二）主要内容

1. 扩大了会议费管理办法适用范围。党中央各部门，国务院各部委、各直属机构，全国人大办公厅，政协全国办公厅，最高人民法院，最高人民检察院，各人民团体、各民主党派中央和全国工商联召开的会议都应执行《中央和国家机关会议费管理办法》，实现了对所有中央单位的全覆盖。

同时，增加了“四类会议”，将部门召开的各类会议全部纳入了《办法》的规范范围，实现了对各类会议的全覆盖。

2. 强化了会议计划管理。进一步明确了二类会议计划的报批程序，即送财政部审核会签后，按程序经中央办公厅、国务院办公厅审核后报批。建立了三类会议计划编报和审批制度，规定年度会议计划经单位领导办公会或党组（党委）会审批后执行。明确规定四类会议应当由单位分管领导审核并报主要领导批准后执行，并列入单位年度会议计划。

3. 严控会议数量和规模。规定各单位召开的二类会议原则上每年不超过 1 次。一类会议按照批准文件从严控制会期，二、三、四类会议不得超过 2 天。二类会议参会人员总数不得超过 300 人，其中工作人员控制在会议代表人数的 15%；三类会议参会人员不得超过 150 人，其中工作人员控制在会议代表人数的 10% 以内；其他会议参会人员不得超过 50 人。

4. 进一步规范会议地点和场所。参会人员以在京单位为主的会议不得到京外召开，各单位不得到党中央、国务院明令禁止的风景名胜区召开会议；不能够采用电视电话、网络视频召开的会议实行定点管理；参会人员在 50 人以内且无外地代表的会议，原则上在单位内部会议室召开，不安排住宿。

5. 对全国人大办公厅等部门召开会议的管理方式作出规定。考虑到全国人大办公厅，政协全国办公厅，各民主党派中央和全国工商联会议的特殊性，规定全国人大办公厅，政协全国办公厅，各民主党派中央和全国工商联的会议分类、审批事项、会期及参会人员等，由各部门根据法律法规、章程规定，参照党中央和国务院各部门会议的相关规定作出规定，并报财政部备案。

6. 适当提高了会议费开支标准。一、二、三类会议综合定额标准分别提高到每人每天 660 元、550 元和 450 元，并对综合定额标准作了细化，各项费用之间可调剂使用。

7. 规范了会议费报销和支付管理。会议费报销时须附会议审批文件、会议通知及实际参会人员签到表、定点饭店等会议服务单位提供的费用原始明细单据、电子结算单等凭证。会议费支付应严格按照国库集中支付制度和公务卡管理制度的有关规定执行，采用银行转账或公务卡方式结算，不得以现金方式支付。

8. 实行会议费公示和年度报告制度。要求各单位将非涉密会议名称、主要内容、参会人数、经费开支等情况在本单位内部公示，接受单位广大干部职工的监督；条件成熟时，将非涉密会议费支出情况向社会公开。要求一级预算单位应当于每年3月底前，将本级和下属预算单位上年度会议计划和执行情况汇总后报财政部，国务院各部门同时抄送国管局，党中央各部门同时抄送中直管理局。

9. 强化监督问责。严禁借会议名义组织会餐或安排宴请、严禁套取会议费设立“小金库”、严禁在会议费中列支公务接待费；各单位应严格执行会议用房标准，不得安排高档套房；会议用餐严格控制菜品种类、数量和份量，安排自助餐，严禁提供高档菜肴，不安排宴请，不上烟酒；工作会议会场一律不摆花草，不制作背景板，不提供水果；不得使用会议费购置电脑、复印机、打印机、传真机等固定资产以及开支与本次会议无关的其他费用；不得组织会议代表旅游及与会议无关的参观；严禁组织高消费娱乐、健身活动；严禁以任何名义发放纪念品；不得额外配发洗漱用品。财政部、国管局、中直管理局将会同有关部门对各单位会议费管理和使用情况进行监督检查，对计划外开会、以虚报冒领手段骗取会议费、虚报会议人数天数、违规扩大会议费开支范围、擅自提高会议费开支标准、违规报销与会议无关费用等行为，责令改正，追回资金，并经报批后予以通报。对直接负责的主管人员和相关负责人，报请其所在单位按规定给予行政处分。如行为涉嫌违法的，移交司法机关处理。

二、中央和国家机关差旅费管理办法修订的背景和主要内容

（一）修订背景

原中央国家机关和事业单位差旅费管理办法对规范和加强差旅费管理发挥了积极作用，但随着经济社会形势的发展，出现不少问题：差旅费开支标准单一、不够科学，上级机关出差人员向下级单位转嫁差旅费的现象比较普遍，差旅费监督管理措施缺失，差旅费开支会计信息失真等，需要

进行修订。

针对上述问题，财政部在调查研究的基础上对差旅费管理办法进行了修订。按照借鉴经验、科学定标、强化监管、分步实施的思路，坚持四个结合：一是坚持标准制定与地区实际相结合。考虑到我国幅员辽阔，地区之间经济发展水平差别较大，各地物价水平和饭店收费标准相差悬殊，差旅费开支标准不能“一刀切”，应当充分体现地区差别，分地区制定开支标准。同时，建立健全标准动态调整机制，防止标准一定多年不变。二是坚持内部管理与外部监督相结合。建立出差审批制度，加强审批管理，从严控制出差批次、人数和天数，严格报销审核，强化开支管理，严格控制差旅费支出规模，明确差旅费的禁止性规定，细化监督检查内容，强化监督问责。三是坚持差旅费管理与公务接待等制度相结合。国内差旅住宿、伙食补助标准应当与公务接待住宿、餐饮标准，会议住宿、用餐标准等相衔接。四是坚持整体考虑与分步实施相结合。考虑住宿费、伙食补助费标准分地区制定一下子在全国范围内地市级实行难度较大，采取了分步走的做法，即 2014 年制定省会城市和直辖市、计划单列市住宿费和伙食补助费标准，作为中央和国家工作人员到该省、自治区、直辖市和计划单列市出差的报销标准。在此基础上，总结经验，改进措施，制定分地市的住宿费和伙食补助费标准。

（二）主要内容

1. 强化了出差审批管理。各单位应当建立健全公务出差审批制度，出差必须按规定经单位领导批准，从严控制出差人数和天数，严禁无实质内容、无明确公务目的的差旅活动，严禁以任何名义和方式变相旅游，严禁异地部门间无实质内容的学习交流和考察调研。

2. 科学制定差旅费开支标准。分地区分职级制定住宿费标准，部级人员住宿费限额标准为每人每天 800 元，司局级人员为 450—500 元，其他人员为 310—350 元；分地区制定伙食补助费标准，每人每天 100 元或 120 元；市内交通费标准提高到每人每天 80 元；完善交通费标准，比照出差人员乘坐飞机可以报销一份航空旅客意外伤害保险的做法，规定乘坐火车、轮船等交通工具每人次可报销交通意外保险一份。伙食补助费和市内交通费标准实行包干办法，出差人员由接待单位提供交通工具的，应向接待单位或其他单位交纳相关费用。

3. 严格了差旅费报销制度。出差人员应当严格按规定开支差旅费，费用由所在单位承担，不得向下级单位、企业或其他单位转嫁。实际发生住宿而无住宿费发票的，不得报销住宿费以及城市间交通费、伙食补助费和市内交通费。细化报销规定，强化了单位财务部门的审核责任。要求住宿费、机票支出等按规定用公务卡结算。

4. 强化监督问责。明确规定出差人员不得向接待单位提出正常公务活动以外的要求，不得在出差期间接受违反规定用公款支付的宴请、游览和非工作需要的参观，不得接受礼品、礼金和土特产品等，严禁向下级单位、企业或其他单位转嫁费用负担等。强化了中央单位的内部监督职责，对弄虚作假，虚报冒领，违反规定的，要按照有关规定严肃处理，追究相关负责人、直接责任人的责任。

三、中央和国家机关培训费管理办法制定的背景和主要内容

（一）制定背景

党的十六大以来，中央提出了“大规模培训干部，大幅度提高干部素质”的要求，培训费支出呈现较大幅度增长。但长期以来，一直未制定统一的党政机关培训费管理办法，导致培训管理存在以下问题：一是培训无计划，审批机制不完善，导致培训过多过滥、重复培训、以训代会等现象。二是支出无统一标准，有的单位参照会议费标准，有的单位参照党政领导干部培训费标准，有的单位自行制订标准。三是支出范围不明确，一些中央明令禁止或严格控制的项目，如招待、宴请、会议等支出在培训费中报销，有的培训还以考察调研为名组织观光旅游等。

针对上述问题，财政部、中央组织部和国家公务员局在调查研究的基础上制定了《中央和国家机关培训费管理办法》，对中央和国家机关使用财政资金在境内举办的 3 个月以内的岗位培训、任职培训、专门业务培训、初任培训等进行了规范。

（二）主要内容

1. 建立了培训计划编报、审批备案和执行情况报告机制。建立了培训计划编报、审批备案和执行情况报告机制，各单位年度培训计划经单位党组（党委）会议批准后，报中央组织部、国家公务员局、财政部备案。同时各单位应当报送上年度培训计划执行情况。完善内部控制和外部监督机制，增强培训的针对性和实效性，杜绝无实质内容培训。

2. 明确了培训费开支范围。培训费开支范围包括住宿费、伙食费、培训场地费、讲课费、培训资料费、交通费等方面。通过严格界定培训费项目范围，明确开支内容，堵塞在培训费中列支公务接待费、会议费和以培训名义公款宴请、公款旅游的漏洞。

3. 培训费实行综合定额标准控制。培训费综合定额每人每天 450 元，超过 15 天的培训，超过天数按照综合定额标准的 80% 控制，超过 30 天的培训，超过天数按照综合定额标准的 70% 控制。培训费由培训举办单位承担，纳入部门预算管理，在各单位日常公用经费或专项经费中列支。

4. 严肃培训纪律。严禁借培训名义安排公款旅游，严禁借培训名义组织会餐或安排宴请，严禁组织高消费娱乐、健身活动，严禁在培训费中列支公务接待费、会议费，严禁套取培训费设立"小金库"，培训住宿不得安排高档套房和额外配发洗漱用品等。

5. 加强报销控制。培训费报销须附培训通知、实际参训人员签到表、讲课费签收表等费用原始明细单据，未列入年度培训计划的不予报销。除讲课费、小额零星开支外，他培训费应当采用银行转账或公务卡方式结算，不得以现金方式支付。

6. 加强监督问责。明确中央组织部、国家公务员局、财政部会同有关部门对各单位培训活动和培训费管理使用情况进行监督检查，对单位违规行为责令改正、追回资金，并予以通报。

四、因公临时出国经费管理办法修订背景和主要内容

（一）修订背景

原《临时出国人员费用开支标准和管理办法》是 2001 年印发实施的。

近年来，我国对外交往不断深入，原管理办法难以适应新形势的要求，主要表现在：因公临时出国经费管理规定相对滞后，经费开支标准尤其是住宿费标准明显偏低，开支范围不够细化，机票购买、外汇管理方式相对落后等。

针对上述问题，财政部、外交部在深入调研的基础上，按照严控总量、加强管理、完善标准、强化监督的原则，对原办法进行了修订，印发了《因公临时出国经费管理办法》。

（二）主要内容

1. 进一步强化预算管理。各地区各部门各单位因公组派临时出国团组应坚持强化预算约束、优化经费结构、厉行勤俭节约、讲求务实高效的原则，严格控制因公临时出国规模，规范因公临时出国经费管理。

2. 完善了计划管理。明确规定因公临时出国应当坚持因事定人的原则，不得因人找事，不得安排照顾性和无实质内容的一般性出访，不得安排考察性出访。

3. 强化内部控制。各地区各部门各单位建立因公临时出国计划与财务管理的内部控制制度，出访团组需事先填报《因公出国任务和预算审批意见表》，由外事和财务部门分别出具审签意见。

4. 加强国际旅费管理。出国人员应优先选择直达航班及由我国航空公司运营的国际航线，选择优惠票价，尽可能购买往返机票。机票款由本单位用公务卡、银行转账方式支付，不得以现金支付。

5. 实事求是设定费用开支标准。将住宿费、伙食费、公杂费的平均标准分别提高到158美元/天、53美元/天和40美元/天。细化各国首都及重点城市的住宿费标准，对地域广阔、物价差异较大、出访团组较多、政治经济社会发展相对稳定的33个国家，按主要城市设定不同的住宿费标准。出国签证费用、防疫费用、国际会议注册费用等凭有效原始票据据实报销。

6. 细化加强经费管理的措施。要求出国人员严格按照规定安排住宿，要求代表团出访用餐勤俭节约，原则上不对外赠送礼品。明确了各级外事、财政、审计等部门和单位财务部门。

7. 加大监督检查力度。对因公临时出国情况进行定期或不定期联合检查，各级财政部门应当定期或不定期对各部门各单位因公出国经费管理使用情况进行监督检查。财务部门应建立健全因公临时出国团组内部监督检查机制，并加强出国经费预算绩效评价。

五、中央和国家机关外宾接待经费管理办法修订的背景和主要内容

（一）修订背景

原《关于外宾接待费用开支标准和管理办法的规定》是 1997 年颁布实施的。近年来，随着我国综合国力不断提升、国际话语权持续增强，来访的外宾数量与日俱增。同时，外宾接待工作出现了一些新情况和新问题，如接待过多过滥，住宿费、伙食费等标准明显偏低等，亟需对现行制度进行修订。

为更好地满足外宾接待工作的实际需要，规范外宾接待管理，提高工作实效，财政部在调查研究的基础上，按照严格审批、控制总量、合理调标、加强监督的原则，对原规定进行了修订，印发了《中央和国家机关外宾接待经费管理办法》。

（二）主要内容

1. 强化计划审批管理。中央单位邀请外宾来访应当按照有关外事管理规定，严格执行计划审批规定。未经批准或授权，不得对外发出正式邀请或作出承诺，从严控制接待团组数、人数、天数。

2. 强化预算约束。外宾接待费应纳入部门预算，在核定的年度外宾接待费预算内安排外宾接待活动，不得超预算或无预算安排外宾接待。对无互惠对等原则及外事交流协议的，招待天数不得超过 5 天，招待人数可由各中央单位按内部规定执行，超出规定天数和人数的，一律由外宾自理。

3. 明确开支范围。外宾接待费开支范围主要包括住宿费、日常伙食费、宴请费、交通费、赠礼等。明确原则上不得提供来华国际旅费。

4. 明确住宿规格。副部长级及以上人员率领的代表团安排在五星级、

四星级宾馆，其他代表团最高不超过四星级宾馆。同时限定了外宾住房标准，副部长级及以上人员可安排套间，其他人员一律安排标准间。

5. 调整日常伙食费和宴请费开支标准。国家元首级、副总统级、正副部长级和其他人员的日常伙食费标准分别从每人每天 200 元、160 元、120 元、100 元调整为 600 元、550 元、500 元、300 元。正、副部长级人员出面举办的宴会，标准从每人每次 130 元调整至 400 元；厅局级及以下人员举办的，标准从每人每次 100 元调整至 300 元。冷餐、酒会和茶会的标准，从原标准的每人每次 80 元、60 元、40 元分别调整为 150 元、100 元、60 元。外宾在华期间，宴请不得超过 2 次。

6. 明确对外赠礼要求。对外赠礼应贯彻节约、从简原则，礼物应尽量选择具有民族特色的纪念品、传统手工艺品和实用物品，朴素大方，不求奢华。赠礼对象仅为外方团长夫妇，必要时可包括主要陪同人员，原则上由接待单位赠礼 1 次。对部级人员、司局级人员仍维持原有标准不变，分别为 400 元、200 元。

7. 明确划分支出责任。中央邀请的外宾，接待费用由中央单位负担。地方邀请的外宾由地方单位负担。

8. 加大监督检查力度。外事、财政、审计等部门应当加强对外宾接待管理和经费使用情况的监督检查。对擅自提高开支标准等违规行为应按照《财政违法行为处罚处分条例》等有关规定，责令整改，追回资金，并追究有关人员责任。

六、因公短期出国培训费用管理办法修订的背景和主要内容

（一）修订背景

原《关于出国（境）实习培训团组集体开支的培训费标准和管理办法的暂行规定》和《关于调整短期出国（境）培训生活费开支标准和部分国家培训费币种的通知》分别是 1994 年和 2002 年制定的。随着出国培训工作的深入开展和国内外情况的发展变化，难以适应新形势的要求，主要表现在：一是管理规定滞后。出国培训费用缺乏完整、规范、统一的管

理。二是经费开支标准偏低。近年来受国外物价水平上涨、劳动力成本上升、汇率大幅变动等因素影响，培训费标准无法满足培训实际需求，培训降格以求。三是培训管理偏松。一般性、照顾性、重复性培训和跨部门跨地区团组较多，因人找事现象依然存在等。针对上述问题，财政部会同国家外专局在调查研究的基础上，对原办法进行了修订，印发了《因公短期出国培训费用管理办法》。

（二）主要内容

1. 明确了因公短期出国培训的预算管理、计划管理和内部控制等要求。因公短期出国培训费用纳入预算管理，实行经费预算先行审核，不得超预算或无预算安排出国培训项目；严格控制出国培训规模，认真履行计划报批制度；建立出国培训计划与预算管理的内部控制制度。

2. 规范了经费管理。明确培训费用的开支范围，调整培训费开支标准，确定中央财政安排出国培训专项经费资助重点。

3. 明确了礼品与宴请、经费资助、项目组织等方面的限制性要求。严禁培训团组接受或变相接受资助，严禁向其他单位摊派或转嫁出国培训费用。不得组织计划外或营利性出国培训项目，不得安排照顾性质、无实质内容、无实际需要及参观考察等一般性出国培训项目。

4. 对信息公开、成果共享、监督检查、责任追究等内容进行规定。要求建立因公短期出国培训项目信息公开制度和成果共享机制，各级出国培训管理、外事、财政、审计等部门应定期或不定期进行检查。

第二节　加强“三公”经费管理有关情况

一、“三公”经费的概念和口径

纳入中央财政预决算管理的“三公”经费是指中央部门用财政拨款安排的因公出国（境）费、公务用车购置及运行费和公务接待费，是党政机关维持运转或完成特定工作任务所开支的相关支出，是政府行政开支的一部分。其中：

因公出国（境）费反映单位公务出国（境）的国际旅费、国外城市间交通费、住宿费、伙食费、公杂费、培训费等支出。

公务用车购置及运行费反映单位公务用车车辆购置支出（含车辆购置税）及租用费、燃料费、维修费、过路过桥费、保险费、安全奖励费用等支出。

公务接待费反映单位按规定开支的各类公务接待（含外宾接待）支出。

从单位范围看，编报“三公”经费财政拨款预决算的单位包括向财政部编报部门预算的中央部门本级及其所属行政单位、事业单位（含参照公务员法管理事业单位）、社会团体、企业等。从资金性质看，“三公”经费预决算既包括通过基本支出公用经费安排的支出，也包括通过项目支出安排的支出。

二、加强“三公”经费管理的政策要求

2009年以来，中办、国办相继印发了《关于党政机关厉行节约若干问题的通知》（中办发［2009］11号）、《转发〈中央纪委、监察部、财政部关于进一步落实党政机关厉行节约要求的通知〉》（中办发［2010］19号）和《关于进一步做好党政机关厉行节约工作的通知》（中办发［2011］13号），对党政机关厉行节约工作提出要求。具体包括：各地区、各部门要继续深化预算管理改革，细化预算编制。严格控制一般性支出，进一步压缩“三公”经费支出。制定和完善基本支出、项目支出标准，健全各项资产配置标准。加强机构编制管理和人员经费管理。加强公务用车配备使用管理。严格控制因公出国（境）团组数量和规模。进一步规范公务接待工作，完善公务接待经费管理办法，严格控制接待经费开支标准。逐步公开出国出境、出差、公务接待、公务用车、会议等经费支出。

《机关事务管理条例》规定，政府各部门应根据工作需要和机关运行经费预算制定“三公”经费支出计划，不得挪用其他预算资金用于“三

公”经费支出。各部门应严格执行公务用车编制和配备标准，建立健全公务用车配备更新管理制度，严格执行公务接待制度和标准，执行有关因公出国（境）的规定。各级人民政府应定期公布“三公”经费预决算情况。

《国务院关于编制 2014 年中央预算和地方预算的通知》（国发［2013］43 号）要求，严格执行机关会议费、因公临时出国经费、差旅费、外宾接待经费、培训费、短期出国培训费管理办法，以及国有金融企业负责人职务消费等管理办法，压缩机关会议费、差旅费、车辆购置和运行费、公务接待费、因公出国（境）经费等支出，做到政府性的楼堂馆所一律不得新建，财政供养人员只减不增，公费接待、公费出国、公费购车只减不增。推进省以下“三公”经费公开。

《党政机关厉行节约反对浪费条例》规定，严格控制国内差旅费、因公临时出国（境）费、公务接待费、公务用车购置及运行费、会议费、培训费等支出。年度预算执行中不予追加，因特殊需要确需追加的，由财政部门审核后按程序报批。统筹安排年度因公临时出国计划，严格控制团组数量和规模，加强因公临时出国经费预算总额控制，严格执行经费先行审核制度。严格执行国内公务接待标准，实行接待费支出总额控制制度。改革公务用车实物配给方式，取消一般公务用车，保留必要的执法执勤、机要通信、应急和特种专业技术用车及按规定配备的其他车辆。严格按规定配备专车，从严控制执法执勤用车的配备范围、编制和标准。

新一届政府成立之初，李克强总理代表国务院提出：本届政府任期内，政府性楼堂馆所一律不得新建，财政供养人员只减不增，公费接待、公费出国、公费购车只减不增的“约法三章”。

李克强总理在国务院第二次廉政工作会议上要求：继续严控“三公”经费和会议费，做到只减不增。公务接待必须严格执行相关规定，公务宴请必须严格控制标准。

三、加强中央部门“三公”经费管理的有关措施

严格控制中央部门“三公”经费支出，是贯彻落实中央八项规定和国务院“约法三章”要求，促进党政机关厉行节约工作的一项重要举措。近

年来，财政部采取措施，完善“三公”经费制度和管理，加强“三公”经费预算编制和执行管理，严格控制“三公”经费预算规模，积极推动“三公”经费公开，着力构建厉行节约的长效机制。

（一）完善“三公”经费制度和管理

修订完善“三公”经费管理制度，中办、国办印发了《党政机关国内公务接待管理规定》、财政部印发了《因公临时出国经费管理办法》、《中央和国家机关外宾接待经费管理办法》等，“三公”经费制度体系进一步完善。强化因公出国计划审批管理，严格控制因公出国团组数量，降低因公出国经费开支规模。继续实行公务用车编制与经费双向控制，严格按照规定编制和标准配备党政机关公务用车，切实加强执法执勤用车管理，实行政府集中采购、定点保险、定点维修、定点加油制度，推动公务用车制度改革，切实降低公务用车运行成本。加强公务接待费管理，对公务接待费预算实行总额控制，全面推行公务卡结算制度。

（二）加强“三公”经费预算编制和执行管理

从编报2010年部门预算开始，财政部要求中央部门从基层单位逐级汇总编报“三公”经费预算，并按照行政单位和事业单位分开、公务用车购置费和运行费分开的原则逐步细化“三公”经费预算编制，规范编报口径，提高了“三公”经费预算编报的准确性。加强“三公”经费执行管理，明确要求各部门用财政拨款安排的“三公”经费支出不得超过预算规模。对部门申请追加预算事项中涉及“三公”经费预算的，要求报请国务院同意后方可追加，有效控制了执行中追加“三公”经费预算。

（三）严格控制“三公”经费预算规模

2010—2014年部门预算编制中，财政部按照零增长原则对中央部门“三公”经费预算进行了严格控制。其中，2011年按照国务院要求，按2%的比例进一步压缩了相关部门公务用车购置及运行费预算。2013年，在中央部门“三公”经费预算零增长的基础上，对公务接待费预算又按照4.3%的比例作了进一步压缩。2014年，结合部门2013年“三公”经费执行情况，对“三公”经费预算作了进一步压缩。通过近几年的努力，中央本级“三公”经费预算规模连年下降，支出得到有效控制。2014 年中央本级“三公”经费财政拨款预算 71.51 亿元，其中，因公出国（境）费 19.76 亿元，公务用车购置及运行费 41.27 亿元（其中，公务用车购置费 6.63 亿元，公务用车运行费 34.64 亿元），公务接待费 10.48 亿元。与 2013 年年初预算相比，2014 年中央本级“三公”经费财政拨款预算减少 8.18 亿元，下降 10.3%。

（四）积极做好“三公”经费公开工作

2011 年 7 月，财政部第一次公开了中央本级 2010 年“三公”经费支出和 2011 年预算情况。98 个中央部门公开了本部门 2010 年“三公”经费决算和 2011 年预算情况。中央部门“三公”经费公开工作拉开了序幕，并不断推进。2013 年，中央本级和中央部门“三公”经费预算的公开时间由往年 7 月份随同部门决算公开，调整为 4 月 18 日随同部门预算公开（涉及机构改革和职能调整的部门除外），公开时间提前了 3 个月。94 个中央部门随同部门预算公开了本部门“三公”经费 2013 年预算总额和分项数额，并对增减变化的原因进行了说明。2014 年，“三公”经费公开力度进一步加大。中央部门公开的 2014 年部门预算中，专门增加了《“三公”经费财政拨款预算表》，详细反映“三公”经费预算安排及上年度执行情况，并将“公务用车购置及运行费”进一步细化公开为“公务用车购置费”和“公务用车运行费”。

四、下一步加强“三公”经费管理的基本思路

（一）继续严格控制“三公”经费预算规模

按照中央八项规定和党政机关厉行节约的有关要求，继续严格控制中央部门“三公”经费预算规模，确保中央本级“三公”经费预算总规模比上年只减不增。配合有关部门进一步加强机构、编制管理，严格控制出国团组数量和规模，规范公务用车配备使用，规范和改革公务接待工作。

（二）加强“三公”经费预算编制和执行管理

进一步规范“三公”经费预算编报口径，细化“三公”经费预算编制。切实增强“三公”经费预算约束力，要求中央部门年度执行中用财政拨款安排的“三公”经费支出不得超过批复的预算规模。严格控制预算调整，原则上不在执行中追加部门“三公”经费预算。

（三）继续推进“三公”经费公开

做好中央本级和中央部门“三公”经费公开工作，按照预算批复内容进一步细化中央部门“三公”经费公开。督促地方按照国务院要求，稳步扩大“三公”经费公开范围和内容。

第十章　政府购买服务

政府向社会力量购买服务，是指通过发挥市场机制作用，把政府直接提供的一部分公共服务事项，以及政府在履行职责中所需的辅助性服务事项，按照一定的方式和程序，交由具备条件的社会力量承担，并由政府根据合同约定向其支付费用。政府购买服务是一种契约化的公共服务提供方式，具有权责清晰、结果导向、灵活高效等特点。

第一节　推广政府购买服务的重要意义

党中央、国务院高度重视政府购买服务工作。党的十八大强调，要改进政府提供公共服务方式。国务院将建立健全政府购买服务制度作为经济体制改革的重点工作，明确要求在公共服务领域更多利用社会力量，加大政府购买服务力度。2013年9月，国务院办公厅印发《关于政府向社会力量购买服务的指导意见》（国办发［2013］96号，以下简称《指导意见》），明确了该项工作的指导思想、基本原则、目标任务和总体要求。党的十八届三中全会通过的《中共中央关于全面深化改革若干重大问题的决定》（以下简称《决定》），明确提出“推广政府购买服务，凡属事务性管理服务，原则上都要引入竞争机制，通过合同、委托等方式向社会购买”。这是中央从全局和战略高度作出的重要决策部署，对于全面深化改革、转变政府职能、创新政府提供公共服务方式具有重要而深远的意义。

一、推广政府购买服务是加快转变政府职能、提高国家治理能力的必然要求

十八届三中全会《决定》提出，全面深化改革的总目标是完善和发展中国特色社会主义制度，推进国家治理体系和治理能力现代化。这是适应我国社会结构深刻变动、利益格局深刻调整、思想观念深刻变化提出的重要治国理念和战略思想，进一步丰富了我国现代化的内涵。与传统的管理思维相比，现代国家治理更加强调市场观念和法治意识，更加注重公众参与、平等协商、绩效理念和结果导向，实现包括政府在内的全社会多元参与、互动和民主管理，提高政府效率和公共服务质量。20 世纪 80 年代以来，主要发达国家兴起了一场以新公共管理为标志的行政改革运动，其中的一个内容，就是主张全民、社会都参与到公共服务供给中来。政府可以通过契约化、民营化等形式，把公共服务的生产交由市场和社会力量来承担，通过鼓励私人投资和经营公共服务行业，引入市场竞争机制，提高公共服务水平和效率，让全社会参与国家治理。

长期以来，我国公共服务主要依靠政府设立机构、养人办事直接提供，出现越位、缺位、错位的现象，一些可以不用由政府直接提供的公共服务，政府直接管，结果是政府该管的没管好，又管了许多不该管、管不了也管不好的事情，服务效率低下、质量不高、机构臃肿、人员膨胀、财政负担沉重等弊端日益显现。党的十八届三中全会《决定》指出，必须切实转变政府职能，深化行政管理体制改革，创新行政管理方式，增强政府公信力和执行力，建设法治政府和服务型政府。这就要求正确处理政府与市场、政府与社会的关系，通过简政放权，进一步发挥市场在资源配置中的决定性作用，激发市场主体的创造活力，增强经济发展的内生动力，把政府工作重点转到创造良好发展环境、提供优质公共服务、维护社会公平正义上来。政府购买服务强调政府、市场、社会等多元主体之间的合理定位和良性互动，鼓励和引导社会力量进入公共事业领域，有利于改变政府大包大揽的传统做法，促进政府自身运作方式的改革，减轻政府压力，提高政府管理和服务社会效率；有利于形成公共服务提供主体多元化格局，

有效发挥社会力量在提供公共服务、改善社会治理方面的作用，激发整个社会的活力和创造力。

二、推广政府购买服务是提高公共服务供给水平和效率、建设服务型政府的重要途径

改革开放以来，我国公共服务体系和制度建设不断推进，公共服务提供主体和提供方式逐步多样化。随着我国经济、社会的发展，人民群众生活水平不断提高，人们对公共服务的需求不断增加，对服务质量的要求也在不断提高。传统的由政府及其举办的各类事业单位直接提供公共服务的模式难以适应需要，基本公共服务均等化程度不足、部分服务短缺、制度建设相对滞后，难以满足人民群众日益增长的公共服务需求，迫切需要创新公共服务供给模式，有效动员社会力量，构建多层次、多方式、多元化的公共服务供给体系，为人民群众提供更加方便快捷、优质高效的公共服务。政府购买服务通过发挥市场机制作用，可以更好地满足新形势下公共服务多样化、个性化、专业化需求，可以有效发挥财政资金的杠杆作用，吸引更多的社会力量参与提供公共服务。这样，既能加快解决公共服务短缺问题，又能形成公共服务发展新机制，对老百姓、政府和各类社会力量，都是“惠而不费”的好事。

三、推广政府购买服务是加快服务业发展、扩大有效需求、促进就业的迫切需要

服务业的发展水平是衡量现代社会经济发达程度的重要标志，在国民经济发展中具有举足轻重的地位。目前，我国服务业发展不充分、层次偏低的问题比较突出，传统服务业比重较大，现代服务业占比偏低，特别是关系民生的养老、家政、社区服务等生活性服务业发展滞后。大力发展服务业是当前和今后一个时期我国经济结构调整的重点，是改善民生、促进就业的重要举措。李克强总理在中央经济工作会议讲话中指出，服务业是我国产业结构的“短板”，也是未来经济持续健康发展的潜力所在，推进

服务业发展提速、比重提高、水平提升，一靠改革的推动，二靠开放的倒逼。服务业的发展涉及到多方面，政府提供的一部分公共服务，要通过发挥市场机制作用，大力发展推进，使其成为现代服务业的一个重要组成部分。推广政府购买服务，通过引进竞争机制，有利于打破行政垄断等体制性障碍，推动市场化改革，能有力促进我国服务业开放，有效增加服务供给，不断提升服务业发展层次和水平，同时，还能催生大量社会组织等市场主体，吸纳更多社会就业。按照国际平均水平，社会组织提供的就业岗位数量约占整个经济活动人口的4.4%，目前我国这一比重还不到1%，如果国内社会组织发展达到国际平均水平，则至少可以增加3000万就业岗位。因此，推广政府购买服务，是当前扩大服务业开放、加快服务业发展、引导有效需求、促进就业的重要改革推力和抓手。

四、推广政府购买服务是深化财税体制改革、建立现代财政制度的重要内容

财政制度安排体现政府与市场、政府与社会、中央与地方关系，是国家治理体系的重要组成部分。十八届三中全会对深化财税体制改革作出了明确部署，要求通过深化改革，加快形成有利于转变经济发展方式、有利于建立公平统一市场、有利于推进基本公共服务均等化的现代财政制度。实行政府购买服务是深化财税体制改革、建立现代财政制度的应有之义。首先，政府购买服务强调“费随事转”、“办事养人”，是体现结果导向的公共管理和财政支出理念，可以降低公共服务成本、提高财政资金使用效益，改变传统的“养人办事”财政拨款支出方式。其次，通过政府购买服务，从项目申报、项目审定、组织采购、资质审核、合同签订、履约监管到绩效评估等整个工作流程，都需要做到公开、公平、公正，符合预算公开和政务公开的改革方向，有利于提高财政透明度。第三，通过政府购买服务，一些公共服务由社会提供，在市场实现，可以更好地处理公平与效率的关系，使资源配置在这一领域实现效益最大化和效率最优化，让财政资金使用效益提高，公共服务质量优化。第四，将部分公共服务生产交给社会，不等于政府将管理责任一并放弃，实际上，政府的生产责任减少

了，管理责任却增加了，通过相应加强政府对服务提供过程、服务结果和资金使用效果的全方位监管，有利于防止对财政资金“重分轻管”、“一拨了之”的现象，增强财政资金使用效益，提高公众满意度。

第二节　政府购买服务的国际经验

政府购买服务是一种新型公共服务提供方式，其理念起源于西方发达国家，这一进程与发达国家的“民营化”改革相联系，并且伴随着西方公共服务理念和社会管理理念的发展而深入，在实践中得到越来越多国家的认可，逐渐成为发达国家的通行做法。

一、政府购买服务在国外的发展历程

20 世纪 70 年代末期以来，面对不断扩大的社会需求、公共服务开支的急速膨胀与政府服务低效之间的矛盾，西方发达国家对公共服务体制进行了大规模改革，引入了政府购买服务，并经历了由起步探索到蓬勃发展，随后又进入反思完善的阶段。

（一）起步探索时期

20 世纪 70 年代末到 80 年代末，受“新公共管理”运动的影响，在“市场化、竞争非垄断、分权及效率衡量”等核心理念的推动下，政府逐步从公共服务“生产者”转向“安排者”，公共服务的生产主体逐渐向非营利组织和企业转移。但是，在扩大公共服务供给规模、降低公共服务支出的同时，也存在服务质量难以保证、服务对象实际需求难以满足等问题。

（二）蓬勃发展时期

从 20 世纪 80 年代后期至 90 年代末，在公民社会、公共治理等理念的发展推动下，发达国家逐渐意识到追求公共利益仍是政府的根本职责，在

提供公共服务时，改变了上一阶段中主要关心成本效率的做法，更加突出公民权利和公共利益，更为重视多方参与，力求实现服务高效和社会整体利益优化之间的平衡。这一阶段最主要的特征是出现了以合同外包为主的多种购买服务方式，运作机制也由指向性拨款转向竞争性购买。

（三）反思完善时期

进入20世纪90年代后期，西方发达国家在经历政府购买服务规模的持续扩张以后，开始理性反思，不再单纯强调市场作用和竞争机制，而是综合运用计划和市场两种手段，增强政府提供优质公共服务的能力。与此同时，非营利组织的活跃程度日益增加，组织规模不断发展壮大，提供服务种类繁多，西方发达国家政府陆续采取了谨慎的购买态度，并出现了两种分化：一种是以法国为代表，政府将公共服务项目进行分类，视其关系民生的重要性和关键程度来决定购买的深度和广度；一种是以英、美等国为代表，政府购买公共服务的覆盖面仍很广，采用混合管理战略。

目前，政府购买服务已在美国、欧盟、日本、澳大利亚、新西兰、加拿大等国家和地区得到广泛应用。特别是2008年国际金融危机后，一些发达国家财政状况恶化，政府资金不足问题突出，推广政府购买服务成为其摆脱危机的重要举措。

二、发达国家政府购买服务的主要做法

（一）英国

为解决政府包办提供公共服务的弊端，1979年英国首相撒切尔夫人推行了公共服务市场化改革。改革以市场化为导向，以经济和效率为目标，率先在公共部门中引入竞争机制，强制实行非垄断化，极力推动公共部门与私营部门之间以及公共部门之间的竞争。改革促使私营部门进入了过去一个时期由政府提供公共物品的领域并获得主导地位。布莱尔担任首相期间提出了“第三条道路”理论，继续推进改革。英国进行了公共部门与私人部门合作提供公共服务的尝试，促使公共部门、私人部门与公共服务的

使用者做到了利益共享、风险共担。此时，改革的目标不再仅仅是提高公共服务的效率，而是更注重提高公共服务质量和“顾客满意度”。卡梅伦政府执政以后，于2010年5月提出并启动了“大社会”计划，继续推进政府购买服务。通过推行“大社会”改革，英国政府在大大降低管理成本的同时，又支持了社会组织的发展，公共服务水平和效率明显提升。

经过30多年的改革，英国的公共服务市场得到了长足的发展，日趋成熟和完善，在全球处于领先地位。在公共服务改革过程中，英国也建立了发达的治理和监督体系，服务于社会组织与各级政府，甚至专门在内阁中设置了一个第三部门部长。政府在注意与服务供给方建立友好合作关系的同时，又通过制定规则和标准去实现监管职能。

（二）美国

20世纪60年代末70年代初，约翰逊总统提出了“同贫困的战争”，同时，社会出现了从农村到城市的移民潮、福利权利运动、老龄化趋势等现象，这些因素使民众对社会福利项目的需求激增，财政负担沉重。政府购买公共服务的探索是对这种处境的一种突破。美国联邦“经济机会办公室”进行了首次政府购买公共服务的探索，利用国防部的采购程序来确保对低收入家庭的教育服务。此后，很多地方政府都开始了此类提供公共服务的新尝试。70年代中后期，美国政府通过立法的形式保护和促进私营部门进入公共服务领域，鼓励全社会的力量参与到公共服务的供给中来。80年代里根政府时期，开始实行以放松管制为主要内容的经济改革运动，市场机制更多地被运用到公用事业运营中。在克林顿政府时期，联邦政府对100多个机场的空管和一些军事基地功能运营引入了市场竞争机制。与英国等其他西方国家的不同，美国的公用事业私营化或者市场化模式更多地采取了政府服务合同外包的形式。通过服务外包，私营企业和社会组织提供了多种公共服务，包括公园管理、卫生保健、学前教育、社会住房、老年人照顾、社区司法矫正服务等。少数地方政府甚至将某些一直由政府提供的公共服务外包给了私人企业，比如监狱管理。

总体来讲，美国政府购买公共服务的实践引发了社会服务领域的深刻改革，促使各种非营利组织和营利组织参与到提供公共服务的竞争中来，提高了公共服务供给效率，改善了公共服务质量。

（三）德国

在新公共管理改革的潮流中，不同于激进派的英国、美国、新西兰等国家，德国属于温和型国家。德国政府特别是地方政府公共服务走上变革的道路，主要受以下因素影响：一是20世纪80年代末，在经济衰退的同时，东、西德合并加重了地方政府经济上的附加成本和财政压力，公共服务供需矛盾突出。二是面对公共服务质量下降和数量不足的窘境，公众对财政浪费、政府效率低下和官员惰性普遍不满。三是受新自由主义思潮和“新公共管理”改革范式的影响，实行公共服务改革已是大势所趋。

德国的公共服务改革旨在培育一种新的治理文化，最大限度地动员市场和第三部门参与地方性或区域性公共服务的生产，一方面让地方政府“瘦身”，另一方面与社会形成良性的互动协调机制，以实现公共服务生产与供给的可持续性。德国公共服务改革主要表现为一些公共物品市场化生产机制的创新，而第三部门参与公共服务生产与供应的机制也逐渐发展起来，私人闲散资金、社会资本和慈善援助等也成为了弥补地方政府在公共服务中公共财政支出不足的新渠道。政府职能则开始转变为公共服务生产的授权与监督、公共决策的协商与指导、公共财政预算、纯公共物品买单或生产补贴以及直接或间接承担公共服务的供应责任。

（四）日本

日本政府购买公共服务制度是在“市场化试验”基础上发展起来的，是规制改革的产物。所谓“规制”，一般是指中央或地方政府根据有关法律、法规以许可、认可等行政手段对国民以及企业的活动进行干预的行为。20世纪80年代后半期，随着世界经济的全球化、一体化和日本经济的成熟化，规制型市场经济的局限性日益突出。有鉴于此，日本政府实行了规制改革。2004年3月，小泉内阁通过了“推进规制改革、民间开放3年计划”。从2005年起，“市场化试验”正式展开，小泉内阁把职业培训、国民年金保险的征收业务等3个领域8项公共服务作为示范型事业的对象，通过竞标委托给民间部门。2006年以后，政府购买公共服务的范围进一步扩大，增加了统计调查关联的项目、与大学教育相关的项目等。在这种“市场化试验”中，由政府委托民间部门提供公共服务的行为即是政府购买公共服务的活动。

三、发达国家政府购买服务的经验

从西方国家推行政府购买服务改革的实践来看，主要有以下几个方面的经验：

（一）购买形式多样

目前，依据提供服务的制度安排不同，政府购买服务的形式大致可分为合同外包、凭单制、补助或奖励等三种。

合同外包是指将政府直接提供的一部分公共服务事项或政府在履行职责中所需的辅助性服务事项，通过公开招标等方式，交给有资质的社会力量来完成，政府根据中标者所提供服务的数量和质量支付服务费用。合同外包的实质是对生产者进行竞争性选择，主要操作方式是竞争性招标，一般适于那些可以详细说明服务的标准、质量、规格的“硬服务”。

凭单制是由政府向符合条件的公民发放购买凭证，领受者凭单据选择本人认为能够为其提供最好服务的生产者进行消费，然后政府用现金兑换各服务生产者接收的凭单。实践中对于与消费者的主观感受相联系、难于说明质量标准、规格的“软服务”，如特殊教育、老年看护等，多使用这种形式。采用凭单制的前提是，市场上有较多的服务生产者，竞争比较充分。与合同外包补贴生产者相比，凭单制则是直接补贴消费者，其优势在于：可以适应特定群体、个人的个性化需求，提高消费者对于服务的满意度；将服务的选择权交给分散的消费者，降低政府监督与管理成本；有效地促进竞争，提高服务生产者对于消费者的回应率。

补助或奖励是政府给予生产者的补贴。这种形式降低了特定服务对符合资格要求的消费者的价格，使他们可以向接受补助或奖励的生产者购买更多的服务。在这种形式中，政府和消费者都向生产者支付费用。对于兼顾或义务提供提公共服务的市场主体，如对于向社区居民免费提供阅览公共服务的社区书店，或向社会提供公共服务的社会组织，政府可采用补助或奖励方式。补助或奖励的方式既可以采用财政支出的方式，也可以采用税收优惠的方式。

（二）购买范围较为广泛

发达国家公共服务的购买范围和领域较为广泛，包含了社会服务的方方面面。在美国，从公共交通到监狱管理，从图书馆运营到治安消防，从公共教育到环境保护，从公共卫生到社会福利救济，从公共水利到公众娱乐文化，从公共公园到公共税务，从信息服务到政府人员培训，这些公共服务几乎都是政府通过私营企业或者非营利机构购买的。美国在公共服务供给中坚持的一个原则就是凡是能够购买的服务，政府都要进行购买。政府购买服务几乎遍及美国供给服务的所有领域，并涵盖了公共服务的绝大部分。欧盟国家购买公共服务的领域也较为广泛，共包含教育、健康、文化娱乐、体育、就业、污水、垃圾处理及环保服务等 27 类。在英国，卡梅伦政府将越来越多的公共服务外包给企业和非营利组织，涵盖教育、医疗、交通、安全、信息技术、环境保护、弱势群体帮助、癌症病人关怀等众多方面。

（三）购买法律体系比较完备

发达国家关于政府购买公共服务的法律条文规定全面、细致，针对可能出现的情况采取何种处理方式都有明确的规定，可操作性强。法律条款清晰、明确，避免了实际操作的随意性，为政府购买公共服务过程的流畅、规范打下基础。例如，美国有 4000 多部与政府购买服务直接或间接相关的法律法规，涉及方方面面，规定了政府购买服务的组织管理、购买程序等各个方面和环节。其中，《合同竞争法》规定了政府购买服务过程中合同管理办法；《联邦采购条例》对联邦政府购买服务给予详细的指导。此外，还有《政府绩效和结果法》、《采购规则》等从不同侧面对政府购买服务进行约束。再如，日本有专门规范政府购买服务的法律，即《关于导入竞争机制改革公共服务的法律》，规范了引入竞争机制提供公共服务的宗旨、方针以及政府行政机构、公共团体以及民间部门的职责。

（四）购买评价和监督机制完整严格

一些发达国家设立了专门的评价和监管机构，对购买服务的过程及最终结果进行评价和监督，并随时发布公开透明的信息以确保购买的透明、客观和公正。比如，日本在内阁中设立了官民竞标监理委员会，对政府购买服务的活动进行监督管理。加拿大则充分利用先进的信息技术，通过建立政府电子投标服务系统、供应商注册信息服务系统等各类数据库将政府的招标信息、合同签订、供应商的资质等相关信息及时地公开，确保社会公众、新闻媒体、行业专家等对政府购买服务进行有效监督。德国采用“标杆管理”的方式，由第三方（即各城市成立的城市公共管理联合会），对政府购买服务实施绩效评价，还通过市民在接受公共服务后给政府打分的方式来进一步强化公众对政府的监督。

（五）市场供应主体成熟完备

发达国家都有相对自由的市场竞争体制，行业发展相对比较成熟。政府对私人企业、社会组织参与提供公共服务持有鼓励的政策，以帮助引导、培育公共服务承接主体。发达国家每万人拥有社会组织的数量一般超过 50 个，如法国每万人 110 个，美国每万人 52 个；发展中国家一般每万人拥有社会组织数量超过 10 个，如阿根廷每万人 25 个，巴西每万人 13 个。而我国目前每万人只拥有社会组织 4 个。在美国，医疗行业中 50% 以上的病床设在非营利医院，50% 左右的高等学校、95% 的交响乐团以及 60% 的社会福利机构都是社会组织，社会组织提供的公共服务占到一半以上。因此，这些国家及地区在进行政府购买公共服务时，能有众多成熟的承接主体参与竞争。这些承接主体有能力承接公共服务项目，并且能保证公共服务的质量。

第三节　我国政府购买服务现状

近些年来，我国一些地方从满足社会实际需要出发，在中央对政府购买服务工作进行统一部署以前，进行了富有成效的探索。《指导意见》下发后，财政部会同有关部门和地方，进一步加强沟通协调，积极探索推进政府购买服务，初步形成了中央和地方共同推进改革的良好氛围和机制，改革工作取得明显进展和良好成效。

一、抓好顶层设计，对推广政府购买服务作出全面部署和系统安排

《指导意见》下发后，财政部高度重视政府购买服务工作，部领导要求理清思路，顶层设计，突出重点，先行先试，抓紧抓好落实工作。为贯彻落实中央有关精神，加快推进政府购买服务工作，2013 年 12 月，财政部专门印发《关于做好政府购买服务工作有关问题的通知》（财综［2013］111 号），要求各地区、各部门提高认识、积极行动、主动部署，抓紧制定相关政策文件，积极有序推进政府购买服务工作。2013 年年底召开的全国财政工作会，就此项改革任务作出了总体部署，要求各地准确把握方向、积极探索创新、做好政策衔接，大力推进政府购买服务工作。2014 年 1 月，财政部在广西召开全国政府购买服务工作会议。会议深入分析了政府购买服务工作面临的形势以及推广政府购买服务工作的重要性紧迫性，明确了政府购买服务的改革方向和总体要求，对当前和今后一个时期政府购买服务的重点工作作了进一步安排和部署，要求各地结合实际，积极稳妥地加以推进，2014 年在全国推开。

同时，财政部建立内部工作机制，明确任务分工，积极研究政府购买服务管理办法以及相关预算、政府采购、税收等措施，进一步建立健全政府购买服务政策体系。2013 年以来，财政部先后印发《政府采购非招标采购方式管理办法》（中华人民共和国财政部令第 74 号）、《关于政府购买服务有关预算管理问题的通知》（财预［2014］13 号）、《关于推进和完善服务项目政府采购有关问题的通知》（财库［2014］37 号），会同有关部门印发《关于非营利性组织免税资格认定管理有关问题的通知》（财税［2014］13 号）、《关于做好政府购买残疾人服务试点工作的意见》（财社［2014］13 号）等文件，进一步明确了有关政策问题，对政府购买服务相

关工作作出要求和规范。目前，财政部正在抓紧研究拟定政府购买服务管理办法，以及支持和规范社会组织承接政府购买服务的办法。

二、积极组织动员，启动中央部门改革试点

近些年，根据经济社会发展的现实需要，部分中央部门已经探索开展了一些政府购买服务工作，在支持社工服务、扶贫开发、艾滋病防治等方面起到了积极作用。中央提出政府购买服务改革任务之后，财政部作为牵头部门，积极研究拟定中央部门改革试点方案并做好相关试点准备工作。2013 年 11 月，财政部组织召开部内专题会议，研究政府购买服务相关政策及 2014 年工作安排，布置中央部门政府购买服务试点项目申报工作。各中央部门十分重视、积极响应。2014 年 4 月，为加大推进中央部门政府购买服务工作力度，财政部举办了中央部门政府购买服务工作培训班，明确今年每个中央部门都要有试点项目。同时，财政部印发了《关于做好 2014 年中央部门政府购买服务的通知》（财综［2014］18 号），对包括编报购买计划、核定购买项目、公开购买信息、确定购买方式、合同签订及备案、履约管理、资金支付、绩效评价等步骤在内的政府购买服务工作流程作了进一步规范。

三、狠抓贯彻落实，加快推进地方政府购买服务工作

《指导意见》下发后，地方党委政府高度重视。政府购买服务不仅成为 2014 年地方“两会”各界热议的话题，也频繁出现在各地的政府工作报告中。据统计，有 28 个省（自治区、直辖市）、4 个计划单列市的政府工作报告提及政府购买服务。总体上看，各地按照中央精神，结合地方实际，深入研究贯彻落实意见和方案，建立健全相关制度机制，政府购买服务工作在原有基础上取得了积极进展。一是建立健全工作机制。明确了“政府领导、财政牵头、部门协同”的政府购买服务工作机制，有的地方还准备成立专门领导小组，加强统筹协调。二是着力构建制度体系。河北、上海、吉林、山东、广东等省（自治区、直辖市）已出台了政府购买

服务有关实施意见或办法。天津、江苏、安徽、湖北、云南等省（直辖市）已出台指导性目录。三是积极部署推进2014年试点工作。许多地方对2014年政府购买服务试点提出了明确要求，取得阶段性进展。比如，河北省已初步确定群众关注度高、示范作用好的重点领域，选取80多个项目开展试点；湖南省结合事业单位分类改革和政府职能转变，遴选出与保障和改善民生密切相关的保障性住房后续管理、养老服务、环境监测、新建公路养护等民生项目开展试点。

经过近年来的实践和探索，我国政府特别是地方政府购买服务的范围和力度逐年增大，取得了较好成效。一是促进了政府职能转变和服务质量提高。政府购买服务加快了政府职能梳理，将政府原先承担的大量社会性、技术性、服务性社会事务转移给社会力量，使政府从繁杂的日常事务中脱身出来，大大提高了公共服务的质量、增强了应对公共危机的能力、促进了政府决策和资源配置优化。二是促进了社会事业发展和社会和谐。政府购买服务不仅弥补了政府公共服务供给能力的不足，而且能及时、准确发现社会公众的真实需求，实现政府职能和公众需求的有效对接，更加有力地满足了社会多元化公共服务需求，丰富了群众物质文化生活；减少了政府直接干预，通过社会力量更有效地化解社会矛盾，维护社会稳定；支持了公益事业发展，促进社会和谐。三是促进了社会管理优化和机制创新。政府购买服务有利于形成“党委领导、政府负责、社会协同、公众参与”的社会管理格局，使社会力量逐渐成为社会治理的积极要素和重要成员，进一步理顺了社会力量参与社会共治的渠道机制。四是促进了社会组织和现代服务业发展。政府向社会力量购买服务，使得社会组织获得更重要的地位和更广阔的发展空间，通过鼓励社会组织参与公开竞争、项目运作和绩效评估，提升了社会组织规范化、专业化和职业化水平，培育了一批有较大影响力的社会组织。大量社会组织等市场主体的蓬勃发展，有力地助推了服务业发展，吸纳了更多社会就业。

第四节　推广政府购买服务的思路和措施

《指导意见》明确提出，“十二五”时期在各地逐步推开政府购买服务工作，初步形成统一有效的购买服务平台和机制，相关制度法规建设取得明显进展，到 2020 年在全国基本建立比较完善的政府购买服务制度。当前和今后一个时期的政府购买服务工作，要认真贯彻落实十八届三中全会《决定》精神和《指导意见》要求，紧紧围绕转变政府职能、提高公共服务供给水平和效率、促进服务业发展和激发市场主体活力的改革方向，准确理解和把握各项政策要求，通盘考虑、精心设计、周密部署，积极稳妥地加以推进。

一、基本思路和要求

（一）合理界定购买范围，明确购买目录，解决好“买什么”的问题

按照党的十八届三中全会《决定》要求，凡是禁止性规定之外的，尤其是能够增加社会净福利的有关政府事务性管理和公共服务事项，原则上都应纳入政府购买服务范围。要按照有利于转变政府职能，有利于降低服务成本，有利于提升服务质量水平和资金效益的原则，认真研究制定政府购买服务的指导性目录。购买服务目录应倾听群众呼声，反映群众意愿，根据经济社会和政府职能的发展变化，及时进行动态调整。突出公共性和公益性，重点考虑、优先安排与保障和改善民生密切相关的领域和项目，把有限的财政资金用到人民群众最需要的地方。既要通过政府购买服务，推动政府简政放权，防止“大包大揽”；也要确保政府全面正确履行职能，防止将应当由政府直接提供、不适合社会力量承担的公共服务项目推向市场。

（二）准确把握购买主体，厘清各主体间关系，解决好“谁来买”的问题

政府购买服务的主体是各级行政机关和参照公务员法管理、具有行政管理职能的事业单位。纳入行政编制管理且经费由财政负担的群团组织，也可根据实际需要，通过购买服务方式提供公共服务。从事公益服务的事业单位，如公立医院、公立学校等，是政府设立的提供特定公共服务的主

体，不宜再作为政府购买服务的主体。这些事业单位在提供公共服务过程中，可以允许其借鉴购买服务的方式和机制运作，但必须在现有财政资金安排内，并严格遵守相关政策和程序。要防止这些单位一边拿着财政资金，一边通过购买服务做“甩手掌柜”。

（三）规范市场准入，培育市场主体，解决好“向谁买”的问题

承接政府购买服务的主体包括依法在民政部门登记成立或经国务院批准免予登记的社会组织，以及依法在工商管理或行业主管部门登记成立的企业、机构等社会力量。党的十八届三中全会《决定》提出，加快事业单位分类改革，加大政府购买服务力度，推动公办事业单位与主管部门理顺关系和去行政化，并要求推进有条件的事业单位转为企业或社会组织。因此，要鼓励事业单位参与提供公共服务，运用政府购买服务的理念，结合机构编制和财政支持方式变化，倒逼事业单位加快改革。同时，大力支持社会组织开展社会服务活动，扶持培育社会组织健康发展。

（四）健全购买机制，完善购买程序，解决好“怎么买”的问题

一是合理确定购买流程，明确资金来源。政府购买服务是公共服务供给方式和财政资金使用方式的改进，所需资金在既有财政预算安排中统筹考虑。随着政府提供公共服务的发展所需增加的资金，应按照预算管理要求列入财政预算。二是适当放宽条件，创新购买方式。按照方式灵活、程序简便、竞争有序、结果评价的原则，充分考虑服务购买不同于产品购买的特性，在购买程序上给地方、部门和市场主体更大的自由度和空间。三是处理好政府购买服务与政府采购的关系。对于政府购买服务与政府采购的概念，从内涵上看，政府购买与政府采购没有实质上的差别；从外延上看，二者略有差异。服务采购的主体范围要大于政府购买服务。服务采购是指国家机关、事业单位、社会团体采购的服务；而政府购买服务，是各级行政机关和参照公务员法管理、具有行政管理职能的事业单位，纳入行政编制管理且经费由财政负担的群团组织，也可以购买服务方式提供公共服务。非参公事业单位的服务项目采购，属于政府采购范围，但不属于政府购买服务范围。在采购制度上，政府购买服务属于政府采购范围，应当

执行政府采购的法律制度规定。

（五）加强绩效管理，完善监督机制，解决好“买的值”的问题

加强绩效和监督管理，使人民群众享受到更加优质高效的服务，并确保财政资金和有关工作人员“两个安全”。一是推进信息公开，筑牢防腐制度防线。建立健全购买服务信息平台，及时向社会公开政府购买服务相关信息，确保具备条件的社会力量平等参与竞争。严禁转包行为和暗箱操作。二是加强资金管理，确保资金使用效益。将预算绩效管理理念贯穿于购买服务资金管理全过程，强化部门支出责任，加强成本效益分析，注重结果应用，不断提高财政资金使用效益。三是加强综合评价，确保购买服务效果。探索建立由购买主体、服务对象及第三方组成的综合性评审机制。鼓励有条件的地方积极推进第三方评估。评审结果向社会公布，并作为以后选择政府购买服务承接主体的重要依据。四是加强全方位、全过程监督体系建设。财政部门要会同监察、审计等部门建立监督检查机制，加强对政府购买服务的全过程监督，加强监管的常态化和制度化。

二、推广政府购买服务的主要措施

（一）积极推进中央部门试点

贯彻落实党中央、国务院领导指示和部署，大力推进中央部门政府购买服务工作。立足于探索出适合中央部门的政府购买服务操作流程和机制，积极启动工作，鼓励部门开展试点，稳步推进，为推进全国面上工作积累经验。通过中央部门的试点为全国政府购买服务工作作出表率，带动这项工作在全国顺利推进。

（二）推动地方规范有序开展政府购买服务工作

充分尊重地方基层在开展政府购买服务工作中的首创精神，鼓励各地从实际出发，因地制宜，积极探索多元化、多样化的政府购买服务模式和路径。要求各地抓紧制定本地区政府购买服务的实施办法、指导性目录以

及政府采购、预算管理等具体政策措施。已经出台相关文件的，要对照《指导意见》进一步细化和完善相关政策措施，不断健全与本地经济社会发展相适应的政府购买服务制度体系。尚未出台有关政策性文件的，要结合工作实际，在调查研究基础上，抓紧研究针对性的政策措施和办法，在总结经验的基础上逐步推开。同时，财政部将进一步加强对地方工作的指导，督促各地积极在教育、社保、卫生等领域开展试点，逐步扩大购买范围，建立完善购买程序和机制，力争政府购买服务工作在全国面上基本铺开，并取得实质性进展。

（三）建立健全政府购买服务政策体系框架

根据中央统一部署和要求，加大政策创新力度，力争尽快形成中央与地方衔接配套、操作规范的政府购买服务政策体系，为在全国建立比较完善的政府购买服务制度打好基础。一是抓紧研究拟定政府购买服务管理办法，落实完善有关税收政策，逐步建立政府购买服务绩效评价、社会组织培育等相关配套政策制度，合理界定购买范围、购买主体、承接主体，健全购买机制、完善购买程序，加强绩效管理、完善监督机制，着力解决好“买什么、谁来买、向谁买、怎么买、买的值”等问题。二是出台并完善相关行业领域的具体办法，结合当前深化改革和改善民生的迫切需要，抓紧研究制定向社会力量购买医疗卫生、养老、教育、文化、社区服务等领域服务的具体措施。推动中央部门和地方逐步扩大政府购买服务范围，研究拟定各部门、各行业、各系统的政府购买服务具体办法。推动建立项目申报、项目评审、组织采购、资质审核、合同签订、项目监管、绩效评估、经费兑付的规范化购买流程，强化绩效评价和监督管理，逐步形成行业化、专业化的政府购买服务体系。三是做好政府购买服务与事业单位分类改革、行业协会商会脱钩、社会组织培育发展等相关改革的政策衔接，加强政府购买服务经费安排与事业单位机构编制管理相互约束，在有效增加公共服务供给的同时，实现“费随事转”。坚决防止一边购买服务，一边又养人办事、“两头占”的现象发生。

（四）推进政府购买服务有关预算管理工作

一是妥善安排购买服务所需资金。政府购买服务所需资金列入财政预算，从部门预算经费或经批准的专项资金等既有预算中统筹安排。对预算已安排资金且明确通过购买方式提供的服务项目，按相关规定执行；对预算已安排资金但尚未明确通过购买方式提供的服务，可根据实际情况，调整通过政府购买服务的方式交由社会力量承办。二是健全购买服务预算管理体系。要加强调查研究，总结试点经验，立足成本效益分析，加快建立购买服务支出标准体系，推进购买服务项目库建设，逐步在预算编报、资金安排、预算批复等方面建立规范流程，不断健全预算编制体系，提高购买服务预算编制的科学化、规范化。三是强化购买服务预算执行监控。财政部门和预算单位要对购买服务提供进行全过程跟踪，对合同履行、绩效目标实施等，发现偏离目标要及时采取措施予以纠正，确保资金规范管理、安全使用和绩效目标如期实现。承接主体要认真履行合同规定，采取有效措施增强服务能力，提高服务水平，确保提供服务的数量、质量等达到预期目标。四是推进购买服务预算信息公开。建立健全购买服务信息公开机制，拓宽公开渠道，搭建公开平台，及时将购买的服务项目、服务标准、服务要求、服务内容、预算安排、购买程序、绩效评价标准、绩效评价结果等购买服务预算信息向社会公开，提高预算透明度，回应社会关切，接受社会监督。五是严格购买服务资金监督检查。使用购买服务预算资金要严格遵守相关财政财务管理规定，不得截留和挪用财政资金。要加强对政府购买服务预算资金使用的监督检查，适时开展抽查检查，确保预算资金的规范管理和合理使用。

（五）积极培育社会组织等市场主体

坚持政府购买和培育扶持并重，把提升社会组织公共服务能力作为开展购买服务的基础性工作，统筹利用现有公共服务设施，以适当方式为社会组织开展服务创造必要条件，引导社会组织健康有序发展。一是按照十八届三中全会决定的要求，适合由社会组织提供的公共服务和解决的事项，交由社会组织承担，支持和发展志愿服务组织。二是积极优化社会组织发展环境，严格监督管理，明确社会组织承接政府购买服务的基本条件和优先条件，建立社会组织承接政府购买服务信用制度。三是加大对社会组织的培育扶持和财政支持力度，落实和完善公益性捐赠税前扣除、非营利组织自身收入免税政策，推广利用财政资金支持社会组织参与社会服务示范项目。示范项目具体包括：社会组织发展示范项目，资助西部地区困难社会组织必要的服务设备购置和服务设施完善等；承接社会服务试点项目，资助规模较大、职能重要的全国性社会组织和具有较强区域辐射功能的社会组织承接社会救助、扶贫救灾、社会福利、社区服务等方面的社会服务；社会工作服务示范项目，资助符合条件的社会组织重点围绕城市流动人口、农村留守儿童、社区老年人、社区矫正人员、受灾群众等特殊群体的需求，开展困难救助、心理辅导、综合性社会支持网络构建等社会服务；人员培训示范项目，对社会组织负责人、业务人员进行法律法规、项目运作、业务技能、专业知识等方面的培训。

（六）推进政府采购服务项目管理

一是明确政府采购服务项目分类。根据现行政府采购品目分类，按照服务受益对象将服务项目分为三类：第一类为保障政府部门自身正常运转需要向社会购买的服务，如物业管理等。第二类为政府部门为履行宏观调控、市场监管等职能需要向社会购买的服务，如发展规划等前期研究和宣传、法律咨询等。第三类为增加国民福利、受益对象特定，政府向社会公众提供的公共服务。包括以物为对象的公共服务，如公共设施管理服务、专业技术服务等；以人为对象的公共服务，如教育等。二是探索新的政府采购合同类型和管理形式。各部门可根据政府采购服务项目的需求特点，灵活采用购买、委托、租赁、雇用等各种合同方式，探索研究金额固定、数量不固定、期限不固定、特许经营服务等新型合同类型。三是推进政府采购服务项目的绩效评价。建立绩效评价与后续采购相衔接的管理制度，加强服务项目政府采购绩效评价，对项目资金节约、政策效能、透明程度以及专业化水平进行综合、客观评价。对于服务项目验收或者绩效评价结果优秀的供应商，在同类项目的采购中同等条件下可以优先考虑。四是简化采购方式变更审核程序。对于采购需求处于探索阶段或不具备竞争条件的第三类服务项目，符合《政府采购法》第二十条规定申请适用公开招标以外的采购方式的，包括邀请招标、竞争性谈判、单一来源采购等，财政部将简化申请材料要求，进一步简化审核程序。五是考虑政府购买服务项目新特点，对服务项目采购管理提出新要求。

（七）加强宣传和培训工作

充分利用广播、电视、网络、报刊等媒体，积极宣传介绍政府购买服务的理念、政策措施和有效做法，尽可能取得社会各界、人民群众更多的理解和支持，凝聚共识，为推进改革工作营造良好的舆论环境。做好干部培训工作，加强地区之间、部门之间的经验交流，确保工作人员熟悉和掌握有关背景知识、政策措施及操作规范，提高执行政策的自觉性和管理水平。

第十一章　政府收支分类改革

第一节　政府收支分类概述

所谓政府收支分类，就是按照一定的原则、方法对政府收入和支出进行的类别划分及层次设定。政府收支分类的具体项目，即政府收支分类科目，也简称为预算科目。

对政府收支进行科学分类，既是客观、全面、准确反映政府收支活动的基本前提，也是合理编制预算、组织预算执行、实施宏观调控以及预算单位进行会计明细核算的重要基础。政府收支分类是财政预算管理的一项重要基础性工作，直接关系到财政预算管理的透明度，关系到财政预算管理的科学化和规范化，是公共财政体制建设的一个重要环节。按照市场经济体制的要求，财政部从 1999 年底开始启动政府收支分类改革的研究工作，在认真研究政府收支分类的国际经验，深入分析我国原有科目体系存在的问题，以及广泛征求各方意见和进行模拟试点基础上，2005 年底向国务院报送了关于进行政府收支分类改革的请示和方案。2005 年底，国务院领导批准同意，从 2007 年 1 月 1 日起全面实施政府收支分类改革。此次政府收支分类改革是建国以来我国财政收支分类统计体系最为重大的一次调整，也是我国政府预算管理制度的又一次深刻创新。

第二节　实行政府收支分类改革的必要性

我国原有政府收支分类体系是计划经济时期逐步建立和发展起来的，并对不同阶段的财政管理发挥了积极的作用。几十年来，根据不同时期财政经济运行情况和特点，政府预算收支科目作过一些调整，但基本分类方法一直与市场经济国家存在较大的差别。随着我国社会主义市场经济的确立和公共财政体制的逐步完善，以及各项财政改革的不断深入，原有政府收支分类体系的不适应性和弊端日益突出，主要表现在以下几个方面：

一、原支出科目不能直观、明晰地反映政府各项职能活动，不能体现市场经济和公共财政的基本要求

我国原政府收支分类体系是从计划经济时期沿袭下来的，带有较强的计划经济和生产建设型财政色彩。如排在前 5 位的支出大类科目一直是基本建设支出、企业挖潜改造资金、地质勘探费、科技三项费用、流动资金，这显然不符合市场经济条件下政府和财政职能转变的需要。原有支出大类科目主要是按经费性质设置的，也就是把政府各项支出划分为行政费、事业费、基建支出等。这种分类方法虽然有利于相关部门对财政资金进行切块分配管理，但也存在一个很大的缺点，就是反映不出政府履行某项职能（如教育）的投入总量。这也不符合公共财政聚公众之财、办公众之事、受公众监督的基本要求。

二、原科目缺少一套完整、统一的支出经济分类，不利于做细、做实政府预算

按照国际通行做法，政府支出必须通过两种分类反映。一种是反映政府职能活动的支出功能分类，如教育、农业、国防等；再一种，就是反映政府支出经济性质和具体用途的支出经济分类，如工资、办公费、会议

费、装备购置费等。这种支出经济分类是政府预算编制以及单位财务会计核算的重要依据。2001 年以前，我国在支出类、款、项科目之后附设了基本工资、公务费、业务费等 12 个支出目级科目，类似国外的支出经济分类。2002 年根据部门预算改革的要求，将其细化成了 40 多个支出目级科目。但是，这些目级科目由于只能反映行政事业单位的部分经费支出，加之科目分类较粗，难以满足完整、明细反映政府支出预算的要求。

三、原科目涵盖范围偏窄，不能准确反映政府收支活动全貌

原政府预算收支科目只反映预算内收支，没有包括应该纳入政府收支范围的财政预算外收支和社会保险基金收支，这就给政府收支的全面反映、总量控制、结构调整等带来较大困难。

四、原科目统计口径与国外有较大差别，不利于宏观分析决策和国际比较交流

我国国民经济核算体系、金融统计核算体系都按国际通行标准作了改革，但政府预算收支科目体系的调整相对滞后，由此导致我国财政收支统计数据长期难与国际统计口径相衔接。为此，世界银行、国际货币基金组织等一再呼吁我国尽快推行政府收支分类改革。

由于原有政府收支分类科目存在体系不够合理、内容不够完整、分类不够科学、反映不够明细等问题，我国政府预算在某种程度上确实存在“外行看不懂，内行说不清”的情况。这不仅严重影响到我国政府预算的科学、规范、公开、透明，影响到公共财政制度的建立和完善，影响到政府职能的合理转换以及宏观调控政策的有效实现，更进一步讲，还影响到从源头上防治腐败和我国政治文明建设的顺利推进。因此，必须对原有政府收支分类体系进行彻底改革。

第三节　政府收支分类改革的主要内容

新的政府收支分类体系设计主要遵循三个基本原则：一是公开透明。确保按新科目编制的预算符合市场经济条件下公共财政的基本要求，既要说得明白，也要让一般老百姓看得懂。二是符合国情。既要合理借鉴国际经验，实现与国际口径的有效衔接与可比，又要充分考虑我国目前的实际情况，尽可能满足各方面的管理需要。三是便于操作。科目设计在内容和层级设计上既要充分满足管理的要求，又要尽可能简化，不能太复杂。

按照上述原则，新的政府收支分类主要包括三个方面的内容，即收入分类、支出功能分类和支出经济分类：

一、对政府收入进行统一分类，全面、规范、细致地反映政府各项收入

改革后的收入分类要全面反映政府收入的来源和性质，不仅包括预算内收入，还包括预算外收入、社会保险基金收入等应属于政府收入范畴的各项收入。从分类方法上看，以前的收入分类基本上是各种收入的罗列，如各项税收、行政事业性收费、罚没收入等。新的收入分类按照科学标准和国际通行做法将政府收入划分为税收收入、社会保险基金收入、非税收入、贷款转贷回收本金收入、债务收入以及转移收入等，这为进一步加强收入管理和数据统计分析创造了有利条件。从分类结构上看，现行收入分类分设类、款、项三级，改革后分设类、款、项、目四级，多了一个层次。四级科目逐级细化，以满足不同层次的管理需求。原来的一般预算收入、基金预算收入及社保基金收入和预算外收入等都统一纳入到政府收入分类体系，并进行了编码，形成了一个既可以按一般预算收入、基金预算收入分别编制预算，又可根据需要统一汇总整个政府收入的统计体系。

二、建立新的政府支出功能分类体系，更加清晰地反映政府各项职能活动

这是此次科目改革的核心。从分类方法和结构上来看，以前的支出分类科目主要是按经费性质设置的，如基建费、科三费、事业费等。新的支出功能分类不再按基建费、行政费、事业费等经费性质设置科目，而是根据政府管理和部门预算的要求，统一按支出功能设置类、款、项三级科目，类级科目综合反映政府职能活动，如国防、外交、教育、科学技术、社会保障、环境保护等；款级科目反映为完成某项政府职能所进行的某一方面的工作，如"教育"类下的"普通教育"；项级科目反映为完成某一方面的工作所发生的具体支出事项，如"水利"款下的"抗旱"、"水土保持"等。新的支出功能科目能够清楚地反映政府支出的内容和方向，有利于解决人大代表多次提出的支出预算"外行看不懂、内行说不清"的问题。

三、建立新型的支出经济分类体系，全面、规范、明细反映政府各项支出的具体用途

支出经济分类体系主要是对原来的支出目级科目作了扩充和完善。按照简便、实用的原则，支出经济分类科目设类、款两级，类级科目具体包括：工资福利、商品和服务支出、对个人和家庭的补助、转移支付、基本建设支出等。款级科目是对类级科目的细化，主要体现部门预算编制和单位财务管理等有关方面的要求。如基本建设支出进一步细分为房屋建筑物购建、专用设备购置、大型修缮、土地资源开发等各种形态。全面、明细的支出经济分类是进行政府预算管理、部门财务管理以及政府统计分析的重要手段。

按照上述设计思路，新的政府收支分类能够基本实现"体系完整、反映全面、分类明细、口径可比、便于操作"的改革目标。改革完全到位后，新的科目体系与部门分类编码和基本支出预算、项目支出预算相配

合，在财政信息管理系统的有力支持下，可对任何一项财政收支进行“多维”定位，清清楚楚地说明政府的钱是怎么来的，干了什么事，怎么干的，为预算管理、统计分析、宏观决策和财政监督等提供全面、真实、准确的经济信息。例如，通过信息管理系统提取经济分类中的全部基建支出，可以知道基建支出的总量和形态分量信息。通过基建支出对应的功能和部门分类，可以知道基建支出用在社会经济发展的哪个方面，办了什么项目，由哪个部门使用。

第四节 2015 年政府收支分类科目修订情况

按照“积极稳妥、简明实用、数据可比、减少震动”的原则，对《2014 年政府收支分类科目》进行了调整，主要包括以下几个方面：

一、调整支出经济分类科目

一是整合类级科目。将“赠与”、“贷款转贷及产权参股”2 个类级科目调整为款级科目，并入其他类级科目中。删除“债务还本支出”类级科目。二是调整款级科目。删除“国有资本经营预算费用性支出”、“国有资本预算资本性支出”和“国有资本经营预算其他支出”3 个科目；删除“向国家银行借款付息”、“其他国内借款付息”等债务付息科目，将“向外国政府借款付息”、“向国际组织借款付息”等科目合并为“国外债务付息”；删除“未划分的项目支出”科目。三是根据新出台的文件规定，修改“因公出国（境）费用”、“会议费”等科目的说明。

二、调整国有资本经营预算支出科目

对国有资本经营预算支出科目进行调整，将现行各“国有资本经营预算支出”款级科目下的 6 个项级科目细化调整为 9 个，具体包括国有经济结构调整支出、公益性设施投资补助支出、战略性产业发展支出、生态环

境保护支出等。

三、根据政策变化调整相关科目

根据新出台的相关政策，删除、调整和新增了一些科目。如：根据《水土保持补偿费征收使用管理办法》（财综［2014］8号），将水土保持补偿费纳入政府性基金预算管理，在政府性基金科目中新增1030176项“水土保持补偿费收入”和21370款“水土保持补偿费安排的支出”科目；考虑到2014年国家将实施棉花目标价格补贴和粮食目标价格补贴，增设21309款“目标价格补贴”，下设01项“棉花目标价格补贴”、02项“大豆目标价格补贴”和99项“其他目标价格补贴”科目等。

四、配合日常预算管理需要调整相关科目

为配合政府预算和部门预算公开、落实财政专项转移支付改革需要以及全国人大代表建议等需要，删除、调整和新增部分科目。如：在20104款“发展与改革事务”支出科目下增设2010409项“应对气候变化管理事务”科目；在20401款“武装警察”下增设2040109项“海警”科目；在21402款“铁路运输”科目下新增2140208项“行业监管”支出项级科目。

第十二章　预 算 公 开

第一节　近年来预算公开总体情况

2008 年《政府信息公开条例》实施以来，经过几年的探索和实践，预算公开工作取得了明显进展。

一、中央政府预算公开已逐步规范化

从 2009 年开始，每年全国人民代表大会批准中央预算草案后，我部即按照有关规定向社会公开中央政府预算。2013 年，中央政府预算表全部向社会公开，涵盖公共财政预算、政府性基金预算和国有资本经营预算，公共财政预算中的中央本级支出预算基本公开到款级科目，其中教育、科学技术和农林水事务支出等重点支出，已细化公开到项级科目。

二、中央部门预算公开不断推进

2010 年，财政部、环境保护部等中央部门首次公开了本部门预算。2013 年，95 个中央部门公开了部门预算，公开的时间集中在 4 月 18 日一天（涉及机构改革和职能调整的部门公开时间相应推后），公开的数据更加细化，在 2012 年教育、医疗卫生、社会保障和就业、农林水事务、住房保障支出 5 个重点支出公开到项级科目的基础上，科学技术、文化体育

与传媒 2 个重点支出也公开到项级科目。

三、“三公”经费预算公开时间进一步提前

2011 年，中央“三公”经费预算首次向社会公开。2013 年，中央本级“三公”经费预算和中央部门“三公”经费预算的公开时间由以往 7 月份随同部门决算公开，调整为 4 月随同部门预算公开（涉及机构改革和职能调整的部门公开时间相应推后），公开时间提前了 3 个月。95 个中央部门随同部门预算公开了本部门“三公”经费 2013 年预算总额和分项数额，并对增减变化的原因进行了说明。

四、地方预算公开工作稳步推进

2013 年，全国 31 个省（区、市，下同）公开了省级财政总预算和省级预算单位的部门预算，部门预算表格基本公开到款级科目，重点民生支出细化公开到项级科目。北京、广东、新疆等 28 个省公开了省级“三公”经费总预算，31 个省公开了省级预算单位“三公”经费预算。

第二节　十八届三中全会以来党中央国务院关于预算公开的要求

党的十八届三中全会以来，党中央、国务院对预算公开工作提出了一系列新的要求。十八届三中全会通过的《中共中央关于全面深化改革若干重大问题的决定》提出“实施全面规范、公开透明的预算制度”。

2013 年 11 月 25 日，中央办公厅、国务院办公厅联合下发的《党政机关厉行节约反对浪费条例》规定：党政机关（包括党的机关、人大机关、行政机关、政协机关、审判机关、检察机关，以及工会、共青团、妇联等人民团体和参照公务员法管理的事业单位）应当建立健全厉行节约反对浪费信息公开制度，除依照法律法规和有关要求须保密的内容和事项外，应

按照及时、方便、多样的原则，以适当方式公开预算和决算信息。国有企业、国有金融企业、不参照公务员法管理的事业单位参照执行。

2014 年 2 月 11 日，李克强总理在国务院第二次廉政工作会议上提出："深入推进政务公开。所有财政拨款安排的'三公'经费都要详细公开"。

2014 年 3 月 5 日，李克强总理所作的《政府工作报告》中提出：各级政府预算和决算都要向社会公开，部门预算要逐步公开到基本支出和项目支出，所有财政拨款的"三公"经费都要公开，打造阳光财政，让群众看明白、能监督。

十二届全国人大二次会议审查批准的《关于 2013 年中央和地方预算执行情况与 2014 年中央和地方预算草案的报告》中提出：深入推进政府和部门预决算公开。细化政府预决算公开内容，政府支出预决算全部细化到项级科目，专项转移支付预决算细化到具体项目。扩大部门预决算公开范围，除涉密部门外，中央和地方所有使用财政拨款的部门均应公开本部门预决算。细化部门预决算公开内容，除按项级科目公开外，要逐步将部门预决算公开到基本支出和项目支出，研究将部门决算按经济分类公开。加大"三公"经费公开力度，细化公开内容，所有财政拨款安排的"三公"经费都要公开。

第三节　2014 年预算公开情况

一、预算公开的内容

3 月 25 日，财政部通过门户网站公开了 2014 年中央政府预算全部 11 张表格，比规定时间提前了 15 天左右。公开的内容涵盖公共财政预算、政府性基金预算和国有资本经营预算。此外还公开了全国社会保险基金预算相关文字说明。

4 月 18 日，财政部公开了中央本级 2013 年"三公"经费预算执行和 2014 年预算安排情况，99 个中央部门公开了部门预算，100 个中央部门公开了本部门“三公”经费预算，比规定时间提前了20天左右。

二、主要进展

与往年相比，2014年中央预算在公开范围、公开内容及细化程度方面均有明显进展，主要有以下几个方面：

（一）公开的部门范围进一步扩大

在2013年95个中央部门公开部门预算和“三公”经费预算的基础上，国务院侨务办公室、国务院港澳事务办公室、国家宗教事务局、中华全国归国华侨联合会4个部门首次公开了部门预算，最高人民法院、外交部、中华全国总工会、国务院侨务办公室、国务院港澳事务办公室5个部门首次公开了“三公”经费预算。

（二）公开的内容更加细化

在2013年中央政府预算和中央部门预算基本公开到款，教育、科学技术等重点支出公开到项的基础上，2014年中央政府预算和中央部门预算除涉密内容外，全部公开到支出功能分类最底层的“项”级科目。中央政府预算除了按科目公开，还将专项转移支付预算按照每一个具体项目向社会公开，方便社会公众了解中央政策。

（三）“三公”经费公开力度进一步加大

中央部门公开的2014年部门预算中，专门增加《“三公”经费财政拨款预算表》，详细反映“三公”经费预算安排及上年度执行情况，其中将“公务用车购置及运行费”进一步细化公开为“公务用车购置费”和“公务用车运行费”。

三、下一步工作打算

下一步，财政部将按照党中央、国务院的要求和社会舆论的期待，具体做好以下几个方面工作：

（一）进一步细化公开内容

除按项级科目公开外，逐步将部门预决算公开到基本支出和项目支出，积极研究将部门决算按经济分类公开。

（二）积极指导省级财政部门做好地方预决算公开工作

为认真贯彻落实党中央、国务院关于预算公开工作的总体部署和要求，财政部近期专门印发了《财政部关于深入推进地方预决算公开工作的通知》（财预［2014］36 号），提出了今后一个时期深入推进地方预决算公开工作的总体要求。明确每年将对地方预决算公开工作进行专项检查，督促各地严肃纪律，不折不扣地执行预决算公开工作要求；对落实不力的，财政部将以适当方式向国务院报告，确保政令畅通，解决政策执行的“最后一公里”问题。

第十三章　财政拨款结转和结余资金管理

第一节　加强财政拨款结转和结余资金管理的必要性

财政拨款结转和结余资金是财政资源的重要组成部分，加强和规范财政拨款结转和结余资金管理对落实全国人大和审计署的要求、深化部门预算改革、提高财政资金使用效益、规范部门财务管理等具有重要意义。

一、落实全国人大及审计署有关加强结转和结余资金管理的要求

随着部门预算改革不断深入，国库集中支付和政府采购范围不断扩大，中央部门预算财政拨款结转和结余资金规模较大的问题逐渐显现出来，大量预算资金当年不能形成实际支出，有些更是长期沉淀，直接影响了财政资金使用效率。中央部门预算财政拨款结转和结余资金经过多年积累，问题越来越明显，已引起各方面的关注。

2004 年，《全国人民代表大会财政经济委员会关于 2003 年中央决算的审查报告》中提出“鉴于有些部门和地方的历年累计的预算结余（结转）越来越多，其中，存在许多不合理甚至虚假现象，建议国务院对中央各部门以及地方的预算结余（结转）项目进行一次专项清理检查，并提出处理和改进办法”。同时，审计署在向全国人大常委会作的《2003 年中央预算执行和其他财政收支的审计情况》报告中，也指出“中央部门上年累计结余资金未纳入当年部门预算予以安排。……这样不但导致财政资金大量闲

置，也影响部门预算的真实完整，不利于深化部门预算改革”。并提出“财政部应深入调查研究，提出解决办法，报国务院审定”。2008年6月初，审计署又以重要信息要目的形式向国务院报送了题为《中央部门财政拨款大量结余影响资金使用绩效》的报告，报告提出审计署在对49个中央部门2008年度预算执行审计中发现，中央部门财政拨款结余数额较大，且逐年增加，未能及时充分发挥资金使用绩效。对此，国务院领导做了专门的批示，要求财政部调查处理。

二、进一步深化部门预算管理改革的要求

1999年以来，中央财政开始推行部门预算编制改革、国库管理制度改革、政府采购制度改革、“收支两条线”改革以及政府收支分类改革和绩效考评试点等。通过以上各项改革措施的不断深入，政府预算管理的科学性、规范性不断提高，公共财政框架逐步建立。但是，由于有关制度不够完善配套，管理薄弱，中央部门财政拨款结转和结余资金量越积越大，问题较多。因此，规范对中央部门财政拨款结转和结余资金的管理，是进一步深化部门预算管理改革的必然要求。

首先，是提高财政资金使用有效性的要求。在目前中央财政收支矛盾仍比较突出的情况下，加强对中央部门财政拨款结转和结余资金的管理，减少财政拨款结转和结余资金在部门的沉淀，有利于提高财政资金使用效率和效益，充分发挥财政资金使用的有效性。

其次，是提高预算编制准确性的要求。以往在编制部门预算时，财政部对部门预算的项目执行情况，以前年度项目财政拨款结转资金中有多少要结转到当年使用，并不十分清楚。通过加强对中央部门财政拨款结转和结余资金的管理，在编制部门预算阶段，将中央部门财政拨款结转和结余资金与当年财政拨款统筹考虑，安排有关支出预算，有利于提高预算编制的准确性。

第三，是规范预算管理的要求。财政预算管理是一个完整的管理体系，对部门财政拨款结转和结余资金的管理是财政预算管理过程的一个重要部分。加强对中央部门财政拨款结转和结余资金的管理，完善有关制

度，有利于提高整个中央部门预算管理的规范性。

三、部门规范财务管理的内在要求

近几年，一些部门陆续反映在财务管理中与财政拨款结转和结余资金有关的一些问题，并提出规范部门财政拨款结转和结余资金管理、建立和完善相关制度的要求。这一方面是部门加强自身预算和财务管理的客观要求，同时，也是由于财政拨款结转和结余资金方面查出的审计问题较多，对部门触动较大。

从审计署近几年发布的审计报告来看，一些部门在财政拨款结转和结余资金的管理和使用上，存在不少问题。造成这些审计问题的原因主要是：一方面，财政拨款结转资金随着长时间的累积，数额越来越大，情况也越来越复杂，管理上的难度加大；另一方面，由于财政拨款结转和结余资金管理在制度建设上的不到位，相应的制度保障没有跟上，造成了财政拨款结转和结余资金使用和管理中随意性较大，经常成为审计中的问题。

因此，从加强部门自身管理和避免成为审计问题的角度出发，也需要加强和规范中央部门财政拨款结转和结余资金管理。

第二节　加强财政拨款结转和结余资金管理工作回顾

为落实全国人大及审计署有关加强财政拨款结转和结余资金管理的要求、进一步深化部门预算管理改革、规范中央部门财务管理，近年来，财政部在广泛征求中央部门意见的基础上，与中央部门共同采取了一系列措施，加强对财政拨款结转和结余资金管理。

一、明确了加强财政拨款结转和结余资金管理的基本思路

实行部门预算改革以来，随着国库集中支付和政府采购范围不断扩大，中央部门预算财政拨款结转和结余资金规模较大的问题逐渐显现出

来，全国人大、审计署对此很关注，要求财政部深入调查研究，提出解决办法，报国务院审定。财政部为此组织了专门力量，对中央部门财政拨款结转和结余资金情况进行清理、分析和研究，提出了规范财政拨款结转和结余资金管理的基本思路，即认真分析财政拨款结转和结余资金状况，慎重研究规范管理办法，积极稳妥地组织实施；通过制定有关制度，完善部门预算管理制度体系，引导中央部门加强预算管理，增强预算约束力；通过规范财政拨款结转和结余资金管理，优化财政资源配置，切实提高预算资金配置和使用效率，抑制财政拨款结转和结余资金大量产生，实现部门预算深化改革的目标。

二、修订了《中央部门财政拨款结转和结余资金管理办法》

为了实现从制度上规范财政拨款结转和结余资金的管理，减少财政拨款结转和结余资金的沉淀，优化财政资源配置，提高财政资金的使用效率，2005 年财政部研究制定了《中央部门财政拨款结余资金管理暂行规定》（本章简称《暂行规定》），并在实际工作中及时总结财政拨款结余管理中存在的问题。经过修订，于 2006 年颁布了《中央部门财政拨款结余资金管理办法》（本章简称原《办法》）；针对财政拨款结转和结余资金管理中出现的新问题、新情况，财政部于 2009 年重新对原《办法》进行了修订，印发了《中央部门财政拨款结转和结余资金管理办法》（本章简称新《办法》）。制定新《办法》遵循三个原则：一是依法管理，创新和完善制度。也就是在现行有关法律法规、财务制度规定的基础上，通过新《办法》促进对现行有关制度的完善、具体化，适应预算改革和财务管理的需要。如《行政单位财务规则》规定“已完成项目的专项经费结余，报经主管预算单位或财政部门批准后，方可使用”；《事业单位财务规则》规定“专项资金按照国家规定结转下一年度继续使用”；二是统筹安排，提高效率。要求在安排部门预算时，将当年预算安排资金与以前年度财政拨款结转和结余资金加以统筹考虑，从而减少财政拨款结转和结余资金沉淀，达到提高财政资金使用效率的目标；三是划分类别，突出重点。在财政拨款结转和结余资金的管理中，根据不同的特征及管理要求，财政拨款结转和结余资金可区分为多种类型，对不同类型的财政拨款结转和结余资金，按照不同的规定要求，采取不同的管理方式。对基本支出结转和项目支出结转，采取审核备案管理；对项目支出结余，采取审批管理，其中，重点是加强对部门财政拨款结余资金的管理。

三、规范了财政拨款结转和结余资金管理程序和职责分工

加强对财政拨款结转和结余资金的管理是一项系统工程，需要财政部与中央部门相互配合，中央部门各个单位高度重视，也需要在预算管理各个阶段、多个环节协调开展工作，因此，为规范财政拨款结转和结余资金的管理行为，财政部制定了部内工作规程，明确了财政部内有关司局在中央部门财政拨款结转和结余资金管理过程中不同阶段的职责分工。同时，也对中央部门在财政拨款结余资金管理过程中的职责提出了明确要求。在2008年制定的《中央部门预算管理工作规程》（财办预［2008］44号）、2010年重新修订的《中央部门预算管理工作规程》（财办预［2010］64号）中，都对财政拨款结转和结余资金管理的规程做了专门规定。

四、加强对财政拨款结转和结余资金审核、确认工作

随着财政拨款结转和结余资金管理工作不断深入，中央部门普遍增强了对这项工作的重视程度，一些部门还结合财政部所制定的办法，对所属单位规范财政拨款结转和结余资金管理、提高预算资金使用效率提出了要求。财政部有关司局也加强了对分管部门财政拨款结转和结余资金的审核、确认工作，督促有关部门统筹安排、合理使用财政拨款结转和结余资金。在确认年度累计财政拨款结转和结余资金时，严格按照新《办法》规定，将“项目支出连续两年未动用，或者连续三年仍未使用完形成的结转和结余”，确认为结余。

五、不断解决财政拨款结转和结余资金管理中遇到的新问题

加强财政拨款结转和结余资金管理是深化部门预算改革的一项新措

施，对于这项改革执行过程中的新情况、新问题，各中央部门和财政部及时总结，采取措施加以完善。

第三节 财政拨款结转和结余资金产生的原因分析

财政拨款结转和结余资金产生原因主要有以下几个方面：

一、中央部门加强管理形成的结转和结余

1. 中央部门加强财务管理，厉行节约形成的结转和结余。部门通过建立健全各项规章制度，堵塞财务漏洞，严格界定各项业务的开支范围，规范支出内容，加强财政资金的管理，节约资金，形成结转和结余。

2. 中央部门特殊管理方式形成的结转和结余。如教育部所属院校规定，学校超过一定额度以上的支出只有经过审计部门审计后才能列支，先列“暂付款”。由于过程时间较长，未能及时列支，形成结转和结余。

3. 中央部门实行系统管理形成的结转和结余。

二、财政部门下达预算、拨款不及时形成的结转和结余

1. 中央预算批复后，有的部门未按规定时间及时批复预算，预算执行时间过短，形成的结转和结余。中央本级预算草案每年3月15日经人大审议通过后，财政部门在规定的1个月时间内批复部门预算，部门应按规定半个月内批复下属单位的预算。有些中央部门并未按规定时间及时批复下属单位预算，有的部门每年预算下达到实际执行单位基本都在4月末或5月初，预算拨款时间更晚。预算执行时间仅半年左右，造成有的项目无法完成，形成结转和结余。

2. 财政追加预算时间较晚形成的结转和结余。从这几年预算执行情况看，有些项目预算到12月31日还办理追加，拨款时间更晚；一些代编预算的预算下达也集中在年底，下达到部门后项目来不及执行，也形成了部

门财政拨款结转和结余。

三、财政国库管理制度改革形成的结转和结余

1. 财政部门实行国库集中支付改革，加强执行监督和资金使用监控等，提高资金使用效率，形成结转和结余。

2. 中央部门大型设备等实施政府集中招标采购，降低了成本，形成结转和结余。如部分大型设备集中采购后，虽已订货，但由于安全方面考虑，部门在设备到货前不付款；或部分已经到货的大型设备正在试运行，在确保质量之前也暂不付款，虚增结转和结余。

四、预算管理制度与财务会计制度不衔接造成的结转和结余

现行《行政单位财务规则》、《事业单位财务规则》规定，单位会计制度采用收付实现制而非权责发生制，因此在“暂付款”中虚增一部分结转和结余。如有的工程虽然已完工，但因财务未能在年终前结算，列“暂付款”；或者工程未完工，但现金已开支，因财务未结算，列“暂付款”，虚增结转和结余。按照基建财务管理制度，建设单位必须按工程价款预留一定比例的工程质量保证金，待工程竣工验收一年后再清算，客观形成了一部分结转资金。

五、历史性、政策性原因形成的结转和结余

在部门预算改革前，有些单位实行经费包干体制，通过收入分成等方式积累了大量资金，多年滚存下来，形成了数额较大的基本支出结转。

六、预算编制不实、审核不严形成的结转和结余

这几年，财政部虽然要求中央部门在申报项目预算时要控制财政拨款申请数，但由于认识不到位，一些中央部门在编制预算仍存在“头戴三尺

帽”的虚报现象，造成年初预算安排不准确，形成部分财政拨款资金结转和结余。

七、其他因素形成的结转和结余

其他因素形成的结转和结余包括外交项目受政治、外交等不可抗因素影响出现的结转和结余；测绘、勘探等项目受气候条件等自然环境影响进展缓慢形成了结转资金；账面上存在财政拨款结转和结余资金，但实际资金已经垫付医疗费等，形成虚假结转和结余，等等。

第四节　中央部门财政拨款结转和结余资金管理工作规程

对财政拨款结转和结余资金的管理，根据时间顺序可分为：报送和确认阶段、预算执行阶段和预算编制阶段。三个阶段的工作程序及职责分工情况如下：

一、结转和结余资金的报送和确认

按照《中央部门财政拨款结转和结余资金管理办法》（财预［2010］7 号）规定，在预算年度结束后，中央部门对本部门结转和结余资金情况逐级汇总，对形成结转和结余的原因进行分析说明，并报财政部。财政部对部门结转和结余资金数额和有关项目完成情况进行审核确认后，正式批复中央部门。

（一）中央部门

1. 报送财政拨款结转和结余资金情况。预算年度结束后，中央部门对本部门和所属预算单位的结转和结余资金情况逐级汇总，对形成结转和结余的原因进行分析说明，于下年 2 月底之前，将本部门上年度《财政拨款结转和结余资金情况表》和有关说明文件，以《×××关于报送财政拨款结转和结余资金情况的函》的形式分别报送财政部预算司和部门司各一份（附电子文档）。

2. 报送国库集中支付结转和结余资金情况。对国库集中支付结转和结余资金，中央部门应按照《财政部关于印发〈财政国库管理制度改革试点年终结余资金管理暂行规定〉的通知》（财库［2003］125 号）和《财政部关于中央单位 2009 年深化国库集中支付改革若干问题的通知》（财库［2008］83 号）中的有关规定，在 1 月 20 日之前，向财政部报送《财政国库管理制度实施单位年终预算结余资金申报核定表》。

（二）部门司

1. 及时批复基建竣工决算。有关司要及时批复基本建设项目竣工决算（包括国家发展改革委安排项目、国防科工局安排项目和财政部安排项目）。

2. 接收部门报送的结转和结余资金文件。接收部门报送的《财政拨款结转和结余资金情况表》和有关说明文件。

3. 审核部门结转和结余资金。结合上年批复的部门预算情况、国库司审核后的《财政国库管理制度实施单位年终预算结余资金核定表》、部门报送的决算报表以及部门司掌握的部门预算执行情况，对部门报送的《财政拨款结转和结余资金情况表》及有关说明文件进行审核。

4. 批复确认部门结转和结余资金。起草《财政部关于确认××× 20××年财政拨款结转和结余资金的通知》，对部门上年财政拨款结转和结余分基本支出结转、项目支出结转和结余予以确认。将审核及确认后的部门财政拨款结转和结余资金情况，于 3 月底之前发文（以正式文件并附有关表格）批复各中央部门，发文会签预算司；涉及横向分配指标的，根据需要会签相关主体司；涉及国库集中支付结余的，会签国库司。部门司在批复中央部门财政拨款结转和结余时，原则上应根据部门预算和会计账实际情况进行核算和批复。部门报送的财政拨款结转和结余资金情况不符合有关预算管理制度规定，部门司依据有关政策对结转和结余数额进行调整的，应在确认结转和结余发文中特别说明。

5. 汇总分析结转和结余资金情况。对分管部门的财政拨款结转和结余资金情况进行汇总分析，并将汇总表及有关情况提供给预算司和国库司。

6. 登录国库集中支付结余指标。在批复确认结转和结余资金发文后 5 个工作日内，将国库集中支付结余指标登录调整预算网。

（三）国库司

1. 接收部门报送的结转和结余资金文件。接收各部门报送的《财政国库管理制度实施单位年终预算结余资金申报核定表》及有关说明文件。

2. 会签结转和结余资金批复文件。会签部门司转来的《财政部关于确认×××20××年财政拨款结转和结余资金的通知》发文。

3. 登记总预算会计账。根据各部门司关于部门财政拨款结转和结余资金的确认通知，登记总预算会计账。

（四）预算司

1. 接收部门报送的结转和结余资金文件及电子数据。接收部门报送的《财政拨款结转和结余资金情况表》和有关说明文件以及电子数据。

2. 会签结转和结余资金批复文件。对各部门司转来的《财政部关于确认×××20××年财政拨款结转和结余资金的通知》会签发文提出意见，报部领导。

3. 汇总分析结转和结余资金情况。根据部门司提出的分管部门财政拨款结转和结余资金确认情况汇总表及分析材料，对中央财政本级财政拨款结转和结余资金情况进行汇总、分析后报部领导。

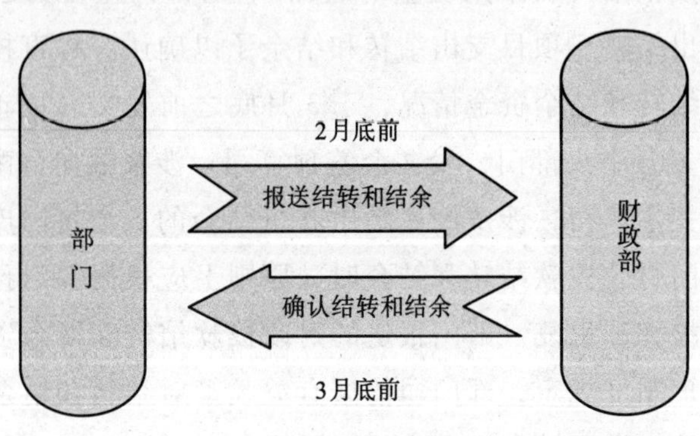

图 13－1　结转和结余资金报送和确认阶段流程

二、预算执行阶段

部门基本支出结转资金原则上结转下年继续使用，用于增人增编等人员经费和日常公用经费支出；项目支出结转资金下年按原用途继续使用，项目支出结余资金在执行中原则上不得动用，全部用于统筹编制以后年度部门预算。

（一）中央部门

1. 动用基本支出结转资金。部门在预算执行中因零星增人增编等出现的人员经费和日常公用经费增支，应首先通过部门基本支出结转资金安排，并将基本支出结转资金动用情况报财政部备案。

2. 调整项目支出结转资金用途。项目支出结转资金原则上不得调整用途，因特殊情况需在预算执行中动用项目支出结转调剂用于必需支出的，应报财政部审批。

3. 执行中动用项目支出结余资金。中央部门项目支出结余资金，在统筹用于编制以后年度部门预算之前，原则上不得动用。因特殊情况需动用项目支出结余安排必须支出的，应报财政部审批。

4. 做好执行工作。按照结转和结余资金管理办法要求，做好动用结转资金的预算执行工作。

（二）部门司

1. 审核部门按照新《办法》规定的原则，对必须予以调整和动用结余资金安排，提出调整结转资金用途和动用结余资金的申请。按照新《办法》规定的原则，对部门提出的调整结转资金用途或因特殊情况需要在执行中动用结余资金的申请进行严格审核，提出审核意见会签预算司后报部领导审定。经批准后正式发文批复部门（对动用国库集中支付净结余资金的，发文中应特别注明），发文应会签预算司，对涉及国库集中支付结余资金的还应会签国库司，还应会签相关主体司。

2. 调整国库集中支付结余科目。对批准动用的国库集中支付结余资金涉及科目变动的，应及时在调整预算网上进行调整，并在国库司计划管理系统中审核部门结转和结余资金用款计划。

3. 审核部门调整预算申请。对部门在预算执行中因项目执行进度缓慢、预计年底可能形成较多结转或结余，而提出的调减当年预算或调整用于本部门执行中新增重要支出的申请进行审核，会签预算司后报部领导。

4. 对部门结转和结余资金执行情况进行跟踪和统计。

（三）国库司

1. 结转和结余资金的预算执行。对年初预算批复结转和结余资金组织做好预算执行工作。

2. 结转和结余资金的科目调整。对部门在预算执行中调整结转资金和动用结余资金（属于国库集中支付结余的）安排追加支出并涉及科目变动等情况的，接收部门上报的用款计划，并将用款计划上网，提供部门司审核。

（四）预算司

1. 对部门司就调整项目支出结转资金用途的意见进行审核后报部领导。

2. 审核调整部门预算建议。对部门司因部门项目执行进度缓慢而提出的调减当年预算或调整用于部门执行中新增重要支出的意见进行审核后报部领导。

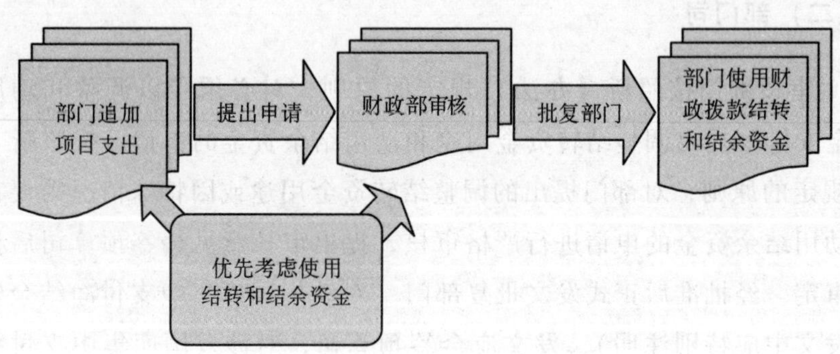

图 13－2　预算执行阶段动用财政拨款结转和结余资金流程

三、预算编制阶段

部门在编制部门“一上”预算时，应将本部门财政拨款结转和结余资金安排使用情况和申请当年财政拨款安排支出统筹考虑提出部门预算申请。

（一）中央部门

1. “一上”预算统筹安排使用结转和结余资金。部门在编报“一上”预算时，应将本部门基本支出结转和项目支出结转资金下年安排使用计划，以及拟统筹动用本部门项目支出结余资金安排下一年度预算情况，随部门“一上”预算报送财政部：

（1）编制基本支出预算应优先动用基本支出结转资金。有基本支出结转资金的部门，在编制下一年度预算时，如要求增加基本支出，应优先动用基本支出结转资金，结转资金不足以安排时再向财政部提出申请增加预算。

（2）编制项目支出预算应优先动用项目支出结余。有项目支出结余资金的部门，在申报下年预算时，应将结余资金全部作为本部门下一年度预算的首要来源，统筹用于本部门重点项目支出。

（3）延续项目应统筹结转资金。连续年度安排预算的延续项目，有结转资金的，应结合项目进展情况、结转资金情况，统筹提出下年度项目支出预算申请。

2. 根据结转和结余统筹要求调整编制“二上”预算。根据财政部下达的“一下”预算控制数和结转和结余资金安排使用建议数，调整编制“二上”预算。同时，部门应对结转资金情况做出充分预计，在“二上”预算中填报。

（二）部门司

1. 审核部门结转和结余资金安排使用计划。

（1）结合部门“一上”预算申请和部门结转和结余资金情况，对部门结转和结余资金安排使用计划进行审核，提出部门下一年度结转和结余资金安排使用建议送预算司审核，并报部领导批准后，随“一下”预算控制数下达中央部门。

（2）对部门“二上”预算中统筹安排使用结转和结余资金情况进行审核后送预算司。

2. 提出压缩预算或收回结转和结余资金建议。

（1）对上年累计结转和结余资金规模大或结转和结余资金增长快的部门，在安排下年预算时，提出适当压缩部门有关项目支出预算的建议。

（2）对结转和结余资金常年居高不下，统筹使用结转和结余资金不力的部门，可提出将部分结转和结余资金收回中央总预算的建议。

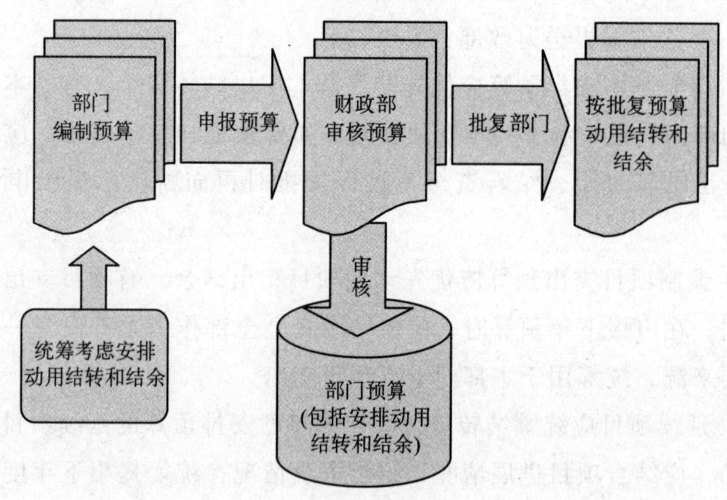

图 13－3 预算编制阶段动用财政拨款结转和结余资金流程

（三）预算司

1. 审核部门司结转和结余资金统筹使用情况。

（1）对部门司审核部门“一上”预算后提出的结转和结余资金安排使用建议进行审核，提出审核意见报部领导批准后随“一下”预算控制数与部门司见面。

（2）对部门司审核后的部门“二上”预算中结转和结余资金安排使

用情况进行审核。

2. 提出压缩预算或收回结转和结余资金建议。

（1）对上年累计结转和结余资金规模大或结转和结余资金增长快的部门，在安排下年预算时，提出适当压缩部门有关项目支出预算的建议。

（2）对结转和结余资金常年居高不下，统筹使用结转和结余资金不力的部门，可提出将部分结转和结余资金收回中央总预算的建议。

第五节　进一步加强财政拨款结转和结余资金管理

近几年，通过加强结转和结余资金管理以及规范批复确认工作，基本摸清了中央部门的财政拨款结转和结余资金总体状况，在加强对财政拨款结转和结余资金的管理和使用上迈出了坚实的步伐。对造成财政拨款结转和结余资金的原因，也有了更深入透彻的分析。各中央部门对结转和结余资金管理的认识和重视程度也在逐步提高。但是，结转和结余资金管理中仍然存在一些问题有待解决。加强对财政拨款结转和结余资金的管理，是一项系统的工程，需要多管齐下，多头并举，多方配合。要充分调动各方的积极性，形成合力。

一、提高认识，加强对财政拨款结转和结余资金管理

财政部门加强财政拨款结转和结余资金管理是贯彻全国人大、国务院的指示精神，是落实审计部门要求，提高财政资金使用效率，增加预算编制的科学性、合理性的重要手段。各中央部门要带头执行，并积极完善相关管理制度和规定，减少结转和结余资金规模。结转资金较多的中央部门，编制下年预算时，要结合结转资金情况提出经费需求，压缩申报规模。

二、严格执行有关规定，合理使用结转和结余资金，提高财政资金使用效益

1. 财政部各部门预算管理司要高度重视财政拨款结转和结余资金管理工作，细化对财政拨款结转和结余资金的管理要求，督促中央部门及时报送财政拨款结转和结余资金情况，把好财政拨款结转和结余资金的审核关，切实加强对财政拨款结转和结余资金的管理。

2. 财政部各部门预算管理司应认真分析财政拨款结转和结余资金情况，对于结转和结余资金较多的中央部门，在编制下年预算时，要结合结转和结余资金情况统筹考虑、合理使用，控制中央部门财政拨款结转和结余资金规模，提高财政资金使用效率。

3. 在年度预算执行中，对中央部门追加项目支出的要求，应当首先使用本部门财政拨款结转资金安排。

4. 严格按规定时间下达执行预算。规范预算编制与执行的管理，严格执行代编预算下达和拨款时间；进一步细化预算编制、完善预算分配方法，提高预算编制的科学性和准确性；进一步提高年初预算资金到位率，减少代编预算；完善现行预算管理和会计核算制度，尤其是事业单位财务核算制度，使之有机统一。

5. 进一步搞好财政拨款结转和结余资金管理基础性工作。财政部门要加强制度建设，为加强财政拨款结转和结余资金管理提供基础平台。同时要加强对中央部门的培训工作，统一认识、完善制度、强化手段、夯实基础，加强财政拨款结转和结余资金信息收集等，保证数据真实可靠、准确及时。中央部门也要进一步加强对本部门结转和结余资金的清理、核查和统计分析工作。

三、建立财政拨款结转和结余资金有效管理的激励机制

加强财政拨款结转和结余资金管理是一项系统工程，需要各方面积极配合，仅依靠财政部门加强管理难以做到，还需要中央部门积极行动起

来，增强主动性。财政部今后将结合财政拨款结转和结余资金的实际情况，继续研究财政拨款结转和结余资金有效管理的激励机制，在保证财政资金安全、管理规范基础上，切实提高财政资金使用效率。

第十四章　预算绩效管理

预算绩效管理是政府绩效管理的重要组成部分，是一种以支出结果为导向的预算管理模式。它强化政府预算为民服务的理念，强调预算支出的责任和效率，要求在预算编制、执行、监督的全过程中更加关注预算资金的产出和结果，要求政府部门不断改进服务水平和质量，花尽量少的资金、办尽量多的实事，向社会公众提供更多、更好的公共产品和公共服务，使政府行为更加务实、高效。

第一节　开展预算绩效管理的重要意义

党中央、全国人大、国务院高度重视预算绩效管理工作，多次强调要深化预算制度改革，加强预算绩效管理，提高财政资金使用效益和政府工作效率。党的十六届三中全会提出“建立预算绩效评价体系”，党的十七届二中、五中全会分别提出“推行政府绩效管理和行政问责制度”、“完善政府绩效评估制度”。十一届全国人大五次会议关于预算审查结果报告明确提出，要进一步加强预算绩效管理，健全支出绩效考评机制，提高资金使用效益。党的十八大明确提出“创新行政管理方式，提高政府公信力和执行力，推进政府绩效管理”。党的十八届三中全会则要求“透明预算、提高效率，建立现代财政制度。”

加强预算绩效管理，是公共财政的内在要求，是预算管理的应有之义，其根本目的是改进预算支出管理，优化财政资源配置，提高公共产品和服务的质量。当前，我国经济发展到了经济增长换挡期、结构调整阵痛期、前期制激政策消化期，受国内外经济形势的影响，我国财政收入增速也明显放缓，财政收支矛盾不断增强。面临新阶段，适应新形势，加快推进预算绩效管理，提高财政科学管理水平，有利于深入贯彻落实科学发展观和党中央、国务院关于经济、财政工作的各项要求，有利于进一步完善政府绩效管理制度和加强财政预算管理工作，有利于推动政府职能转变和公共财政体系建设，具有重要的现实意义和长远意义。

一、加强预算绩效管理是贯彻落实科学发展观的必然要求

科学发展观是我国经济社会发展的重要指导方针，是发展中国特色社会主义必须坚持和贯彻的重大战略思想。科学发展观的核心是以人为本，强调提高发展的质量和效益，强调全体人民共享发展成果。公共财政取之于民、用之于民，在落实科学发展观中具有重要地位和作用。贯彻落实科学发展观，要求财政部门始终把实现好、维护好、发展好最广大人民的根本利益作为工作的出发点和落脚点，在推进财政科学化、精细化管理过程中更加突出绩效，在财政管理各环节中树立绩效意识、体现绩效要求。财政预算管理只有充分注重绩效，预算支出只有产生实实在在的社会经济效益，才能更好地发挥公共财政职能，改善民生，促进和谐社会建设。加强预算绩效管理的根本目的就是改进预算管理、优化财政资源配置、提高公共产品和公共服务的质量、提高财政资金使用效益，改变长期以来财政资金管理使用中存在的“重收入轻支出、重分配轻管理、重数量轻质量”问题，这同科学发展观强调以人为本是完全一致的。通过加强预算绩效管理，科学合理地配置公共资源，把有限的财政资金分配好、使用好、管理好，有利于更好地促进经济平稳较快发展和发展方式转变，有利于更好地保障和改善民生，做到发展为了人民、发展成果由人民共享。

二、加强预算绩效管理是提高政府行政效能的重要措施

首先，加强预算绩效管理有利于转变政府职能，提高管理效率。当

前，面对全面建设和谐社会的新形势新任务，我国行政管理体制还存在一些问题，主要表现在：政府职能交叉，权责脱节，公共资源配置效率不高，公共产品和公共服务供给不足，考核体系不健全等。预算绩效管理强调政府提供公共服务的质量和成本，关注财政资金的使用效益，其内容实际上已超出了公共支出管理本身，涵盖了整个政府管理的范畴。加强预算绩效管理能极大地促进解决上述问题，提高政府工作效率。其次，加强预算绩效管理有利于增强政府的责任意识，提升公共服务的质量。在以结果为导向的绩效管理中，每年的财政支出要与取得的产出或成效挂钩，上一年的表现会影响下一年的预算安排。地方、部门和单位申请预算时必须依据其职责，设定具体的绩效目标，准确计算达成目标所需的资金，力求避免浪费。“谁支出、谁负责”的基本原则，使预算资金的申请变得谨慎，从而增强责任意识。同时，绩效管理强调把公众作为顾客，要求政府的一切活动都要从满足顾客需求出发，加强预算绩效管理，可以强化政府为公众服务的观念，强化对公共资源使用结果的关注，使政府行为变得更加务实、有效，有利于提高政府的决策、管理和服务水平。

三、加强预算绩效管理是现代管理的发展趋势

公共选择理论认为，由公共部门提供公共物品可能会出现浪费或滥用资源，强调运用经济分析方法研究政府决策，加强对政府绩效的考评。新公共管理理论要求更加关注公共部门直接提供服务的效率。现代政府管理理论认为，公共管理与企业管理之间不存在本质区别，企业管理中要求的绩效管理、质量管理、目标管理、成本管理、结果控制等，公共管理都适用。随着信息技术的飞速发展、政府支出规模的不断扩大，公众对强化政府部门支出责任和提高政府行政效率的要求更加强烈，以支出绩效评价为手段、以结果为导向的绩效预算在美国、英国等发达国家应运而生，随后在许多国家逐步得到推广。加强预算绩效管理，提高财政资金使用效益，符合现代管理理论的发展要求，顺应了现代政府预算管理的发展潮流。

四、加强预算绩效管理是新形势下做好财政工作的迫切需要

强化预算绩效管理，既是一项需要坚持不懈、不断推进的长期任务，更是当前财政发展改革的紧迫要求。首先，是适应财政收支规模不断扩大的要求。1994 年财税体制改革以来，特别是近些年来，在经济平稳较快发展的基础上，财政收支规模连续迈上新台阶。日益壮大的财政收支规模和财政实力，需要不断加强预算绩效管理，提高财政资金使用效益。其次，是适应财政分配领域和服务对象发生变化的要求。近年来，财政服务的对象和层级明显增加，由过去主要面向部门和企业，扩展到面向全社会、面向千家万户，由主要涉及经济领域扩展到经济社会生活各个领域，这些都对做好财政管理工作提出了新的更高要求。迫切需要通过加强预算绩效管理，提供更多更好的公共产品和服务，满足各个方面、不同层级的需要。第三，是适应营造推进财政发展改革有利外部环境的要求。加强预算绩效管理，不断提高财政资金使用的有效性，推进预算支出绩效的透明度，不仅有利于更好回应社会关切、树立财政部门良好的社会形象，也有利于更好地凝聚社会共识、形成工作合力，营造全社会共同支持财政发展改革的良好氛围。

第二节　西方国家绩效预算借鉴

一、西方国家绩效预算的起因

绩效预算发端于西方国家，其产生的原因是多方面的，主要是财政收支矛盾、政府信任危机、经济全球化以及“新公共管理运动”兴起等因素的综合作用。

（一）经济压力和财政收支矛盾是直接原因

实施绩效预算的最直接原因是经济压力造成的财政困难。20 世纪 70

年代，西方各国面临经济衰退，财源枯竭，而普遍实行的福利主义政策和政府职能的不断膨胀，导致政府支出持续增长，日益陷入入不敷出的财政危机困境。为有效缓解财政收支矛盾，各国纷纷寻求以提高效率为中心的财政政策，更加关注资金使用效益。在这种背景下，推进政府和财政改革，强化绩效理念，改进预算管理方式，就成为政府预算管理转型的必然选择。

（二）政府信任危机和来自公众的压力是主要推动力

20 世纪 70 年代以来，长期持续的经济不景气使公众对政府的关注度不断提高，公众对庞大、浪费的政府逐渐失望，对政府控制财政赤字的决心和增进社会福利的能力产生了怀疑，政府逐渐陷入了信任危机。在经济和政治双重矛盾的推动下，改革政府职能，建设节俭、高效政府的呼声越来越高，纳税人更加关注公共资金支出的经济性、效率性和有效性，希望政府公共部门在不扩大支出的前提下提高公共服务水平和质量。从政府自身来看，传统的公共管理体制僵化，导致行政机构规模和公共预算总额最大化的倾向，高成本、低效率的问题愈来愈突出。来自公众的压力和财政资源需求的无限性与供给的有限性之间的矛盾日益尖锐，促使政府和政治家被迫进行预算改革。

（三）经济全球化和信息技术的发展创造了条件

随着经济全球化程度的不断提高，国家间的竞争日趋白热化，传统意义上的商品竞争转变为国家间实力的竞争。西方各国政府纷纷采取了弱化“统治职能”、强化“服务职能”的对策，转向建设“服务型政府”，着力提高政府行政效率。政府的转型促进了公共预算观念的转变，“花钱养人、养机构”、只讲平衡不讲效率等观念被摒弃，取而代之的是“花钱买效果”、有效供给、公共委托—代理等观念的树立。同时，信息技术的发展为建立灵活、高效、透明的政府创造了可能性和物质基础，也对政府管理提出了新的要求。为适应这一趋势，政府开始对其机构及运作做出相应的变革和调整，从传统的公共预算模式向以“绩效”为核心的预算管理模式转变。

（四）“新公共管理”理论的兴起提供了重要理论基础

20世纪70年代末、80年代初，“新公共管理”理论在英国、美国、澳大利亚和新西兰兴起，并迅速扩展到其他西方国家乃至全世界，由此引发了世界范围内的旨在提高政府绩效的改革浪潮。该理论扬弃了公共行政学理论的思想，融合了当代西方经济学、工商管理学、政策科学（政策分析）、政治学、社会学等学科的理论，尝试建立一种高效、高质量、低成本、应变力强、响应力强、有更健全责任机制的“新公共管理”模式。随着“新公共管理”理论的兴起，一些国家开始将“新公共管理”的理念引入到政府部门的管理实践中，借用私营部门的管理模式、原则和技术方法，推行目标和绩效管理，利用社会和市场力量实现公共服务社会化，在追求效率的同时更关注质量，努力转变为“花钱更少、办事更好”和“讲求效果”的政府，推广了政府绩效评价理念，提升了政府预算管理效率，推动了预算管理模式的改革。

二、西方国家绩效预算的特点

绩效预算是伴随着政府行政改革和政府支出绩效评价而产生的，对传统的预算管理模式带来很大的冲击，直接推动了绩效预算改革的进程，其改革呈现出鲜明的特点。

（一）与新公共管理运动相互促进

20世纪70年代末、80年代初，西方国家引入了私营企业管理中的绩效理念、方法和制度，借鉴市场经济中微观经济主体管理运行的有益经验，强调政府预算支出的效率问题，积极推进以支出结果为导向的预算绩效管理改革，并使之成为以提高政府行政效率为目的新公共管理运动的一个重要组成部分。一方面，以提高政府行政效率为目的的政府行政改革，为预算绩效管理改革营造了良好氛围，减少了预算绩效推进过程中的障碍和阻力。另一方面，绩效预算强调以支出结果为导向提高预算支出绩效，成为政府行政改革在预算领域的具体实施，进一步推动了新公共管理运动的深入发展。从美国、英国、澳大利亚、新西兰等国的实践看，绩效预算取得显著成效的重要原因之一，就是在政府行政改革的大框架内，将绩效预算作为新公共管理运动的一个重要内容，与其他方面的改革同步进行，相互推动、相互加强。

（二）具备坚实的绩效预算制度基础

绩效预算的坚实基础需要一系列绩效制度保障，绩效预算改革并不仅仅涉及预算模式的变化，也需要相关配套制度建设的支持。在推行绩效预算的过程中，西方国家着重加强和完善了公共资产管理、国库集中支付、政府采购等几方面的制度建设。一是大都建立了较为完善的公共资产管理制度。例如，美国由财政部负责公共资产预算管理，制定了统一的管理制度和法规，对公共资产进行严格的预算控制和绩效考核，并设立相对独立的专门机构，负责政府公共资产管理的具体事务。二是普遍实行了国库集中收付制度。例如，澳大利亚从 1980 年开始改革和完善国库管理制度，1999 年在财政部下成立了财务管理办公室，专门负责国债和国库资金的管理。三是大都建立了较为完善的政府采购制度。例如，美国参加了 WTO《政府采购协议》，建立了完备的政府采购法律法规体系，并充分利用互联网发布政府采购信息，推进政府公共管理改革、提高政府效率和透明度。

（三）形成了完善的绩效预算运行体系

绩效预算模式区别于传统预算管理模式的核心，是将市场机制和竞争机制引入到部门预算管理，使部门预算的编制、执行、调整紧紧围绕绩效而展开。大体上一个完善的绩效预算运行框架体系包括年度绩效计划、提交绩效报告、进行绩效评价、反馈评价结果等几部分内容。年度绩效计划通常在编制年度预算时根据部门的战略目标确立，详细阐述部门在特定年度内拟提供公共服务数量和水平，通常提交给内阁或国会通过，以作为将来对该部门或项目进行绩效评价的依据。如新西兰的绩效声明报告，美国的年度绩效计划等。跟踪部门年度绩效计划的进展情况，一般要求部门管理者定期或者不定期提交绩效报告，通过绩效指标详细描述绩效目标的完成程度。绩效评价是对部门完成绩效的情况进行评价。反馈结果要面向公众，公众取向的绩效观被越来越多的国家所采纳，特别是英、美等国家。西方国家在上述绩效预算运行体系方面的建设，现在都已较为完善。

（四）在政府会计与预算领域引入权责发生制

推行绩效预算，要求政府会计核算以及预算编制能够正确计量各种政府活动的真实成本，权责发生制的应用在技术上满足了这种需要。自新西兰在20世纪90年代率先在政府会计与预算领域全面引入权责发生制以来，包括英国、澳大利亚在内的众多发达国家在预算管理领域逐步推广使用权责发生制，越来越重视权责发生制在预算管理中的作用。与收付实现制相比，权责发生制可以更为准确地将绩效与成本有机联系起来，较为精确地测量成本与收益，对管理者降低成本有较强的激励效应。权责发生制的引入，适应了绩效预算测量产出效益和结果质量的要求，对于确定合理的预算拨款规模，制定科学的绩效规划，调整未来绩效目标等具有不可替代的基础性作用。

三、西方国家实施绩效预算的经验总结

纵观各国在推进绩效预算方面的实践，形成了一些基本的经验：

（一）规范的制度设计

已经开展绩效预算改革的国家，都已具备或者正在着力建设规范合理的预算管理流程和绩效评价体系。其中，预算管理流程重视预算编制的透明度和民主化，以及预算执行和监督的统一；绩效评价体系主要涉及相关指标体系的全面建立、事前事中和事后的及时评价，以及政府官员的绩效考核机制，并引入了参与式的预算和独立的外部监督。

（二）完善的立法支持

完善的立法支持，有助于减少改革阻力，节约改革成本，推动绩效预算制度按照既定的路线图逐步展开。美国1993年颁布生效的《政府绩效与结果法案》、韩国2000年颁布实施的《政府绩效评价框架法》和瑞典

2001 年颁布的《预算法案》等，都为各自国内绩效预算制度的建立提供了强有力的法理支持。可以说，重视绩效管理和预算方面的立法，建立完善的法律法规体系，是西方国家推行绩效预算取得成功的主要经验之一。

（三）健全的评价系统

绩效评价是绩效预算的重要方面之一，也是西方各国推进绩效预算的关键。健全的评价系统，包括绩效预算的主体、客体和评价指标体系三个主要方面。绩效预算评价系统的主体是负责对客体进行评价的责任人或机构。绩效预算评价系统的客体是根据绩效预算改革实施阶段确定的。绩效预算的评价指标体系包括评价指标（对评价客体的哪些方面进行评价）、评价标准（具体的划分等级）及评价方法。健全的评价系统，有助于明确评价报告的重点，提高部门和机构积极性，加强沟通协调。

（四）有效的信息分析

有效的信息分析保障了绩效预算的顺利实施，从西方各国的做法看，有效的信息分析涉及信息质量和分析技术两个部分。信息质量主要包括信息来源的科学性、合理性与及时性，它直接关系到绩效评价的准确性与时效性问题。分析技术是技术层面的核心，涉及分析所采用的具体方式和方法，如美国采取的平衡记分卡和 PART 工具等。科学有效的分析技术，能够充分挖掘数据的潜在价值，为全面分析绩效预算的开展情况、科学衡量绩效预算的利弊得失、综合判断绩效预算的推进重点和整体规划绩效预算的实施步骤提供有益的参考。

此外，良好的绩效文化氛围、各部门利益的协调统一、中期预算框架的完善等，都不同程度上促进了绩效预算的实施。

四、对我国推进预算绩效管理的借鉴与启示

绩效预算是被西方国家证明了的先进预算管理方式。研究、学习西方国家的绩效预算理论与实践经验，对推进我国预算绩效管理改革具有重要的借鉴和启示。

（一）培养良好的绩效文化

具有相似的绩效文化背景和良好的社会氛围是西方国家绩效预算改革成功的前提和保障。因此，要进一步树立绩效文化理念，积极推动绩效文化建设，形成良好的改革环境和社会氛围，才能更好地推动我国预算绩效管理改革。一是要树立效率意识，提高资源配置效率和财政资金使用效益，改善公共部门管理水平；二是要进一步强化部门的支出责任，做到"用钱必问效、无效必问责"，促进政府提供更好的公共产品和服务；三是要规范结果导向，实现由重投入向重产出转变，并逐渐形成由产出导向型转向结果导向型的预算管理，强调结果的有效性。同时，大力宣传绩效文化，在全社会形成"讲绩效、重绩效、用绩效"的良好社会氛围。

（二）加强法律法规制度建设

完善有效的法律法规制度是西方国家顺利实施绩效预算的重要基础。通过借鉴国外经验，为我国预算绩效管理顺利推进提供法制保障。一是注重加强法制建设，建立和完善预算绩效管理法律体系，为预算绩效管理改革确立牢固的法理基础；二是重视系统性制度建设，完善和整合现有的规章制度，着手制定中长期规划，明确预算绩效管理改革发展方向；三是细化预算绩效管理的具体实施细则，明确责任主体，增强实用性和可操作性。

（三）不断完善绩效评价体系

西方国家绩效预算的核心是建立了较为完善的绩效评价体系，有一套完整的、系统的绩效预算操作模式。通过借鉴国外绩效预算改革的成功经验，我国要进一步完善绩效评价体系，建立定性与定量相结合、统一性指标与专业性指标相结合的多层次绩效评价体系：一是按照全面性、准确性和兼容性的原则，合理设定绩效目标；二是明确评价重点，将工作重心更多地放在结果的关注上；三是科学选定绩效评价指标，建立行之有效的绩效评价机制；四是加强评价结果反馈应用，及时有效反馈评价结果，充分利用评价结果，改进预算管理，促进政府绩效。

（四）切实加强相关配套措施建设

纵观西方国家绩效预算发展的历史，没有一套完整的配套措施辅助，绩效预算改革难以顺利进行。对此，我国在推进预算绩效管理改革时，应着重做好以下几项配套工作：一是加快转变政府职能，引导部分政府职能“社会化”和“市场化”，提升公共服务意识，改善预算绩效，提高行政效率；二是改革政府会计制度，逐步引入权责发生制，准确核算政府支出成本，促进部门重视支出效率；三是探索试编体现部门战略规划的中期滚动预算制度（如三年滚动计划），实现部门年度预算与中长期计划的有机结合，为全面推进预算绩效管理奠定基础。

（五）注重协调配合形成推进合力

国际经验表明，财政部门在绩效预算改革过程中起着主导作用。同时，绩效预算改革是一个系统工程，涉及到政府管理的方方面面，其中很多已超出了财政部门的职能范围，需要更多的外部支持。如，在法律保障方面，需要立法机构的介入；在行政层面，需要政府高层支持；在保证绩效信息准确、完整等技术方面，需要审计部门、外部机构的介入和社会各界的广泛参与等。为此，在我国预算绩效管理改革中，要加强财政部门和其他部门之间的沟通协调，充分依靠和借助人大，纪检监察、审计等各方力量，化解改革阻力，形成推进合力；同时，研究探索引入第三方力量参与绩效管理工作，提高评价结果的客观性和公正性，保证预算绩效管理改革顺利推进。

第三节　我国预算绩效管理的现状

近年来，各地区、各部门认真贯彻落实党中央、国务院加强预算绩效管理的决策部署，按照财政部的统一要求，积极开展预算绩效管理工作。各地区、各部门进一步树立绩效理念，理清工作思路，加强制度建设，扎实推进试点，不断改革创新，各项工作取得新的成效。

一、预算绩效管理的进展情况

（一）认真研究部署，提升思想认识

为及时把党中央、国务院、全国人大加强预算绩效管理的指示精神和要求落到实处，财政部多次召开专题会议部署传达，统一思想认识。2011年召开的全国预算绩效管理工作会议，着力树立全过程预算绩效管理的理念。2012年召开的财政厅（局）长座谈会，以预算绩效管理为主题，对深入推进预算绩效管理进行了全面规划部署。2013年召开的财政厅（局）长座谈会，进一步强调要推进预算绩效管理，将绩效观念和绩效要求贯穿于财政管理的各个方面，对一些重大专项做中期绩效评估，着力推进重点领域、重点项目特别是专项资金和项目绩效管理。实践证明，预算绩效理念正逐步深入人心，为预算绩效管理工作的推进奠定了坚实的思想基础。

（二）创新管理机制，规范管理程序

针对工作开展初期一些地区和部门在实践中出现的认识不统一、对支出项目进行简单事后评价等问题，财政部对预算绩效管理程序进行了规范，提出建立“预算编制有目标、预算执行有监控、预算完成有评价、评价结果有反馈、反馈结果有应用”全过程预算绩效管理机制。明确要求申报预算时要编制绩效目标，将其作为预算安排的前置条件；执行中加强绩效运行监控，发现问题及时纠正；预算完成后要对项目进行自我评价，报送绩效报告；对评价结果及时反馈部门，督促其改进问题；切实加强评价结果应用，建立与预算安排有机结合机制。上述理念已要求部门融入到预算管理具体实践中，将预算绩效管理工作推进到一个新的发展时期。目前，对于绩效目标、绩效运行监控、绩效评价以及结果应用等各环节的管理已经逐步规范，全过程预算绩效管理机制初步建立。

（三）健全规章制度，加强顶层设计

财政部一直把顶层制度设计作为预算绩效管理重点工作来抓，2005年

以来陆续印发出台了《中央部门预算支出绩效评价管理办法》、《财政支出绩效评价管理暂行办法》、《关于推进预算绩效管理的指导意见》、《预算绩效管理工作规划（2012—2015年）》、《预算绩效评价共性指标体系框架》等一系列文件，明确了预算绩效管理的指导思想、基本原则、主要内容、总体目标、近期任务和重点工作，规定了评价主体、评价内容、评价范围、评价指标等，对预算绩效管理工作进行指导和规范。中央部门和地方财政部门的预算绩效管理制度也不断健全，不少地区以省政府或政府办公厅名义出台了指导意见或工作规划，对本地区今后一个时期预算绩效管理进行统一部署，并建立了覆盖预算绩效管理全过程的管理办法，预算绩效管理规章制度渐成体系。

（四）开展评价试点，完善评价方式

一是组织中央部门和地方财政部门选择试点项目开展绩效评价，逐步扩大评价试点范围，实现了“横向到边，纵向到底”。2013年，中央部门纳入绩效评价试点的项目473个，涉及资金286亿元，分别比上年增加27%和104%；从地方层面看，绩效评价范围已从省本级逐步扩大到市、县层面，据不完全统计，2013年纳入绩效评价试点范围的项目约5.1万个，涉及资金约1.39万亿元。二是选择部分财政专项资金进行竞争性分配试点，探索竞争性资金分配机制，实现资金分配从“一对一”单向审批转为“一对多”选拔性竞争安排。三是加强对重点项目、重点领域和整体支出的绩效评价，各地区、各部门在“增点扩面”的基础上，对重大民生支出和财政政策开展重点绩效评价，并探索推进整体支出绩效评价，促进绩效评价“全面开花”。近两年来，财政部组织对全国县级支出开展了县级财政支出管理绩效综合评价，并将评价结果进行通报和公开。四是通过公开招标等方式选择中介机构，邀请人大代表、专家学者等参与到评价中来，对绩效评价工作进行监督和指导，不断提高绩效评价的质量，提升绩效评价的公信力和权威性。

（五）狠抓基础工作，夯实管理根基

一是不断强化机构保障，2012年，财政部成立了预算绩效管理工作领

导小组，健全了预算绩效管理领导体制和工作机制。不少中央部门和地方省市成立了工作领导小组，强化对预算绩效管理的组织领导。全国36个省（自治区、直辖市、计划单列市）财政厅（局）中已有20个设立了专门的预算绩效管理机构，许多市、县预算绩效管理机构也不断完善，为预算绩效管理工作开展提供了组织保障。二是不断完善预算绩效管理信息系统，为预算绩效管理提供信息支撑。三是加大培训力度，提高预算绩效管理工作人员的业务素质，同时，利用各种媒体和各种方式，积极宣传预算绩效管理理念和经验做法，为预算绩效管理营造良好的舆论氛围。

二、取得的主要成效

预算绩效管理工作的开展，取得了以下主要成效：

（一）初步树立了绩效理念

预算绩效管理把市场经济的一些基本理念融入公共管理之中，从而有效地降低了政府提供公共品的成本，提高了财政支出的效率。通过开展预算绩效管理，各级财政、财务部门预算管理理念开始转变，开始重视财政支出绩效问题，重视支出的责任和成本，“重分配轻管理、重使用轻效益”的现象有所改变，主动理解绩效管理、开展绩效管理的思想正在形成。

（二）增强了部门或单位的责任意识

通过设定明确可衡量的绩效目标，部门和单位更清楚地了解财政支出所要取得的社会和经济效益，其职能和目标得到进一步明确；通过绩效评价，考核部门和单位绩效目标实际完成情况和取得的成效，并与下年度预算安排挂钩，用财要问效，无效要问责，在一定程度上强化了部门和单位的自我约束意识和责任意识。

（三）提高了财政资金的使用效益

预算绩效管理将部门预算与部门发展规划和年度工作计划有机结合起来，并进行跟踪问效，一方面有利于整合财政资源，优化财政支出结构，最大限度地将有限资源配置到效益最佳的部门并发挥最大效益；另一方面监督预算单位合理高效使用财政资金，减少了财政资金支出的随意性和盲目性，一定程度上缓解了财政支出压力。

（四）增强了财政决策的科学性

通过实施预算绩效管理，对财政支出的科学性、效益性和管理水平开展评价，对绩效评价结果进行反馈和应用，有利于促进部门和单位不断完善内部管理，自觉加强资金的管理和监督，不断提高理财水平，增强财政资金分配管理的科学性。相对于传统的预算管理而言，预算绩效评价结果更为客观地反映了财政资金的使用情况，为政府出台财政支持政策提供了重要的政策依据。

（五）促进了高效、透明、责任政府的建设

预算绩效管理将绩效评价的结果在部门内部或一定范围适度公开，一方面强化了部门内部监督，增强预算透明度，另一方面将政府部门的活动置于公众监督之下，强化了部门活动的社会监督，促进多部门提高行政和服务水平，提高了公众对政府的信任程度，促进了高效、透明、责任政府的建设。

三、存在的主要问题

预算绩效管理取得了初步成效，但整体上仍处于起步阶段，存在一些亟待解决的问题，与党中央、国务院对预算绩效管理的要求、与社会各界的期待还有不小的差距，主要表现在以下几个方面：

（一）发展不平衡

从横向看，前期起步较早地区继续加快发展，预算绩效管理向纵深推进；部分起步较晚的地区扎实起步，起点较高，各项工作开始展开；但还有部分地区仍在观望，仍在筹备，各项工作进展缓慢；从纵向看，中央部门的预算绩效管理工作在逐步推进，省级部门的工作整体开展较快、较

好，但在市、县层面则相对落后，对预算绩效管理的认识还不到位，工作尚未取得实质性进展。

（二）体系不完善

经过探索和实践，初步构建了预算支出事前、事中、事后全过程的绩效管理体系，但从整体上看，绩效目标管理尚处于起步阶段，绩效目标申报、审核还没有建立相应的工作机制；执行中的监控还未有实质性措施，仍局限于执行进度和日常监督，疏于进行绩效信息的收集和分析，对绩效实现的趋势关注不多；事后的绩效评价还占有较大比重，且以项目评价为主，资金规模较小，覆盖范围较窄，尚缺乏有效的技术手段和控制措施，评价方法单一，评价质量也有待提高；在绩效评价结果应用上，普遍模式单一，具体结合机制和方法尚未建立，结果应用缺乏硬性约束，评价结果得不到有效应用。

（三）基础不扎实

在法规制度建设方面，除目前尚没有相关法律对预算绩效管理做出明确规定外，还有较多省市和部门相关制度不全面，配套措施不具体，规范性的制度多，操作性的办法少，还未形成制度体系；在绩效评价指标体系的建设上，仍处于各地区、各部门自行探索、自我完善的局面，角度不同、模式不一，尚没有成熟的、统一的绩效指标体系；在信息数据库建设上，绩效评价标准库、指标库、专家库、中介库、资料库等建设不足，共建共享的数据库和交流平台尚未形成；在信息系统建设上，大部分地区尚未有成型、完善的模式，为预算绩效管理提供的信息技术支撑还不强。

（四）保障不充分

从目前看，部分省、市、县财政部门已设立专门机构，但在职责上有待调整和完善；有的省虽在相关处室赋予预算绩效管理职能，但普遍人员不足。而且，工作人员素质有待于进一步提升，懂管理、懂业务、懂专业、懂操作的复合型人员缺乏，不仅在财政部门，也包括预算部门，还包括参与评价的第三方等，在基层显得更为突出。预算绩效管理所必需的经费保障渠道不明确，保障不足，也在很大程度上制约了预算绩效管理工作的推进。

第四节　全面推进预算绩效管理的思路

当前，中央高度重视预算绩效管理工作，政府绩效管理试点工作加快推进，预算绩效管理方向目标已经明确，预算绩效管理工作也积累了实践经验，这些都为全面推进预算绩效管理创造了有利的条件。下一步，要把握预算绩效管理的工作要求，注重全面提升与突出重点相结合，注重宏观微观效益相统一，注重发挥各方面积极性，注重夯实工作基础，注重评价结果应用，遵循“统一组织、分级负责，统筹规划、远近结合，全面推进、突出重点，改革创新、协力推动”的原则，将绩效观念和绩效要求贯穿于财政管理的各个方面，按照预算绩效管理工作规划确定的总体目标和工作任务，扎实工作，稳步实施，推动预算绩效管理工作再上新台阶。

一、建立全过程预算绩效管理机制

建立“预算编制有目标、预算执行有监控、预算完成有评价、评价结果有反馈、反馈结果有应用”的全过程预算绩效管理机制，实现预算绩效管理与预算编制、执行、监督有机结合。

预算绩效目标管理是全过程预算绩效管理的基础。部门（单位）申请预算时，要按要求申报绩效目标。绩效目标应依据明确、相对具体、可衡量，并在一定时期内可实现。财政部门应加强纳入绩效目标管理试点范围项目的绩效目标审核，作为预算安排的前提和主要依据，并在批复单位预算时一并批复绩效目标。预算绩效运行监控是全过程预算绩效管理的关键。财政部门和预算部门要对绩效信息适时进行跟踪监控，重点监控是否符合预算批复时确定的绩效目标，发现预算支出绩效运行与原定绩效目标发生偏离时，及时采取措施予以纠正。情况严重的，暂缓或停止该项目的执行。预算支出绩效评价是全过程预算绩效管理的核心。预算执行结束后，财政部门或预算部门要认真分析和利用决算数据，对财政支出的实际绩效进行评价，客观公正地评价绩效目标的实现程度，提高预算绩效评价的准确性和有效性。预算绩效评价结果应用是全过程预算绩效管理的落脚点。应积极探索绩效评价结果应用方式，促进预算绩效管理工作发挥实效。预算绩效监督是全过程预算绩效管理的保障。要充分发挥绩效监督的作用，建立财政监督检查结果与预算安排紧密衔接工作机制，强化监督检查成果利用；健全制衡机制，强化对所有财政性资金和运行全过程的绩效监督。

二、完善预算绩效管理体系

完善预算绩效管理制度体系，着力建立健全预算绩效管理相关制度及具体实施细则，从方向和目标上加以规划和指导，增强可操作性。完善绩效评价体系，着力规范评价主体范围，合理运用评价方式方法，切实完善绩效评价指标体系。

（一）完善管理制度体系

一是加强法律法规建设。加强预算绩效管理法律、法规建设，为全过程预算绩效管理顺利开展提供坚实的法律基础和有力的法律保障。应在《预算法》及其实施条例中对预算绩效管理的基本原则、基本要求等内容做出明确规定，使预算绩效管理工作有法可依、有章可循；推动以政府名义出台全面推进预算绩效管理的指导意见，明确预算绩效管理的发展方向、基本目标、工作程序、工作任务和主要内容。二是加强规章制度建设。建立涵盖绩效目标、绩效监控、绩效评价、结果应用各环节的管理制度；健全社会中介、专家、数据库和档案等管理办法；完善预算单位决算报表、资产配置标准、部门项目支出标准等体系建设。三是加强业务规程建设。依据相关法律、法规及管理办法，制订系统、规范的绩效管理工作流程和操作细则，明确各相关机构和人员在预算绩效管理工作中的职责，规范操作程序和质量控制要求，健全协调机制，建立分级分类、适用高效、便于操作的实施细则及业务规范。

（二）完善评价制度体系

一是完善绩效评价主体。强化财政部门、预算部门绩效评价主体功能，探索引入第三方评价。财政部门负责本级预算部门和下级财政部门支出绩效的评价或再评价，涵盖所有财政性资金，包括纳入政府预算管理的资金和纳入部门预算管理的资金，按预算级次分为本级部门预算管理的资金和上级政府对下级政府的转移支付资金。预算部门负责组织实施本部门支出绩效评价工作，对下属单位支出进行评价或再评价。第三方评价可以在接受财政或预算部门委托的情况下独立开展。具体实施评价时，可对部门基本支出、部门项目支出、部门支出管理和财政综合支出进行绩效评价。二是完善评价方式方法。创新评价方式，逐步建立自我评价与外部评价相结合、定量评价与定性评价相结合的多种绩效评价方式，确保绩效评价结果的权威性、公正性。科学合理地运用成本效益分析法、比较法、因素分析法、最低成本法、公众评判法等一种或多种评价方法，对财政支出的经济性、效率性和效益性进行客观评价。三是完善绩效评价指标体系。加快对绩效指标的研究设计和修订补充，初步形成涵盖各类各项支出，符合目标内容，突出绩效特色，细化、量化的绩效指标；加强各类标准值的收集和整理，初步形成体现计划、行业、专业、历史等各方面特点的各类评价标准；强化评价权重设置的研究，选用各种科学的方法，合理设置权重分值，构建体现相关性、重要性、系统性、经济性原则的绩效评价指标体系，并实现绩效评价指标体系的共建共享。

三、健全预算绩效管理智库

健全专家学者库、中介机构库和监督指导库，分建共享，动态管理，为预算绩效管理提供智力支持和制衡监督。

（一）健全专家学者库

通过发布公告、申请邀请、审核审查等程序和方式，建立中央、省两级涵盖不同领域、不同行业、不同专业的预算绩效管理专家学者库，按照其实际参与绩效管理工作的态度、能力、道德水平及民主评议结果，实行科学分类，动态管理，优胜劣汰，分建共享。

（二）健全中介机构库

建立中央、省、市三级符合预算绩效管理工作需要的社会中介机构库，加强对包括会计师事务所、资产评估、行业咨询等机构在内的社会中介力量的引导和培训，强化管理和规范。

（三）健全监督指导库

积极接受人大、纪检监察、审计等部门的监督，研究建立人大、纪检监察、审计等部门以及专家学者、群众代表参与预算绩效管理的监督指导人员库。

四、拓展预算绩效管理的广度和深度

不断拓展预算绩效管理各环节工作的广度和深度，逐步实现预算绩效管理对所有预算资金的全覆盖。

（一）增点扩面

一是扩大绩效评价试点范围。各部门开展绩效评价的资金总量占本部门公共财政支出的比例、各地开展绩效评价的资金总量占本级公共财政支出的比例逐年提高。二是扩大绩效目标管理范围。逐年扩大编报部门整体支出绩效目标、编报转移支付资金绩效目标、编报项目绩效目标的比例。三是扩大第三方评价范围。探索引入第三方参与绩效管理工作，规范第三方参与行为，认真总结经验，充分利用已建立的各类智库，逐步扩大第三方参与的范围，提高评价结果的权威性和公正性。

（二）重点绩效评价

一是推进县级财政支出管理绩效综合评价。开展县级财政支出管理绩效综合评价试点，促进县级财政部门合理确定保障范围，优化支出结构，提高管理水平，确保各项民生政策的落实。二是推进部门支出管理绩效综合评价。以部门绩效管理工作评价为突破口，对部门或单位的基础工作、绩效目标、绩效监控、绩效评价、结果应用、改革创新等管理进行评价，逐步拓展，推进财政部门对预算部门、预算部门对下属单位支出管理绩效综合评价试点，促进部门或单位更好地履行职责。三是推进重大民生支出项目绩效评价和企业使用财政性资金绩效评价。各级财政和预算部门每年选择党委政府关心、社会各界关注、与经济社会密切相关的民生支出开展重点评价，开展绩效评价的资金总量占民生支出的比例逐年提高。逐步将涉及“三农”、教育、医疗卫生、社会保障和就业、节能环保、保障性安居工程等重大支出项目，尤其是上级对下级转移支付项目纳入重点评价范围，促进财政资金使用效益的提高，确保民生工程的顺利开展。以产业转型升级、节能减排、科技创新等相关财税政策为评价重点，开展企业使用财政性资金绩效评价，完善资金监控制度，提高资金使用效益，确保实现宏观政策目标。

五、提高预算绩效管理的工作质量

质量是预算绩效管理的生命所在。以绩效评价质量控制为手段，以绩效信息系统建设为支撑，以预算绩效监督开展为保障，实现预算绩效管理质量的有效提升。

（一）实施绩效评价质量控制

探索研究不同部门同类项目绩效比较的方法和途径；发挥投资评审机构作用；建立部门绩效自评抽查审核机制，财政部门要对部门评价报告实施抽查，出具审核意见，促进部门改进内部管理。加强对社会中介机构等第三方组织的业务指导，建立第三方组织评价质量监控机制，定期实施绩效评价报告质量的评审、考核和通报，确保工作质量，并与绩效评价业务委托相挂钩，营造“专家敢说、中介真评”的绩效评价氛围。

（二）完善绩效信息系统建设

加快预算绩效管理信息系统的研发，建立预算绩效管理信息数据交换平台，强化对现有预算绩效管理数据的整合，逐步实现预算绩效信息资源的共享，增强绩效信息数据对比分析能力，提升绩效信息的质量。

（三）加强预算绩效监督检查

充分发挥财政监督机构的职能作用，加强财政部驻各省、自治区、直辖市、计划单列市财政监察专员办事处就地对中央基层预算单位和中央专项转移支付资金管理使用情况的绩效监督。加强预算编制监督，重点检查绩效目标设置，确保科学合理，提高预算编制水平；加强预算执行监督，重点检查绩效目标实现程度，发现问题及时反馈相关部门，切实督促其整改落实；加强绩效评价监督，重点检查绩效评价工作质量，确保评价结果的客观、公正和有效；加强绩效评价结果应用监督，重点检查绩效评价结果与预算安排结合情况，向政府报告情况以及结果公开情况，不断提高绩效监督质量。

六、实现绩效评价结果的有效应用

以绩效评价结果的应用为落脚点，以促进预算管理、推进绩效信息公开、实施结果奖惩为突破口，实现绩效评价结果的有效应用。

（一）促进预算管理

建立完善绩效报告机制、反馈整改机制以及与预算安排有机结合机制。各级财政部门将预算部门报送的重点绩效评价结果，向同级政府报送，为其决策提供依据；财政部门和预算部门要将绩效评价结果及时反馈被评价单位，督促其整改评价中发现的问题，促进其提高预算管理水平；建立绩效评价结果和预算安排有机结合机制，绩效评价结果不好的，原则上不予安排或调减预算，绩效评价结果好的，优先安排。

（二）推进绩效信息公开

加强预算绩效信息发布管理制度建设，完善绩效信息公开机制，逐年扩大绩效目标、绩效报告、评价结果等绩效管理信息在本部门内部的公开范围，扩大向社会公开绩效信息的范围，回应社会关切，接受社会监督。

（三）实施结果奖惩

建立绩效管理工作考核和结果通报、约谈制度，对预算绩效管理工作表现突出的地区和部门，予以表扬和激励，对预算绩效管理工作做得较差的地区和部门，予以督促。研究将预算绩效管理工作考核结果纳入地区和部门工作目标考核范畴，作为评价地区和部门工作的重要依据，作为领导班子和领导干部综合考评的重要内容，逐步建立绩效问责机制。

七、完善预算绩效管理的保障措施

切实加强预算绩效管理的组织领导，扩大舆论宣传，健全机构人员，落实经费保障，强化素质培训，为推进预算绩效管理提供有力保障。一是加强组织领导，建立财政部门统一组织指导、预算部门具体实施、专业机构支持配合、社会各界广泛参与的领导工作机制和监督制约机制。二是加大宣传力度，切实加强舆论引导，积极培育绩效管理文化，扩大预算绩效管理的社会影响，共同营造良好的社会氛围。三是健全机构人员，明确工作职责，为预算绩效管理提供必须的组织基础。四是落实工作经费，把开展预算绩效管理工作所必需的经费纳入预算予以保障。五是强化素质培训，加大预算绩效管理培训力度，增强预算绩效管理工作人员的业务素质。

第十五章　行政事业单位国有资产管理

第一节　行政事业单位国有资产管理综述

行政事业单位国有资产，是指行政事业单位占有、使用的，依法确认为国家所有，能以货币计量的各种经济资源的总称，即行政事业单位的国有（公共）财产，包括行政事业单位用国家财政性资金形成的资产，国家拨给行政事业单位的资产，行政事业单位按照国家规定运用国有资产组织收入形成的资产，以及接受捐赠和其他经法律确认为国家所有的资产，其表现形式为流动资产、固定资产、无形资产和对外投资等。

行政事业单位国有资产是国有资产的重要组成部分，是行政事业单位履行职能、提供公共服务的物质基础。加强行政事业单位国有资产管理，是完善公共财政体制、健全财政职能、拓宽政府理财领域的重要手段；是提高财政资金使用有效性，提高政府为民理财能力和建设服务型、节约型政府的必要途径。

2000 年以来，随着我国社会主义市场经济体制改革的不断深入以及公共财政框架体系的建立和完善，我国实行了以部门预算、国库集中支付、政府采购、收支两条线改革、政府收支分类改革等为主要内容的预算管理改革，着力推进财政管理的科学化、精细化。作为财政管理的重要组成部分，行政事业单位国有资产管理也被提到了重要的议事日程。按照《财政部职能配置、内设机构和人员编制规定》（国办发［1998］101 号）的有关规定，原国家国有资产管理局承担的制定政府公共财产管理规章制度的职能划入财政部。为加强行政事业单位资产管理工作，2004 年财政部专门成立了行政资产处和事业资产处，承担制定行政事业单位国有资产管理的政策、制度并组织开展具体管理工作的职责。《国务院办公厅关于印发财政部主要职责内设机构和人员编制规定的通知》（国办发［2008］65 号）进一步明确，财政部负责制定行政事业单位国有资产管理规章制度，按规定管理行政事业单位国有资产。

第二节　近年来行政事业单位国有资产管理工作开展情况

一、完善管理体制

近年来，财政部高度重视资产管理工作。为规范行政事业单位国有资产管理体制，2006 年财政部先后公布了《行政单位国有资产管理暂行办法》、《事业单位国有资产管理暂行办法》（财政部第 35、36 号令，以下简称“两个部令”），明确规定了我国行政事业单位国有资产的管理体制。截至 2011 年底，全国 36 个省（直辖市、自治区、计划单列市）已经全部明确了由财政部门负责行政事业单位资产管理工作，其中 31 个省级财政部门成立了专门的行政事业单位资产管理机构。绝大部分中央部门也成立了资产管理机构，或明确了负责资产管理的工作人员。“国家统一所有，政府分级监管，单位占有、使用”的管理体制，以及与此相适应的“财政部门—主管部门—行政事业单位”的国有资产管理模式，在全国范围内初步建立。

二、健全管理制度

制度是规范和加强管理的依据，2006 年以来，财政部逐步强化行政事业单位国有资产管理的建章立制工作。“两个部令”，明确了行政事业单位国有资产的管理体制和各部门、各单位的管理职责，全面规范了资产配置、资产使用、资产处置等各个环节的管理，构建了行政事业单位国有资产从形成、使用到处置全过程的有效监管体系。根据“两个部令”的有关原则，财政部进一步健全行政事业单位国有资产管理制度体系，先后出台了《全国政协行政单位国有资产管理暂行实施办法》、《驻外机构国有资产管理暂行实施办法》、《全国人大行政单位国有资产管理暂行实施办法》、《中央垂直管理系统行政单位国有资产管理暂行实施办法》、《中央行政单位国有资产处置收入和出租出借收入管理暂行办法》、《中央级事业单位国有资产管理暂行办法》、《中央级事业单位国有资产处置管理暂行办法》、《中央级事业单位国有资产使用管理暂行办法》、《关于在中关村国家自主创新示范区进行中央级事业单位科技成果处置权改革试点的通知》、《事业单位及事业单位所办企业国有资产产权登记管理办法》、《行政事业单位国有资产管理信息系统管理规程》、《中央行政单位国有资产处置工作规程（试行）》等一系列配套制度；参与了《国有资产法》的起草论证工作，以及《国有资产评估指南》的编写工作。同时，全国36个省、自治区、直辖市和计划单列市也出台了本地区的行政事业单位国有资产管理办法或转发了“两个部令”，并制定了一系列具体管理办法。行政事业单位国有资产管理的制度框架基本确立。

三、夯实管理基础

基础不牢，地动山摇。为夯实行政事业单位国有资产管理基础，财政部多措并举，协同推进。一是开展资产清查。2006年12月至2007年10月，财政部在全国范围内组织开展行政事业单位资产清查工作。各级财政部门还委托社会中介机构和专员办开展专项审计，确保工作质量。通过清查工作，掌握当前行政事业单位资产规模和结果，为下一步加强资产管理奠定了基础。二是修订完善固定资产分类代码。会同国家标准委，在充分征求多个部门和单位意见，反复修改完善的基础上，于2011年1月1日正式颁布了《固定资产分类与代码》（GB/T14885—2010），并于同年5月1日正式实施。三是开展培训，加强队伍建设。行政事业单位国有资产管理工作的关键在人，各项工作都要靠资产管理工作人员来完成。财政部先后组织了多个学习培训班，为顺利开展相关工作提供了人员保证。四是加强决算管理。从编报2007年部门决算开始，财政部按照单位性质、资产类别、收入性质等多种分类方式，对全国预算单位的资产以及资产收益情况进行了决算汇总。五是建立事业单位国有资产统计报告制度。要求事业单位按统一的格式，对占有、使用的资产状况定期作出报告，便于主管部门和财政部门及时掌握事业资产的增减变动情况和使用情况等。六是开展事业单位及事业单位所办企业国有资产产权登记工作。《事业单位及事业单位所办企业国有资产产权登记管理办法》颁布后，财政部在"以表代证"开展部分事业单位所办企业产权登记的基础上，制发了产权登记证，设计开发了产权登记管理信息系统，编辑公布了产权登记办理指南，并于2013年底在全国范围内全面启动了事业单位及其所办企业国有资产产权登记工作。

四、创新管理方式

解放思想、创新观念，是行政事业单位国有资产管理工作取得积极成效的关键因素。一是确立了资产管理与预算管理、财务管理相结合的理念。2007年部门决算报表中增加"资产情况表"和"国有资产收益情况表"，2009年部门预算表中新增"中央行政事业单位资产存量情况表"、"中央行政事业单位新增资产配置预算表"，根据资产存量情况、配置标准、行业平均占有水平和资产的共享共用情况，对新增资产配置进行专项审核，基本理顺了部内资产配置事项审批的流程，初步形成了资产管理部门与预算管理部门协调配合的行政事业单位国有资产管理机制。对新增资产配置预算的申报范围、审核标准和部内审批程序进行了进一步完善。二是树立了资源整合共享的观念。严格资产配置管理工作，对符合调剂、共享条件的行政事业单位国有资产，建立资源（资产）共享、共用机制，提高使用效率。三是增强了资产绩效管理意识。根据绩效预算管理的要求，研究将国有资产占有使用情况的评价结果，作为财政部门安排行政事业单位预算的参考依据，逐步建立和完善资产与预算有效结合的激励约束机制。四是探索转变管理方式。配合全面深化改革和政府职能转变，开展管理方式研究，探索解决由于事业资产管理链条较长、信息复杂程度较高带来的事前审批备案管理透明度低、效率不高，风险集中等问题，探索构建科学透明高效的事业资产监管新机制。

五、构建全程监管体系

近年来，各级财政部门紧紧抓住资产配置、使用、处置、收入等重点环节，基本实现了对行政事业资产的全程监管。一是开展资产清查工作，基本摸清了家底。二是规范资产配置管理，把住了资产的“入口”。三是强化资产使用管理，尤其是规范了资产出租出借管理，既有效地防止了腐败现象的滋生，又提高了资产使用效率。四是完善资产处置管理，把住了资产的“出口”，防止了国有资产流失。五是加强资产收入管理，配合“小金库”治理和清理规范津贴补贴工作，认真贯彻落实“收支两条线”管理规定，对资产处置收入和出租出借收入统一纳入部门预算管理。

六、推进信息化建设

建立完善的资产管理信息系统，是强化行政事业单位国有资产管理的重要基础性工作，也是资产管理服务财政管理、预算管理和财务管理的重要手段。2009 年，按照“金财工程”统一要求，组织开发并在全国范围内实施了行政事业单位资产管理信息系统，借助现代信息技术手段，不断提高资产管理的信息化水平。信息系统部署实施以来，取得了预期的效果，发挥了积极作用。但是，随着资产管理工作的发展，出现了实现资产管理全过程动态管理的业务需求。2011 年，对现有信息系统的实施情况进行了全面系统的总结，结合新修订的《固定资产分类与代码》（GB/T14885—2010），启动了系统升级改造工作，将原单机版系统升级为网络版系统，并扩展了管理事项网上申报、审核功能。2013 年，完成了系统升级改造工作，全面启动了升级后系统的部署实施工作，发布了《行政事业单位国有资产管理信息系统管理规程》，规范了资产管理信息系统的使用管理和各方责任。

七、推进资产管理与预算管理相结合

2009 年全国人大预工委明确要求财政部要加强行政事业单位国有资产管理，推进资产管理与预算管理的有机结合。2011 年，《中共中央 国务院关于分类推进事业单位改革的指导意见》（中发［2011］5 号）明确要求“研究建立事业单位资产配置标准体系，促进资产管理与预算编制有机结合”。近年来，财政部着力开展了以下工作：一是编制和审核新增资产配置预算。从 2009 年开始，要求中央各部门在编报年度预算时，要按规定填报单位资产存量情况表和新增资产配置预算表，财政部按相关政策核定预算。2011 年预算编制中明确规定了新增资产配置预算编报范围，要求所有使用财政性资金及其他资金购置车辆、单价 200 万元及以上的大型设备的支出，必须编制新增资产配置预算。二是稳步推进行政事业资产配置标准研究制定工作。2011 年，财政部出台了《中央行政单位通用办公设备家具预算定额标准（试行)》；2013 年，又出台了《政府机关办公通用软件资产配置标准（试行)》。同时，财政部选择了中央级科学事业单位开展事业资产配置标准研究制定的试点工作。行政事业资产定额标准，为部门预算编审工作提供了基础依据，既有利于节约财政资金，提高财政资金使用效率，又有利于对资产购置实行统筹安排与统一监管，维护资产配置和财政分配的公正公平。三是加强国有资产收入管理。“两个部令”明确规定，行政单位国有资产出租、出借收入和行政事业单位国有资产处置的变价收入和残值收入，按照政府非税收入管理的规定，实行“收支两条线”管理。根据中央关于规范公务员津贴补贴后要规范资金来源和逐步加强国有资产收入管理的要求，财政部组织开展了行政单位经营性资产专项调查，研究明确了加强中央行政单位国有资产收入管理问题的工作思路，会同监察部等五部委下发了《关于加强中央行政单位国有资产收入管理的通知》。为配合“小金库”清理工作的开展，2009 年，出台了《中央行政单位国有资产处置收入和出租出借收入管理暂行办法》及《关于实施〈中央行政单位国有资产处置收入和出租出借收入管理暂行办法〉有关问题的补充通知》。地方各级财政部门也采取措施，切实加强了行政事业单位国有资产收入管理。根据全国人大有关要求，从 2010 年开始，财政部又将中央行政单位资产处置收入和行政单位出租出借收入全部纳入部门预算管理。同时，积极规范国家与行政事业单位所属企业间的分配关系，2011 年开始将部分中央部门所属企业纳入国有资本经营预算试点范围。四是推进采用实物费用定额编制相关经费预算工作。根据实物配备标准和按实物量平均计算的费用定额标准，核定相关公用经费的支出水平。此外，为充分提高资产使用效率，财政部门还积极与有关方面加强协调配合，对拟处置资产、闲置资产、临时购置资产等实行集中管理，在此基础上，对资产进行统一调剂使用，提高资产使用效率，节约财政开支。

第三节　加强行政事业单位国有资产管理的工作思路

资产管理是财务管理的重要组成部分，是预算管理的重要基础性环节。财政实行科学化、精细化管理，必须深化行政事业单位国有资产管理改革。“十二五”时期是行政事业资产管理工作十分关键的时期，必须准确把握新形势、新局面，继续抓住和用好重要战略机遇期，努力开创行政事业资产管理工作新局面。从宏观层面来看，必须要紧紧围绕“十二五”规划确定的国民经济和社会发展目标与任务，进行改革与创新。从财政管理角度看，“抓两基、促两化”是新时期推进财政改革的新要求、新思路、新方向。从各地方、各部门、各系统内部改革的层面看，地方、部门和系统内部资产管理的不断创新，迫切需要管理理念和管理思路更加具有前瞻性、创新性。

一、总体思路

加强行政事业资产管理工作的总体思路是：一是准确定位，科学推进行政事业资产管理工作。行政事业资产管理工作要符合行政管理体制改革和社会事业大发展、大繁荣的要求；行政事业资产管理是财政管理的一个组成部分和重要环节，是预算管理的延伸、财务管理的扩展。二是深刻领会、全面贯彻落实“两个部令”的规定，有效推进行政事业资产管理工作。“两个部令”是当前行政事业资产管理的最高、最权威的专项管理制度，是坚持依法行政原则、履行工作职责的重要依据。“两个部令”为行政事业资产管理工作指明了方向，明确了目标，规定了任务，呈现了资产管理与预算管理、财务管理相结合，资源整合与共享共用相结合，信息化与资产动态管理相结合的新理念。

二、总体目标

“十二五”时期加强行政事业资产管理工作的总体目标是：保障需求，控制增量，盘活存量，保值增值，提高效益。按照“像管理资金一样管理资产”的要求，在保障行政事业单位履行职能需要的基础上，加强对资产存量和增量的综合管理，注重提高财政资金的使用效率，逐步形成产权清晰、配置科学、使用合理、处置规范、监督公正的行政事业资产管理模式，从根本上缓解资产闲置浪费、苦乐不均、分配不公、损失流失等问题。

三、工作重点

围绕主要目标，今后一段时期，将着重开展以下几方面的工作：

1. 要进一步完善管理体制，为进一步强化资产监管提供组织保障。按照党的十八届三中全会“必须切实转变政府职能，深化行政体制改革，创新行政管理方式”的要求，下一步将按照国务院部署，进一步明确财政部与其他部门之间行政事业资产管理职责划分，完善各部门、单位内部资产管理内控体系建设，逐步健全各级地方财政部门和中央部门行政事业单位国有资产管理机构，进一步巩固“国家统一所有，政府分级监管，单位占有、使用”的管理体制。

2. 要加强制度建设，提高行政事业单位国有资产管理的法制化水平。在总结“两个部令”实施情况的基础上，修改完善，争取适时将部令上升为国务院条例。进一步健全完善中央行政事业单位资产管理制度体系，明确和落实制度建设方面的职责分工。财政部制定全国和中央行政事业单位统一制度和相关通用标准；有关主管部门根据财政部的制度规定负责制定管理范围内的行政事业资产管理制度。积极制定涵盖行政事业单位国有资产配置、使用、处置、收入等各环节的配套办法，完善行政事业单位国有资产管理规章制度体系，以制度建设为切入点，加强政策指导，促进制度的贯彻落实。

3. 要推进资产管理与预算管理紧密结合，进一步深化公共财政管理体制改革。一是要强化资产配置管理。积极会同有关部门，按照“先易后难、重点突破、试点先行、梯次推进”的原则，研究制定行政事业单位国有资产配置标准，为科学核定行政事业单位有关资产预算提供依据。二是加强资产出租出借及处置等环节的管理。按照加强研究、制度先行的相关原则，要求部门探索加强资产在部门内外的整合、调剂、共享，逐步建立相应工作机制，提高资产的使用效益。

4. 要加强行政事业单位国有资产全程监管，维护国家所有者权益。各级财政部门、主管部门和行政事业单位应根据监管职责，依法行政。通过在资产配置、使用、处置等各环节建立管理目标和具体制度，对行政事业单位的实物管理、价值管理和财务管理进行指导、监督和审核，实现全过程动态监管。全面开展事业单位及其所办企业国有资产产权登记工作，进一步理顺和巩固事业单位资产管理体制，明晰产权关系，强化产权意识。加强行政单位未脱钩经济实体和事业单位所办企业国有资产管理，明确履行出资人职责的机构，理清相关部门之间的职责关系，推动事业单位与其所办企业之间建立起以资本为纽带的关系。做好存量资产的整合、调剂与共享共用，提高使用效益。

5. 要加强资产管理信息化建设，推进行政事业单位信息公开和电子政务建设。在全国范围内建立行政事业单位资产统计报告制度。将资产统计内容纳入部门决算体系，在决算批复中增加资产相关内容。优化和完善资产管理信息系统功能。依托“金财工程”，建立统一规范的资产信息数据填报标准。将资产统计报告制度嵌入信息系统，逐步扩大行政事业单位资产管理信息系统的使用范围和层次。建立行政事业单位资产管理业务网上申报审核制度，对资产有偿使用、资产处置等业务工作，逐步实现网上管理。着力做好资产管理信息系统（二期）在全国范围内的部署实施工作，努力实现系统全面覆盖，确保系统设计功能和管理目标的有效实现。继续推进资产管理信息系统与预算编制系统、财务管理系统和国库支付系统等相关业务系统的衔接，充分发挥信息系统的统计分析功能，使其成为财政决策的重要支撑服务平台。

6. 要推进行政事业单位国有资产收入管理。把中央行政事业单位国有资产收入管理作为实现资产管理与预算管理、财务管理有机结合的一个重要切入点，细化和完善国有资产收入预算管理，特别是国有资产收入和支出与预算有机结合的工作机制；加强对收入上缴的督促检查。对照资金入库情况，及时了解中央行政事业单位收入上缴情况，并适时通报，确保单位应缴尽缴；加强国有资产处置和出租出借工作的规范性，确保国有资产收入合法有效。

7. 要开展绩效评价研究，建立行政事业单位国有资产绩效管理问责制。进一步加强行政事业单位国有资产绩效管理，研究建立行政事业单位国有资产绩效考核指标体系、评价机制、评价方法和探索实现国有资产绩效考核结果与资产配置的挂钩，重点加强事业单位国有资产对外投资等有偿使用和资产处置的绩效管理，实现绩效、资产和预算的有机结合。

8. 要做好分类推进事业单位改革过程中国有资产管理工作，促进改革的顺利进行。切实履行对事业单位国有资产的综合监管职责，加强对各级各类事业单位改革中国有资产管理工作的指导、协调和监督工作。在改革过程中涉及事业单位国有资产的有关审批事项，按照国家有关法律法规和地方相关规定，严格履行审批程序。结合事业单位分类改革，研究规范事业单位经商办企业管理的有关问题。

第四节　进一步推进资产管理与预算管理的有机结合

为了规范和加强资产预算管理工作，节约行政开支，中央制定了关于党政机关公务用车配备使用的管理办法，财政部印发了《财政部关于进一步加强中央行政单位新增资产配置预算管理有关问题的通知》（财行[2010] 293号）、《中央行政单位通用办公设备家具购置费预算标准（试行）》（财行［2011］78号）、《政府机关办公通用软件资产配置标准（试行）》（财行［2013］98号）等文件，对中央部门资产管理与预算管理结合等事项做出了具体规定。

一、完善资产预算管理机制

各部门应当不断完善资产管理和预算管理相关制度和工作机制，通过资产管理部门和预算管理部门的密切配合，切实加强本部门行政事业单位资产配置管理。在充分发挥存量资产的基础上，根据工作需要，在部门预算编制之前，及时准确地编制年度资产配置更新计划。对于公务用车、通用办公设备家具、办公通用软件等可以实行编制或标准管理的资产，要严格执行编制和标准规定，从严把关。对于没有编制或标准规定的资产，要按照既满足工作需要，又厉行节约的原则，编制切实可行的配置预算。

二、规范资产预算编制工作

各部门应认真做好年度新增资产配置预算编报工作，提高新增资产配置预算编制的规范性和完整性，切实做到将所有使用财政性资金和其他资金购置车辆、单位价值200万元及以上大型设备等资产纳入新增资产配置预算编报范围。对通用办公设备家具、办公通用软件购置，应严格按照规定的数量标准、价格上限标准和使用年限标准编入部门预算。部门基本支出预算表、项目支出预算表、新增资产配置预算表、“三公”经费预算表和政府采购预算表中相关数据应相互一致。各部门要对内部各单位申报的资产配置项目按有关规定严格审核后报财政部审批，对属于财政部审批范围而未获批准的资产配置事项，一律不得列入部门预算，也不得列入单位经费支出。

三、加强预算执行、采购等工作

各部门应当切实规范新增资产配置预算执行管理，强化新增资产配置与政府采购等环节的衔接。中央部门预算批复后，严格按照财政部批复预算和政府采购的有关要求，进行资产配置更新。因不可预见因素确需在年度预算执行中使用财政性资金及其他资金购置车辆和单价200万元及以上大型设备的，事业单位应报主管部门审核后，由主管部门报财政部核批。对属于财政部审批范围而未获批准的资产配置事项，一律不得安排政府采购。

第五节　公务用车管理

为贯彻落实中央关于公务用车配备使用管理的有关规定，规范和加强党政机关公务用车管理，提高资金使用效益，降低行政成本，促进党风廉政建设，财政部于2011年印发了《党政机关公务用车预算决算管理办法》（财行［2011］9号），要求各有关部门编制年度公务用车配备更新计划，明确了负责编制公务用车配备更新计划的部门，对公务用车购置费用和运行费用预算、决算作出了规定；印发了《党政机关执法执勤用车配备使用管理办法》（财行［2011］180号），对党政机关执法执勤用车配备范围、编制管理、配备标准、配置使用和监督检查等内容进行了规定。2013年出台的《党政机关厉行节约反对浪费条例》明确规定，坚持社会化、市场化方向，改革公务用车制度，合理有效配置公务用车资源，创新公务交通分类提供方式，保障公务出行，降低行政成本，建立符合国情的新型公务用车制度。

一、配备更新计划

各部门应根据公务用车的配备更新标准和主管范围内单位公务用车编制数和实有数，编制年度部门公务用车配备更新计划。为简化程序、提高效率、统一口径、科学管理，财政部将党政机关公务用车配备更新计划纳入资产配置预算体系，并对资产配置预算程序和编报内容进行了完善，以中央部门预算中的资产配置预算相关表格作为部门报送的公务用车配备更新计划，各部门不必另行报送。为与中央有关规定保持一致，并反映实际情况，编制新增资产配置预算时，车辆按部级领导干部用车、一般公务用车、执法执勤用车、特种专业技术用车、其他用车五类情况进行填报。

二、配置标准

一般公务用车配备排气量 1.8 升（含）以下、价格 18 万元以内的轿车，党政机关原则上不配备越野车，确因地理环境和工作性质特殊的，可以适当配备国产越野车。

一般执法执勤用车原则上配备排气量 1.6 升（含）以下、价格 12 万元以内的轿车或其他小型客车；因工作需要可以配备排气量 1.8 升（含）以下、价格 18 万元以内的轿车或其他小型客车。因地理环境需要和工作性质特殊，确需配备越野车（含 SUV 车型）的，应当控制在排气量 2.5 升（含）以下、价格 25 万元以内；16 座（含）以上中大型客车不得超过 45 万元。

特种专业技术用车的配备标准由各中央主管部门，按照保障工作需要、厉行节约的原则商财政部确定。

三、预算编制

根据现行体制和财政部财行［2011］9 号文件的规定，中央和国家机关本级一般公务用车和部级干部用车资产配置预算，按照归口关系分别由中共中央直属机关事务管理局、国家机关事务管理局、全国人大常委会办公厅机关事务管理局、全国政协办公厅机关事务管理局（以下简称四个管理局）负责编制，按照预算管理程序报财政部；中央和国家机关执法执勤用车、特种专业技术用车和其他用车，以及除归口四个管理局以外的一般公务用车资产配置预算，由各部门负责编制；中央垂直管理部门所属单位的一般公务用车、执法执勤用车、特种专业技术用车和其他用车资产配置预算，由各主管部门负责编制。各基层单位按照预算管理程序逐级上报，各部门对所属单位填报的内容进行审核汇总后报财政部。没有纳入执法执勤用车范围的单位不得填报一般执法执勤用车和特种专业技术用车。单位原则上不得填报其他用车，确有特殊需要，应附详细文字说明。

四、有关要求

1. 改革公务用车实物配给方式，取消一般公务用车，保留必要的执法执勤、机要通信、应急和特种专业技术用车及按规定配备的其他车辆。普通公务出行由公务人员自主选择，实行社会化提供。取消的一般公务用车，采取公开招标、拍卖等方式公开处置。适度发放公务交通补贴，不得以车改补贴的名义变相发放福利。

2. 党政机关应当从严配备实行定向化保障的公务用车，不得以特殊用途等理由变相超编制、超标准配备公务用车，不得以任何方式换用、借用、占用下属单位或者其他单位和个人的车辆，不得接受企事业单位和个人赠送的车辆。严格按规定配备专车，不得擅自扩大专车配备范围或者变相配备专车。

3. 从严控制执法执勤用车的配备范围、编制和标准。执法执勤用车配备应当严格限制在一线执法执勤岗位，机关内部管理和后勤岗位以及机关所属事业单位一律不得配备。

4. 公务用车严格按照规定年限更新，已到更新年限尚能继续使用的应当继续使用，不得因领导干部职务晋升、调任等原因提前更新。

第六节　政府机关软件资产管理

近年来，财政部先后印发了《财政部关于进一步做好政府机关使用正版软件工作的通知》（财预［2010］536 号）、《财政部关于进一步规范和加强政府机关软件资产管理的通知》（财行［2011］7 号）和《财政部关于印发〈政府机关办公通用软件资产配置标准（试行）〉的通知》（财行［2013］98 号）等文件，重点在软件预算管理、资产管理、采购管理、配置标准等方面提出了明确要求，规范和加强政府机关软件资产管理工作，促进知识产权保护。

一、软件资产经费预算

软件资产更新购置要在全面掌握本部门情况的基础上，从满足实际工作需要出发，细化软件配置需求，科学合理确定软件配置计划，并将正版软件采购经费纳入预算管理。中央国家机关各部门所需软件采购经费，应通过公用经费、部门机动费、部门预算结余结转资金、信息化建设专项经费等渠道予以保障，上述渠道仍解决不了的，可申请财政专款解决。

二、软件资产管理

政府机关各单位要按照国务院要求加强软件的资产管理，制定软件配置、使用和处置等环节的具体管理办法。政府机关通过各种方式形成的软件资产均属于国有资产，应全部纳入部门资产管理体系，确保软件资产的安全完整。政府机关要对购置的全部软件实行逐人逐机登记管理，对达到固定资产标准的软件，要按照《固定资产分类与代码》（国标 GB/T14885—2010）等有关规定，纳入部门固定资产进行核算管理。根据不同软件资产的特点，规范软件资产财务入账等基础管理工作，建立软件资产分类核算机制和软件资产账卡，加强软件资产的核算和登记管理。

三、正版软件采购

政府机关全面采购和使用正版软件，规范软件产品政府采购行为，加强采购过程中知识产权的审核管理。对纳入政府集中采购目录的软件资产进行购置，应当严格实行政府集中采购。对于达到公开招标数额标准以上的软件资产，应当严格履行公开招标程序。

四、正版软件经费核算

为了准确核算各级政府用于正版软件购置与更新的支出，《财政部

中国人民银行　国家税务总局关于修订 2012 年政府收支分类科目的通知》（财预［2012］64 号）规定，将 30907 款“信息网络购建”和 31007 款“信息网络购建”的科目名称统一修改为“信息网络及软件购置更新”。

五、办公通用软件资产配置标准

为规范政府机关软件资产配置行为，完善资产配置标准体系，厉行勤俭节约、降低行政成本，2013 年，财政部制定了《政府机关办公通用软件资产配置标准（试行）》。政府机关配置办公通用软件资产，应当遵循安全性、适用性、经济性和正版化的原则，应当符合中文办公软件文档格式规范等国家标准，应当遵循实物量控制标准、价格上限控制标准和最低使用年限控制标准。

第七节　中央行政单位国有资产处置收入和出租出借收入管理

《中央行政单位国有资产处置收入和出租出借收入管理暂行办法》（财行［2009］400 号）及相应的补充通知，以及《财政部关于将预算外资产管理的收入纳入预算管理的通知》（财预［2010］88 号）等文件，对中央行政单位国有资产处置收入和出租出借收入及相关支出纳入部门预算进行了明确规定。

一、资金的收缴

财预［2010］88 号文件规定，自 2011 年 1 月 1 日起，将原按预算外资金管理的收入全部纳入预算管理。中央行政单位国有资产出租出借收入不再上缴中央财政专户，改为和国有资产处置收入一样上缴中央国库，纳入预算管理。（财行［2009］400 号文件除关于中央财政专户管理部分内容失效外，其他部分继续有效。）

二、税费的扣除方式

考虑到中央行政单位在处置和出租出借国有资产时可能产生的税费问题，明确应缴纳的税款和所发生的直接费用（资产评估费、技术鉴定费、交易手续费等）可以在收入中抵扣，其他间接费用（资产维护和改扩建、管理人员工资等）不得抵扣。

三、收入的使用安排

国有资产收入及相关支出，应纳入部门预算统筹安排。国有资产收入原来用于发放津贴补贴的部分，上缴中央财政后，由财政部统筹安排，作为规范后中央行政单位统一发放津贴补贴的资金来源。除此之外，国有资产收入不得再用于人员经费支出。其余国有资产收入原则上由财政部统筹安排用于中央行政单位固定资产更新改造和新增资产配置，可优先用于收入上缴单位。国有资产收入纳入预算管理后，财政部门要及时核拨预算资金，保障中央部门的正常运转经费和相关事业开支。

四、单位的管理责任

中央行政单位应按规定做好国有资产收入收缴工作，并监督检查下属单位国有资产收入缴纳情况。同时，财政部财行［2009］400号文件还明确规定，财政部、中央行政单位和个人违反办法规定的，应依据《财政违法行为处罚处分条例》等国家有关规定追究其法律责任。

第十六章　地方部门预算改革

党的十四届三中全会以来，随着社会主义市场经济体制改革的推进，我国财政管理体制由传统的生产建设型财政向市场经济体制下的公共财政转变。

通过财政体制改革和制度创新解决财政经济运行中的突出矛盾和问题，加强财政支出管理，充分发挥市场经济条件下政府职能作用，保障人民群众充分享受改革与发展的成果，严肃财经纪律，从源头上防止腐败成为摆在财政部门面前的一个重大命题。

1998 年河北省推行了部门预算改革，在全国引起强烈反响。从 2000 年开始，财政部积极推行了以部门预算为核心的中央预算编制改革。随后，全国各地也都开展了以深化支出管理改革为切入点，全面推进部门预算、国库集中支付、政府采购制度改革为核心的财政预算改革。

实践证明，实行部门预算改革的方向是正确的。党的十五届六中全会把部门预算、国库集中支付等财政改革作为从管理机制上加强廉政建设的治本之策，写进了《关于加强和改进党的作风的决定》。总体上看，地方部门预算改革取得了显著效果，但是由于体制、机制等多方面的原因，改革还不到位，尚有许多有待完善之处，需要继续按照公共财政的改革方向，进一步深化改革，创新机制。

第一节　地方部门预算改革的简要历程

改革开放以来，我国财政管理制度进行了一系列重大改革。特别是

1994 年，按照党中央、国务院的统一部署，从建立社会主义市场经济体制的目标出发，初步构建了分税制财政管理体制框架，进一步规范了政府间财政关系。同时，通过税制改革，规范了政府与企业、居民的分配关系。这一时期，改革重点主要集中在财政收入管理方面，支出管理尤其是支出预算编制的改革相对滞后。虽然地方财政部门在综合财政预算、零基预算等方面努力进行了一些改革与探索，但一直没有进行深层次和根本性的改革。

为进一步深化财政体制改革，更好的服务于社会主义市场经济，地方财政部门在当地党委、政府的高度重视以及财政部的大力支持下，一直在不断研究并积极探索预算编制改革。

从 20 世纪 90 年代开始，各地在预算编制改革方面已经取得了一些明显成效，丰富了预算编制的内容，为全面推进预算编制改革奠定了良好的基础。为逐步建立起适应市场经济要求的预算管理体制，改进预算编制方法，强化预算管理职能，一些地区结合本地区实际情况，借鉴国际经验，在细化预算编制、加强预算管理方面率先进行了多种形式的探索。例如，天津市实行了标准周期预算制度，安徽省实行了综合财政预算，陕西省探索了国库集中支付制度，各地广泛推行了政府采购制度等等。1998 年，河北省在全国范围内率先启动部门预算改革，改变原来按财政资金性质和部门交叉管理的方式，以部门为依托，将各类不同性质的财政性资金，包括单位自有收入、预算内拨款、预算外拨款等，统一编制到具体部门；取消中间环节，财政直接将预算编制并批复到省直 116 个一级预算单位，初步构建出一个新的部门预算编制模式。同时，省财政部门通过调整内部机构设置，将预算编制、执行、监督相对分离，建立起适应部门预算新要求的组织机构。

2000 年 4 月，为总结交流各地预算编制改革经验，提高对预算编制改革重要性和紧迫性的认识，进一步明确预算编制改革的基本方针、内容和方法，财政部在河北省召开了全国预算编制改革座谈会。这次会议之后，我国各级地方财政预算编制改革的步伐明显加快，出现全面启动、稳步推进、不断深化的良好局面。

2004 年 10 月，为了继续深化部门预算编制改革，提高预算编制水平，财政部在山东召开了地方预算编制与管理座谈会，组织各地财政部门结合当前的形势和任务，认真交流经验，互相取长补短，积极推动部门预算编制改革等预算管理中的几项重点工作。

2005 年 12 月，为了进一步推动地方部门预算改革工作，财政部组织各地财政部门对近年来部门预算编制改革情况进行了认真总结，并将制度、措施汇编成书，展现各地部门预算改革的实践及成果，促进地方财政部门之间相互启发、相互借鉴。

2006 年 7 月，为深入贯彻落实党中央、国务院关于建立公共财政体制、深化部门预算改革的要求，进一步加强对地方部门预算改革工作的指导，解决改革中存在的模式不统一、操作不够规范、进展不够均衡等问题，财政部在安徽召开了全国地方预算管理工作座谈会。会后，在总结近年来地方部门预算改革经验基础上，财政部于 8 月印发了《关于完善和推进地方部门预算改革的意见》，进一步完善和规范了地方部门预算编制的主要内容、方法，提出了下一步神话部门预算改革的方向和重点，并明确提出“十一五”期间全国县级以上都要实行比较规范的部门预算。这个文件的印发，有力地推动了地方部门预算改革。

第二节　地方部门预算改革的原则和特点

在实施部门预算改革前，地方财政预算编制存在着一些迫切需要解决的问题，表现在预算分配权分散，预算编制交错重叠，多头批复且批复时限过长，不利于单位统筹安排和财务管理，也容易造成浪费；预算编制较粗，预算指标未细化到部门和单位，在一定程度上影响了人大代表审查监督作用的发挥；人大批准的政府预算与部门实际执行的预算脱节，存在“两张皮”现象；预算编制人为因素过多，随意性较大，缺少必要的定员定额标准，人员和公共资源底数不清，预算分配过程和使用情况透明度不高；预算执行过程中追加追减以及挪用的情况时有发生，预算约束力较低。

此外，地方财政运行中还存在其他一些影响预算编制的突出问题：一是按照公共财政的要求，财政资金要更多地投向公共服务领域，投向关系国计民生的领域，加大对重点支出项目的保障力度，向农村倾斜，向社会事业发展的薄弱环节倾斜，向困难群体倾斜，虽然财政收入连年增长，但地方在处理改革、发展与稳定之间关系的过程中，必保的项目逐年增多，支出需求不断加大，造成一些地区收支矛盾仍然较为突出；二是随着各项改革的不断深化，部门、单位之间的收支结构已发生很大变化，“苦乐不均”的现象越来越严重。如果继续沿用“基数加增长”的编制方法，势必固化部门之间原有的、不尽公平合理的利益分配格局，影响经济结构优化和社会事业发展；三是由于预算编制过于粗放，预算执行过程中缺乏部门内部责任制和外部的有效监督，每年审计都发现不少违反《预算法》和财经纪律的问题。

一、地方部门预算改革的主要原则

为解决这些问题，地方各级财政部门积极进取，大胆探索，遵循合法性、真实性、稳妥性、重点性、完整性的原则，积极实施部门预算改革。合法性原则是指部门预算的编制要符合《预算法》和国家其他法律的要求。收入要合法合规。各项支出要符合宏观调控的目标，遵守现行的各项财务规章制度；真实性原则是指收支预测要以国家经济社会发展实际相匹配，基础数据资料要如实填报，不得随意虚增和虚列支出；稳妥性原则是指量入为出、稳妥可靠。项目预算的编制，总体上要以收定支，有多少钱办多少事；重点性原则是指本着“一要吃饭、二要建设”的原则，优先保证重点支出，先保证基本支出，后安排项目支出。项目支出根据财力情况，按轻重缓急的顺序，优先安排符合国民经济和社会发展计划，符合国家财政宏观调控和产业政策的项目；完整性原则是指部门预算要体现综合预算的原则。各类资金要严格执行收支两条线管理，所有收入和支出全部纳入预算管理。

二、地方部门预算改革的主要特点

在推进部门预算改革的进程中，地方各级财政部门既遵循部门预算改革的一般规律和基本原则，又结合本地实际情况大胆探索，改革呈现出以下特点。一是统一性与灵活性相结合，遵循统一规范的部门预算管理基本模式，因地制宜，探索适合本地情况的部门预算管理方式和方法。二是把握全局与突出重点相结合，既注重部门预算各项改革间的相互协调，整体推进，又抓住改革关键环节，突出重点，将改革向纵深拓展。三是积极推进与稳妥实施相结合，既坚持改革方向，加快改革步伐，加大改革力度，又结合实际，把握好改革的节奏和力度，确保改革积极稳步实施、富有成效。

第三节　地方部门预算改革的主要内容

在遵循部门预算改革基本原则的同时，各地结合实际情况勇于探索，大胆实践，不断创新，形成了一些各具特色的做法和经验。

一、遵循编制基本模式，建立科学管理机制

部门预算是以部门为基础，实行一个部门一本预算。部门预算从基层单位编起，部门负责审核、汇总、分析基层单位收支预算并编制部门完整的收支预算建议计划。部门预算既包括行政单位预算，又包括其下属事业单位预算；既包括财政预算内拨款，又包括财政专户资金收支计划和其他收支计划，是涵盖部门所有公共资源的完整预算。在预算管理运行上，建立了预算编制、执行、监督相对分离的机制，以部门预算为基础，以财政管理为中心，以人大监督为保障，形成一个健全的财政预算管理系统。据统计，全国 36 个省、自治区、直辖市和计划单列市中，全部建立了编制、执行和监督相对分离的机制。

二、注重信息化管理，夯实预算编制基础

部门预算涉及各级所有部门及二级预算单位，涵盖部门所有收支，数

据量大，工作环节多，任务繁重，必须依靠高效的计算机信息系统等手段才能完成。一是加强数据库建设。预算单位基础数据采集是部门预算编制的前提，也是实行零基预算的基础。为了更多、更准、更细地掌握预算单位相关资料，各地一直致力于完善基础数据库建设，不断探索高效、快捷、准确的预算基础数据采集途径。截止2013年底，全国绝大多数省份都已经建立了预算单位基本情况、编制、人员、工资、车辆、房屋、收入、收费项目等多个基础信息数据库，并实行动态更新和滚动管理。按照“源头管理、信息共享”原则，分别与各项数据管理的源头部门联网，其中预算单位基本情况、编制、人员数据库与机构编制部门联网；工资数据库与人力资源和社会保障部门联网；车辆、房屋数据库与资产管理部门联网；收入、收费项目与财政内部有关处室联网。二是加强预算编制的科技手段，提高预算编制水平。随着“金财工程”的实施和部门预算“E财”软件的应用推广，地方财政系统信息化水平不断提高，基础信息库与纳入“金财工程”整体框架内，实现同步管理，减轻了预算单位的工作量，提高了预算编制的准确性。目前，全国36个省基本实现了使用软件编制部门预算，其中绝大部分省份推进了“E财”软件。三是积极推进会计基础工作规范化，提高部门财务管理水平。把加强会计基础工作规范化作为财政管理的基础性工作来抓，促进单位会计基础工作与部门预算管理的有机结合，夯实部门预算管理的基础。以陕西为例，制定《关于加强会计基础工作规范化的意见》，广泛深入地开展会计基础规范化创建活动；以会计集中核算转轨为契机，加强部门财务管理、会计核算、会计监督、资产管理、审计监督职能；严格按照《会计法》、《陕西省会计管理条例》的要求，加强会计人员继续教育，提高部门财会人员素质；大力推进财务管理、会计核算的信息化建设，提升财务管理的信息化水平；按照统一核算平台、统一会计核算规程的原则，逐步将省级部门单位会计核算全部纳入“陕西省会计核算系统”进行监管；严格按照有关规定对基本支出、项目支出进行明细核算，按支出项目清晰反映预算拨款支出进度及开支明细情况，为制定科学合理的公用经费定额、加强项目管理、实施项目支出绩效评价提供真实可靠的数据资料。

三、推行财政综合预算，提高统筹资金能力

统一编制、统一管理、统筹安排单位各项资金，推进综合预算管理，是地方部门预算改革的基本内容。改变过去财政资金按性质归口管理的做法，将各类不同性质的资金（包括财政拨款、财政专户资金、事业收入、经营收入、其他收入等统一编制到使用这些资金的部门，确保部门预算的完整性，实现各项收入捆着管，各项支出统筹安排。部门预算改革以来，各地积极贯彻国务院深化“收支两条线”管理改革精神，将公安、法院等5 个系统的预算外收入纳入预算内管理。从 2011 年起，各地按照《财政部关于将按预算外资金管理的收入纳入预算管理的通知》（财预［2010］88 号）要求，除教育收费纳入财政专户管理外，其他预算外收入全部上缴国库，支出通过一般预算或政府性基金预算安排，进一步强化了综合预算管理。以海南省为例，为加强综合预算管理，从 2010 年起，将执收执罚部门预算收支安排完全脱钩，真正实现“收支两条线”。收支脱钩后，为防止应收不收、应罚不罚情况，建立了奖惩机制，对超收情况好的，给予超收奖励；对完成情况不好的，根据未完成收入任务数额在以后年度非税收入超收奖励资金中予以抵扣。省广西为例，从 2009 年起，自治区本级部门预算全面推行综合预算编制，同时取消了预算单位预算外资金批准留用政策，实现了预算外资金的统筹安排、综合平衡，财政预算管理和预算外资金管理进入了新的阶段。浙江省和山东省还提出了“三个子”的综合预算管理模式，即实现“收入一个笼子、预算一个盘子、支出一个口子”（简称“三个子”）的财政管理模式，截至 2013 年底，全国 36 个省、自治区、直辖市和计划单列市均实行了综合预算管理，有效地提高财政统筹资金的能力。

四、推进“二体系一库”建设，规范支出预算编制

各地在基本支出预算编制上，普遍取消了基数加增长的传统预算编制方法，均采用“零基预算”编制方法，编制预算时，一切从零开始，将各

预算单位进行分类分档，分别确定支出定额，在此基础上对一切开支重新核定；在项目支出预算编制上，注重项目库建设。部门在申报项目前，要进行科学的可行性论证，财政视事业发展需要和财力可能统筹考虑，分类排队，纳入项目库管理，实行备选项目择优排序制度，实现滚动项目预算。一是不断加强基本支出定员定额标准体系建设。关于人员支出和对个人、家庭补助支出预算，各省按照编委批准的人员编制数、离退休人数和国家、省规定的工资、津贴、补贴标准据实核定。关于公用支出预算，实行分类分档测算核定，确保公平合理。安徽省自编制 2005 年预算起，根据行政单位、事业单位职能、承担的工作任务等不同的情况，分别制定不同的公用经费定额管理办法。将省级行政单位划分为行政类（3 档）、政法类（6 档）、垂直管理类（3 档）和参公类，共计四类 13 档；对省级供给财政拨款事业单位实行四类四档财政补助定额和综合预算定额，经费自给率低于 30% 为一档、经费自给率在 30% （含）—50% 之间为二档、经费自给率在 50% （含）—70% 之间为三档、经费自给率 70% （含）以上为四档；此外，还对教育和医院类单位专门制定了生均定额和床位定额。天津市建立了 17 类 38 项的实物费用标准和 6 类 17 档的综合定额标准。对行政和参照公务员法管理单位全部适用实物费用标准核定部门基本支出。各地在分类分档定员定额标准体系建设上，每年根据实际情况或政策变化情况对定额进行调整，实行动态管理，确保科学合理。二是不断探索项目支出标准体系建设。各地为加强对办公设备购置、大型修缮、会议、车辆等行政事业性专项支出的管理，研究制定了与这相对应的标准，如在车辆配置方面，各省均制定了相应的预算核定标准，黑龙江在办公设备配置、房屋维修、会议等方面，专门研究制定了通用办公设备配备标准、房屋维修标准和会议费标准，浙江省研究制定了房屋建筑物购建”、“办公设备购置”、“交通工具购置”、“大型修缮”等四项标准。三是不断加强项目库建设，规范重点项目支出管理。各省预算单位根据本单位需求的轻重缓急，将项目排序后纳入部门项目库；财政根据省级财力情况及资金的安排重点，对单位报送项目进行筛选，纳入财政项目库。项目预算一定一年，上年延续项目实行滚动管理。截至目前，全国各地在项目管理上均制定了相应的管理办法，建立了项目库，应用了项目管理软件，实现了项目预算滚动管理，项目支出预算编制更加科学准确。

五、规范预算编制程序，推进标准化周期管理

各地部门预算编制主要遵循“二上二下”的基本程序，一般经过部门上报预算建议计划、财政审核后下达预算控制限额、部门在限额内细化编报预算、财政批复部门预算四个阶段。根据预算管理需要和实际情况，确定“上”与“下”的具体流程，明确预算编制各阶段的具体任务和有关方面的职责分工，合理延长部门预算编制时间，逐步推行标准周期预算制度，实现预算编制的程序化、规范化和制度化。标准的预算周期为 28 个月，其中：预算编制阶段 10 个月、预算执行与调整阶段 12 个月、决算阶段 6 个月。标准预算周期制度涵盖了预算管理的全过程，其核心是强化预算编制，为规范预算管理创造条件，有效实现对预算执行的过程控制，增强预算的前瞻性、连续性和可控性。天津、辽宁、河北、黑龙江等地均实行了标准的周期制度。

六、细化部门预算编制，实行精细化管理

各地以“实行精细化管理”为突破口，不断细化支出预算编制，提高预算编制的准确性。政府收支分类改革后，各地基本支出、项目支出的功能科目从“款”级细化到“项”级，经济科目细化到“款”编制。同时，根据政府采购法的有关规定，严肃政府采购预算编制，要求凡使用财政性资金采购纳入政府采购目录的商品和服务，都需编制政府采购预算，政府采购预算内容明细到采购的具体品目。为提高年初资金到位率，基本支出全部细化到单位，项目支出预算细化到具体单位或具体项目，明确具体支出用途，减少预算代编和预留项目，资金到位率逐年提高。重庆市二次分配项目资金到位率达到 75%，四川省项目资金到位率已达到 90%。

七、注重全方位管理，丰富完善制度体系

各地在实行部门预算改革以来，以制度建设为根本，结合各自实际情

况，不断创新，不断探索实践，制定出台了一系列预算管理制度，强化了部门预算编制的全方位全过程管理，为部门预算改革提供了切实保障。以湖北省为例，陆续出台了《湖北省人民政府关于加快推进省级部门预算进一步规范财政预算管理的决定》、《湖北省财政厅加强省级部门预算编审工作暂行办法》、《湖北省省级基本支出预算管理办法》、《湖北省省级项目支出管理办法》、《湖北省省级部门项目支出评审办法》、《湖北省省级部门预算项目支出绩效考评管理办法》、《湖北省省级结余资金管理办法》、《湖北省省级项目支出绩效评价管理办法》等12个规范性文件，对部门预算的编制程序、内容、方法等都作了详细规定，切实加强部门预算编制、执行、监督、考评等各个环节的管理，有效总结了部门预算管理的实践经验，大大推动了部门预算编制的规范化进程。

八、强化部门预算约束，增加预算执行刚性

一是逐年增加上报人大审议部门预算数量，强化法律硬约束。部门预算一经人大审议批准，执行中原则上不予以调整。近年来，上报人大审议的部门预算数量逐年增加。以黑龙江为例，2001年将8个部门的预算报送人大审议，2002年扩大到20个部门，2003年扩大到40个部门，2004年扩大80个部门，2005年实现全部119个部门的预算报告上报人大审议。截止2013年底，全国基本实现所有省级部门向人大报送部门预算，其中河北、黑龙江、江苏、宁波、福建、江西、厦门、海南、湖南等16个省已经实现向同级人大报送全部部门预算。除少数几个省外，大部分省已经开始向人大报送包括基本支出与项目支出明细情况的综合预算。此外，30多个省本级已经把超收安排情况、中央财力性转移支付情况、中央专款情况和预算调整情况列入报送范围。二是严格预算追加，建立预算追加审核、审批程序。预算执行中，除应急救灾和省委、省政府明确增加的支出外，省级财政原则上不再追加预算，各部门确因工作任务调整需增加的一次性或临时性支出，应首先从部门预算机动经费中解决，机动经费不足安排的，从本部门上年结余资金、或当年部门预算中尚未使用以及未使用完的预算资金中统筹解决。预算单位对已批复的预算项目，需要调整用途

的，要向省财政提出申请，经批准后方可进行调整。对事关重大，确需省财政追加预算的，由部门提出申请，省级财政审核后报省政府审定。财政部门审核追加预算时，结合该部门的支出进度情况，对于支出进度明显滞后的单位原则上不予考虑追加。三是加强预算管理监督。构建完善健全的财政监督机制，逐步建立起预算编制、执行、监督相互制衡、相互促进的财政监督管理运行体制，实现事前、事中、事后的全过程监督。黑龙江省提出了“同步监督”的理念，初步形成了“共同参与、统一协调、全程监督、规范管理”的财政同步监督格局。明确监督的重点领域和关键环节，将日常监督、专项检查和内部监督有机结合，促进了预算编制、执行和管理逐步规范。通过实施同步监督，对管理规范、效益较好的财政专项资金，在编制下年度预算时予以重点支持；对违纪违规问题较多、效益较差的专项资金，在编制下年度预算时适度整合压缩或取消。四川省建立了预算执行中期评估机制，是地方部门预算管理的一个创新举措，为加强预算执行提供了新的制度保障，改变了预算调整的随意性，弥补了预算编制、执行考核、结余处置和绩效评价的管理盲区，强化了预算管理自身的修正功能，实现了政府对财政资金管理的过程控制，增强了预算执行的约束力。

九、深化绩效预算理念，探索建立绩效评价体系

随着部门预算改革的推进，财政绩效观念的日益深入，预算编制应该充分利用绩效评价结果，逐步走上绩效预算之路。将评价结果作为下一年度预算安排的参考，逐步实现绩效预算管理目标。各地按照以点带面、逐步推开的方式，稳步推进省级部门预算绩效评价体系建设。截止2013年底，全国36个省、自治区、直辖市和计划单列市均不同程度地进行了绩效评价试点改革探索，也积累了一定的经验。其中河北省的经验较为典型，预算绩效管理改革走在了全国的前列，基本形成了全过程预算绩效管理框架，为有效实施绩效预算管理探索出了一条新路。一方面，狠抓制度建设，逐步建立健全预算绩效管理制度体系。先后出台了《省级绩效预算管理改革方案（试行）》和《2005年省级绩效预算管理改革试点计划》、

《省级财政支出绩效评价办法（试行）》、《省级财政支出绩效评价试行方案》、《省级财政支出绩效指标体系建设纲要》，明确了财政支出绩效评价的目标、基本原则、绩效指标、绩效标准、评价方法、工作流程以及结果应用等一系列核心概念。近年来，围绕绩效目标和绩效指标全面规划了绩效管理框架、制度体系、指标体系及评价方法和问责办法。2010 年 12 月省政府印发了《关于深化推进预算绩效管理的意见》、《河北省预算绩效管理办法》和《河北省预算绩效管理问责办法》。从预算绩效管理到绩效问责，构建了较为完善的全过程预算绩效管理制度体系，保障了预算绩效管理改革有序、规范进行。另一方面，着力重点环节，全面推进全过程预算绩效管理工作。在全过程预算绩效管理体系中，以绩效目标为导向编制预算是预算绩效管理的源头；以结果应用为激励评价预算支出项目是预算绩效管理的重要手段，我们紧紧抓住这两个重点环节，试点先行，全面推进。2006 年，从编制预算起就尝试将绩效目标编入政府功能预算文本。2010 年，对所有部门的所有发展性支出和专项公用项目开展预算绩效计划的编制和审核工作，并设计了能够体现部门和项目绩效目标的计划文本及范本。目前，省级所有 126 个预算单位的《2011 年部门预算绩效计划》文本已编制完成并上报省政府，这是全国第一部预算绩效计划文本。几年来，评价实施范围逐年扩大，评价资金量和评价质量逐年提高，2007 年，评价范围扩大到农业、教育、科技、社保、文体、交通、环保、国土等发展性支出，评价资金量达 53 亿元。2009 年评价资金量已达到省级发展性支出的 80% 以上，2010 年开始对省级所有预算支出项目全面进行了绩效评价。

十、加强国有资产管理，实现与预算编制有机结合

部门预算改革过程中，各地普遍开展了“清产核资”工作，采取单位资产与预算分配相结合的办法，一方面强化现有资产管理，提高使用效益；另一方面预算安排与现有资产配置相结合，在资产运行维护、新复采购等方面切实加强控制，提高了效率，节约了资金。黑龙江省于 2007 年全面组织开展了资产清查工作，进一步摸清了省直机关事业单位的资产底

数，并据此修正部门预算基础数据库，实现动态联网、信息比对、资源共享、适时更新。在此基础上，制定了《省直机关事业单位通用办公设备配置标准》，为实现资产管理和预算管理的有机结合奠定了基础。执行中省直机关事业单位转让出售资产必须报经财政部门审批，出租出借资产必须报请财政部门备案。对未经报批自行处置资产的，一经查实，收入全部上缴国库；对擅自出租出借资产未报备的，除将出租出借收入收缴国库外，还建议省直机关事务管理局对单位闲置资产统一调剂，重新配置。省直机关事业单位通过出租、出借、出售、转让、对外投资等行为取得的国有资产有偿使用收入全部上缴国库，统筹安排支出，优先用于省直机关事业单位新增资产配置，并编入部门预算。

十一、综合采取多种手段，推进县级部门预算改革

为提高县级财政提供公共服务的水平，规范基层预算管理，各地区统一要求、统一规划，积极推进县级部门预算改革，强化县级政府依法理财、科学理财的观念。山东、云南等省根据县级部门预算开展情况进行分类指导，以信息化建设和考核激励机制等为手段，积极有序地推进县级部门预算编制工作。对全面推进部门预算改革的市县，进步巩固工作成果，对试点或尚未推广的县市，通过建立和完善考核激励机制，将部门预算改革成效作为一项重要内容，与缓解县乡财政困难和测算转移支付资金等工作联系起来，充分调动各级财政积极性。在大力实施“缓解县乡财政困难”等政策的基础上，江西省统一编制模式，考虑到市县预算编制实际情况，根据部门预算改革的总体要求，在总结市县预算编制经验的基础上，制定了全省市县统一的部门预算报表格式。同时，为适应市县特色管理需要，允许市县根据自身特点另设管理类报表，从而为规范管理奠定了良好的基础。同时，强化了技术保障。由省级财政安排专项经费在各市县统一安装了“E 财”软件，提供部门预算编制的技术服务，确保了市县全面推进部门预算改革。北京市建立了“一体两翼”的公共财政框架体系，“一体”即财政预算的事前、事中和事后管理的一体化，“两翼”即是以“财政基础工作”和“金财工程”为依托。截至 2013 年底，全国已有 2500 多

个县（市、区）实行了部门预算改革，其中全部推进部门预算的达到2200多个。

第四节　地方部门预算改革的主要经验和成效

在财政部的大力指导下，各级党委、人大、政府高度重视部门预算改革工作，各部门也给予了积极支持和配合。经过共同努力，部门预算改革由浅入深，不断推进，取得了重大进展，确立了部门预算管理基本框架，规范了部门预算编制制度，初步建立了预算编制、执行和监督相分离的运行机制，增强了预算管理的公开性、公正性和透明性。

一、地方部门预算改革的主要经验

（一）部门分工协作是搞好部门预算改革的前提

编制部门预算的主旨是一个部门一本预算，部门预算编制和执行的主体是部门，充分发挥部门在预算编制过程中的作用至关重要。如果没有部门的积极配合，仅靠财政部门单兵作战，部门预算改革只能是纸上谈兵。只有财政部门和预算部门齐心协力、形成合力，才能共谋改革大计，共享改革成果。

（二）增强政府部门工作的前瞻性是搞好部门预算改革的保障

部门预算改革客观上要求政府及其部门履行行政职能、实施公共管理必须具有前瞻性和计划性，坚持科学决策、民主决策、依法决算，唯此，才能细化项目预算编制，增强预算刚性，提升预算执行约束力，有效解决“一年预算、预算一年”的问题，确保改革不断向纵深推进。

（三）确保支出科学合理是搞好部门预算改革的关键

就部门预算而言，实现公平公正应该把握好两点：一是摒弃原有基数，实行零基预算。零基预算是对传统预算基数与现实要求不吻合、不合理的“重新洗牌”，可以解决苦乐不均和两极分化问题，使部门站在同一起跑线上，以事权决定财力配置。二是建立标准化的定员定额体系。定员标准以国家和省的政策规定为依据，定额标准以均等化和客观因素为遵循。定额科学合理，就能促进部门预算的顺利实施，反之则制约部门预算的开展。同时，制定定额标准应坚持量力而行、尽力而为，有多少钱办多少事的原则，使有限的财政资金发挥最大的效益，实现最好的效果。

二、地方部门预算改革的主要成效

（一）全面推行了部门预算改革

在几年的改革实践中，各地虽然在改革模式、方法、步骤等方面不尽相同，但改革方向一致，对推行部门预算改革的重要性和紧迫性有普遍共识，这位改革的顺利推进打下了思想基础。通过这些年的改革实践，部门预算观念已经深入人心，改革覆盖面在不断扩大，层次在不断延伸。与此同时，部门预算改革与收支两条线、国库集中支付、政府采购制度等相关改革协调推进，突破了传统计划经济体制下的政府收支预算管理模式，在建立与社会主义市场经济体制相适应的科学、规范的现代预算管理制度方面迈出了实质性的步伐。从改革的实践效果看，部门预算改革以其公开、透明、规范、完整，得到了各级人大的充分肯定和社会各界的广泛好评。

（二）初步建立了部门预算编制的基本模式

部门预算改革在各个方面都取得了进展，特别是在部门预算编制方面形成了相对统一的基本模式。一是确立了各部门的预算编制主体地位。所有与财政直接发生经费领拨关系的部门及所属单位都要编制部门预算，部门在预算编制和执行中负起第一位的直接责任，是部门预算真正成为部门自己的预算。二是增强了部门预算的完整性。将部门及所属单位的所有收支编入部门预算，实行部门综合预算，做到一个部门一本预算。将预算外资金纳入预算管理，实行“收支脱钩”，实现了预算内外资金的统筹安排、综合平衡。三是基本规范了部门预算的编制方法。将部门支出划分为基本支出和项目支出两部分，对基本支出普遍采用定员定额的预算编制方式，绝大部分地方都建立了与本地财力水平相适应的分类分档的定员定额体系。各地对项目支出实行项目库管理，按照轻重缓急统筹安排。四是基本规范了预算编制规程。按照早编细编预算的要求，大部分省市实行了“二上二下”的预算编制规程，延长了部门预算编制时间，加强了财政与部门之间的协调沟通，使预算编制更加合理、规范。五是建立了完备的基础信息库。全面掌握预算单位人员、资产等基本情况，提高基本支出预算编制质量。

（三）建立健全了部门预算管理制度

各地财政部门在推进部门预算改革中，坚持边探索、边规范、边总结、边提高，各地分别制定了一些列部门预算管理制度和方法，对部门预算编制的内容、方法、程序等都作了详细的规定，保障了部门预算改革的顺利进行。广东省还建立了部门预算编报考核评比通报制度。向省级部门印发《省级部门预算编报工作考核评比暂行办法》，从编制2008年省级部门预算起，采取因素评比方式，对省级各部门预算编制工作进行考核评比，定期通报，促进部门提高编报质量。

（四）初步建立了预算编制、执行、监督相分离的预算管理机制

实施部门预算改革后，各级财政部门按照新的预算管理模式，调整了内部机构设置，强化了预算部门的编制职责，成立了专门的执行机构，明确了各个机构的职责分工，初步建立起预算编制、执行、监督相对分离又相互制约的预算管理新机制。同时，大力推进与预算编制改革紧密相关的国库集中收付、政府采购和收支两条线管理等各项改革，提高了预算执行的科学性和规范性，使预算编制改革的预期效果得到了有效落实，也为加强财政资金的监督部管理创造了有利条件。各省、区、市本级全面实施了国库集中支付改革，并逐步向县市推进；基本建立了以《政府采购法》为核心的政府采购法规体系，政府采购范围、规模不断扩大；推进收支两条线管理，逐步扩大了政府性基金和行政性收费纳入预算管理的范围，实行

了收缴分离和票款分离改革，编制了综合预算。

（五）强化了部门预算的审查监督和绩效评价

各级财政部门认真落实各级人大加强预算审查监督的要求，再细化预算编制的基础上，规范预算报送和审查工作，不断扩大上报人大审查的部门预算覆盖面。报送各级人大审查的内容也在不断细化，超收安排情况、中央财力性转移支付情况、中央专款情况和预算调整情况也列入了报送内容。各级财政部门主动配合审计部门加强对部门预算执行的审计监督，并针对审计部门发现的问题和提出的建议，不断完善制度办法，及时改进工作。财政部门积极主动地接受审查监督，赢得了各级人大和审计部门对改革的理解与支持，创造了良好的改革氛围。同时，开展了部门预算绩效评价，提高了财政资金的使用效益。

（六）提高了部门预算管理信息化水平

为提高部门预算管理的现代化水平，财政部不断加快“金财工程”实施步伐，研究开发和推广了“地方预算分析评价系统”等一系列预算管理信息系统，着力构建现代信息管理平台。地方财政部门根据财政部的统一部署，积极创造条件，抓好地方预算编制、指标管理、国库资金收付、财政供养人员信息系统等一系列应用软件的推广工作，为预算的审核监督和追踪评价奠定了良好的基础。现代信息技术的广泛应用，不仅大幅度减轻了部门预算编制工作量，提高了部门预算管理的效率，还增强了预算编制与执行的准确性、科学性，为部门预算改革的顺利进行提供了强有力的技术支持。

第五节　深化地方部门预算改革的思路和措施

多年来，地方部门预算改革在许多方面取得了丰硕的成果，为财政管理体制的改革和完善做出了重大贡献，为建设公共财政体制奠定了坚实的基础。但仍然存在着操作不够规范，进展不够均衡等问题，与科学、规范的预算管理制度还存在一定差距，必须进一步加大改革的力度，推进改革向纵深发展。加快构建框架体系完整、内容有机结合、运行高效有序的财政资金分配、使用和管理机制，努力提高财政资金的规范性、安全性和有效性，实现预算管理的公开、公正和公平。

一、深化部门预算改革认识，凝聚部门预算改革动力

深化预算管理体制改革，推行部门预算管理，是促进社会主义市场经济发展的需要、增强政府宏观调控能力的需要、促进政府职能转变的需要，加强党风廉政建设的需要。各地要进一步深化认识，凝聚动力，推进部门预算改革向纵深推进。一是深化部门预算改革有利于进一步完善财政管理体制，促进社会主义市场经济的发展。财政管理体制是社会主义市场经济体制的重要组成部分，对市场经济体制的建立和发展具有积极的促进作用。改革开放以来，我们进行了多次财政管理体制改革，促进了社会主义市场经济体制的建立。加快预算管理体制改革，推行部门预算管理，遵循了法制、科学和规范的原则，有利于推动预算编制向科学化、规范化迈进。使财政资金围绕部门形成一个使用、管理和监管的新的运行体系，有助于提高公共资源配置效率和资金使用效益。运用了零基预算、综合财政预算的编制方法，注重了客观因素，减少了人为因素，有助于增强了预算管理的科学性。二是深化部门预算改革有利于优化资源配置，增强政府宏观调控能力。长期以来，由于许多部门都管钱，政府对财政资金统筹调度的困难很大，宏观调控能力受到削弱。深入推进部门预算改革，切实将零基预算、综合预算有机结合起来，可以科学安排财力，统筹各项资金使用，优化支出结构，减少损失和浪费，保证重点支出需要，加大政府宏观调控的力度，使政府施政意图得到更好的实现。三是深化部门预算改革有利于规范行政行为，促进政府职能转变。在现行预算管理体制下，要进一步细化预算编制，减少预算追加和调整，加快预算执行进度，提高预算执行均衡性，加强资金拨出后的管理和跟踪问效，实现在更高的层次上和更宽的领域中研究财政促进地方经济发展问题，为党委和政府出谋划策。各部门要进一步加强资金管理、提高资金使用效率，杜绝重编制，轻执行现

象。进一步深化改革，能够进一步集中精力研究解决经济建设和财政领域中存在的问题，推动省直部门集中精力搞好本部门工作，提高政府的行政效率和管理水平，促进政府职能转变。四是深化部门预算改革有利于从制度和管理上控制腐败，促进廉政建设。当前，违反财经法纪的现象比较普遍，究其原因，大多与财政财务管理制度不科学、管理不严密有关。比如，由于预算安排不能落实到具体项目，导致部分资金被挤占、挪用；由于事业收入、经营收入等并没有完全纳入预算，形成了很多“小金库”。进一步深化部门预算改革，加强各项资金管理、细化预算编制、完善项目库、加强标准建设，有利于从制度和管理上促进廉政建设，实现党风和社会风气的好转。

二、建立健全预算决策机制，推进依法科学民主理财

完善决策机制是党的十六大提出的明确要求，是推进依法理财、科学理财、民主理财的重要内容。一是要科学把握预算决策的根本要求。预算是政府调控经济社会发展的重要手段，预算决策必须与政府的宏观决策相一致是预算决策的基点。要按照科学发展观的要求，根据国家、省宏观经济政策和政府的施政目标，合理确定财政功能结构和支出规模，使财政资金分配与国家宏观政策、国民经济和社会发展规划及政府施政目标紧密结合起来，努力实现预算决策与经济和社会发展相适应，与部门履行职能及发展事业相适应，与本级财务状况相适应。二是改进预算决策方式和程序。预算决策的总体目标是科学、民主和规范，各地要围绕这个目标来改进预算决策方式，完善预算决策程序。在安排财政预算时要逐步拓宽预算决策参与者的范围，听取人大、部门和社会各界的意见。黑龙江省会城市哈尔滨市的“参与式”预算改革就是一次有益而成功的探索。在项目取舍和金额确定上，要加强可行性研究论证，建立健全重大项目支出评审机制，充分发挥部门职能和专家作用。在预算决策程序安排上，要明晰人大、政府、财政、部门等各个层面的决策权限，在此基础上对预算决策程序进行规范，增强决策的科学性。三是准确把握预算决策的重点内容。当前需要认真研究决策的预算事项很多，难以做到面面俱到。从提高决策的

整体效果出发，预算决策的重点是围绕公共财政职能，优化财政支出结构，增加“三农”、教育、科技、卫生等重点领域的资金投入，发挥财政资金在提供保障、实施调控、促进平衡、统筹发展等方面的有效作用。

三、继续完善预算分配制度，努力实现公平公正理财

完善预算分配制度是部门预算改革的核心和重要切入点，而分配公平公正是部门预算改革的关键环节，“公则无可攻，平则无可争”，要从基础层面、管理层面和技术层面等综合推进预算公平。几年来，中央和地方紧紧抓住这一关键环节，积极探索，有效改进了基本支出和项目支出等预算分配制度，优化了预算资源配置，提高了资金使用效果。总体看，这项改革还处于初级阶段，随着部门预算改革的进一步深入，需要继续加以完善。一是要建立定员定额与实物资产相结合的定额标准体系。深化定员定额制度改革重点是定额制度，改革定额制度的方向是逐步实现资产实物定额与预算拨款定额相结合。凡涉及物耗的定额，应建立在对物耗标准的合理核定之上，使定额标准更加符合预算单位工作的实际。目前绝大多数省都实行了定员定额管理，但水平不一，进展不平衡。没有实行定员定额管理的地区，要结合本地实际，逐步建立定员定额标准体系，细化支出预算管理。已经实行定员定额管理的地方，要在完善现有方法基础上，开展实物费用定额试点。在深化定员定额标准方面，各地要加强基础数据的收集整理，夯实定额核定基础。积极探索资产实物定额与预算拨款定额有机结合的新路子，完善政府资产分类管理和动态数据库建设，将部门占有的政府资产与部门行使职能联系起来，实现资产管理与预算改革的紧密结合，切实提高预算分配的科学性、公平性。二是结合分类推进事业单位改革，研究探索不同事业单位的财政预算保障机制。按照市场经济体制下政府的职能定位和公共财政的支出范围，依据事业单位承担职责的社会公益程度，对不同的事业单位实行分类预算管理。对于公益一类事业单位，财政根据正常业务需要提供相应经费保障；对于公益二类事业单位，即具有一定公益性又具有一定市场性的单位，财政根据单位业务特点和财务收支状况等，给予经费补助，并通过政府购买服务等方式予以支持；对于经营性

事业单位，要限定财政补助期限，逐步将其推向市场，退出财政供养范围。此项工作个别地方已经进行了积极探索，各地要以此次改革为契机，密切配合编制管理部门，研究有效的经费保障机制。三是加快项目库建设步伐。科学合理确定项目支出是预算分配的核心和重点，当前，部分地方虽不同程度地建立了项目库，但管理和运行水平低，项目论证不充分，缺乏前瞻性，更新不及时。为此，各地必须加强项目库建设，改革项目库管理。不断引进新的项目管理办法和手段，提高项目管理的量化程度，通过区分不同类型项目，对项目支出内容进行细化分解，对其构成因素采取标准化定量核定的方法，实现项目支出的定量管理。要逐步实现项目的滚动管理，将项目管理工作延伸到预算编制准备阶段，项目支出预算编制要与部门中长期规划结合起来，编制中长期预算。要加强项目库管理和运行规范，严格按照先入库再安排，入库后择优安排、不入库不安排的原则，编制项目支出预算。四是逐步按照政府收支分类科目编制项目支出预算。按经济分类编制项目支出预算是进一步深化部门预算改革的迫切需要，是加强预算管理和提高资金使用效益的有效途径，也是科学测算和安排项目支出的明晰依据。各地要根据实际情况积极探索，条件具备的地方可以一步到位；暂不具备条件的地方也要进行试点。

四、狠抓部门预算源头管理，努力提升预算编制水平

一是强化收入预算编制，深化收支两条线改革。按照完整性的要求，将部门所有收入全部编入部门预算。加强对部门事业收入、经营收入和其他收入的管理，完善收支测算方法，统筹考虑、综合平衡、合理安排。进一步加大非税收入“收支脱钩”力度，扩大脱钩范围，加强财政资金统筹能力，提高综合预算水平。二是强化支出预算编制，合理安排各项支出。调整优化财政支出结构，保障重点支出，努力实现保运转、保民生、保发展。切实保障人员工资性支出、切实加大对“三农”、教育、保障性安居工程、社会保障和就业、医疗卫生和环境保护等的资金倾斜力度，把党中央和国务院的要求落到实处。严格控制一般性支出，建立厉行节约长效机制。认真贯彻国家有关厉行节约的有关规定，切实降低行政成本，加强和

规范公务用车及办公设备的配备和管理，严格控制楼堂馆所建设，禁止超标准装修办公楼，从严控制“三公”经费支出，实行“零增长”政策。三是加强政府采购预算编制。完善政府采购预算与部门预算同步编制，探索建立财政部门统一布置、预算单位统一编报、财政部门统一审核、统一汇总、统一批复的“五统一”工作机制。所有使用财政性资金采购货物、工程和服务的支出必须编制政府采购预算，未按政府采购目录和部门预算要求编制政府采购预算的，不予支付资金。强化政府采购预算调整程序，增强政府采购预算执行的刚性。对批复后的政府采购预算，执行中原则上不能改变预算项目内容，如有特殊情况，要依据部门预算调整的有关规定履行变更审批手续；对年度追加的采购项目，要履行预算调整程序后采购；研究政府采购结余资金管理办法，规范政府采购资金使用。

五、严控部门预算过程管理，切实提高预算执行力度

一是加快推进国库集中收付改革。扩大收付改革层级，逐步将改革范围延伸到基层预算单位。完善国库集中收支制度体系，规范操作程序，扩大直接收付资金范围，提高资金收付效率，逐步建立以国库单一账户体系为基础、以集中收付为主要资金缴拨形式的现代国库管理制度。二是强化部门预算的执行主体责任，严格控制预算调整规模。凡是年度中可预见的支出必须纳入年初部门预算，由财政按轻重缓急原则予以安排，大力减少预算执行中的经费追加事项。三是建立预算执行进度月度报告制度。每月结束后通报单位预算支出情况，研究分析当月支出进度特点，督促单位均衡预算执行进度。四是进一步加强对财政拨款结余结转资金的统计分析。按照《财政部关于加强地方财政结余结转资金管理的通知》（财预［2010］383号）、《财政部关于进一步加强地方财政结余结转资金管理的通知》（财预［2013］372号）精神，加大对自有账户结余资金的统筹使用力度。五是要加强部门预算执行分析。建立部门预算执行分析制度，通过预算执行、会计核算等信息反馈，掌握部门预算收支运行状况，及时改时预算编制，促进预算编制与执行的有效衔接。

六、兼顾财政资金效益公开，努力抓好监督和被监督

部门预算改革后，监督的重点从财政扩展到部门，这是财政部门面临的新课题。同时，随着我国政治民主进程的加快，人民群众参政议政的热情不断提高，政府财政预算越发受到人大代表和公众的关注，客观上为财政监督提出了新要求。总结多年来的实践，要建立一个覆盖预算管理全过程、内外结合、层次多样的监督体系。一是加强财政内部监督。建立健全财政资金分配过程中的权力制衡和监督检查机制，财政内部预算编制与执行相分离，相互制衡。增强部门预算主管机构在预算执行中监督责任，将监督贯穿于预算管理的全过程。完善财政收支管理的复核、监督制度，防范和堵塞执行中的漏洞。改革行政审批制度，建立起内部相互制约的审批程序。二是加强对部门监督。重点监督部门预算编制内容的合法性、真实性、合理性，预算编制程序的民主性、透明性、规范性，预算编制方法的科学性、先进性。部门预算执行和完成情况，开展重大财政政策执行情况和专项资金的监督检查。指导部门建立预算管理内部公开制度和监督制度，加强对部门所属单位的监督。三是自觉接受人大审计监督。人大、审计对于财政部门的外部监督对预防腐败、促进依法理财具有重要作用。各级财政要自觉接受同级人大及其常委会对财政决算、预算执行情况的监督，按照法律法规将有关事项报其审查批准，就重大问题作专题汇报，逐步建立部门预算审查和决算审签制度。同时，积极配合审计部门的审计监督，积极吸纳审计相关意见，进一步规范财政资金分配，提高财政管理水平。四是推进部门预算信息公开，接受社会公众监督。切实按照中央的要求及本地实际精心组织实施，完善保密审查机制，规范操作程序，加强监督检查，做到不违法、不泄密，内容明确具体、真实可信、清晰易懂、完整准确。通过公开预算信息，切实保障公民的知情权、参与权和监督权，促进依法理财，加强财政科学化精细化管理，提升预算管理水平，推动社会主义政治文明与和谐社会建设。

七、探索创新预算管理手段，建立健全预算管理机制

一是继续探索建立预算绩效评价体系。建立健全绩效评价制度体系，研究制定绩效评价工作实施细则等具体操作办法。按照“统一规划、稳步推进，先易后难、分步实施”的原则，选择资金总量大、社会关注度高、涉及重要民生、科技创新、结构调整等方面的财政专项资金项目，积极推进绩效评价改革试点。不断完善绩效评价程序和评价方法，积极培育绩效评价中介市场和专业人才队伍，推动建立第三方评价制度，不断提高绩效评价的效率和公信力；建立绩效评价的行为约束规范，加强对绩效评价机构和相关人员的管理和监督；完善绩效评价监督机制，加强财政部门对绩效评价监督和再评价，努力提高绩效评价质量。拓展绩效评价结果运用，将绩效评价工作与财政资金管理工作紧密结合起来，为政府部门宏观决策、财政部门审核年度预算、预算单位查找问题和改进工作提供参考依据。二是继续推进资产管理与部门预算编制的有机结合。研究制定行政事业单位资产配置、更新标准，以制定通用资产配置标准为抓手，建立分层次的配置标准体系，推动行业特点突出的部门结合实际制定专用资产配置标准，逐步建立健全行政事业单位资产管理标准体系和配套制度。全面推行行政事业单位资产管理信息系统和统计报告制度，完善资产管理与预算管理有机结合的工作机制和流程，在编制部门预算时充分考虑部门占有的资产情况，探索实施新增资产配置专项审核工作，逐步实现资产配置管理和预算安排的有效衔接。三是推进结余资金使用与部门预算编制的有机结合。根据财政部《关于加强地方财政结余结转资金管理的通知》（财预［2010］383号）、《关于进一步加强地方财政结余结转资金管理的通知》（财预［2013］372号）的要求，进一步规范和加强财政结余资金管理。会同预算主管部门按照“摸清情况、锁定总额、归并账户、分类管理、优化使用”的原则，进一步加强对各预算单位历年结余资金的清理力度，摸清各部门和各单位的结余资金总量和结构情况，研究出台本级部门结余结转资金管理制度，建立结余结转资金管理与预算编制相衔接的激励约束机制，逐步消化积存在各预算单位的历年结余资金，提高财政资金的使用效

益。四是推进综合考评与预算编制相结合。建立激励约束机制。按照中央规定，结合本地实际研究制定部门预算编制考评办法和加快财政支出进度考核办法。通过预算编制考评奖励先进，激励后进。加强执行情况考核，对规定期限内未下达资金，原则上收回预算，作为安排下一年度相关专项资金的来源。

八、完善改革相关配套措施，推进基层部门预算工作

随着中央财政转移支付力度的不断加大，近两年县级财政状况明显改善，基本消除拖欠工资现象，公用经费及其他社会公共服务和保障水平和满足程度有所提高，县级财政部门的工作条件和人员素质也有很大改善，基本具备了全面推行部门预算改革的条件。各地区要结合部门预算改革、缓解县乡财政困难等工作，及时完善财政管理体制，不断加强制度建设，进一步提高预算编制的准确性和到位程度，进一步拓展部门预算的覆盖面，逐步实现横向扩展到所有省、市级部门及下属单位，纵向扩展到所有县乡。

第十七章　预算支出标准汇编

第一节　中央和国家机关适用的津贴补贴

一、在京中央国家机关适当补贴

适用范围：适当补贴执行范围是在京中央国家机关在职人员及离退休人员。

文件依据：《中共中央直属机关事务管理局、国务院机关事务管理局关于给在京中央国家机关工作人员适当补贴的通知》（国管财字［1996］171 号）

具体标准：在职人员月标准为正部级 205 元，副部级 195 元，正司级 185 元，副司级 175 元，正处级 165 元，副处级 155 元，主任科员及其以下人员（含工人）150 元。退休人员月标准为部级 195 元，司局级 175 元，处级及以下人员 150 元。离休人员参照在职人员标准执行。

二、移动通讯费补贴

适用范围：移动通讯费补贴的发放范围是中央和国家机关各部门（含垂直管理部门的京内外行政单位），依照（或参照）公务员制度管理的中央级事业单位参照执行。

文件依据：《国务院机关事务管理局、中共中央直属机关事务管理局《关于印发〈中央和国家机关公务移动通讯费用补贴管理办法〉的通知》（国管财字［2004］5 号）。

具体标准：具体标准为部级每人每月 300 元，司（局）级每人每月 240 元，处级每人每月 180 元，科级每人每月 130 元，科级以下每人每月 80 元，高级技师、技师每人每月 130 元，其他工勤人员每人每月 80 元。各部门特殊工作岗位人员每月另增 100 元或 150 元。特殊工作岗位人员是指党和国家领导同志办公室工作人员、部门领导同志秘书、工作流动性较大的工作人员等。机关工作人员离休、退休的，停发公务移动通讯补贴。特殊工作岗位人员变动工作后，不再享受另行增加的补贴。

三、住宅公务电话费

适用范围：住宅公务电话安装范围是正、副部长及相当级别的人员和正副司（局）长及相当级别的人员，住宅公务电话费用限额为正、副部长及相当级别的人员。

文件依据：《国务院机关事务管理局、中共中央直属机关事务管理局关于印发〈中央国家机关住宅公务电话管理暂行办法〉的通知》（国管财字［1997］199 号）。

具体标准：正、副部长及相当级别的人员每人每月 110 元，正副司（局）长及相当级别的人员每人每月 80 元。个别特殊工作岗位人员，确因工作需要，经部门行政领导集体研究批准安装住宅公务电话的，电话费用限额每人每月 50 元。住宅公务电话费用实行限额管理后，个别负责外事工作的人员确因工作需要，经部门主管行政领导批准，国际长途电话费用凭据报销。

四、防暑降温费

适用范围：防暑降温费发放范围是中央国家机关。

文件依据：《国务院机关事务管理局关于转发北京市财政局〈关于调

整行政事业单位工作餐等开支标准的通知〉的通知》（国管财字［2002］135 号）。

具体标准：标准为夏季（6—9 月）每人每月补助 60 元（含离休人员），交通干警每人每月补助 80 元。

五、冬季取暖补贴

适用范围：冬季取暖补贴执行范围是中央国家机关家居本市的职工。

文件依据：《国务院机关事务管理局关于转发北京市〈调整职工冬季取暖补贴标准的通知〉的通知》（国管财［2003］232 号）。

具体标准：本市长城以内地区每年 200 元，延庆、怀柔、密云、平谷四县长城以外地区每年 220 元。

六、在京部长级干部宿舍自雇服务人员费用补贴

适用范围：在京部长级干部宿舍自雇服务人员费用补贴发放范围为自雇服务人员的正部长级干部，65 岁以上的副部长级干部（含享受副部级单项待遇的干部）。

文件依据：《关于调整在京部长级干部宿舍自雇服务人员费用补贴标准的通知》（国管财［2011］632 号）。

具体标准：标准为每月 2300 元。

七、独生子女父母奖励费

文件依据：《国务院机关事务管理局财务司、中央国家机关计划生育委员会关于转发〈北京市新颁产假后独生子女父母奖励费发放办法通知〉的通知》（国管财字［1990］38 号）、《国务院机关事务管理局关于计划生育奖励问题的通知》（国管财字［1991］220 号）、《国务院机关事务管理局关于转发北京市〈关于落实〈北京市人口与计划生育条例〉规定的有关奖励等问题的通知〉的通知》（国管财字［2003］199 号）。

具体标准：独生子女父母凭《独生子女父母光荣证》每月发给 10 元独生子女父母奖励费，奖励费自领取《独生子女父母光荣证》之月起发至其独生子女满 18 周岁止。独生子女父母奖励费夫妻双方各发 50%。凡响应国家号召只生育一个孩子、经申请休产假超过三个月的，独生子女父母奖励费少发三年，发至其独生子女满 15 周岁止。

八、独生子女牛奶价格补贴

适用范围：中央国家机关在京行政、事业单位干部职工两周岁以内领证独生子女均享受。

文件依据：《国务院机关事务管理局转发北京市计生委、财政局〈关于牛奶价格调整后对职工独生子女给予补贴的通知〉的函》（国管财字［1986］281 号）。

具体标准：每个领证独生子女每月补贴 4 元，多胞胎按孩子数补。发放办法与独生子女奖励费相同，由夫妻双方单位各发 50%。

九、婴幼儿补贴

适用范围：凡符合北京市计划生育条例规定的中央国家机关及在京事业单位干部、职工的婴幼儿，不论是否入托。

文件依据：《国务院机关事务管理局关于发放婴幼儿补贴的通知》（国管财字［1992］323 号）、《国务院机关事务管理局关于调整工作餐等开支标准的通知》（国管财字［1995］85 号）。

具体标准：从出生后第七个月开始至 7 周岁为止，每月由家长双方单位分别随工资发给婴幼儿补贴费 40 元。

十、独生子女父母年老时一次性奖励、可以生育第二个子女但不生育的一次性奖励补贴等奖励

文件依据：《国务院机关事务管理局关于转发北京市〈关于落实〈北

京市人口与计划生育条例〉规定的有关奖励等问题的通知〉的通知》（国管财字［2003］199号）。

具体标准：独生子女父母，女方年满55周岁，男方年满60周岁的，每人享受不少于1000元的一次性奖励。已婚育龄夫妻按照规定可以生育第二个子女，但书面表示不再生育的，由各自所在单位或者乡镇人民政府、街道办事处给予表彰，并给予每人不少于500元的一次性奖励。独生子女发生意外伤残致使基本丧失劳动能力或者死亡，其父母不再生育或者收养子女的，女方年满55周岁，男方年满60周岁的，所在区、县人民政府应当给予每人不少于5000元的一次性经济帮助。

十一、提租补贴

适用范围：在京中央和国家机关及事业单位干部职工。

文件依据：《国务院机关事务管理局、中共中央直属机关事务管理局关于在京中央和国家机关行政事业单位提高房租增发补贴的补充通知》（国管房改字［1999］313号）。

具体标准：正司级130元，副司级115元，正处级100元，副处级（包括高级技师）90元，科级（包括高级工、技师和25年以上工龄的科员、办事员和初、中级工、普工）80元，科员及其以下人员（包括初、中级工和25年以下工龄的普工）70元。

十二、工改保留补贴

根据《国务院机关事务管理局、人事部、财政部关于在京中央国家机关及所属事业单位工资制度改革中纳入新工资标准的物价、福利性补贴等有关问题的通知》（国管财字［1994］第015号）规定：工改保留补贴一般包括副食品价格补贴、书报费、市内交通费、女同志卫生费。月标准为工人43元（男）、47元（女）；科级及以下干部45元（男）、49元（女）；处级及以上干部47元（男）、51元（女）。

（一）副食品价格补贴

根据《财政部驻北京市财政监察专员办事处关于中央在京单位人员副食补贴变更有关问题的通知》（［98］财驻京监 159 号）规定：副食品价格补贴发放范围是中央在京单位在职和离退休人员，补贴标准每人每月 10 元。

（二）书报费

根据《国务院机关事务管理局关于调整职工冬季取暖补贴等有关开支标准的通知》（国管财字［1995］第 86 号）规定：书报费的执行范围是中央国家机关工作人员；标准为担任中级以上专业技术职务的人员和副处级以上干部每人每月 27 元，其他专业技术人员和一般干部每人每月 25 元，工勤人员每人每月 23 元。

（三）市内交通费

根据《国务院机关事务管理局关于调整中央国家机关工作人员市内交通费综合包干定额的通知》（国管财字［1990］第 249 号）规定：市内交通费执行范围是中央国家机关工作人员，标准为每人每月 10 元，平时不能回家住宿，能乘坐长途汽车、火车回家的职工每人每月 18 元，因特殊情况或工作特殊需要，必须经常乘坐地铁的职工每人每月 18 元。

（四）女同志卫生费

根据《国务院机关事务管理局、人事部、财政部关于在京中央国家机关及所属事业单位工资制度改革中纳入新工资标准的物价、福利性补贴等有关问题的通知》（国管财字［1994］第 015 号）规定：女同志卫生费为每人每月 4 元。

十三、无职工食堂伙食补贴

根据《国务院机关事务管理局关于转发北京市财政局〈关于调整行政事业单位工作餐等开支标准的通知〉的通知》（国管财字［2002］135 号）

规定：无职工食堂单位伙食补贴每人每天8元，按职工实际出勤天数计算。申请无职工食堂伙食补贴需报上级财务主管部门审批，由相关部门审核确定后才可享受。

第二节　部分预算定额标准

一、中央和国家机关会议费标准有关规定

文件依据：《财政部　国家机关事务管理局　中共中央直属机关事务管理局关于印发〈中央和国家机关会议费管理办法〉的通知》（财行［2013］286号）。

（一）会议分类

一类会议是以党中央和国务院名义召开的，要求省、自治区、直辖市、计划单列市或中央部门负责同志参加的会议。

二类会议是党中央和国务院各部委、各直属机构召开的，要求本系统、各直属机构或省、自治区、直辖市、计划单列市有关厅（局）负责同志参加的会议。

三类会议是党中央和国务院各部委、各直属机构，最高人民法院，最高人民检察院，各人民团体及其所属内设机构召开的，要求省、自治区、直辖市、计划单列市有关厅（局）或本系统机构有关人员参加的会议。

四类会议是指除上述一、二、三类会议以外的其他业务性会议，包括小型研讨会、座谈会、评审会等。

（二）审批程序

一类会议。应当报经党中央和国务院批准。会议总务、经费预算及费用结算等工作分别由中共中央直属机关事务管理局和国家机关事务管理局负责。

二类会议。各单位应当于每年11月底前，将下一年度会议计划（包

括会议名称、召开的理由、主要内容、时间地点、代表人数、工作人员数、所需经费及列支渠道等）送财政部审核会签，按程序经中央办公厅、国务院办公厅审核后报批。各单位召开二类会议原则上每年不超过1次。

三类会议。各单位应当建立会议计划编报和审批制度，年度会议计划（包括会议数量、会议名称、召开的理由、主要内容、时间地点、代表人数、工作人员数、所需经费及列支渠道等）经单位领导办公会或党组（党委）会审批后执行。

四类会议。由单位分管领导审核并报主要领导批准后执行，并列入单位年度会议计划。

（三）会议天数

一类会议会期按照批准文件，根据工作需要从严控制；二、三、四类会议会期均不得超过 2 天；传达、布置类会议会期不得超过 1 天。

会议报到和离开时间，一、二、三类会议合计不得超过 2 天，四类会议合计不得超过 1 天。

（四）会议人数

一类会议参会人员按照批准文件，根据会议性质和主要内容确定，严格限定会议代表和工作人员数量。

二类会议参会人员不得超过 300 人，其中，工作人员控制在会议代表人数的 15% 以内；不请省、自治区、直辖市和中央部门主要负责同志、分管负责同志出席。

三类会议参会人员不得超过 150 人，其中，工作人员控制在会议代表人数的 10% 以内。

四类会议参会人员视内容而定，一般不得超过 50 人。

（五）会议地点

传达、布置类会议优先采取电视电话、网络视频会议方式召开。电视电话、网络视频会议的主会场和分会场应当控制规模，节约费用支出。

不能够采用电视电话、网络视频召开的会议实行定点管理。各单位会议应当到定点饭店召开，按照协议价格结算费用。未纳入定点范围，价格低于会议综合定额标准的单位内部会议室、礼堂、宾馆、招待所、培训中心，可优先作为本单位或本系统会议场所。

二、三、四类会议应当在四星级以下（含四星）定点饭店召开。参会人员在 50 人以内且无外地代表的会议，原则上在单位内部会议室召开，不安排住宿。参会人员以在京单位为主的会议不得到京外召开。各单位不得到党中央、国务院明令禁止的风景名胜区召开会议。

（六）会议费开支范围

会议费开支范围包括会议住宿费、伙食费、会议室租金、交通费、文件印刷费、医药费等。交通费是指用于会议代表接送站，以及会议统一组织的代表考察、调研等发生的交通支出。会议代表参加会议发生的城市间交通费，按照差旅费管理办法的规定回单位报销。

（七）会议费开支渠道

一类会议费在部门预算专项经费中列支，二、三、四类会议费原则上在部门预算公用经费中列支。会议费由会议召开单位承担，不得向参会人员收取，不得以任何方式向下属机构、企事业单位、地方转嫁或摊派。

（八）会议费开支标准

会议费开支实行综合定额控制，各项费用之间可以调剂使用。会议费综合定额标准如下：一类会议每人每天 660 元，二类会议每人每天 550 元，三、四类会议每人每天 450 元。综合定额标准是会议费开支的上限，各单位应在综合定额标准以内结算报销。

（九）严禁各单位借会议名义组织会餐或安排宴请；严禁套取会议费设立“小金库”；严禁在会议费中列支公务接待费。各单位应严格执行会议用房标准，不得安排高档套房；会议用餐严格控制菜品种类、数量和份量，安排自助餐，严禁提供高档菜肴，不安排宴请，不上烟酒；会议会场一律不摆花草，不制作背景板，不提供水果。不得使用会议费购置电脑、复印机、打印机、传真机等固定资产以及开支与本次会议无关的其他费用；不得组织会议代表旅游和与会议无关的参观；严禁组织高消费娱乐、健身活动；严禁以任何名义发放纪念品；不得额外配发洗漱用品。

二、中央和国家机关差旅费标准有关规定

文件依据：《财政部关于印发〈中央和国家机关差旅费管理办法〉的通知》（财行［2013］531 号）。

（一）城市间交通费

城市间交通费按乘坐交通工具的等级凭据报销，订票费、经批准发生的签转或退票费、交通意外保险费凭据报销。

1. 出差人员应当按规定等级乘坐交通工具，乘坐交通工具的等级见表 17－1。

表 17－1　出差人员乘坐交通工具等级表

交通工具 级别	火车（含高铁、动车、全列软席列车）	轮船（不包括旅游船）	飞机	其他交通工具（不包括出租小汽车）
部级及相当职务的人员	火车软席（软座、软卧）高铁/动车商务座，全列软席列车一等软座	一等舱	头等舱	凭据报销
司局级及相当职务人员	火车软席（软座、软卧），高铁/动车一等座，全列软席列车一等软座	二等舱	经济舱	凭据报销
其余人员	火车硬席（硬座、硬卧），高铁/动车二等座、全列软席列车二等软座	三等舱	经济舱	凭据报销

2. 部级及相当职务人员出差，因工作需要，随行一人可乘坐同等级交通工具。未按规定等级乘坐交通工具的，超支部分由个人自理。

3. 到出差目的地有多种交通工具可选择时，出差人员在不影响公务、

确保安全的前提下，应当选乘经济便捷的交通工具。

4. 乘坐飞机的，民航发展基金、燃油附加费可以凭据报销。

5. 乘坐飞机、火车、轮船等交通工具的，每人次可以购买交通意外保险一份。所在单位统一购买交通意外保险的，不再重复购买。

（二）住宿费

在标准限额之内凭发票据实报销。

1. 财政部分地区制定住宿费限额标准（见表 17－2）。对于住宿价格季节性变化明显的城市，住宿费限额标准在旺季可适当上浮一定比例，具体规定由财政部另行发布。

2. 部级及相当职务人员住普通套间，司局级及以下人员住单间或标准间。

3. 出差人员应当在职务级别对应的住宿费标准限额内，选择安全、经济、便捷的宾馆住宿。

（三）伙食补助费

伙食补助费按出差目的地的标准报销，在途期间的伙食补助费按当天最后到达目的地的标准报销。

1. 伙食补助费按出差自然（日历）天数计算，按规定标准包干使用。

2. 财政部分地区制定伙食补助费标准（见表 17－2）。

表 17－2　　中央和国家机关差旅住宿费和伙食补助费标准表

省份	住宿费标准			伙食补助费标准
	部级（普通套间）	司局级（单间或标准间）	其他人员（单间或标准间）	
北京	800	500	350	100
天津	800	450	320	100
河北	800	450	310	100
山西	800	480	310	100
内蒙古	800	460	320	100
辽宁	800	480	330	100
大连	800	490	340	100

续表

省份	住宿费标准			伙食补助费标准
	部级（普通套间）	司局级（单间或标准间）	其他人员（单间或标准间）	
吉林	800	450	310	100
黑龙江	800	450	310	100
上海	800	500	350	100
江苏	800	490	340	100
浙江	800	490	340	100
宁波	800	450	330	100
安徽	800	460	310	100
福建	800	480	330	100
厦门	800	490	340	100
江西	800	470	320	100
山东	800	480	330	100
青岛	800	490	340	100
河南	800	480	330	100
湖北	800	480	320	100
湖南	800	450	330	100
广东	800	490	340	100
深圳	800	500	350	100
广西	800	470	330	100
海南	800	500	350	100
重庆	800	480	330	100
四川	800	470	320	100
贵州	800	470	320	100
云南	800	480	330	100
西藏	800	500	350	120
陕西	800	460	320	100
甘肃	800	470	330	100
青海	800	500	350	120
宁夏	800	470	330	100
新疆	800	480	340	120

3. 出差人员应当自行用餐。凡由接待单位统一安排用餐的，应当向接待单位缴纳伙食费。

（四）市内交通费

市内交通费按规定标准报销。

1. 市内交通费按出差自然（日历）天数计算，每人每天 80 元包干使用。

2. 出差人员由接待单位或其他单位提供交通工具的，应向接待单位或其他单位交纳相关费用。

（五）参加会议、培训等的差旅费

工作人员外出参加会议、培训，举办单位统一安排食宿的，会议、培训期间的食宿费和市内交通费由会议、培训举办单位按规定统一开支；往返会议、培训地点的差旅费由所在单位按照规定报销。

三、因公临时出国经费标准有关规定

文件依据：《财政部、外交部关于印发〈因公临时出国经费管理办法〉的通知》（财行［2013］516 号）。

（一）开支范围

因公临时出国经费包括：国际旅费、国外城市间交通费、住宿费、伙食费、公杂费和其他费用。其他费用主要是指出国签证费用、必需的保险费用、防疫费用、国际会议注册费用等。

（二）国际旅费

1. 出国人员应当严格按照规定安排交通工具，不得乘坐民航包机或私人、企业和外国航空公司包机。

2. 省部级人员可以乘坐飞机头等舱、轮船一等舱、火车高级软卧或全列软席列车的商务座；司局级人员可以乘坐飞机公务舱、轮船二等舱、火车软卧或全列软席列车的一等座；其他人员均乘坐飞机经济舱、轮船三等舱、火车硬卧或全列软席列车的二等座。所乘交通工具舱位等级划分与以上不一致的，可乘坐同等水平的舱位。所乘交通工具未设置上述规定中本级别人员可乘坐舱位等级的，应乘坐低一等级舱位。上述人员发生的国际旅费据实报销。

3. 出国人员乘坐国际列车，国内段按国内差旅费的有关规定执行；国外段超过6小时以上的按自然（日历）天数计算，每人每天补助12美元。

（三）住宿费

1. 出国人员应当严格按照规定安排住宿，省部级人员可安排普通套房，住宿费据实报销；厅局级及以下人员安排标准间，在规定的住宿费标准（见表17-3）之内予以报销。

2. 参加国际会议等的出国人员，原则上应当按照住宿费标准执行。如对方组织单位指定或推荐酒店，应当严格把关，通过询价方式从紧安排，超出费用标准的，须事先报经本单位外事和财务部门批准。经批准，住宿费可据实报销。

（四）伙食费和公杂费

1. 出国人员伙食费、公杂费可以按规定的标准（见表17-3）发给个人包干使用。包干天数按离、抵我国国境之日计算。

表17-3　各国家和地区住宿费、伙食费、公杂费开支标准表

序号	国家（地区）	城市	币种	住宿费（每人每天）	伙食费（每人每天）	公杂费（每人每天）
一	亚洲					
1	蒙古		美元	90	50	35
2	朝鲜		美元	90	40	30
3	韩国	首尔、釜山、济州	美元	180	70	35
4		光州、西归浦	美元	160	70	35
5		其他城市	美元	150	70	35
6	日本	东京	日元	20000	10000	5000

续表

序号	国家（地区）	城市	币种	住宿费（每人每天）	伙食费（每人每天）	公杂费（每人每天）
7		大阪、京都	日元	18000	10000	5000
8		福冈、札幌、长崎、名古屋	日元	14000	10000	5000
9		其他城市	日元	9000	10000	5000
10	缅甸		美元	90	50	35
11	巴基斯坦	伊斯兰堡、拉合尔、卡拉奇	美元	135	30	30
12		奎达	美元	70	30	30
13		其他城市	美元	60	30	30
14	斯里兰卡		美元	110	40	30
15	马尔代夫		美元	160	50	30
16	孟加拉		美元	150	50	40
17	伊拉克		美元	170	50	40
18	阿拉伯联合酋长国		美元	200	50	40
19	也门	萨那	美元	110	50	35
20		亚丁	美元	90	50	35
21		其他城市	美元	80	50	35
22	阿曼		美元	150	50	40
23	伊朗		美元	95	50	40
24	科威特		美元	200	70	40
25	沙特阿拉伯	利雅得	美元	200	70	40
26		吉达	美元	140	70	40
27		其他城市	美元	120	70	40
28	巴林		美元	160	55	40
29	以色列		美元	200	70	40
30	巴勒斯坦		美元	180	70	40
31	文莱		美元	130	40	35
32	印度	新德里、加尔各答	美元	175	50	35
33		孟买	美元	200	50	35
34		其他城市	美元	155	50	35

续表

序号	国家（地区）	城市	币种	住宿费（每人每天）	伙食费（每人每天）	公杂费（每人每天）
35	不丹		美元	160	50	35
36	越南	河内	美元	90	40	30
37		胡志明	美元	80	40	30
38		其他城市	美元	70	40	30
39	柬埔寨		美元	100	40	30
40	老挝		美元	90	40	30
41	马来西亚		美元	110	50	35
42	菲律宾		美元	130	50	35
43	印度尼西亚		美元	125	50	35
44	东帝汶		美元	130	40	35
45	泰国	曼谷	美元	140	50	35
46		宋卡	美元	110	50	35
47		清迈、孔敬	美元	90	50	35
48		其他城市	美元	80	50	35
49	新加坡		美元	220	55	40
50	阿富汗		美元	100	38	30
51	尼泊尔		美元	140	50	35
52	黎巴嫩		美元	150	50	35
53	塞浦路斯		美元	100	40	35
54	约旦		美元	120	50	35
55	土耳其	安卡拉	美元	105	45	30
56		伊斯坦布尔	美元	150	45	30
57		其他城市	美元	90	45	30
58	叙利亚		美元	110	50	35
59	卡塔尔		美元	160	60	40
60	中国香港		港币	1500	500	300
61	中国澳门		港币	1200	500	300
62	中国台湾		美元	150	60	40
二、	非洲					
63	马达加斯加	塔那那利佛	美元	130	38	30

续表

序号	国家（地区）	城市	币种	住宿费（每人每天）	伙食费（每人每天）	公杂费（每人每天）
64		塔马塔夫	美元	100	38	30
65		其他城市	美元	90	38	30
66	喀麦隆		美元	120	50	35
67	多哥		美元	110	48	35
68	科特迪瓦		美元	120	50	35
69	摩洛哥		美元	130	50	40
70	阿尔及利亚		美元	180	55	35
71	卢旺达		美元	130	32	30
72	几内亚		美元	130	55	35
73	埃塞俄比亚		美元	210	50	35
74	厄立特里亚		美元	110	50	35
75	莫桑比克		美元	170	50	35
76	塞舌尔		美元	240	50	35
77	肯尼亚		美元	195	50	35
78	利比亚		美元	160	50	35
79	安哥拉		美元	400	60	40
80	赞比亚		美元	150	45	35
81	几内亚比绍		美元	135	45	35
82	突尼斯		美元	100	40	35
83	布隆迪		美元	150	40	35
84	莱索托		美元	100	35	30
85	津巴布韦		美元	120	45	33
86	尼日利亚	阿布贾	美元	270	60	35
87		拉各斯	美元	300	60	35
88		其他城市	美元	250	60	35
89	毛里求斯		美元	155	50	35
90	索马里		美元	180	50	35
91	苏丹		美元	130	40	32
92	贝宁		美元	150	35	30
93	马里		美元	150	50	35

续表

序号	国家（地区）	城市	币种	住宿费（每人每天）	伙食费（每人每天）	公杂费（每人每天）
94	乌干达		美元	170	50	35
95	塞拉利昂		美元	155	50	35
96	吉布提		美元	160	60	35
97	塞内加尔		美元	165	50	35
98	冈比亚		美元	170	50	35
99	加蓬		美元	180	60	35
100	中非		美元	140	50	35
101	布基纳法索		美元	140	50	35
102	毛里塔尼亚		美元	130	55	35
103	尼日尔		美元	145	50	35
104	乍得		美元	220	50	35
105	赤道几内亚		美元	200	50	35
106	加纳		美元	200	50	35
107	坦桑尼亚	达累斯萨拉姆	美元	180	50	35
108		桑给巴尔	美元	210	50	35
109		其他城市	美元	160	50	35
110	刚果（金）		美元	220	50	35
111	刚果（布）		美元	170	50	35
112	埃及		美元	170	50	35
113	圣多美和普林西比		美元	170	50	35
114	博茨瓦纳		美元	170	50	35
115	南非	比勒陀利亚、约翰内斯堡	美元	170	50	35
116		开普敦	美元	210	50	35
117		德班	美元	150	50	35
118		其他城市	美元	130	50	35
119	纳米比亚		美元	140	35	30
120	斯威士兰		美元	150	50	35
121	利比里亚		美元	195	50	35
122	佛得角		美元	120	50	35

续表

序号	国家（地区）	城市	币种	住宿费（每人每天）	伙食费（每人每天）	公杂费（每人每天）
123	科摩罗		美元	120	40	35
124	南苏丹		美元	160	40	32
125	马拉维		美元	130	50	35
三	欧洲					
126	罗马尼亚	布加勒斯特	美元	120	45	40
127		康斯坦察	美元	90	50	40
128		其他城市	美元	80	50	40
129	马其顿		美元	120	50	35
130	斯洛文尼亚		欧元	90	30	25
131	波黑		美元	100	40	35
132	克罗地亚		美元	120	40	35
133	阿尔巴尼亚		美元	150	35	30
134	保加利亚		美元	110	45	35
135	俄罗斯	莫斯科	美元	285	45	40
136		哈巴罗夫斯克	美元	200	45	40
137		叶卡捷琳堡、圣彼得堡	美元	170	45	40
138		伊尔库茨克	美元	150	45	40
139		其他城市	美元	140	45	40
140	立陶宛		美元	120	45	35
141	拉脱维亚		欧元	90	35	25
142	爱沙尼亚		欧元	90	35	25
143	乌克兰	基辅	美元	100	45	40
144		敖德萨	美元	130	45	40
145		其他城市	美元	80	45	40
146	阿塞拜疆		美元	150	45	40
147	亚美尼亚		美元	120	45	40
148	格鲁吉亚		美元	150	45	40
149	吉尔吉斯斯坦	比什凯克	美元	230	45	40
150		其他城市	美元	80	45	40

续表

序号	国家（地区）	城市	币种	住宿费（每人每天）	伙食费（每人每天）	公杂费（每人每天）
151	塔吉克斯坦		美元	210	45	40
152	土库曼斯坦		美元	120	45	40
153	乌兹别克斯坦	塔什干	美元	120	40	32
154		撒马尔罕	美元	100	40	32
155		其他城市	美元	90	40	32
156	白俄罗斯		美元	180	45	40
157	哈萨克斯坦	阿斯塔纳	美元	160	45	40
158		阿拉木图	美元	200	45	40
159		其他城市	美元	140	45	40
160	摩尔多瓦		美元	90	45	40
161	波兰	华沙	美元	150	50	40
162		革但斯克	美元	130	50	40
163		其他城市	美元	120	50	40
164	德国	柏林、汉堡	欧元	150	60	38
165		慕尼黑	欧元	130	60	38
166		法兰克福	欧元	180	60	38
167		其他城市	欧元	120	60	38
168	荷兰	海牙	欧元	150	60	38
169		阿姆斯特丹	欧元	170	60	38
170		其他城市	欧元	130	60	38
171	意大利	罗马	欧元	160	65	38
172		米兰	欧元	140	65	38
173		佛罗伦萨	欧元	120	65	38
174		其他城市	欧元	110	65	38
175	比利时		欧元	160	60	38
176	奥地利		欧元	140	60	38
177	希腊		欧元	110	55	35
178	法国	巴黎	欧元	150	60	40
179		马赛、斯特拉斯堡、尼斯、里昂	欧元	130	60	40

续表

序号	国家（地区）	城市	币种	住宿费（每人每天）	伙食费（每人每天）	公杂费（每人每天）
180		其他城市	欧元	120	60	40
181	西班牙		欧元	125	60	38
182	卢森堡		欧元	160	55	38
183	爱尔兰		欧元	120	60	38
184	葡萄牙		欧元	130	60	38
185	芬兰		欧元	145	60	40
186	捷克		美元	160	45	50
187	斯洛伐克		欧元	90	35	30
188	匈牙利		美元	180	45	45
189	瑞典		美元	280	80	50
190	丹麦		美元	200	80	50
191	挪威		美元	200	80	50
192	瑞士		美元	200	70	50
193	冰岛		美元	200	65	50
194	马耳他		欧元	90	38	25
195	塞尔维亚		美元	120	40	30
196	黑山		欧元	90	30	22
197	英国	伦敦	英镑	160	45	35
198		曼彻斯特、爱丁堡	英镑	140	45	35
199		其他城市	英镑	125	45	35
四	**美洲**					
200	美国	华盛顿	美元	210	55	45
201		旧金山	美元	250	55	45
202		休斯顿	美元	180	55	45
203		波士顿	美元	230	55	45
204		纽约	美元	245	55	45
205		芝加哥	美元	220	55	45
206		洛杉矶	美元	200	55	45
207		夏威夷	美元	195	55	45
208		其他城市	美元	160	55	45

续表

序号	国家（地区）	城市	币种	住宿费（每人每天）	伙食费（每人每天）	公杂费（每人每天）
209	加拿大	渥太华、多伦多、卡尔加里、蒙特利尔	美元	210	55	45
210		温哥华	美元	240	55	45
211		其他城市	美元	190	55	45
212	墨西哥	墨西哥	美元	150	50	45
213		蒂华纳	美元	120	50	45
214		其他城市	美元	100	50	45
215	巴西	巴西利亚	美元	160	50	45
216		圣保罗	美元	240	50	45
217		里约热内卢	美元	260	50	45
218		其他城市	美元	150	50	45
219	牙买加		美元	160	50	45
220	特立尼达和多巴哥		美元	180	50	45
221	厄瓜多尔		美元	120	40	32
222	阿根廷		美元	130	50	45
223	乌拉圭		美元	135	50	45
224	智利	圣地亚哥	美元	135	47	45
225		伊基克	美元	120	47	45
226		安托法加斯塔、阿里卡	美元	110	47	45
227		其他城市	美元	100	47	45
228	哥伦比亚	波哥大	美元	190	40	35
229		麦德林	美元	110	40	35
230		卡塔赫纳	美元	120	40	35
231		其他城市	美元	100	40	35
232	巴巴多斯		美元	250	60	45
233	圭亚那		美元	160	50	45
234	古巴		美元	135	40	37
235	巴拿马		美元	135	45	45
236	格林纳达		美元	190	45	45

续表

序号	国家（地区）	城市	币种	住宿费（每人每天）	伙食费（每人每天）	公杂费（每人每天）
237	安提瓜和巴布达		美元	150	60	45
238	秘鲁		美元	140	40	40
239	玻利维亚		美元	110	36	30
240	尼加拉瓜		美元	120	45	45
241	苏里南		美元	110	50	45
242	委内瑞拉		美元	230	45	45
243	海地		美元	180	45	43
244	波多黎各		美元	150	45	45
245	多米尼加		美元	150	45	45
246	多米尼克		美元	120	45	45
247	巴哈马		美元	220	45	45
248	圣卢西亚		美元	200	45	45
249	阿鲁巴岛		美元	200	45	45
250	哥斯达黎加		美元	120	45	40
五	**大洋洲及太平洋岛屿**					
251	澳大利亚	堪培拉、帕斯、布里斯班	美元	180	60	50
252		墨尔本、悉尼	美元	200	60	50
253		其他城市	美元	160	60	50
254	新西兰		美元	180	60	45
255	萨摩亚		美元	170	47	45
256	斐济	苏瓦	美元	190	45	50
257		楠迪	美元	120	45	50
258		其他城市	美元	110	45	50
259	巴布亚新几内亚		美元	350	55	50
260	密克罗尼西亚		美元	120	40	30
261	马绍尔群岛		美元	120	55	35
262	瓦努阿图		美元	150	55	35
263	基里巴斯		美元	195	55	35

续表

序号	国家（地区）	城市	币种	住宿费（每人每天）	伙食费（每人每天）	公杂费（每人每天）
264	汤加		美元	160	60	35
265	帕劳		美元	180	60	35
266	库克群岛		美元	180	60	35
267	所罗门群岛		美元	200	60	35
268	法属留尼汪		美元	140	60	35
269	法属波利尼西亚		美元	240	60	35

2. 根据工作需要和特点，不宜个人包干的出访团组，其伙食费和公杂费由出访团组统一掌握，包干使用。

3. 外方以现金或实物形式提供伙食费和公杂费接待我代表团组的，出国人员不再领取伙食费和公杂费。

4. 出访用餐应当勤俭节约，不上高档菜肴和酒水，自助餐也要注意节俭。

四、在华举办国际会议费用开支标准有关规定

文件依据：《财政部关于印发〈在华举办国际会议费用开支标准和财务管理办法〉的通知》（财行［2012］1 号）；《关于严格控制在华举办国际会议的通知》（财行［2011］2 号）。

（一）按照会议正式代表（不含工作人员，下同）的人数，在华举办国际会议分为三类：会议正式代表在 300 人以上的，为大型国际会议；会议正式代表在 100 人以上、300 人以下（含 300 人）的，为中型国际会议；会议正式代表在 100 人以下（含 100 人）的，为小型国际会议。除特殊情况报经批准外，国际会议工作人员人数控制在会议正式代表人数的 10% 以内，驻会工作人员不得超过会议工作人员的 50% 。

（二）凡需报请党中央、国务院批准在华举办的国际会议，会议报批文件须明确各项经费来源，如涉及申请中央财政拨款，应在商外交部同意后会签财政部，方可上报审批。

（三）在华举办的国际会议，需申请中央财政拨款的，应按照部门预

算管理程序，会议承办单位应在履行相关报批手续后编制详细的会议经费预算，报财政部审核。在华举办国际会议经费由我方全额负担或由与会各方分担的，应按会议统一标准制定经费预算，我方负担的经费应纳入部门预算管理。各部门自行批准在华举办的国际会议所需经费，在部门预算中调剂解决，财政部不再另外安排经费预算

（四）国际会议的支出项目和标准：

1. 场地租金。大型、中型、小型国际会议正式代表人均开支标准分别为每天100元（人民币，货币单位下同）、150元和200元。

2. 会议开幕式或闭幕式一次冷餐招待会（酒会）费用。会议正式代表人均开支标准为150元（含酒水及服务费用）。

3. 会议期间工作人员食宿费用开支标准为每人每天300元。

4. 会议期间志愿人员工作午餐费用及误餐补贴。志愿人员仅安排午餐或发放误餐补贴，开支标准为每人每天100元。志愿人员不安排住宿。

5. 同声传译人员劳务费及同声传译设备和办公设备租金。同声传译开支标准为口译每人每天5000元，笔译每千字200元；同声传译设备和办公设备租金，会议正式代表人均开支标准为每天50元。

6. 境外同声传译人员国际旅费。只承担同声传译人员乘坐经济舱的国际旅费，据实结算。

7. 交通费。租用车辆安排会议代表往返驻地与会场，租金开支标准为：大巴士（25座以上）每辆每天1500元，中巴士（25座及以下）每辆每天1000元，小轿车（5座及以下）每辆每天800元。

8. 其他会务费用。实行综合定额控制，会议正式代表人均开支标准为每天100元，开支范围包括：办公用品、消耗材料购置费用，会议文件印刷、会议代表及工作人员的制证费用等。上述各项费用之间可以调剂使用，在综合定额控制内据实报销。

9. 会议如有注册费收入，中方可承担国际组织官员及秘书处人员会议期间的食宿费用。

10. 其他经财政部批准的支出。

（五）根据国际惯例，不为会议代表配备生活用品，不组织公款游览、参观等，不得借举办国际会议的名义向地方政府或企业强行摊派或变相摊

派会议费用。会议代表往返国际国内旅费（包括往返机场的交通费）、食宿、医疗、参观游览、个人消费等费用，由个人承担。除劳务费及境外国际旅费外，同声传译人员的食宿、交通等各项费用，由个人承担。

（六）申请中央财政拨款的国际会议，未经财政部同意，一律不准购买设备。除会议场地、会议必要设备（不含消耗材料支出）外，承办单位不得擅自对外承诺提供任何免费服务。

（七）按照财行［2011］2号的规定，各地区各部门在华举办国际会议的支出标准，原则上参照中央级二类会议经费综合定额标准执行。要严格控制会议的住宿档次，并按照国际惯例不配备生活用品，不发会议纪念品，不赠送礼品，不组织公款游览、参观等。会议用餐以自助餐为主，可安排一次冷餐宴请，不再另外安排迎送宴请。外方参会人员除特邀代表外，其他人员往返路费及食宿费一律自理。

五、中央和国家机关培训费标准有关规定

文件依据：《财政部、中共中央组织部、国家公务员局关于印发〈中央和国家机关培训费管理办法〉的通知》（财行［2013］523号）。

（一）开支范围

培训费是指各单位开展培训直接发生的各项费用支出，包括住宿费、伙食费、培训场地费、讲课费、培训资料费、交通费、其他费用。其他费用是指现场教学费、文体活动费、医药费以及授课教师交通、食宿等支出。

（二）开支标准

1. 培训费实行综合定额标准，分项核定、总额控制（见表17－4）。

表17－4　　培训费综合定额标准表　　单位：元/人天

住宿费	伙食费	场地费和讲课费	资料费、交通费和其他费用	合计
180	110	100	60	450

综合定额标准是培训费开支的上限，各项费用之间可以调剂使用。各单位应在综合定额标准以内结算报销。15 天以内的培训按照综合定额标准控制；超过 15 天的培训，超过天数按照综合定额标准的 80% 控制；超过 30 天的培训，超过天数按照综合定额标准的 70% 控制。上述天数含报到撤离时间，报到和撤离时间分别不得超过 1 天。

其中，讲课费标准：副高级技术职称专业人员每半天最高不超过 1000 元；正高级技术职称专业人员每半天最高不超过 2000 元；院士、全国知名专家每半天一般不超过 3000 元。其他人员讲课参照上述标准执行。

（三）培训实行中央和地方分级管理，各单位举办培训，原则上不得下延至市、县及以下。各单位开展培训应当在开支范围和标准内，择优选择党校、行政学院、干部学院、部门行业所属培训机构、高校培训基地以及组织人事部门认可的培训机构承担培训项目。组织培训的工作人员控制在参训人员数量的 5% 以内，最多不超过 10 人。

（四）严禁借培训名义安排公款旅游；严禁借培训名义组织会餐或安排宴请；严禁组织高消费娱乐、健身活动；严禁使用培训费购置电脑、复印机、打印机、传真机等固定资产以及开支与培训无关的其他费用；严禁在培训费中列支公务接待费、会议费；严禁套取培训费设立“小金库”。培训住宿不得安排高档套房，不得额外配发洗漱用品；培训用餐不得上高档菜肴，不得提供烟酒；7 日以内的培训不得组织调研、考察、参观。

六、出国培训费用开支标准有关规定

文件依据：《财政部、国家外国专家局关于印发〈因公短期出国培训费用管理办法〉的通知》（财行［2014］4 号）、《国家外国专家局、财政部关于调整中长期出国（境）培训人员费用开支标准的通知》（外专发［2012］126 号）。

（一）因公短期（90 天以内，不含 90 天）出国培训费用

1. 因公短期出国培训费用开支范围包括培训费、国际旅费、国外城市间交通费、住宿费、伙食费、公杂费和其他费用。其中，培训费是指出国

培训团组用于授课、翻译、场租、资料、课程设计、对口业务考察或业务实践活动等在国外培训所必须发生的费用。

2. 国际旅费、国外城市间交通费、住宿费、伙食费、公杂费、其他费用的管理要求和开支标准参照《因公临时出国经费管理办法》（财行［2013］516号）执行。

3. 培训费开支按分国家和地区标准执行，并在规定的标准之内据实报销（见表17－5）。

表17－5　　因公短期出国培训费开支标准表

序号	国家（地区）	币种	培训费（每人每天）
	亚洲		
1	韩　国	美元	80
2	日　本	日元	8400
3	印　度	美元	51
4	以色列	美元	65
5	泰国	美元	41
6	新加坡	美元	80
7	香港	港币	500
	欧洲		
8	德　国	欧元	66
9	英　国	英镑	56
10	荷　兰	欧元	57
11	瑞　典	瑞典克朗	90
12	丹　麦	丹麦克朗	79
13	挪　威	挪威克朗	90
14	意大利	欧元	48
15	比利时	欧元	67
16	奥地利	欧元	48
17	瑞　士	瑞士法郎	95
18	法　国	欧元	60
19	西班牙	欧元	48
20	芬　兰	欧元	66
21	爱尔兰	欧元	59

续表

序号	国家（地区）	币种	培训费（每人每天）
22	匈牙利	美元	63
23	俄罗斯	美元	67
美洲			
24	美　国	美元	87
25	加拿大	加元	80
26	巴　西	美元	65
大洋洲			
27	澳大利亚	澳元	86
28	新西兰	新西兰元	81
非洲			
29	南非	美元	65

4. 出国培训团组需在国内开展预培训和培训总结所发生的费用，参照国内培训费相关规定执行。

5. 由外方资助出国培训经费的，各单位不得重复支付。外方对费用开支有明确规定的，按其规定执行；没有规定的，参照本办法规定的标准和要求执行。外方资助经费不足以弥补规定培训费用开支的，可以按照本办法的开支标准，由各单位补足其费用差额部分。

（二）公费派出的中长期出（境）国培训人员费用

1. 中长期出国（境）培训是指 90 天以上（含 90 天）的出国（境）培训。费用开支项目包括伙食费、住宿费、交通费、通讯费、书籍资料费、医疗保险费和零用费等。

2. 中长期出国（境）培训人员费用开支标准分为“高级职称”人员开支标准和“普通职称”人员开支标准两类（见表 17－6）。“高级职称”指高级工程师（或相当高级工程师的其他职称）及以上职称、正县（处）级及以上行政职务。“普通职称”指工程师（或相当工程师的其他职称）及以下职称、副县（处）级及以下行政职务。

表 17-6 中长期出国（境）培训人员费用开支标准表

序号	国家（地区）	币种	标准（每人每月）	
			高级职称	普通职称
一	美洲、大洋洲			
1	美　国（一类地区）	美元	2000	1800
	美　国（二类地区）	美元	2000	1700
	美　国（三类地区）	美元	2000	1400
2	加拿大	加元	2600	1700
3	澳大利亚	澳元	2100	1800
4	新西兰	新西兰元	2200	2000
5	其他国家（地区）	美元	1100	600
二	欧洲			
6	俄罗斯	美元	1400	1100
7	白俄罗斯	美元	1150	800
8	乌克兰	美元	1150	800
9	其他独联体国家	美元	1100	700
10	德　国	欧元	1800	1300
11	法　国	欧元	1800	1300
12	芬　兰	欧元	1800	1300
13	荷　兰	欧元	1800	1300
14	爱尔兰	欧元	1800	1300
15	奥地利	欧元	1800	1300
16	比利时	欧元	1800	1300
17	卢森堡	欧元	1800	1300
18	葡萄牙	欧元	1800	1100
19	西班牙	欧元	1800	1100
20	希　腊	欧元	1800	1100
21	意大利	欧元	1800	1100
22	冰　岛	欧元	1800	1100
23	塞浦路斯	欧元	1800	1100
24	马耳他	欧元	1800	1100
25	斯洛文尼亚	美元	1100	800
26	保加利亚	美元	1100	800

续表

序号	国家（地区）	币种	标准（每人每月）	
			高级职称	普通职称
27	匈牙利	美元	1100	800
28	波　兰	美元	1400	950
29	英　国（伦敦地区）	英镑	1400	1150
	英　国（其他地区）	英镑	1400	1000
30	丹　麦	丹麦克朗	12000	9500
31	挪　威	挪威克朗	13000	11000
32	瑞　典	瑞典克朗	15000	13000
33	瑞　士	瑞士法郎	2500	2000
34	其他国家（地区）	美元	1100	700
三	亚洲、非洲			
35	日　本	日元	200000	160000
36	韩　国	美元	2000	1400
37	新加坡	新元	2200	2100
38	印　度	美元	1100	600
39	以色列	美元	1200	1000
40	南　非	美元	1100	760
41	其他国家（地区）	美元	1100	600
42	中国香港	港币	14000	12000

七、公务机票购买管理有关规定

文件依据：《财政部　中国民用航空局关于加强公务机票购买管理有关事项的通知》（财库［2014］4号）。

（一）各级国家机关、事业单位和团体组织工作人员，以及使用财政性资金购买公务机票的其他人员（以下简称购票人），国内出差、因公临时出国购买机票，应当按照厉行节约和支持本国航空公司发展的原则，优先购买通过政府采购方式确定的我国航空公司航班优惠机票。

（二）国内航空公司按政府采购合同约定给予公务机票优惠。对于市场折扣机票，各航空公司按国内、国际机票各航班舱位的折扣票价给予

9.5 折优惠；对于市场全价机票，则分别给予全价票价的 8.8 折、8.5 折优惠。政府采购机票优惠率的变动情况，将在政府采购机票管理网站（www. gpticket. org）上发布。

（三）因公临时出国时，购票人应当选择直达目的地国家（地区）的国内航空公司航班出入境，没有直达航班的，应当选择国内航空公司航班到达的最邻近目的地国家（地区）进行中转。因中转 1 次以上（不含 1 次）等特殊原因确需选择非国内航空公司航班，以及因最临近目的地国家（地区）中转需办理过境签证而选择其他邻近中转地的，应当事先报经单位外事部门和财务部门审批同意。

（四）购票人应当做好公务出行计划安排，尽可能选择低价机票，原则上不得购买全价机票。对于各航空公司提供的低于政府采购优惠票价的团队价格或促销价格机票，购票人可选择购买，但不再享受政府采购优惠。购票人需要退改签机票的，按照各航空公司的退改签规定办理。

八、举办援外培训班费用开支标准有关规定

文件依据：《财政部关于印发〈举办援外培训班费用开支标准和财务管理办法〉的通知》（财行［2008］2 号）。

培训班开支范围分为培训费、接待费、国际旅费、毕业证书制作费、管理费、税费及经批准的其他支出。

（一）培训费

包括讲课费、翻译费、教材、教学及实验设备、有关资料、场租、当地交通、实习参观、邮电通讯、安保等费用，按培训班人数和时间长短，具体标准详见表 17－7。

（二）接待费

包括学员在中国境内实习参观发生的城市间交通费、日常伙食、住宿、宴请、零用费、部级官员班贵宾室接待费、赠送小礼品及医疗费等费用。

表 17－7 培训费标准 单位：人民币元/人．天

项目 类别	20人以下（含20人）		超过20人以上的部分	
	30天以内（含30天）	30天以上的部分	30天以内（含30天）	30天以上的部分
部级官员班	500	450	450	400
司处级官员班	400	360	360	320
技术班	320	290	290	260

1. 实习参观发生的城市间交通费、部级官员班贵宾室接待费。据实报销。

2. 日常伙食标准（包括酒水、饮料等）。部级班每人每天170元，司处级官员班和技术班每人每天140元。

3. 住宿标准。副部级及以上官员住四星及以上级宾馆单间或套间，每人每天700元以内；司局级及以下官员、专业技术人员住三星及以下级宾馆单间或标准间，每人每天300元以内。承办单位需要定点饭店的，经承办单位和定点饭店协商，培训学员可以入住中央国家机关出差和会议定点饭店，并按招标确定的优惠价格结算。

4. 宴请费（包括酒、饮料等）。同一班次宴请不超过两次。副部级及以上官员出面宴请，每人每次200元；副部级以下官员出面宴请，每人每次150元。中方陪同人员一般不超过学员人数的30%，最多不超过15人。

5. 零用费。副部级及以上官员每人每天100元或一次性发放零用费每人2000元，司局级及以下官员、专业技术人员每人每天80元，直接发给学员本人。

6. 小礼品费。副部级及以上官员每人不超过400元，司局级及以下官员、专业技术人员每人不超过200元。

7. 人身意外伤害保险。每人100元。承办单位必须按本规定为培训学员投保人身意外伤害保险。

8. 医疗费。学员配眼镜、镶牙、美容等项目以外的在中国培训期间患病费用实报实销。

9. 参加培训班的学员在中国境内中转时实际发生的时宿费按上述相应标准执行；境内中转地交通费每人每次200元。

（三）国际旅费

指参加培训班的学员自所在国到达中国培训班举办地的机票款、国际中转费等。参加培训学院的国际旅费应争取国际组织或有关机构赞助，如确实得不到赞助的，我方可提供国际旅费，并实行实报实销的办法。

1. 国际机票款。按最经济国际路线实报实销。副部级及以上官员可乘坐飞机头等舱座位，司局级官员可乘坐飞机公务舱座位，其他官员和技术人员乘坐飞机经济舱座位。

2. 国际中转费。如需经第三国中转，且单程单次中转时间超过 6 小时或单程累计中转停留时间超过 8 小时的，副部级及以上官员每人 300 美元（往返总额，下同），其他级别的学员每人 200 美元。小于以上停留时间的，不发中转费。

（四）毕业证书制作费

统一制作，每本 12 元。

（五）管理费及税费

指为举办、管理培训班而发生的组织管理、营业税等费用。

1. 承办单位组织管理费按照除国际旅费、税费以外的培训费用的 6% 提取。

2. 培训班中方管理人员费用预算可按每 10 名国外学员配备中方管理人员 1 人计算，不够 10 人按 10 人计。中方管理人员食宿标准比照培训班学员标准列入培训班预算。中方管理人员费用预算不作为提取管理费的基数。

3. 涉及缴纳营业税的，以正式税票为依据核销。

（六）其他支出

指除上述开支以外，经财政部批准开支的其他费用。

九、公务员奖励开支标准有关规定

文件依据：《关于印发〈公务员奖励规定（试行）〉的通知》（中组发［2008］2号）。

（一）对公务员、公务员集体的奖励分为：嘉奖、记三等功、记二等功、记一等功、授予荣誉称号。对表现突出的，给予嘉奖；对做出较大贡献的，记三等奖；对做出重大贡献的，记二等功；对做出杰出贡献的，记一等功；对功绩卓著的，授予“人民满意的公务员”、“人民满意的公务员集体”或者“模范公务员”、“模范公务员集体”等荣誉称号。

（二）对获得奖励的公务员，按照规定标准（详见表17－8）给予一次性奖金。其中对获得荣誉称号的公务员，按照有关规定享受省部级以上劳动模范和先进工作者待遇。对受奖励的公务员集体酌情给予一次性奖金，作为工作经费由集体使用，原则上不得向公务员个人发放。

表17－8　　公务员奖金标准

奖励种类	奖金数额（元）
嘉奖	800
记三等功	1500
记二等功	3000
记一等功	6000
授予荣誉称号	10000

十、普通本科高校、高等职业学校国家奖学金、励志奖学金、助学金管理有关规定

文件依据：《财政部、教育部关于印发〈普通本科高校、高等职业学校国家奖学金管理暂行办法〉的通知》（财教［2007］90号）、《财政部、教育部关于印发〈普通本科高校、高等职业学校国家励志奖学金管理暂行办法〉的通知》（财教［2007］91号）、《财政部、教育部关于印发〈普通本科高校、高等职业学校国家助学金管理暂行办法〉的通知》（财教

［2007］92号）。

（一）奖励标准

1. 国家奖学金的奖励标准为每人每年8000元。

2. 国家励志奖学金的奖励标准为每人每年5000元。

3. 国家助学金的平均资助标准为每生每年3000元，具体标准在每生每年2000—4000元范围内确定，可以分为2—3档。中央高校国家助学金分档及具体标准由财政部商有关部门确定，地方高校国家助学金分档及具体标准由各省（自治区、直辖市）确定。

（二）申请与评审

1. 获得国家奖学金的学生为高校在校生中二年级以上（含二年级）的学生。

同一学年内，获得国家奖学金的家庭经济困难学生可以同时申请并获得国家助学金，但不能同时获得国家励志奖学金。

2. 申请国家励志奖学金的学生为高校在校生中二年级以上（含二年级）的学生。

同一学年内，申请国家励志奖学金的学生可以同时申请并获得国家助学金，但不能同时获得国家奖学金。

试行免费教育的教育部直属师范院校师范类专业学生不再同时获得国家励志奖学金。

3. 国家助学金用于资助高校全日制本专科（含高职、第二学士学位）在校生中的家庭经济困难学生。

在同一学年内，申请并获得国家助学金的学生，可同时申请并获得国家奖学金或国家励志奖学金。

试行免费教育的教育部直属师范院校师范类专业学生，不再同时获得国家助学金。

十一、普通高中国家助学金管理有关规定

文件依据：《关于建立普通高中家庭经济困难学生国家资助制度的意

见》（财教［2010］356号）、《财政部、教育部关于印发〈普通高中国家助学金管理暂行办法〉的通知》（财教［2010］461号）等。

（一）奖励标准。普通高中国家助学金平均资助标准为每生每年1500元，用于资助家庭经济困难学生的学习和生活费用开支，具体标准由各地结合实际在1000—3000元范围内确定，可以分为2—3档。

（二）基本申请条件。热爱祖国，拥护中国共产党的领导；遵守宪法和法律，遵守学校规章制度；诚实守信，道德品质优良；勤奋学习，积极上进；家庭经济困难，生活俭朴。

（三）各普通高中要根据本办法和各地制定的国家助学金实施细则，结合家庭经济困难学生等级认定情况，于每年9月30日前受理学生申请，并按照公开、公平、公正的原则，对学生提交的《普通高中国家助学金申请表》及相关材料，组织由学校领导、班主任和学生代表组成的评审小组进行认真评审，并在学校内进行不少于5个工作日的公示。公示无异议后，即可发放国家助学金。每年11月15日前，各普通高中将当年国家助学金政策的落实情况报同级教育、财政部门备案。

（四）各普通高中要把资助家庭经济困难学生作为一项重要的工作任务，实行校长负责制，指定专门机构，确定专职人员，具体负责此项工作。学校要制定国家助学金具体实施办法，要为每位受助学生分别办理银行储蓄卡，直接将国家助学金发放到受助学生手中，一律不得以实物或服务等形式，抵顶或扣减国家助学金。为学生办理银行储蓄卡，不得向学生收取卡费或押金等费用，也不得从学生享受的国家助学金中抵扣。

（五）普通高中要从事业收入中足额提取3%—5%的经费，用于减免学费、设立校内奖助学金和特殊困难补助等支出。中央部门所属普通高中提取的具体比例由财政部商中央主管部门确定，地方所属普通高中提取的具体比例由各省（自治区、直辖市）确定。

十二、中央级普通高校捐赠收入财政配比资金管理有关规定

文件依据：《财政部、教育部关于印发〈中央级普通高校捐赠收入财政配比资金管理暂行办法〉的通知》（财教［2009］275号）。

（一）适用范围。中央级普通高等学校，不包括独立学院、继续教育学院等。

（二）配比资金的安排。采取“年度总量控制，高校分年申请，逐校核定”的方式。中央财政根据财力状况等因素，确定年度配比资金总额度。各高校对上年接受的捐赠收入情况，按规定提出配比资金申请，报经主管部门审核汇总后，报送财政部，并抄送教育部、中国教育发展基金会。财政部会同教育部根据主管部门提出的配比资金申请，对符合规定条件的捐赠收入总额采取分档按比例核定的方式，并综合考虑高校地理位置、财力状况等因素，逐校确定配比资金数额，按部门预算管理程序拨付资金。各高校所获配比资金实行上限控制。配比资金适当向财力薄弱高校倾斜。

（三）捐赠收入的认定。指高校上年度通过基金会接受的实际到账的货币资金。高校接受的仪器设备、建筑物、书画等实物捐赠，未变现股票、股权，以及长期设立的奖学金、基金运作利息等投资收入，均不包括在内。为方便管理，只对高校申报的货币资金单笔捐赠额在 10 万元以上（含 10 万元）的项目实行配比，不足 10 万元的项目不予配比。此外，还须同时符合以下条件：捐赠收入来源必须合法，必须有利于高校的长远发展且不附带任何政治目的及其他意识形态倾向；申请配比资金的项目必须具有真实的捐赠资金来源、数额及用途，具有明确的项目名称。

十三、研究生国家奖学金、学业奖学金、国家助学金管理有关规定

文件依据：《财政部、教育部关于印发〈研究生国家奖学金管理暂行办法〉的通知》（财教［2012］342 号）、《财政部、教育部关于印发〈研究生学业奖学金管理暂行办法〉的通知》（财教［2013］219 号）、《财政部、教育部关于印发〈研究生国家助学金管理暂行办法〉的通知》（财教［2013］220 号）。

（一）奖励标准

1. 研究生国家奖学金标准：博士研究生为每生每年 3 万元；硕士研究

生为每生每年2万元。

2. 研究生学业奖学金标准：不得超过同阶段研究生国家奖学金标准的60%。中央财政对中央高校研究生学业奖学金所需资金，按照博士研究生每生每年10000元、硕士研究生每生每年8000元的标准以及在校生人数的一定比例给予支持。

3. 研究生国家助学金标准：中央部门所属高校博士研究生资助标准为每生每年12000元，硕士研究生资助标准为每生每年6000元。

（二）基本申请条件

1. 研究生国家奖学金。热爱社会主义祖国，拥护中国共产党的领导；遵守宪法和法律，遵守高等学校规章制度；诚实守信，道德品质优良；学习成绩优异，科研能力显著，发展潜力突出。

2. 研究生学业奖学金。热爱社会主义祖国，拥护中国共产党的领导；遵守宪法和法律，遵守高等学校规章制度；诚实守信，品学兼优；积极参与科学研究和社会实践。

3. 研究生国家助学金。全国普通高等学校纳入全国研究生招生计划的所有全日制研究生（有固定工资收入的除外），须具有中华人民共和国国籍。

（三）评审规定

1. 研究生国家奖学金

硕博连读研究生在注册为博士研究生之前，或通过攻读博士学位资格考试前，按照硕士研究生身份申请国家奖学金；注册为博士研究生后，或已经通过攻读博士学位资格考试后，按照博士研究生身份申请国家奖学金。直博生和招生简章中注明不授予中间学位的本硕博、硕博连读学生，根据当年所修课程的层次阶段确定身份参与国家奖学金的评定。在选修硕士课程阶段按照硕士研究生身份参与评定；进入选修博士研究生课程阶段按照博士研究生身份参与评定。

高等学校应建立健全与研究生规模和现有管理机构设置相适应的研究生国家奖学金评审组织机制。高等学校应成立研究生国家奖学金评审领导小组，由校主管领导、相关职能部门负责人、研究生导师代表等组成。评审领导小组负责按照本办法有关规定制定本校研究生国家奖学金评审实施细则；制定名额分配方案；统筹领导、协调、监督本校评审工作；裁决学生对评审结果的申诉；指定有关部门统一保存本校的国家奖学金评审资料。高等学校下设的基层单位（院、系、所，下同）应成立研究生国家奖学金评审委员会，由基层单位主要领导任主任委员，研究生导师、行政管理人员、学生代表任委员，负责本单位研究生国家奖学金的申请组织、初步评审等工作。

2. 研究生学业奖学金

直博生和招生简章中注明不授予中间学位的本硕博、硕博连读学生，根据当年所修课程的层次阶段确定身份参与学业奖学金的评定。在选修硕士课程阶段按照硕士研究生身份参与评定，进入选修博士研究生课程阶段按照博士研究生身份参与评定。获得研究生学业奖学金奖励的研究生，可以同时获得研究生国家奖学金、研究生国家助学金等其他研究生国家奖助政策以及校内其他研究生奖助政策资助。

中央高校应建立健全与本校研究生规模和管理机构相适应的研究生学业奖学金评审机制。中央高校应成立研究生学业奖学金评审领导小组，由校主管领导、相关职能部门负责人、研究生导师代表等组成。评审领导小组按照本办法有关规定，负责制定本校研究生学业奖学金评审实施细则，制定名额分配方案，统筹领导、协调和监督本校评审工作，并裁决有关申诉事项。中央高校下设的基层单位应成立研究生学业奖学金评审委员会，由基层单位主要领导任主任委员，研究生导师、行政管理人员、学生代表任委员，负责本单位研究生学业奖学金的申请组织、初步评审等工作。

3. 研究生国家助学金

直博生和招生简章中注明不授予中间学位的本硕博、硕博连读学生，根据当年所修课程的层次阶段确定身份参与国家助学金的发放。在选修硕士课程阶段按照硕士研究生身份发放国家助学金；进入选修博士研究生课程阶段按照博士研究生身份发放国家助学金。

全国学生资助管理中心根据各省（自治区、直辖市、计划单列市）所属高校符合研究生国家助学金资助条件的在校学生人数，编制研究生国家助学金名额和预算分配建议方案，报财政部、教育部审定。

十四、财政性投资评审费用及委托代理业务补助费付费管理有关规定

文件依据：《财政部关于印发〈财政性投资评审费用及委托代理业务补助费付费管理暂行办法〉的通知》（财建［2001］512号）。

（一）付费范围

1. 财政部委托的财政性投资项目工程概算、预算、竣工决（结）算评审费用。

2. 财政性投资项目资金、财政性专项支出资金的专项检查费用、追踪问效费用。

3. 项目库管理及后评价费用。

4. 委托部投资评审中心进行的财政投资政策研究和专项课题研究费用支出。

5. 委托中国建设银行代理业务的委托代理业务补助费支出。

（二）付费额的确定

1. 投资评审付费额的确定

投资评审付费额一般考虑实际评审投资额、基本付费率、难度系数、特殊要求补助费，计算公式为：

投资评审付费额 = 基本付费额 ×（1 + 难度系数）+ 特殊要求补助费

（1）基本付费额按财政性投资项目工程概算、预算、竣工决（结）算全过程全额核定；委托同一评审机构进行项目概算、预算、决（结）算全过程委托评审或对同一项目分阶段委托同一评审机构评审的，三个阶段的付费比例分别按全过程付费额的30%、30%、40%拨付；对项目概算、预算、决（结）算分别委托不同评审机构进行评审或只对某一单项委托评审的，委托评审付费分别按全过程委托评审付费额的40%、50%、60%拨付，但同一项目概、预、决算单项委托评审付费比例之和不超过100%。

基本付费额按财政部确认的实际评审投资额分段累进计算，计算公式为：基本付费额 =Σ 实际评审投资额（分段金额）×基本付费率，具体如下：

①评审项目投资额在 3000 万元（含）以下，投资评审基本付费额按实际投资额的 3‰计算确定；单项委托评审的费用额在 2.5 万元以下，按 2.5 万元核拨评审费。

②评审项目投资额在 3000 万元至 5000 万元（含），投资评审基本付费额按投资额的 2‰计算确定。

③评审项目投资额在 5000 万元至 1 亿元（含），投资评审基本付费额按投资额的 1.5‰计算确定。

④评审项目投资额在 1 亿元以上至 50 亿元（含），投资评审基本付费额按投资额的 1‰计算确定。

⑤评审项目投资额在 50 亿元以上，投资评审基本付费额按投资额的 0.5‰计算确定。

（2）难度系数按委托评审项目的难易程度确定，由财政部与委托评审单位在签订委托协议（合同）时，根据实际情况确定。难度系数控制在 0.3 以内，具体分类如下：

①特殊环境（包括特殊地质、地形、气候、生活条件、污染等）难度系数为 0.1；

②项目跨省、自治区、直辖市难度系数为 0.1；

③项目跨多个行业，且涉及多个专业，难度系数为 0.1。

（3）财政部委托项目时，如有时效性等特殊要求，特殊要求补助费按项目基本付费额的 10% 计算确定。

2. 对建设项目年度财务决算的委托代理业务补助费，按截止年度累计投资额的 1‰或截止年度资产额的 1‰核定。

3. 有关专项委托付费，按实际发生的人员工资、差旅费、办公费、公杂费等费用并考虑一定比例的利润额核定，由财政部经济建设司办理委托业务时确定。

对以上投资额无法明确或用投资额计算付费比较困难的委托任务，可按工作量计算付费额。

（三）预付款的规定

财政部根据委托业务协议（合同），结合业务的进展情况，可预付评审费用及委托代理业务补助费，预付金额最多不超过协议金额的50%，待评审报告批复后，再办理评审费用及委托代理业务补助费的结算。

十五、基本建设贷款中央财政贴息资金管理有关规定

文件依据：《关于印发〈基本建设贷款中央财政贴息资金管理办法〉的通知》（财建［2012］95号）。

（一）适用范围

基本建设项目原则上为基本建设贷款安排的中央级大中型在建项目，以及经国务院批准设立的国家级高新技术产业开发区内的基础设施项目。基本建设贷款是指各类银行提供的符合本办法规定的贴息范围的基本建设项目贷款，其中国家级高新技术产业开发区内的基础设施项目贷款还包括中长期债券资金（包括地方政府债券、企业债、公司债、中期票据等）用于基础设施建设的部分。

（二）贴息标准

财政部根据年度贴息资金预算控制指标和当年贴息资金申报情况等因素确定贴息率（国务院有明确规定的项目除外），原则上不高于3%。

（三）贴息周期

2014年起，贴息周期均为前年12月21日至上年12月20日。

十六、党政机关办公用房建设标准有关规定

文件依据：《中共中央办公厅、国务院办公厅关于党政机关停止新建楼堂馆所和清理办公用房的通知》（中办发［2013］17号）、《中共中央办

公厅、国务院办公厅关于进一步严格控制党政机关办公楼等楼堂馆所建设问题的通知》（中办发［2007］11 号）、《国家计委关于印发〈党政机关办公用房建设标准〉的通知》（计投资［1999］2250 号）。

（一）全面停止新建党政机关楼堂馆所

自 2013 年 7 月起，5 年内各级党政机关一律不得以任何形式和理由新建楼堂馆所。停止新建、扩建楼堂馆所；停止迁建、购置楼堂馆所；严禁以“学院”、“中心”等名义建设楼堂馆所；已批准但尚未开工建设的楼堂馆所项目，一律停建。

（二）严格控制办公用房维修改造项目

办公用房因使用时间较长、设施设备老化、功能不全、存在安全隐患，不能满足办公要求的，可进行维修改造。维修改造项目要以消除安全隐患、恢复和完善使用功能为重点，严格履行审批程序，严格执行维修改造标准，严禁豪华装修。中央直属机关办公用房维修改造项目，由中直管理局审批。国务院各部门办公用房维修改造项目，由国管局审批。党政机关办公用房维修改造项目所需投资，统一纳入预算安排财政资金解决，未经审批的项目，不得安排预算。各级党政机关不得以任何理由安排财政资金用于包括培训中心在内的各类具有住宿、会议、餐饮等接待功能的设施或场所的维修改造。

（三）全面清理党政机关和领导干部办公用房

超过《党政机关办公用房建设标准》（计投资［1999］2250 号）规定的面积标准占有、使用办公用房的，应予以腾退。

（四）建设等级与面积指标

1. 党政机关办公用房建设等级分为三级：

一级办公用房，适用于中央部（委）级机关、省（自治区、直辖市）级机关，以及相当于该级别的其他机关。

二级办公用房，适用于市（地、州、盟）级机关，以及相当于该级别的其他机关。

三级办公用房，适用于县（市、旗）级机关，以及相当于该级别的其他机关。

2. 党政机关办公用房包括：办公室用房、公共服务用房、设备用房和附属用房。各类用房的内容如下：

（1）办公室用房，包括一般工作人员办公室和领导人员办公室。

（2）公共服务用房，包括会议室、接待室、档案室、文印室、资料室、收发室、计算机房、储藏室、卫生间、公勤人员用房、警卫用房等。

（3）设备用房，包括变配电室、水泵房、水箱间、锅炉房、电梯机房、制冷机房、通信机房等。

（4）附属用房，包括食堂、汽车库、人防设施、消防设施等。

除上述四类用房之外的特殊业务用房，需要单独审批和核定标准。

3. 各级党政机关办公用房人均建筑面积指标应按下列规定执行：

一级办公用房，编制定员每人平均建筑面积为26—30平方米，使用面积为16—19平方米；编制定员超过400人时，应取下限。

二级办公用房，编制定员每人平均建筑面积为20—24平方米，使用面积为12—15平方米；编制定员超过200人时，应取下限。

三级办公用房，编制定员每人平均建筑面积为16—18平方米，使用面积为10—12平方米；编制定员超过100人时，应取下限。

寒冷地区办公用房、高层建筑办公用房的人均面积指标可采用使用面积指标控制。

4. 各级工作人员办公室的使用面积，不应超过下列规定：

（1）中央机关。

正部级：每人使用面积54平方米。

副部级：每人使用面积42平方米。

正司（局）级：每人使用面积24平方米。

副司（局）级：每人使用面积18平方米。

处级：每人使用面积9平方米。

处级以下：每人使用面积6平方米。

（2）地方机关。

①省级及直属机关。

省（自治区、直辖市）级正职：每人使用面积 54 平方米。

省（自治区、直辖市）级副职：每人使用面积 42 平方米。

直属机关正厅（局）级：每人使用面积 24 平方米。

副厅（局）级：每人使用面积 18 平方米。

处级：每人使用面积 12 平方米。

处级以下：每人使用面积 6 平方米。

②市（地、州、盟）级及直属机关。

市（地、州、盟）级正职：每人使用面积 32 平方米。

市（地、州、盟）级副职：每人使用面积 18 平方米。

直属机关局（处）级：每人使用面积 12 平方米。

局（处）级以下：每人使用面积 6 平方米。

③县（市、旗）级及直属机关。

县（市、旗）级正职：每人使用面积 20 平方米。

县（市、旗）级副职：每人使用面积 12 平方米。

直属机关科级：每人使用面积 9 平方米。

科级以下：每人使用面积 6 平方米。

（五）建筑标准

1. 各级政府机关办公用房建筑应合理确定门厅、走廊、电梯厅等面积，提高使用面积系数。办公用房建筑总使用面积系数，多层建筑不应低于 60%，高层建筑不应低于 57%。

2. 各级党政机关一般工作人员办公室宜采用大开间，提高办公室利用率；需设置分隔单间办公室的，标准单间办公室使用面积以 12—18 平方米为宜。

3. 各级党政机关办公用房的会议室宜以中、小会议室为主，小会议室宜采用 1—2 个标准间，中会议室宜采用 3—4 个标准间。大会议室应根据编制定员人数并结合机关内部活动需要设置。

4. 各级党政机关办公用房宜建多层；一级、二级办公用房根据城市规划的要注可建高层。

5. 多层办公建筑标准层层高不超过3.3米，高层办公建筑标准层层高不宜超过3.6米；室内净高不应低于2.5米。

6. 各级党政机关办公用房建筑耐久年限不应低于二级（50—100年）；建筑安全等级不应低于二级。

（六）工程造价标准

党政机关办公楼单位综合造价（不含土地有关费用及市政配套建设费），省（部）级不得超过4000元/平方米，市（地）级不得超过3000元/平方米，县（处）级及以下单位不得超过2500元/平方米。

（七）装修标准

各级党政机关办公用房的内部装修费用占建安工程造价的比例，应按下列数值控制：

砖混结构建筑：不应超过35%；

框架结构建筑：不应超过25%。

表17-9　党政机关办公用房建筑装修标准

部位＼等级		一级办公用房	二级办公用房	三级办公用房
一般办公室、会议室、走廊、楼梯等	地面	普通、中级装修	普通装修	普通装修
	内墙面	普通、中级装修	普通装修	普通装修
	天棚	普通、中级装修	普通装修	普通装修
领导办公室、重要会议室、门厅、电梯厅等重要部位	地面	中、高级装修	中级装修	中级装修
	内墙面	中、高级装修	中级装修	中级装修
	天棚	中、高级装修	中级装修	中级装修
外墙		中级装修	普通装修	普通装修
卫生间	地面	中级装修	中级装修	普通装修
	内墙面	中级装修	中级装修	普通装修
	天棚	中级装修	中级装修	普通装修
	设备	大便器、小便斗、洗手台、壁镜、洗污池	大便器、小便斗、洗手台、壁镜、洗污池	大便器、小便斗、洗手台、壁镜、洗污池

表 17－10　　建筑装修材料选用举例

部位＼等级	高级装修	中级装修	普通装修
外墙	中高级釉面砖、人造石村等	装饰混凝土喷涂、墙面砖、水刷石、玻璃马赛克等	水性涂料、清水墙水泥砂浆勾缝等
内墙	装饰板、墙纸、墙布、釉面砖、油漆、乳胶漆、胶合板、中高密板等	乳胶漆、塑料扣板等	涂料、石灰浆、白粉浆等
墙裙	胶合板、高级釉面砖、装饰板、人造石材等	中级釉面砖、瓷砖、水磨石、塑料地板等	普通釉面砖、水泥砂浆、提浆抹面、局部水磨石等
地面	人造石材、高级地砖等	中级地砖、水磨石、马赛克、塑料地板等	水泥地坪、局部水磨石、普通地砖等
天棚	胶合板、装饰板、墙纸墙布、油漆、乳胶漆、管线暗装等	塑料扣板、石膏线条、乳胶漆、管线暗装等	水性涂料、石灰浆、白粉浆等
门窗	铝合金及彩板门窗、铝合金中空玻璃窗、双面包镶门、特殊要求制作的门等	单层玻璃铝金窗、塑钢门窗、镶板门等	木质及塑钢门窗、钢门窗、拼板门、胶合板纤维板门等

第十八章　部门预算管理经验交流

第一节　教育部部门预算管理经验交流

近年来，特别是《国家中长期教育改革和发展规划纲要（2010—2020年）》颁布实施以来，全国财政教育投入大幅度增加。2012年，全国财政性教育经费支出达到2.2万亿元，如期实现了财政性教育经费占国内生产总值比例达到4%的目标。这是我国教育事业发展史上的重要里程碑，为教育事业快速发展打下了坚实的物质基础。在实现4%目标的大背景下，为加快推进教育治理体系和治理能力现代化，努力办好人民满意的教育，教育部紧紧围绕“立德树人”的根本任务，统筹兼顾，突出重点，狠抓落实，通过强化部门预算管理，在经费筹措、使用和管理方面取得了一定成绩。

一、部门预算的总体情况

（一）预算单位多

教育部所属预算单位包括部机关、75所直属高校和35家直属事业单位（其中，6家为科学事业单位，还有部分社团组织）。预算单位类型不同，部门预算编制和管理的要求也不一样。

（二）资金规模大

2014 年，教育部收支总预算 2777 亿元。在收入预算中，财政拨款 1016 亿元，占 36.59%；事业收入 929 亿元，占 33.45%；其他收入 298 亿元，占 10.73%；用事业基金弥补收支差额 22 亿元，占 0.80%；下级单位上缴收入 7 亿元，占 0.25%；事业单位经营收入 6 亿元，占 0.21%；上年结转 499 亿元，占 17.97%。财政拨款是教育部收入预算的第一大来源。

（三）收入来源多样化

教育部部门预算总收入中，收入来源呈多样化。除了财政拨款外，非财政拨款收入占总收入比例达到 63.41%，尤其是事业收入和其他收入所占比重较大。通过不同来源渠道取得的资金，部门预算编制和管理要求不尽相同。因此，规范非财政拨款收入管理也成为教育部预算管理的一项重要工作。

二、部门预算管理与改革的主要做法

近年来，教育部部门预算管理与改革工作不断深化，部门预算编制方法、编报程序、资金结构不断优化，财政资金使用效益不断提高。

（一）统筹规划，科学合理编制预算

1. 规范预算编制。预算编制是预算执行的基础。近年来，教育部不断规范部门预算编制工作：一是增强部门预算编制的准确性，特别是对于项目经费安排，充分论证，严格把关。二是不断提高预算年初到位率，减少执行中追加预算。2013 年，教育部部门预算年初到位率达到 94%。三是提前细化项目预算，减少打捆项目和代编预算。2013 年部门预算中，延续项目预算全部在“二上”时细化到基层单位和项目，为预算执行提供了更充足的时间保障。

2. 优化资金结构。长期以来，教育部直属高校财务工作中，经费结转金额较大和经费短缺矛盾并存，主要表现是：一方面，项目经费结转较

大，影响预算执行进度和经费使用效益；另一方面，人员经费、公用经费等基本支出运行经费缺口很大。针对这一现象，教育部不断强化工作，优化支出结构、盘活存量资金。在部门预算编制中，不断优化经费支出结构，基本支出占比不断提高，增强学校财务自主权。教育部近几年的预算执行率都保持在98%以上，大大提高了资金使用效益。2013年，学校可以自主安排使用的基本支出比重达到65%，比2009年的48%提高了17个百分点。若加上学生奖助学金、师范生免费教育补助、新一轮“985工程”、捐赠配比、自主科研经费等在规定范围内自主使用的专项资金，学校自主使用经费实际占比已达80%，既有效缓解了高校运转经费紧张的局面，又加快了预算执行，取得了促进高校事业发展和提高经费使用效益“双赢”的良好效果。

3. 强化预算审核。教育部一直非常重视部门预算编制和预算审核上报工作。一是根据财政部关于部门预算编制的总体部署和要求，结合教育部预算工作实际，组织人员编写《教育部部门预算填报口径》，从部门预算编制的总体要求、编制内容、审核要点、勾稽关系等方面进行全面规范，并随同部门预算编制文件一并印发各预算单位。二是根据预算单位的不同类型，分别召开部门预算编制部署和培训会议，传达财政部关于部门预算编制的总体要求，并针对预算单位在以往部门预算编制中存在的重大共性问题提出工作要求。三是将基层预算单位划分为七个小组（采用“轮流坐庄”的办法确定牵头单位），以小组为单位组织对部门预算进行初审，重点审核预算报表的真实性、准确性、完整性。四是组织财务专家对部门预算进行总会审，重点审核部门预算编制的科学性、合理性和可行性。通过强化部门预算编报审核的过程，一方面，提高了教育部部门预算编制的质量；另一方面，提高了基层预算单位部门预算编制人员的水平，锻炼了队伍。

（二）狠抓落实，完善预算执行工作机制

教育部党组高度重视预算执行工作，将预算执行作为预算管理的一项重点任务。袁贵仁部长批示指出，要严格预算执行，不断增强高校执行预算的法律意识以及制定预算的科学意识。教育部逐步建立了以高校预算执

行月度报告、通报、约谈、专项督查、预算执行与预算安排挂钩、预算执行奖励等制度为核心的预算执行长效机制，有力地促进了预算执行工作，减少了财政存量资金，提高了资金使用效益。

1. 建立了预算执行月度报告制度。教育部要求直属高校每月 3 日前将重大项目预算执行进度情况报告教育部，加大对重大项目预算执行的监管。教育部根据各校月报情况，对项目实施进度迟缓、预算执行偏慢的项目，及时提出改进要求。对预算执行条件发生变化、确实难以完成预算的项目支出，教育部及时协商相关高校按规定程序予以调整。

2. 完善了预算执行通报制度。从每年 1 月份开始，教育部就将直属高校每月预算执行情况，分为基本支出、项目支出，按进度快慢排序后在所有高校中予以通报。各高校对此十分重视。特别是排名靠后的高校，能够对照执行好的高校找差距，分析原因，采取措施加快执行进度。2014 年，为进一步做好预算执行工作，启动了对直属事业单位和部内司局预算执行通报制度，有力地促进了预算执行工作。

3. 建立了预算执行约谈制度。教育部抓住预算执行关键节点，对每年 6 月、9 月预算执行进度低于序时进度的高校，由教育部财务司负责同志出面约谈学校主管财务的副校长或总会计师，要求制定加快预算执行进度的倒计时时间表、路线图，落实责任人。

4. 建立预算执行部内协调机制。近两年，教育部建立了预算执行部内协调机制，改变了过去只由财务司、司内只由预算处抓预算执行的做法，建立了财务司预算处牵头、各经费管理单位和司内处室参与、分工协调抓预算执行的工作机制。这一机制调动了部内司局和财务司各处室积极性，强化了各职能单位“重预算分配、更重预算执行”的理念，起到了立竿见影的成效。

（三）建章立制，强化预算资金使用和管理

近几年，围绕党中央、国务院和有关部门出台的有关文件和财政部关于部门预算管理的要求，教育部出台实施了一系列制度规定，预算制度化建设工作得到加强。

1. 出台预算管理制度。为进一步提高预算编制的科学性、规范性，保

证预算资金合理、合规使用，教育部研究制定了《教育部本级预算管理工作规程》，从预算编制、预算执行、预算调整、结转结余、管理职责等方面进行了明确规定，厘清了职责边界、任务分工、工作要求，推进了预算工作的科学、规范、透明和高效。

2013 年以来，教育部根据中央有关规定，制定了有关厉行节约、反对浪费的办法，主要有《教育部落实中央“八项规定”20 项具体要求》、《教育部机关出国（境）经费管理办法》、《教育部工作会议管理办法》和《教育部机关公务接待费管理办法》，并要求部机关、各直属高校和事业单位不折不扣执行。

2. 严格控制预算支出范围和标准。在预算编制、执行过程中，教育部严格执行国家有关预算支出标准，超范围、超标准的预算一律不准开支。同时，逐步完善内部经费开支标准依据，制定实施了《香港与内地高等学校师生交流计划项目经费管理暂行办法》、《教育研究课题经费管理办法》等一系列管理办法，从预算管理、核算管理、决算管理、结转结余资金管理、资产管理、监督检查和绩效考核等方面进行全面规范，做到开支标准有依据。

3. 完善教育财务制度体系建设。教育部历来高度重视制度建设，坚持用制度管人管钱管事。配合财政部修订颁布了新的中小学校和高校财务会计制度，规范了学校财务会计行为，完善了学校财务管理的基础制度。印发了《教育部直属高等学校、直属单位国有资产管理工作规程（暂行）》、《教育部关于实施行政事业单位内部控制规范的指导意见》等制度。

4. 加强专业化队伍建设。2012 年、2013 年，教育部两次面向海内外公开选拔直属高校总会计师，向山东大学等 16 所直属高校委派总会计师，提升财务管理专业化水平。同时，制定了《全国教育系统财务管理干部培训实施方案（2014—2017 年）》，计划用 4 年时间，将教育系统全体财务、审计、资产人员轮训一遍，不断提高教育财务队伍的整体水平。

（四）加强宣传，积极稳妥推进预算公开

近几年，教育部高度重视预算公开工作，部领导先后做出了一系列决策和部署，财务司认真贯彻落实，扎实推进各项预算公开工作，取得了良

好的效果。

1. 做好部本级预算公开工作。按照财政部要求，教育部每年按期向社会公开部门预算，详细解释部门职能、预算单位构成、经费规模和使用方向，实事求是地向社会公开账本，有详实的数据、说明和解释。在公开过程中，教育部指定专人监控舆情，及时解疑释惑，妥善回应。

2. 规范直属高校预算公开工作。按照《中华人民共和国政府信息公开条例》和《高等学校信息公开办法》的要求，教育部先后印发了《教育部关于做好高等学校财务信息公开工作的通知》和《教育部关于进一步做好高等学校财务信息公开工作的通知》，对直属高校做好财务信息公开工作进行部署，对各高校预算、决算公开的内容、公开的方式、组织领导、舆情应对等提出了具体要求。2013 年，教育部直属高校按期公开了 2013 年部门预算、决算信息 ，并公开至“项级”科目。这是我国高校第一次以规范的方式公开预决算信息，对于保障教育经费的分配、使用和管理都在“阳光下运行”、把权力关进制度的笼子里具有重要意义。

三、下一步工作思路

随着现代财政制度的建立和完善，对预算管理工作的科学性、规范性和准确性都提出了更高的要求。教育部拟从以下几个方面加强和规范预算管理工作。

（一）牢固树立过紧日子的思想

教育部将切实贯彻落实《十八届中央政治局关于改进工作作风、密切联系群众的八项规定》、国务院“约法三章”要求和教育部“二十条意见”，认真抓好有关因公出国（境）、差旅、会议、培训、公务用车、公务接待、办公用房、政府采购、国库集中支付、资产管理等各项规章制度的执行与落实工作，严格控制节会、庆典、论坛、博览会、展会、运动会、赛会等活动开支，秉承“勤俭办一切事业”的理念，遵循厉行节约、务实高效的原则，规范经费、资产和服务等各项管理工作。

（二）进一步规范项目预算编制工作

为提高教育部项目预算编制的科学性和完整性，教育部正在研究改进项目预算管理方式，通过优化申报程序，建立项目分级管理机制，完善项目库的衔接，改进项目审核方式，使项目管理从申报、审核、批复、使用和监督等过程有序运行。

（三）进一步做好预算执行工作

通过多年不懈的努力，教育部结转结余资金总量呈逐年下降态势。2013 年，教育部当年财政拨款结转结余资金占当年财政拨款的比重为 6.38%，与 2004 年的 45.54% 相比，下降了 39.16 个百分点。但是，结转结余资金的绝对数还较大。教育部将进一步挖掘潜力，继续做好结转结余资金消化工作。

（四）做好政府购买服务工作

教育服务是政府购买服务的主要领域之一。以财政支持为杠杆，引入竞争机制，整合社会资源，激发社会活力，让有限的财政资金发挥更大的作用，从而探索出一条支持教育改革发展的新路子，既是财政改革的重要内容，也是教育改革的重要内容。对于转变教育管理职能、充分发挥社会组织和人民团体在教育管理和服务中的作用、改善教育服务的质量和效率、满足社会公众对“更好的教育”的期盼，必将会产生积极的促进作用。教育部将按照财政部的部署，认真做好各项工作。

（五）做好预算绩效管理工作

教育部按照部领导关于“建立健全绩效评价体系，坚持‘用钱必问效、无效必问责’，将筹好、用好、管好教育经费作为一个整体来考虑，更加重视宏观、整体的绩效评价，更加重视评价结果的运用，将其作为经费安排的重要依据，引导学校合理定位、科学发展”的要求，开展了一系列预算绩效评价工作。今后，将进一步研究和改进预算绩效评价工作，总结绩效评价试点工作经验，不断完善绩效评价方式方法，逐步建立符合教育行业特点、适应现代财政预算管理要求的教育项目绩效评价体系。

第二节　公安部部门预算管理经验交流

公安部是国务院主管全国公安工作的职能部门，是全国公安机关的领导和指挥机关。公安部机关内设经侦、治安、刑侦等25个局级单位，公安部部门预算有41个二级预算单位、50个三级预算单位组成，在职人数超过2.2万名。

公安部特殊的工作性质和较大的干部队伍决定了公安部预算具有以下四个特点：一是涉及面广，在预算工作中，部机关各内设单位和直属二级预算单位都直接面对公安部装备财务局，部门预算管理面广量大。二是情况复杂，公安部二级预算单位涵盖公安、教育、科学技术等多种经费渠道，单位性质有行政单位、参照公务员法管理事业单位、财政补助事业单位和自收自支事业单位。三是不可预测程度高。近年来我国应急突发事件增多，公安机关处置公共安全事件、应急突发事件、以及自然灾害等临时性任务已成常态，有关经费支出在编制部门预算时难以预测。四是编报责任大。公安部既面临着国家财政形势较紧张与提高公安机关战斗力水平需要做好经费保障工作的矛盾，又面临着领导的高要求与预算编报工作量大、预算编制工作人员较少的矛盾，稍有疏忽，就将对各方面的工作带来不可低估的影响。

一、部门预算管理的主要做法

近年来，为适应社会主义市场经济体制下政府职能转变和建立公共财政框架体系的需要，按照财政部的要求，公安部全面推进了以部门预算为核心的预算管理体制改革，初步实现了预算编制科学化、执行管理规范化、资金使用绩效化的目标。

（一）加强工作推动，强化预算意识

一方面，公安部近年来面临的工作形势严峻，突发事件多、应急事件

多、不可预测任务多，为预算管理工作增加了新的难度；另一方面，一些单位也存在着预算约束意识不强、财经法纪观念不够、资金使用随意性大等问题。上述两方面问题交织在一起，给公安部的预算管理工作带来了极大挑战。

针对上述问题，公安部党委将加强预算管理作为贯彻中央“八项规定”和《党政机关厉行节约反对浪费条例》等一系列精神的重要抓手。郭声琨部长和公安部党委多次研究预算工作，杨焕宁常务副部长多次批示要求各单位强化预算意识，加强预算管理。公安部装备财务局积极履行职责，采取措施，逐步加大预算管理工作力度。自 2013 年以来，公安部装备财务局先后组织召开了 6 次预决算管理工作会议和 7 期预算管理制度、财务信息化平台和行业会计制度培训班，请所有二级、三级预算单位和部机关各局的主管领导和有关财务人员参加，提高了各预算单位领导和广大财务干部的预算约束意识、勤俭节约意识和成本绩效意识。

（二）坚持“三个服务”，确保工作需要

十八大以来，公安部的预算管理工作牢牢把握管理与服务并重的工作方针，始终坚持“三个服务”，为公安工作提供了坚强的保障支撑。一是坚持服务公安中心工作，即预算编制的重点是提高公安中心工作的保障水平，在预算编制工作中，始终紧紧围绕公安部党委的中心工作、重点工作和重大战略部署进行，做到保障到位。二是坚持服务公安业务需求，即在预算编制过程中，预算编制部门通过与各单位共同研究、充分沟通，力求使各单位的预算编制充分反映其主要业务工作需求，确保有限的资金用在“刀刃”上。三是坚持服务公安事业长远发展，即预算编制的目标要着眼于公安事业的长远发展，对符合公安事业发展规划目标的经费需求给予优先安排和重点保障。

在预算编制工作中，公安部积极引导各单位制定长远发展规划、分阶段实施计划和年度工作目标，统筹预算资源、政策资源及业务资源，基本实现了长期目标与短期目标相统一、发展规划与年度计划相衔接。通过“三个服务”，实现了预算编制与公安保卫工作的紧密结合，确保了经费随着警情走。

（三）完成项目库建设，科学编制预算

公安部预算每年约有500多个项目，项目经费总额达到40余亿元。以往在年度预算编制中，由于没有相应的技术手段支持，出现个别拍脑袋项目、拼凑项目和重复建设项目等现象，造成预算编报质量不高、绩效水平不符所期等一系列问题。为了提高项目质量，确保最重要、最急需、最迫切的项目能优先安排，为实现项目预算滚动管理打下基础，公安部于2009年开始着手项目库建设。当时，采取的是计算机目录统计与纸质报表相结合的项目预算管理方式。该方式试行三年多来，工作量大、必要的功能欠缺、以及项目管理不到位等问题日益突出，严重制约了预算编制水平的提高。为提高工作效率，实现项目预算编制的科学合理，2012年开始下决心开展全面的项目库建设，重点开展了三项工作：一是组织开发项目库预算管理系统。该系统具有基层单位预算申报、主管单位审核、公安部审核、“两上两下”等预算程序和流程管理等功能，每个入库的项目必须要录入项目设立的必要性、项目的基本内容、预算开支明细、绩效目标等基本信息。该系统数据做到了与财政预算编制软件数据双向导入导出的无缝对接。经过一年多时间的开发、调试和试运行，公安部的项目库预算管理系统已于2013年下半年正式建成，并在编制2014年“一上”预算时正式投入使用。今后，公安部的预算项目申报不再受预算编制时间的限制，开放式申报，各单位对预算项目可以随时增加、补充和删除。二是组建公安装备财务专家库。通过自愿报名、组织推荐、多轮筛选等方式，从高等院校、科研机构、有关警种甄选确定专家名单，出台相关管理制度，最终建成了涵盖基本建设、公安业务、公安装备、预算（财务）管理等4大类12小类的185名专家人才库。三是实行项目评审制度。对各单位上报入库的预算项目要经专家评审后才能正式纳入公安部项目库，公安部根据项目性质，定期组织相应的专家组，对预算项目进行评审。以2013年入库项目为例，组成的3个专家组对25个申报金额8.5亿元的拟入库项目进行了评审，经过评审，取消2个项目，部分项目调整了申报金额，总体审减比例达到24%。经过专家评审，保证了项目申报质量，初步实现了项目编制更细，数额更准，执行效果更好的工作目标。通过项目库建设，使各单位项

目储备得以增加，优质项目得以培育，有效提高了项目预算的科学化管理水平，为实现滚动项目预算管理奠定了基础。

（四）严格制度约束，规范预算管理

公安部高度重视预算财务制度建设工作，将制度建设置于战略高度来抓，针对各单位在财务管理和预算工作中存在的问题，建立健全制度，严格制度执行，规范预算及财务行为，逐步推进预算及财务管理的现代化、正规化、规范化。

1. 近年来，审计署每年均对公安部进行年度审计与专项审计，公安部按中央要求开展了公务用车专项治理、小金库专项治理等；公安部党委决定在全部范围内开了以“查漏洞、找原因、抓整改、建制度”为主要内容的财务大检查活动，集中发现了一大批问题。经汇总分析，问题主要在四个方面：预算管理不够规范，体现在预算约束观念不强、编制不尽科学、执行进度慢；制度执行不够到位，体现在不按程序报批时有发生，基建项目审批手续不全、内部管理尚需加强；资金使用不够严格，体现在缺乏成本意识、讲究排场形式、扩大开支范围；个别领域亟需重点盯防，体现在工程建设、采购招标、赞助款物等方面。迫切需要真正建立起一整套“用制度管权、按程序办事、靠规范理财”的工作机制。

2. 基本形成制度体系。自2011年以来，公安部机关及直属单位制定、修订的财务管理制度达到190余个，涵盖公安财务管理工作各领域、各环节的制度体系基本形成。综合方面的规章制度，如针对全国公安机关的《公安机关财务管理办法》，针对公安部所有预算单位的《公安部财务管理办法》和针对公安部机关的《公安部机关经费支出管理规定》；具体业务方面的规章制度，如《公安部预算项目库管理暂行办法》、《公安部对外援助经费管理办法》、《公安部驻外警务联络工作专项经费管理办法》、《公安机关中央补助专款财务稽查办法（试行）》、《公安部机关公务用车管理办法》、《公安转移支付资金使用管理办法》、《公安机关会计核算办法》、《公安机关应急物资储备经费管理暂行办法》、《公安部采购管理办法》，等等。

3. 严格执行铁规禁令和财经制度。近期，中央出台《党政机关厉行节

约反对浪费条例》之后，公安部立即着手制定相关实施细则。财政部印发会议费、差旅费、培训费、出国费、外宾接待费、出国培训费和购买公务机票等系列办法之后，公安部立即将上述办法进行了转发，并结合公安部实际，组织部内相关部门研究制定具体实施细则。目前，结合公安部实际，已印发了《公安部会议管理办法》（公办［2014］79 号）；因公出国费和差旅费的实施细则正在征求各方意见，待完成报批程序后正式印发实施；其余管理办法的实施细则已列入 2014 年制定规划，力争尽快出台。

4. 研究相关支出定额标准。在建章立制基础上，公安部对一些具体项目的支出标准定额进行研究测算。目前，公安部结合公安业务特点，正在研究测算业务装备运行维护费、警犬驯养费和平均办案成本等支出的定额标准，为预算申报、审核和安排提供可靠的依据，不断提高预算编制的科学性。

（五）强化预算执行，发挥预算效能

针对近年来公安部预算执行进度总体偏慢、结转结余资金偏高等问题，公安部采取多项措施，督促加快预算执行进度。一是建立预算执行情况定期通报制度，对各单位定期进行督促提醒，并将通报结果报部领导。二是组织召开重点单位预算执行督促会，以重点项目为切入点，督促单位制定工作目标，落实支出责任。对执行问题较多的重点单位还采取单独约谈等形式，督促其制定改进措施、将执行责任落实到人，由专人定期向装备财务局汇报执行情况。三是实行预算执行与预算申报相挂钩制度，严格按财政部扣减金额不低于 1:1 的比例相应扣减相关单位预算申报规模；对于预算执行较好、绩效评价结果较好的单位，在预算安排上予以倾斜。四是加快消化结转结余资金。按照“明确责任、突出重点、加强消化”的工作思路，公安部装备财务局组织并指导各单位对历年结转结余资金，制定消化目标、进度和措施，集中进行清理和核销。通过上述措施，2013 年公安部上年结转资金消化率超过 66%，当年预算执行率超过 81%。预算执行情况与以前年度相比，有了较大提升。

（六）构建财务管理信息平台，夯实预算工作基础

从 2013 年初开始，公安部按照“统一平台、同步建设、整合应用、

集中管理”的工作要求，在前期项目库系统建设的基础上，组织开发了公安部财务信息门户、综合预算管理系统、财务服务系统、会计核算系统、决算报表系统及查询分析与决策支持系统等6大应用模块，与项目库系统共同组成公安部财务管理服务信息平台。截至2014年4月底，上述7大应用模块已全部建设完成，除决算报表系统尚未正式投入应用外，其他应用模块已正式投入使用或正在试运行。

公安部财务管理服务信息平台将包括自收自支事业单位在内的所有类型的预算单位（包括三级预算单位）全部纳入，实现了预算单位全覆盖。按照财务管理服务信息平台建设要求，所有预算单位必须将本单位包括经营性资金在内所有性质的资金全部纳入平台核算管理，实现了资金监控无盲点。今后，公安部所有预算单位的所有财务管理活动均在这个统一的平台上运行、核算，进一步夯实了公安部预算管理的工作基础，实现了对所有单位所有资金全过程的实时监控，有效避免了个别单位对预算随意变通等不合规行为，为规范财务管理、合理使用资金、科学编制预算奠定了坚实的基础。

（七）推进绩效评价，建设全过程预算绩效管理机制

以绩效评价为支撑，努力建设全过程预算绩效管理机制是加强预算管理的目标取向，也是部门预算管理理念的一次系统性革命。公安部高度重视预算绩效评价工作，将绩效管理贯穿于预算全过程，由注重事后评价逐步过渡为全过程绩效管理，做到了“绩效意识全渗透，绩效目标全指引，执行过程全监控，重点项目全考评，考评结果全应用，低效无效全问责”的绩效管理目标。

一是通过召开财务管理工作会、预决算管理工作会及各种专项布置会和培训班，全面推进绩效管理工作，提高预算绩效管理意识。二是通过预算项目专家评审制度，对预算项目进行严格的研究论证，量化绩效目标，提高预算编制的科学化水平。三是依托财务管理服务信息系统，做到了预算执行的全程监控，实现了全过程的预算绩效管理。四是不断扩大预算绩效考评范围，绩效考评规模由2011年1个项目1200万元扩大到2013年的9个项目8.5亿元。五是不断完善绩效考评方式，对每个绩效考评项目均

成立专门的考评小组，邀请有关方面专家参加，通过现场检查、听取汇报、提出质询等方式同项目实施单位进行深入沟通，出具考评意见并提出改进建议。六是强化绩效考评结果的应用，在编制下年度部门预算时，对经复核绩效评价结果为优良的项目，优先保障经费预算；评价结果为一般或较差的项目，严格控制甚至压减经费预算，并对项目单位提出明确整改意见和建议。

通过全过程的绩效评价制度，公安部的预算绩效管理工作初见成效。一是以绩效为目标、以结果为导向的绩效理念逐步形成，预算工作由原先“重分配、轻管理”逐步转变为“分配与管理并重”。二是各单位自我约束意识及责任意识明显增强，预算工作基本做到了事前设定目标、事中跟踪监督和事后进行绩效评价。三是强化了部门预算与工作发展规划和计划的衔接，减少了预算支出的随意性和盲目性，资金效益得到提高。

（八）坚持阳光理财，全面推行预决算公开

预决算公开是依法理财、阳光理财的有效载体，对提高公安机关公信力，树立人民警察良好形象，提升公正执法与服务管理水平，促进法治公安、廉洁公安建设具有重要的作用。近年来，公安部积极、主动、透明、全面的进行部门预决算公开。一是主动公开年度部门预算决算，截至 2014 年 4 月底，公安部已公开了 2007 年至 2014 年度的部门预算和 2007 年至 2012 年度的部门决算，2013 年度的部门决算也将按规定要求及时公开，其中“三公”经费预算、决算也按要求全部予以公开。二是预决算公开已按要求全部细化到项级科目和项目支出、基本支出。三是建立部内协助机制，密切回应舆论关注，公安部建立了由装备财务局牵头、新闻办、十一局参与的预决算公开工作小组，在预决算公开前、公开后三部门始终保持密切合作，紧盯舆论，及时回应，做到了舆情平稳、无不良舆论恶意炒作。

二、部门预算管理的主要经验

近年来，公安部预算管理工作始终遵循依法合规、真实准确、统一完

整、突出重点、注重绩效的原则，不断摸索经验、探索方法，逐步建立了一套既符合国家财政改革要求，又与公安工作实际相适应的预算管理工作体系。公安部预算管理工作得到了部领导的高度肯定和广大二级预算单位的高度认同。2014 年 4 月 25 日，国务委员、公安部党委书记、部长郭声琨同志对预算工作做出重要批示“多汇报、多争取支持，严管节约。装财局做了卓有成效工作。”其主要经验是：

（一）主动请示、积极汇报，争取主要领导的高度重视

公安部装备财务局在财政部出台重大规定、预算管理工作提出新要求、预算工作取得新成绩、审计中出现新问题和预算工作制定下一步工作计划等关键节点，均及时向主要领导进行专题汇报，跳出预算说预算，着重分析该情况对公安部整体工作产生的影响，以最大限度的引起主要领导对预算工作的重视。如近几年，按照预算编制与预算执行进度相结合的有关要求，中央财政核减了公安部部分项目预算，装备财务局以此为契机，多次向主要领导汇报预算执行的重要性和如何加强预算执行工作。杨焕宁常务副部长就预算执行工作曾多次向相关单位作出批示。公安部装备财务局出台了预算执行进度通报制度，为公安部的预算执行工作奠定了良好的基础。自 2012 年年底以来，郭声琨部长先后对预算管理工作多次做出批示、指示，并就一些重大事项和关键问题进行研究。杨焕宁常务副部长多次听取预决算工作汇报，提出明确要求，并亲自出面沟通协调。据不完全统计，仅 2013 年一年，郭声琨部长就预决算工作做出了 11 次批示，杨焕宁常务副部长做出了 17 次批示，其他部领导就预算管理工作均做出至少 1 次批示。

鉴于公安部预算管理工作突出，经公安部部领导提议并特批，公安部装备财务局负责预算工作的计划处于 2013 年荣立集体二等功，1 名同志荣立个人二等功，3 名同志荣立个人三等功。

（二）准确定位、服务为本，争取下级单位的理解与支持

公安部的预算管理立足于服务，寓管理于服务之中。在工作中坚持服务公安中心工作、服务公安业务需求、服务公安事业长远发展的指导思

想，秉承“服务、求是、勤俭、廉洁”的精神，本着保障与管理并重的原则，在对二级预算单位进行指导的基础上贯彻预算管理理念，结合具体问题指导下属单位如何落实预算管理的相关要求，避免了生硬式管理和教条式说教，实现了预算管理工作与部机关各局和部属预算单位互相理解、有效沟通与相互支持的良性互动。如公安部装备财务局在每年 4—5 月份和 10—11 月份集中时间对部分预算单位进行调研，发现各单位在预算管理工作中存在的问题，采用与预算单位共同研究、共同探讨，采用分析、引导的方式，帮助单位在保障正常运转基础上，制定年度工作规划和事业长远发展目标，找准与财政政策的结合点，主动帮助单位提出项目、测算需求。通过重点帮助的方式，促进各单位对本单位的事业发展目标、财务资源、政策资源及业务资源进行统筹规划，使预算项目申报、资金安排使用更加科学、合理、高效，最大限度地促进了预算与业务的融合。

（三）抓牢基础、务求精细，打牢预算管理工作的基石

预算管理工作尤其是预算编制工作的基础是否扎实、是否精细，关系到预算经费申请规模，直接影响着公安工作的开展。近年来，预算编制越来越细化，从原先单纯的几张收入支出表逐渐细化到单位基本情况、项目管理和预算管理等 3 套报表共 32 张表格，数据繁多，关系复杂。要做好预算编报工作，没有捷径可走，只有不断加强基础工作，只有做好充分准备，才能高质量地编制预算。在工作程序上，公安部装备财务局做到了在编制预算前对所有预算单位的职能变化、业务工作重点、人员、车辆、房屋等固定资产的基础数据进行一次全面的采集，确保各项基础数据准确真实。在人员配备上，公安部装备财务局给预算管理工作配备的是业务精、技术强、工作细、态度实的精干人员，预算管理工作站位高、视野宽、思路清、讲团结、顾大局，各项工作均能高谋划、细落实，呈现出积极进取、朝气蓬勃、团结向上的大好局面，为公安部预算管理工作高质量、大跨越奠定了较强的人力基础。在工作方法上，预算管理讲究严谨细致的工作方法，对预算单位的每一个报表错误都要手把手的纠正到底，采用指导到具体责任人的方式进行提醒改正，确保所有预算管理工作人员的预算编制工作能力都能逐年提高。

随着预算管理改革进程的逐步推进，下一步，公安部将继续推动以深化预算全过程绩效管理、开展政府购买服务试点、推动编制滚动项目预算为主要内容的预算管理改革，坚持保障与管理并重的工作方针，以深化公安保障、推进项目整合、提升运筹能力、强化执行督促、健全管理措施、转变工作作风为主要任务，努力推动公安部预算管理科学化水平的逐步提高，预算管理工作再上新台阶、再取新成绩。

第三节　安全监管总局部门预算管理经验交流

近年来，安全监管总局按照部门预算改革的总体要求，积极落实和主动探索各项改革措施，不断改进规范预算编制，推动加快预算执行，细化加强预算管理，切实管好用好财政资金，充分发挥资金效益，在推行部门综合预算、国库集中支付、政府采购、资产管理、预算公开、绩效评价等方面做了大量工作，预算编制执行管理工作逐步迈上规范有序和科学化精细化管理的轨道，较好地服务和保障了新时期安全生产监管监察工作的深入推进，为安全生产形势的持续稳定好转和“科学发展、安全发展”目标的实现努力保驾护航。

一、安全监管监察部门的基本情况

安全监管总局履行国务院赋予的全国安全生产监督管理等 17 项主要职责。国务院安委会办公室设在安全监管总局，作为国务院安委会的办事机构，承担研究提出安全生产重大方针政策和重要措施的建议等 11 项主要职责。总局管理的国家煤矿安全监察局是行使国家煤矿安全监察职能的国务院直属机构，履行国务院赋予的国家煤矿安全监察等 11 项主要职责。国家安全生产应急救援指挥中心为国务院安委会办公室领导、安全监管总局管理的事业单位，履行国家安全生产应急救援综合监督管理的行政职能，协调、指挥安全生产事故灾难应急救援工作。2010 年 10 月，根据中央编办对安全监管总局、卫生部以及人力资源社会保障部等部门的职业卫生监管职责按“防、治、保”原则进行的重新划分，安全监管总局新增了5 项职业卫生监管职责。

目前，国家安全监管总局纳入部门预算编制的单位共 238 个。包括：行政单位 105 个，其中：二级预算单位 29 个（含总局机关本级、离退休干部局和 27 个省级煤矿安监局），三级预算单位 76 个，为煤矿安全监察分局；参照公务员管理的事业单位 3 个，包括国家安全生产应急救援指挥中心、矿山救援指挥中心和总局调度中心。事业单位 129 个，包括二级预算单位 18 个（为总局直属事业单位，其中档案馆、国际交流合作中心、宣教中心承担了部分行政职能，在财政上作为定额试点事业单位管理）；三级预算单位 111 个（为省局附属事业单位）；社团组织 1 个，为中国煤炭工业协会。

二、部门预算管理的主要做法

（一）不断强化预算管理，全面完善预算管理规章制度体系，推进预算绩效和预算公开

1. 建立健全预算管理制度。制度是规范和加强管理的依据，是单位防范财务风险的基础。近两年我局结合新形势，按照新要求，通过探索建立规范的预算管理规章制度，把预算工作逐步引入制度化轨道，形成长效机制。对经费预算、因公出国（境）、公务用车、公务接待、会议费、差旅费、培训费、国有资产管理等制度进行了全面清理，对不完善的进行补充，不衔接的进行修订，不适应的进行废止。为规范基本支出和专项经费预算管理，修订制定了《总局预算资金管理办法》、《行政在职及离退休人员死亡一次性抚恤金管理暂行办法》、《安全生产监管监察职能业务专项经费管理暂行办法》、《煤矿安全监察车辆维护及更新专项经费管理暂行办法》等。为控制“三公”经费和一般性支出管理，陆续印发了《因公临时出国（境）审批管理实施细则》、《因公出国（境）经费管理暂行办法》、《关于进一步规范因公临时出国管理的通知》、《公务接待费管理暂行办法》、《公务用车购置及运行费管理暂行办法》、《事业单位公务用车

配备使用管理办法》、《总局会议管理办法》、《会议费管理暂行办法》、《会议审核报批实施细则》、《控制压缩会议文件“三公”经费和规范办公用房管理若干规定的通知》和培训费、差旅费、公务机票购买等管理规定。为强化预算执行管理，修订完善了《预算执行及结转结余资金管理办法》，明确了预算定期报告、通报警报、约谈、监督检查、考核、总结和绩效审计等制度。为规范资产管理，出台了《总局行政单位国有资产管理暂行实施办法》和《总局事业单位国有资产管理暂行实施办法》，并制定《机关事务工作规则实施细则》，进一步规范细化机关实物资产和公务用车、办公用房、会议室管理等要求。为规范支出方式和提高支出透明度，大力推行使用公务卡和网银结算，制定了公务卡使用报销管理办法，严格执行公务卡强制结算目录。通过不断努力，总局行政事业单位预算管理的制度框架基本确立。

2. 完善预算管理与资产管理、政府采购有机结合的机制。首先，资产管理部门和预算管理部门分工协作、紧密配合，切实加强行政事业单位资产配置、更新、报废管理。规范编制资产配置预算，从严控制新增资产数量和经费。将所有使用财政性资金和其他资金购置车辆、单位价值 200 万元及以上大型设备等资产纳入新增资产配置预算编报范围。对通用办公设备和家具购置，按照规定的数量标准、价格上限标准和使用年限标准编入预算。对车辆预算的编制，一般先由资产管理部门根据单位人员编制、现有资产存量、车辆报废情况和历年更新情况综合考虑，提出年度更新配置建议，再由预算管理部门根据相关规定确定新增车辆预算。通过资产和预算管理部门相互配合的工作机制，使编制的新增资产配置预算更加科学合理。同时，规范行政事业单位国有资产有偿使用及处置行为，按照规定将行政单位国有资产处置收入、出租出借收入以及事业单位国有资产处置收入纳入预算管理。其次，加强政府采购管理工作，全面编制政府采购预算。强化新增资产配置与政府采购环节的衔接，严格按照预算批复和政府采购的有关要求进行资产配置更新。强化政府采购计划管理，严格执行政府集中采购规定，规范政府采购程序和行为。严格执行目录和限额标准，坚持应采尽采，提高政府采购效益。强化政府采购监督，推动监管方式创新。加强政府采购各项能力建设，保障改革顺利实施。近年来总局政府采购的规模和范围呈现增长势头，每年编制的政府采购预算都在 2 亿元左右，实际采购预算执行率超过 98%，财政资金使用效率和效益不断提高。

3. 不断强化绩效管理工作。按照财政部统一要求，积极开展绩效管理工作。第一，在系统内部不断强化绩效理念，树立“用钱必见效，无效必追责”观念，把绩效管理落实到财务管理工作的各个环节，贯穿于预算编制、执行、监督的全过程，强调“不但会要钱，更要会花钱，要花出效益，见到成果”。第二，健全预算绩效管理制度，强化项目实施过程的绩效监控，推进绩效评价试点。近几年选择了“煤矿安全监察车辆运行维护和监察设备更新经费”、“国务院安委会专项”、“职业卫生监管专项”等 3 个重点项目进行重点评价，向财政部报送了绩效报告和绩效评价报告，并按财政部审核意见进行了整改和完善。2013 年专门印发《部门预算项目支出绩效评价管理暂行办法》，规范总局项目绩效评价工作。2014 年又出台了《专项资金支出绩效审计暂行办法》，对财政资金使用情况进行绩效审计。第三，不断完善绩效监控方法，促进绩效监控与预算执行的有机结合，发现预算执行与绩效目标偏离时，及时采取措施予以纠正，确保绩效目标如期实现。加强绩效评价结果应用，不断健全绩效评价结果的反馈机制、与预算安排结合机制、报告及公开机制。

4. 稳步推进预（决）算公开。第一，连续十年在总局系统内部主动、全面公开财政对人员公用支出和专项业务经费的核定原则、标准和具体安排等预算信息，推动系统各单位通过会议、张贴公告等方式推进预算信息内部公开。第二，及时在中央政府门户网站和总局政府网站公开部门预算、决算和“三公”经费预决算情况。不断细化公开内容，2014 年预算将所有内容全部按项级科目公开，做到图文并茂，向社会公众详细说明相关支出的理由，让花出去的钱流向明确、公开透明，让老百姓清晰的知道“钱去哪儿了”。从结果看，社会舆情反映总体平稳、正常。第三，做好依申请公开工作，积极回应公众关切，及时进行答复和解释说明。

（二）努力推进预算编制精细化，不断增强部门预算编制的科学性、准确性

1. 夯实基础，强化预算基本信息管理。机构、人员、资产等基本信息

是测算安排预算经费和加强预算管理的基础。基础不牢，地动山摇。每年预算编制开始，我局及时组织内部财务、人事、后勤、离退休管理机构等相关部门，认真收集统计本单位人员、编制、车辆、房屋、工资津补贴政策及开支水平等基础信息，提前谋划下年度业务工作安排并预计工作量，增强工作的计划性和前瞻性，实事求是地提出年度收支规模和预算安排建议，为编好、编实预算打下坚实基础。另外，我局实行了人员动态实名制管理，对在职人员的进出变化、离退休人员的增加减少等情况进行备案，及时掌握，有效控制了“吃空饷”现象。制定了抚恤金管理办法，对行政和参公单位的离退休死亡人员发生的一次性抚恤金开支，按实名制审核安排经费，确保经费预算与人员等基本信息衔接一致。

2. 加强预算编报的组织、培训和审核把关，提高预算编制的前瞻性和可操作性，努力使编制的预算重点突出、结构合理，切合部门运行和事业发展实际需要。预算编报工作始终紧紧围绕总局党组确定的中心工作，贯彻落实“有保有压”原则，在优先保障在职和离退休开支需要的基础上，预算编报着眼于促进安全生产事业的创新和科学发展，着眼于促进安全生产状况的持续稳定好转，着眼于建立安全监管监察工作的长效保障机制，始终注重突出重点，对所需开展工作分清轻重缓急，把有限的资金用在刀刃上，用在完成安全监管监察任务所必需的工作上，保障总局事业发展需要。同时大力倡导过紧日子的思想，厉行节约，勤俭办事，从严控制一般性支出，尤其对“三公”经费财政拨款预算编报，在多年未增长的情况下，始终严格按照财政部要求压缩在控制数内。在预算编报工作中，强调预算编制的主体责任，从基层单位开始层层编制和汇总审核预算、逐级上报，杜绝代编预算。通过专题培训、分级培训等多种方式，加强预算编制业务的培训和指导，严格按照财政部规定并结合部门特点，以及以往预算审核中发现的错误，发布详实的预算编制指南，统一规范编报口径。设立一整套审核流程，从数据对照、收支合理性、软件审核、文字说明等方面层层把关。着重关注、纠正以往预算编制中经常出现的问题，列出审核问题清单，帮助相关单位逐条修正，切实把好预算审核关，提高了基层单位对预算工作的重视程度，预算编制水平逐年提升。

3. 严格遵循“综合预算、一本预算”原则，保证预算编制的完整性和准确性。第一，对预算编制单位和内容做到“不重不漏、应编尽编、统一管理、统筹安排、全口径覆盖”。加强对各类资金的统筹安排，积极消化结余资金，用好存量资产，切实做好结余资金统筹、预算执行挂钩的落实工作。按照财政部的要求，在编制预算时，主动动用财政拨款结转资金，并将尚未动用的财政拨款结余资金全部统筹用于下年预算，并合理预计各个项目资金当年预算执行进度。第二，在基本支出预算编制上，根据《中央本级基本支出预算管理办法》，遵循综合预算、优先保障、定额管理的原则编报。结合上年实际支出水平并根据政策调整情况，切实将预算中细项内容测算准确、做实做细。积极推进实物费用定额试点，稳步扩大基本支出定员定额试点范围。我局 21 个直属事业单位中有 6 个单位作为定员定额管理，其中 3 个单位为参照公务员管理事业单位，3 个单位纳入定员定额试点管理。第三，在项目支出预算编制上，根据《中央本级项目支出预算管理办法》，规范加强项目申报管理，加大项目清理整合，减少前三类项目数量，对预算申报中属性一致的零碎项目加以整合，有效控制项目总数量。控制压缩项目申报规模，严格审核项目支出的立项依据、测算过程和支出标准，细化项目文本的编制，并按轻重缓急进行排序。提高项目支出预算安排的科学性，已经连续 10 年对“安全监管监察专项”、“监察车辆维护及更新专项”、“房屋物业管理专项”等业务专项资金实行了定额管理，保证了监察执法工作开展需要。

（三）不断硬化预算执行管理，增强预算刚性约束，贯彻厉行节约，加快预算执行进度

1. 在执行中强化预算约束意识，严格按预算支出，无预算不能支出。按总局党组要求，围绕中心，服务大局，进一步严格预算管理，强化预算执行的严肃性，落实预算执行单位的主体责任。坚持先有预算后有支出，坚决杜绝“先办事、后找钱”和“办完事、倒逼钱”的现象。资金支出讲预算计划，经费使用算着花，而不是花了算，切实加强依法理财的责任。在机关和全系统不断强化依法办事的观念，规范预算支出行为。

2. 狠抓预算执行进度，确保全年预算执行均衡、安全和有效。第一，强化预算执行主体责任，明确一把手负责制，要求主要领导亲自抓，分管领导着力抓，有关部门具体抓，一级抓一级，层层抓落实。第二，加大督促和检查力度，突出抓好“三重”（重点单位、重点项目、重点科目）。对资金量大的重点单位，基建、科技、教育等重点项目，以及占比较大的重点科目，切实加强跟踪管理。科学安排项目实施计划，倒排支出时间表，及时盯办进度，重要节点进行动态控制，重点环节由专人督办，做好项目的全程监控。第三，建立预算执行统计报告和分析制度，按月对预算执行情况进行基本支出、项目支出分类分单位排名统计，定期通报预算执行有关情况。第四，建立督导约谈制度，对预算执行进度慢的单位及时进行督导约谈，认真查找预算执行中的薄弱环节，及时协调解决支付中的难题，加快执行节奏，提高效率。第五，建立预算执行进度考核措施，对预算执行进度缓慢的单位，按一定比例核减预算。第六，坚持执行进度和资金绩效两手抓，在加快项目实施和资金支付进度的同时，加强资金审核、拨付管理，防止各种违法违规行为发生，确保财政资金使用的安全性、规范性和有效性。总局已连续多年全年预算执行率超过97%。

3. 在预算执行中贯彻厉行节约，努力控制行政运行成本。总局党组高度重视厉行节约工作。按照中央八项规定和政府带头过“紧日子”的要求，认真落实国务院领导同志关于把有限的资金用到刀刃上的重要指示精神，进一步强化政治意识、责任意识、节俭意识和廉洁从政的意识，大力发扬勤俭节约、艰苦奋斗的优良传统和作风，防止大手大脚和铺张浪费。在保障重点支出的同时，执行中着力压缩“三公经费”和会议费、培训费等一般性支出，切实降低行政运行成本。从节约一滴油、一度电、一滴水、一张纸等日常管理、细微之处抓好节约，形成人人节约，事事节约、处处节约的良好氛围。及时修订印发因公出国（境）管理以及会议、公务接待、差旅费、培训费、公务机票购买等管理制度，确保各项经费按程序、按标准开支。今年又相继印发“三压缩一规范”、《厉行节约反对食品浪费意见的实施方案》等一系列规定和文件，以有效的制度确保中央厉行节约要求的落实。

4. 强化预算执行结果运用，规范部门决算编制，加强决算分析，促进决算与预算紧密结合。部门决算是年度部门预算的执行结果，既反映了部门全部财务收支活动信息，也反映了部门财政性资金的实际支出去向和具体用途。近年来，在总局党组的领导和财政部的指导下，部门决算工作取得了明显成效，决算编制以真实性为核心，在编审质量、数据审核、决算批复、数据分析利用等方面工作取得较大进展。我局从部门决算入手，认真分析比较决算与预算编制的差异及原因，逐步形成部门决算和部门预算相互衔接、互为对称、相互促进的联动机制。总局部门决算工作已连续 9 年获得财政部部门决算评比一等奖。

第四节　河南省部门预算管理经验交流

一、部门预算管理的基本情况

我省自 2000 年在省教育厅、科技厅和水利厅开展部门预算改革试点以来，坚持借鉴先进经验与立足省情相结合，单项改革与整体改革相结合，深化改革与增强政府公共服务能力相结合，积极稳妥、循序渐进，目前，省、市、县三级已全面建立部门预算制度。部门预算与国库集中支付、收支两条线、绩效评价和政府采购等改革紧密结合，形成了预算编制、执行和监督三环节相互分离、相互制衡的财政运行机制，预算管理的科学化、规范化和透明度明显提高，预算约束力和严肃性不断增强。

（一）健全政府预算体系

一是健全公共财政预算。持续提高公共财政收入质量，增加公共服务领域投入，增强保障和改善民生、促进基本公共服务均等化能力。二是强化政府性基金预算管理。省和市县全面编制了细化的政府性基金预算，基金预算规范性和透明度显著提高。三是推进国有资本经营预算制度。2011 年起，省级开始编制国有资本经营预算，市县也同步实施。四是编制社会保险基金预算。从 2013 年起，省、市、县三级正式开始编制社会保险基金预算。五是加强全口径预算管理。2011 年取消预算外资金，将除中央批准的教育收费和彩票发行机构发行费外的其他预算外资金全部纳入预算管理；加大四大功能预算的统筹协调和有机衔接，形成了统筹管理、互为补充的完整预算体系，通过预算编制形成资金合力，增强了政府统筹调控能力。政府预算体系的健全和完善，更加全面地反映了政府收支的总量、结构和管理活动，为科学编制部门预算奠定了坚实基础。

（二）完善预算管理制度

一是建立健全工作规程。先后制定《部门预算编制操作规程》、《财政支出预算管理工作规程》、《基本支出预算编制管理办法》、《项目支出预算编制管理办法》《待分资金管理暂行办法》等制度，为规范预算编制提供了制度保障。将部门的项目支出按用途划分为基本建设、社会事业发展、经济发展、债务、专项业务、其他等六类，使项目支出预算更加清晰地体现政策导向。二是明确深化部门预算改革方向。2011 年印发了《关于进一步深化全省部门预算改革的通知》（豫政办［2011］105 号），明确了全省部门预算改革的工作目标、主要内容、具体要求等，为全省进一步深化部门预算改革奠定了基础。三是出台了《河南省省级财政专项资金管理办法》（豫政［2014］16 号），从专项资金的设立、调整和撤销，预算编制与执行，绩效管理和监督检查等方面，规范专项资金管理，增强政府统筹保障能力，提高资金使用效益。

（三）提高预算完整性

一是提高部门预算完整性。省级从 2009 年起将使用非税收入安排的支出如行政事业性收费、专项收入等，按照预计收入的一定比例编入单位年初预算；从 2012 年起将部门上年用款额度结转编入部门预算；从 2013 年起调整省级单位年初预算批复口径，将部门预算规模内项目和财政临时项目批复至部门，将部门参与分配项目和财政代管项目不再批复到部门；将省级统筹基建安排的项目涉及省级部门的编入有关部门年初预算，缩小部门预决算差距。二是强化非财政性资金管理。从 2014 年预算起，省级按照“三则”要求，将部门各项收入支出全部编入部门预算，尤其是将事业收入、经营收入、其他收入、用事业单位基金弥补收支差额等纳入预算，实行综合预算管理。

（四）细化预算编制

一是细化支出预算编制，省级支出预算全部细化到“项”级科目，其中基本支出细化到基层预算单位，项目支出落实到具体执行项目，细化项目支出编制要素，增加了分季度（或分月）实施计划和资金支付进度、项目实施周期、资金流向、设立依据、申请理由及支出内容、项目资金安排途径、项目属性等。二是减少代编预算。对财政总预算预留项目进行逐项目核实，年初能确定到部门的尽量编入单位年初预算，减少预算代编和预留项目，省级公共财政预算年初预留资金所占比重由 2010 年的 27.6% 下降到 2014 年的 14.6%；规范政府性基金、专项收入等非税收入安排的支出编制管理，加大综合预算统筹力度，提高预算编制的科学性和准确性，增强预算可执行性；2011 年出台了《河南省省级部门预算待分资金管理暂行办法》，对待分资金范围、规模、用途、使用程序、时间期限等进行了明确。三是加强省级预算基础信息管理。从 2010 年预算起，将省级 2138 个基层预算单位基本信息、人员编制、实有人员信息、在校生情况、交通工具、房屋建筑及附属设施等全部纳入部门预算信息系统管理，通过设置对应关系，以后每年预算编制时，单位只需调整完善基础信息即可自动生成基本支出预算。四是细化人大预算审查内容。人大预算审查部门由 2007 年的 3 家增加到 2014 年的 32 家；细化“一府两院”等 41 个部门预算草案，分部门编制预算基本情况说明、收支总表和财政拨款明细表；报送人大预算细化到“项”级预算科目；调整省级公共财政预算对比口径，从 2012 年预算起各科目增减对比按可统筹财力进行比较，行政事业性收费、专项收入、国有资源（资产）有偿使用收入等不再参与科目间对比。

（五）增强预算安排科学性

一是改进预算编制办法。按照预算集体编制、集体决策的原则，从 2009 年起对省级项目支出预算实行“整合资金、分口切块、政府定规模、主管副省长组织协调相关部门定项目、财政部门汇总平衡报政府审定”的编制程序，促进了专项资金的统筹使用，增强了部门预算与省委、省人大重大决策部署的衔接。二是加强预算支出安排管理。推进项目支出预算评审论证制度，2009 年省级制定了《省级项目支出预算评审论证（试行）办法》，对重点和大额项目支出在预算安排前对其必要性、合规性、可行性和合理性进行综合评审论证。完善支出标准定额体系，在完善公用经费综合定额标准的基础上，省级先后制定了会议费、差旅费、住宿费、接待费、集中办公费、办公用水电、车辆运行维护费、资产配置等分项定额标准，为预算安排的公正、科学奠定了基础。三是清理整合专项资金。每年在对所有专项资金进行全面梳理、评估，摸清数量、额度、分布和效益等情况的基础上，重新评价其存在的必要性、可能性和可行性，采取“取消、调整、归并、整合、统筹”等方式清理整合财政专项资金。取消已到期项目或已实现目标的项目，以及绩效欠佳、管理中存在突出问题的项目；调整支持方向与省委、省政府工作目标和部门主要职能相偏离的项目；归并部门内部切块管理、琐碎零散、撒胡椒面的项目，围绕省委、省政府工作重点和部门职能，按轻重缓急排序后统筹安排，集中财力办大事；整合部门之间重复交叉、分散在多个地区难以集中发挥资金使用效益以及使用方向相同或相近的专项资金，围绕省委、省政府确定的重大项目，打破部门、地区、行业界限，按照统一规划、集中投入、各记其功的方式，支持相关经济社会事业发展；统筹安排现有专项资金，保障省委、省政府确定的阶段性重大事项的落实。四是推进预算绩效管理。研究提出了全省 2012—2015 年预算绩效管理实施意见，制定了省级预算绩效管理工作规程，建立了部门自评项目、部门整体评价、财政重点评价和监督检查评价四个层次评价体系，全方位推进预算绩效管理工作，已初步形成了项目安排有目标、项目实施有监控、项目结束有评价、评价结果有应用的环形预算绩效管理模式，突出了绩效导向型财政管理。

（六）完善预算管理机制

一是加强预算编制与预算执行、政府采购、资产管理、审计监督等衔接。将资产购置和政府采购预算纳入部门预算，并制定了资产配置、有偿使用、政府公物仓等配套管理办法，从 2012 年起，省级行政事业单位承办大型会议、展览、典礼、普查、调查等活动所需资产统一从政府公务仓暂借解决；将预算安排与预算执行、审计监督检查、绩效评价结果相结合，提高预算安排的科学性。二是加强项目支出备选库和基础信息库建设。2009 年制定《河南省财政支出项目库建设管理暂行办法》，对全省财政支出项目库建设提出了指导性意见；从 2010 年起，省级启用了备选项目库和基础信息库，并实行滚动管理，初步确立了预算编制、执行与动态库的联动机制，实现了预算编制与预算管理相互制约的工作机制。三是加强结余结转资金管理。2008 年制定了《省级部门财政性资金结余管理办法》，对结余结转资金提出明确要求；结合新形势，2013 年在《加强预算管理激活财政存量资金工作方案》中进一步细化要求。即：结余资金统一收回，结转资金区分财政结转和部门结转分别处理，其中：对于本级预算安排形成的结转项目，结转超过一年的统一收回；对于上级专项转移支付形成的结转项目，有规定的从其规定，无规定的结转两年以上的，一律收回使用方财政部门。从 2013 年起建立年底部门结余结转资金清理审核机制，对于部门结转资金（含上级专项转移支付结转资金）超过两年及以上仍未使用完毕的，一律视同结余资金，收回使用方财政；本级安排的部门结转资金超过一年的，统一收回 10%。

（七）强化厉行节约要求

一是加强制度建设。省委、省政府研究出台了停止楼堂管理所和清理办公用房有关要求，制定了《河南省节会、研讨会、论坛活动管理办法（试行）》和《河南省贯彻〈党政机关厉行节约反对浪费条例〉实施细则》，研究下发了会议费、公务接待费、培训费、差旅费、临时出国（境）经费等管理办法，为加强管理奠定了基础。二是强化“三公”经费管理。在编制 2013、2014 年省级预算时，分别要求部门“三公”经费预算规模不得超过 2012 年预算规模和 2013 年支出控制数；根据中央厉行节约精神，要求省直部门 2013 年“三公”经费支出较 2012 年压减 10% 以上，集中财力保重点、保民生，督促市县部门参照省级做法，采取有效措施控制和压减“三公经费”等一般性支出；根据中央八项规定督查组对我省检查意见，省财政厅、监察厅、审计厅联合印发了《关于进一步加强省级“三公”经费和会议费管理的通知》（豫财预［2014］143 号），从加强预算编制管理、严格预算执行约束、严格经费支出审批、加强财务核算管理、建立统计通报制度、提高经费支出透明度、强化经费支出考核监督等七个方面，规范对“三公”经费和会议费的管理。三是严格控制一般性支出。从2012年起省级开始试编行政成本预算，并要求市县财政进行探索。在2014年省级预算编制中，明确：严禁编列新建（包括扩建、迁建、购置）楼堂馆所经费，在建项目严格执行投资概算，超概算部分财政原则上不负担经费；维修改造项目要按规定履行审批手续，以消除安全隐患、恢复和完善使用功能为重点，除不可抗力外，同一项目维修至少应间隔5年以上，未经批准不得编列预算；租用临时办公用房要严格履行先报批再租用，未经批准不安排经费；未经省委、省政府批准，部门不得编制节庆、研讨会、论坛等活动经费预算；涉及行政奖励的，要按照《河南省人民政府行政奖励表彰暂行办法》（豫政［2012］76号）规定，实行先报批再列入预算；部门一般性宣传经费由统筹部门预算规模内资金解决，省财政不另外安排。

（八）加强预算执行管理

一是加快预算资金下达。建立完善部门支出责任考核制度，要求部门年初预算安排的项目支出上半年完成60%以上，9月底完成80%以上，10月底完成调整预算的85%以上；部门预算执行进度低于时序进度20%以上的，可由财政部门统筹调整用于其他亟需支出；部门预算待分资金和参与分配的待分专款，除救灾、预留项目配套外要于6月30日前分配到具体可执行单位和具体项目，逾期未分配的，可由财政部门统筹调整安排使用。二是增强预算约束。2013年经报省政府批准，省财政下发了《关于进一步增强省级预算约束的通知》（豫财预［2013］162号），明确：各部门要坚持“先有预算后有支出”，部门预算批复下达后，要严格按照规定的项目和用途使用，不得随意变更；因政策调整和客观情况发生变化需要调整预算的，要严格按程序报批；部门“三公”经费和会议费预算执行中不得调增；预算执行中原则上不出台新的增支政策，除落实国家政策和省委、省政府重大事项外，部门因工作任务增加或调整必需的新增支出，由部门统筹年初预算、结转资金和消化单位原有账户资金解决；确需追加的，由省财政集中统一办理并按程序报批。三是盘活财政存量资金。建立预算中期评估论证机制，每年 9 月之前各级财政对本级预算安排项目进行一次评估，对于逾期未分配下达的项目、当年确定不能执行的项目、支出进度缓慢及预计年底形成结余的项目及早调整用于亟需支出；完善扣款经费支出管理，调整当年扣款次年再安排或“上打下”管理方式，确保扣款或本年收入及时列支，从个人工资代扣款项统一从零余额账户支付，不再划转单位原有账户；完善政府性基金等非税支出下达方式，实行先预拨后清算，提前预算预编全年非税收支平衡表，确保当年收入及时形成支出；超收收入原则上当年不安排支出，统一转入预算稳定调节基金。

（九）推进预决算信息公开

一是提出明确要求。省政府先后在《河南省人民政府办公厅关于进一步深化全省部门预算改革的通知》（豫政办［2011］105 号）和《河南省人民政府办公厅关于贯彻落实国办发［2012］26 号文件精神的实施意见》（豫政办［2012］87 号）中明确：从 2012 年起，除涉密单位和涉密内容外，全省各级财政部门要及时向社会公开财政预决算和本级“三公”经费预决算支出；省政府部门和省辖市政府部门应主动向社会公开经同级人大审查批准的部门预决算和本部门“三公”经费预决算支出。为指导各级做好预决算公开工作，2012 年省财政研究下发了《河南省财政预决算公开工作规程》（豫财预［2012］220 号），对部门预决算公开的责任分工、内容、口径、期限等进行了明确。二是做好财政预决算公开。从 2010 年起，省级每年都在人大会批准预决算一周之内，将提交人大预决算审查资料全部通过省财政厅网站向社会公开；市县及以下财政从 2012 年起，也在预决算批复后 20 个工作日内向社会公开了财政预决算。三是积极推进部门预决算公开。从 2011 年起，除涉密部门外，省政府组成部门、直属部门、特设机构、检察院、法院等 41 个部门均在预算批复后一个月内向社会公开，为方便社会各界查询，省政府办公厅网站还专门设置部门预决算信息公开链接；2012 年增加了“三公”经费预算信息；2013 年按照预算公开口径，集中向社会公开部门决算和“三公”经费决算信息；2014 年根据财政部的要求，将部门预算公开范围由“一府两院”41 家部门扩大至除涉密部门外的 94 家部门，部门预算公开工作迈上新台阶。省辖市政府部门从2012年起，也按照要求向社会公开部门预决算和“三公”经费预决算信息。四是推进基层财政专项支出预算公开。2011年下发文件要求市县财政部门，将与人民群众利益密切相关的教育、医疗卫生、社会保障和就业、住房保障支出以及“三农”等方面的财政专项支出作为基层预算公开的重要内容，向社会公开。

（十）推动市县部门预算改革

一是加强对市县部门预算改革的指导。2008年制定了《关于加强县级预算编制的指导意见》，对县级预算编制范围、程序、形式等进行了明确；2008、2012年两次举办全省财政预算管理培训班，对全省各县（市、区）干部进行培训，累计培训1100人次；省级在出台文件时，涉及预算管理方面的，均抄送市县财政阅知。二是制定基层财政业务操作规范。2013年省财政着手制定全省基层财政业务操作规范，从预算编制、执行、决算、监督检查、政府采购、投资评审、专项资金管理等方面对基层财政业务操作进行统一和规范，打造河南财政“普通话”。

二、部门预算改革情况

当前我省省级部门预算改革已实现全覆盖，涵盖部门所有预算收支，涉及127个一级预算单位及2138个基层预算单位，一级预算单位包括党委、政府、人大、政协、法院、检察院、群团等部门和实行一级预算单位管理的单位如法学会、党校、原铁道部下划学校等以及非主要由省级财政供给单位如武警总队、消防总队、军区、气象局、地震局、国调队等。编制内容分收入预算、基本支出预算和项目支出预算，其中部门收入预算编制由部门根据历年收入变化情况，考虑预算年度收入预算增减因素影响，按照项目合法合规、内容全面完整、数字真实准确等要求编制；基本支出实行定员定额管理，分人员经费和公用经费，人员经费按机构编制、人社部门批准的编制内实有人员、国家规定的工资、津贴补贴标准及社会保障缴费缴纳比例逐人逐项据实编列；公用经费按照单位级别、性质、任务量、驻地等因素，实行综合加分项定额核定、统筹使用。编制原则主要体现依法编制、精细透明、积极稳妥、突出重点、讲求绩效、厉行节约等，程序实行“两上两下”，从每年 8 月份开始布置到次年 2 月份结束。

（一）基本支出预算管理情况

1. 预算管理基本原则。优先保障原则，即根据省级财力可能，结合行政事业单位工作任务，首先保障行政事业单位基本支出的合理需求，以保证其机构正常运转和完成日常工作任务；零基预算原则，即每年根据单位编制、实有人员、实物信息等，依据定额标准据实保障；综合预算原则，即统筹考虑单位各项资金来源，包括财政性资金和非财政性资金，按照定额标准综合核定；定员定额原则，即基本支出预算实行定员定额管理，按照编办、人社等部门核定的编制、人员、实物等信息，依据不同定额标准编列。

2. 预算编制方法。

（1）人员经费。依据国家和我省有关工资福利定额标准、财政经费供给标准以及编制内实有人数，据实编制人员支出预算。从 2010 年预算起，每年预算编制时省财政先提前完善信息系统，逐单位设置对应关系，包括预算定额标准、预算科目等，单位只需更新预算基础信息资料即可通过信息系统自动生成基本支出预算。单位录入的基础信息资料主要有：单位基础信息表，包括单位名称、文明单位类型、事业单位绩效工资执行倍数、人员编制、车辆编制等 75 项信息；人员情况表，包括姓名、身份证号码、出生日期、性别、人员类别、人员驻地、编制性质、职务（职称）、逐人逐个工资项目等信息；实物信息，包括单位拥有的交通工具、房屋建筑物及附属设施等信息；学校在校生情况表，包括按学历层次分专业在校生人数；供养的其他人员情况表，主要包括转制单位离退休人员、优抚对象、遗属、长期聘用临时工等信息。通过此方法编制人员经费预算，每年预算编制时省财政将动态基础信息库中最新信息直接导入预算编制信息系统，单位只需在此基础上稍做调整完善即可，可以大幅度减轻单位工作量；通过提取单位基础资料信息自动生成基本支出预算，可以避免单位人为录入错误，统一预算核定尺度和口径，提高预算编报质量。

（2）公用经费。根据编制部门核定的各单位编制信息或学校在校生情况和公用经费定额标准核定。公用经费定额标准分为行政事业单位（不含学校，下同）公用经费定额标准和学校公用经费定额标准，其中：行政事业单位公用经费定额标准实行综合加分项核定，统筹使用，综合定额标准主要根据单位级别、供给性质、任务量、驻地等因素制定，共设行政13档、事业17档，主要包括除办公用水电费、车辆运行维护费、工会经费、职工福利费外的商品和服务支出内容；分项定额标准包括车辆运行维护费、办公用水电费。综合定额公用经费预算按单位全供编制及相应定额标准核定，车辆运行维护费和办公用水电费预算分别按单位车辆编制数、编内实有在职人员和相应定额标准核定。学校公用经费根据在校生人数及定额标准核定，与教职工人数无关，其定额标准主要参考各层次学生培养成本制定，共设16档。

（二）项目支出预算管理情况

1. 预算管理基本原则。综合预算原则，即预算安排要体现各类资金来源统筹安排的要求；轻重缓急原则，即根据项目支出申请依据及性质，按照单位、部门、财政三层排序确定；科学论证原则，即申报的项目应按规定程序进行充分论证和严格审核，实行项目库管理；讲求绩效原则，即财政部门和预算单位要对预算安排项目实行全过程监督管理，严格项目预算执行，并按要求组织实施绩效评价。

2. 预算编制方法。预算单位根据国家和省委、省政府有关政策规定和经省委、省政府批准的行业规划，按照集中财力办大事的原则，提出经过筛选、分类、排序和可行性论证的项目建议，报主管部门审核汇总。省级一级预算单位对所属单位申报的项目审核后，将符合条件的纳入本部门项目库，合理排序后汇总向省财政厅申报。省财政厅在对单位申报项目资格、形式、内容审核的基础上，根据国家和省有关方针、政策，全省国民经济和社会发展规划，以及省级部门行政工作任务、事业发展目标，综合考虑科技、农业、教育等法定支出等情况，确定当年省级部门项目支出安排的原则和重点，根据财力可能，对纳入财政厅项目库的支出项目，按照轻重缓急排序后向省政府提出安排计划，连同项目支出分口切块限额和政府性基金、国有资本经营预算等收支数额一并报省政府研究，在省政府研究批准后，将分管副省长组织相关部门研究提出的切块资金分配和支出项目安排意见下达相关部门。省级各部门根据主管副省长对切块资金的安排意见，对项目预算进行修改后送省财政厅审核汇总。

基层预算单位、主管部门和财政三个层次排序侧重点不同，其中：单位排序由单位结合本单位预算年度工作重点按急缓程度排序，提出预算安排建议；部门排序由部门打破单位界限，结合部门年度工作重点，对单位建议项目进行审核、综合排序；财政排序由财政部门打破部门界限，结合省委省政府工作部署，根据全省经济社会发展大局和省级财力状况，按照轻重缓急和比较效益，对各部门建议安排项目进行再审核、再排序，统筹兼顾、依次安排。各层次排序的原则是：纳入预算项目要优于备选项目，依据国家文件申请的项目优先于省级文件申请的项目，依据省级文件设立的项目优先于部门工作需要项目等。

三、取得的成效

经过十几年的改革探索，我省部门预算改革取得了显著成效，对完善预算管理制度、加强人大和社会监督发挥了重要作用。主要体现在：

1. 改革传统的功能预算编制形式，实行部门预算，并分别编制各部门基本支出预算和项目支出预算，对维持行政事业单位正常运转、保证其职能正常发挥而安排的必要的经费支出编制基本支出预算，对部门预算中的行政事业性专项支出和建设性专项支出，采取项目管理方式，编制项目支出预算，清晰地反映出了政府各部门年度各项收支计划。

2. 按照综合预算、零基预算的原则，将单位的所有收入和支出，全面完整地纳入部门预算统一管理，并根据部门的职能和任务要求，将各预算单位分类归档，分别确定支出定额，按照有保有压、确保重点的原则，区别轻重缓急，统筹安排项目支出，基本形成了“收入一个笼子、预算一个盘子、支出一个口子”的预算分配格局，提高了政府统筹使用各种财政资金，集中财力办大事，保障法定支出和重点支出的能力。

3. 细化预算编制，将年初预算细化到基层预算单位和具体项目，全面反映支出的详细情况，减少预算执行过程中的二次分配，增强了部门预算编制的完整性、准确性和规范性，提高了预算编制的透明度，也便于人大对部门预算的审查监督。

4. 加强制度建设，出台了一系列加强和完善部门预算管理的政策法规，对部门预算编制的程序、格式、方法、内容、支出标准等做了详细规定；提高向人大报送预算的完整性，在向人大上报政府总预算的同时，逐步将部门预算报送人大审查，并不断细化报送内容，扩大审查范围，进一步健全完善了“部门建议、财政审核、政府审定、人大审批”的预算决策程序，使整个预算编制过程更加公开、公正、透明。总的看，通过部门预算改革，基本解决了传统预算管理制度下政府预算不完整、不统一，预算编制方法简单、不够科学，预算编制内容不细化、程序不够规范，预算执行随意性大、约束力不强，以及预算不够透明、监督力度差等问题，财政预算管理理念得到根本性转变，为贯彻落实科学发展观、推动经济发展和社会和谐提供了有力的财政制度保障。

四、下一步工作思路

（一）工作目标

进一步提高部门预算的科学性、规范性、完整性和透明度，逐步建立框架体系完整、内容有机结合、运转高效有序的财政资金分配、使用和管理机制，增强财政资金使用的规范性、安全行和绩效性，实现预算管理的公开、公正、公平。

（二）工作措施

1. 深入推进财税体制改革，发挥财政在国家治理的基础和重要支柱作用。一是实施中期财政规划管理。通过编制中期财政规划，将预算安排从1年扩展到3年，增强预算前瞻性，优化资源配置，提高支出安排科学性，强化政府统筹调控能力，保障省委、省政府重大决策部署落实，促进经济和社会全面协调可持续发展。2014年启动编制2015—2017年中期财政规划。二是建立跨年度预算平衡机制。探索编制中期预算，加快建立跨年度预算平衡机制，跨年度项目分年度安排，重大增支项目分年度列入预算，分年消化，提高年度间预算稳定性。改进预算超收收入管理，强化预算约束，从严控制预算追加，超收收入主要转入预算稳定调节基金，用于调节以后年度预算收支盈缺。

2. 加大综合预算力度，提高预算编制的完整性。一是进一步健全政府预算体系，在完善公共财政预算的同时，细化政府性基金预算、推进国有资本经营预算和社会保险基金预算，形成统筹协调、有机衔接、互为补充的完整体系，建立将政府性基金中应统筹使用的资金调入公共财政预算的机制，加大国有资本经营预算资金调入公共财政预算的力度，通过预算编制形成资金合力，增强政府统筹调控能力。二是增强财政统筹能力，继续深化“收支两条线”改革，加强部门组织收入的统筹使用，实现真正意义的综合预算；加大非税收入、单位自有收入、中央专款等各类资金的统筹使用力度，提高财政资金整体使用效益；加强部门结余结转资金管理，将其与编制中期财政规划相衔接，减少资金沉淀。三是推进综合预算。按照全口径预算管理要求，逐步将债务收入纳入预算编制范围，不断提高财政总预算和部门预算的完整性；按照综合预算管理要求，将财政各项收入统筹安排、综合考虑，将部门各项收入实行统筹管理、综合核定。

3. 推进预算管理标准化，提高预算编制的科学性。一是规范基本支出预算编制。积极推行人员实名制管理，人员经费预算根据人员、工资津补贴政策、经费供给类型等据实编制，提高预算编制的准确性；探索建立实物费用定额与综合定额相结合的公用经费标准体系，使公用经费安排与部门单位职能特点、业务工作量相适应，与占用的车辆、办公用房等实物资产相结合。二是科学编制项目支出预算。加强项目前期评审和规划论证，细化项目申报内容，明确项目实施计划和时间进度，努力达到“看得清、摸得着、有指标、能考核”，尽量减少没有具体项目和实质内容、仅有项目名称的“打捆”项目，切实增强项目支出预算的科学性和有效性。对经常性项目支出，建立完善项目支出标准体系，将支出内容、标准予以量化，同类项目支出预算按同一标准核定。三是完善资产配置预算管理。区分单位性质、资产类别、行业职能，兼顾财力状况，分类制定资产配置标准，使资产配置预算的编制、执行有据可依。在此基础上，推进资产科学合理配置，“以存量制约增量，以增量调整存量”，降低行政运行成本。促进资产管理与预算管理有机结合，加强新增资产配置审核，未经批准不安排相关经费。全省各级逐步建立“政府公物仓”，减少资产重复配置，促进资产整合利用。四是严格政府采购预算编制。提高年初政府采购预算占实际采购的比重，将财政性资金实施的政府采购项目全部纳入预算管理，实行国库集中支付。

4. 强化基础管理，提高预算管理精细化水平。一是完善基础数据信息库。全面掌握预算单位人员、工资及津贴补贴、资产负债、收费项目和标准，完善部门基础信息数据库，逐步实现对本级行政事业单位机构、编制、人员、资产、经费类型等数据的动态管理，实现财政统发工资系统与部门预算编制系统衔接。二是加强备选项目库管理。逐步完善预算单位和财政部门项目库，做好项目论证、排序和项目文本填报工作，完善项目论证评审、遴选排序机制；按照相关资金管理办法规定，加强部门申报项目审核，将符合专项资金支持方向的项目纳入财政项目库，并根据财力可能，编制项目支出预算。加强年度之间、部门和财政之间项目库的衔接，尽快实现项目实时滚动管理。三是加强支出定额标准体系建设。推进支出定额标准体系建设，切实发挥定额标准在预算管理工作中的基础支撑作用。逐步建立支出定额标准动态调整机制，综合考虑各部门业务规模、预算级次、职能活动、管理水平等情况，合理确定调节系数，根据执行效果和经济社会发展及物价变动情况及时进行调整，进一步提高预算编制的科学性。四是加快财政管理信息化进程。以标准和规范体系建设为基础，以建设和推广应用支撑平台为重点，以网络、安全及运行维护体系建设为保障，建立各级财政内部、财政与同级相关部门、上下级财政部门互联互通的一体化财政管理信息系统，实现预算编制、预算执行及监督监控全方位的科学规范管理，支撑和促进财政科学化精细化管理。

第五节　广西壮族自治区部门预算管理经验交流

按照财政部的部署，我区从 2001 年起，开始实行部门预算改革。经过十多年的探索与实践，我区不断规范和完善部门预算编制的内容、方法和程序，部门预算改革不断向纵深推进，预算编制工作日趋科学化、精细化、规范化和制度化，与公共财政框架相适应的新财政预算编制框架体系和运行机制已经初步确立，部门预算改革进展顺利，效果明显。

一、部门预算改革的基本情况

2000 年，在编制 2001 年部门预算时，按照“循序渐进、先易后难、逐步完善”的总体思路，我区本级选择自治区教育厅、农业厅、卫生厅、监狱局等四个部门进行改革试点，其他部门也按照部门预算编制要求编制部门预算。同时也要求市级全面实施部门预算改革，县级要逐年扩大试点范围。

据统计，截至 2013 年底，自治区本级 122 个部门和全区 14 个地级市本级已全面推行了部门预算改革，实行了比较规范的部门预算，覆盖面达到 100%。在全区 109 个县（市、区）中有 104 个县进行了部门预算改革，其中：全面推行部门预算改革的县 85 个，占总数 82%；选择部分单位实行部门预算改革试点的有 19 个县，占总数 18%；未实行部门预算改革的县有 5 个，占总数 4%。

二、部门预算改革的主要做法

（一）细化预算，规范基本支出和项目支出预算编制

1. 改进预算编制方法，基本支出实行定员定额管理。为改变传统“基数加增长”的预算编制方法，根据部门职能任务以及现有公共资源配置情况，建立符合我区实际情况的基本支出分类分档、定员定额的管理模式。

人员经费据实核定。按照国家和自治区统一的工资、津贴补贴、绩效工资等政策以及自治区机构编制部门核定的编制，逐人逐项核定到部门，并足额予以保证。

公用经费按照制定的分类、分档、分项支出定额标准核定经费。近年

来，随着市场经济的稳步发展，每年确定公用经费定额标准前，都充分考虑了部门实际支出需求以及自治区本级财力可能，在一定的范围内适当提高公用经费定额标准，并不断扩大公用经费定额范围：一是按照法定支出的要求，学校公用经费定额每年递增5%；二是根据物价水平和实际需要，逐年提高交通费、办公费、水费、电费、邮电费、差旅费、会议费等项目定额标准；三是根据形势变化和支出经费需要，新增印刷费、物业管理费、劳务费三项定额标准。从2009年起，制定了综合定额标准，除大中专院校外所有预算单位均实行统一定额标准，按照分类分档核定，改变了过去一些有预算外收入的单位除财政安排外，又在预算外资金中安排一部分公用经费的做法，逐步建立科学合理的公用经费定额标准体系。四是开展实物费用定额试点。2013年，选择少数部门开展物业管理费实物定额试点，按办公面积等资产核定物业管理费，为建立定员定额与实物费用定额相结合的公用经费定额标准体系打下了基础。

2006年，为进一步提高基本支出预算编制的准确性，自治区本级建立了部门预算基础信息数据库，全面掌握预算单位的人员和编制、工资、车辆及资产等基础数据，并实行动态管理。近年来，为防止财政资金被虚报冒领、“吃空响”，基础信息库数据全部以自治区编办、人力资源社会保障厅和小汽车定编办等部门审核的人员编制、人员工资和小汽车定编数为依据，未经这些部门审核不得申报。基本支出的各项支出预算均以基础信息库的数据为依据，按照统一的标准和政策据实核定，并通过基础信息库数据自动计算生成。这些做法，既提高了人员基础数据的准确度，同时也避免了各部门数据口径不统一的弊端。

2. 细化预算编制，不断提升项目支出预算编制管理水平。2006年以来，为加强和规范项目支出预算管理，我区出台了《自治区本级项目支出预算管理办法》、《自治区本级项目支出预算评审管理办法》等一系列制度。按照制度的要求，建立了自治区本级财政项目库，由预算单位根据本单位需求的轻重缓急，将项目排序后纳入项目备选库，财政厅各部门预算管理处根据资金情况和投放重点对单位报送项目进行审核筛选，纳入财政项目预算库，实行滚动预算。目前，我区自治区本级的部门预算项目支出预算大部分细化到了基层预算单位，预算科目细化到类、款、项、目；所有的项目支出都要求细化到具体的预算项目、落实到具体部门和相应的政府收支分类科目。项目的规范化管理，提高了部门预算编制的完整性、准确性和规范性，提高了预算编制的公开透明度，也便于人大对部门预算的监督。

近年来，按照财政部关于财政管理科学化精细化的要求，我区不断创新项目支出预算编制管理方式。一是成立部门预算编审委员会。2011 年，为了加强部门预算的指导及审核工作，自治区财政厅成立了部门预算编审委员会，由厅长和副厅长分别担任主任和副主任，成员单位由厅内各部门预算管理处及相关处室组成，部门预算经各部门预算管理处审核汇总后报预算编审委员会审定，并按审定数额下达部门“一下”控制数。二是改进项目支出“一下”控制数下达方式。2010 年，将以往项目支出“一下”控制数按处“切块安排”的方式调整为直接下达到具体单位、具体项目、科目名称及金额，区直部门大部分项目支出均按照统一要求细化到具体的预算项目、落实到具体部门和相应的政府收支分类科目。三是推进财政专项资金竞争性分配改革。围绕打造“五个财政”特别是打造“绩效财政”的目标要求，2014 年，在已经实行竞争性分配的 32 项财政专项资金的基础上，另外选取部分预算安排超过 0. 2 亿元（含 0. 2 亿元）财政专项资金实行竞争性分配。通过在财政专项资金分配环节引入竞争机制，将绩效目标作为财政专项资金分配和项目遴选的一项重要标准，逐步建立起科学、合理、公平、透明、高效的财政专项资金分配机制，强化绩效优先观念，切实提高财政专项资金的管理水平和使用效益。

（二）规范预算编制，预算编制的完整性和规范性明显提高

深化“收支两条线”改革，推进综合预算管理工作。在编制 2008 年部门预算时，我区选择了自治区人防办等 5 部门进行“收支两条线”和收支脱钩改革试点，试点部门收入全部纳入部门预算管理，支出由财政部门根据其事业发展需要在部门预算中统筹考虑。从 2009 年起，自治区本级部门预算全面推行综合预算编制。

近年来，按照综合预算改革要求，我区进一步加强对各类收入的精细化管理和统筹使用，努力做到“收入一个笼子、支出一个口子、预算一个

盘子”，部门预算完整性不断提高。目前我区本级部门预算支出来源既包括一般公共财政预算拨款，又包括财政专户资金、事业收入、经营收入、其他收入等财政性资金；支出范围既包括基本支出、项目支出，又包括事业单位经营支出、上缴下拨支出，既包括单位当年的预算支出，又包括结余结转资金。为加强政府调控能力，我区重点在规范部门收入管理方面下足功夫，近年来，统筹使用各类收入资金逐年扩大，如 2013 年、2014 年部门预算，自治区本级分别统筹各类收入 17.5 亿元、26.6 亿元用于发放事业单位的绩效工资，确保事业单位绩效工资的正常发放，逐步实现各类资金的统筹安排和综合平衡。

（三）加强制度建设，规范预算管理

为确保部门预算编制有章可循，自治区财政厅先后制定了《自治区本级基本支出预算管理办法（试行）》、《自治区本级项目支出预算管理办法（试行）》、《自治区本级部门预算基础信息库管理办法（试行）》、《自治区本级部门预算项目库管理办法（试行）》、《自治区本级基础信息管理系统操作规程（试行）》、《自治区本级部门项目支出预算评审管理办法》、《自治区本级财政拨款结余资金管理办法》、《自治区本级财政拨款结余结转资金管理办法》、《自治区本级部门预算编制工作考核评比办法（试行）》等一系列的部门预算管理制度，对部门预算编制的内容、方法、程序等都作了详细的规定，确保预算编制有序、审查有据、实施有效。

（四）创新预算审核方式，促进部门预算与项目支出投资评审、资产管理、非税收入和监督有机结合

近年来，按照依法理财、民主理财、科学理财的要求，以全面推行部门预算为基础，积极推动其他财政管理领域的配套改革，形成了各项改革配套联动、共同推进、互为表里的良性发展趋势，财政改革整体效益已初步显现。

1. 强化项目支出预算投资评审工作。2011 年，出台了《自治区本级部门项目支出预算评审管理办法》，选择区公安厅等 12 个部门进行试点，对试点部门预算安排的房屋建筑物购建、基础设施建设、信息网络购建单

项工程投资额在 200 万元以上的项目、大型修缮项目概算总投资在 50 万元以上的项目以及财政部门门认为需要评审的其他项目等先评审后编制预算。2012 年全面推进财政项目支出评审，凡符合上述评审条件的项目都必须先评审后编制预算。近年来，我区严格按照项目申报、论证和评审的程序管理项目，把项目评审作为经常性工作来抓。

2. 积极推进部门预算与资产管理相结合新机制。按照深化部门预算管理改革的要求，2009 年，我厅代自治区党委办公厅和自治区人民政府办公厅草拟了《自治区本级行政事业单位常用办公设备配置标准》。从资产管理源头抓起，探索建立资产配置和部门预算编制相结合的机制，努力提高财政资金的使用效率和资产配置的科学性。以“先试点、后总结、再推开”为基本思路，2010 年选择 11 个资产量较小的部门开展新增资产审核试点，然后逐年扩大，2014 年已扩大到 50 个部门。试点内容是审核部门新增办公用房、公务车辆和单项价值 10 万元以上的大型设备等三项资产，近年来，共核减超标准资产预算 2 亿多元，节约了财政资金。

3. 推进收入预算编制审核工作。为进一步规范收入征收管理，增强收入预算的规范性、准确性和约束性，确保各项收入应收尽收、应缴应缴，2012 年开展收入预算编制审核工作，选择收入较多的 3 个部门进行收入预算编制审核试点，2013 年扩大到 5 个，2014 年全面推进收入编制审核工作。“一上”时各部门要单独报送收入征求计划，由财政厅非税收入管理处进行审核，按照财政部门审核的收入计划编制预算。

4. 推进部门预算与财政监督相结合。为强化部门预算与财政监督有机结合，发挥财政监督服务于财政改革与财政管理的作用，推进深化部门预算改革，2005 年，印发了《关于印发自治区本级部门预算监督试点工作实施方案的通知》，对部门预算监督工作做出了具体的规定，从 2005 年起每年财政厅开展部门预算执行监督检查，对检查中发现的问题，提出整改意见，提请部门预算管理处在审核单位下一年度的部门预算时予以关注，为合理安排项目支出预算提供了依据。

（五）主动接受监督，提高预算的透明度

1. 主动接受人大监督。部门预算全部提交人大审议，把部门预算编制

纳入法制化轨道。从2006年起，自治区本级除安全、军事等涉及国家机密的部门外，其余部门的部门预算全部报送自治区人大审议。同时，还把超收安排情况、中央财力性转移支付和中央专项安排情况以及预算调整情况列入报送内容。近年来，自治区本级部门预算在提交自治区人大审议前，先由自治区人大财经委组织熟悉业务的专家对部门预算草案进行认真的审查，对审查发现的问题向有关部门反馈，要求部门进行整改。通过审查，部门编制预算更加认真、细致，促进了部门预算编制的规范、合理、真实、准确。

2. 积极打造“透明财政”。为推行依法行政、依法理财，提高预算透明度，我区采取了一系列措施。一是公开财政总预算和部门预算信息。自治区财政厅印发了《关于进一步做好预算信息公开工作的实施意见》，进一步明确了预算信息公开的指导思想和原则、公开主体、内容和公开方式，以及预算信息公开的重点，使我区预算信息公开工作有章可循，纳入制度化轨道。按照预算公开的原则和要求，有序地向社会公开部门预算收支情况，2011年全区各级财政部门通过政府和财政部门门户网站或报刊等形式主动向社会公开了预算管理制度以及经同级人大审议批准的2011年预算收支安排等。2012年，自治区本级公开了财政总预算、总决算，指导21个区直部门公开2011年部门决算和88个自治区本级部门公开2012年部门预算。2013年，100个一级预算单位公开了2013年部门预算，98个一级预算单位公开了2012年部门决算。二是积极推进自治区本级“三公”经费公开。2012年，自治区财政在广西财政网站向社会公开了自治区本级2011年“三公经费”支出决算和2012年预算，发挥了表率作用，取得了良好的社会效果。2013年，87个自治区本级部门公开了本部门2013年财政拨款“三公”经费预算数。

（五）强化信息化管理，夯实预算编制基础

部门预算涉及所有部门及其下属单位，涵盖部门所有收支，数据量大，工作环节多，必须通过依靠高效的计算机信息系统等技术手段才能取得明显的成效。一是夯实预算基础，加强基础信息数据库建设。为了更多、更准、更细地掌握预算单位相关资料，我区一直致力于完善基础数据

库建设，不断探索高效、快捷、准确的预算基础数据采集途径。据统计，截至 2012 年底，全区 14 个市本级都已建立了包括预算单位基本情况、编制、人员、工资、车辆项目的基础信息数据库，有条件的市还实行了基础信息动态更新和联网管理。二是加强预算编制的科技手段建设，提高预算编制水平。随着“金财工程”的实施和部门预算“e 财”软件的应用推广，我区各级财政系统信息化建设水平不断提高，基础信息库已纳入“金财工程”整体框架内，实现同步管理，减轻了预算单位的工作量，提高了预算编制的准确性。截至 2013 年底，全区 14 个地级市及所属县区全面应用部门预算“e 财”软件，自治区本级 2013 年已使用部门预算网络升级版。

（六）加强预算执行管理，促进部门预算编制质量的提高

1. 加强预算执行的基础工作。为合理安排预算，在编制部门预算时，专门设计 1 张部门预算决算表，要求各部门填报上年部门预算决算数，以便了解部门预算执行情况，对执行不力的项目，财政部门将根据实际情况，调整预算。

2. 强化预算执行管理。近年来，我区已建立部门预算分析制度，按月分析预算执行情况，及时掌握预算收支运行情况。同时，建立预算执行进度通报制度，定期对预算执行情况进行通报，促进部门预算编制与执行、决算的相互衔接，进一步提高部门预算编制水平。

3. 加强结余结转资金管理。一是完善了结余结转资金管理办法。制定了《自治区本级财政拨款结转结余资金管理办法》，对财政拨款结余结转资金管理提出具体要求。二是全面清理自治区本级公共财政预算安排的两年以上的结余结转资金，2012 年、2013 年分别将历年结余结转资金 1.5 亿元、1.05 亿元收回总预算。三是加大结余资金统筹使用力度，在编制部门预算时，要求各部门结合本单位结余资金情况，主动提出统筹使用结余资金计划，提高预算安排的完整性、准确性。新增基本支出要优先动用基本支出结余资金安排，结余资金不足以安排时再申请增加预算拨款；有专项结余的部门，安排延续项目要先动用专项结余，结合专项结余情况提出经费需要；新增项目支出优先动用净结余资金安排。预算执行时，对部门提出合理的追加预算事项，首先通过部门净结余资金予以安排，不足部分再追加预算。

4. 预算约束力进一步增强。近年来，我区在进一步细化预算的基础上，自治区本级财政减少了预算预留机动指标，将预算预留指标集中起来管理，规范了预算追加程序；在年度预算执行中，严格按照批复的预算执行，如需调整预算必须经过财政部门审批，对没有列入年度预算的项目一般不予支持，零星追加得到进一步规范。

三、部门预算改革的主要经验

回顾改革探索实践过程，我区部门预算改革工作经历了不平凡的历程。面对改革遇到的新情况新问题，敢于迎难而上，使部门预算改革稳步推进，取得了较好的成效，也积累了宝贵经验，概括起来有四个方面：

（一）领导重视和支持是关键

领导重视和支持，是推进部门预算改革的重要保证。在推进预算改革进程中，自治区政府有关领导积极支持，厅领导多次做出重要批示，认真听取改革工作汇报，督促检查部门预算改革的工作进展情况，协调处理改革中出现的重大问题，使我区部门预算改革顺利推进。

（二）部门的理解和配合是保证

部门是部门预算的编制主体，如果部门不支持、不配合，部门预算改革将很难推进。预算编制改革对部门利益和财务管理方式都带来较大的影响。在改革过程中，预算编制的透明度与公开性不断增强，财政资金使用的法制性、约束性不断加强，一些部门因为不能像过去一样自由、灵活使用各种经费，对改革存在一些看法，使改革遇到一些阻力。对这些部门，财政部门认真、耐心、细致地做好解释工作，坚持原则，以理服人，使部门消除成见，加深理解，加强协作。

（三）人大、审计部门的支持是有效促进力

部门预算改革中，财政资金的分配是否科学、合理，是否公开、公正

和公平，财政资金的使用管理是否合法、规范，这就有赖于人大的审查、监督和审计部门的审计。多年来，自治区人大、审计部门对我区的部门预算改革工作给予了大力的支持、关心和指导，特别是自治区人大财经委每年都组织专家组对拟提交人大审议的部门预算进行认真、细致的审核，提出了很多很好的意见和建议，特别是对一些管理的难点、疑点问题提出了很有效的建议，大部分建议得以采纳，并在实际工作中发挥了重要作用。在预算执行中，自治区人大、审计部门很好地开展了监督检查和审计工作，及时指出部门预算管理中存在的问题和不规范做法，对违法行为依法查处，有效地促进了部门预算管理逐步走向规范化、法制化进程。

（四）优质服务是根本

部门预算编审工作是一项很复杂的系统工程，工作量大、难度高、时间紧。这就要求财政部门准确定位，在部门预算编审工作中，把财政部门当成是服务部门，主动地为部门预算编制主体（预算部门）提供优质服务，让部门能集中精力把部门预算编精、编准、编细、编全。多年来，在时间紧、任务重的情况下，财政部门充分用主动服务的意识指导工作，软件技术改进上先考虑方便单位操作再考虑方便财政审核控制，积极主动地上门为部门解决、解答部门预算编制的技术、业务问题，用优质、主动的服务取得部门的理解与支持，确保部门预算编审工作每年都能按时保质地完成。

四、下一步工作思路

（一）进一步完善基本支出定额标准，努力实现预算分配的公平公正

在不断完善部门预算科学分类分档的基础上，继续推进基本支出改革，一是建立与完善公用经费定额标准体系框架，规范定额标准。在分项定额计算的基础上，允许单位调剂使用，待条件成熟时再向综合定额过渡。二是增强公用经费定额标准的科学性，保证机构正常运转。研究建立公用经费定额标准动态调整机制，遵循厉行节约原则，但要确保该办的事

该用的钱足额安排。要根据自治区本级履行职能情况、有关政策调整、物价水平变化和经济发展状况等因素，研究提出适当调整和完善定额标准。重点研究提出物业管理费、网络运行费等定额标准。三是完善单项定额标准，实现预算管理与资产管理的有机结合。

（二）进一步加强项目支出预算管理，切实提高预算编制质量和水平

一是积极推进项目支出定额标准体系建设，结合我区今年出台的会议费、差旅费、接待费和出国经费管理办法，合理确定会议费、差旅费、接待费、出国经费项目支出定额标准，科学合理地编制项目支出预算。二是进一步落实项目滚动管理机制，为做好自治区本级的部门预算编制奠定基础。三是进一步规范项目库运行。要严格按照项目先入库再安排预算的原则，从项目库库中筛选项目编制预算，未入库项目不予安排预算。四是加强对项目的审核。积极推进预算编制与财政监督等相结合，根据财政监督检查结果作为主要依据来审核、安排项目支出预算。监督部门要提前介入部门的预算编制，对财政项目库建立和“一下”控制数之前等环节进行监督；此外，根据上年度的预算执行结果，对预算执行率较低的部门，要相应核减其项目支出预算。五是进一步强化部门结转结余资金管理，研究制定有效的激励约束机制，强化部门预算结转结余管理，调动部门加强结转结余资金使用管理的积极性。六是合理安排部门预留机动费。由于部分年度工作不确定因素较多，存在年中临时增加工作任务的情况，应适当扩大实行项目预留机动费试点的范围和提高预留比例，提高部门预算的灵活性。

（三）进一步完善部门预算报表体系和软件设置

一是研究制定涵盖政府预算体系的部门预算报表体系。按照财政部的要求，各级政府预算将逐步建立由公共财政预算、政府性基金预算、社会保险基金预算和国有资本经营预算组成的有机衔接的政府预算体系，全面反映政府收支总量、结构和管理活动。目前，我区政府性基金已纳入部门预算管理，在部门预算报表中反映收支情况。同时，目前正在研究将国有资本经营预算纳入 2015 年部门预算管理报表体系，为全面反映政府预算

收支情况奠定了良好的基础。二是进一步优化和完善部门预算软件功能。2013 年，我区已经对自治区本级部门预算管理系统进行升级，在原有功能的基础上，增加项目支出绩效评价管理和网络在线编审管理等功能，在编制 2015 年预算时，将进一步修订部门预算编制软件，优化完善软件功能，提高软件运行效率。三是加强软件设置与业务管理相结合。一方面处理好软件适应业务管理与业务管理适应软件固有的管理功能的关系，找准结合点，使软件技术更好地支持业务管理。另一方面，要使业务流程与软件流程紧密结合，根据业务管理流程研究制定软件设置方案，完善报表汇总分析功能和“二上”查询功能、打印功能等。四是研究将政府购买服务相关信息纳入“预算管理一体化系统”统一编报、统一管理。

（四）进一步加大县级部门预算改革指导力度，推进县级部门预算编制工作

一是发挥中央、自治区本级和市本级部门预算改革的率先示范作用，带动并稳步推进县级部门预算改革。二是积极开展规范县级部门预算试点，对部门预算改革中的新制度、新机制挑选部分县进行试点，不断积极和丰富改革经验。三是鼓励各县因地制宜地创新部门预算管理机制，完善部门预算编制方法。四是消除标准化、单一模式等部门预算改革误区，正确评价县级部门预算改革成果，引导县级逐步完善体制和机制，深化部门预算改革。横向扩展，将所有市、县级部门及其下属预算单位逐步纳入部门预算范畴；四是纵向扩展，要将部门预算向县乡稳步推进，逐步实现所有的县（市、区）和经济较为发达、管理水平较高的乡镇都要编制部门预算。

第六节　贵州省部门预算管理经验交流

2006 年以来，按照财政部《关于完善和推进地方部门预算改革的意见》要求，我省相继推行部门预算改革，不断加快了部门预算改革步伐。到 2011 年，全部省级 137 家一级部门实行部门预算管理，全省 9 个市

(州)、88 个县(市、区、特区)已全面实施了部门预算改革。2014 年,一级预算部门归并为 127 个,同时,省政府组成部门的 60 家部门预算提交省人民代表大会审议。

一、部门预算改革的基本情况

(一)完善定员定额标准,规范基本支出预算编制

1. 积极稳妥地推进基本支出定员定额改革试点,进一步完善定员定额标准体系,将符合条件的参照公务员法管理事业单位和部门公益性事业单位纳入管理体系。

2. 严格控制基本支出。自 2009 年起,省级部门预算公用经费实行定额标准"零增长"。

3. 做好部门基础信息数据管理,不断丰富信息内容、提高信息质量、拓展和整合各业务系统功能,夯实基本支出预算管理的基础。加强财政与编制、人事等部门的衔接,确保基础信息数据真实、准确;依托财政系统"大平台",加强部门预算编制系统与资产管理、工资统发、财政供养人员等系统的有机衔接,及时维护基础信息。

4. 建立健全"厉行节约"工作与部门预算管理相衔接的长效机制。将厉行节约与部门预算管理紧密结合,形成长效机制,从严从紧编制预算,从源头上防止奢侈浪费。进一步完善管理制度,切实压缩一般性支出,严格控制因公出国(境)费、公务用车购置费及运行费、公务接待费等"三公"经费支出。加强会议费支出管理,大力压缩差旅、会议、文件等经费支出,严格控制会议、论坛、庆典、节会等活动,控制和降低行政运行成本。自 2009 年以来省级部门预算公用经费定额标准执行"零增长"。

(二)加强项目库建设,完善项目支出管理

1. 抓好项目库建设。按照信息化建设标准,依托部门预算编制软件,分别建立省级财政项目库和预算单位项目库。预算单位项目库和财政部门

项目库由软件系统自动对接。加强项目信息填报规范，做好入库项目的审核、论证、立项、遴选、排序等工作，严格按照规定的规模、内容、方式申报项目支出预算。

2. 做好项目库分类管理。完善入库项目的分类管理标准，明确界定项目属性，按照实际情况分类管理。省财政将部门预算中的项目支出分为基数性项目、政策性项目（包括长期性、阶段性、周期性）、部门重点项目三大类进行分类管理。

3. 实行项目库滚动管理。在入库项目分类管理的基础上，按资金来源、项目分类、项目属性、项目执行期限和项目管理口径等相关因素，及时清理项目状态，自动结转跨年度项目、基数性项目，自动删除过期项目、一次性项目，自动调整政策性项目，实现项目库的滚动管理。

（三）实施综合预算编制

根据《财政部关于将按预算外资金管理的收入纳入预算管理的通知》（财预［2010］88 号）的要求，自 2011 年起取消预算外资金。除教育收费实行专户管理、交通运输部门集中的收入纳入政府性基金预算管理外，其余预算外资金全部纳入公共预算管理，原通过上述资金安排的支出改由公共预算安排。对按规定应列入部门预算编报范围的单位和资金，全部编报部门预算。

按照财政部和我省非税收入改革的相关要求，遵照综合预算的原则，进一步加强了对部门除财政拨款以外的事业收入、经营收入、其他收入和政府性基金收入等非税收入的管理，完善收支测算方法，统筹考虑、综合平衡、合理安排。各部门不断加强非税收支预算管理，做好成本性支出核定，不断提高部门预算编制的完整性。

（四）逐步探索做好绩效预算管理

以预算绩效管理为中心，以项目评审为手段，在预算绩效管理方面积极探索，逐步改变过去“基数 + 增长”、与部门点对点谈判安排预算的模式，加强了财政资金安排的科学性，提高了财政资金的使用效益，强化了财政对资金事前、事中、事后的监管。2011 年 6 月，印发了《贵州省省级财政项目支出预算评审管理办法（暂行）》（黔财编［2011］4号），并通过扩大项目评审的范围，增强项目评审的力度，探索建立了“前置评审、期中监控、事后回馈”的省级项目支出评审制度，在进一步规范省级部门预算项目支出管理，强化预算编制、执行和监督等环节都取得了一定成效。按照“不唯减、不唯增、只唯实”的原则，充分采集相关工作数据加以分析，依照法律法规现行政策，加强与部门的沟通，统一了思想，达成了共识，增进了理解，取得了较好成效，减少了过去依靠人为磋商安排资金的情况。

二、下一步工作思路

编制规范的部门预算是建立公共财政的内在要求，也是加强财政管理的重要手段。在以“预算编制、预算执行、财政监督、资产管理、绩效评价”为“五位一体”的预算管理体系中，部门预算编制作为源头环节，必须服从于财政综合改革的整体目标、总体部署，保证改革进度，为预算执行、监督创造良好条件，推动财政综合改革顺利进行。

（一）不断改进预算管理制度

按照党的十八届三中全会提出的“实施全面规范、公开透明的预算制度”的要求，因地制宜，坚持综合预算、刚性预算、零基预算的原则，结合实施政府收支分类改革，建立体系完整、内容全面、运转高效的工作机制，健全科学、民主、规范的预算决策方式和程序，实现部门预算管理公正、公开、细化、透明、规范、高效。

（二）以信息化为引导，强化部门预算编制的科学性

参照财政部信息化建设总体方案，结合我省工作实际，逐步完善部门预算管理的信息化、规范化和科学化。将基本支出的定员定额管理和项目支出的项目库管理纳入信息化系统的基本建设功能，并将年度执行中调整预算纳入系统模块流程，实现规范化管理。

（三）进一步深化预算公开工作

按照《财政部关于深入推进地方预决算公开工作的通知》要求，全面推进部门预算公开和“三公”经费预决算公开工作，不断强化部门的主体责任意识，提高部门预算公开的主动性和积极性，着力建立预算公开反馈机制，加强舆论宣传和引导，做好相关舆论解释工作。

附　　录

附录一

财政部关于编制2015年中央部门预算的通知

（2014年5月27日　财预［2014］78号）

党中央有关部门，国务院各部委、各直属机构，总后勤部，武警各部队，全国人大常委会办公厅，全国政协办公厅，高法院，高检院，有关人民团体，新疆生产建设兵团，有关中央管理企业：

根据《中华人民共和国预算法》和《中华人民共和国预算法实施条例》（国务院令第186号）的有关规定，现就编制2015年中央部门预算有关工作通知如下：

一、2015年中央部门预算编制的指导思想和工作重点

2015年中央部门预算编制工作的指导思想是：以邓小平理论、“三个代表”重要思想、科学发展观为指导，全面贯彻落实党的十八大、十八届二中、三中全会、中央经济工作会议和全国财政工作会议精神，遵循现代国家治理理念，坚持稳中求进、改革创新，完善体制机制，加强预算管理，实现有效监督，努力构建全面规范、公开透明的预算制度。2015年中央部门预算编制要紧紧围绕全面深化改革的总体部署，紧密结合财政经济形势，坚持依法理财、统筹兼顾，优化财政支出结构，盘活财政存量，用好财政增量，从严控制“三公”经费等一般性支出；深化部门预算改革，推进中期财政规划和部门滚动规划管理，健全预算支出标准体系，深化国库集中收付和政府采购制度改革；加强全口径预算管理，强化预算执行监督，严肃财经纪律，硬化预算约束，推进预算绩效管理，提高预算透明度。

按照上述指导思想，2015 年中央部门预算编制的工作重点是：

（一）坚持厉行勤俭节约，努力降低行政成本。

发扬艰苦奋斗、勤俭节约的优良传统，严格执行中央八项规定和国务院“约法三章”要求，认真落实《党政机关厉行节约反对浪费条例》。严格控制一般性支出，细化“三公”经费预算管理，继续按照零增长的原则编制“三公”经费预算，“三公”经费和会议费比上年只减不增。健全公务支出管理制度体系，加强公务支出的督查问责，深化公务用车制度改革，全面实行公务卡制度，不新建政府性楼堂馆所，规范和加强机构编制管理，推进厉行节约工作长效化、常态化、制度化。

（二）完善预算分配机制，提高预算安排的规范性。

结合事业单位分类改革，研究完善事业单位经费保障机制，扩大基本支出定员定额管理范围，优化基本支出和项目支出结构。推进项目支出定额标准体系建设，加强定额标准的运用，发挥定额标准对项目预算安排的支撑作用。细化部门预算编制，推进预算编制与预算执行、结转结余资金管理和部门决算的有机结合，提高年初预算到位率。

（三）推进中期规划管理，提高预算管理的科学性。

推进中期财政规划和部门滚动规划管理改革，强化规划对年度预算的约束，增强预算的前瞻性和可持续性。健全项目支出预算管理制度，改进项目库管理，规范预算项目设置，加大项目精简、整合力度，控制和减少项目数量，完善重大项目事前评审机制和中期绩效评估机制。清理规范重点支出同财政支出增幅或生产总值挂钩事项，据实安排重点支出，不再采取先确定支出总额再安排具体项目的办法。

（四）强化全口径预算管理，提高部门预算的完整性。

厘清公共财政预算、政府性基金预算和国有资本经营预算的功能定位，明确收支范围，加强统筹协调，避免资金安排交叉重复。对相关支出，首先通过政府性基金预算和国有资本经营预算安排；如有不足且必须安排，再通过公共财政预算安排。加强中央部门除当年财政拨款以外的事业收入、经营收入等其他资金的管理。规范部门预算口径和报送格式，从 2015 年起，将部门预算划分为部门财政拨款收支预算和部门财务收支预算两个层次。

（五）提升预算绩效管理质量，提高财政资金使用效益。

牢固树立绩效管理理念，大力培育绩效管理文化，健全全过程预算绩效管理机制。继续扩大预算绩效管理范围，强化绩效目标编制管理，提升预算绩效管理工作质量。积极开展重点领域和项目绩效评价试点工作，开展部门整体支出绩效评价试点。加大绩效评价结果与预算安排相结合的力度，推进绩效评价结果向社会公开。

（六）严格预算执行管理，增强预算约束力。

强化预算执行约束，严格执行全国人大审议通过的预算，减少和规范预算调整事项。健全预算支出责任制度和执行通报制度，加强预算执行动态监控，规范全年用款计划编报工作，加强重点支出项目执行管理，严格按照财政国库管理制度规定支付资金。配合做好建立权责发生制政府综合财务报告制度工作。加强政府采购管理，全面编制政府采购预算，规范政府采购预算的范围、内容和程序，发挥政府采购政策功能。做好政府购买服务有关预算管理工作，完善政府购买服务绩效评价和信息公开机制。

（七）加强资产配置预算管理，推进资产管理与预算管理、财政国库管理有机结合。

建立健全以配置流程和配置标准为核心的行政事业资产配置管理体系。加强行政事业单位资产配置预算管理，从严控制新增资产数量和经费。规范行政事业单位国有资产有偿使用及处置行为，按照有关规定将行政事业单位国有资产处置收入、行政单位国有资产出租出借收入缴入国库，纳入预算管理。构建和完善资产管理与预算管理、财政国库管理之间依法合规、有机衔接、有效制衡的工作机制和业务流程。完善资产管理信息系统。

（八）积极推进部门预算公开，提高预算透明度。

强化部门主体责任，提高部门预算公开的主动性和积极性，健全信息披露制度，做好舆论宣传和相关解释工作。扩大公开范围，除涉密部门外，所有使用财政拨款的部门均应公开本部门预算。细化公开内容，将中央部门预算公开到基本支出和项目支出。继续推进“三公”经费公开。

二、2015 年中央部门预算编制要求

（一）2015 年是实施“十二五”规划的最后一年，也是全面贯彻落实

党的十八届三中全会精神、全面深化改革的关键一年。各部门要高度重视 2015 年部门预算编制工作，加强领导，精心组织，认真落实预算编制的各项要求，确保 2015 年部门预算编制工作顺利完成。

（二）确保部门预算的真实性和完整性。充分、合理预计部门预算中各项收入，真实、完整反映各项支出，详细填报部门职能和机构设置情况、部门预算编制说明等文字材料。严格按照国家有关保密法规规定标注部门预算数据及相关文件密级。财政部将按照中央部门预算管理工作考核评比的有关要求，对 2015 年中央部门预算编报工作进行考评。

（三）纳入中央部门预算编报范围的收支包括：

1. 行政单位：全部收支列入部门预算；

2. 事业单位（包括财政补助事业单位、经费自理事业单位及参照公务员法管理事业单位等）：除开展独立核算经营活动发生的收支以外，其他的收支全部列入部门预算；

3. 军队武警：全部收支列入部门预算；

4. 社会团体：公共财政预算财政拨款、政府性基金预算财政拨款等收支列入部门预算；

5. 企业：公共财政预算财政拨款、政府性基金预算财政拨款等收支列入部门预算。

（四）严格按照以下要求和口径，如实编报“三公”经费和会议费预算。

1. 2015 年中央部门安排的因公出国（境）费、公务用车购置及运行费、公务接待费，原则上分别不得超过 2014 年相关预算规模。2015 年中央部门安排的会议费，原则上不得超过 2013 年决算数和 2014 年预计执行数。

2. 2015 年中央部门“三公”经费和会议费预算编报的单位范围，包括编报 2015 年中央部门预算的中央部门本级及所属行政单位、事业单位（含参照公务员法管理事业单位）、社会团体、企业等。

3. “三公”经费和会议费具体口径：

（1）因公出国（境）费，指单位公务出国（境）的国际旅费、国外城市间交通费、住宿费、伙食费、公杂费等支出。

（2）公务用车购置费，指单位公务用车车辆购置支出（含车辆购置税）。

（3）公务用车运行费，指单位公务用车租用费、燃料费、维修费、过路过桥费、保险费、安全奖励费用等支出。

（4）公务接待费，指单位按规定开支的各类公务接待（含外宾接待）支出。

（5）会议费，指单位在会议（包括一、二、三、四类会议，在华召开的国际会议）期间按规定开支的住宿费、伙食费、会议室租金、交通费、文件印刷费等支出。

（五）按照《中央本级基本支出预算管理办法》（财预［2007］37号）要求编制基本支出预算，严格控制基本支出的开支范围和标准。各部门在“一上”预算时要按照人员编制、实有人数和有关预算管理制度规定编报基本支出预算，认真填报基础信息数据库相关数据。2015年预算中人员编制或实有人数情况较上年发生变化的，要说明原因并提供相关证明文件。

（六）按照《中央本级项目支出预算管理办法》（财预［2007］38号）要求，从紧编制项目支出预算。2015年中央部门项目支出预算，除党中央、国务院已确定的重大支出以及教育、科学、农业等重点支出外，其他一般性项目支出预算要严格控制。细化项目支出预算编制，原则上项目支出要全部分解落实到基层单位和具体用途，上级单位不得代编下级单位预算。继续实行前三类项目核减激励机制，继续开展按经济分类编制项目支出预算试点工作。规范重点项目执行管理，原则上当年财政拨款预算金额在1亿元（含）以上的项目应全部选为重点项目，教育、社保、就业、医疗卫生、住房等民生支出中未达到1亿元的大额项目也应选为重点项目。

（七）积极推进预算绩效管理。中央部门在申报2015年预算时，要将以前年度绩效评价结果作为重要参考依据。扩大绩效目标管理和绩效评价范围，2015年纳入绩效目标管理的项目资金规模要力争达到本部门项目支出规模的40%，纳入绩效评价试点范围的项目资金规模要力争达到本部门公共财政支出规模的8%。鼓励中央部门在此基础上进一步扩大范围。积极配合财政部做好重点领域和项目绩效评价试点工作，并可自行选择部分领域和项目开展重点绩效评价试点，以及选择部分下属单位开展单位整体支出绩效评价试点。进一步完善评价结果反馈机制，督促整改评价中发现的问题，并将相关情况报财政部备案。

（八）加大结转和结余资金统筹使用力度。经财政部批复确认的截至2013 年底项目支出累计结余资金，除已安排使用的部分外，其余部分原则上全部统筹用于 2015 年预算支出。对 2014 年结转资金要充分预计，在2015 年“二上”预算中全面、完整地反映。延续项目有结转资金的，要视情况减少 2015 年财政拨款预算。对当年结转和结余资金比上年增加较多或长年累计结转和结余资金规模较大的中央部门，要适当压缩 2015 年财政拨款预算总额。建立结转和结余资金清理机制，对结转和结余资金常年居高不下、统筹使用不力的部门，财政部将研究把部分结转和结余资金收回中央总预算。

（九）严格按照《财政部关于编制 2015 年中央行政事业单位住房改革支出预算的通知》（财综［2014］37 号）要求，认真、如实填报住房改革支出预算。中央行政事业单位在编制住房改革支出预算时，应优先消化住房改革支出财政拨款结转资金、动用公房出售收入和其他资金。

（十）完整编制政府采购预算，所有使用财政性资金及其配套资金采购货物、工程和服务的支出都应当编制政府采购预算。中央部门要严格依据国务院公布的年度政府集中采购目录及限额标准确定政府采购预算编制的范围，凡属集中采购目录以内的或者限额标准以上的货物、工程和服务都应当在部门预算中列明货物、工程和服务的预算金额。通用办公设备家具要严格按照预算支出标准编制政府采购预算，其他项目要按照厉行节约的原则、结合同类项目历史成交结果编制政府采购预算。中央预算单位未按以上要求编报政府采购预算的，不得组织政府采购活动，不得支付资金。申请变更政府采购方式和采购进口产品时，没有提供政府采购预算的，财政部将不予审批。

（十一）做好政府购买服务有关预算管理工作。各部门要按照党中央、国务院关于转变政府职能、推广政府购买服务的有关要求，认真研究梳理本部门的管理和服务事项，凡属事务性管理服务，原则上都要向社会购买。政府购买服务所需资金列入部门预算，从既有预算中统筹安排。认真填报“政府购买服务支出录入表”，限额标准以上的政府购买服务项目应同时反映在政府采购预算中。加强政府购买服务项目组织管理，灵活、合理确定购买方式，强化预算执行监控，确保政府购买服务资金规范管理和使用。建立健全政府购买服务绩效评价机制，推进政府购买服务信息公开。做好政府购买服务与事业单位分类改革、行业协会商会脱钩等衔接工作，真正实现购买服务市场化、社会化。

（十二）做好中央行政事业单位新增资产配置预算编报工作。所有使用财政性资金及其他资金购置车辆、单位价值200万元及以上的大型设备的支出（包括基本支出和项目支出）都必须编制新增资产配置预算。严格执行《党政机关厉行节约反对浪费条例》中“取消一般公务用车”的规定，结合公务用车制度改革进展，严格控制车辆购置数量和经费。未纳入执法执勤用车配备范围的单位，不得在新增资产配置预算中申报执法执勤用车。对其他资产，如办公设备、家具等的配置，要严格执行财政部制定的配置标准，严禁超标准配置；未制定配置标准的，要严格论证，加强配置管理。

（十三）有预算分配职能的部门要按照全国人大、审计署关于切实提高年初预算到位率的要求，采取有效措施，将预留指标比例严格控制在规定的范围之内，并将预算指标落实情况按规定时间反馈财政部。国家发展改革委负责分配的中央基建投资中，要确保中央本级和补助地方支出年初落实到具体项目的比例均不低于75%。

（十四）加强政府性基金预算管理。提前开展项目论证、审核工作，提高年初预算到位率，支出必须落实到具体执行单位、具体项目。对前期准备工作不到位、尚不具备执行条件的项目，一律不得安排预算。对管理政策明确的据实结算项目，原则上全部列入年初预算，执行中进行清算。严格按规定用途安排使用政府性基金，不得超范围使用。没有相关法规制度依据，不得将政府性基金用于本部门、单位基本支出。用于基本支出的，要按照相关规定严格控制开支范围和标准。编制年初预算时，要如实编报财政拨款结转和结余资金，未经批复不得动用。预算一经确定，除无法预见的临时性或特殊事项外，不得调整。政府性基金超收收入原则上当年不安排支出。

（十五）中央部门及基层预算单位要积极支持和配合中央基层预算单位综合财政监管工作，以综合财政监管推动基层预算单位完善管理制度、改进管理流程和提高财务管理水平，建立预算编制、执行和监督相互制衡、相互协调的财政运行机制。

（十六）2015年，95个中央部门的部门预算要报送全国人大审议（详见附件1）。报送全国人大审议预算的中央部门，应向财政部报送“二上”预算一式三份，并提供详细的编报说明，确保预算编报质量。

三、2015年中央部门预算编制时间安排

（一）2014年7月31日前，各中央部门将部门预算（预算表及预算附表，详见附件2、3）报财政部（一份，附电子数据），其中，项目申报文本只报送电子数据。

（二）2014年10月25日前，财政部根据国务院审定的中央预算（草案）确定分部门预算分配方案，向各中央部门下达预算控制数。同时，向按经济分类编制项目支出预算试点部门发放专门的预算编制软件。

（三）中央部门根据财政部下达的预算控制数编制“二上”预算（预算表及预算附表），于2014年12月10日前报财政部（一式两份，附电子数据），提请全国人大审议的中央部门须报送一式三份。

（四）2014年12月31日前，财政部将汇编的中央预算（草案）及拟提请全国人大审议的中央部门预算报国务院审批。

（五）2015年1月15日前，财政部将国务院批准的中央预算（草案）报全国人大常委会预算工作委员会。

（六）2015年2月15日前，财政部将中央预算（草案）提交全国人大财政经济委员会。

（七）财政部自全国人民代表大会批准中央预算之日起30日内，批复各中央部门预算。各中央部门自财政部批复本部门预算之日起15日内，批复所属各单位预算。

以上通知，请遵照执行。

附件：1. 2015 年报送全国人大审议预算的部门名单
2. 2015 年中央部门预算表
3. 2015 年中央部门预算附表
4. 2015 年中央部门预算录入表
5. 2015 年中央部门预算报表及软件的主要调整情况

附件 1：

2015 年报送全国人大审议预算的部门名单

序号	单位名称
1	［188］中央组织部
2	［189］中央宣传部
3	［263］中央机构编制委员会办公室
4	［197］中央党校
5	［262］中央国家机关工作委员会
6	［101］国务院办公厅
7	［114］外交部
8	［102］发展改革委
9	［105］教育部
10	［106］科技部
11	［124］工业和信息化部
12	［108］国家民委
13	［111］公安部
14	［118］民政部
15	［113］司法部
16	［119］财政部

续表

序号	单位名称
17	[117] 人力资源社会保障部
18	[121] 国土资源部
19	[144] 环境保护部
20	[120] 住房城乡建设部
21	[123] 交通运输部
22	[126] 水利部
23	[125] 农业部
24	[128] 商务部
25	[129] 文化部
26	[131] 卫生计生委
27	[137] 审计署
28	[295] 国资委
29	[167] 海关总署
30	[139] 税务总局
31	[150] 工商总局
32	[147] 质检总局
33	[130] 新闻出版广电总局
34	[109] 体育总局
35	[133] 安全监管总局
36	[159] 食品药品监管总局
37	[143] 统计局
38	[169] 林业局
39	[148] 知识产权局
40	[145] 旅游局
41	[260] 参事室
42	[161] 法制办
43	[205] 新华社

续表

序号	单位名称
44	[173] 中科院
45	[174] 社科院
46	[186] 工程院
47	[177] 发展研究中心
48	[176] 行政学院
49	[152] 地震局
50	[141] 气象局
51	[296] 银监会
52	[178] 证监会
53	[269] 保监会
54	[127] 社保基金会
55	[280] 自然科学基金会
56	[292] 信访局
57	[164] 粮食局
58	[149] 能源局
59	[158] 外专局
60	[151] 海洋局
61	[146] 测绘地信局
62	[122] 铁路局
63	[140] 民航局
64	[138] 邮政局
65	[154] 文物局
66	[160] 中医药局
67	[155] 档案局
68	[199] 全国人大常委会办公厅
69	[200] 全国政协办公厅
70	[203] 最高人民检察院

续表

序号	单位名称
71	[204] 最高人民法院
72	[201] 中华全国总工会
73	[192] 共青团中央
74	[207] 中华全国妇女联合会
75	[213] 中国科学技术协会
76	[283] 中华全国工商业联合会
77	[206] 中国文学艺术界联合会
78	[210] 中国残疾人联合会
79	[211] 中华全国新闻工作者协会
80	[212] 中国作家协会
81	[214] 中国人民对外友好协会
82	[215] 中国国际贸易促进委员会
83	[216] 宋庆龄基金会
84	[220] 中国计划生育协会
85	[261] 中国法学会
86	[265] 中国红十字会总会
87	[179] 国务院三峡工程建设委员会办公室
88	[258] 国务院南水北调工程建设委员会办公室
89	[285] 国务院扶贫开发领导小组办公室
90	[163] 中国外文出版发行事业局
91	[165] 国家物资储备局
92	[184] 中华全国供销合作总社
93	[281] 全国哲学社会科学规划办公室
94	[245] 国家信息中心
95	[251] 人民银行

附件 2：

单位代码：

2015 年中央部门预算表

编制单位：

编制日期：　　年　　月　　日

财务负责人：　　　　制表人：

预算表 1

财政拨款收支预算总表

填报单位：　　　　　　　　　　　　　　　　　　　　　　　　　单位：万元

收入		支出			
项　目	预算数	项　目	合计	公共财政预算财政拨款	政府性基金预算财政拨款
一、本年收入		一、本年支出			
（一）公共财政预算财政拨款		（一）一般公共服务支出			
（二）政府性基金预算财政拨款		（二）外交支出			
		（三）国防支出			
二、上年结转		（四）教育支出			
（一）公共财政预算财政拨款		（五）科学技术支出			
（二）政府性基金预算财政拨款		（六）文化体育与传媒支出			
		……			
		……			
		二、结转下年			
收入总计		支出总计			

预算表 2

公共财政预算财政拨款支出表

填报单位： 单位：万元

科目编码	科目名称（单位名称）	单位代码	本年公共财政预算财政拨款支出				
			合计	基本支出			项目支出
				小计	人员经费	日常公用经费	
	合计						

预算表 3

政府性基金预算财政拨款支出表

填报单位：　　　　　　　　　　　　　　　　　　　　　　　　单位：万元

科目编码	科目名称（单位名称）	单位代码	本年政府性基金预算财政拨款支出		
			合计	基本支出	项目支出
合计					

预算表 4

财务收支预算总表

填报单位：　　　　　　　　　　　　　　　　单位：万元

收入		支出	
项　目	预算数	项　目	预算数
一、公共财政预算财政拨款收入		一、一般公共服务支出	
二、政府性基金预算财政拨款收入		二、外交支出	
三、事业收入		三、国防支出	
四、事业单位经营收入		四、教育支出	
五、其他收入		五、科学技术支出	
		六、文化体育与传媒支出	
		……	
		……	
本年收入合计		本年支出合计	
用事业基金弥补收支差额		结转下年	
上年结转			
收 入 总 计		支 出 总 计	

预算表5

财务收入预算表

填报单位：　　　　　　　　　　　　　　　　　　单位：万元

科目编码	科目名称（单位名称）	单位代码	合计	上年结转						本年收入											用事业基金弥补收支差额
				上年结转小计	公共财政预算财政拨款结转资金	公共财政预算财政拨款结余资金	政府性基金结转和结余资金	教育收费	其他资金	本年收入小计	公共财政预算财政拨款收入	政府性基金预算财政拨款收入	事业收入		事业单位经营收入	往来收入			其他收入		
													金额	其中：教育收费		小计	上级补助收入	下级单位上缴收入			
	合计																				

预算表 6

财务支出预算表

填报单位：　　　　　　　　　　　　　　　　　　　　　　　　单位：万元

科目编码	科目名称（单位名称）	单位代码	合计	基本支出	项目支出	上缴上级支出	事业单位经营支出	对下级单位补助支出
	合计							

附件 3：

单位代码：

2015 年中央部门预算附表

预算附表 1

非财政拨款收入明细表

填报单位： 单位：万元

单位代码	单位名称/收入类型	单位类型	收入项目	2013 年实际收入	2014 年预计收入	2015 年预算收入			备注
						合计	上年结转收入	本年收入	
	×××部门								
	×××单位								
	事业收入								
	……								
	教育收费								
	事业单位经营收入								
	其他收入								
	……								
	……								
	×××单位								
	……								
	……								
	……								
	合计								

预算附表 2

基本支出预算表

填报单位：　　　　　　　　　　　　　　　　　　　　　　　　　　　　单位：万元

科目编码	科目名称（单位名称）	单位代码	密级	资金来源																	
				合计			财政拨款			以前年度财政拨款结转资金			以前年度财政拨款结余资金			教育收费安排支出			其他资金		
				小计	人员经费	日常公用经费	小计	人员经费	日常公用经费	小计	人员经费	日常公用经费	小计	人员经费	日常公用经费	小计	人员经费	日常公用经费	小计	人员经费	日常公用经费
	合计																				

注：1. 本表“密级”为人员经费和日常公用经费两者中的最高密级。

2. 部门预算报表中，除注明是政府性基金预算财政拨款外，“财政拨款”均指公共财政预算财政拨款。

预算附表 3

基本支出人员经费表

填报单位：

单位：万元

科目编码	科目名称（单位名称）	单位代码	合计	工资福利支出						对个人和家庭的补助支出								
				小计	基本工资	津（补）贴奖金	社会保障缴费	伙食及补助费	其他	小计	离退休及退职（役）费	抚恤及救济费	医疗费	助学金	住房公积金	提租补贴	购房补贴	其他
	合 计																	

预算附表4

基本支出日常公用经费表

填报单位：

单位：万元

科目编码	科目名称（单位名称）	单位代码	合计	办公及印刷费	水电费	邮电费	取暖费	物业管理费	交通费		差旅费	因公出国（境）费	维修费	会议费	培训费	公务接待费	福利费	专用材料费	办公设备购置费	专用设备购置费	交通工具购置费		其他费用
									小计	其中：公务用车运行维护费											小计	其中：公务用车购置费	
	合计																						

预算附表 5

项目支出预算表

填报单位：

单位：万元

科目编码	科目名称（项目）	项目代码	项目单位	项目类别	其他项目排序类别	项目密级	是否需执行中细化或审批	是否填报绩效目标	是否建议纳入绩效评价范围	总支出						2014 年财政资金执行进度情况							
										合计	财政拨款			教育收费安排支出	其他资金	2014 年可用财政资金				截至 7 月底执行情况		截至 11 月底执行情况	
											小计	建设性资金	财政专项资金			小计	当年财政拨款（含追加）	2014 年初确认结转资金	2014 年预算批复动用结余资金	执行数	执行进度 %	执行数	执行进度 %
																					—		—
																					—		—
																					—		—
																					—		—
																					—		—
	合计																						

预算附表 5（续）

项目支出预算表（续）

填报单位： 单位：万元

科目编码	科目名称（项目）	项目代码	项目单位	本年安排支出									政府采购金额						
				合计	财政拨款			以前年度财政拨款结转和结余资金			教育收费安排支出	其他资金	合计	货物		工程		服务	
					小计	建设性资金	财政专项资金	小计	结转资金	结余资金				小计	其中：财政拨款	小计	其中：财政拨款	小计	其中：财政拨款
	合计																		

预算附表 6

基本支出政府采购预算表

填报单位：　　　　　　　　　　　　　　　　　　　　　　单位：万元

科目编码	单位名称（科目名称）	单位代码	政府采购金额						
			合计	货物		工程		服务	
				小计	其中：财政拨款	小计	其中：财政拨款	小计	其中：财政拨款
	合计								

预算附表 7

公共财政预算财政拨款结余资金安排支出及科目调整情况表

填报单位：　　　　　　　　　　　　　　　　　　　　　　　　　　单位：万元

科目编码	科目名称（项目）	项目代码	单位名称	本年安排支出							结余资金来源及科目调整情况					
				合计	财政拨款	以前年度财政拨款结转和结余资金			教育收费安排支出	其他资金	调整前科目编码	科目名称	小计	使用国库集中支付改革前结余	使用国库集中支付改革结余	
						小计	结转资金	结余资金							直接支付结余	授权支付结余
	××单位															
	基本支出															
2010101	行政运行															
……	……															
……	……															
	项目支出															
2010102	一般行政管理事务															
……	……															
……	……															
	合计															

预算附表 8

“三公”经费和会议费预算表

填报单位：　　　　　　　　　　　　　　　　单位：万元

科目编码	单位名称（科目名称/项目）	项目代码	单位代码	单位类型	“三公”经费																										
					“三公”经费合计									因公出国（境）费									公务用车购置费								
					合计	财政拨款			以前年度财政拨款结转和结余资金			教育收费安排支出	其他资金	合计	财政拨款			以前年度财政拨款结转和结余资金			教育收费安排支出	其他资金	合计	财政拨款			以前年度财政拨款结转和结余资金			教育收费安排支出	其他资金
						小计	建设性资金	财政专项资金	小计	结转资金	结余资金				小计	建设性资金	财政专项资金	小计	结转资金	结余资金				小计	建设性资金	财政专项资金	小计	结转资金	结余资金		
	合计																														

预算附表8（续）

“三公”经费和会议费预算表（续）

填报单位：　　　　　　　　　　　　　　　　　　　　　　　　单位：万元

科目编码	单位名称（科目名称/项目）	“三公”经费																		会议费								
		公务用车运行费									公务接待费																	
		合计	财政拨款			以前年度财政拨款结转和结余资金			教育收费安排支出	其他资金	合计	财政拨款			以前年度财政拨款结转和结余资金			教育收费安排支出	其他资金	合计	财政拨款			以前年度财政拨款结转和结余资金			教育收费安排支出	其他资金
			小计	建设性资金	财政专项资金	小计	结转资金	结余资金				小计	建设性资金	财政专项资金	小计	结转资金	结余资金				小计	建设性资金	财政专项资金	小计	结转资金	结余资金		
	合计																											

预算附表 9

中央行政事业单位住房改革支出预算表

填报单位：　　　　　　　　　　　　　　　　　　　　单位：万元

项目	支出总额	2014 年年末结转		2014 年年末售房收入余额		用其他资金安排本年支出	用财政拨款安排本年支出	单位基本情况				
								在职职工人数（人）		离退休职工人数（人）	2014 年职工基本工资及津贴补贴总额	2013 年年末结转
		小计	其中：安排本年支出	小计	其中：安排本年支出			编制内	其他			
一、行政单位												
（一）住房公积金												
（二）提租补贴												
（三）购房补贴												
1. 按月补贴												
2. 无房一次性补贴												
3. 未达标补贴												
4. 级差补贴												
5. 其他补贴												
二、事业单位												
（一）住房公积金												
（二）提租补贴												
（三）购房补贴												
1. 按月补贴												
2. 无房一次性补贴												

续表

项目	支出总额	2013 年年末结转		2013 年年末售房收入余额		用其他资金安排本年支出	用财政拨款安排本年支出	单位基本情况				
								在职职工人数（人）		离退休职工人数（人）	2013 年职工基本工资及津贴补贴总额	2012 年年末结转
		小计	其中：安排本年支出	小计	其中：安排本年支出			编制内	其他			
3. 未达标补贴												
4. 级差补贴												
5. 其他补贴												
三、合计												
（一）住房公积金												
（二）提租补贴												
（三）购房补贴												
1. 按月补贴												
2. 无房一次性补贴												
3. 未达标补贴												
4. 级差补贴												
5. 其他补贴												

预算附表 10

政府购买服务支出表

填报单位：　　　　　　　　　　　　　　　　　　　　单位：万元

科目编码	单位/科目名称/项目	项目代码	单位代码	单位类型	购买服务内容	承接主体	购买服务金额								
							合计	财政拨款			以前年度财政拨款结转和结余资金			教育收费安排支出	其他资金
								小计	建设性资金	财政专项资金	小计	结转资金	结余资金		
	×××单位														
	基本支出														
201	一般公共服务支出														
20101	人大事务														
2010101	行政运行														
……	……														
……	……														
	项目支出														
201	一般公共服务支出														
20101	人大事务														
2010102	一般行政管理事务														
2010102	项目 1														
2010102	项目 2														
……	……														
……	……														
……	……														
……	……														
……	……														
……	……														
……	……														
……	……														
	合计														

预算附表 11

政府性基金预算支出表

填报单位：　　　　　　　　　　　　　　　　　　　　单位：万元

科目编码	科目名称（支出类型/项目/单位）	项目代码	单位代码	单位类型	项目密级	支出合计	本年政府性基金财政拨款支出					政府性基金财政拨款结转和结余资金安排的支出	政府采购金额			
							合计	基本支出			项目支出		合计	货物	工程	服务
								小计	人员经费	日常公用经费						
	××单位															
	基本支出															
	科目 1															
	科目 2															
	……															
	项目支出															
	项目 1															
	项目 2															
	……															
	……															
	合计															

预算附表 12

政府性基金财政拨款结转和结余资金来源及安排项目支出情况表

填报单位：　　　　　　　　　　　　　　　　　　　　　单位：万元

政府性基金财政拨款结转和结余资金安排本年项目支出情况							政府性基金财政拨款结转和结余资金来源项目情况					备注
科目编码	科目名称	项目名称	项目代码	单位名称	单位代码	政府性基金财政拨款结转和结余资金安排的支出	科目编码	科目名称	项目名称	项目代码	政府性基金财政拨款结转和结余资金	
	合计											

预算附表 13

中央行政事业单位资产存量情况表

填报单位：

单位名称	单位代码	单位分类	资产类型	截至 2014 年 6 月 1 日资产存量情况								2015 年计划报废数量						
				车辆编制数（辆/台）	车辆实有数（辆/台）						单位价值 200 万元及以上大型设备实有数（台/套）	车辆（辆/台）						单位价值 200 万元及以上大型设备（台/套）
					小计	轿车	越野汽车	小型载客汽车	大中型载客汽车	其他车型		小计	轿车	越野汽车	小型载客汽车	大中型载客汽车	其他车型	
行政单位																		
中央和国家机关本级																		
单位 1																		
单位 2																		
……																		
垂直管理行政单位																		
单位 1																		
单位 2																		
……																		
参公事业单位																		
执行行政单位财务会计制度的参公事业单位																		
单位 1																		

续表

单位名称	单位代码	单位分类	资产类型	截至2014年6月1日资产存量情况								2015年计划报废数量						
				车辆编制数（辆/台）	车辆实有数（辆/台）						单位价值200万元及以上大型设备实有数（台/套）	车辆（辆/台）						单位价值200万元及以上大型设备（台/套）
					小计	轿车	越野汽车	小型载客汽车	大中型载客汽车	其他车型		小计	轿车	越野汽车	小型载客汽车	大中型载客汽车	其他车型	
单位2																		
……																		
执行事业单位财务会计制度的参公事业单位																		
单位1																		
单位2																		
……																		
其他事业单位																		
单位1																		
单位2																		
……																		

预算附表 14

中央行政事业单位新增资产配置预算表

填报单位：　　　　　　　　　　　　　　　　　　　　　　金额单位：万元

单　位	单位代码	新增资产配置合计		其中：车辆（辆/台）										其中：单位价值200万元及以上大型设备（台/套）	
				轿车		越野车		小型客车		大中型客车		其他车型			
		数量	金额	数量	金额	数量	金额	数量	金额	数量	金额	数量	金额	数量	金额
车辆															
行政单位															
中央和国家机关本级															
单位 1															
部级领导干部用车															
一般公务用车															
……															
部门所属各类行政单位															
单位 2															
……															
参公事业单位															
执行行政单位会计制度的参公事业单位															
……															
执行事业单位会计制度的参公事业单位															
……															
其他事业单位															

续表

单　位	单位代码	新增资产配置合计		其中：车辆（辆/台）										其中：单位价值200万元及以上大型设备（台/套）	
				轿车		越野车		小型客车		大中型客车		其他车型			
		数量	金额	数量	金额	数量	金额	数量	金额	数量	金额	数量	金额	数量	金额
……															
单位价值 200 万元及以上大型设备															
行政单位															
中央和国家机关本级															
……															
部门所属各类行政单位															
……															
参公事业单位															
执行行政单位会计制度的参公事业单位															
……															
执行事业单位会计制度的参公事业单位															
……															
其他事业单位															
……															

预算附表15

教育收费安排支出预算表

填报单位：　　　　　　　　　　　　　　　　　　　　　　　　　　　单位：万元

科目编码	单位代码	单位名称（科目）	合计	基本支出			项目支出
				小　计	人员经费	日常公用经费	
		合计					

预算附表 16

中央行政事业单位资产处置收入和行政单位资产出租出借收入表

填报单位：

单位：万元

科目编码	单位/科目	单位代码	收入项目	收入预算		
				合计	上年结转	本年收入
	中央和国家机关					
	×××单位					
	××××科目（明细科目）					
	……					
	驻外机构					
	……					
	垂管单位					
	……					
	事业单位					
	……					
	合计					

附件4：

2015年中央部门预算录入表

录入表 1

收入预算录入表

填报单位：　　　　　　　　　　　　　　　　　　单位：万元

科目编码	单位代码	单位名称（科目）	单位类型	是否冲抵行	合计	上年结转					财政拨款收入	上级补助收入	事业收入		事业单位经营收入	下级单位上缴收入	其他收入	用事业基金弥补收支差额	备注
						小计	财政拨款结转资金	财政拨款结余资金	教育收费	其他资金			金额	其中：教育收费					
		合计																	

录入表 2

非财政拨款收入明细录入表

填报单位：　　　　　　　　　　　　　　　　　　　　　　单位：万元

单位代码	单位名称	单位类型	是否冲抵行	收入类型	收入项目	2013 年实际收入	2014 年预计收入	2015 年预算收入			备注
								合计	上年结转	本年收入	
				合计							

注：1. “单位类型”选填行政单位、参公事业单位、事业单位、其他。属于社团性质的单位应在备注中注明。

2. “收入类型”选填事业收入（不含教育收费）、教育收费收入、事业单位经营收入、其他收入、上级补助收入、下级单位上缴收入。其他收入中包括行政单位的其他收入。

3. “收入项目”由单位自行填列，以文字方式清晰完整反映收入的具体来源和性质，如：XXX 收费收入、XXX 科研收入、XXX 咨询服务收入等。

4. “2013 年实际收入”应填列实际收入数，以决算数为准；“2014 年预计收入”和“2015 年预算收入”为预计的全年数。三列均应填列单位的全部收入情况。

5. 本表中填列的“教育收费收入”是指部门上缴财政专户的收入。“收入预算录入表”中“教育收费”收入是指部门上缴后，申请由财政专户核拨给部门使用的教育收费收入。

6. 除“教育收费收入”外，本表中“2014 年预算收入”下“上年结转”和“本年收入”的分类型合计数，应与“收入预算录入表”中相关类型收入的合计数分别保持一致。

7. 属于主管部门集中的收入，因内部往来发生重复的，应在备注中说明。

8. 财政拨款、财政拨款结转和结余资金、事业基金弥补收支差额，以及已纳入公共财政预算管理需上缴国库的中央行政事业单位资产处置收入和行政单位资产出租出借收入等不纳入本表填报范围。

录入表3

基本支出预算录入表

填报单位：　　　　　　　　　　　　　　　　　　　　　　　　　　单位：万元

科目编码	单位名称（科目）	单位代码	单位类型	支出分类	密级	支出合计	资金来源						备注
							合计	财政拨款	以前年度财政拨款结转资金	以前年度财政拨款结余资金	教育收费安排支出	其他资金	
				人员经费	—								
				资金来源录入行		—							
				支出经济分类	—		—	—	—	—	—	—	
				……	—								
				日常公用经费	—								
				资金来源录入行		—							
				支出经济分类	—		—	—	—	—	—	—	
				……	—								
				……	—								
				……	—								
	合计												

注：1. “以前年度财政拨款结余资金”下可填列日常公用经费。部门动用以前年度财政拨款结余资金须经财政部同意。

2. 部门预算报表中，除注明是政府性基金预算财政拨款外，“财政拨款”均指公共财政预算财政拨款。

录入表 4

项目支出预算录入表

填报单位：　　　　　　　　　　　　　　　　　　　　　　　　　　　　　　　单位：万元

科目编码	科目名称（项目）	项目代码	项目单位	单位类型	项目类别	其他项目排序类别	项目密级	是否需执行中细化或审批	是否国库预算执行重点项目	部门统计标识	总支出							2014 年财政资金执行进度情况							
											合计	财政拨款			教育收费安排支出	其他资金	银行贷款	2014 年可用财政资金				截至 7 月底执行情况		截至 11 月底执行情况	
												小计	建设性资金	财政专项资金				小计	当年财政拨款（含追加）	2014 年初确认结转资金	2014 年预算批复动用结余资金	执行数	执行进度 %	执行数	执行进度 %
	合计																								

注：1. 2015 年起，项目支出预算的资金来源中不再单列“政府性基金”。

2. 部门在编制“一上”预算时只需填列“截至 7 月底执行情况”，在“二上”预算时只需填列“截至 11 月底执行情况”。

录入表 4（续）

项目支出预算录入表（续）

填报单位： 单位：万元

科目编码	科目名称（项目）	本年安排支出										政府采购金额																							
		合计	财政拨款			以前年度财政拨款结转和结余资金			教育收费安排支出	其他资金	银行贷款	合计				财政拨款				以前年度财政拨款结转和结余资金				教育收费安排支出				其他资金				银行贷款			
			小计	建设性资金	财政专项资金	小计	结转资金	结余资金				合计	货物	工程	服务	小计	货物	工程	服务	小计	货物	工程	服务	小计	货物	工程	服务	小计	货物	工程	服务	小计	货物	工程	服务
	合计																																		

录入表 5

经营及往来支出预算录入表

填报单位：　　　　　　　　　　　　　　　　　　　　　　单位：万元

科目编码	单位代码	单位名称（科目）	单位类型	是否冲抵行	合计	上缴上级支出	对下级单位补助支出	事业单位经营支出	备注
		合计							

注：本单位对所属下级单位（包含独立核算和非独立核算的，相关支出纳入和未纳入部门预算的下级单位）的全部补助支出，应填在本表“对下级单位补助支出”列。

录入表 6

基本支出政府采购预算录入表

填报单位：　　　　　　　　　　　　　　　　　　　　　　　　单位：万元

科目编码	单位名称（科目）	单位代码	单位类型	政府采购金额																				备注
				合计				财政拨款				以前年度财政拨款结转和结余资金				教育收费安排支出				其他资金				
				小计	货物	工程	服务	小计	货物	工程	服务	小计	货物	工程	服务	小计	货物	工程	服务	小计	货物	工程	服务	
	合计																							

录入表7

公共财政预算财政拨款结余资金来源及科目调整情况录入表

填报单位：　　　　　　　　　　　　　　　　　　　　　　　　单位：万元

科目编码	科目名称（项目）	项目编码	单位名称	单位类型	结余资金来源及来源科目情况						备注
					调整前科目编码	科目名称	小计	使用国库集中支付改革前结余	使用国库集中支付改革结余		
									直接支付结余	授权支付结余	
	××单位										
	基本支出										
2010101	行政运行	—									
……	……	—									
……	……	—									
	项目支出										
2010102	一般行政管理事务										
……	……										
……	……										
	合计										

录入表 8

中央行政事业单位住房改革支出预算录入表

填报单位：　　　　　　　　　　　　　　　　　　　　单位：万元

项　　目	支出总额	2014 年年末结转		2014 年年末售房收入余额		用其他资金安排本年支出	用财政拨款安排本年支出	单位基本情况				
		小计	其中：安排本年支出	小计	其中：安排本年支出			在职职工人数（人）		离退休职工人数（人）	2014 年职工基本工资及津贴补贴总额	2013 年年末结转
								编制内	其他			
一、行政单位	—	—	—	—	—	—	—					—
（一）住房公积金				—	—		—	—	—	—	—	
（二）提租补贴				—	—		—	—	—	—	—	
（三）购房补贴	—						—	—	—	—	—	
1. 按月补贴		—	—	—	—	—	—	—	—	—	—	—
2. 无房一次性补贴		—	—	—	—	—	—	—	—	—	—	—
3. 未达标补贴		—	—	—	—	—	—	—	—	—	—	—
4. 级差补贴		—	—	—	—	—	—	—	—	—	—	—
5. 其他补贴		—	—	—	—	—	—	—	—	—	—	—
二、事业单位	—	—	—	—	—	—	—					—
（一）住房公积金				—	—		—	—	—	—	—	
（二）提租补贴				—	—		—	—	—	—	—	
（三）购房补贴	—						—	—	—	—	—	
1. 按月补贴		—	—	—	—	—	—	—	—	—	—	—
2. 无房一次性补贴		—	—	—	—	—	—	—	—	—	—	—

续表

项　目	支出总额	2014 年年末结转		2014 年年末售房收入余额		用其他资金安排本年支出	用财政拨款安排本年支出	单位基本情况				
		小计	其中：安排本年支出	小计	其中：安排本年支出			在职职工人数（人）		离退休职工人数（人）	2014 年职工基本工资及津贴补贴总额	2013 年年末结转
								编制内	其他			
3. 未达标补贴		—	—	—	—	—	—	—	—	—	—	—
4. 级差补贴		—	—	—	—	—	—	—	—	—	—	—
5. 其他补贴		—	—	—	—	—	—	—	—	—	—	—
三、合计	—	—	—	—	—	—	—	—	—	—	—	—
（一）住房公积金	—	—	—	—	—	—	—	—	—	—	—	—
（二）提租补贴	—	—	—	—	—	—	—	—	—	—	—	—
（三）购房补贴	—	—	—	—	—	—	—	—	—	—	—	—
1. 按月补贴	—	—	—	—	—	—	—	—	—	—	—	—
2. 无房一次性补贴	—	—	—	—	—	—	—	—	—	—	—	—
3. 未达标补贴	—	—	—	—	—	—	—	—	—	—	—	—
4. 级差补贴	—	—	—	—	—	—	—	—	—	—	—	—
5. 其他补贴	—	—	—	—	—	—	—	—	—	—	—	—

录入表9

“三公”经费和会议费预算录入表

填报单位：　　　　　　　　　　　　　　　　　　　　　　　　　　　　单位：万元

科目编码	单位/科目名称/项目	项目代码	单位代码	单位类型	“三公”经费																										
					“三公”经费合计									因公出国（境）费									公务用车购置费								
					合计	财政拨款			以前年度财政拨款结转和结余资金			教育收费安排支出	其他资金	合计	财政拨款			以前年度财政拨款结转和结余资金			教育收费安排支出	其他资金	合计	财政拨款			以前年度财政拨款结转和结余资金			教育收费安排支出	其他资金
						小计	建设性资金	财政专项资金	小计	结转资金	结余资金				小计	建设性资金	财政专项资金	小计	结转资金	结余资金				小计	建设性资金	财政专项资金	小计	结转资金	结余资金		
	×××单位																														
	基本支出																														
201	一般公共服务支出																														
20101	人大事务																														
2010101	行政运行																														
……	……																														
……	……																														
	项目支出																														
201	一般公共服务																														
20101	人大事务																														
2010102	一般行政管理事务																														
2010102	项目1																														
2010102	项目2																														
……	……																														
……	……																														
……	……																														
……	……																														
……	……																														
……	……																														
……	……																														
……	……																														
	合　计																														

录入表9（续）

“三公”经费和会议费预算录入表（续）

填报单位：　　　　单位：万元

科目编码	单位/科目名称/项目	“三公”经费																		会议费								
		公务用车运行费									公务接待费																	
		合计	财政拨款			以前年度财政拨款结转和结余资金			教育收费安排支出	其他资金	合计	财政拨款			以前年度财政拨款结转和结余资金			教育收费安排支出	其他资金	合计	财政拨款			以前年度财政拨款结转和结余资金			教育收费安排支出	其他资金
			小计	建设性资金	财政专项资金	小计	结转资金	结余资金				小计	建设性资金	财政专项资金	小计	结转资金	结余资金				小计	建设性资金	财政专项资金	小计	结转资金	结余资金		
	×××单位																											
	基本支出																											
201	一般公共服务																											
20101	人大事务																											
2010101	行政运行																											
……	……																											
……	……																											
	项目支出																											
201	一般公共服务																											
20101	人大事务																											
2010102	一般行政管理事务																											
2010102	项目1																											
2010102	项目2																											
……	……																											
……	……																											
……	……																											
……	……																											
……	……																											
……	……																											
……	……																											
……	……																											
	合　计																											

录入表 10

政府购买服务支出录入表

填报单位：　　　　　　　　　　　　　　　　　　　　　　　　　单位：万元

科目编码	单位/科目名称/项目	项目代码	单位代码	单位类型	购买服务内容	承接主体	购买服务金额								
							合计	财政拨款			以前年度财政拨款结转和结余资金			教育收费安排支出	其他资金
								小计	建设性资金	财政专项资金	小计	结转资金	结余资金		
	×××单位														
	基本支出														
201	一般公共服务支出														
20101	人大事务														
2010101	行政运行														
……	……														
……	……														
	项目支出														
201	一般公共服务支出														
20101	人大事务														
2010102	一般行政管理事务														
2010102	项目 1														
2010102	项目 2														
……	……														
……	……														
……	……														
……	……														
……	……														
……	……														
……	……														
……	……														
	合　计														

录入表 11

政府性基金预算支出录入表

填报单位：　　　　　　　　　　　　　　　　单位：万元

科目编码	科目名称（项目）	项目代码	单位名称	单位代码	单位类型	项目密级	是否国库预算执行重点项目	支出合计	本年政府性基金财政拨款支出					政府性基金财政拨款结转和结余资金安排的支出	政府采购金额			
									合计	基本支出			项目支出		合计	货物	工程	服务
										小计	人员经费	日常公用经费						
	基本支出												—		—	—	—	—
	人员经费											—	—		—	—	—	—
	支出经济分类											—	—		—	—	—	—
	……											—	—		—	—	—	—
	日常公用经费										—		—					
	支出经济分类										—		—					
	……										—		—					
	……										—		—					
	项目支出									—	—	—						
	项目1									—	—	—						
	项目2									—	—	—						
	……									—	—	—						
	……									—	—	—						
	合计																	

注：1. 安排项目支出预算时，应统筹安排当年预算拨款和相关结转和结余资金，并优先使用结转和结余资金。

2. 年初未在本表中报经财政部批复确认的结转和结余资金，执行中如需动用，应单独报财政部审批后方可使用。

录入表 12

政府性基金财政拨款结转和结余资金来源及安排项目支出情况录入表

填报单位：　　　　　　　　　　　　　　　　　　　　　　　　　　　　单位：万元

政府性基金财政拨款结转和结余资金安排本年项目支出情况							政府性基金财政拨款结转和结余资金来源项目情况					备注
科目编码	科目名称	项目名称	项目代码	单位代码	单位名称	政府性基金财政拨款结转和结余资金安排的支出	科目编码	科目名称	项目名称	项目代码	政府性基金财政拨款结转和结余资金	
	合计											

录入表13

中央行政事业单位资产存量情况录入表

填报单位：

单位名称	单位代码	单位分类	资产类型	截至2014年6月1日资产存量情况								2015年计划报废数量						
				车辆编制数	车辆实有数（辆/台）						单位价值200万元及以上大型设备实有数（台/套）	车辆（辆/台）						单位价值200万元及以上大型设备（台/套）
					小计	轿车	越野汽车	小型载客汽车	大中型载客汽车	其他车型		小计	轿车	越野汽车	小型载客汽车	大中型载客汽车	其他车型	
行政单位																		
中央和国家机关本级																		
单位1		中央和国家机关本级	部级领导干部用车															
单位2																		
……																		
垂直管理行政单位																		
单位1		部门所属各类行政单位	一般公务用车															
单位2		部门所属各类行政单位	一般执法执勤用车															
……		部门所属各类行政单位	特种专业技术用车															
参公事业单位																		
执行行政单位财务会计制度的参公事业单位																		
单位1		执行行政单位财务会计制度的参公事业单位	其他用车															
单位2		执行行政单位财务会计制度的参公事业单位	……															
……		……	……															

续表

单位名称	单位代码	单位分类	资产类型	截至 2014 年 6 月 1 日资产存量情况								2015 年计划报废数量						
				车辆编制数	车辆实有数（辆/台）						单位价值 200 万元及以上大型设备实有数（台/套）	车辆（辆/台）						单位价值 200 万元及以上大型设备（台/套）
					小计	轿车	越野汽车	小型载客汽车	大中型载客汽车	其他车型		小计	轿车	越野汽车	小型载客汽车	大中型载客汽车	其他车型	
执行事业单位财务会计制度的参公事业单位																		
单位 1		执行事业单位财务会计制度的参公事业单位																
单位 2		执行事业单位财务会计制度的参公事业单位																
……		……																
其他事业单位																		
单位 1		其他事业单位	单位价值 200 万元及以上大型设备															
单位 2		其他事业单位																
……		……																

录入表 14

中央行政事业单位新增资产配置预算录入表

填报单位：　　　　　　　　　　　　　　　　　　　　　　　　　　　　金额单位：万元

单位/支出类型	科目编码	项目代码	单位代码	单位分类	资产类型	设备购置内容	新增资产配置预算 车辆购置 合计 数量（辆/台）	合计 资金来源 小计	合计 资金来源 财政拨款	合计 资金来源 财政拨款结转和结余资金	合计 资金来源 教育收费安排支出	合计 资金来源 政府性基金	合计 资金来源 其他资金	轿车 数量（辆/台）	轿车 资金来源 小计	轿车 资金来源 财政拨款	轿车 资金来源 财政拨款结转和结余资金	轿车 资金来源 教育收费安排支出	轿车 资金来源 政府性基金	轿车 资金来源 其他资金	越野汽车 数量（辆/台）	越野汽车 资金来源 小计	越野汽车 资金来源 财政拨款	越野汽车 资金来源 财政拨款结转和结余资金	越野汽车 资金来源 教育收费安排支出	越野汽车 资金来源 政府性基金	越野汽车 资金来源 其他资金	小型客车 数量（辆/台）	小型客车 资金来源 小计	小型客车 资金来源 财政拨款	小型客车 资金来源 财政拨款结转和结余资金	小型客车 资金来源 教育收费安排支出	小型客车 资金来源 政府性基金	小型客车 资金来源 其他资金
×××单位																																		
基本支出																																		
基本支出	科目 1				部级领导干部用车	—																												
基本支出	科目 1				一般公务用车	—																												
基本支出	科目 2				一般执法执勤用车	—																												
基本支出	科目 2				特种专业技术用车	—																												
基本支出	科目 2				其他用车																													
……	……																																	
项目支出																																		
项目支出 1					一般公务用车	—																												
项目支出 2					一般执法执勤用车	—																												
项目支出 3					单位价值 200 万元及以上大型设备	设备 1																												
事业单位经营支出																																		
……					单位价值 200 万元及以上大型设备	设备 2																												
……					……																													
合计																																		

注：1. 本表填报范围包含通过政府性基金预算支出、事业单位经营支出购置的新增资产预算情况。

2. 本表中项目可以从“政府性基金预算支出录入表”中提取，或增加其他类的新增项目。

3. 本表中“财政拨款”指公共财政预算财政拨款；“政府性基金”指政府性基金预算财政拨款。

录入表 14（续）

中央行政事业单位新增资产配置预算录入表（续）

填报单位：

金额单位：万元

单位/支出类型	科目编码	项目代码	单位代码	单位分类	资产类型	设备购置内容	大中型客车							其他车型							单位价值200万元及以上大型设备购置							备注
							数量（辆/台）	资金来源						数量（辆/台）	资金来源						数量（台/套）	资金来源						
								小计	财政拨款	财政拨款结转和结余资金	教育收费安排支出	政府性基金	其他资金		小计	财政拨款	财政拨款结转和结余资金	教育收费安排支出	政府性基金	其他资金		小计	财政拨款	财政拨款结转和结余资金	教育收费安排支出	政府性基金	其他资金	
×××单位																												
基本支出																												
基本支出	科目1				部级领导干部用车	—																						
基本支出	科目1				一般公务用车	—																						
基本支出	科目2				部级领导干部用车	—																						
基本支出	科目2				一般公务用车	—																						
基本支出	科目2				单位价值200万元及以上大型设备																							
……	……																											
项目支出																												
项目支出1					特种专业技术用车	—																						
项目支出2					其他用车	—																						
项目支出3					单位价值200万元及以上大型设备	设备1																						
事业单位经营支出																												
……					单位价值200万元及以上大型设备	设备2																						
……					……																							
合计																												

录入表 15

中央行政事业单位资产处置收入和行政单位资产出租出借收入录入表

填报单位：　　　　　　　　　　　　　　　　　　单位：万元

科目编码	科目名称	单位名称	单位代码	单位性质	收入项目	收入预算			备注
						合计	上年结转	本年收入	
	合　计								

注：事业单位只填列资产处置收入预算，且不填列“上年结转”。

附件5:

2015年中央部门预算报表及软件的主要调整情况

2015年中央部门预算报表共设置录入表15张，预算表6张，预算附表16张。与2014年中央部门预算报表相比，2015年部门预算报表主要做了以下调整和修订:

一、关于部门预算表封面格式

将部门预算表封面上的“单位负责人”、“财务负责人”、“制表人”三人签章，调整为“财务负责人”、“制表人”两人签章。

二、关于部门预算口径及报表结构

为加强全口径预算管理，进一步规范和明晰部门预算的口径，保证部门预算与公共财政预算衔接，对部门预算报表的口径进行调整，将部门预算中的口径划分为部门财政拨款收支预算和部门财务收支预算两个部分。

部门财政拨款收支预算包括公共财政预算财政拨款收支和政府性基金预算财政拨款收支。该口径中的两个部分，分别与公共财政预算和政府性基金预算衔接。

部门财务收支预算包括部门财政拨款收支、事业收支、事业单位经营收支和其他收支等。该口径反映部门的全面财务收支预算情况。

根据上述口径划分，对预算报表结构做以下调整:

一是增加一张“财政拨款收支预算总表”反映部门财政拨款收支预算，包括公共财政预算财政拨款和政府性基金预算财政拨款收支，作为第一张预算表，突出部门预算的基本口径是财政拨款。

二是将原“收支预算总表”改为“财务收支预算总表”，并将政府性基金财政拨款收支的内容纳入该表中，以全面反映部门的综合财务收支。

三是预算表顺序调整如下:

预算表 1：财政拨款收支预算总表

预算表 2：财政拨款支出表

预算表 3：政府性基金预算财政拨款支出表

预算表 4：财务收支预算总表

预算表 5：财务收入预算表

预算表 6：财务支出预算表

四是对预算附表顺序总体上按照“公共财政预算——政府性基金预算——其他”的结构进行调整，将预算附表中涉及政府性基金预算的附表调整到公共财政预算的相关报表之后，资产存量及配置、教育收费、资产处置及出租出借收入等相关预算附表顺序相应顺延。

三、关于公共财政预算项目的资金来源

以前年度，“项目支出预算录入表”中设置了“政府性基金”和“银行贷款”两项资金来源，作为对项目资金来源情况进行审核时的参考，批复预算时并不批复。以前年度设置“政府性基金”资金来源主要是考虑到部分预算项目同时通过公共财政预算财政拨款和政府性基金预算财政拨款“拼盘”安排，但是从近几年的预算编制情况看，公共财政预算财政拨款安排的项目中，已经没有此类“拼盘”项目，而且随着今后公共财政预算与政府性基金预算之间衔接关系进一步理顺，管理口径进一步规范明晰，也不应再出现此类“拼盘”项目，因此，不再在公共财政预算项目的资金来源中单设“政府性基金”资金来源。按此，在“项目支出预算录入表”中不再单独设置“政府性基金”资金来源。

四、关于政府购买服务

为了便于统计分析政府购买服务支出情况，在预算报表中增加一张“政府购买服务支出录入表”，对部门公共财政预算财政拨款和事业收入等资金安排的基本支出和项目支出中的购买服务支出情况予以反映，包括购买服务的内容、购买服务的承接主体和购买服务的金额等。预算附表中相应增加一张“政府购买服务支出表”。

五、关于部门年初未细化项目

为了加强对部门代编项目的管理和预算项目的拨款控制，从2015年预算编制起，在“项目支出预算录入表”中增加“是否需执行中细化或审批”标识。需标识的项目包括两类：一是部门本级代编的项目，如尚未细化的救灾经费等，由部门自行进行标识。年初未标识的，执行中不得申请细化预算。二是有特殊管理要求，需在执行中报财政部批准后方可动用的经费，如部门机动经费、据实结算项目和待考评后拨款的项目等。该标识由部门填报，财政部审核。年初预算批复后，相关标识信息将传送给国库，在执行中用于对相关拨款进行控制时参考。

六、关于填报部门基本情况

为了丰富和完善部门预算内容，全面反映部门基本情况，从2015年预算编制起，在中央部门预算编制软件中单独设置“部门基本情况”录入功能，作为必填内容，由中央部门的一级预算单位填写部门的职能和机构设置情况。

附录二

财政部关于编制 2015 年中央行政事业单位住房改革支出预算的通知

（2014 年 5 月 12 日　财综［2014］37 号）

党中央有关部门，国务院各部委、各直属机构，全国人大常委会办公厅，全国政协办公厅，高法院，高检院，有关人民团体，有关中央管理企业：

按照财政部编制部门预算的要求，现就编制 2015 年中央行政事业单位住房改革支出预算的有关事宜通知如下：

一、住房改革支出预算的编制范围

住房改革支出预算由三个部分组成，分别是住房公积金预算、提租补贴预算和购房补贴预算。

（一）住房公积金预算的编制范围。包括人员经费由中央财政补助的中央行政事业单位（含中央企业所属事业单位）、人民团体、社会团体等单位（以下简称中央单位）。不包括人员经费自理的中央事业单位等其他单位。

（二）提租补贴预算的编制范围。包括人员经费由中央财政补助的中央在京行政事业单位（含中央企业所属在京事业单位）、人民团体、社会团体等单位（以下简称中央在京单位）。不包括人员经费由中央财政补助的中央京外行政事业单位、人民团体、社会团体等单位（以下简称中央京外单位），人员经费自理的中央事业单位等其他单位。

（三）购房补贴预算的编制范围。包括人员经费由中央财政补助的中央在京单位；人员经费由中央财政补助且按照所在地人民政府规定已经实行住房分配货币化改革的中央京外单位。不包括人员经费由中央财政补助但尚未实行住房分配货币化改革的其他中央京外单位，人员经费自理的中央事业单位等其他单位。

二、住房改革支出预算的编制原则

（一）优先消化住房改革支出拨款结转资金。按照财政部印发的《中央部门财政拨款结转和结余资金管理办法》（财预［2010］7号）和《财政部关于2006年住房改革支出预算执行等有关问题的通知》（财综［2005］59号）的有关规定，中央单位在编制2015年住房改革支出预算时，应当优先消化历年住房改革支出拨款结转资金，住房改革支出拨款结转资金未消化完的，原则上不得申请住房改革支出财政拨款。

（二）将公房出售收入余额的20%用于发放购房补贴。纳入购房补贴预算编制范围的中央单位，在安排2015年购房补贴预算时，应当继续按照财政部的规定，将预计2014年末公房出售收入扣除应计提住房专项维修资金后余额的20%用于发放购房补贴。

（三）申请购房补贴预算资金应符合相关程序。中央单位申请购房补贴预算资金，除符合上述购房补贴预算编制范围要求外，还必须具备下列条件：单位已经为职工建立住房档案，并按要求对申请购房补贴预算资金的职工进行了公示，同时，对拟申请的购房补贴预算资金预计2015年能够发放到位。

（四）用其他资金安排住房改革支出。中央单位在安排2015年住房改革支出预算时，还应当考虑单位用其他资金安排住房改革支出的情况，减少对财政拨款资金的依赖。

（五）按照专款专用原则编制住房改革支出预算。中央单位在编制住房改革支出预算时，要坚持专款专用的原则。中央单位的住房公积金预算、提租补贴预算和购房补贴预算，应当分别进行编制，各项预算之间应当实行专款专用，不得相互调剂。

三、住房改革支出预算的编制要求

（一）确保有关预算数据真实可靠。住房改革支出预算是部门预算的重要组成部分，填报工作涉及各单位的财务、房管、人事等相关部门，工作量大、业务面广，需要相关部门密切配合。中央单位要严格按照《2015

年中央行政事业单位住房改革支出预算编制说明》（附件 6）以及本通知要求，认真组织所属单位做好 2015 年住房改革支出预算编制工作，确保预算数据真实可靠。特别是在填报《2015 年中央行政单位购房补贴预算基础数据表》（附件 2）和《2015 年中央事业单位购房补贴预算基础数据表》（附件 3）时，要及时更新相关数据，对于以前年度中央财政已经安排预算资金的人员，不得重复申报购房补贴预算。中央京外单位编制在职职工购房补贴预算时，要严格按照本通知规定的范围和口径执行，不得多报、虚报。

（二）做好上下级单位资金调剂工作。中央单位动用历年住房改革支出拨款结转资金以及公房出售收入安排 2015 年住房改革支出预算，要继续做好上下级单位相关资金的调剂工作，有关调剂办法及会计核算方式继续按照财综［2005］59 号文件规定执行。

（三）做好与部门预算数据的相互衔接。《2015 年中央行政事业单位住房改革支出预算表》（附件 1）是部门预算的组成部分，中央单位财务部门要与房管、人事部门相互配合，确保《2015 年中央行政事业单位住房改革支出预算表》（附件 1）与部门预算相关数据相互衔接。

（四）加强住房改革支出预算编制的审核。中央单位应当严格按照本通知要求，认真编制《2015 年中央行政事业单位住房改革支出预算表》（附件 1）、《2015 年中央行政单位购房补贴预算基础数据表》（附件 2）、《2015 年中央事业单位购房补贴预算基础数据表》（附件 3）、《中央行政事业单位符合领取购房补贴条件职工基本情况表》（附件 4）和《1999—2015 年中央行政事业单位购房补贴需求情况表》（附件 5）。中央单位在向财政部报送 2015 年住房改革支出预算之前，一级预算单位应当负责对所属下级预算单位编制的预算进行认真审核，确保符合有关预算编制要求。

（五）认真撰写住房改革支出预算编制说明。中央单位编制 2015 年住房改革支出预算，应当认真撰写预算编制说明，详细说明每项住房改革支出预算数据的测算过程，对于一些特别需要说明的事项，应当重点说明。中央单位在预算编制说明中，对于中央京外单位职工购房补贴需求数额及其具体分项目需求数额，要作单独反映，并详细说明测算过程。

（六）按时报送住房改革支出预算报表。为方便中央单位编制住房改革支出预算，请中央单位于 2014 年 6 月 15 日左右通过网络自行下载住房改革支出预算软件。软件下载网址 1：www. mof. gov. cn，找到“下载中心”，点击进入后找到“中央行政事业单位住房改革支出”，进行下载；软件下载网址 2：www. mofit. com. cn。如一些单位受上网条件限制，无法通过网络下载，也可带优盘到财政部（信息中心，电话：68553123）拷取软件。中央单位应当于 2014 年 7 月 31 日前将住房改革支出预算编制说明及附件 1—5 报送财政部（综合司）一式一份（附电子文档）。

（七）及时反映编制预算中的相关问题。中央单位在编制 2015 年住房改革支出预算中，需要反映相关问题，应当在向财政部（综合司）报送 2015 年住房改革支出预算时，以书面形式加以说明。

附件 1：2015 年中央行政事业单位住房改革支出预算表

附件 2：2015 年中央行政单位购房补贴预算基础数据表

附件 3：2015 年中央事业单位购房补贴预算基础数据表

附件 4：中央行政事业单位符合领取购房补贴条件职工基本情况表

附件 5：1999—2015 年中央行政事业单位购房补贴需求情况表

附件 6：2015 年中央行政事业单位住房改革支出预算编制说明

附件1：

2015年中央行政事业单位住房改革支出预算表

填报单位：　　　　　　　　　　　　单位代码：　　　　　　　　　　　　单位：万元

项目	支出总额	2014年年末结转		2014年年末售房收入余额		用其他资金安排本年支出	申请用财政拨款安排本年支出	单位基本情况				2013年年末结转
		小计	其中：安排本年支出	小计	其中：安排本年支出			在职职工人数（人）		离退休职工人数（人）	2014年职工基本工资及津贴补贴总额	
								编制内	其他			
	1	2	3	4	5	6	7	8	9	10	11	12
一、行政单位												
（一）住房公积金				×	×			×	×	×	×	
（二）提租补贴				×	×			×	×	×	×	
（三）购房补贴								×	×	×	×	
1. 按月补贴		×	×	×	×	×	×	×	×	×	×	×
2. 无房一次性补贴		×	×	×	×	×	×	×	×	×	×	×
3. 未达标补贴		×	×	×	×	×	×	×	×	×	×	×
4. 级差补贴		×	×	×	×	×	×	×	×	×	×	×
5. 其他补贴		×	×	×	×	×	×	×	×	×	×	×
二、事业单位												
（一）住房公积金				×	×			×	×	×	×	
（二）提租补贴				×	×			×	×	×	×	
（三）购房补贴								×	×	×	×	

续表

项目	支出总额	2014 年年末结转		2014 年年末售房收入余额		用其他资金安排本年支出	申请用财政拨款安排本年支出	单位基本情况				2013 年年末结转
		小计	其中：安排本年支出	小计	其中：安排本年支出			在职职工人数（人）		离退休职工人数（人）	2014 年职工基本工资及津贴补贴总额	
								编制内	其他			
	1	2	3	4	5	6	7	8	9	10	11	12
1. 按月补贴		×	×	×	×	×	×	×	×	×	×	×
2. 无房一次性补贴		×	×	×	×	×	×	×	×	×	×	×
3. 未达标补贴		×	×	×	×	×	×	×	×	×	×	×
4. 级差补贴		×	×	×	×	×	×	×	×	×	×	×
5. 其他补贴		×	×	×	×	×	×	×	×	×	×	×
三、合计												
（一）住房公积金				×	×			×	×	×	×	
（二）提租补贴				×	×			×	×	×	×	
（三）购房补贴								×	×	×	×	
1. 按月补贴		×	×	×	×	×	×	×	×	×	×	×
2. 无房一次性补贴		×	×	×	×	×	×	×	×	×	×	×
3. 未达标补贴		×	×	×	×	×	×	×	×	×	×	×
4. 级差补贴		×	×	×	×	×	×	×	×	×	×	×
5. 其他补贴		×	×	×	×	×	×	×	×	×	×	×

注：1. 2014 年年末结转：指预计截至 2014 年 12 月 31 日单位账面累计结转的财政拨付的住房公积金、提租补贴、购房补贴数额，包括以前年度事业单位将住房公积金、提租补贴、购房补贴转入事业基金形成的结转资金。

2. 2013 年年末结转：指截至 2013 年 12 月 31 日单位账面累计结转的财政拨付的住房公积金、提租补贴、购房补贴数额，包括以前年度事业单位将住房公积金、提租补贴、购房补贴转入事业基金形成的结转资金。

3. 7 = 1 − 3 − 5 − 6。

附件 2：

2015 年中央行政单位购房补贴预算基础数据表

填报单位：

单位地址：

单位：元

序号	姓名	身份证号	职务（职称）	标准职务（职称）	是否提职	参加工作时间（年－月）	现住房建筑面积（平方米）	建立住房公积金制度前的工龄（年）	1998 年月标准工资	按月补贴	无房一次性补贴	未达标补贴	级差补贴	其他补贴	购房补贴合计
	1	2	3	4	5	6	7	8	9	10	11	12	13	14	15
	合计	×	×	×	×	×	×	×	×						

单位负责人：　　　　单位经办部门负责人：　　　　单位人事部门负责人：

注：1. 10 至 14 数据为 2015 年按照规定需要发放职工的购房补贴数额，不含 2013 年以前已经按规定标准发放的购房补贴以及 2014 年准备发放的购房补贴。

2. 职务（职称）指职工本人 2014 年 6 月 30 日的实际职务或职称，第 3、4 栏或填技术职称，或填行政职务。

3. 标准职务（职称）是指按国家文件规定对应的职务或职级。

4. 此表必须填列单位负责人、单位经办部门负责人、单位人事部门负责人签字或盖章。

5. 是否提职是指 1999 年 1 月 1 日以来职工职务（职级）的变化情况。

6. 15 = 10 + 11 + 12 + 13 + 14。

附件3：

2015年中央事业单位购房补贴预算基础数据表

填报单位：

单位地址：

单位：元

序号	姓名	身份证号	职务（职称）	标准职务（职称）	是否提职	参加工作时间（年－月）	现住房建筑面积（平方米）	建立住房公积金制度前的工龄（年）	1998年月标准工资	按月补贴	无房一次性补贴	未达标补贴	级差补贴	其他补贴	购房补贴合计
	1	2	3	4	5	6	7	8	9	10	11	12	13	14	15
	合计	×	×	×	×	×	×	×	×						

单位负责人：　　　　单位经办部门负责人：　　　　单位人事部门负责人：

注：1. 10至14数据为2015年按照规定需要发放职工的购房补贴数额，不含2013年以前已经按规定标准发放的购房补贴以及2014年准备发放的购房补贴。

2. 职务（职称）指职工本人2014年6月30日的实际职务或职称，第3、4栏或填技术职称，或填行政职务。

3. 标准职务（职称）是指按国家文件规定对应的职务或职级。

4. 此表必须填列单位负责人、单位经办部门负责人、单位人事部门负责人签字或盖章。

5. 是否提职是指1999年1月1日以来职工职务（职级）的变化情况。

6. 15＝10＋11＋12＋13＋14

附件4：

中央行政事业单位符合领取购房补贴条件职工基本情况表

单位：人

项目	已解决人数					尚未解决人数					应发放购房补贴总人数				
	按月补贴	无房一次性补贴	未达标补贴	级差补贴	其他补贴	按月补贴	无房一次性补贴	未达标补贴	级差补贴	其他补贴	按月补贴	无房一次性补贴	未达标补贴	级差补贴	其他补贴
	1	2	3	4	5	6	7	8	9	10	11	12	13	14	15
一、行政单位															
（一）在京单位															
（二）京外单位															
二、事业单位															
（一）在京单位															
（二）京外单位															
三、合 计															
（一）在京单位															
（二）京外单位															

注：1. 第1列为截至2014年12月31日已离退休并领取按月补贴的无房职工人数；领取按月补贴的在职无房职工填列在第6列。

2. 11 = 1 + 6；12 = 2 + 7；13 = 3 + 8；14 = 4 + 9；15 = 5 + 10。

附件5：

1999—2015年中央行政事业单位购房补贴需求情况表

单位：万元

项目	1999—2014年已解决购房补贴额						2015年需要解决购房补贴额						1999—2015年购房补贴需求合计					
	小计	按月补贴	无房一次性补贴	未达标补贴	级差补贴	其他补贴	小计	按月补贴	无房一次性补贴	未达标补贴	级差补贴	其他补贴	小计	按月补贴	无房一次性补贴	未达标补贴	级差补贴	其他补贴
	1	2	3	4	5	6	7	8	9	10	11	12	13	14	15	16	17	18
一、行政单位																		
（一）在京单位																		
（二）京外单位																		
二、事业单位																		
（一）在京单位																		
（二）京外单位																		
三、合计																		
（一）在京单位																		
（二）京外单位																		

注：1. 2—6根据1999—2013年购房补贴决算数据及预计2014年发放购房补贴数据之和填列；8—12为2015年按照规定需要发放给职工的购房补贴数额。

2. 1 =2 +3 +4 +5 +6；7 =8 +9 +10 +11 +12；13 =14 +15 +16 +17 +18；14 =2 +8；15 =3 +9；16 =4 +10；17 =5 +11；18 =6 +12。

附件6：

2015年中央行政事业单位住房改革支出预算编制说明

一、住房改革支出预算的编制范围

住房改革支出预算由三个部分组成，分别是住房公积金预算、提租补贴预算和购房补贴预算。

（一）住房公积金预算的编制范围。包括人员经费由中央财政补助的中央行政事业单位（含中央企业所属事业单位）、人民团体、社会团体等单位（以下简称中央单位）。不包括人员经费自理的中央事业单位等其他单位。

（二）提租补贴预算的编制范围。包括人员经费由中央财政补助的中央在京行政事业单位（含中央企业所属在京事业单位）、人民团体、社会团体等单位（以下简称中央在京单位）。不包括人员经费由中央财政补助的中央京外行政事业单位、人民团体、社会团体等单位（以下简称中央京外单位），人员经费自理的中央事业单位等其他单位。

（三）购房补贴预算的编制范围。包括人员经费由中央财政补助的中央在京单位；人员经费由中央财政补助且按照所在地人民政府规定已经实行住房分配货币化改革的中央京外单位。不包括人员经费由中央财政补助但尚未实行住房分配货币化改革的其他中央京外单位，人员经费自理的中央事业单位等其他单位。

二、关于编制《2015年中央行政事业单位住房改革支出预算表》（附件1）的说明

（一）单位代码。二级及以下预算单位代码仅填报预算代码后三位。

（二）支出总额。中央单位按照财政部规定预计2015年住房改革支出需求数额。

1. 住房公积金。按照单位2014年职工基本工资和津贴补贴总额乘以单位缴存住房公积金比例确定。其中，中央在京单位缴存住房公积金比例为12%，中央京外单位缴存住房公积金比例按当地实际确定，但最高不得

超过12%。

职工基本工资及津贴补贴总额：(1) 公务员基本工资及津贴补贴总额：包括国家统一规定的职务工资、级别工资、年终一次性奖金、艰苦边远地区津贴、特殊岗位津贴，规范后发放的工作性津贴、生活性补贴；不包括托儿补贴、独生子女补贴及改革性补贴（包括住房补贴、提租补贴、供热采暖补贴、物业管理补贴、公务用车补贴、班车补贴等，下同）。(2) 机关工人基本工资及津贴补贴总额：包括国家统一规定的岗位工资、技术等级（职务）工资、艰苦边远地区津贴、特殊岗位津贴及其他补贴；不包括托儿补贴、独生子女补贴及改革性补贴。(3) 事业单位工作人员基本工资及津贴补贴总额：包括国家统一规定的岗位工资、薪级工资、绩效工资、艰苦边远地区津贴、特殊岗位津贴等，不包括托儿补贴、独生子女补贴、改革性补贴以及单位超出国家规定范围和标准自行发放的津贴补贴。

2. 提租补贴。按照中央在京单位预计2015年在职在编职工人数和离退休人数以及相应职级的补贴标准确定。具体补贴标准是，正部级240元/月，副部级210元/月，正司级130元/月，副司级115元/月，正处级100元/月，副处级（包括技术工人中的高级技师）90元/月，科级（包括技术工人中的高级工、技师和25年以上科员、办事员、初中级技术人员和普通工人）80元/月，科以下（包括技术工人中的初、中级工人和25年以下普通工人）70元/月。

3. 购房补贴。指中央单位无房职工和住房未达到规定面积标准的职工，按照现行房改政策规定以及财政部规定的购房补贴预算编制范围，2015年需要发放的购房补贴资金。中央单位申请购房补贴资金需具备以下条件：单位已经为职工建立住房档案，并按要求对申请购房补贴预算资金的职工进行了公示，同时，对拟申请的购房补贴预算资金预计2015年能够发放到位。

(1) 中央在京单位的购房补贴需求按照下列公式测算：

①按月补贴。指无房老职工（1998年12月31日前参加工作的职工）和新职工（1999年1月1日后参加工作的职工）按月领取的购房补贴。1999年1月1日至2004年12月31日的按月补贴计算公式：职工当月标准工资×月住房补贴系数（0.66）。2005年1月1日以后的按月补贴，实行

定额发放。补贴标准为：科级以下 800 元；副科级 900 元；正科级 1000 元；副处级 1100 元；正处级 1200 元；副司级 1400 元；正司级 1600 元。机关工勤人员为：技术工人中的初级工和 15 年以下工龄的普通工人 800 元；技术工人中的中级工和 15 年以上（含 15 年）、25 年以下工龄的普通工人 900 元；技术工人中的高级工、技师和 25 年以上（含 25 年）工龄的普通工人 1000 元；技术工人中的高级技师 1100 元。

②无房一次性补贴。指对 1998 年 12 月 31 日（含）前参加工作的无房老职工发放的购房补贴。职工及其配偶同时符合下列条件的为无房老职工：未以规定的公有住房租金标准承租公有住房；未以房改成本价、标准价或其他政府优惠价格购买公有住房（全额出资以市场价或经济适用房价格购买住房的，不影响其按规定享受购房补贴待遇）；未按城市房屋拆迁政策享受货币补偿，未按危改政策享受补偿或未按房改价回迁购房；未以房改成本价或标准价参加集资合作建房；未享受过单位资助购建住房；未领取过国家或单位的住房补助（不含住房公积金、提租补贴）；退出以规定的标准租金承租城镇私有住房。

无房一次性补贴计算公式：［职工 1998 年月均标准工资 ×0.66 × 职工 1998 年底前的工作月之和］ + ［1999 年度工龄补贴额（每年 13 元/建筑平方米） × 职工建立公积金制度前的工龄 × 职工购房补贴建筑面积标准］。其中：在计算无房老职工一次性购房补贴的基准补贴时，职工工龄超过 32 年的，按 32 年计算，工龄不足 32 年的，按实际工龄计算；在计算无房老职工一次性购房补贴的工龄补贴时，建立住房公积金制度前的工龄按实际工龄计算。

③住房未达标补贴。指 1998 年 12 月 31 日（含）前参加工作的有房老职工住房面积未达标的，由所在单位根据其差额面积计算的一次性购房补贴。住房未达标补贴要根据职工是否已享受购房优惠分别处理。享受购房政策优惠，是指已经按照房改政策购买国管局、中直管理局建设的经济适用住房、单位自建住房、集资建房以及按上述经济适用住房基准价格购买的腾退已购公有住房、北京市经济适用住房。其中：对于已享受购房政策优惠的住房面积未达标职工，计算公式为：（基准补贴额 1265 元/建筑平方米 + 每年 13 元/建筑平方米 × 职工建立住房公积金制度前的工龄） ×

差额面积；对于未享受购房政策优惠的住房面积未达标职工，计算公式为：（基准补贴额 2000 元/建筑平方米 + 每年 16.5 元/建筑平方米 × 职工建立住房公积金制度前的工龄）× 差额面积。

职工已经承租或购买可售住房，并同时承租不可售住房的，住房面积核定时应合并计算，待其腾退不可售公房后不达标的，由所在单位按规定计发差额补贴。

④级差补贴。指有房老职工在其现住房面积经达标、未达标、超标处理后，因职务、技术等级晋升，按晋升后的购房补贴面积标准与晋升前的购房补贴面积标准之差一次性计算级差面积补贴。级差补贴要根据职工是否已享受购房优惠分别处理。其中：对于已享受购房政策优惠的住房面积未达标职工，计算公式为：（基准补贴额 1265 元/建筑平方米 + 每年 13 元/建筑平方米 × 职工建立住房公积金制度前的工龄）× 差额面积；对于未享受购房政策优惠的住房面积未达标职工，计算公式为：（基准补贴额 2000 元/建筑平方米 + 每年 16.5 元/建筑平方米 × 职工建立住房公积金制度前的工龄）× 差额面积。

在上述计算公式中，行政单位职工月标准工资为基础工资、职务工资、级别工资和工龄工资之和；事业单位职工月标准工资包括原人事部和财政部规定的职务工资（或等级工资）、按工资一定比例核发的津贴以及地区附加津贴、艰苦边远地区津贴。

（2）中央京外单位在职职工、离退休职工购房补贴需求按照下列规定测算：

中央京外单位根据所在地人民政府住房分配货币化改革的政策规定和标准，测算应当核发给在职职工、离退休职工的购房补贴需求数额。所在地购房补贴项目分为按月补贴、无房一次性补贴、未达标补贴以及级差补贴的，分别填入相应的购房补贴项目；所在地购房补贴政策比较特殊，无法分为按月补贴、无房一次性补贴、未达标补贴以及级差补贴项目的，统一填列其他补贴项目。

（三）2014 年年末结转。

"2014 年年末结转—小计"：指预计截至 2014 年 12 月 31 日单位账面累计结转的财政拨付的住房公积金、提租补贴、购房补贴数额，包括以前年度事业单位将住房公积金、提租补贴、购房补贴转入事业基金形成的结转资金。按照《财政部关于 2006 年住房改革支出预算执行等有关问题的通知》（财综［2005］59 号）的规定，二级预算单位上交主管部门住房改革支出预算拨款结余资金时，相应减少本单位的“2014 年末结转—小计”；二级预算单位收到主管部门再分配的住房改革支出预算拨款结余资金时，相应增加本单位的“2014 年末结转—小计”。

“2014 年年末结转—其中：安排本年支出”：指单位按照财政部规定动用预计 2014 年末结转的住房公积金、提租补贴、购房补贴（包括以前年度转入事业基金形成的结转资金）分别安排用于 2015 年的住房公积金、提租补贴、购房补贴的支出数额。

（四）2014 年末售房收入余额。

“2014 年末售房收入余额—小计”：指预计截至 2014 年 12 月 31 日各单位账面累计结转的公房出售收入余额，不包括应计提的住宅专项维修资金。

“2014 年末售房收入余额—其中：安排本年支出”：指单位按照财政部规定动用 2014 年末售房收入余额的 20% 安排发放 2015 年购房补贴的支出数额。

（五）用其他资金安排本年支出。指单位用其他自有资金安排发放 2015 年住房公积金、提租补贴、购房补贴的支出数额。

（六）申请用财政拨款安排本年支出。指 2015 年单位在动用 2014 年末结余、20% 的 2014 年末售房收入余额以及其他资金后，拟申请财政预算拨款安排发放的 2015 年住房公积金、提租补贴、购房补贴的支出数额。

（七）在职职工人数。指预计中央单位截至 2014 年 12 月 31 日的在职职工人数。

（八）离退休职工人数。指预计中央单位截至 2014 年 12 月 31 日的离退休职工人数。

（九）2014 年职工基本工资及津贴补贴总额。指预计 2014 年中央单位向在职在编职工发放的基本工资及津贴补贴总额。行政单位包括国家统一规定的公务员职务工资、级别工资、机关工人岗位工资和技术等级（职务）工资、年终一次性奖金、特殊岗位津贴、艰苦边远地区津贴，规范后发放的工作性津贴、生活性补贴等；不包括托儿补贴、独生子女补贴及改革性补贴。事业单位包括国家统一规定的岗位工资、薪级工资、绩效工资、艰苦边远地区津贴、特殊岗位津贴等，不包括托儿补贴、独生子女补贴、改革性补贴以及单位超出国家规定范围和标准自行发放的津贴补贴。

（十）2013 年年末结转。指截至 2013 年 12 月 31 日单位账面累计结转的财政拨付的住房公积金、提租补贴、购房补贴数额，包括以前年度事业单位将住房公积金、提租补贴、购房补贴转入事业基金形成的结转资金。

三、关于编制《2015 年中央行政单位购房补贴预算基础数据表》（附件 2）的说明

（一）职务（职称）。指职工截至 2014 年 6 月 30 日的实际职务或职称，二者只能选其一。

（二）标准职务（职称）。指按国家规定应当对应的职级。

（三）是否提职。指职工职务（职称）的变化情况（下同）。

（四）现住房建筑面积。指职工家庭已按房改成本价购买的房改住房建筑面积，或者已承租的可售公房建筑面积（下同）。

（五）建立住房公积金制度前的工龄。指实行住房公积金制度前的国家承认的实际工龄（下同）。

（六）1998 年月标准工资。指符合发放购房补贴条件职工 1998 年的基础工资、职务工资、级别工资和工龄工资（下同）。

1998 年以前已离退休无房老职工，其“职工 1998 年月均标准工资”按“职工 1998 年月均基本离退休费”计算，基本离退休费不包括国家规定的各种津贴、补贴和各部门自行发放的各种补助。1998 年各职务月均基本离退休费标准按原人事部的规定，行政人员：正司局级 800 元，副司局级 700 元，正处级 570 元，副处级 510 元，正科级 440 元，副科级及以下 380 元；工人：高级技师 480 元，技师和高级工 430 元，中级工、初级工和普通工 370 元。

四、关于编制《2015 年中央事业单位购房补贴预算基础数据表》（附件 3）的说明

（一）职务（职称）。指职工截至 2014 年 6 月 30 日的实际职务或职称，二者只能选其一。具体职称级别如下：

1. 教授级。包括教授，研究员，主任医、护、技师，高级记者（编辑），编审，播音指导，译审，研究馆员，国家级教练，艺术一级等相当技术级别的人员。

2. 副教授级。包括副教授，副研究员，中学高级教师，高级讲师，副主任医、护、技师，高级工程师，高级农艺师，高级经济、会计、统计师，主任记者（编辑），副编审，主任播音员，副译审，副研究馆员，高级教练，艺术二级等相当技术级别的人员。

3. 讲师级。包括讲师，助理研究员，中学一级、小学高级教师，主治医（主管护、药、技）师，工程师，农艺师、经济、会计、统计师，记者（编辑），一级播音员，翻译，馆员，一级教练，艺术三级等相当技术级别的人员。

4. 助教级。包括助教，研究实习员，中学二级、小学一级教师，助理讲师，医、护、技师，助理工程师，助理农艺师、助理经济、会计、统计师，助理记者（编辑），二级播音员，助理翻译，助理馆员，二级教练，艺术四级等相当技术级别的人员。

5. 助教以下。包括中学三级，小学二、三级教师，教员，医、护、药、技士，技术员，经济、会计、统计员，三级播音员，管理员，三级教练，艺术五级等相当技术级别及未评聘专业技术的人员。

（二）标准职务（职称）。指按国家规定应对应的职级或职称。分为高级、副高级、中级、初级及以下四个级次。

五、关于编制《中央行政事业单位符合领取购房补贴条件职工基本情况表》（附件 4）的说明

（一）已解决人数。

“已解决人数—按月补贴”：指预计截至 2014 年 12 月 31 日，中央单位已离退休并领取按月补贴的无房职工人数。

“已解决人数—无房一次性补贴”：指预计截至 2014 年 12 月 31 日，中央单位已领取无房一次性补贴的无房老职工人数。

“已解决人数—未达标补贴”：指预计截至 2014 年 12 月 31 日，中央单位已领取未达标补贴的职工人数。

“已解决人数—级差补贴”：指预计截至 2014 年 12 月 31 日，中央单位已领取级差补贴的职工人数。

“已解决人数—其他补贴”：指预计截至 2014 年 12 月 31 日，中央单位已领取其他补贴的职工人数。

（二）尚未解决人数。

“尚未解决人数—按月补贴”：指预计截至 2015 年 12 月 31 日，中央单位按现行房改政策规定，符合领取按月补贴的无房职工人数（包括无房老职工和新职工）。

“尚未解决人数—无房一次性补贴”：指预计截至 2015 年 12 月 31 日，中央单位按现行房改政策规定，符合条件但尚未领取无房一次性补贴的无房老职工人数。

“尚未解决人数—未达标补贴”：指预计截至 2015 年 12 月 31 日，中央单位按现行房改政策规定，符合条件但尚未领取未达标补贴的职工人数。

“尚未解决人数—级差补贴”：指预计截至 2015 年 12 月 31 日，中央单位按现行房改政策规定，符合条件但尚未领取级差补贴的职工人数。

“尚未解决人数—其他补贴”：指预计截至 2015 年 12 月 31 日，中央单位按现行房改政策规定，符合条件但尚未领取其他补贴的职工人数。

（三）应发放购房补贴总人数。

“应发放购房补贴总人数－按月补贴”＝“已解决人数－按月补贴”＋“尚未解决人数－按月补贴”。

“应发放购房补贴总人数－无房一次性补贴”＝“已解决人数－无房一次性补贴”＋“尚未解决人数－无房一次性补贴”。

“应发放购房补贴总人数－未达标补贴”＝“已解决人数－未达标补贴”＋“尚未解决人数－未达标补贴”。

“应发放购房补贴总人数－级差补贴”＝“已解决人数－级差补贴”＋“尚未解决人数－级差补贴”。

“应发放购房补贴总人数－其他补贴”＝“已解决人数－其他补贴”＋“尚未解决人数－其他补贴”。

六、关于编制《1999—2015 年中央行政事业单位购房补贴需求情况表》（附件 5）的说明

（一）1999—2014 年已解决购房补贴额。指单位 1999—2013 年购房补贴决算数额以及预计 2014 年发放购房补贴数额之和。

（二）2015 年需要解决购房补贴额。指单位按照现行住房分配货币化改革政策规定，2015 年需要发放给职工的购房补贴数额。

（三）1999—2015 年购房补贴需求合计。为 1999—2014 年已解决购房补贴额和 2015 年需要解决购房补贴额之和。

附录三

党政机关厉行节约反对浪费条例

第一章　总　则

第一条　为了进一步弘扬艰苦奋斗、勤俭节约的优良作风，推进党政机关厉行节约反对浪费，建设节约型机关，根据国家有关法律法规和中央有关规定，制定本条例。

第二条　本条例适用于党的机关、人大机关、行政机关、政协机关、审判机关、检察机关，以及工会、共青团、妇联等人民团体和参照公务员法管理的事业单位。

第三条　本条例所称浪费，是指党政机关及其工作人员违反规定进行不必要的公务活动，或者在履行公务中超出规定范围、标准和要求，不当使用公共资金、资产和资源，给国家和社会造成损失的行为。

第四条　党政机关厉行节约反对浪费，应当遵循下列原则：坚持从严从简，勤俭办一切事业，降低公务活动成本；坚持依法依规，遵守国家法律法规和党内法规制度的相关规定，严格按程序办事；坚持总量控制，科学设定相关标准，严格控制经费支出总额，加强厉行节约绩效考评；坚持实事求是，从实际出发安排公务活动，取消不必要的公务活动，保证正常公务活动；坚持公开透明，除涉及国家秘密事项外，公务活动中的资金、资产、资源使用等情况应予公开，接受各方面监督；坚持深化改革，通过改革创新破解体制机制障碍，建立健全厉行节约反对浪费工作长效机制。

第五条　中共中央办公厅、国务院办公厅负责统筹协调、指导检查全国党政机关厉行节约反对浪费工作，建立协调联络机制承办具体事务。地方各级党委办公厅（室）、政府办公厅（室）负责指导检查本地区党政机关厉行节约反对浪费工作。

纪检监察机关和组织人事、宣传、外事、发展改革、财政、审计、机关事务管理等部门根据职责分工，依法依规履行对厉行节约反对浪费相关工作的管理、监督等职责。

第六条 各级党委和政府应当加强对厉行节约反对浪费工作的组织领导。党政机关领导班子主要负责人对本地区、本部门、本单位的厉行节约反对浪费工作负总责，其他成员根据工作分工，对职责范围内的厉行节约反对浪费工作负主要领导责任。

第二章 经费管理

第七条 党政机关应当加强预算编制管理，按照综合预算的要求，将各项收入和支出全部纳入部门预算。

党政机关依法取得的罚没收入、行政事业性收费、政府性基金、国有资产收益和处置等非税收入，必须按规定及时足额上缴国库，严禁以任何形式隐瞒、截留、挤占、挪用、坐支或者私分，严禁转移到机关所属工会、培训中心、服务中心等单位账户使用。

第八条 党政机关应当遵循先有预算、后有支出的原则，严格执行预算，严禁超预算或者无预算安排支出，严禁虚列支出、转移或者套取预算资金。

严格控制国内差旅费、因公临时出国（境）费、公务接待费、公务用车购置及运行费、会议费、培训费等支出。年度预算执行中不予追加，因特殊需要确需追加的，由财政部门审核后按程序报批。

建立预算执行全过程动态监控机制，完善预算执行管理办法，建立健全预算绩效管理体系，增强预算执行的严肃性，提高预算执行的准确率，防止年底突击花钱等现象发生。

第九条 推进政府会计改革，进一步健全会计制度，准确核算机关运行经费，全面反映行政成本。

第十条 财政部门应当会同有关部门，根据国内差旅、因公临时出国（境）、公务接待、会议、培训等工作特点，综合考虑经济发展水平、有关货物和服务的市场价格水平，制定分地区的公务活动经费开支范围和开支标准。

加强相关开支标准之间的衔接，建立开支标准调整机制，定期根据有关货物和服务的市场价格变动情况调整相关开支标准，增强开支标准的协调性、规范性、科学性。

严格开支范围和标准，严格支出报销审核，不得报销任何超范围、超标准以及与相关公务活动无关的费用。

第十一条　全面实行公务卡制度。健全公务卡强制结算目录，党政机关国内发生的公务差旅费、公务接待费、公务用车购置及运行费、会议费、培训费等经费支出，除按规定实行财政直接支付或者银行转账外，应当使用公务卡结算。

第十二条　党政机关采购货物、工程和服务，应当遵循公开透明、公平竞争、诚实信用原则。

政府采购应当依法完整编制采购预算，严格执行经费预算和资产配置标准，合理确定采购需求，不得超标准采购，不得超出办公需要采购服务。

严格执行政府采购程序，不得违反规定以任何方式和理由指定或者变相指定品牌、型号、产地。采购公开招标数额标准以上的货物、工程和服务，应当进行公开招标，确需改变采购方式的，应当严格执行有关公示和审批程序。列入政府集中采购目录范围的，应当委托集中采购机构代理采购，并逐步实行批量集中采购。严格控制协议供货采购的数量和规模，不得以协议供货拆分项目的方式规避公开招标。

党政机关应当按照政府采购合同规定的采购需求组织验收。政府采购监督管理部门应当逐步建立政府采购结果评价制度，对政府采购的资金节约、政策效能、透明程度以及专业化水平进行综合、客观评价。

加快政府采购管理交易平台建设，推进电子化政府采购。

第三章　国内差旅和因公临时出国（境）

第十三条　党政机关应当建立健全并严格执行国内差旅内部审批制度，从严控制国内差旅人数和天数，严禁无明确公务目的的差旅活动，严禁以公务差旅为名变相旅游，严禁异地部门间无实质内容的学习交流和考察调研。

第十四条　国内差旅人员应当严格按规定乘坐交通工具、住宿、就餐，费用由所在单位承担。

差旅人员住宿、就餐由接待单位协助安排的，必须按标准交纳住宿费、餐费。差旅人员不得向接待单位提出正常公务活动以外的要求，不得接受礼金、礼品和土特产品等。

第十五条 统筹安排年度因公临时出国计划，严格控制团组数量和规模，不得安排照顾性、无实质内容的一般性出访，不得安排考察性出访，严禁集中安排赴热门国家和地区出访，严禁以各种名义变相公款出国旅游。严格执行因公临时出国限量管理规定，不得把出国作为个人待遇、安排轮流出国。严格控制跨地区、跨部门团组。

组织、外专等有关部门应当加强出国培训总体规划和监督管理，严格控制出国培训规模，科学设置培训项目，择优选派培训对象，提高出国培训的质量和实效。

第十六条 外事管理部门应当加强因公临时出国审核审批管理，对违反规定、不适合成行的团组予以调整或者取消。

加强因公临时出国经费预算总额控制，严格执行经费先行审核制度。无出国经费预算安排的不予批准，确有特殊需要的，按规定程序报批。严禁违反规定使用出国经费预算以外资金作为出国经费，严禁向所属单位、企业、我国驻外机构等摊派或者转嫁出国费用。

第十七条 出国团组应当按规定标准安排交通工具和食宿，不得违反规定乘坐民航包机，不得乘坐私人、企业和外国航空公司包机，不得安排超标准住房和用车，不得擅自增加出访国家或者地区，不得擅自绕道旅行，不得擅自延长在国外停留时间。

出国期间，不得与我国驻外机构和其他中资机构、企业之间用公款互赠礼品或者纪念品，不得用公款相互宴请。

第十八条 严格根据工作需要编制出境计划，加强因公出境审批和管理，不得安排出境考察，不得组织无实质内容的调研、会议、培训等活动。

严格遵守因公出境经费预算、支出、使用、核算等财务制度，不得接受超标准接待和高消费娱乐，不得接受礼金、贵重礼品、有价证券、支付凭证等。

第四章 公务接待

第十九条 建立健全国内公务接待集中管理制度。党政机关公务接待管理部门应当加强对国内公务接待工作的管理和指导。

第二十条 党政机关应当建立公务接待审批控制制度，对无公函的公务活动不予接待，严禁将非公务活动纳入接待范围。

第二十一条 党政机关应当严格执行国内公务接待标准，实行接待费支出总额控制制度。

接待单位应当严格按标准安排接待对象的住宿用房，协助安排用餐的按标准收取餐费，不得在接待费中列支应当由接待对象承担的费用，不得以举办会议、培训等名义列支、转移、隐匿接待费开支。

建立国内公务接待清单制度，如实反映接待对象、公务活动、接待费用等情况。接待清单作为财务报销的凭证之一并接受审计。

第二十二条 外宾接待工作应当遵循服务外交、友好对等、务实节俭的原则。外宾邀请单位应当严格按照有关规定安排接待活动，从严从紧控制外宾团组和接待费用。

第二十三条 有关部门和地方应当参照国内公务接待标准，制定招商引资等活动的接待办法，严格审批，强化管理，严禁超规格、超标准接待，严禁扩大接待范围、增加接待项目，严禁以招商引资等名义变相安排公务接待。

第二十四条 党政机关不得以任何名义新建、改建、扩建所属宾馆、招待所等具有接待功能的设施或者场所。

建立接待资源共享机制，推进机关所属接待、培训场所的集中统一管理和利用。健全服务经营机制，推行机关所属接待、培训场所企业化管理，降低服务经营成本。

积极推进国内公务接待服务社会化改革，有效利用社会资源为国内公务接待提供住宿、餐饮、用车等服务。

第五章　公务用车

第二十五条 坚持社会化、市场化方向，改革公务用车制度，合理有效配置公务用车资源，创新公务交通分类提供方式，保障公务出行，降低行政成本，建立符合国情的新型公务用车制度。

改革公务用车实物配给方式，取消一般公务用车，保留必要的执法执勤、机要通信、应急和特种专业技术用车及按规定配备的其他车辆。普通公务出行由公务人员自主选择，实行社会化提供。取消的一般公务用车，采取公开招标、拍卖等方式公开处置。

适度发放公务交通补贴，不得以车改补贴的名义变相发放福利。

第二十六条 党政机关应当从严配备实行定向化保障的公务用车，不得以特殊用途等理由变相超编制、超标准配备公务用车，不得以任何方式换用、借用、占用下属单位或者其他单位和个人的车辆，不得接受企事业单位和个人赠送的车辆。

严格按规定配备专车，不得擅自扩大专车配备范围或者变相配备专车。

从严控制执法执勤用车的配备范围、编制和标准。执法执勤用车配备应当严格限制在一线执法执勤岗位，机关内部管理和后勤岗位以及机关所属事业单位一律不得配备。

第二十七条 公务用车实行政府集中采购，应当选用国产汽车，优先选用新能源汽车。

公务用车严格按照规定年限更新，已到更新年限尚能继续使用的应当继续使用，不得因领导干部职务晋升、调任等原因提前更新。

公务用车保险、维修、加油等实行政府采购，降低运行成本。

第二十八条 除涉及国家安全、侦查办案等有保密要求的特殊工作用车外，执法执勤用车应当喷涂明显的统一标识。

第二十九条 根据公务活动需要，严格按规定使用公务用车，严禁以任何理由挪用或者固定给个人使用执法执勤、机要通信等公务用车，领导干部亲属和身边工作人员不得因私使用配备给领导干部的公务用车。

第六章 会议活动

第三十条 党政机关应当精简会议，严格执行会议费开支范围和标准。

党政机关会议实行分类管理、分级审批。财政部门应当会同机关事务管理等部门制定本级党政机关会议费管理办法，从严控制会议数量、会期和参会人员规模。完善并严格执行严禁党政机关到风景名胜区开会制度规定。

第三十一条 会议召开场所实行政府采购定点管理。会议住宿用房以标准间为主，用餐安排自助餐或者工作餐。

会议期间，不得安排宴请，不得组织旅游以及与会议无关的参观活动，不得以任何名义发放纪念品。

完善会议费报销制度。未经批准以及超范围、超标准开支的会议费用，一律不予报销。严禁违规使用会议费购置办公设备，严禁列支公务接待费等与会议无关的任何费用，严禁套取会议资金。

第三十二条　建立健全培训审批制度，严格控制培训数量、时间、规模，严禁以培训名义召开会议。

严格执行分类培训经费开支标准，严格控制培训经费支出范围，严禁在培训经费中列支公务接待费、会议费等与培训无关的任何费用。严禁以培训名义进行公款宴请、公款旅游活动。

第三十三条　未经批准，党政机关不得以公祭、历史文化、特色物产、单位成立、行政区划变更、工程奠基或者竣工等名义举办或者委托、指派其他单位举办各类节会、庆典活动，不得举办论坛、博览会、展会活动。严禁使用财政性资金举办营业性文艺晚会。从严控制举办大型综合性运动会和各类赛会。

经批准的节会、庆典、论坛、博览会、展会、运动会、赛会等活动，应当严格控制规模和经费支出，不得向下属单位摊派费用，不得借举办活动发放各类纪念品，不得超出规定标准支付费用邀请名人、明星参与活动。为举办活动专门配备的设备在活动结束后应当及时收回。

第三十四条　严格控制和规范各类评比达标表彰活动，实行中央和省（自治区、直辖市）两级审批制度。评比达标表彰项目费用由举办单位承担，不得以任何方式向相关单位和个人收取费用。

第七章　办公用房

第三十五条　党政机关办公用房建设应当从严控制。凡是违反规定的拟建办公用房项目，必须坚决终止；凡是未按照规定程序履行审批手续、擅自开工建设的办公用房项目，必须停建并予以没收；凡是超规模、超标准、超投资概算建设的办公用房项目，应当根据具体情况限期腾退超标准面积或者全部没收、拍卖。

党政机关办公用房应当严格管理，推进办公用房资源的公平配置和集约使用。凡是超过规定面积标准占有、使用办公用房以及未经批准租用办公用房的，必须腾退；凡是未经批准改变办公用房使用功能的，原则上应当恢复原使用功能。严禁出租出借办公用房，已经出租出借的，到期必须收回；租赁合同未到期的，租金收入应当按照收支两条线管理。

第三十六条　党政机关新建、改建、扩建、购置、置换、维修改造、租赁办公用房，必须严格按规定履行审批程序。采取置换方式配给办公用房的，应当执行新建办公用房各项标准，不得以未使用政府预算建设资金、资产整合等名义规避审批。

第三十七条　党政机关办公用房建设项目应当按照朴素、实用、安全、节能原则，严格执行办公用房建设标准、单位综合造价标准和公共建筑节能设计标准，符合土地利用和城市规划要求。党政机关办公楼不得追求成为城市地标建筑，严禁配套建设大型广场、公园等设施。

第三十八条　党政机关办公用房建设项目投资，统一由政府预算建设资金安排。土地收益和资产转让收益应当按照有关规定实行收支两条线管理，不得直接用于办公用房建设。

党政机关办公用房维修改造项目所需投资，统一列入预算由财政资金安排解决，未经审批的项目不得安排预算。

第三十九条　办公用房建设应当严格执行工程招投标和政府采购有关规定，加强对工程项目的全过程监理和审计监督。加快推行办公用房建设项目代建制。

办公用房因使用时间较长、设施设备老化、功能不全，不能满足办公需求的，可以进行维修改造。维修改造项目应当以消除安全隐患、恢复和完善使用功能、降低能源资源消耗为重点，严格履行审批程序，严格执行维修改造标准。

第四十条　建立健全办公用房集中统一管理制度，对办公用房实行统一调配、统一权属登记。

党政机关应当严格按照有关标准和本单位“三定”方案，从严核定、使用办公用房。超标部分应当移交同级机关事务管理部门用于统一调剂。

新建、调整办公用房的单位，应当按照“建新交旧”、“调新交旧”

的原则，在搬入新建或者新调整办公用房的同时，将原办公用房腾退移交机关事务管理部门统一调剂使用。

因机构增设、职能调整确需增加办公用房的，应当在本单位现有办公用房中解决；本单位现有办公用房不能满足需要的，由机关事务管理部门整合办公用房资源调剂解决；无法调剂、确需租用解决的，应当严格履行报批手续，不得以变相补偿方式租用由企业等单位提供的办公用房。

第四十一条　党政机关领导干部应当按照标准配置使用一处办公用房，确因工作需要另行配置办公用房的，应当严格履行审批程序。领导干部不得长期租用宾馆、酒店房间作为办公用房。配置使用的办公用房，在退休或者调离时应当及时腾退并由原单位收回。

第八章　资源节约

第四十二条　党政机关应当节约集约利用资源，加强全过程节约管理，提高能源、水、粮食、办公家具、办公设备、办公用品等的利用效率和效益，统筹利用土地，杜绝浪费行为。

第四十三条　对能源、水的使用实行分类定额和目标责任管理。推广应用节能技术产品，淘汰高耗能设施设备，重点推广应用新能源和可再生能源。积极使用节水型器具，建设节水型单位。

健全节能产品政府采购政策，严格执行节能产品政府强制采购和优先采购制度。

第四十四条　优化办公家具、办公设备等资产的配置和使用，通过调剂方式盘活存量资产，节约购置资金。已到更新年限尚能继续使用的，不得报废处置。

对产生的非涉密废纸、废弃电器电子产品等废旧物品进行集中回收处理，促进循环利用；涉及国家秘密的，按照有关保密规定进行销毁。

第四十五条　党政机关政务信息系统建设应当统筹规划，统一组织实施，防止重复建设和频繁升级。

建立共享共用机制，加强资源整合，推动重要政务信息系统互联互通、信息共享和业务协同，降低软件开发、系统维护和升级等方面费用，防止资源浪费。

积极利用信息化手段，推行无纸化办公，减少一次性办公用品消耗。

第九章　宣传教育

第四十六条　宣传部门应当把厉行节约反对浪费作为重要宣传内容，充分发挥各级各类媒体作用，重视运用互联网等新兴媒体，通过新闻报道、文化作品、公益广告等形式，广泛宣传中华民族勤俭节约的优秀品德，宣传阐释相关制度规定，宣传推广厉行节约的经验做法和先进典型，倡导绿色低碳消费理念和健康文明生活方式。

第四十七条　党政机关应当把加强厉行节约反对浪费教育作为作风建设的重要内容，融入干部队伍建设和机关日常管理之中，建立健全常态化工作机制。对各种铺张浪费现象和行为，应当严肃批评、督促改正。

纪检监察机关应当不定期曝光铺张浪费的典型案例，发挥警示教育作用。

组织人事部门和党校、行政学院、干部学院应当把厉行节约反对浪费作为干部教育培训的重要内容，创新教育方法，切实增强教育培训的针对性和实效性。

第四十八条　党政机关应当围绕建设节约型机关，组织开展形式多样、便于参与的活动，引导干部职工增强节约意识、珍惜物力财力，积极培育和形成崇尚节约、厉行节约、反对浪费的机关文化，为在全社会形成节俭之风发挥示范表率作用。

第十章　监督检查

第四十九条　各级党委和政府应当建立厉行节约反对浪费监督检查机制，明确监督检查的主体、职责、内容、方法、程序等，加强经常性督促检查，针对突出问题开展重点检查、暗访等专项活动。

下级党委和政府应当每年向上级党委和政府报告本地区厉行节约反对浪费工作情况，党委和政府所属部门、单位应当每年向本级党委和政府报告本部门、本单位厉行节约反对浪费工作情况。报告可结合领导班子年度考核和工作报告一并进行。

第五十条　领导干部厉行节约反对浪费工作情况，应当列为领导班子民主生活会和领导干部述职述廉的重要内容并接受评议。

第五十一条　党委办公厅（室）、政府办公厅（室）负责统筹协调相关部门开展对厉行节约反对浪费工作的督促检查。每年至少组织开展一次专项督查，并将督查情况在适当范围内通报。专项督查可以与党风廉政建设责任制检查考核、年终党建工作考核等相结合，督查考核结果应当按照干部管理权限送纪检监察机关和组织人事部门，作为干部管理监督、选拔任用的依据。

第五十二条　纪检监察机关应当加强对厉行节约反对浪费工作的监督检查，受理群众举报和有关部门移送的案件线索，及时查处违纪违法问题。

中央和省、自治区、直辖市党委巡视组应当按照有关规定，加强对有关党组织领导班子及其成员厉行节约反对浪费工作情况的巡视监督。

第五十三条　财政部门应当加强对党政机关预算编制、执行等财政、财务、政府采购和会计事项的监督检查，依法处理发现的违规问题，并及时向本级党委和政府汇报监督检查结果。

审计部门应当加大对党政机关公务支出和公款消费的审计力度，依法处理、督促整改违规问题，并将涉嫌违纪违法问题移送有关部门查处。

第五十四条　党政机关应当建立健全厉行节约反对浪费信息公开制度。除依照法律法规和有关要求须保密的内容和事项外，下列内容应当按照及时、方便、多样的原则，以适当方式进行公开：

（一）预算和决算信息；

（二）政府采购文件、采购预算、中标成交结果、采购合同等情况；

（三）国内公务接待的批次、人数、经费总额等情况；

（四）会议的名称、主要内容、支出金额等情况；

（五）培训的项目、内容、人数、经费等情况；

（六）节会、庆典、论坛、博览会、展会、运动会、赛会等活动举办信息；

（七）办公用房建设、维修改造、使用、运行费用支出等情况；

（八）公务支出和公款消费的审计结果；

（九）其他需要公开的内容。

第五十五条　推动和支持人民代表大会及其常务委员会依法严格审查

批准党政机关公务支出预算，加强对预算执行情况的监督。发挥人大代表的监督作用，通过提出意见、建议、批评以及询问、质询等方式加强对党政机关厉行节约反对浪费工作的监督。

支持人民政协对党政机关厉行节约反对浪费工作的监督，自觉接受并积极支持政协委员通过调研、视察、提案等方式加强对党政机关厉行节约反对浪费工作的监督。

第五十六条 重视各级各类媒体在厉行节约反对浪费方面的舆论监督作用。建立舆情反馈机制，及时调查处理媒体曝光的违规违纪违法问题。

发挥群众对党政机关及其工作人员铺张浪费行为的监督作用，认真调查处理群众反映的问题。

第十一章 责任追究

第五十七条 建立党政机关厉行节约反对浪费工作责任追究制度。

对违反本条例规定造成浪费的，应当依纪依法追究相关人员的责任，对负有领导责任的主要负责人或者有关领导干部实行问责。

第五十八条 有下列情形之一的，追究相关人员的责任：

（一）未经审批列支财政性资金的；

（二）采取弄虚作假等手段违规取得审批的；

（三）违反审批要求擅自变通执行的；

（四）违反管理规定超标准或者以虚假事项开支的；

（五）利用职务便利假公济私的；

（六）有其他违反审批、管理、监督规定行为的。

第五十九条 有下列情形之一的，追究主要负责人或者有关领导干部的责任：

（一）本地区、本部门、本单位铺张浪费、奢侈奢华问题严重，对发现的问题查处不力，干部群众反映强烈的；

（二）指使、纵容下属单位或者人员违反本条例规定造成浪费的；

（三）不履行内部审批、管理、监督职责造成浪费的；

（四）不按规定及时公开本地区、本部门、本单位有关厉行节约反对浪费工作信息的；

（五）其他对铺张浪费问题负有领导责任的。

第六十条 违反本条例规定造成浪费的，根据情节轻重，由有关部门依照职责权限给予批评教育、责令作出检查、诫勉谈话、通报批评或者调离岗位、责令辞职、免职、降职等处理。

应当追究党纪政纪责任的，依照《中国共产党纪律处分条例》、《行政机关公务员处分条例》等有关规定给予相应的党纪政纪处分。

涉嫌违法犯罪的，依法追究法律责任。

第六十一条 违反本条例规定获得的经济利益，应当予以收缴或者纠正。

违反本条例规定，用公款支付、报销应由个人支付的费用，应当责令退赔。

第六十二条 受到责任追究的人员对处理决定不服的，可以按照相关规定向有关机关提出申诉。受理申诉机关应当依据有关规定认真受理并作出结论。

申诉期间，不停止处理决定的执行。

第十二章　附　　则

第六十三条 各省、自治区、直辖市党委和政府，中央和国家机关各部委，可以根据本条例，结合实际制定实施细则。有关职能部门应当根据各自职责，制定完善相关配套制度。

国有企业、国有金融企业、不参照公务员法管理的事业单位，参照本条例执行。

中国人民解放军和中国人民武装警察部队按照军队有关规定执行。

第六十四条 本条例由中共中央办公厅、国务院办公厅会同有关部门负责解释。

第六十五条 本条例自发布之日起施行。1997 年 5 月 25 日发布的《中共中央、国务院关于党政机关厉行节约制止奢侈浪费行为的若干规定》同时废止。其他有关党政机关厉行节约反对浪费的规定，凡与本条例不一致的，按照本条例执行。

附录四

中共中央办公厅　国务院办公厅关于党政机关停止新建楼堂馆所和清理办公用房的通知

（2013 年 7 月 14 日　中办发［2013］17 号）

各省、自治区、直辖市党委和人民政府，中央和国家机关各部委，军委总政治部，各人民团体：

近年来，各地区各部门认真贯彻中央要求，在严格控制党政机关楼堂馆所建设方面采取了一些措施，取得了一定成效。但是，近期一些地区和部门又出现了违规修建楼堂馆所的现象，损害党风政风，影响党和政府形象，人民群众反映强烈。党中央、国务院对此高度重视，强调各级党政机关要大力弘扬艰苦奋斗、勤俭节约的优良作风，认真贯彻落实中央八项规定精神，树立过紧日子的思想，全面停止新建楼堂馆所，规范办公用房管理，切实把有限的资金和资源更多用在发展经济、改善民生上。经党中央、国务院同意，现就有关事项通知如下。

一、全面停止新建党政机关楼堂馆所

自本通知印发之日起，5 年内，各级党政机关一律不得以任何形式和理由新建楼堂馆所。

（一）停止新建、扩建楼堂馆所。严禁以任何理由新建楼堂馆所，严禁以危房改造等名义改扩建楼堂馆所，严禁以建技术业务用房名义搭车新建楼堂馆所，严禁改变技术业务用房的用途。

（二）停止迁建、购置楼堂馆所。严禁以城市改造、城市规划等理由在他处重新建设楼堂馆所，严禁以任何理由购置楼堂馆所。

（三）严禁以“学院”、“中心”等名义建设楼堂馆所。严禁接受任何形式的赞助建设和捐赠建设，严禁借企业名义搞任何形式的合作建设、集资建设或专项建设。

（四）已批准但尚未开工建设的楼堂馆所项目，一律停建。

二、严格控制办公用房维修改造项目

办公用房因使用时间较长、设施设备老化、功能不全、存在安全隐患，不能满足办公要求的，可进行维修改造。维修改造项目要以消除安全隐患、恢复和完善使用功能为重点，严格履行审批程序，严格执行维修改造标准，严禁豪华装修。

中央直属机关办公用房维修改造项目，由中直管理局审批。国务院各部门办公用房维修改造项目，由国管局审批。地方各级党政机关办公用房维修改造项目的审批程序，由各省、自治区、直辖市规定。各地区要根据本地区实际制定党政机关办公用房维修改造标准和工程消耗量定额。

各级党政机关要严格按照2007年印发的《中共中央办公厅、国务院办公厅关于进一步严格控制党政机关办公楼等楼堂馆所建设问题的通知》要求，加强预算和资金使用管理。党政机关办公用房维修改造项目所需投资，统一纳入预算安排财政资金解决，未经审批的项目，不得安排预算。

各级党政机关不得以任何理由安排财政资金用于包括培训中心在内的各类具有住宿、会议、餐饮等接待功能的设施或场所的维修改造。

三、全面清理党政机关和领导干部办公用房

各级党政机关要对占有、使用的办公用房进行全面清理，根据不同情况分别作出如下处理：

（一）超过《党政机关办公用房建设标准》（原国家计委计投资［1999］2250号）规定的面积标准占有、使用办公用房的，应予以腾退。

（二）未经批准改变办公用房使用功能的，原则上应恢复原使用功能。

（三）已经出租、出借的办公用房到期应予收回，租赁合同未到期的，租金收入严格按照收支两条线规定管理，到期后不得续租。未经批准租用办公用房的，应予以清理并腾退，严禁以租用过渡性用房名义变相购建使用办公用房。

（四）除在立项批复中明确事业单位和行政机关办公用房一并建设外，所属其他企事业单位一律不得占用行政机关办公用房，已占用的，原则上应予以清理并腾退。

（五）部门和单位在机构变动中转为企业的，所占用的办公用房应予腾退，确实难以腾退的，经批准可租用原办公用房或按规定程序转为企业国有资本金。

（六）各级党政机关领导干部应当严格按照《党政机关办公用房建设标准》的规定配置办公用房。办公用房面积超标准配置的，应予以清理并腾退；领导干部在不同部门同时任职的，应在主要工作部门安排一处办公用房，其他任职部门不再安排办公用房；领导干部工作调动的，由调入部门安排办公用房，原单位的办公用房不再保留；领导干部在人大或政协任职，人大或政协已安排办公用房的，原单位的办公用房不再保留，人大或政协没有安排办公用房的，由原单位根据本人承担工作的实际情况，安排适当的办公用房；领导干部在协会等单位任职的，由协会等单位根据工作需要安排办公用房，原单位的办公用房不再保留；领导干部已办理离退休手续的，原单位的办公用房应及时腾退。

四、严格规范党政机关办公用房管理

各地区要按照有关规定，建立健全办公用房集中统一管理制度，实行统一调配、统一权属登记。要严格按照《党政机关办公用房建设标准》和各部门各单位“三定”规定，从严核定办公用房面积。新建、调整办公用房的部门和单位，要按照“建新交旧”、“调新交旧”原则，在搬入新建或新调整办公用房的同时，及时将原办公用房腾退移交机关事务主管部门。因机构增设、职能调整确需增加办公用房的，应在本部门本单位现有办公用房中解决；本部门本单位现有办公用房不能满足需要的，由机关事务主管部门整合办公用房资源调剂解决；无法调剂、确需租用办公用房的，要严格履行审批手续。各级党政机关要制定本部门本单位办公用房使用管理制度，严格办公用房使用管理。

各级机关事务主管部门要做好办公用房物业管理工作，制定和完善物业服务内容、服务标准和收费标准等制度，并结合机关后勤服务社会化改革，逐步推进办公用房物业服务社会化。

五、切实加强领导，强化监督检查

停止新建党政机关楼堂馆所和清理办公用房，是加强党风廉政建设的重要内容，是密切党群干群关系、维护党和政府形象的客观要求，各级党政机关要高度重视，领导干部要率先垂范。各地区各部门各单位要结合实际，抓紧制定相关制度标准和实施办法，切实加强领导，严格落实责任制，确保本通知精神落到实处。

投资主管部门要进一步完善审批程序，建立健全审批责任制和内部监督机制，对违规审批等行为要严肃处理。财政部门要严格公共财政预算管理，对未按规定履行审批手续的党政机关楼堂馆所建设和维修改造项目一律不得下达财政预算。各部门各单位年终应把楼堂馆所建设和维修改造项目实施情况作为政务公开的重要内容，主动接受社会监督。国土资源管理部门要严格土地供应管理，对未按规定履行审批手续的党政机关楼堂馆所建设和维修改造项目一律不得供地。住房城乡建设部门要加强对党政机关楼堂馆所建设和维修改造项目的监管，并制定相应的标准和工程消耗量定额。机关事务主管部门要完善党政机关办公用房管理制度，定期组织督促检查，并通报检查情况，督促落实办公用房清理工作。审计部门要加强对党政机关楼堂馆所建设和维修改造项目的审计监督。纪检监察机关要坚决纠正和查处党政机关楼堂馆所建设和维修改造项目及办公用房管理使用中的各种违规违纪行为，对有令不行、有禁不止的，依照有关规定严肃追究直接责任人和有关领导人员的责任。

2013 年 9 月 30 日前，各地区要将落实本通知的情况报中央办公厅、国务院办公厅；中央和国家机关各部门落实本通知的情况，按系统分别报中直管理局、国管局，汇总后报中央办公厅、国务院办公厅。中央办公厅、国务院办公厅将视情组织督促检查，并通报检查情况。

本通知所称党政机关，包括党的机关、人大机关、行政机关、政协机关、审判机关、检察机关。各级党政机关派出机构、直属事业单位及工会、共青团、妇联等人民团体适用本通知。国有及国有控股企业参照本通知执行。

本通知所称党政机关楼堂馆所，包括使用财政性资金建设的党政机关办公用房、培训中心，以及以“学院”、“中心”等名义兴建的具有住宿、会议、餐饮等接待功能的设施或场所；领导干部是指省部级以下（含省部级）各级党政领导干部。党政机关使用非财政性资金建设的楼堂馆所，参照本通知执行。

附录五

国务院办公厅关于对贯彻落实“约法三章”进一步加强督促检查的意见

（2013 年 11 月 25 日　国办发［2013］105 号）

各省、自治区、直辖市人民政府，国务院各部委、各直属机构：

新一届政府成立之初，李克强总理代表国务院提出本届政府任期内，政府性楼堂馆所一律不得新建，财政供养人员只减不增，公费接待、公费出国、公费购车只减不增（以下称“约法三章”）。这是新一届政府向社会和人民作出的庄严承诺，是党和政府推进廉政建设的重要举措。各地区、各部门采取有效措施贯彻落实“约法三章”，取得了初步成效。但在一些地方或部门还存在落实成效不明显、发现的问题没有及时查处，甚至继续审批和开工修建政府性楼堂馆所等情况，严重影响党和政府的形象，群众反映强烈。为做好“约法三章”贯彻落实工作，经国务院同意，现提出以下意见。

一、建立行政首长负责制。各地区、各部门要高度重视“约法三章”的贯彻落实工作。各地区、各部门主要负责同志是贯彻落实“约法三章”的第一责任人，对本地区、本部门贯彻落实“约法三章”负总责。要逐级建立并落实责任制，及时发现并严肃查处违反“约法三章”的问题。

二、严格审批和监管。要按照“谁审批，谁负责”的原则，建立健全审批责任追究制，及时发现并纠正违规审批行为。有关部门要严格履行职责，切实加强审核把关。一是严格贯彻落实政府性楼堂馆所一律不得新建的要求，投资主管部门要严格项目审批，财政部门要严格公共财政预算管理，国土资源管理部门要严格土地供应管理，机关事务管理部门要完善机关办公用房管理制度。二是严格贯彻落实财政供养人员只减不增的要求，机构编制部门要严格控制人员编制，财政部门要完善通过预算控制用人规模的办法，人力资源社会保障部门要加强行政机关公务员、事业单位人员和机关工勤人员管理。三是严格贯彻落实“三公”经费只减不增的要求，外事等部门要严格因公出国（境）团组审批；机关事务管理等部门要规范公务用车配备和使用管理，完善公务接待管理制度和标准；财政部门要加强经费预算和支出管理。

三、强化监察和审计。各级监察、审计机关要将“约法三章”的贯彻落实情况列为重要工作内容，加强行政监察和审计监督。监察机关要坚决纠正和查处“约法三章”贯彻落实中的各种违规违纪行为，对有令不行、有禁不止的，要依照有关规定严肃追究直接责任人和有关领导人员的责任。审计机关在预算执行和经济责任等审计中，要重点检查“约法三章”有关经费使用情况，切实纠正违规行为。

四、建立报告制度。地方各级人民政府要定期向上一级政府报告“约法三章”的贯彻落实情况。各省（区、市）人民政府、国务院各部门每年 1 月 20 日前，要将上一年贯彻落实情况、存在的问题和整改措施等报送国务院。要将“约法三章”贯彻落实情况作为政务公开的重要内容，及时向社会公布。

五、自觉接受人大监督。地方各级人民政府向本级人民代表大会报告政府工作时，要实事求是、客观真实地报告“约法三章”的贯彻落实情况，自觉接受人大代表的监督，及时回应人大代表提出的意见和建议。

六、鼓励社会监督。要注重发挥社会监督作用，建立健全社会监督机制。有关部门要加强与新闻宣传、信访、互联网信息主管部门的沟通联系，及时掌握违反“约法三章”的典型案例或线索，对新闻媒体、群众举报和社会舆论反映的问题，要认真核查；对查实的问题，要立即整改，严肃处理，并将处理结果及时向社会公布。

七、做好重点督查。各地区、各部门要切实抓好本地区、本系统贯彻落实“约法三章”情况的督促检查。对发现的问题，要限期整改，并严肃追究有关人员的责任。国务院办公厅每年一季度组织有关部门对各地区、各部门“约法三章”贯彻落实情况开展重点督查。

附录六

财政部关于印发《中央本级基本支出预算管理办法》的通知

（2007 年 4 月 13 日　财预［2007］37 号）

党中央有关部门，国务院各部委、直属机构，总参谋部，总政治部，总后勤部，总装备部，武警各部队，全国人大常委会办公厅，全国政协办公厅，高法院，高检院，有关人民团体，新疆生产建设兵团，有关中央管理企业：

为进一步深化预算改革，规范和加强中央部门基本支出预算管理，保障中央部门正常运转的资金需要，我们制订了《中央本级基本支出预算管理办法》，现印发给你们。请遵照执行。

附件：中央本级基本支出预算管理办法

附件：

中央本级基本支出预算管理办法

第一章　总　则

第一条　为加强中央部门基本支出预算管理，规范基本支出预算分配行为，保障中央部门正常运转的资金需要，根据《中华人民共和国预算法》，制定本办法。

第二条　中央本级基本支出预算由中央各部门基本支出预算组成。本办法所称“中央部门”，是指与财政部直接发生预算缴款、拨款关系的国家机关、军队、政党组织和社会团体以及企业和事业单位。

第三条 中央部门的行政单位（包括参照《公务员法》管理的事业单位）的行政运行经费和事业单位的事业运行（或机构运行等）经费等基本支出的预算管理，适用本办法。

第四条 基本支出预算是部门预算的组成部分，是中央部门为保障其机构正常运转、完成日常工作任务而编制的年度基本支出计划，按其性质分为人员经费和日常公用经费。

第五条 中央部门在基本支出之外为完成其特定行政任务和事业发展目标所发生的支出作为项目支出预算管理。

第六条 编制基本支出预算的原则

（一）综合预算的原则。在编制基本支出预算时，对当年财政拨款和以前年度结余资金，预算内和预算外资金，要统筹考虑、合理安排。

（二）优先保障的原则。财力安排首先应当保障单位基本支出的合理需要，以保证中央部门的日常工作正常运转。

（三）定额管理的原则。基本支出预算实行以定员定额为主的管理方式，同时结合部门资产占有状况，通过建立实物费用定额标准，实现资产管理与定额管理相结合。对于基本支出没有财政拨款的事业单位，其基本支出预算可以按照国家财务规章制度规定和部门预算编制的有关要求，结合单位的收支情况，采取其他方式合理安排基本支出预算。

第二章 制定定额标准的原则和方法

第七条 定员、资产和定额是测算和编制中央部门基本支出预算的重要依据。

定员，是指国家机构编制主管部门根据中央部门的性质、职能、业务范围和工作任务所下达的人员配置标准。

资产，是指中央部门占有、使用的，依法确认为国家所有的公共财产。包括国家调拨的资产、用国家财政性资金形成的资产、按照国家规定组织收入形成的资产、以单位名义接受捐赠形成和其他依法确认为国家所有的资产等，其表现形式为办公用房、车辆、专用设备等固定资产。

定额，是指财政部根据中央部门机构正常运转和日常工作任务的合理需要，结合财力的可能，对基本支出的各项内容所规定的指标额度。

第八条 制定定额标准的原则

（一）制定定额标准要以公平为前提，兼顾单位的实际支出水平。

（二）制定定额标准要量力而行，以财力可能为基础，切合实际，具有可行性。

（三）制定定额标准要规范化，制定方法要具有科学性。

第九条 制定定额标准的方法

（一）依据国家有关的方针、政策，财力状况，社会物价水平及单位的业务性质、工作量、人员、资产等数据资料制定定额标准。

（二）根据基本支出的特点，对政府收支分类中的支出经济分类款级科目进行合理调整、归并，形成若干基本支出定额项目。

（三）基本支出定额项目包括人员经费和日常公用经费两部分。人员经费包括政府收支分类的支出经济分类科目中的“工资福利支出”和“对个人和家庭的补助”。具体定额项目包括：基本工资、津补贴及奖金、社会保障缴费、离退休费、医疗费、助学金、住房补贴和其他人员经费等。日常公用经费包括政府收支分类的支出经济分类科目中的“商品和服务支出”和“其他资本性支出”中属于基本支出内容的支出。具体定额项目包括：办公及印刷费、水电费、邮电费、取暖费、物业管理费、交通费、差旅费、日常维修费、会议费、专用材料费、一般购置费（包括一般办公设备购置费、一般专用设备购置费、一般交通工具购置费、一般装备购置费等）、福利费和其他公用经费等。

（四）为规范定额分配行为，根据中央部门承担的职能、行业及业务特点，将中央部门分为若干类型。在核准同类单位工作量、占用的资源和相关历史数据资料的基础上，以人或实物作为测算对象，确定各类单位各定额项目的单项基准定额。基本支出日常公用经费定额项目中，水电费、取暖费、物业管理费、交通费等可采取人员定额和实物费用定额相结合的方式确定。

（五）在确定同类单位单项基准定额的基础上，确定同类单位的分档定额标准，最后确定各单位所应执行的各个单项定额标准。

（六）各个单项定额标准的总和构成单位基本支出的综合定额。

第十条 定额标准的调整

定额标准的执行期限与预算年度一致；定额标准的调整在预算年度开始前进行；定额标准一经下达，在年度预算执行中不做调整，影响预算执行的有关因素，在确定下一年度定额标准时，由财政部统一考虑。

第三章　基本支出预算的编制与审批

第十一条　中央部门根据财政部编制年度部门预算的要求，在规定时间内，组织编制本部门申报基本支出预算的基础数据和相关资料，按照规定格式报送财政部。

第十二条　财政部对中央部门报送的基础数据和相关资料进行审核，按照定额标准及有关依据，结合中央部门基本支出结余情况，测算并下达基本支出预算控制数（包括人员经费和日常公用经费，下同）及财政拨款补助数。

第十三条　中央部门在财政部下达的基本支出预算控制数额及财政拨款补助数额内，根据本部门的实际情况和国家有关政策、制度规定的开支范围及开支标准，在人员经费和日常公用经费各自的支出经济分类款级科目之间，自主调整编制本部门的基本支出预算，在规定的时间内报送财政部。

第十四条　财政部依法将审核汇总后的中央部门预算上报国务院审定。经全国人民代表大会批准后，在规定时间内向中央部门批复。

第四章　基本支出预算的管理与监督

第十五条　基本支出预算按人员经费和日常公用经费分别核算管理。人员经费严格按照国家相关政策安排；日常公用经费应与部门占有的资产情况相衔接，未按相关规定报批或超过配置标准购置的实物资产，一律不安排日常维护经费。

第十六条　基本支出预算中按照规定属于政府采购的支出，应当同时编入政府采购预算，并按照国家有关政府采购的规定执行。

第十七条　中央部门要严格执行批准的基本支出预算。执行中发生的非财政补助收入超收部分，原则上不再安排当年的基本支出，可报经财政部批准后，安排项目支出或结转下年使用；发生的短收，中央部门应当报经财政部批准后调减当年预算，当年的财政补助数不予调整。如遇国家出台有关政策，对预算执行影响较大，确需调整基本支出预算的，由中央部门报经财政部批准后进行调整。

第十八条　基本支出结余应按照财政部有关结余资金管理规定使用，中央部门应加强对基本支出结余资金的管理，将年度预算安排与基本支出结余资金统筹考虑。

第十九条　财政部对中央部门基本支出预算执行情况进行检查监督，对违反国家有关法律、法规和财务规章制度的，依法进行处理。

第五章　附　　则

第二十条　本办法由财政部负责解释。

第二十一条　中国人民解放军、中国人民武装警察部队可以参照本办法规定的原则，另行制定管理办法。

第二十二条　本办法自发布之日起施行。《财政部关于印发〈中央部门基本支出预算管理试行办法〉的通知》（财预［2002］355号）同时废止。

附录七

财政部关于印发《中央本级项目支出预算管理办法》的通知

（2007 年 5 月 9 日　财预［2007］38 号）

党中央有关部门，国务院各部委、直属机构，总参谋部，总政治部，总后勤部，总装备部，武警各部队，全国人大常委会办公厅，全国政协办公厅，高法院，高检院，有关人民团体，有关中央管理企业，新疆生产建设兵团：

为进一步深化预算改革，规范和加强中央部门项目支出预算管理，提高资金使用效益，我们制订了《中央本级项目支出预算管理办法》，现印发给你们。请遵照执行。

附件：中央本级项目支出预算管理办法

附件：

中央本级项目支出预算管理办法

第一章　总　　则

第一条　为规范和加强中央部门项目支出预算管理，提高资金使用效益，根据《中华人民共和国预算法》，制定本办法。

第二条　中央本级项目支出预算由中央各部门项目支出预算组成。本办法所称“中央部门”，是指与财政部直接发生预算缴款、拨款关系的国家机关、军队、政党组织和社会团体以及企业和事业单位。

第三条　本办法适用于中央部门的项目支出预算管理。

第四条　项目支出预算是部门支出预算的组成部分，是中央部门为完成其特定的行政工作任务或事业发展目标，在基本支出预算之外编制的年度项目支出计划。包括基本建设、有关事业发展专项计划、专项业务费、大型修缮、大型购置、大型会议等项目支出。

第五条　项目支出预算管理应遵循以下基本原则：

（一）综合预算的原则。项目支出预算要体现预算内外资金，当年财政拨款和以前年度结余资金统筹安排的要求。

（二）科学论证、合理排序的原则。申报的项目应当进行充分的可行性论证和严格审核，分轻重缓急排序后视当年财力状况择优进行安排。

（三）追踪问效的原则。财政部和中央部门对财政预算资金安排项目的执行过程实施追踪问效，并对项目完成结果进行绩效考评。

第二章　项目库

第六条　项目库是对项目进行规范化、程序化管理的数据库系统。

第七条　项目库管理应遵循统一规划的原则。由财政部统一制定中央部门项目库管理的规章制度、项目申报文本，统一设计计算机应用软件。

第八条　项目库分为中央部门项目库和财政部项目库。中央部门和财政部按照规定对各自设立的项目库实行管理。

中央部门项目库，由中央部门按照申报项目支出预算的要求，结合本部门特点，对所属单位申报的项目进行筛选排序后设立。

财政部项目库，由财政部根据项目支出预算管理的需要，结合财力可能，对中央部门所报项目进行筛选排序后设立。

第九条　中央部门项目库由中央部门负责本部门预算管理工作的财务主管机构进行具体管理。

中央部门可以按照本办法规定的原则，结合本部门业务工作的需要设立项目分库。

第十条　财政部项目库由财政部负责总预算的机构进行具体管理。

第十一条　项目库中的项目应当按照轻重缓急进行合理排序，并实行滚动管理。

第三章　项目申报

第十二条　申报条件

申报的项目应当同时具备以下条件：

（一）符合国家有关方针政策；

（二）符合财政资金支持的方向和财政资金供给的范围；

（三）属于本部门履行行政职能和促进事业发展需要安排的项目；

（四）有明确的项目目标、组织实施计划和科学合理的项目预算，并经过充分的研究和论证。

第十三条　中央部门要根据履行行政职能的需要、事业发展的总体规划，合理安排新项目的立项，要从立项依据、可行性论证等方面对新项目进行严格审核，申报规模要均衡。

第十四条　按政府收支经济分类编制项目预算的试点部门，其项目申报要根据财政部有关规定要求，同时按照政府收支分类科目功能分类和经济分类编制预算。

第十五条　项目申报分为新增项目和延续项目。

新增项目，是指本年度新增的需列入预算的项目。

延续项目，是指以前年度已批准，并已确定分年度预算，需在本年度及以后年度预算中继续安排的项目。延续项目必须明确项目的起止年限，未经财政部批准，部门不得自行变更项目名称、内容。

第十六条　项目按照部门预算编报要求分为国务院已研究确定项目、经常性专项业务费项目、跨年度支出项目（以下统称“前三类支出项目”）和其他项目四种类别。

国务院已研究确定项目，是指国务院已研究确定需由财政预算资金重点保障安排的支出项目。包括党中央、国务院文件中明确规定中央财政预算安排的项目、党中央和国务院领导明确批示需由中央财政予以安排的项目等。

经常性专项业务费项目，是指中央部门为维持其正常运转而发生的大型设施、大型设备、大型专用网络运行费和为完成特定工作任务而持续发生的支出项目。如执法部门办案费；常例性的专项检查经费；监管、监测、审批、审查经费等。

跨年度支出项目，是指除以前年度延续的国务院已研究确定项目和经常性专项业务费项目之外，经财政部批准并已确定分年度预算，需在本年继续安排预算的项目和当年新增的需在本年度及以后年度继续安排预算的支出项目。

其他项目，是指除“前三类支出项目”之外，中央部门为完成其职责需安排的支出项目。

第十七条　项目申报文本由项目申报书、项目可行性报告（编写提纲）和项目评审报告组成。

第十八条　项目申报文本的填报要求

（一）中央部门申报当年预算时，应按照财政部规定，填写项目申报书并附相关材料。国家发展和改革委员会等有预算分配权的部门通过财政拨款安排的基本建设项目和科学技术项目，按照有关规定进行申报。

（二）新增项目中预算数额较大或者专业技术复杂的项目，应当填报项目的可行性报告、项目评审报告。

（三）延续项目中项目计划及项目预算没有变化的，可以不再填写项目的可行性报告和项目评审报告；延续项目中项目计划及项目预算发生较大变化的，应当重新填写项目可行性报告和项目评审报告。

（四）中央部门应当按照财政部规定的时间报送项目申报材料，项目申报材料的内容必须真实、准确、完整。

第十九条　项目申报程序

（一）项目单位应当按照预算管理级次申报项目，不得越级上报。

（二）中央部门对申报的项目审核后，将符合条件的项目纳入中央部门项目库。

（三）根据年度部门预算编制的要求，中央部门对其项目库中的项目，择优排序后统一向财政部申报。

第二十条　中央部门购置有规定配备标准或限额以上资产的，按照行政、事业单位国有资产管理的有关规定，应先报财政部审批。财政部审批同意后，中央部门将资产购置项目列入年度部门预算，在进行项目申报时，将资产购置批复文件和相关材料一并报送财政部。中央部门国有资产管理实施办法由财政部另行制定。

第四章　项目审核

第二十一条　项目审核的内容主要包括：

（一）项目单位及所申报的项目是否符合规定的申报条件；

（二）项目申报书是否符合规定的填报要求，相关材料是否齐全等；

（三）项目的申报内容是否真实完整；

（四）项目的规模及开支标准是否符合规定；

（五）资产购置项目是否已按规定经财政部审批；

（六）项目排序是否合理等。

第二十二条　财政部对中央部门申报的项目进行审核后，对符合条件的项目，经商中央部门后，排序纳入财政部项目库。

第二十三条　中央部门和财政部可以组织专家或者委托中介机构对以下项目进行专项评审：

（一）延续项目中项目计划和项目预算发生较大变化的；

（二）新增项目预算数额较大的；

（三）专业技术复杂的；

（四）其他需要进行评审的。

第五章　项目排序

第二十四条　排序原则

（一）“前三类支出项目”中的延续项目予以优先排序；

（二）其他项目按照项目的轻重缓急、择优遴选后进行排序。

第二十五条　排序方式

（一）中央部门对申报的项目按照政府收支分类科目功能分类的类（款）在项目库中进行排序。

（二）财政部对中央部门申报的项目按照政府收支分类科目功能分类的类（款）在项目库中分部门进行排序。

第六章　项目支出预算的核定与项目实施

第二十六条　财政部根据国家有关方针、政策和中央部门履行职能、事业发展目标，确定当年项目安排的原则和重点，并根据年度财力状况和项目排序，结合中央部门以前年度项目资金结余情况，统筹安排项目支出预算，列入中央部门年度预算。

第二十七条 财政部依法对中央部门报送的预算建议数进行审核汇总，上报国务院审定。经全国人民代表大会批准后，在规定时间内向中央部门批复预算。

第二十八条 项目支出预算一经批复，中央部门和项目单位不得自行调整。预算执行过程中，如发生项目变更、终止的，必须按照规定的程序报批，并进行预算调整。

第二十九条 中央部门应当按照批复的项目支出预算组织项目的实施，并责成项目单位严格执行项目计划和项目支出预算。

第三十条 中央部门和财政部应按照结余资金管理的有关规定，加强对项目支出结余资金的管理，将当年项目支出预算申报及安排与项目支出结余资金情况相结合，统筹安排使用财政资金，提高财政资金使用效益。

第三十一条 财政部对列入部门预算的经常性专项业务费项目，应当明确项目的支出范围，并会同中央部门根据项目的具体情况制定专门的管理办法。

第三十二条 按照规定属于政府采购的项目，应当编入政府采购预算，并按照政府采购制度的有关规定执行。

第七章 项目清理与滚动管理

第三十三条 为推动项目滚动管理，在当年部门预算批复后，下一年度部门预算编制开始前，中央部门要按照部门预算编制规程规定的要求，对上年度预算批复的项目进行清理，即从上年度预算已批复项目中，确定下年度预算需继续安排的延续项目。

第三十四条 中央部门项目清理工作要严格按照财政部规定的项目类别划分标准进行，对一次性项目和执行年限到期的延续项目予以清除；对到期后需继续安排预算的项目，视同其他项目类的新增项目，按照规定程序重新申报。

第三十五条 对延续项目，要严格按照立项时核定的分年度预算逐年编报。编报延续项目预算时，项目的名称、编码、项目的使用方向不得变动，如发生变动，视同其他项目类的新增项目，按照规定程序重新申报。

第三十六条 中央部门年度预算项目清理后的延续项目，在报经财政部批准后，滚动转入以后年度项目库，并与下年新增项目一并申请项目支出预算。

第八章 机动经费项目的管理

第三十七条 机动经费是为解决实行定员定额试点中央行政单位（包括定员定额试点参照公务员法管理事业单位）和部分垂直管理部门在年度预算执行过程中的零星支出和临时性开支，减少预算执行中的调整，而设立的专项经费。

第三十八条 机动经费实行项目预算管理，可调剂用于基本支出，主要用于编制内增人、增编等支出，但不得擅自用于提高人员待遇；机动经费也可调剂用于其他项目支出。

第三十九条 机动经费动用时应按以下顺序安排支出：编制内增人、增编增加的支出，当年执行中新增不可预见的项目支出，当年预算已安排项目执行中出现的缺口等。

第四十条 机动经费动用时，实行审批和备案两种管理方式。

（一）垂直管理部门动用机动经费时，应报财政部批准同意后方可动用。

（二）实行定员定额试点中央行政单位（包括定员定额试点参照公务员法管理事业单位）动用机动经费时，可根据本部门实际需要，安排用于相关基本支出和项目支出，每年 11 月底前将动用情况报财政部备案。

第四十一条 机动经费规模较大的垂直管理部门可根据本办法规定的原则，单独制定本部门的机动经费管理办法。

第九章 项目的监督检查与绩效考评

第四十二条 财政部、中央部门以及项目单位应当对项目的实施过程和完成结果进行监督、检查。对违反有关法律、行政法规和财务规章制度的，依法进行处理。

第四十三条 项目完成后，项目单位应当及时组织验收和总结，并将项目完成情况报中央部门；中央部门应当将项目完成情况汇总报送财政部。

第四十四条　按照财政部关于开展项目支出绩效考评工作的有关规定，财政部负责统一制定绩效考评的规章制度，指导、监督、检查中央部门的绩效考评工作，中央部门负责组织实施本部门的绩效考评工作。

第四十五条　中央部门应当将项目绩效考评结果报送财政部，财政部应当将绩效考评结果作为加强项目管理及安排以后年度项目支出预算的重要依据。

第十章　附　则

第四十六条　国家发展和改革委员会等有预算分配权的部门，用财政拨款安排的基本建设项目和科学技术项目，按照国家有关规定及本办法规定的原则进行管理，并纳入财政部项目库。

第四十七条　中国人民解放军、中国人民武装警察部队可以参照本办法规定的原则，另行制定管理办法。

第四十八条　本办法由财政部负责解释。

第四十九条　本办法自发布之日起实施。财政部《关于印发〈中央本级项目支出预算管理办法（试行）〉的通知》（财预［2004］84号）同时废止。

附：中央部门项目申报文本（范本）

附：

中央部门项目申报文本

（范本）

申报日期　　　年　　　月　　　日

附 1：

项 目 申 报 书

项目名称：________________________________

项目编码：□□□□□□□□□□□□□□□□□□□□□□

项目单位：________________________________

上级单位：________________________________

中央部门：________________________________

项目负责人		联系电话	
单位地址		邮政编码	
项目类别	1. 国务院已研究确定项目□　2. 经常性专项业务费项目□ 3. 跨年度支出项目□　4. 其他项目□		
项目属性	1. 延续项目□　2. 新增项目□		
预算科目	类		
	款		
项目申请理由及项目主要内容			

续表

<table>
<tr><td>项目总体目标及分阶段实施计划</td><td colspan="3"></td></tr>
<tr><td>项目组织实施条件</td><td colspan="3"></td></tr>
<tr><td rowspan="6">项目采购方式</td><td colspan="3">1. 集中采购□ 2. 部门组织统一采购□ 3. 单位分散采购□</td></tr>
<tr><td>品　名</td><td>数　量</td><td>金　额</td></tr>
<tr><td></td><td></td><td></td></tr>
<tr><td></td><td></td><td></td></tr>
<tr><td></td><td></td><td></td></tr>
<tr><td></td><td></td><td></td></tr>
<tr><td>项目绩效考评情况</td><td colspan="3"></td></tr>
</table>

项目支出预算明细表 单位：万元

<table>
<tr><td rowspan="24">项目支出预算及测算依据</td><td rowspan="8">项目资金来源</td><td>资金来源</td><td>预算申请数</td><td>预算批复数</td></tr>
<tr><td>合　计</td><td></td><td></td></tr>
<tr><td>财政拨款</td><td></td><td></td></tr>
<tr><td>其中：申请当年财政预算</td><td></td><td></td></tr>
<tr><td>预算外资金</td><td></td><td></td></tr>
<tr><td>其他资金</td><td></td><td></td></tr>
<tr><td>其中：使用以前年度财政拨款结余资金</td><td></td><td></td></tr>
<tr><td colspan="3"></td></tr>
<tr><td rowspan="15">项目支出明细预算</td><td colspan="2">明细支出项目</td><td>金额</td></tr>
<tr><td colspan="2">合　计</td><td></td></tr>
<tr><td colspan="2">1.</td><td></td></tr>
<tr><td colspan="2">2.</td><td></td></tr>
<tr><td colspan="2">3.</td><td></td></tr>
<tr><td colspan="2">4.</td><td></td></tr>
<tr><td colspan="2">5.</td><td></td></tr>
<tr><td colspan="2">6.</td><td></td></tr>
<tr><td colspan="2">7.</td><td></td></tr>
<tr><td colspan="2">8.</td><td></td></tr>
<tr><td colspan="2">9.</td><td></td></tr>
<tr><td colspan="2">10.</td><td></td></tr>
<tr><td colspan="2">11.</td><td></td></tr>
<tr><td colspan="2">12.</td><td></td></tr>
<tr><td colspan="2">13.</td><td></td></tr>
<tr><td>测算依据及说明</td><td colspan="3"></td></tr>
</table>

附 2：

项目可行性报告

（编写提纲）

一、基本情况

1. 项目单位基本情况：单位名称、地址及邮编、联系电话、法人代表姓名、人员、资产规模、财务收支、上级单位及所隶属的中央部门名称等情况。

可行性报告编制单位的基本情况：单位名称、地址及邮编、联系电话、法人代表姓名、资质等级等。

合作单位的基本情况：单位名称、地址及邮编、联系电话、法人代表姓名等。

2. 项目负责人基本情况：姓名、职务、职称、专业、联系电话、与项目相关的主要业绩。

3. 项目基本情况：项目名称、项目类别、项目属性、主要工作内容、预期总目标及阶段性目标情况；主要预期经济效益或社会效益指标；项目总投入情况（包括人、财、物等方面）。

二、必要性与可行性

1. 项目背景情况。项目受益范围分析；国家（含部门、地区）需求分析；项目单位需求分析；项目是否符合国家政策，是否属于国家政策优先支持的领域和范围。

2. 项目实施的必要性。项目实施对完成行政工作任务或促进事业发展的意义与作用。

3. 项目实施的可行性。项目的主要工作思路与设想；项目预算的合理性及可靠性分析；项目预期社会效益与经济效益分析；与同类项目的对比分析；项目预期效益的持久性分析。

4. 项目风险与不确定性。项目实施存在的主要风险与不确定性分析；对风险的应对措施分析。

三、实施条件

1. 人员条件。项目负责人的组织管理能力；项目主要参加人员的姓名、职务、职称、专业、对项目的熟悉情况。

2. 资金条件。项目资金投入总额及投入计划；对财政预算资金的需求额；其他渠道资金的来源及其落实情况。

3. 基础条件。项目单位及合作单位完成项目已经具备的基础条件（重点说明项目单位及合作单位具备的设施条件，需要增加的关键设施）。

4. 其他相关条件。

四、进度与计划安排

五、主要结论

附 3：

项目评审报告

项目名称：____________________________________

项目编码：□□□□□□□□□□□□□□□□□□□□□

项目单位：____________________________________

上级单位：____________________________________

中央部门：____________________________________

评审方式：　专家评审□　　中介机构评审□

评审日期：__________年______月______日

<table>
<tr><td colspan="5">一、项目基本情况</td></tr>
<tr><td>项目名称</td><td colspan="4"></td></tr>
<tr><td>项目单位</td><td colspan="4"></td></tr>
<tr><td>项目类别</td><td colspan="4">1. 国务院已研究确定项目□　2. 经常性专项业务费项目□
3. 跨年度支出项目□　4. 其他项目□</td></tr>
<tr><td>项目属性</td><td colspan="4">1. 延续项目□　2. 新增项目□</td></tr>
<tr><td>项目开始时间</td><td colspan="2">年　月　日</td><td>项目完成时间</td><td>年　月　日</td></tr>
<tr><td>项目材料及法定手续的完备性</td><td colspan="4"></td></tr>
<tr><td colspan="5">二、项目可行性评审</td></tr>
<tr><td>立项依据的充分性</td><td colspan="4">内容：项目与国家政策、行政工作任务或事业发展计划的关联性，项目立项的必要性、紧迫性等。</td></tr>
<tr><td>目标设置的合理性</td><td colspan="4">内容：项目总体目标、阶段性目标的合理性，目标实现的可能性，目标的可考核性等。</td></tr>
</table>

续表

组织实施能力与条件	内容：项目单位及其合作单位的能力与条件，组织实施条件的充分性，进度安排的合理性及环境支撑条件等。
预期社会经济效益	内容：项目预期社会效益、经济效益、效益持续力、主要受益者等。
三、项目预算评审	
资金筹措情况	内容：项目预算资金来源的筹措情况、可靠性等。

续表

预算支出的合理性	内容：预算支出内容、额度和标准的经济合理性，依据的充分性，不合理预算所涉及的金额等。
四、项目风险与不确定因素	
风险与不确定因素	内容：项目的风险和不确定因素、项目单位对风险的认识、应对措施的有效性等。
五、评审总体结论	
评审意见	
建议	1. 优先选择□　2. 可选择□　3. 慎重选择□

续表

<table>
<tr><td>评审机构</td><td colspan="5">评审机构名称：

机构负责人（签字）：

（公章）</td></tr>
<tr><td rowspan="10">评审专家组</td><td colspan="5">评审专家组名单</td></tr>
<tr><td>编号</td><td>姓名</td><td>单位</td><td>职称职务</td><td>签名</td></tr>
<tr><td></td><td></td><td></td><td></td><td></td></tr>
<tr><td></td><td></td><td></td><td></td><td></td></tr>
<tr><td></td><td></td><td></td><td></td><td></td></tr>
<tr><td></td><td></td><td></td><td></td><td></td></tr>
<tr><td></td><td></td><td></td><td></td><td></td></tr>
<tr><td></td><td></td><td></td><td></td><td></td></tr>
<tr><td></td><td></td><td></td><td></td><td></td></tr>
<tr><td colspan="5">评审专家组组长（签字）：

评审日期：　　年　　月　　日</td></tr>
</table>

《项目申报文本》说明

1.《项目申报文本》是中央部门向财政部申请项目支出预算时所使用的申报材料标准格式。

2.《项目申报文本》由项目申报书、项目可行性报告和项目评审报告组成。

3. 中央部门向财政部申请项目支出预算时需按规定填写项目申报文本。

4. “项目名称”由中央部门简称、单位简称、项目内容三部分组成，其中项目内容应当按照规范的用语表述，如：“××房屋维修”、“××会议”、“举办××活动”等。

5. “项目单位”必须填写单位全称。

6. “项目负责人”应当填写项目单位直接组织实施该项目的责任人。

7. “新增项目”是指本年度新增的需列入预算的项目。

8. “延续项目”是指以前年度已批准，并已确定分年度预算，需在本年度及以后年度预算中继续安排的项目。

9. “国务院已研究确定项目”是指国务院已研究确定需由财政预算资金重点保障安排的支出项目。

10. “经常性专项业务费项目”是指中央部门为维持其正常运转而发生的大型设施、大型设备、大型专用网络运行费和为完成特定工作任务而持续发生的支出项目。

11. “跨年度支出项目”是指除以前年度延续的国务院已研究确定项目和经常性专项业务费项目之外，经财政部批准并已确定分年度预算，需在本年继续安排预算的项目和当年新增的需在本年度及以后年度继续安排预算的支出项目。

12. 其他项目，是指除“前三类支出项目”之外，中央部门为完成其职责需安排的支出项目。

13. “项目总体目标和分阶段实施计划”是指项目预期达到的目标以及预期实现的社会、经济和生态效益以及项目的分阶段实施计划，对项目总体目标应当分别从定性和定量的角度进行表述。

14.“项目组织实施条件”是指项目单位在实施项目的过程中应当具备的人员条件、资金条件、设施条件及其他相关条件。

15.“项目类别”、“项目属性”、“项目采购方式”中，在所选选项后面的“□”中划“√”。

16.“项目绩效考评情况”是指对以前年度延续项目中已实行绩效考评项目的考评结论，或拟作为绩效考评项目的绩效目标设定情况等（部门提出的拟进行绩效考评的项目还需按照财政部有关规定另行报送）。

17.《项目支出预算明细表》由项目单位根据项目的支出情况和国家规定的支出标准测算填报。

18. 项目单位在填报“项目支出预算明细表”时如果涉及两个或两个以上不同用途的项目，应当在表中分别填列。

19.《项目支出预算明细表》需填写项目投资总额、项目明细支出预算及项目资金来源情况。

20.《项目支出预算明细表》是审核项目支出预算的重要依据，中央部门在填写本表明细支出项目时要根据项目支出的具体情况填写，并在本表“测算依据和说明”中对申请项目预算的测算依据、计算方法作出详细说明。

21. 预算批复数在申报预算时不填写，每年预算批复后按实际批复数填写。

22.《项目可行性报告》一般由项目单位组织编制，必要时可以委托专业机构编制。

23.《评审报告》“建议”栏目中，可在所选选项后面的“□”中划“√”。

附录八

财政部关于印发《中央本级项目支出定额标准管理暂行办法》的通知

（2009年11月19日 财预［2009］403号）

党中央有关部门，国务院各部委、各直属机构，总后勤部，武警各部队，全国人大常委会办公厅，全国政协办公厅，高法院，高检院，有关人民团体，新疆生产建设兵团，有关中央管理企业：

为深化部门预算改革，规范项目支出定额标准管理，提高预算科学化精细化管理水平，我们制订了《中央本级项目支出定额标准管理暂行办法》。现印发给你们，请认真贯彻执行。

附件：中央本级项目支出定额标准管理暂行办法

附件：

中央本级项目支出定额标准管理暂行办法

第一章 总 则

为规范项目支出定额标准管理，提高预算管理的科学化精细化水平，根据国家预算管理有关规定，制定本办法。

本办法适用于中央本级项目支出定额标准（以下简称项目定额标准）管理的全过程，主要包括立项、编制、发布和实施、复审和修订等环节的管理。

本办法所称的项目定额标准，是指为满足项目支出预算管理需要，在对预算项目进行合理分类的基础上，结合经济社会发展水平，以项目的资产配置量、资产消耗量或业务工作内容为主要对象确定的预算支出标准。

项目定额标准管理遵循以下原则：

（一）统筹规划。统一项目定额标准体系建设规划，优化标准体系整体结构，注重项目定额标准之间的相互衔接，发挥标准体系的整体功能。

（二）突出重点。按照项目定额标准管理规律，优先选择与部门核心职能最相关的，以及部门最急需的业务工作开展项目定额标准管理。

（三）动态优化。在保持标准相对稳定的前提下，结合经济社会发展和技术水平变化，对标准实施动态优化。

第二章　项目定额标准的分类和内容

项目定额标准分为财政部标准和部门内部标准。财政部标准是指由财政部（或会同中央部门）发布或认可的项目定额标准；部门内部标准是指由中央部门自行发布的项目定额标准。

财政部标准分为通用定额标准和专用定额标准。通用定额标准是指适用于所有或大多数部门的、共性的项目定额标准，具有普遍适用性；专用定额标准是指适用于特定部门、特定活动或特定项目的定额标准，具有特定的适用范围。

项目定额标准原则上应涵盖项目的全部支出内容，主要包括：项目支出范围、资产配置标准、资产耗费标准、业务工作内容标准、取费标准等。项目定额标准可根据业务特点，分类分级制定。

第三章　项目定额标准的管理职责

项目定额标准管理实行“统一领导，分工负责”的管理体制，由财政部统一领导，财政部和中央部门分工负责。

财政部的职责是：

制定中央本级项目定额标准管理规章制度；

组织编制项目定额标准体系建设的总体规划及年度计划；

管理通用定额标准和专用定额标准；

指导中央部门的项目定额标准管理工作；

组织、监督、检查项目定额标准的实施；

协调和处理项目定额标准管理其他事宜。

中央部门的职责是：

制定部门项目定额标准管理规章制度；

组织编制部门项目定额标准体系建设总体规划及年度计划；

具体管理专用定额标准；

管理部门内部标准；

负责部门项目定额标准管理其他相关工作。

第四章　项目定额标准的立项

项目定额标准实行年度立项制度，每年按职责分工由中央部门编制本部门项目定额标准建设年度计划（见附录A），于每年3月15日前以书面形式报送财政部。

申请立项的项目支出定额标准应当符合以下条件：

（一）符合项目支出预算管理实际工作的需要；

（二）没有现行项目定额标准，或现行的标准应予以修改；

（三）属于项目定额标准体系管理的范围。

对于拟制定或修订的财政部标准，需逐项填写《项目支出定额标准立项申请表》（见附录B），随同项目定额标准建设年度计划一并报送。

中央部门已自行发布的项目定额标准属于部门内部标准。如需上升为财政部标准，则视同需修订的财政部标准，需填写《项目支出定额标准立项申请表》。

财政部对中央部门提交的标准立项申请进行汇总研究，经批准后下达中央本级项目定额标准建设年度计划。部门内部标准由财政部备案，不随年度计划下达。

项目定额标准建设年度计划应当明确定额标准的名称、主编部门、完成时间等。

标准建设年度计划应严格执行。确有特殊原因需要在年中调整立项的，经审批后可调整列入年度计划。

第五章　项目定额标准的编制

项目定额标准编制的依据是：

国家预算财务管理法律法规和规章制度；

相关已发布的定额标准及其规程规范；

相关行业、部门发展规划；

相关市场公允价格；

其他相关资料。

项目定额标准编制遵循以下原则：

（一）统一公正。定额标准要一视同仁，不同部门的同一事项采用相同的定额标准，保持定额标准的统一性和公正性。

（二）简便易行。定额标准要满足项目支出预算管理的实际需要，紧密结合部门职能活动，充分利用已有定额标准，突出标准的可操作性和稳定性。

（三）经济节约。坚持量力而行，充分考虑我国经济社会实际发展水平和财力可能，注重经济节约。

项目定额标准编制的方法主要包括专家意见法、类比法、数理统计法、技术测定法等。主编部门可结合实际工作需要，采取一种或多种方法，测定支出定额标准。

（一）专家意见法。专家意见法也称德尔菲法，指由行业中知识渊博、经验丰富的专家来估算定额。一般做法为：先成立一个专家小组，由每个专家独立估计定额的大小，然后把这个结果及理由告诉每个专家，再由每个专家参考别人的数据，分析产生差异的原因，再修正自己的预测。这样反复几次，直到大家取得一致意见，得出最后的定额标准。

（二）类比法。类比法也称典型推算定额法，是以已实施的与本次定额十分相关的行业典型定额项目为基准，通过分析比较，确定出与之相同或相似的项目定额的方法。

（三）数理统计法。指通过广泛的调查研究，获取各种历史统计数据，根据现实的生产技术、组织状况、物价水平等条件，运用一定的数理统计方法来确定各种费用项目的单位定额标准。

（四）技术测定法。指对一定的生产技术组织条件进行分析研究，设计合理的工艺和操作标准，在一定的条件下以实际的测定结果作为定额标准。

项目定额标准编制的程序一般分为五个阶段：准备阶段、起草阶段、征求意见阶段、试点阶段、审批阶段。

（一）准备阶段。主要工作包括成立标准工作小组、拟定项目定额标准编制方案等。

1. 主编部门牵头成立标准工作小组，由标准工作小组具体负责定额标准编制工作。工作小组成员应具备胜任相关工作的专业知识和技能。

2. 项目定额标准编制方案应主要包括编制的指导思想和原则、调研重点、编写大纲、编制进度安排、具体分工等。编制方案拟定后，应报财政部备案。

（二）起草阶段。项目定额标准编制应在深入调查研究、总结实践经验、进行科学论证的基础上，广泛听取有关单位和专家的意见，形成项目定额标准征求意见稿。

（三）征求意见阶段。项目定额标准征求意见的范围应包括标准相关的利益各方。征求意见结束后，主编部门应将反馈意见汇总成表进行分析，提出修改处理意见，形成项目定额标准试点稿，报财政部备案。

（四）试点阶段。为确保项目定额标准的可操作性，项目定额标准一般要提前进行试点，试点期一般为1—2年。

（五）审批阶段。试点结束后，主编部门要根据试点情况完善项目定额标准，形成项目定额标准报批稿，连同标准编制说明（见附录C）及其他必要的材料一起报送财政部。财政部标准由财政部审批；部门内部标准由部门自行审批，报财政部备案。

第六章 项目定额标准的发布和实施

通用定额标准由财政部发布实施，专用定额标准由财政部和中央部门共同发布实施。

部门内部标准由中央部门根据自身加强管理的需要自行编制并发布，但不得与财政部标准相抵触。

项目定额标准一般应以单独文件形式发布；如有必要，也可作为其他预算管理文件的组成部分，以其他预算管理文件形式发布。

财政部标准发布实施后，中央本级项目支出预算申报、审核、安排均以此为依据。

部门内部标准可作为中央部门内部管理和预算编制的依据，也可作为财政部预算审核和经费安排的参考依据。

行业主管部门制定的行业定额标准，经财政部认定、发布后，视同财政部标准，可作为预算申报、审核、安排的依据。

第七章　项目定额标准的复审和修订

项目定额标准实施后，编制部门应根据需要适时进行复审。项目定额标准复审周期一般不超过五年。

项目定额标准在复审后按三种情况分别处理：

（一）不需修订的标准被确认继续有效，保持标准的原状；

（二）需修订的标准列入下一年度计划；

（三）已无存在必要的标准，予以废止。

出现下列情况时，相关的项目定额标准应当废止：

项目定额标准的适用环境或者条件已不复存在；

新的项目定额标准已经发布；

与新发布的法律、法规、规章制度相违背；

其他应废止的情况。

第八章　附　　则

本办法由财政部负责解释。中央部门可根据本办法制定本部门项目定额标准管理规定。

本办法自发布之日起施行。

附录 A：××年度项目定额标准建设年度计划

附录 B：项目支出定额标准立项申请表

附录 C：××项目支出定额标准编制说明

附录 A

××年度项目定额标准建设年度计划

编制部门：××部

一、上年度项目定额标准体系建设情况
二、本年度项目定额标准体系建设计划 （一）项目定额标准申请立项情况 1. 财政部标准 明确项目定额标准的名称、适用范围、制定周期、状态等，并以表格形式列出。 2. 部门内部标准 明确项目定额标准的名称、适用范围、制定周期、状态等，并以表格形式列出。 （二）其他事项
三、中央本级项目支出定额标准体系建设的意见和建议

附录 B

项目支出定额标准立项申请表

<table>
<tr><td>标准名称</td><td></td><td>提出部门</td><td></td></tr>
<tr><td>制定或修订</td><td></td><td>编制周期</td><td></td></tr>
<tr><td colspan="4">目的和意义</td></tr>
<tr><td colspan="4">范围和主要技术内容</td></tr>
<tr><td colspan="4">国内外情况简要说明</td></tr>
</table>

附录 C

××项目支出定额标准编制说明

一、制定本标准的目的和意义
二、本标准的编制原则、依据或技术路线
三、本标准的研究、起草过程
四、本标准与国内外同类标准水平对比
五、本标准的起草和协作单位情况等

附录九

中央部门预算管理工作规程（节选）

一、部门预算编制及批复

（一）部门预算编制准备（项目清理，4 月初—5 月 31 日）

本阶段主要是收集、整理、分析下年度预算编制的相关资料，开展项目的遴选、论证、评审等前期准备工作，并对年度预算已批复项目进行清理，提出滚动列入下年度中央部门预算的“前三类项目”（包括国务院已研究确定项目、经常性专项业务费项目和跨年度支出项目）和打捆项目（打捆是指为便于管理，在预算测算过程中对多个具有相同性质的项目，通过设定的标识进行汇总测算），作为部门编制下年度项目支出预算的基础。

预算司：

1. 布置项目清理工作。印发项目清理通知，明确项目清理的统一要求，下发中央部门项目清理软件，组织中央部门和部门司开展项目清理工作（4 月 15 日前）。

2. 审核打捆项目。对部门司提出下年度预算编制中拟使用的打捆项目进行审核（5 月 5 日前）。

3. 接收部门项目清理结果。接收中央部门报送的项目清理结果（5 月 10 日前）。

4. 审核部门司清理结果。对部门司审核后提出的项目清理结果进行审核，并将审核意见转部门司确认（5 月 25 日前）。

5. 调整审核意见。根据部门司反馈意见，对项目清理意见进行调整（5 月 31 日前）。

6. 审核部门预算单位信息变更申请。审核部门司提出的部门预算单位信息变更申请，并将相关变更信息转信息网络中心纳入下发部门的项目数据盘。

7. 制作项目数据盘。根据项目清理结果，制作分部门项目数据盘转部门司。

部门司：

1. 督导部门项目清理工作。根据项目清理的具体要求，对中央部门项目清理工作进行指导，督促部门按时报送清理结果。

2. 清理打捆项目。提出下年度预算编制中拟使用的打捆项目建议转预算司（4月30日前）。

3. 接收部门项目清理结果。接收中央部门报送的项目清理结果（5月10日前）。

4. 提出清理意见。对部门报送的项目清理结果进行审核，提出项目清理类别建议和下年度预算建议数转预算司（5月20日前）。

5. 清理意见反馈。对预算司提出的清理意见进行确认，及时将意见反馈预算司（5月27日前）。

6. 审核部门预算单位信息变更申请。对部门提出的预算单位信息变更申请进行审核，提出审核意见转预算司。

7. 下发项目数据盘。将预算司转来的分部门项目数据盘发给各中央部门，作为部门报送下年度项目支出预算的基础。

中央部门：

1. 开展项目清理工作。根据财政部印发的项目清理通知，严格按照规定的范围、标准（详见附4）对年度预算已批复项目进行清理，并填写“部门预算项目清理表”。对新增的“前三类项目”应提供项目立项依据（党中央、国务院文件，财政部批复文件）、项目总投资、项目执行期限、项目分年度预算等；对于确实不能提供立项依据的经常性专项业务费项目，要详细说明理由，并逐项说明项目支出范围。

2. 按时报送清理结果。将清理结果以正式文件（一份，附电子数据）报送财政部（5月10日前）。

3. 提出预算单位信息变更申请。根据本部门预算单位变更情况，以正式文件向财政部提出预算单位信息变更申请（申请文件中应附中央机构编制管理部门的批复文件、事业单位法人证书、组织机构代码证等材料）。在项目清理完成后再提出对下年度预算单位信息变更申请的，须在11月

20日前报送财政部。

（二）“一上”预算编制（6月初—7月31日）

本阶段主要是布置中央部门年度预算编制工作，下发《政府收支分类科目》和预算编制软件，指导中央部门编制并及时报送“一上”部门预算，做好“一上”预算审核及“一下”预算测算相关准备工作。

预算司：

1. 布置预算编制工作。印发编制年度中央部门预算的通知，召开中央部门预算编制工作动员部署会，提出年度部门预算编制的指导思想、主要工作和具体要求（6月初）。

2. 下发科目和软件。向中央部门下发《政府收支分类科目》和预算编制软件（6月初）。

3. 组织重大增减支测算。布置部门司对下年度中央本级重大增减支情况进行初步测算，对部门司提出的下年度中央本级重大增减支事项进行审核汇总。

部门司：

1. 指导部门“一上”预算编制。按照编制中央部门预算通知的有关要求，就部门预算相关问题与部门进行沟通，具体指导部门编制“一上”预算，解释有关政策、要求，并督促部门按时报送预算。

2. 准备“一上”测算。按照定额非定额、横向非横向、延续非延续等属性对分部门预算进行梳理，为“一上”预算审核和“一下”预算测算做准备。

3. 进行重大增减支测算。对分管部门下年度重大增减支事项进行初步测算，提出部门司建议数转预算司（7月中旬）。

中央部门：

1. 组织本部门预算编制。按照编制年度中央部门预算通知的要求，组织本部门预算编制、审核、汇总工作，按时向财政部报送“一上”部门预算（7月31日前）。

2. 填报人员基础信息数据。如实填报截至7月底的人员编制、实有人数、工资、津贴补贴等基础数据，对编制、人员等信息及变化情况做出详细说明，并提供相关文件依据及材料。

3. 编报收入预算。根据历年收入情况以及收入增减因素，合理、完整的测算编报本部门下年度各项收入，包括：财政拨款收入、事业收入、事业单位经营收入和其他收入等。

4. 编报基本支出预算。

（1）如实、合理填报部门基本支出预算。

（2）实行定员定额管理的基本支出预算，根据定额标准、编制、人员情况测算编报。

（3）未实行定员定额管理的基本支出预算，在上年度基本支出水平基础上，结合人员变化情况、实际开支水平、历年财政补助水平及部门履行职能的实际需要测算编报。

5. 编报项目支出预算。

（1）优化项目支出结构，加强项目库建设和管理，规范信息填报，做好入库项目的审核、论证、立项、遴选及排序等工作，提高项目支出预算的科学性、合理性。

（2）对项目预算严格把关，有保有压，确保重点支出，控制一般性支出，按照年度部门预算编制的具体要求控制项目预算申报规模。

（3）合理测算项目支出预算，已有项目支出定额标准的，要严格执行，不得超标准申报预算；尚未建立项目支出定额标准的，要根据具体工作任务，如实、完整地测算项目支出预算，严格控制支出范围。

（4）项目名称要真实、全面反映项目主要信息，原则上应体现项目涉及的主要工作或事项，以及项目的主要支出内容等，用词要精练简洁（控制在30个字符以内），避免使用字母及英文缩写，确需使用的应括注规范的汉语译名。

（5）规范项目文本填报，认真填写项目申报文本（含打捆项目），随“一上”预算一并报送。对国家发展改革委分配的基本建设项目、国防科工局分配的军工基本建设和科研项目、国务院机关事务管理局分配的中央国家机关行政办公用房大中修项目可只填报“项目申报书”，不填报“项目可行性报告”和“项目评审报告”。

（6）细化编制项目支出预算。项目支出预算要从基层单位开始编制，原则上上级单位不得代编下级单位预算。打捆项目在“一上”预算时要报送细项，一般要落实到项目具体执行单位，并认真填报项目的打捆标识。

（7）部门在编报“一上”项目支出预算时，要同时报送延续项目截至 7 月底的预算执行进度情况。

（8）按照“前三类项目”支出核减激励机制要求，在报送“一上”预算时，部门申请的“前三类项目”支出比上年度预算批复的“前三类项目”支出总额减少的，部门应对减少的项目名称、数额及减少原因等情况予以说明。

6. 统筹安排结转和结余资金。按照财政部关于财政拨款结转和结余资金管理的有关规定，提出结转和结余资金安排使用计划。

（1）对年度预算执行完毕后可能产生的结转资金，部门应充分预计，并按要求在下年度预算中填报。

（2）对延续项目，部门应结合项目结转资金预计情况，统筹提出财政拨款预算申请数。

（3）对新增项目，部门应优先使用项目支出结余资金安排。已经财政部批复确认的项目支出累计结余资金，除已在部门预算中统筹安排使用的部分之外，其余应全部统筹用于下年度预算支出。

7. 提出绩效评价项目。按照财政部关于开展项目支出绩效评价试点的相关要求，提出下年度拟进行绩效评价试点项目建议，随“一上”预算报送财政部。

8. 规范部门预算文件的内容和形式。

（1）部门“一上”预算须使用部发文（一级预算单位为司局级的可使用司发文，下同），在部门预算编制期间，涉及预算数额调整的文件须使用部发文，不涉及预算数额调整的说明性文件可使用司发文。

（2）部门预算编制说明应真实、详细，主要内容应包括：单位基本情况、上年度调整预算情况、预算执行及结转结余资金情况、下年度预算编报范围、下年度预算申报的总体情况、下年度收入预算情况、基本支出和项目支出预算情况、绩效评价情况、部门预算公开情况等。

（3）各部门应按照中央部门预算编制软件中定制的“中央部门预算报表”（生成表）格式打印预算报表，填写“中央部门预算报表”（生成表）封面页上的信息并加盖公章。在编报部门预算时，部门要严格遵守国家有关保密法规，落实相关安全保密要求，准确标注部门预算及相关文件的密级。

9. 向有预算分配权部门报送相关项目预算。对涉及有预算分配权部门分配的基建、科研、中央国家机关行政办公用房大中修经费等项目预算，除纳入“一上”部门预算中报送财政部外，还应按有关要求单独报送相关部门。

（三）“一上”预算审核及“一下”预算测算（8月1日—10月25日）

本阶段工作包括：接收部门报送的“一上”预算数据；部门司审核测算后提出分司“一下”预算建议数转预算司；预算司审核汇总平衡并报部领导批准后将“一下”预算控制数与各部门司见面；部门司对预算控制数进行分解并与部门沟通协商后提出调整意见转预算司；预算司审核并报部领导批准后将“一下”预算控制数调整情况转各部门司；部门司将“一下”预算控制数下达中央部门。

1. 部门司审核及测算（8月1日—8月25日）

预算司：

（1）接收“一上”预算。组织接收部门报送的“一上”预算，对预算文件进行规范性审核，对预算数据进行技术性审核。

（2）组织“一上”预算审核。提出下年度部门预算测算要求，指导各部门司对部门“一上”预算进行审核。

（3）提出法定增长比例初步意见。对教育、科学技术、农业等法定增长支出提出法定增长比例意见，并测算增长规模。

部门司：

（1）审核部门“一上”预算。根据部门司职责权限，对部门“一上”预算进行审核，并主动与部门沟通，了解相关情况。

（2）提出“一下”预算建议数。按照部门预算测算要求，提出分部门、分科目“一下”预算建议数。

①基本支出“一下”预算建议数。

A. 实行定员定额管理的基本支出，对部门人员编制及编制内实有人数进行审核，并将审核意见及相关材料转预算司。

B. 未实行定员定额管理的基本支出，在上年度基本支出水平基础上结合人员变化情况、实际开支水平、历年财政补助水平、部门履行职能的实际需要以及中央财政的保障能力测算，并说明增支因素及测算依据。

C. 对部门提出的其他基本支出增支因素进行审核，并将审核意见和相关材料转预算司。

②项目支出“一下”预算建议数。

A. 根据“前三类项目”清理结果以及部门事业发展需要，按照轻重缓急原则以及现行的项目支出定额标准，对部门“一上”项目预算总规模、打捆测算项目及明细项目进行审核。

B. 按照有关政策规定已到期的项目不再安排；“前三类项目”原则上按清理建议数安排，确因期限、总规模、分年度预算数、开支范围等变化需要增加支出的，应严格审核并提出充分理由和提供详细说明材料；其他项目按照年度部门预算编制的相关政策安排。

C. 根据项目预算审核情况，结合部门预计结转资金情况和可用结余资金情况，提出分部门、分科目、分项目“一下”预算建议数。

D. 按照部门预算编制与预算执行相结合的原则，对上年项目支出预算执行进度较慢的部门，在正常测算基础上，按照上年项目支出财政拨款预算的一定比例核减其下年度项目支出财政拨款预算。

E. 按“前三类项目”核减激励机制，对分部门“前三类项目”比上年增减情况及部门司审核情况进行说明，随“一下”预算建议数一并转预算司。

F. 减少执行中指标上下划，属于中央本级支出范围的，年初列入中央本级支出预算；属于地方支出范围的，年初列入补助地方预算。

（3）提出归口管理经费“一下”预算建议数。

①根据财政部“三定”方案，负责管理归口经费的主体司包括综合司、国防司、行政政法司、教科文司、经建司和社保司，其中，综合司管理行政事业单位住房改革支出，国防司管理国防科工局分配的军工基本建设支出以及军工科研支出，行政政法司管理国务院机关事务管理局分配的中央国家机关行政办公用房大中修支出，经建司管理国家发展改革委分配的基本建设支出以及产业技术研究与开发支出，教科文司管理实行法定增长的教育支出以及科学技术支出，社保司管理行政事业单位离退休支出。

除上述列示的由主体司负责归口管理的经费外，原则上各部门司不得向其他司对口管理的部门分配和划转预算指标，对确因特殊情况需由某个部门司统一分配并横向划转其他司的专项经费，该部门司应单独签报说明相关情况，会签预算司后报部领导。

②对部门提出的预算申请中属主体司归口管理经费的，部门司应及时将预算申请情况转相关主体司。

③主体司应制定归口管理经费的支出标准，结合本司归口管理经费增减因素，以及上年总体执行进度情况，按照部门预算编制与预算执行相结合的原则，对归口管理经费进行测算，提出"一下"预算建议数，拟订分配方案。

④主体司应督促有预算分配权的部门按照年度预算编制的统一要求，在规定时间内提出分配建议。

⑤对实行法定增长的归口管理经费，主体司应与预算司沟通，按照预算司提出的法定增长比例测算归口管理经费支出规模，并拟订归口管理经费分配方案。

（4）统筹安排结转和结余资金。对部门安排使用结转和结余资金情况进行审核，重点审核其结转和结余资金的安排使用是否符合有关规定，部门是否做到结合结转资金情况统筹安排本部门延续项目预算；结余资金是否全部统筹动用。

（5）严格控制代编预算。原则上年初不允许代编预算，对确需代编的，应同时满足三个条件：一是必须有充分的理由，且对代编理由详细说明；二是代编预算要落实到具体项目；三是项目名称要规范。

（6）审核新增资产配置预算。

①行政政法司和教科文司对部门填报的"中央行政事业单位新增资产配置预算表"进行审核，提出审核建议数转部门司作为预算审核调整上限（8 月 18 日前）。

②部门司根据转来的审核建议数，结合部门预算安排情况，对部门的"中央行政事业单位新增资产配置预算表"进行审核调整。新增资产配置数量原则上只能调减不能调增，如需调增，应商行政政法司或教科文司。

（7）提出绩效评价试点项目建议。审核部门报送的下年度绩效评价试点项目，提出绩效评价试点项目建议，随“一下”预算建议数转预算司（8 月 25 日前）。

（8）及时完成“一下”测算工作。按时完成“一下”预算建议数的测算工作，并将汇总材料转预算司（8 月25 日前）。

中央部门：

如实反映部门预算需求情况，提供相关材料和说明。

2. 预算司审核及测算（8 月 26 日—9 月 20 日）

预算司：

（1）审核部门司“一下”预算建议数。对部门司“一下”预算建议数进行审核、汇总，主动与部门司沟通了解情况。

（2）测算“一下”预算控制数。根据中央财政收入测算情况及部党组确定的年度中央本级支出重点，测算“一下”预算分司、分科目控制数（含财政拨款支出数、安排使用结余资金数，下同）。

①测算基本支出预算控制数。

A. 对实行定员定额管理的基本支出，审核部门司确认的部门人员编制及实有人数情况，根据定额标准测算基本支出控制数。

B. 对未实行定员定额管理的基本支出，在审核部门司意见基础上，结合中央财力情况测算。

②测算项目支出预算控制数。

A.“前三类项目”测算。根据部门司提出的项目支出预算建议数，结合项目清理结果以及现行的项目支出定额标准，对“前三类项目”进行测算，重点审核项目期限、分年度预算数、支出范围等发生变化的“前三类项目”。

B. 其他类项目测算。根据中央财力状况和年度部门预算测算要求，通过综合平衡，提出重点项目预算数及其他项目预算统筹控制数。提出部门机动经费预算数，并在项目支出中单独列示。

C. 按照部门预算编制与预算执行相结合的原则，对上年项目支出预算执行进度较慢的部门，在正常测算基础上，按照上年项目支出财政拨款预算的一定比例核减其下年度项目支出财政拨款预算。

D. 实行“前三类项目”核减激励机制。对部门司测算的“前三类项目”建议数比上年批复数总额减少的（不包括到期项目、一次性项目、有中长期规划且总规模已定的项目、分年计划及预算已定的项目、因统筹动用结转资金而减少财政拨款的项目和因结合执行进度压缩财政拨款的项目，下同），按减少数额相应单独安排“前三类项目核减激励支出”，其中，属于部门主动核减的，安排“部门前三类项目核减激励支出”，由部门统筹安排项目支出；属于部门司核减的，安排“部门司前三类项目核减激励支出”，由部门司统筹安排项目支出。以上指标均在安排给部门司的其他项目支出正常统筹指标之外单独安排。对法定增长支出科目的“前三类项目”核减激励支出，由相关司在法定增长中统筹解决。

E. 减少执行中指标上下划，属于中央本级支出范围的，年初列入中央本级支出预算；属于地方支出范围的，年初即列入补助地方预算。

③测算归口管理经费预算控制数。

根据主体司提出的归口管理经费预算建议数，结合中央财力、以前年度结转资金以及上年预算执行进度情况，按照部门预算编制与预算执行相结合的原则，在充分协商的基础上，测算归口管理经费“一下”预算控制数。

（3）审核结转和结余资金统筹安排情况。对部门司提出的结转和结余资金统筹安排使用情况进行审核，重点审核结转和结余资金的安排使用是否符合有关规定；是否做到结合结转资金情况统筹安排部门延续项目预算；结余资金是否全部动用。

（4）审核绩效评价试点项目。对部门司审核后提出的下年度绩效评价试点项目建议进行审核。

（5）“一下”预算与部门司见面。汇总“一下”预算控制数测算情况报部领导。经部领导批准后，制作分司“一下”预算控制数见面表与部门司（主体司）见面（9月20日前）。

部门司：

加强沟通，对部门预算需求情况进行说明并提供相关材料。

中央部门：

加强沟通，如实反映部门预算需求并提供相关材料。

3. 部门司反馈意见（9月21日—10月20日）

部门司：

（1）分解细化“一下”预算控制数。对预算司下达的“一下”预算控制数进行分解细化，确定分部门“一下”预算控制数。对预算司下达的控制数中，已经明确到具体单位的基本支出和已明确到具体项目的项目支出，原则上不得调整，如确需调整应提出调整理由转预算司。分解预算控制数时，对安排给部门的机动经费和“部门前三类项目核减激励支出”应单独列示。对部门司代编指标，必须明确到具体项目，并提出代编原因和处理意见。

（2）提出统筹指标等分配方案。对预算司下达的未明确到单位和项目的统筹指标等必须全部细化，提出具体分配方案（分配时不能跨类级科目）。上述指标，只能用于安排项目支出，不得调整用于安排基本支出；要优先用于安排重点项目支出；如用于安排“前三类支出项目”，只能增加数额，不能新增项目。

（3）及时反馈“一下”预算控制数调整意见。就分解到部门的“一下”预算控制数与部门沟通，并提出“一下”预算控制数调整意见（包括分部门指标分解情况、预算缺口、统筹指标分配方案、“前三类项目核减激励支出”分配方案、安排使用结余资金的具体方案、按预算执行进度压缩项目支出落实情况等，下同）反馈预算司（10 月 12 日前）。

部门司提出的预算缺口中要求增加项目支出预算数的，应按轻重缓急对项目进行排序。

（4）及时分配和划转归口管理经费指标。

①主体司根据预算司下达的归口管理经费“一下”预算控制数，会同有预算分配权部门，按照规定的年初到位率提出归口管理经费分配方案。主体司在制定归口管理经费分配方案时，应根据需要征求相关部门司意见。教育、科学、社会保障等重点科目的归口管理经费不得调整到其他类级科目。

②归口管理经费分配方案中应明确分司、分部门、分科目、分基本支出（区分人员经费、日常公用经费）和项目支出预算数，并对归口管理经费的分配原则、标准、依据、测算方法以及年初到位率等情况进行说明。

③提高年初预算到位率。部门预算年初到位率是指年初批复下达到中央部门的归口管理经费预算数占中央本级该项归口管理经费年初预算数的比例，其中：国家发展改革委和国防科工局分配的基建支出年初到位率不应低于75%，国家发展改革委和国防科工局分配的科学技术支出年初到位率不应低于97%，教科文司分配的教育支出和科学支出年初到位率不应低于90%，综合司管理的行政事业单位住房改革支出、社保司管理的行政事业单位离退休支出（不含年初预留的年度预算执行中增人增支部分）、行政政法司管理的中央国家机关行政办公用房大中修经费原则上年初应全部到位。

④主体司提出的归口管理经费分配方案，应会签预算司并报部领导批准后方可下达。主体司应在10月20日前将涉及其他司分管部门的横向指标转预算司，由预算司划转相关部门司下达部门。

除前述列示的由主体司负责归口管理的经费外，其他经部领导批准由某个部门司统管但涉及其他司分管部门的专项经费，由该部门司根据需要征求相关部门司意见后提出分配方案，会签预算司后报部领导。负责统管的部门司应在10月20日前将涉及其他部门司分管部门的预算指标转预算司，由预算司划转相关部门司下达部门。

预算司：

(1) 审核“一下”控制数调整意见。对部门司的“一下”控制数调整意见进行审核，提出审核意见报部领导批准后，制作分司“一下”预算控制数调整表与部门司见面（10月20日前）。

(2) 横向指标划转。会签相关司提出的归口管理经费和专项经费分配方案。根据经部领导批准的分配方案，将横向指标划转相关部门司。

(3) 下达绩效评价试点项目。将经部领导批准确定下年度实行绩效评价试点的项目通知部门司（10月20日前）。

中央部门：

加强沟通，反映部门预算需求并提供相关材料。

4. “一下”控制数与部门见面（10月20日—10月25日）

部门司：

(1) 调整“一下”预算控制数。根据预算司转来的“一下”预算控制数调整表对分部门“一下”预算控制数进行调整。如需调增新增资产配置预算，应商行政政法司或教科文司同意（10 月 22 日前）。

（2）“一下”预算控制数与部门见面。确认预算司转来的分部门“一下”控制数见面表，以司便函形式将分部门“一下”预算控制数（包括财政拨款数、安排使用结余资金数和住房改革支出预算数等，下同）以及有关说明和要求下达中央部门（10 月 25 日前）。

（3）下达绩效评价试点项目。将下年度绩效评价试点项目随“一下”预算控制数一并下达中央部门。

（4）下达新增资产配置预算控制数。行政政法司和教科文司汇总新增资产配置预算，会签预算司并报部领导批准后，由部门司作为“一下”控制数下达相关部门。

预算司：

（1）审核“一下”控制数。对部门司分解的分部门“一下”预算控制数进行审核（10 月 23 日前），保证分司“一下”预算控制数与分部门“一下”预算控制数见面表分科目、基本支出（人员经费、日常公用经费）、项目支出总额一致。

（2）制定“一下”与部门见面通知。提出“一下”预算控制数分配以及“二上”预算编制的原则和要求，起草“一下”预算控制数与部门见面通知转各部门司。

（3）打印“一下”见面表。统一打印分部门“一下”预算控制数见面表转各部门司（10 月 24 日前）。

（四）“二上”预算编制（10 月 26 日—12 月 10 日）

本阶段主要是部门根据财政部下达的“一下”预算控制数细化编制部门“二上”预算。“一下”预算控制数与部门见面后，原则上不再对预算控制数进行调整，如确因党中央、国务院新确定增支事项等特殊情况需要调整的，部门应在“二上”前向财政部提出申请，经部门司审核，会签预算司并报部领导批准后，由财政部下达“一下”预算控制数调整表。部门预算“二上”后，不再对部门年初预算指标进行调整。

预算司：

1. 审核部门司“一下”预算控制数调整意见。对部门司提出因党中央、国务院新确定增支事项等特殊情况需要调整“一下”预算控制数的，审核并报部领导批准后，制作“一下”预算控制数调整表转部门司（11月25日前）。

2. 划转横向指标。会签主体司“一下”预算后提出的归口管理经费分配方案。将经部领导批准的横向指标划转相关部门司。

部门司：

1. 指导部门“二上”预算编制。指导部门根据财政部下达的“一下”预算控制数编制“二上”预算，将各项“一下”预算指标落实到具体预算单位，并督促部门按时报送“二上”预算。

2. 审核部门“一下”预算控制数调整申请。对部门提出的调整“一下”预算控制数申请提出审核意见（涉及新增资产配置预算事项调整的，应会签行政政法司或教科文司）转预算司。

3. 继续细化归口管理经费指标。主体司对未分配的归口管理经费继续进行细化，制订分配方案，会签预算司并报部领导同意后，将横向指标转预算司（11月15日前）。

4. 下达“一下”预算控制数调整表。根据预算司转来的分司“一下”预算控制数调整表，制作分部门“一下”预算控制数调整表，以司便函形式下达相关部门。涉及新增资产配置预算调整事项的，应将调整情况一并通知相关部门（原则上在11月25日前）。

5. 指导部门制定绩效目标。指导部门根据确定的绩效评价试点项目以及项目“一下”预算控制数制定绩效目标和编写自评报告。

中央部门：

1. 调整编制收入预算。在“一上”收入预算基础上，根据收入增减因素变化情况，调整编制部门“二上”收入预算。财政拨款收入应严格按照财政部下达的“一下”预算控制数编报。

2. 细化编制“二上”支出预算。

（1）将财政部下达的“一下”预算控制数（含调整数）分解到具体执行单位，原则上上级单位不得代编下级单位预算。

（2）报送延续项目截至11月底的执行进度情况。根据执行情况对结转至下年度使用的项目支出结转资金进行充分预计，并对“二上”预算中安排使用项目支出结转资金数进行调整。按照财政部下达的“一下”控制数及相关要求，在“二上”预算中统筹动用结余资金。

（3）对因特殊情况在“二上”预算时确实无法细化到具体执行单位的预算事项，部门应提出具体理由并准确定义项目名称，报财政部审核同意后，由中央部门列在部门本级作代编预算处理，执行中按调整预算程序细化后执行，在未细化前部门不得动用。

（4）年初安排给中央部门的机动经费（名称统一列为“机动经费”）要统一列为其他项目，原则上年初不允许分解到下级单位，执行中根据实际需要，报财政部审批同意后再分解下达。

（5）根据财政部“一下”预算控制数相应调整项目文本相关内容，将调整后项目文本与“二上”预算一并报送财政部。

3. 调整“二上”预算相关报表。根据财政部“一下”预算控制数、住房改革支出和新增资产配置预算控制数，编制“二上”行政事业单位住房改革支出预算、行政事业单位新增资产配置预算、出国费等三项经费预算和政府采购预算等相关报表。

4. 提出预算控制数调整意见。确因党中央、国务院新确定增支事项等特殊情况需要调整“一下”预算控制数的，或因特殊原因需调整新增资产配置预算的，应提出充分理由、提供相关材料（其中涉及新增资产配置预算调整的应特别说明），正式报送财政部（11 月 20 日前）。经财政部批准后，按照财政部下达的“一下”预算控制数调整数编制“二上”部门预算。

5. 制定绩效目标、编写自评报告。根据财政部确认的绩效评价项目和项目“一下”控制数，制定项目绩效目标，编写自评报告，并将有关材料随部门“二上”预算报送财政部备案。

6. 按时报送“二上”预算。在 12 月 10 日前将“二上”预算报送财政部，报送预算文件内容和形式与“一上”预算相同。提请全国人大审议预算的中央部门，应按要求准备报送全国人大的材料。

（五）“二上”预算审核（12 月 11 日—12 月 31 日）

本阶段主要是接收部门报送的“二上”预算，严格按照财政部“一下”预算控制数（含调整数，下同）对部门报送的“二上”预算进行审核，做好中央部门预算草案上报国务院和全国人大的准备工作。

预算司：

1. 接收“二上”预算。接收部门报送的“二上”预算，对部门报送的预算文件进行规范性审核，对部门“二上”预算数与“一下”预算控制数进行一致性审核。

2. 提出审核原则和要求，指导部门司对部门“二上”预算进行审核。

3. 审核统筹使用结转和结余资金情况。对部门司提出的统筹使用结转资金及调整财政拨款安排建议进行审核，报部领导批准后，通知部门司进行调整。

4. 审核出国费等三项经费预算。审核汇总中央部门出国费等三项经费预算，报部领导审定。

5. 编制中央部门预算草案。编制上报国务院和全国人大审议的中央部门预算草案。

部门司：

1. 审核部门“二上”预算。根据“一下”预算控制数，对部门填报的“二上”预算数据进行全面审核（横向划转指标审核应以部门司为主体），对部门自行调整的预算事项进行更正，对规范性错误（如项目名称不规范、错别字等）及时纠正（12 月 20 日前）。

2. 审核统筹使用结转资金情况。对部门“二上”预算中统筹使用结转资金情况进行审核，商部门提出对财政拨款预算数进行调整的建议转预算司。

3. 审核新增资产配置预算。以部门司为主体对部门“二上”新增资产配置预算进行审核（12 月 20 日前），“二上”新增资产配置预算不得超过“一下”控制数，如确需调整，应商行政政法司或教科文司同意。行政政法司和教科文司对审核后的情况进行汇总，会签预算司后报部领导（12 月 25 日前）。

4. 审核出国费等三项经费预算。按照相关要求，对部门出国费等三项经费预算进行审核，提出审核意见转预算司。

5. 审核政府采购预算。按照政府采购预算编制的相关要求，对部门政府采购预算进行审核。

6. 审核接收部门报送的绩效目标和自评报告。接收部门报送的绩效评价项目的绩效目标和自评报告，审核后转预算司备案，作为下年度考量项目绩效的重要依据。

7. 向国库司提供部门“二上”预算数。原则上在12月15日前将审核后的分管部门“二上”预算数提供给国库司，作为下年度部门预算正式批复前国库拨款的依据。

国库司：

1. 提出政府采购预算审核要求。提出政府采购预算审核的具体要求转各部门司，作为部门司审核政府采购预算的依据。

2. 对政府采购预算进行合规性审核。对部门司审核后的“二上”政府采购预算进行审核，对其中不符合相关政策要求的事项提出调整意见转部门司，由部门司进行调整。

（六）国务院、全国人大审查批准中央部门预算草案（下年1月初—3月中旬）

本阶段主要是完成中央部门预算草案的汇编工作，向国务院、全国人大汇报中央部门预算草案，并根据国务院或全国人大相关要求对草案进行调整。

预算司：

1. 汇编预算草案。组织部门司编写中央部门预算草案中各部门预算指标注释，汇编上报国务院和全国人大审议的中央部门预算草案。

2. 汇报及调整预算草案。向国务院和全国人大汇报中央部门预算草案，根据国务院或全国人大相关要求进行调整。

部门司：

1. 提供部门预算指标注释材料。按预算司制定的统一格式，提供中央部门预算草案中各部门预算指标注释材料。

2. 与相关部门沟通。按照全国人大财经委要求，须向全国人大就部门预算情况作专门报告的中央部门，分管部门司应事先就报告内容与部门进行沟通。

中央部门：

按照全国人大财经委要求，须向全国人大就部门预算情况作专门报告的中央部门，应事先就报告内容与财政部进行沟通。

（七）批复“二下”预算（3月中旬—4月30日）

本阶段主要是在全国人民代表大会批准中央预算草案后，财政部批复各中央部门预算，中央部门根据财政部批复的部门预算，逐级批复所属单位预算。

预算司：

1. 组织部门预算批复工作。根据全国人民代表大会批准的中央本级预算，组织开展部门预算批复工作，制定统一的部门预算批复文件格式及规范要求，组织部门司编写分部门预算批复说明。

2. 及时批复部门预算。起草分部门预算批复文件，会签相关司后报部领导签发，在规定时间内批复到部门（4月15日前）。

3. 将批复的预算提供给国库司。中央部门预算批复完毕后，及时将批复的中央部门预算提供给国库司。

部门司：

1. 编写部门预算批复说明。编写分管部门预算批复说明，并将预算批复文件与预算批复表中相关数据核对一致。

2. 提出批复说明要点。主体司负责起草归口管理经费预算批复说明要点，提出相关经费管理原则和要求，转预算司纳入批复文件。

3. 会签预算批复文件。对预算司转来的部门预算批复表进行复核、会签，确保分部门、分科目基本支出和项目支出数与分部门预算控制数一致。

4. 及时批复非一级预算单位年初预算。由部门司列代编预算的非一级预算单位年初预算，部门司应按照与批复一级预算单位年初预算相同的时间进度，及时批复下达相关单位（4月15日前）。

5. 督促部门及时批复所属单位预算。财政部正式批复部门预算后，各部门司要督促分管部门及时、准确批复所属单位预算，不得截留预算指标，并将预算批复情况报财政部备案。

中央部门：

1. 及时批复所属单位预算。根据财政部批复的部门预算，及时批复所属各单位预算（4月30日前）。

2. 严格按照财政部批复的预算批复所属单位。部门应严格按照财政部批复的部门预算分解批复所属单位预算，不得对基本支出和项目支出预算进行调整或细化。确需进一步调整或细化的，按照调整预算程序办理。

3. 做好年初部门预算公开工作。中央部门负责本部门预算的对外公开工作，按照《中华人民共和国政府信息公开条例》（中华人民共和国国务院令第 492 号）规定及财政部相关要求，做好部门预算的公开工作。

二、部门预算调整

（一）预算调整申请和审核

中央部门年度预算一经确定，除无法预见的临时性或特殊支出事项外，不得调整。预算执行中确需调整的，由部门向财政部提出申请，财政部分管部门司或主体司进行审核，会签预算司后报部领导。

中央部门：

1. 调整预算申请。提出本部门调整预算的申请，说明调整理由和具体调整方案，并附有关说明材料（包括机动经费安排使用情况）及证明文件等，正式行文报财政部。

财政部年初已批复预算的项目支出，因部门前期论证不充分以及其他不可预期原因造成项目无法执行的，执行中原则上不得调整项目用途，应作调减当年预算处理。

对年初已申请预算，但财政部未安排的项目，或年初预算已安排部门又认为存在经费缺口的项目，除特殊情况外，当年预算执行中不得再申请追加预算。

2. 调整预算经费。部门因无法预见的临时性或特殊增支事项确需增加当年支出的，应优先通过年初预算安排的部门机动经费解决；在动用机动经费不能满足需要时，方可向财政部提出追加预算申请。

3. 细化年初预算。年初列部门本级代编，执行中需细化的支出，部门应按照调整预算程序，将细化方案报财政部审批后执行。部门申请细化年初预算应尽量集中办理。

4. 动用机动经费。动用机动经费时，部门应按照调整预算程序，提出部门（系统）机动经费使用方案，报财政部审批。部门申请动用机动经费应尽量集中办理。

5. 预算调整时间。申请细化年初预算，一般为预算批复至 6 月 30 日；

申请追加预算，除特殊事项外，应在 8 月 31 日前将追加预算申请报财政部。

部门司：

1. 审核部门调整预算申请。

（1）审核程序。接收部门报来的调整预算申请，提出审核意见会签预算司后报部领导。对主体司归口管理的预算指标，由主体司提出审核意见，根据需要会签相关司后，会签预算司报部领导。

（2）调整预算时间。除申请动用中央预备费和中央财政超收收入等安排的特殊支出外，部门司提出调整部门预算意见的时间应在 9 月 10 日之前（以预算司收到部门司签报时间为准）。超过时限，原则上预算司不再办理。

（3）调整预算细化。部门司提出的调整预算意见（包括主体司提出的横向指标分配方案），原则上要落实到具体部门和基层单位、底级预算科目，并明确区分基本支出和项目支出。

（4）调整预算会签。中央部门调整预算涉及对已拨款事项调整、未按国库管理有关制度规定确定资金支付方式或因其他原因需要会签国库司的，发文时应会签国库司。中央部门调整预算涉及行政事业单位新增资产配置的，行政单位要会签行政政法司，事业单位要会签教科文司。

（5）其他。代编预算下达时，需要对年初代编预算科目进行调整的，须在签报中做出说明。

调整预算发文应在部领导批准后办理，除特殊事项外，不得与调整预算签报一并报送。

2. 下达代编预算。对中央本级年初代编预算，部门司应商有预算分配权部门或其他相关部门，尽早提出资金分配方案，在 6 月 30 日前落实到部门和单位，资金分配方案须会签预算司后报部领导。代编预算下达应尽量集中办理，避免同一事项频繁划转、多次下达。

部门司年初代编预算，在执行中应严格按照年初确定的用途和范围下达，不得调整用于其他支出。代编预算下达时，分配方案涉及横向划转指标的，应根据需要充分征求相关部门司意见。

预算司：

1. 审核部门司转来的调整预算申请，提出会签意见报部领导（9月20日前）。

2. 超过9月30日仍未下达的中央本级年初代编预算，除据实结算项目外，全部收回中央总预算。

（二）预算调整批复

调整预算申请经部领导批准后，按照“部门谁分管、谁发文”的原则，办理调整预算批复发文。

部门司：

1. 办理调整预算批复发文。接到经部领导批准的部门预算调整签报后，在3个工作日内草拟调整预算批复文件，会签相关司及预算司后，报部领导签发。调整预算批复文件抄送预算司（3份）、国库司（3份），其他抄送单位视具体情况而定。调整预算批复应细化到基层预算单位，项目支出应细化到具体项目。

2. 划转横向指标。归口管理的预算指标，主体司应在接到部领导批准签报后3个工作日内，将按部门分解的预算指标直接分送相关部门司，同时将调整指标分解情况表加盖司章后转预算司（2份）。其他需划转指标，由负责主办签报的部门司在接到部领导批准签报后3个工作日内，将指标分解划转给相关部门司，同时将指标分解情况表加盖司章后转预算司（2份）。部门司在接到划转指标后3个工作日内办理调整预算发文。

对经建司管理的基本建设支出指标，国家发展改革委一次下达投资计划涉及多个中央部门的，可由经建司统一办理调整预算发文。其他情况下，经建司应将指标划转相关部门司，由部门司办理调整预算发文。经建司在下达或划转基本建设支出指标时，应先明确预算指标来源，不得在没有预算指标来源的情况下先行下达或划转指标。

3. 调整预算时限。预算调整批复发文的截止时间，原则上为当年9月30日，在此之前，部门司应办理完毕所有的调整预算批复发文（时间以预算司收到部门司会签文为准）。属于动支中央预备费和中央财政超收收入安排的特殊项目，批复发文截止时间可以适当延长，但原则上不得超过当年12月20日。预算调整指标超过以上时限未下达的，预算司不再办理，均按照结转下年或收回中央总预算处理。

预算司：

在收到部门司调整预算批复发文后 2 个工作日内完成会签。

（三）预算指标对账

从 7 月份起，各部门司、预算司和国库司逐月对截至上月底调整预算指标情况进行对账。

部门司：

1. 定期与预算司对账。在预算司统一组织下，每月初按照分科目、分部门、分资金来源，与预算司进行指标对账，并及时将对账情况反馈预算司。年终进行总对账。

2. 预计代编预算全年下达情况。从 9 月份起，对本司代编预算全年下达情况进行预计，并随对账情况反馈预算司。

预算司：

1. 定期组织部门司对账。从 7 月份开始组织各部门司进行分月指标对账，年终组织总对账，并将对账情况报部领导。

从 9 月份开始对中央本级代编预算全年下达情况进行预计，并将预计情况随对账情况一并报部领导。

2. 向国库司提供指标调整账。从 7 月份开始，每月向国库司提供分科目、分部门截至上月底的累计指标调整情况。

3. 年终与国库司总对账。年度预算执行结束后，与国库司就中央本级调整预算指标与执行情况进行总对账。

国库司：

1. 定期提供预算执行情况。从 7 月初开始，每月结束后的 5 个工作日内，将分科目、分部门、分资金性质的预算资金拨付情况提供各部门司，将中央本级预算资金拨付情况提供预算司。

2. 年终向预算司提供全年执行情况。年度预算执行结束后，向预算司提供全年中央本级实际支出情况，以及年终国库集中支付结余情况。

3. 年终与预算司总对账。年度预算执行结束后，会同预算司进行中央本级预算指标与执行情况年终总对账。

（四）预算指标结转

各部门司年度预算指标，当年未能下达的，原则上都应收回中央总预算，做平衡预算处理。因特殊原因当年应支未支需在下年继续使用的，可做结转处理。

部门司：

对本司年度预算指标，包括年初代编的据实结算项目、超收安排支出等，当年未能下达，需要结转下年继续使用的，应在本年度终了前，提出指标结转申请转预算司。

预算司：

1. 审核提出指标结转建议。审核提出年度预算指标结转建议，经部领导批准后，报国务院审批。

2. 向国库司提供结转资金动用情况。向国库司提供当年结转情况和以前年度结转资金的动用情况。

（五）部门预算执行审计

年度预算执行结束后，配合审计署对上年度中央本级预算执行情况进行审计。

预算司：

1. 提供审计材料。向审计署提供中央本级预算的有关审计材料。包括：中央本级支出年初预算表（年初预算矩阵表）、本级支出预算调整情况表（包括调整预算情况表、代编预算执行情况表）、中央部门预算批复数据库（电子文档）、中央部门预算调整数据库（电子文档）等。

2. 答复审计相关问题。在审计署驻部审计过程中，对审计署提出的涉及部门预算方面的问题进行研究，并汇总部门司意见，统一答复审计署。

3. 对审计报告提出反馈意见。就审计署提出的审计报告（征求意见稿）中涉及部门预算方面的问题进行研究，并汇总部门司意见，统一答复审计署。

部门司：

1. 提供审计材料。按照预算司的统一要求，向审计署提供财政部部门预算批复文件及有关说明材料。

2. 答复审计相关问题。在审计署驻部审计过程中，对涉及本司分管部门预算的有关问题，提出答复意见转预算司。

3. 对审计报告提出意见。就审计署的审计报告（征求意见稿）中涉及本司分管部门预算的有关问题，提出意见转预算司。

附录十

财政部关于印发《中央部门财政拨款结转和结余资金管理办法》的通知

（2010 年 1 月 18 日 财预［2010］7 号）

党中央有关部门，国务院各部委、各直属机构，总参谋部、总政治部、总后勤部、总装备部、武警总部，全国人大常委会办公厅，全国政协办公厅，高法院，高检院，有关人民团体，有关中央管理企业：

为了进一步加强中央部门财政拨款结转和结余资金的管理，优化财政资源配置，提高财政资金使用效益，特制定《中央部门财政拨款结转和结余资金管理办法》，现印发给你们，请遵照执行。

从编报 2009 年度中央部门预算财政拨款结转和结余资金情况时起，中央部门即按照本办法进行核算、统计。中央级事业单位基本支出当年未使用的财政拨款，不再提取职工福利基金和转入事业基金，统一按本办法关于基本支出结转资金的规定执行。对事业单位在实行国库管理制度改革后，已转入事业基金但尚未使用的财政拨款资金，也一并纳入本办法管理。在编报 2009 年度财政拨款结转和结余资金情况时，应按规定编报事业单位基本支出当年结转和累计结转资金情况。

附件：中央部门财政拨款结转和结余资金管理办法

附件：

中央部门财政拨款结转和结余资金管理办法

第一章 总 则

第一条 为加强中央部门财政拨款结转和结余资金管理，优化财政资源配置，提高财政资金使用效益，根据《中华人民共和国预算法》、《中华人民共和国预算法实施条例》以及财政预算和国库管理制度等有关规定，制定本办法。

第二条 中央部门财政拨款结转和结余资金，是指与中央财政有缴拨款关系的中央级行政、事业单位（含企业化管理的事业单位）、社会团体及企业在预算年度内，按照财政部批复的本部门预算，当年未列支出的财政拨款资金。

第三条 财政拨款结转资金（以下简称结转资金）是指当年支出预算已执行但尚未完成，或因故未执行，下年需按原用途继续使用的财政拨款资金。

财政拨款结余资金（以下简称结余资金）是指支出预算工作目标已完成，或由于受政策变化、计划调整等因素影响工作终止，当年剩余的财政拨款资金。

第四条 中央部门应当对结转资金和结余资金分别进行明细核算和统计，并与单位会计账表相关数字核对一致。

第五条 按形成时间，中央部门结转资金分为当年结转资金和累计结转资金，结余资金分为当年结余资金和累计结余资金。当年结转和当年结余资金是指中央部门当年形成的财政拨款结转和结余资金；累计结转和累计结余资金是指中央部门截止到年底形成的历年累计财政拨款结转和结余资金。

第二章 结转资金的管理

第六条 中央部门结转资金包括部门预算基本支出结转资金和项目支出结转资金。其中基本支出结转资金包括人员经费结转资金和日常公用经费结转资金。

第七条 基本支出结转资金原则上结转下年继续使用，用于增人增编等人员经费和日常公用经费支出，但在人员经费和日常公用经费间不得挪用，不得用于提高人员经费开支标准。

项目支出结转资金结转下年按原用途继续使用。

第八条 结转资金原则上不得调整用途。在年度预算执行过程中，中央部门确需调整结转资金用途的，需报财政部审批。

第九条 中央部门在预算执行中因增人增编需增加基本支出的，应首先通过本部门基本支出结转资金安排，并将安排使用情况报财政部备案。

第十条　中央部门连续年度安排预算的延续项目，有结转资金的，在编制以后年度预算时，应根据项目结转资金情况和项目年度资金需求情况，统筹安排财政拨款预算。

第三章　结余资金的管理

第十一条　中央部门结余资金是指部门预算项目支出结余资金。

对某一预算年度安排的项目支出连续两年未使用、或者连续三年仍未使用完形成的剩余资金，视同结余资金管理。

第十二条　基本建设项目支出结余资金的确认按基本建设财务管理有关规定执行。

第十三条　对财政部核定的部门年度机动经费，当年未使用的资金按项目支出结余资金管理。

第十四条　中央部门在年度预算执行结束后，形成的项目支出结余资金，应全部统筹用于编制以后年度部门预算，按预算管理的有关规定，用于本部门相关支出。

第十五条　中央部门在编制本部门预算时，可以在部门本级和下级预算单位之间、下级不同预算单位之间、不同预算科目之间统筹安排使用结余资金。

第十六条　中央部门项目支出结余资金，在统筹用于编制以后年度部门预算之前，原则上不得动用。因特殊情况需在预算执行中动用项目支出结余资金安排必需支出的，应报财政部审批。

第十七条　中央部门基本建设项目竣工后，应及时按规定向项目主管部门或财政部报送项目竣工财务决算。中央部门根据项目主管部门或财政部批复的项目竣工财务决算中确认的结余资金数额，按基本建设财务管理有关规定，在项目主管部门或财政部批复竣工财务决算后30日内，将应上交中央国库的结余资金上交；中央部门及单位留用的结余资金需报财政部批准后方可动用。

第四章　减少结转和消化结余资金的措施

第十八条　中央部门在预算执行中，对当年执行进度缓慢、预计年底可能形成较多结转或结余资金的项目，应及时提出调减当年预算或调整用于本部门执行中新增的重要支出的建议，报财政部审批。对经财政部审核调减的部门预算资金，全部收回中央总预算。

第十九条　除特殊原因外，对当年结转和结余资金比上年增加较多，或常年累计结转和结余资金规模较大的中央部门，在编制部门预算时，财政部将视其结转和结余资金情况，适当压缩部门财政拨款预算总额。

第二十条　对以前年度部门预算安排的财政拨款资金，因特殊原因已无法支出或已不需要支出的，或因其他原因需要收回的，财政部可以商中央部门后通过调减部门预算等方式，将资金收回中央总预算。

第五章　预算编制阶段结转和结余资金的安排使用

第二十一条　预算编制阶段，中央部门结转和结余资金使用按以下程序办理：

（一）“一上”预算编制阶段。中央部门按照财政部关于编制部门预算的要求，结合本部门累计结转和结余资金情况以及当年部门预算执行进度，统筹安排提出部门“一上”预算申请。对拟统筹使用本部门累计结转和结余资金安排下一年度支出预算情况，随部门“一上”预算报送财政部。

（二）“一下”控制数测算阶段。财政部结合中央部门累计结转和结余资金情况以及当年部门预算执行进度，对部门“一上”预算进行审核，提出“一下”预算控制数。将对部门动用结余资金计划的审核意见，随“一下”预算控制数下达中央部门。

（三）“二上”预算编制阶段。中央部门根据财政部下达的“一下”预算控制数和结余资金安排使用建议数，编制“二上”预算。同时，对当年年底结转资金情况作充分预计，随部门“二上”预算报送财政部。因结合部门预算执行进度，需对下年有关财政拨款预算数进行调整的，应商财政部同意并调整“一下”预算控制数后，调整编制“二上”预算。

（四）部门预算草案上报阶段。年度预算执行结束后，部门预算草案正式上报国务院并由国务院提交全国人大审议之前，财政部可结合中央部门的当年实际财政拨款结转和结余资金情况，商中央部门对有关项目财政拨款预算安排数及统筹使用结转和结余资金数进行调整。

第二十二条　中央部门的项目支出结余资金必须在年度预算执行结束、结余资金已实际形成后，才可在编制以后年度预算时统筹使用。对在年度预算执行中，因项目已完成或终止形成的剩余资金，未经财政部批准，不得直接在编制下年预算时安排使用。

第六章　结转和结余资金的报送及确认

第二十三条　预算年度结束后，中央部门应对本部门和所属预算单位的结转和结余资金情况逐级汇总，并对形成结转或结余资金的原因进行分析说明，于下年2月底前，将本部门《20××年度财政拨款结转和结余资金情况表》（格式及填制说明见附1、2）和有关说明文件报送财政部。

第二十四条　国库集中支付形成的年终预算结转和结余资金，中央部门还须按照财政部关于国库管理制度改革试点年终结转和结余资金管理有关规定，在下年1月20日之前报送相关报表。

第二十五条　财政部负责对中央部门结转和结余资金数额进行审核确认，并于3月底前将审核意见通知中央部门。财政部批复的部门预算中的结转资金数额与财政部审核确认的结转资金数额不一致的，以审核确认数为准。

第七章　附　　则

第二十六条　中央部门在结转和结余资金管理中违反本办法规定的，财政部应当责成其进行纠正，并可以通过调减部门预算等方式将有关资金收回中央总预算。

第二十七条　中央部门可以依据本办法规定，结合部门实际情况，制定本部门结转和结余资金的具体管理办法。中国人民解放军、武警部队参照本办法的原则，另行制定管理规定。

第二十八条　对纳入预算管理的政府性基金项目支出结转和结余资金，按照有关政府性基金项目管理规定执行。

第二十九条　本办法由财政部负责解释。

第三十条　本办法自发布之日起施行，财政部2006年12月7日发布的《中央部门财政拨款结余资金管理办法》（财预［2006］489号）同时废止。

附：1. 20××年度财政拨款结转和结余资金情况表

2.《财政拨款结转和结余资金情况表》填制说明

附 1：

20××年度财政拨款结转

编制单位：

科目编码			科目名称（项目）	项目代码	项目单位	预算批复年份	截至上年年底累计			20××		
							结转和结余资金				当年	
							小计	结转	结余	预算数	合计	当年财政拨款支出
类	款	项	栏次	1	2	3	4=5+6	5	6	7	8=9+10	9
			科目名称									
			基本支出									
			人员经费						—			
			日常公用经费						—			
			项目支出									
			项目 1			自××××年至××××年						
			项目 2			自××××年至××××年						
			项目 3			自××××年至××××年						
			项目 4			自××××年至××××年						
			项目 5			自××××年至××××年						
			……									
			……									
			科目名称									
			基本支出									
			人员经费						—			
			日常公用经费						—			
			项目支出									
			……									
			……									
			基本支出小计						—			
			项目支出小计									
			合　计									

和结余资金情况表

单位：万元

年度								截至20××年底累计结转和结余资金				是否建设性资金	结转资金产生原因	备注（财政批准动用结转和结余资金的文件号等）
实际支出			当年形成结转和结余资金					金额						
使用以前年度结转和结余资金			小计	结转	其中：暂付款	结余		小计	结转	其中：暂付款	结余			
小计	结转	结余												
10 = 11 + 12	11	12	13 = 14 + 16 = 7 − 9	14	15	16		17 = 18 + 20 = 4 + 7 − 8	18	19	20	21	22	23
		—				—					—			
		—				—					—			
		—				—					—			
		—				—					—			
		—				—					—			

附 2：

《财政拨款结转和结余资金情况表》
填制说明

一、《财政拨款结转和结余资金情况表》

反映部门年度财政拨款基本支出结转情况及项目支出结转和结余资金情况。

二、分项说明

1. “项目”：填列口径与预算批复口径一致。

2. “项目代码”（第 1 栏）：填列年初预算批复项目的代码；年度预算执行中追加的项目代码可通过系统新增产生。

3. “项目单位”（第 2 栏）：填列存在结转和结余资金单位的名称，包括基本支出结转单位、项目支出结转和结余单位。单位级次应与预算编制单位一致。

4. “预算批复年份”（第 3 栏）：填列项目支出预算批复年份，自××××年至××××年。如是一次性项目，则起始年份与终止年份相同。

5. “截至上年底累计结转和结余资金—结转”（第 5 栏）：填列截至上年（即 20××年的上一年）年底累计产生的财政拨款结转资金数。

6. “截至上年底累计结转和结余资金—结余”（第 6 栏）：填列截至上年（即 20××年的上一年）年底累计产生的财政拨款结余资金数。

7. “20××年度—预算数”（第 7 栏）：填列 20××年年初预算批复、执行中调整的财政拨款数。

8. “20××年度—当年实际支出—当年财政拨款支出”（第 9 栏）：填列 20××年年初预算批复、执行中调整的财政拨款实际支出数。

9. “20××年度—当年实际支出—使用以前年度结转和结余资金—结转”（第11栏）：填列使用以前年度的财政拨款结转资金数。

10. “20××年度—当年实际支出—使用以前年度结转和结余资金—结余”（第12栏）：填列使用以前年度的财政拨款结余资金数。

11. “20××年度—当年形成结转和结余资金—结转”（第14栏）：反映20××年当年财政拨款形成的结转资金数。

12. “20××年度—当年形成结转和结余资金—结转—其中：暂付款”（第15栏）：填列20××年财政拨款结转资金中资金已经支付、会计上作为暂付款处理的数额。

13. “20××年度—当年形成结转和结余资金—结余”（第16栏）：反映20××年当年财政拨款形成的结余资金数。

14. “截至20××年底累计结转和结余资金—结转”（第18栏）：反映截至20××年底累计产生的财政拨款结转资金数。

15. “截至20××年度累计结转和结余资金—结转—其中：暂付款”（第19栏）：填列截至20××年底财政拨款累计结转资金中资金已经支付、会计上作为暂付款处理的数额。

16. “截至20××年底累计结转和结余资金—结余”（第20栏）：反映截至20××年底累计产生的财政拨款结余资金数。

17. “是否建设性资金”（第21栏）：选择填列是否为基本建设项目，分为“是”、“否”。

18. “结转资金产生原因”（第22栏）：填列截至20××年度累计结转产生的原因，选择填列“项目前期准备不充分”、“细化方案的确定时间较晚”、“追加预算时间较晚”、“拨款时间较晚”、“暂付款虚增专项结转”、“招投标、政府采购等程序进展较慢”、“气候条件等不可抗因素”、“项目尾款或质保金”及“其他”等（对填写“其他”的应在“备注”栏中说明具体原因）。

三、其他注意事项

1. 中央部门在中央预算管理系统软件结余资金管理模块中，填报部门财政拨款结转和结余资金情况表，并按规定时间，将纸质和电子文档报送财政部。

2. 项目填列口径应与预算批复口径一致。预算执行中追加项目如有财政拨款结转或结余资金的应包含在此表中，项目编码在系统中按新增项目生成，“备注”栏注明财政部批准文号。

3. 为保证年度之间部门财政拨款结转和结余资金情况表的衔接和对比，“截至上年年底累计结转和结余资金”栏（第 4 栏）中的结转和结余资金数额，应与财政部上年批复的部门财政拨款累计结转和结余资金数额保持一致。如在报送财政拨款结转和结余资金确认表后，部门决算对结转和结余资金数额进行了调整，则以部门决算数据为准，下一年度报送财政拨款结转和结余资金情况表时，相应调整“截至上年年底累计结转和结余资金”栏（第 4 栏）中的结转和结余资金数额，并在“备注”栏（第 23 栏）中予以注明。

附录十一

财政部关于印发《财政支出绩效评价管理暂行办法》的通知

（2011 年 4 月 2 日　财预［2011］285 号）

党中央有关部门，国务院各部委、各直属机构，总后勤部，武警各部队，全国人大常委会办公厅，全国政协办公厅，高法院，高检院，有关人民团体，各省、自治区、直辖市、计划单列市财政厅（局），新疆生产建设兵团财务局，有关中央管理企业：

为积极推进预算绩效管理工作，规范财政支出绩效评价行为，建立科学、合理的绩效评价管理体系，提高财政资金使用效益，我们重新修订了《财政支出绩效评价管理暂行办法》，现予印发，请遵照执行。

附件：财政支出绩效评价管理暂行办法

附件：

财政支出绩效评价管理暂行办法

第一章　总　　则

第一条　为加强财政支出管理，强化支出责任，建立科学、合理的财政支出绩效评价管理体系，提高财政资金使用效益，根据《中华人民共和国预算法》等国家有关规定，制定本办法。

第二条　财政支出绩效评价（以下简称绩效评价）是指财政部门和预算部门（单位）根据设定的绩效目标，运用科学、合理的绩效评价指标、评价标准和评价方法，对财政支出的经济性、效率性和效益性进行客观、公正的评价。

第三条 各级财政部门和各预算部门（单位）是绩效评价的主体。

预算部门（单位）（以下简称预算部门）是指与财政部门有预算缴拨款关系的国家机关、政党组织、事业单位、社会团体和其他独立核算的法人组织。

第四条 财政性资金安排支出的绩效评价及相关管理活动适用本办法。

第五条 绩效评价应当遵循以下基本原则：

（一）科学规范原则。绩效评价应当严格执行规定的程序，按照科学可行的要求，采用定量与定性分析相结合的方法。

（二）公正公开原则。绩效评价应当符合真实、客观、公正的要求，依法公开并接受监督。

（三）分级分类原则。绩效评价由各级财政部门、各预算部门根据评价对象的特点分类组织实施。

（四）绩效相关原则。绩效评价应当针对具体支出及其产出绩效进行，评价结果应当清晰反映支出和产出绩效之间的紧密对应关系。

第六条 绩效评价的主要依据：

（一）国家相关法律、法规和规章制度；

（二）各级政府制定的国民经济与社会发展规划和方针政策；

（三）预算管理制度、资金及财务管理办法、财务会计资料；

（四）预算部门职能职责、中长期发展规划及年度工作计划；

（五）相关行业政策、行业标准及专业技术规范；

（六）申请预算时提出的绩效目标及其他相关材料，财政部门预算批复，财政部门和预算部门年度预算执行情况，年度决算报告；

（七）人大审查结果报告、审计报告及决定、财政监督检查报告；

（八）其他相关资料。

第二章 绩效评价的对象和内容

第七条 绩效评价的对象包括纳入政府预算管理的资金和纳入部门预

算管理的资金。按照预算级次，可分为本级部门预算管理的资金和上级政府对下级政府的转移支付资金。

第八条　部门预算支出绩效评价包括基本支出绩效评价、项目支出绩效评价和部门整体支出绩效评价。

绩效评价应当以项目支出为重点，重点评价一定金额以上、与本部门职能密切相关、具有明显社会影响和经济影响的项目。有条件的地方可以对部门整体支出进行评价。

第九条　上级政府对下级政府的转移支付包括一般性转移支付和专项转移支付。一般性转移支付原则上应当重点对贯彻中央重大政策出台的转移支付项目进行绩效评价；专项转移支付原则上应当以对社会、经济发展和民生有重大影响的支出为重点进行绩效评价。

第十条　绩效评价的基本内容：

（一）绩效目标的设定情况；

（二）资金投入和使用情况；

（三）为实现绩效目标制定的制度、采取的措施等；

（四）绩效目标的实现程度及效果；

（五）绩效评价的其他内容。

第十一条　绩效评价一般以预算年度为周期，对跨年度的重大（重点）项目可根据项目或支出完成情况实施阶段性评价。

第三章　绩效目标

第十二条　绩效目标是绩效评价的对象计划在一定期限内达到的产出和效果，由预算部门在申报预算时填报。预算部门年初申报预算时，应当按照本办法规定的要求将绩效目标编入年度预算；执行中申请调整预算的，应当随调整预算一并上报绩效目标。

第十三条　绩效目标应当包括以下主要内容：

（一）预期产出，包括提供的公共产品和服务的数量；

（二）预期效果，包括经济效益、社会效益、环境效益和可持续影响等；

（三）服务对象或项目受益人满意程度；

（四）达到预期产出所需要的成本资源；

（五）衡量预期产出、预期效果和服务对象满意程度的绩效指标；

（六）其他。

第十四条　绩效目标应当符合以下要求：

（一）指向明确。绩效目标要符合国民经济和社会发展规划、部门职能及事业发展规划，并与相应的财政支出范围、方向、效果紧密相关。

（二）具体细化。绩效目标应当从数量、质量、成本和时效等方面进行细化，尽量进行定量表述，不能以量化形式表述的，可以采用定性的分级分档形式表述。

（三）合理可行。制定绩效目标时要经过调查研究和科学论证，目标要符合客观实际。

第十五条　财政部门应当对预算部门申报的绩效目标进行审核，符合相关要求的可进入下一步预算编审流程；不符合相关要求的，财政部门可以要求其调整、修改。

第十六条　绩效目标一经确定一般不予调整。确需调整的，应当根据绩效目标管理的要求和审核流程，按照规定程序重新报批。

第十七条　绩效目标确定后，随同年初预算或追加预算一并批复，作为预算部门执行和项目绩效评价的依据。

第四章　绩效评价指标、评价标准和方法

第十八条　绩效评价指标是指衡量绩效目标实现程度的考核工具。绩效评价指标的确定应当遵循以下原则：

（一）相关性原则。应当与绩效目标有直接的联系，能够恰当反映目标的实现程度。

（二）重要性原则。应当优先使用最具评价对象代表性、最能反映评价要求的核心指标。

（三）可比性原则。对同类评价对象要设定共性的绩效评价指标，以便于评价结果可以相互比较。

（四）系统性原则。应当将定量指标与定性指标相结合，系统反映财政支出所产生的社会效益、经济效益、环境效益和可持续影响等。

（五）经济性原则。应当通俗易懂、简便易行，数据的获得应当考虑现实条件和可操作性，符合成本效益原则。

第十九条　绩效评价指标分为共性指标和个性指标。

（一）共性指标是适用于所有评价对象的指标。主要包括预算编制和执行情况、财务管理状况、资产配置、使用、处置及其收益管理情况以及社会效益、经济效益等。

（二）个性指标是针对预算部门或项目特点设定的，适用于不同预算部门或项目的业绩评价指标。

共性指标由财政部门统一制定，个性指标由财政部门会同预算部门制定。

第二十条　绩效评价标准是指衡量财政支出绩效目标完成程度的尺度。绩效评价标准具体包括：

（一）计划标准。是指以预先制定的目标、计划、预算、定额等数据作为评价的标准。

（二）行业标准。是指参照国家公布的行业指标数据制定的评价标准。

（三）历史标准。是指参照同类指标的历史数据制定的评价标准。

（四）其他经财政部门确认的标准。

第二十一条　绩效评价方法主要采用成本效益分析法、比较法、因素分析法、最低成本法、公众评判法等。

（一）成本效益分析法。是指将一定时期内的支出与效益进行对比分析，以评价绩效目标实现程度。

（二）比较法。是指通过对绩效目标与实施效果、历史与当期情况、不同部门和地区同类支出的比较，综合分析绩效目标实现程度。

（三）因素分析法。是指通过综合分析影响绩效目标实现、实施效果的内外因素，评价绩效目标实现程度。

（四）最低成本法。是指对效益确定却不易计量的多个同类对象的实施成本进行比较，评价绩效目标实现程度。

（五）公众评判法。是指通过专家评估、公众问卷及抽样调查等对财政支出效果进行评判，评价绩效目标实现程度。

（六）其他评价方法。

第二十二条　绩效评价方法的选用应当坚持简便有效的原则。

根据评价对象的具体情况，可采用一种或多种方法进行绩效评价。

第五章　绩效评价的组织管理和工作程序

第二十三条　财政部门负责拟定绩效评价规章制度和相应的技术规范，组织、指导本级预算部门、下级财政部门的绩效评价工作；根据需要对本级预算部门、下级财政部门支出实施绩效评价或再评价；提出改进预算支出管理意见并督促落实。

第二十四条　预算部门负责制定本部门绩效评价规章制度；具体组织实施本部门绩效评价工作；向同级财政部门报送绩效报告和绩效评价报告；落实财政部门整改意见；根据绩效评价结果改进预算支出管理。

第二十五条　根据需要，绩效评价工作可委托专家、中介机构等第三方实施。财政部门应当对第三方组织参与绩效评价的工作进行规范，并指导其开展工作。

第二十六条　绩效评价工作一般按照以下程序进行：

（一）确定绩效评价对象；

（二）下达绩效评价通知；

（三）确定绩效评价工作人员；

（四）制订绩效评价工作方案；

（五）收集绩效评价相关资料；

（六）对资料进行审查核实；

（七）综合分析并形成评价结论；

（八）撰写与提交评价报告；

（九）建立绩效评价档案。

预算部门年度绩效评价对象由预算部门结合本单位工作实际提出并报同级财政部门审核确定；也可由财政部门根据经济社会发展需求和年度工作重点等相关原则确定。

第二十七条　财政部门实施再评价，参照上述工作程序执行。

第六章　绩效报告和绩效评价报告

第二十八条　财政资金具体使用单位应当按照本办法的规定提交绩效

报告，绩效报告应当包括以下主要内容：

（一）基本概况，包括预算部门职能、事业发展规划、预决算情况、项目立项依据等；

（二）绩效目标及其设立依据和调整情况；

（三）管理措施及组织实施情况；

（四）总结分析绩效目标完成情况；

（五）说明未完成绩效目标及其原因；

（六）下一步改进工作的意见及建议。

第二十九条　财政部门和预算部门开展绩效评价并撰写绩效评价报告，绩效评价报告应当包括以下主要内容：

（一）基本概况；

（二）绩效评价的组织实施情况；

（三）绩效评价指标体系、评价标准和评价方法；

（四）绩效目标的实现程度；

（五）存在问题及原因分析；

（六）评价结论及建议；

（七）其他需要说明的问题。

第三十条　绩效报告和绩效评价报告应当依据充分、真实完整、数据准确、分析透彻、逻辑清晰、客观公正。

预算部门应当对绩效评价报告涉及基础资料的真实性、合法性、完整性负责。

财政部门应当对预算部门提交的绩效评价报告进行复核，提出审核意见。

第三十一条　绩效报告和绩效评价报告的具体格式由财政部门统一制定。

第七章　绩效评价结果及其应用

第三十二条　绩效评价结果应当采取评分与评级相结合的形式，具体分值和等级可根据不同评价内容设定。

第三十三条　财政部门和预算部门应当及时整理、归纳、分析、反馈绩效评价结果，并将其作为改进预算管理和安排以后年度预算的重要依据。

对绩效评价结果较好的，财政部门和预算部门可予以表扬或继续支持。

对绩效评价发现问题、达不到绩效目标或评价结果较差的，财政部门和预算部门可予以通报批评，并责令其限期整改。不进行整改或整改不到位的，应当根据情况调整项目或相应调减项目预算，直至取消该项财政支出。

第三十四条 绩效评价结果应当按照政府信息公开有关规定在一定范围内公开。

第三十五条 在财政支出绩效评价工作中发现的财政违法行为，依照《财政违法行为处罚处分条例》（国务院令第427号）等国家有关规定追究责任。

第八章 附 则

第三十六条 各地区、各预算部门可结合实际制定具体的管理办法和实施细则。

第三十七条 本办法自发布之日起施行。《中央部门预算支出绩效考评管理办法（试行）》（财预［2005］86号）、《财政支出绩效评价管理暂行办法》（财预［2009］76号）同时废止。《财政部关于进一步推进中央部门预算项目支出绩效评价试点工作的通知》（财预［2009］390号）及其他有关规定与本办法不一致的，以本办法为准。

附1：财政支出绩效目标申报表

附2：财政支出绩效评价指标框架（参考）

附3：财政支出绩效报告（参考提纲）

附4：财政支出绩效评价报告（参考提纲）

附5：财政支出绩效评价工作流程图

附 1-1：

财政支出绩效目标申报表

（　　年度）

填报单位（盖章）

<table>
<tr><td>项目名称</td><td></td><td>项目属性</td><td colspan="3">新增项目 □　延续项目 □</td></tr>
<tr><td>主管部门</td><td></td><td>主管部门编码</td><td colspan="3"></td></tr>
<tr><td>项目实施单位</td><td></td><td>项目负责人</td><td></td><td>联系电话</td><td></td></tr>
<tr><td>项目起止时间</td><td colspan="5"></td></tr>
<tr><td rowspan="7">项目资金申请
（万元）</td><td colspan="5">资金总额：</td></tr>
<tr><td colspan="5">财政拨款：</td></tr>
<tr><td colspan="5">自有资金：</td></tr>
<tr><td colspan="5">事业收入：</td></tr>
<tr><td colspan="5">经营性收入：</td></tr>
<tr><td colspan="5">其他：</td></tr>
<tr><td colspan="5">其他：</td></tr>
<tr><td>单位职能概述</td><td colspan="5"></td></tr>
<tr><td>项目概况</td><td colspan="5"></td></tr>
<tr><td rowspan="3">项目立项情况</td><td>项目立项的依据</td><td colspan="4"></td></tr>
<tr><td>项目申报的可行性</td><td colspan="4"></td></tr>
<tr><td>项目申报的必要性</td><td colspan="4"></td></tr>
</table>

财政支出绩效目标申报表（续）

<table>
<tr><td rowspan="6">项目实施进度计划</td><td colspan="2">项目实施内容</td><td colspan="2">开始时间</td><td>完成时间</td></tr>
<tr><td colspan="2">1.</td><td colspan="2"></td><td></td></tr>
<tr><td colspan="2">2.</td><td colspan="2"></td><td></td></tr>
<tr><td colspan="2">3.</td><td colspan="2"></td><td></td></tr>
<tr><td colspan="2">……</td><td colspan="2"></td><td></td></tr>
<tr><td colspan="2">……</td><td colspan="2"></td><td></td></tr>
<tr><td rowspan="2">项目绩效目标</td><td colspan="2">长期目标</td><td colspan="3">年度目标</td></tr>
<tr><td colspan="2"></td><td colspan="3"></td></tr>
<tr><td rowspan="23">长期绩效指标</td><td>一级指标</td><td>二级指标</td><td>指标内容</td><td>指标值</td><td>备注</td></tr>
<tr><td rowspan="9">产出指标</td><td rowspan="2">数量指标</td><td></td><td></td><td></td></tr>
<tr><td></td><td></td><td></td></tr>
<tr><td rowspan="2">质量指标</td><td></td><td></td><td></td></tr>
<tr><td></td><td></td><td></td></tr>
<tr><td rowspan="2">时效指标</td><td></td><td></td><td></td></tr>
<tr><td></td><td></td><td></td></tr>
<tr><td rowspan="2">成本指标</td><td></td><td></td><td></td></tr>
<tr><td></td><td></td><td></td></tr>
<tr><td>…</td><td></td><td></td><td></td></tr>
<tr><td rowspan="9">效益指标</td><td rowspan="2">经济效益指标</td><td></td><td></td><td></td></tr>
<tr><td></td><td></td><td></td></tr>
<tr><td rowspan="2">社会效益指标</td><td></td><td></td><td></td></tr>
<tr><td></td><td></td><td></td></tr>
<tr><td rowspan="2">环境效益指标</td><td></td><td></td><td></td></tr>
<tr><td></td><td></td><td></td></tr>
<tr><td rowspan="2">可持续影响指标</td><td></td><td></td><td></td></tr>
<tr><td></td><td></td><td></td></tr>
<tr><td>…</td><td></td><td></td><td></td></tr>
<tr><td rowspan="2">服务对象满意度指标</td><td rowspan="2">具体指标</td><td></td><td></td><td></td></tr>
<tr><td></td><td></td><td></td></tr>
<tr><td rowspan="2">……</td><td></td><td></td><td></td><td></td></tr>
<tr><td></td><td></td><td></td><td></td></tr>
</table>

财政支出绩效目标申报表（续）

<table>
<tr><td rowspan="23">年度绩效指标</td><td>一级指标</td><td>二级指标</td><td>指标内容</td><td>指标值</td><td>备注</td></tr>
<tr><td rowspan="9">产出指标</td><td rowspan="2">数量指标</td><td></td><td></td><td></td></tr>
<tr><td></td><td></td><td></td></tr>
<tr><td rowspan="2">质量指标</td><td></td><td></td><td></td></tr>
<tr><td></td><td></td><td></td></tr>
<tr><td rowspan="2">时效指标</td><td></td><td></td><td></td></tr>
<tr><td></td><td></td><td></td></tr>
<tr><td rowspan="2">成本指标</td><td></td><td></td><td></td></tr>
<tr><td></td><td></td><td></td></tr>
<tr><td>…</td><td></td><td></td><td></td></tr>
<tr><td rowspan="9">效益指标</td><td rowspan="2">经济效益指标</td><td></td><td></td><td></td></tr>
<tr><td></td><td></td><td></td></tr>
<tr><td rowspan="2">社会效益指标</td><td></td><td></td><td></td></tr>
<tr><td></td><td></td><td></td></tr>
<tr><td rowspan="2">环境效益指标</td><td></td><td></td><td></td></tr>
<tr><td></td><td></td><td></td></tr>
<tr><td rowspan="2">可持续影响指标</td><td></td><td></td><td></td></tr>
<tr><td></td><td></td><td></td></tr>
<tr><td>…</td><td></td><td></td><td></td></tr>
<tr><td rowspan="2">服务对象满意度指标</td><td rowspan="2">具体指标</td><td></td><td></td><td></td></tr>
<tr><td></td><td></td><td></td></tr>
<tr><td rowspan="2">……</td><td></td><td></td><td></td><td></td></tr>
<tr><td></td><td></td><td></td><td></td></tr>
<tr><td>其他说明的问题</td><td colspan="5"></td></tr>
</table>

填报人： 单位负责人： 填报日期：

附 1－2：

《财政支出绩效目标申报表》填报说明

一、适用范围

（一）本表适用于预算部门在申请项目支出预算时填报，作为项目绩效目标审核、预算资金确定和绩效评价的主要依据。

（二）预算部门项目支出是指预算部门为完成其特定的行政工作任务或事业发展目标、纳入部门预算编制范围的年度项目支出计划。每年度需填报《财政支出绩效目标申报表》项目的具体范围，由各级财政部门根据各地经济与社会发展需求、财政支出政策、政府工作重点等自行确定。

二、填报说明

（一）年度。填写编制部门预算所属年份或申请使用专项资金的年份。如：2011 年编报 2012 年部门预算，填写“2012 年”；2011 年申请本年度使用专项资金，则填写“2011 年”。

（二）项目基本情况。

1. 填报单位（盖章）：加盖具体填报单位公章。

2. 项目名称：按规范的项目名称内容填报，与部门预算项目名称一致。

3. 项目属性：分为新增项目和延续项目，在选项“□”中划“√”。

4. 主管部门：填写项目主管部门（一级单位）全称。

5. 主管部门编码：按各级财政部门规定的预算编码填列。

6. 项目实施单位：填写项目用款单位。

7. 项目负责人：填写项目用款单位负责人。

8. 联系电话：填写项目用款单位负责人联系电话。

9. 项目起止时间：填写项目整体实施计划开始时间和计划完成时间。

10. 项目资金申请：填写项目资金总额，并按资金来源不同分别填写，包括财政拨款、自有资金、其他等。

11. 单位职能概述：简要描述项目实施单位的职能。

12. 项目概况：简要描述项目的内容、目的、范围、期限等基本情况。

13. 项目立项情况：分别描述项目立项的依据、项目申报的可行性、项目申报的必要性等。

14. 项目实施进度计划：按进度描述本年度项目具体细化的实施内容，分别填写计划开始时间和计划完成时间。

（三）项目绩效目标。

项目绩效目标：描述实施项目计划在一定期限内达到的产出和效果。

1. 长期目标：概括描述项目整个计划期内的总体产出和效果（延续项目）。

2. 年度目标：概括描述项目在本年度所计划达到的产出和效果。

（四）长期绩效指标。是对项目长期绩效目标的细化和量化，一般包括：

1. 产出指标：反映预算部门根据既定目标计划完成的产品和服务情况。可进一步细分为：数量指标，反映预算部门计划完成的产品或服务数量；质量指标，反映预算部门计划提供产品或服务达到的标准、水平和效果；时效指标，反映预算部门计划提供产品或服务的及时程度和效率情况；成本指标，反映预算部门计划提供产品或服务所需成本，分单位成本和总成本等。

（1）指标内容：根据实际工作需要将细分的绩效指标确定为具体内容。

（2）指标值：对指标内容确定具体值，其中，可量化的用数值描述，不可量化的以定性描述。

（3）备注：其他说明事项。

2. 效益指标：反映与既定绩效目标相关的、财政支出预期结果的实现程度，包括经济效益指标、社会效益指标、环境效益指标、可持续影响指标等。

（1）指标内容：根据实际工作需要将细分的绩效指标确定为具体内容。

（2）指标值：对指标内容确定具体值，其中，可量化的用数值描述，不可量化的以定性描述。

（3）备注：其他说明事项。

3. 服务对象满意程度指标：反映服务对象对财政支出效果的满意程度，根据实际细化为具体指标。

（1）指标内容：根据实际工作需要将细分的绩效指标确定为具体内容。

（2）指标值：对指标内容确定具体值，其中，可量化的用数值描述，不可量化的以定性描述。

（3）备注：其他说明事项。

4. 实际操作中确定的长期绩效指标具体内容，可由各地区、各部门根据预算绩效管理工作的需要，在上述指标中选取或做另行补充。

（五）年度绩效指标。是对项目年度绩效目标的细化和量化。具体内容填写参照"长期绩效指标"。

（六）其他说明的问题：反映项目绩效目标申请中其他需补充说明的内容。

（七）其他

1. 填报人：填写具体填报人员姓名。

2. 单位负责人：单位负责人签字。

3. 填报日期：填写申报的具体时间。

附 2：

财政支出绩效评价指标框架（参考）

一级指标	二级指标	三级指标	指标解释
项目决策	项目目标	目标内容	目标是否明确、细化、量化
	决策过程	决策依据	项目是否符合经济社会发展规划和部门年度工作计划；是否根据需要制定中长期实施规划
		决策程序	项目是否符合申报条件；申报、批复程序是否符合相关管理办法；项目调整是否履行相应手续
	资金分配	分配办法	是否根据需要制定相关资金管理办法，并在管理办法中明确资金分配办法；资金分配因素是否全面、合理
		分配结果	资金分配是否符合相关管理办法；分配结果是否合理
项目管理	资金到位	到位率	实际到位/计划到位×100%
		到位时效	资金是否及时到位；若未及时到位，是否影响项目进度
	资金管理	资金使用	是否存在支出依据不合规、虚列项目支出的情况；是否存在截留、挤占、挪用项目资金情况；是否存在超标准开支情况
		财务管理	资金管理、费用支出等制度是否健全，是否严格执行；会计核算是否规范
	组织实施	组织机构	机构是否健全、分工是否明确
		管理制度	是否建立健全项目管理制度；是否严格执行相关项目管理制度
项目绩效	项目产出	产出数量	项目产出数量是否达到绩效目标
		产出质量	项目产出质量是否达到绩效目标
		产出时效	项目产出时效是否达到绩效目标
		产出成本	项目产出成本是否按绩效目标控制
	项目效益	经济效益	项目实施是否产生直接或间接经济效益
		社会效益	项目实施是否产生社会综合效益
		环境效益	项目实施是否对环境产生积极或消极影响
		可持续影响	项目实施对人、自然、资源是否带来可持续影响
		服务对象满意度	项目预期服务对象对项目实施的满意程度

附 3：

财政支出绩效报告

（参考提纲）

一、项目概况

（一）项目单位基本情况。

（二）项目年度预算绩效目标、绩效指标设定情况，包括预期总目标及阶段性目标；项目基本性质、用途和主要内容、涉及范围。

二、项目资金使用及管理情况

（一）项目资金（包括财政资金、自筹资金等）安排落实、总投入等情况分析。

（二）项目资金（主要是指财政资金）实际使用情况分析。

（三）项目资金管理情况（包括管理制度、办法的制定及执行情况）分析。

三、项目组织实施情况

（一）项目组织情况（包括项目招投标情况、调整情况、完成验收等）分析。

（二）项目管理情况（包括项目管理制度建设、日常检查监督管理等情况）分析。

四、项目绩效情况

（一）项目绩效目标完成情况分析。将项目支出后的实际状况与申报的绩效目标对比，从项目的经济性、效率性、有效性和可持续性等方面进行量化、具体分析。

其中：项目的经济性分析主要是对项目成本（预算）控制、节约等情况进行分析；项目的效率性分析主要是对项目实施（完成）的进度及质量等情况进行分析；项目的有效性分析主要是对反映项目资金使用效果的个性指标进行分析；项目的可持续性分析主要是对项目完成后，后续政策、资金、人员机构安排和管理措施等影响项目持续发展的因素进行分析。

（二）项目绩效目标未完成原因分析。

五、其他需要说明的问题

（一）后续工作计划。

（二）主要经验及做法、存在问题和建议（包括资金安排、使用过程中的经验、做法、存在问题、改进措施和有关建议等）。

（三）其他。

六、项目评价工作情况

包括评价基础数据收集、资料来源和依据等佐证材料情况，项目现场勘验检查核实等情况。

附 4-1：

财政支出绩效评价报告

（参考提纲）

一、项目基本情况

（一）项目概况

（二）项目绩效目标

1. 项目绩效总目标。

2. 项目绩效阶段性目标。

二、项目单位绩效报告情况

三、绩效评价工作情况

（一）绩效评价目的

（二）绩效评价原则、评价指标体系（附表说明）、评价方法

（三）绩效评价工作过程

1. 前期准备。

2. 组织实施。

3. 分析评价。

四、绩效评价指标分析情况

（一）项目资金情况分析

1. 项目资金到位情况分析。

2. 项目资金使用情况分析。

3. 项目资金管理情况分析。

（二）项目实施情况分析

1. 项目组织情况分析。

2. 项目管理情况分析。

（三）项目绩效情况分析

1. 项目经济性分析。

（1）项目成本（预算）控制情况。

（2）项目成本（预算）节约情况。

2. 项目的效率性分析。

（1）项目的实施进度。

（2）项目完成质量。

3. 项目的效益性分析。

（1）项目预期目标完成程度。

（2）项目实施对经济和社会的影响。

五、综合评价情况及评价结论（附相关评分表）

六、绩效评价结果应用建议（以后年度预算安排、评价结果公开等）

七、主要经验及做法、存在的问题和建议

八、其他需说明的问题

附 4 –2：

财政支出绩效评价指标体系（参考样表）

一级指标	分值	二级指标	分值	三级指标	分值	指标解释	评价标准
项目决策	20	项目目标	4	目标内容	4	目标是否明确、细化、量化	目标明确（1 分），目标细化（1 分），目标量化（2 分）
		决策过程	8	决策依据	3	项目是否符合经济社会发展规划和部门年度工作计划；是否根据需要制定中长期实施规划	项目符合经济社会发展规划和部门年度工作计划（2 分），根据需要制定中长期实施规划（1 分）
				决策程序	5	项目是否符合申报条件；申报、批复程序是否符合相关管理办法；项目调整是否履行相应手续	项目符合申报条件（2 分），申报、批复程序符合相关管理办法（2 分），项目实施调整履行相应手续（1 分）
		资金分配	8	分配办法	2	是否根据需要制定相关资金管理办法，并在管理办法中明确资金分配办法；资金分配因素是否全面、合理	办法健全、规范（1 分），因素选择全面、合理（1 分）
				分配结果	6	资金分配是否符合相关管理办法；分配结果是否合理	项目符合相关分配办法（2 分），资金分配合理（4 分）
项目管理	25	资金到位	5	到位率	3	实际到位/计划到位×100%	根据项目实际到位资金占计划的比重计算得分（3 分）
				到位时效	2	资金是否及时到位；若未及时到位，是否影响项目进度	及时到位（2 分），未及时到位但未影响项目进度（1.5 分），未及时到位并影响项目进度（0—1 分）

续表

一级指标	分值	二级指标	分值	三级指标	分值	指标解释	评价标准
项目管理	25	资金管理	10	资金使用	7	是否存在支出依据不合规、虚列项目支出的情况；是否存在截留、挤占、挪用项目资金情况；是否存在超标准开支情况	虚列（套取）扣4—7分，支出依据不合规扣1分，截留、挤占、挪用扣3—6分，超标准开支扣2—5分
				财务管理	3	资金管理、费用支出等制度是否健全，是否严格执行；会计核算是否规范	财务制度健全（1分），严格执行制度（1分），会计核算规范（1分）
		组织实施	10	组织机构	1	机构是否健全、分工是否明确	机构健全、分工明确（1分）
				管理制度	9	是否建立健全项目管理制度；是否严格执行相关项目管理制度	建立健全项目管理制度（2分）；严格执行相关项目管理制度（7分）
项目绩效	55	项目产出	15	产出数量	5	项目产出数量是否达到绩效目标	对照绩效目标评价产出数量（5分）
				产出质量	4	项目产出质量是否达到绩效目标	对照绩效目标评价产出质量（4分）
				产出时效	3	项目产出时效是否达到绩效目标	对照绩效目标评价产出时效（3分）
				产出成本	3	项目产出成本是否按绩效目标控制	对照绩效目标评价产出成本（3分）
		项目效果	40	经济效益	8	项目实施是否产生直接或间接经济效益	对照绩效目标评价经济效益（8分）
				社会效益	8	项目实施是否产生社会综合效益	对照绩效目标评价社会效益（8分）
				环境效益	8	项目实施是否对环境产生积极或消极影响	对照绩效目标评价环境效益（8分）
				可持续影响	8	项目实施对人、自然、资源是否带来可持续影响	对照绩效目标评价可持续影响（8分）
				服务对象满意度	8	项目预期服务对象对项目实施的满意程度	对照绩效目标评价服务对象满意度（8分）
总分	100		100		100		

附 4－3：

财政支出绩效评价指标评分表（参考样表）

一级指标	分值	二级指标	分值	三级指标	分值	得分
项目决策	20	项目目标	4	目标内容	4	
		决策过程	8	决策依据	3	
				决策程序	5	
		资金分配	8	分配办法	2	
				分配结果	6	
项目管理	25	资金到位	5	到位率	3	
				到位时效	2	
		资金管理	10	资金使用	7	
				财务管理	3	
		组织实施	10	组织机构	1	
				管理制度	9	
项目绩效	55	项目产出	15	产出数量	5	
				产出质量	4	
				产出时效	3	
				产出成本	3	
		项目效益	40	经济效益	8	
				社会效益	8	
				环境效益	8	
				可持续影响	8	
				服务对象满意度	8	
总分	100		100		100	

附 5：

财政支出绩效评价工作流程图

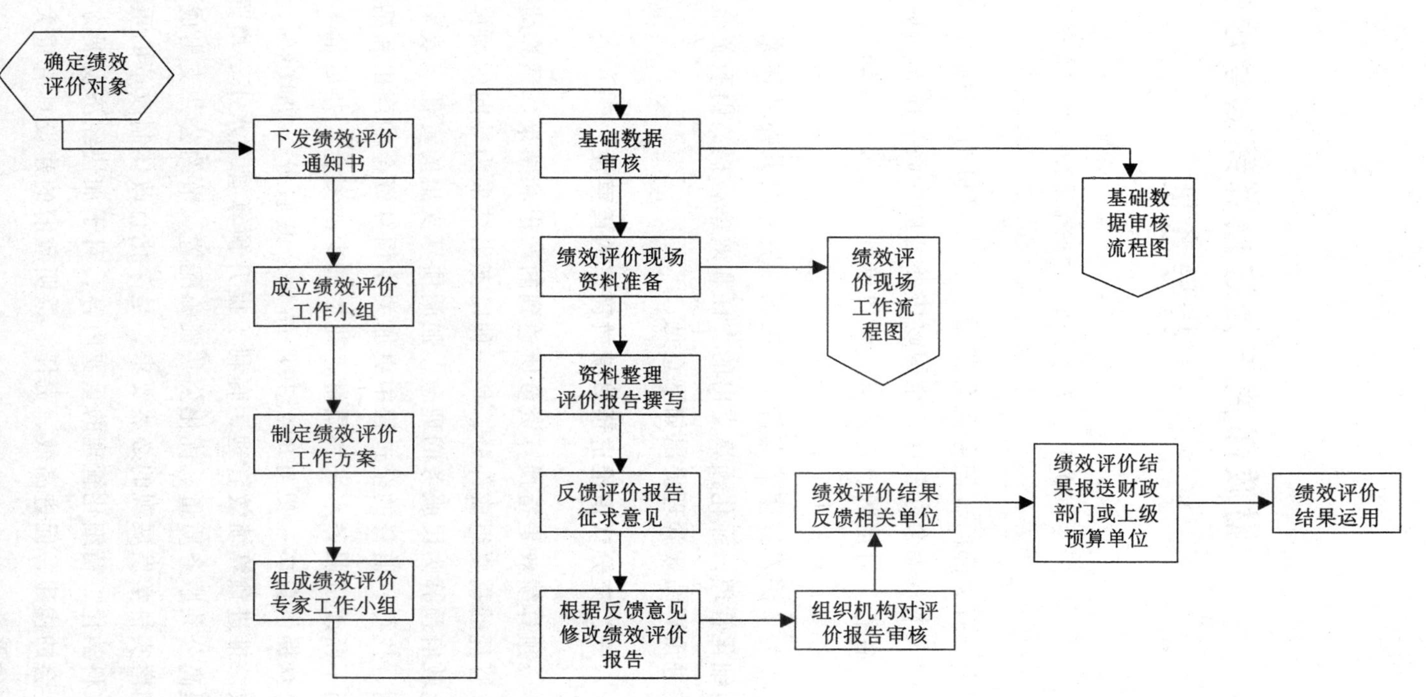

附录十二

财政部关于推进预算绩效管理的指导意见

（2011 年 7 月 5 日　财预［2011］416 号）

党中央有关部门，国务院各部委、各直属机构，总后勤部，武警各部队，全国人大常委会办公厅，全国政协办公厅，高法院，高检院，有关人民团体，各省、自治区、直辖市、计划单列市财政厅（局），新疆生产建设兵团财务局，有关中央管理企业：

为了深入贯彻落实科学发展观，完善公共财政体系，推进财政科学化精细化管理，强化预算支出的责任和效率，提高财政资金使用效益，现就推进预算绩效管理提出如下意见：

一、充分认识推进预算绩效管理的重要性

预算绩效是指预算资金所达到的产出和结果。预算绩效管理是政府绩效管理的重要组成部分，是一种以支出结果为导向的预算管理模式。它强化政府预算为民服务的理念，强调预算支出的责任和效率，要求在预算编制、执行、监督的全过程中更加关注预算资金的产出和结果，要求政府部门不断改进服务水平和质量，花尽量少的资金、办尽量多的实事，向社会公众提供更多、更好的公共产品和公共服务，使政府行为更加务实、高效。推进预算绩效管理，有利于提升预算管理水平、增强单位支出责任、提高公共服务质量、优化公共资源配置、节约公共支出成本。这是深入贯彻落实科学发展观的必然要求，是深化行政体制改革的重要举措，也是财政科学化、精细化管理的重要内容，对于加快经济发展方式的转变和和谐社会的构建，促进高效、责任、透明政府的建设具有重大的政治、经济和社会意义。

党中央、国务院高度重视预算绩效管理工作，多次强调要深化预算制度改革，加强预算绩效管理，提高预算资金的使用效益和政府工作效率。党的十六届三中全会提出“建立预算绩效评价体系”，党的十七届二中、五中全会提出“推行政府绩效管理和行政问责制度”，“完善政府绩效评估制度”。2011 年 3 月，国务院成立政府绩效管理工作部际联席会议，指导和推动政府绩效管理工作。近年来，各级财政部门和预算单位按照党中央、国务院的要求和财政部的部署，积极研究探索预算绩效管理工作，开展预算支出绩效评价试点，取得了一定成效。但从总体上看，我国的预算绩效管理工作仍处于起步阶段，思想认识还不够统一，制度建设相对滞后，试点范围较小，地区发展不平衡，与党中央、国务院对加强预算绩效管理的要求还有一定的差距。推进预算绩效管理，已成为当前和今后财政预算管理工作的重要内容。

二、推进预算绩效管理的指导思想和基本原则

当前和今后一段时期推进预算绩效管理的指导思想是：全面贯彻党的十七大、十七届五中全会精神，以邓小平理论和“三个代表”重要思想为指导，深入贯彻落实科学发展观，借鉴市场经济国家预算绩效管理的成功经验，按照党中央、国务院关于加强政府绩效和预算绩效管理的总体要求，强化预算支出责任和效率，统筹规划、分级管理、因地制宜、重点突破，逐步建立以绩效目标实现为导向，以绩效评价为手段，以结果应用为保障，以改进预算管理、优化资源配置、控制节约成本、提高公共产品质量和公共服务水平为目的，覆盖所有财政性资金，贯穿预算编制、执行、监督全过程的具有中国特色的预算绩效管理体系。

推进预算绩效管理的基本原则：

（一）统一领导，分级管理。各级财政部门负责预算绩效管理工作的统一领导，组织对重点支出进行绩效评价和再评价。财政部负责预算绩效管理工作的总体规划和顶层制度的设计，组织并指导下级财政部门和本级预算单位预算绩效管理工作；地方各级财政部门负责本行政区域预算绩效管理工作。各预算单位是本单位预算绩效管理的主体，负责组织、指导单位本级和所属单位的预算绩效管理工作。

（二）积极试点，稳步推进。各级财政部门和预算单位要结合本地区、本单位实际情况，勇于探索，先易后难，优先选择重点民生支出和社会公益性较强的项目等进行预算绩效管理试点，积累经验，在此基础上稳步推进基本支出绩效管理试点、单位整体支出绩效管理试点和财政综合绩效管理试点。

（三）程序规范，重点突出。建立规范的预算绩效管理工作流程，健全预算绩效管理运行机制，强化全过程预算绩效管理。加强绩效目标管理，突出重点，建立和完善绩效目标申报、审核、批复机制。

（四）客观公正，公开透明。预算绩效管理要符合真实、客观、公平、公正的要求，评价指标要科学，基础数据要准确，评价方法要合理，评价结果要依法公开，接受监督。

三、推进预算绩效管理的主要内容

预算绩效管理是一个由绩效目标管理、绩效运行跟踪监控管理、绩效评价实施管理、绩效评价结果反馈和应用管理共同组成的综合系统。推进预算绩效管理，要将绩效理念融入预算管理全过程，使之与预算编制、预算执行、预算监督一起成为预算管理的有机组成部分，逐步建立“预算编制有目标、预算执行有监控、预算完成有评价、评价结果有反馈、反馈结果有应用”的预算绩效管理机制。

（一）绩效目标管理

1. 绩效目标设定。绩效目标是预算绩效管理的基础，是整个预算绩效管理系统的前提，包括绩效内容、绩效指标和绩效标准。预算单位在编制下一年度预算时，要根据国务院编制预算的总体要求和财政部门的具体部署、国民经济和社会发展规划、部门职能及事业发展规划，科学、合理地测算资金需求，编制预算绩效计划，报送绩效目标。报送的绩效目标应与部门目标高度相关，并且是具体的、可衡量的、一定时期内可实现的。预算绩效计划要详细说明为达到绩效目标拟采取的工作程序、方式方法、资金需求、信息资源等，并有明确的职责和分工。

2. 绩效目标审核。财政部门要依据国家相关政策、财政支出方向和重点、部门职能及事业发展规划等对单位提出的绩效目标进行审核，包括绩效目标与部门职能的相关性、绩效目标的实现所采取措施的可行性、绩效指标设置的科学性、实现绩效目标所需资金的合理性等。绩效目标不符合要求的，财政部门应要求报送单位调整、修改；审核合格的，进入下一步预算编审流程。

3. 绩效目标批复。财政预算经各级人民代表大会审查批准后，财政部门应在单位预算批复中同时批复绩效目标。批复的绩效目标应当清晰、可量化，以便在预算执行过程中进行监控和预算完成后实施绩效评价时对照比较。

（二）绩效运行跟踪监控管理

预算绩效运行跟踪监控管理是预算绩效管理的重要环节。各级财政部门和预算单位要建立绩效运行跟踪监控机制，定期采集绩效运行信息并汇总分析，对绩效目标运行情况进行跟踪管理和督促检查，纠偏扬长，促进绩效目标的顺利实现。跟踪监控中发现绩效运行目标与预期绩效目标发生偏离时，要及时采取措施予以纠正。

（三）绩效评价实施管理

预算支出绩效评价是预算绩效管理的核心。预算执行结束后，要及时对预算资金的产出和结果进行绩效评价，重点评价产出和结果的经济性、效率性和效益性。实施绩效评价要编制绩效评价方案，拟定评价计划，选择评价工具，确定评价方法，设计评价指标。预算具体执行单位要对预算执行情况进行自我评价，提交预算绩效报告，要将实际取得的绩效与绩效目标进行对比，如未实现绩效目标，须说明理由。组织开展预算支出绩效评价工作的单位要提交绩效评价报告，认真分析研究评价结果所反映的问题，努力查找资金使用和管理中的薄弱环节，制定改进和提高工作的措施。财政部门对预算单位的绩效评价工作进行指导、监督和检查，并对其报送的绩效评价报告进行审核，提出进一步改进预算管理、提高预算支出绩效的意见和建议。

（四）绩效评价结果反馈和应用管理

建立预算支出绩效评价结果反馈和应用制度，将绩效评价结果及时反馈给预算具体执行单位，要求其根据绩效评价结果，完善管理制度，改进管理措施，提高管理水平，降低支出成本，增强支出责任；将绩效评价结果作为安排以后年度预算的重要依据，优化资源配置；将绩效评价结果向同级人民政府报告，为政府决策提供参考，并作为实施行政问责的重要依据。逐步提高绩效评价结果的透明度，将绩效评价结果，尤其是一些社会关注度高、影响力大的民生项目和重点项目支出绩效情况，依法向社会公开，接受社会监督。

四、推进预算绩效管理的工作要求

各级财政部门和预算单位要高度重视，充分认识推进预算绩效管理的重要性和必要性，切实把思想认识统一到党中央、国务院决策要求和工作部署上来，把推进预算绩效管理作为当前和今后一个时期深化预算管理改革的一项重要工作来抓。

（一）加强组织领导。各级财政部门要切实加强对预算绩效管理的统一领导，健全组织，充实人员，统筹规划，合理安排，理顺工作机制，理清工作思路，明确工作目标，制定具体措施。各预算单位要按照财政部门的统一部署，积极推进预算绩效管理试点。财政部门和预算单位之间要加强沟通，密切配合，形成工作合力。

（二）建立健全制度。抓紧研究制定预算绩效管理规章制度，完善预算支出绩效评价办法，健全预算绩效评价指标体系，建立绩效评价结果反馈制度，推进预算绩效管理信息系统建设，为预算绩效管理提供制度和技术支撑。

（三）推进相关改革。完善政府预算体系，研究完善政府会计制度，探索实施中、长期预算管理，编制滚动预算。深化部门预算、国库集中收付等制度改革，将所有政府性收入全部纳入预算管理，加强国有资产管理，促进资产管理与预算管理有机结合。按照《中华人民共和国政府信息公开条例》的要求，积极推进预算公开，接受社会监督。

（四）加强宣传培训。要充分利用各种新闻媒体、政府网络平台等，积极宣传预算绩效管理理念，培育绩效管理文化，增强预算绩效意识，为预算绩效管理创造良好的舆论环境；要加强预算绩效管理专业知识培训，增强预算绩效管理工作人员的业务素质，提高预算绩效管理的工作水平。

（五）建立考核机制。采取重点督查、随机检查等方式，加强预算绩效管理推进工作的督促检查，发现问题及时解决。建立预算绩效管理推进工作考核制度，对工作做得好的地区和单位予以表扬，对工作做得不好的地区和单位予以通报。

附录十三

财政部关于印发《预算绩效管理工作规划（2012—2015年）》的通知

（2012年9月21日 财预［2012］396号）

党中央有关部门，国务院各部委、各直属机构，总后勤部，武警各部队，高法院，高检院，全国人大常委会办公厅，全国政协办公厅，有关人民团体，各省、自治区、直辖市、计划单列市财政厅（局），新疆生产建设兵团财务局，有关中央管理企业：

为全面推进预算绩效管理，提高财政管理科学化精细化水平，根据党中央、国务院有关加强预算绩效管理的指示精神和提升政府绩效的总体要求，结合预算绩效管理工作发展需要，我们制定了《预算绩效管理工作规划（2012—2015年）》（以下简称《规划》），并根据《规划》制定了《县级财政支出管理绩效综合评价方案》和《部门支出管理绩效综合评价方案》两个配套文件。现予印发，请结合本部门、本地区实际，认真贯彻执行。

附件：1. 预算绩效管理工作规划（2012—2015年）
2. 县级财政支出管理绩效综合评价方案
3. 部门支出管理绩效综合评价方案

附件1：

预算绩效管理工作规划（2012—2015年）

为深入贯彻落实科学发展观，建立健全符合我国国情的预算绩效管理体制，进一步完善公共财政体系，优化财政资源配置，提高财政科学化精细化管理水平，促进高效、责任、透明政府建设，根据党中央、国务院有关加强预算绩效管理的指示精神和提升政府绩效的总体要求，结合预算绩效管理工作发展需要，制定本规划。

一、规划背景

（一）现状和问题

预算绩效管理是政府绩效管理的重要组成部分，是财政科学化精细化管理的重要内容和结果要求。加强预算绩效管理的根本目的是改进预算支出管理、优化财政资源配置，提高公共产品和服务的质量。近年来，各级财政和预算部门认真贯彻落实党中央、国务院的要求，积极探索并稳步推进预算绩效管理工作，强化效率观念和绩效理念，取得了初步成效。预算绩效管理制度逐步建立，组织机构不断健全，增强了预算绩效管理的工作保障；绩效目标管理日益加强，绩效评价范围不断扩大，促进了财政资金使用效益的提高；绩效评价结果探索应用，增强了结果导向的管理理念和部门支出责任意识；全过程预算绩效管理框架逐渐清晰，中央地方协同推进的工作格局初步形成，推动了预算绩效管理工作的有序开展。

同时，我国的预算绩效管理工作仍处于起步阶段，存在一些亟待解决的问题：绩效理念还未牢固树立，“重分配、轻管理，重支出、轻绩效”的思想还一定程度存在；绩效方面的法律法规相对缺失，统一的工作规划尚未制定，管理制度体系仍不健全，相关办法不具体、不细化、不系统，对预算绩效管理的保障支撑不强；绩效评价主体单一，第三方评价欠缺，绩效评价的公信力和权威性有待提高；全过程预算绩效管理还刚刚实行，绩效目标编制仍没有实质突破；基础管理工作比较薄弱，指标体系、信息系统、人员队伍、专业绩效评价机构建设等相对滞后，制约了绩效管理工作的深入开展；预算绩效管理试点面偏小、范围偏窄、进展不平衡，试点工作在省级开展的较多，市、县级开展的较少；激励约束机制不够健全，评价结果与预算安排还未有机结合，优化、促进预算管理的作用尚未充分体现。总体上看，预算绩效管理工作与党中央、国务院的要求和社会各界的期望还存在一定的差距，亟须统筹规划、协调推进。

（二）重要性和紧迫性

党中央、全国人大、国务院高度重视预算绩效管理工作，多次强调要深化预算制度改革，加强预算绩效管理，提高财政资金使用效益和政府工作效率。党的十六届三中全会提出“建立预算绩效评价体系”，十七届二中、五中全会分别提出“推行政府绩效管理和行政问责制度”、“完善政府绩效评估制度”。胡锦涛总书记在中央政治局第十八次集体学习时强调，要把改革开放和社会主义现代化建设不断推向前进，就必须深化财税体制改革，完善公共财政体系，提高财政管理绩效。十一届全国人大五次会议关于预算审查结果报告明确提出，要进一步加强预算绩效管理，健全支出绩效考评机制，提高资金使用效益。温家宝总理在国务院第五次廉政工作会议上强调，要“探索建立政府绩效管理制度”。国务院还专门批准建立了由监察部牵头的政府绩效管理工作部际联席会议制度，推进政府绩效管理试点。

加强预算绩效管理，提高财政科学化精细化管理水平，有利于深入贯彻落实科学发展观和党中央、国务院关于经济财政工作的各项要求，有利于进一步完善政府绩效管理制度和加强财政预算管理工作，有利于推动政府职能转变和公共财政体系建设。

——加强预算绩效管理，是深入贯彻科学发展观的客观要求。预算绩效管理强调结果导向，加强预算绩效管理，促进公共资源的科学合理配置，要求使用好有限的财政资金，进一步保障和改善民生，促进社会主义和谐社会建设，做到发展为了人民、发展成果由人民共享，这与科学发展观以人为本的核心要求是一致的。

——加强预算绩效管理，是建设高效、责任、透明政府的重要内容。预算绩效管理注重支出的责任，加强预算绩效管理，强化部门的支出责任意识，履行好经济调节、市场监管、公共服务、社会管理等政府职能，推进预算绩效信息公开，有利于促进政府部门提高管理效率，改善决策管理和服务水平，提升公共产品和服务的质量，进一步转变政府职能，增强政府执行力和公信力。

——加强预算绩效管理，是财政科学化精细化管理的出发点和落脚点。预算绩效管理是财政科学化精细化管理的重要内容，是效率观念的拓展和提升。加强预算绩效管理，要求预算编制时申报绩效目标，实施绩效运行监控，加强绩效监督和结果问责，建立预算安排与绩效评价结果有机结合机制，把绩效理念融入预算编制、执行、监督管理全过程，既可有效缓解财政收支紧张的矛盾，又可提高财政资金的使用效益，是进一步提升财政科学化精细化管理水平的有力抓手。

——加强预算绩效管理，是财政改革发展到一定阶段的必然选择。预算绩效管理更加关注公共部门直接提供服务的效率，加强预算绩效管理，促进财政工作从“重分配”向“重管理”、“重绩效”转变，解决财政资金使用的绩效和支出责任问题，是市场经济国家财政管理发展的一般规律，也是我国财政改革发展到一定阶段的必然选择。

二、指导思想、基本原则和总体目标

（一）指导思想

高举中国特色社会主义伟大旗帜，以邓小平理论和“三个代表”重要思想为指导，深入贯彻落实科学发展观，按照加强政府绩效管理和完善公共财政体系总体要求，以及推进财政科学化精细化管理的具体部署，在全面认识预算管理发展客观规律的基础上，找准方向、明确目标，健全机制、完善措施，抓住关键、重点突破，全面推进预算绩效管理，构建覆盖所有财政性资金，贯穿预算编制、执行、监督全过程的具有中国特色的预算绩效管理体制，提高财政资金使用效益，更好地发挥财政职能作用，为促进科学发展和社会和谐服务。

（二）基本原则

——统一组织，分级负责。“统一组织”是指预算绩效管理工作由财政部门统一组织和指导。“分级负责”是指各级财政和预算部门按现行财政体制和隶属关系分别开展工作，各负其责，各尽其职。财政部负责全国预算绩效管理工作，制定全国性规划和规章制度，组织、指导中央部门和地方财政部门的预算绩效管理工作实施。地方各级财政部门负责本地区预算绩效管理工作，制定区域性规划和规章制度，组织、指导本级预算部门和下级财政部门的预算绩效管理工作实施。预算部门是本部门预算绩效管理的责任主体，制定本部门工作规划和规章制度，具体实施本部门及下属单位的预算绩效管理工作。所有预算单位都应当按照规定要求，扎实做好预算绩效管理基础工作。

——统筹规划，远近结合。“统筹规划”是指各级财政和预算部门要统筹谋划本地区、本部门预算绩效管理的指导思想、总体思路和长远规划，确定基本目标和主要任务，落实保障措施。“远近结合”是指各级财政和预算部门编制预算绩效管理规划时，要结合加强预算绩效管理的推进情况，既要着眼长远，又要立足当前，既要有中长期规划，又要有年度目标，建立完善年度工作计划与中长期规划相结合的机制。

——全面推进，重点突破。“全面推进”是指各级财政和预算部门要充分认识推进预算绩效管理工作的重要性和紧迫性，积极扩大预算绩效管理覆盖面，逐年增加绩效目标管理范围和绩效评价项目，横向到边，纵向到底，全面推进。“重点突破”是指各级财政和预算部门要正视现阶段开展预算绩效管理工作的艰巨性和长期性，结合本地区、本部门实际情况，因地制宜，积极探索，抓住关键，以各级党委、政府关心和社会公众关注的重点民生项目作为突破口，积累经验，扩大影响，以点带面，早出实效。

——改革创新，协力推动。“改革创新”是指预算绩效管理工作既要适应新形势新任务的需要，解决当前影响财政资金使用效益的问题，又要敢于突破旧框架旧观念的束缚，大胆探索，不断创新管理理念、管理方法，不断完善相关政策措施，不断优化内部流程，从制度机制上解决财政工作中存在的突出矛盾和问题，在创新中推进，在改革中发展，充分发挥财政部门职能作用，不断提高财政资金使用绩效。“协力推动”是指在发挥各级财政和预算部门能动性，推动预算绩效管理工作的同时，要借助各级人大、纪检监察、审计、社会中介等各方力量，合力推动，提升政府执行力和公信力。

（三）总体目标

贯彻党中央、国务院提出的建设高效、责任、透明政府的总体要求，构建具有中国特色的预算绩效管理体制，牢固树立“讲绩效、重绩效、用绩效”、“用钱必问效、无效必问责”的绩效管理理念，进一步增强支出责任和效率意识，全面加强预算管理，优化资源配置，提高财政资金使用绩效和科学化精细化管理水平，提升政府执行力和公信力。

——绩效目标逐步覆盖。不断增加编报绩效目标的项目和部门，逐步扩大覆盖范围。

——评价范围明显扩大。各级财政和预算部门都开展绩效评价工作，并逐年扩大评价的项目数量和资金规模。

——重点评价全面开展。中央和省级财政部门都开展县级财政支出管理绩效综合评价试点；各级财政部门对预算部门，预算部门对下属单位都开展部门（单位）支出管理绩效综合评价试点；各级财政部门和有关预算部门都开展重大民生支出评价试点和企业使用财政性资金绩效评价试点。

——结果应用实质突破。所有评价结果都反馈给被评价单位，增强支出责任；实现绩效报告及评价结果在本部门范围内的全面公开，扩大向社会公开的范围，强化社会监督；建立评价结果与预算安排相结合的激励约束机制，完善预算管理；重点评价结果向同级政府报告，实行绩效问责。

——支撑体系基本建立。省级以上财政部门构建较为科学、适用的分级分类绩效评价指标体系，完成专家学者库、中介机构库和监督指导库三个智库建设；建成有机融合的预算绩效管理信息系统，基本建成全国统一的绩效信息数据库，实现资源共享。

三、主要任务和重点工作

为确保总体目标顺利实现，2012—2015 年，预算绩效管理着重围绕“建立机制”、“完善体系”、“健全智库”、“实施工程”等重点工作来推进。

（一）建立一个机制

建立“预算编制有目标、预算执行有监控、预算完成有评价、评价结果有反馈、反馈结果有应用”的全过程预算绩效管理机制，实现预算绩效管理与预算编制、执行、监督有机结合。

预算绩效目标管理是全过程预算绩效管理的基础。部门（单位）申请预算时，要按要求申报绩效目标。绩效目标应依据明确、相对具体、可衡量，并在一定时期可实现。财政部门应加强纳入绩效目标管理试点范围项目的绩效目标审核，作为预算安排的前提和主要依据，并在批复单位预算时一并批复绩效目标。预算绩效运行监控是全过程预算绩效管理的关键。财政部门和预算部门要对绩效信息适时进行跟踪监控，重点监控是否符合预算批复时确定的绩效目标，发现预算支出绩效运行与原定绩效目标发生偏离时，及时采取措施予以纠正。情况严重的，暂缓或停止该项目的执行。预算支出绩效评价是全过程预算绩效管理的核心。预算执行结束后，财政部门或预算部门要认真分析和积极利用决算数据，对财政支出的实际绩效进行评价，客观公正地评价绩效目标的实现程度，提高预算绩效评价的准确性和有效性。预算绩效评价结果应用是全过程预算绩效管理的落脚点，应积极探索绩效评价结果应用方式，促进预算绩效管理工作发挥实效。预算绩效监督是全过程预算绩效管理的保障。要充分发挥绩效监督的作用，建立财政监督检查结果与预算安排紧密衔接工作机制，强化监督检查成果利用；健全制衡机制，强化对所有财政性资金和运行全过程的绩效监督。

（二）完善两个体系

完善预算绩效管理制度体系和预算绩效评价体系。预算绩效管理制度体系着力建立健全预算绩效管理相关制度及具体实施细则，从方向和目标上加以规划和指导，增强可操作性。绩效评价体系着力规范评价主体范围，合理运用评价方式方法，切实完善绩效评价指标体系。

——完善管理制度体系。一是加强法律法规建设。加强预算绩效管理法律、法规建设，为全过程预算绩效管理顺利开展提供坚实的法律基础和有力的法律保障。要在《预算法》及其实施条例中对预算绩效管理的基本原则、基本要求等内容做出明确规定，使预算绩效管理工作有法可依、有章可循；推动以政府名义出台全面推进预算绩效管理的指导意见，明确预算绩效管理的发展方向、基本目标、工作程序、工作任务和主要内容。二是加强规章制度建设。建立涵盖绩效目标、绩效监控、绩效评价、结果应用各环节的管理制度；健全社会中介、专家、数据库和档案等管理办法；完善预算单位决算报表、资产配置标准、部门项目支出标准等体系建设。三是加强业务规程建设。依据相关法律、法规及管理办法，制订系统、规范的绩效管理工作流程和操作细则，明确各相关机构和人员在预算绩效管理工作中的职责，规范操作程序和质量控制要求，健全协调机制，建立分级分类、适用高效、便于操作的实施细则及业务规范。

——完善绩效评价体系。一是完善绩效评价主体。强化财政部门、预算部门绩效评价主体功能，探索引入第三方评价。财政部门负责本级预算部门和下级财政部门支出绩效的评价或再评价，涵盖所有财政性资金，包括纳入政府预算管理的资金和纳入部门预算管理的资金，按预算级次分为本级部门预算管理的资金和上级政府对下级政府的转移支付资金。预算部门负责组织实施本部门支出绩效评价工作，对下属单位支出进行评价或再评价。第三方评价可以在接受财政或预算部门委托的情况下独立开展。具体实施评价时，可对部门基本支出、部门项目支出、部门支出管理和财政综合支出进行绩效评价。二是完善评价方式方法。创新评价方式，逐步建立自我评价与外部评价相结合、定量评价与定性评价相结合的多种绩效评价方式，确保绩效评价结果的权威性、公正性。科学合理地运用成本效益分析法、比较法、因素分析法、最低成本法、公众评判法等一种或多种评价方法，对财政支出的经济性、效率性和效益性进行客观评价。三是完善绩效评价指标体系。加快对绩效指标的研究设计和修订补充，初步形成涵盖各类各项支出，符合目标内容，突出绩效特色，细化、量化的绩效指标；加强各类标准值的收集和整理，初步形成体现计划、行业、专业、历史等各方面特点的各类评价标准；强化评价权重设置的研究，选用各种科学的方法，合理设置权重分值，构建体现相关性、重要性、系统性、经济性原则的绩效评价指标体系，并实现绩效评价指标体系的共建共享。

（三）健全三个智库

健全专家学者库、中介机构库和监督指导库，分建共享，动态管理，为预算绩效管理提供智力支持和制衡监督。

——健全专家学者库。通过发布公告、申请邀请、审核审查等程序和方式，建立中央、省两级涵盖不同领域、不同行业、不同专业的预算绩效管理专家学者库，按照其实际参与绩效管理工作的态度、能力、道德水平及民主评议结果，实行科学分类，动态管理，优胜劣汰，分建共享。

——健全中介机构库。建立中央、省、市三级符合预算绩效管理工作需要的社会中介机构库，加强对包括会计师事务所、资产评估、行业咨询等机构在内的社会中介力量的引导和培训，强化管理和规范。

——健全监督指导库。积极接受人大、纪检监察、审计等部门的监督，研究建立人大、纪检监察、审计等部门以及专家学者、群众代表参与预算绩效管理的监督指导人员库。

（四）实施四项工程

拓展预算绩效管理各环节工作的广度和深度，实现预算绩效管理在所有预算部门（单位）的全覆盖，并通过重点评价的深入推进、评价质量的有效提升、评价结果的切实应用，确保预算绩效管理取得实效。

——实施扩面增点工程。一是扩大绩效评价试点范围。各部门开展绩效评价的资金总量占本部门公共财政支出的比例力争达到10%，各地开展绩效评价的资金总量占本级公共财政支出的比例力争达到20%。二是扩大绩效目标管理范围。逐年扩大绩效目标管理范围，到2015年，编报部门整体支出绩效目标的一级预算单位占本级所有一级预算单位的比例力争达到30%。编报绩效目标的转移支付资金占本级对下转移支付规模的比例力争达到40%。编报绩效目标的项目预算资金占本部门项目预算资金的比例力争达到50%，并将绩效目标管理范围逐步覆盖到绝大部分预算资金。三是扩大第三方评价范围。探索引入第三方参与绩效管理工作，规范第三方参与行为，认真总结经验，充分利用已建立的各类智库，逐步扩大第三方参与的范围，提高评价结果的权威性和公正性。

——实施重点评价工程。以党委、政府关心关注的，效果好坏直接影响政府形象的重大、重点民生工程等为重点，以县级财政支出、部门支出、重大民生项目为切入口，实施重点评价。一是推进县级财政支出管理绩效综合评价。开展县级财政支出管理绩效综合评价试点，促进县级财政部门合理确定保障范围，优化支出结构，提高管理水平，确保各项民生政策的落实。2012年，财政部开展全国县级财政支出管理绩效综合评价试点；2013年起，省级财政部门开展市、县财政支出管理绩效综合评价试点。二是推进部门支出管理绩效综合评价。以部门绩效管理工作评价为突破口，对部门或单位的基础工作、绩效目标、绩效监控、绩效评价、结果应用、改革创新等管理进行评价，逐步拓展，推进财政部门对预算部门、预算部门对下属单位支出管理绩效综合评价试点，促进部门或单位更好地履行职责。2013年，财政部开展中央部门支出管理绩效综合评价试点；

2014 年起各级财政部门对预算部门，预算部门对下属单位都开展部门（单位）支出管理绩效综合评价试点。三是推进重大民生支出项目绩效评价和企业使用财政性资金绩效评价。各级财政和预算部门每年选择党委政府关心、社会各界关注、与经济社会密切相关的民生支出开展重点评价，开展绩效评价的资金总量占民生支出的比例逐年提高。逐步将涉及“三农”、教育、医疗卫生、社会保障和就业、节能环保、保障性安居工程等重大支出项目，尤其是上级对下级转移支付项目纳入重点评价范围，促进财政资金使用效益的提高，确保民生工程的顺利开展。以产业转型升级、节能减排、科技创新等相关财税政策为评价重点，开展企业使用财政性资金绩效评价，完善资金监控制度，提高资金使用效益，确保实现宏观政策目标。

——实施质量提升工程。以绩效评价质量控制为手段，以绩效信息系统建设为支撑，以预算绩效监督开展为保障，实现预算绩效管理质量的有效提升。一是实施绩效评价质量控制。探索研究不同部门同类项目绩效比较的方法和途径；发挥投资评审机构作用；建立部门绩效自评抽查审核机制，财政部门要对部门评价报告实施抽查，出具审核意见，促进部门改进内部管理。加强对社会中介机构等第三方组织的业务指导，建立第三方组织评价质量监控机制，定期实施绩效评价报告质量的评审、考核和通报，确保工作质量，并与绩效评价业务委托相挂钩，营造“专家敢说、中介真评”的绩效评价氛围。二是完善绩效信息系统建设。加快预算绩效管理信息系统的研发，建立预算绩效管理信息数据交换平台，强化对现有预算绩效管理数据的整合，逐步实现预算绩效信息资源的共享，增强绩效信息数据对比分析能力，提升绩效信息的质量。三是加强预算绩效监督检查。充分发挥财政监督机构的职能作用，加强财政部驻各省、自治区、直辖市、计划单列市财政监察专员办事处就地对中央基层预算单位和中央专项转移支付资金管理使用情况的绩效监督。加强预算编制监督，重点检查绩效目标设置，确保科学合理，提高预算编制水平；加强预算执行监督，重点检查绩效目标实现程度，发现问题及时反馈相关部门，切实督促其整改落实；加强绩效评价监督，重点检查绩效评价工作质量，确保评价结果的客观、公正和有效；加强绩效评价结果应用监督，重点检查绩效评价结果与预算安排结合情况，向政府报告情况以及结果公开情况，不断提高绩效监督质量。

——实施结果应用工程。以绩效评价结果的应用为落脚点，以促进预算管理、推进绩效信息公开、实施结果奖惩为突破口，实现绩效评价结果的有效应用。一是促进预算管理。建立完善绩效报告机制、反馈整改机制以及与预算安排有机结合机制。2013 年起，各级财政部门将预算部门报送的重点绩效评价结果，向同级政府报送，为其决策提供依据；财政部门和预算部门要将绩效评价结果及时反馈被评价单位，督促其整改评价中发现的问题，促进其提高预算管理水平；建立绩效评价结果和预算安排有机结合机制，绩效评价结果不好的，原则上不予安排或调减预算，绩效评价结果好的，优先安排。二是推进绩效信息公开。加强预算绩效信息发布管理制度建设，完善绩效信息公开机制，逐年扩大绩效目标、绩效报告、评价结果等绩效管理信息在本部门内部的公开范围，到 2015 年，实现在本部门内部的全面公开。扩大向社会公开绩效信息的范围，回应社会关切，接受社会监督。三是实施结果奖惩。建立绩效管理工作考核和结果通报、约谈制度，对预算绩效管理工作表现突出的地区和部门，予以表扬和激励，对预算绩效管理工作做得较差的地区和部门，予以督促。研究将预算绩效管理工作考核结果纳入地区和部门工作目标考核范畴，作为评价地区和部门工作的重要依据，作为领导班子和领导干部综合考评的重要内容，逐步建立绩效问责机制。

四、保障措施

切实加强预算绩效管理的组织领导，扩大舆论宣传，健全机构人员，落实经费保障，强化素质培训，为推进预算绩效管理提供有力保障。

（一）加强组织领导

各级财政和预算部门是预算绩效规划组织实施的责任主体，要充分认识加强规划建设的重要性和紧迫性，把推进预算绩效管理和制订工作规划作为下一阶段加强财政科学化精细化管理的中心工作来抓。加强组织领导，成立推进预算绩效管理工作领导小组，建立财政部门统一组织指导、预算部门具体实施、专业机构支持配合、社会各界广泛参与的领导工作机制和监督制约机制。

（二）加大宣传力度

宣传工作要伴随预算绩效管理始终，充分利用电视广播、报刊杂志、网络平台等各类媒体广泛宣传预算绩效管理的成功经验和典型做法，通过理论研讨、要报简报、专题宣传等多种方式大力倡导预算绩效管理理念，切实加强舆论引导，积极培育绩效管理文化，扩大预算绩效管理的社会影响，有效引导社会各界主动了解预算绩效管理、支持预算绩效管理，共同营造良好的社会氛围。

（三）健全机构人员

建立健全预算绩效管理的组织机构，已成立单独预算绩效管理机构的，要完善机构职能，充实工作人员；未单独设立或暂不具备条件设立预算绩效管理机构的，要明确工作职责，并在相应职能部门增加专门人员。将绩效管理岗位作为锻炼、培养人才的重要平台，把品德好、素质高、能力强、有事业心、善于研究、敢于创新的人员充实到绩效管理队伍中来，为绩效管理工作的开展提供人才保障。

（四）落实经费保障

各级财政部门要把开展预算绩效管理工作所必需的经费纳入预算予以保障。

（五）强化素质培训

健全培训机制，创新培训方式，采取专题培训、以会代训、选送深造，以及“走出去、请进来”等多种方式，加大预算绩效管理培训力度，力争三年之内对所有县级以上财政部门和三级以上预算单位相关人员进行一次轮训，增强预算绩效管理工作人员的业务素质。加强作风建设，强化服务观念，增强廉政意识，建设一支踏实肯干、素质过硬、作风优良的预算绩效管理队伍，有效提高预算绩效管理的工作水平。

附件2：

县级财政支出管理绩效综合评价方案

为深入贯彻落实科学发展观，完善公共财政体系，进一步推进财政预算绩效管理，不断提升财政管理科学化精细化水平，根据《财政部关于推进预算绩效管理的指导意见》（财预［2011］416号）、《财政支出绩效评价管理暂行办法》（财预［2011］285号）和《预算绩效管理工作规划（2012—2015年）》，制定本方案。

一、评价目的

通过对县级财政支出管理绩效的综合评价，探索构建符合我国国情的预算绩效管理体系，建立健全政府绩效评估制度；进一步优化财政支出结构，保障国家各项民生政策的落实；强化县级财政支出管理责任，提高财政资金使用效益；不断丰富财政管理手段，着力提升财政管理科学化精细化水平。

二、评价范围

国家民政部批准的县、县级市和旗（以下简称县）。

三、评价内容及标准

评价内容主要是县级财政支出管理情况，具体包括重点支出保障程度、财政供养人员控制和财政管理水平三个方面，评价得分采用百分制。

（一）重点支出保障程度（60分）

以公共财政预算支出中的教育、医疗卫生、文化体育与传媒、社会保障和就业、节能环保、农林水事务等六项重点支出为评价内容，通过总体保障评价和分项保障评价两种方式测算并汇总得分。

1. 总体保障评价（20分）

对县级财政六项重点支出的总和占其公共财政预算支出的比重进行考核，评价县级财政保障重点支出的努力程度和整体效果。

第一步：根据各县的人均财政支出状况（人均财政支出按总人口计算，下同）进行分档。第二步：计算某县六项重点支出占比与所在档重点支出平均占比的差。第三步：计算某县得分。重点支出占比超过所在档平均水平10个百分点及以上的，得满分；重点支出占比低于所在档平均水平10个百分点及以上的，得0分；重点支出占比在两者之间的，在0分和20分之间计算确定。

得分 =［某县重点支出占比差 - min(所在档重点支出占比差)］÷［max(所在档重点支出占比差) - min(所在档重点支出占比差)］×20

其中：

某县重点支出占比差 = 某县重点支出占比 - 所在档重点支出平均占比；

max（所在档重点支出占比差）指各县所在档重点支出占比差大于 -10%小于10%之间的最大值；

min（所在档重点支出占比差）指各县所在档重点支出占比差大于 -10%小于10%之间的最小值。

2. 分项保障评价（40分）

评价县级财政对各项重点支出的保障程度。六项重点支出分为两组，分别采用两种不同的评价方式。

（1）教育、医疗卫生、文化体育与传媒三项支出

主要考核县级上述三项重点支出的保障率，即将县级某项重点支出的实际支出与该项标准支出进行比较，评价各项重点支出的保障程度和年度间改进情况，分静态和动态评价。教育、医疗卫生、文化体育与传媒三项支出分值分别为10分、6分、3分。其中，各项支出的静态评价占各项分值的70%，动态评价占30%。

①静态评价

静态评价得分根据各县当年保障率高低确定。保障率大于或等于100%的，得满分；保障率小于或等于50%的，得0分；保障率大于50%小于100%的，在0分和满分之间计算确定。

得分 =［某县保障率 - min（保障率）］÷［max（保障率）- min（保障率）］×（分项重点支出的分值 ×70%）

其中：

某县保障率 = 某县某项重点支出的实际支出 ÷（某县某项重点支出的标准支出 × 某县人均财政支出水平调整系数）×100%

某项重点支出的标准支出 = 客观因素 × 客观因素单位支出 × 支出成本差异系数（文化体育与传媒、医疗卫生的客观因素为总人口，教育的客观因素为学生数，成本差异系数按照中央对地方均衡性转移支付办法核定）；

某县人均财政支出水平调整系数 = 某县近三年实际人均财政支出平均数 ÷ 全国县级近三年实际人均财政支出平均数 ×100%

max（保障率）指各县保障率大于 50% 小于 100% 之间的最大值；

min（保障率）指各县保障率大于 50% 小于 100% 之间的最小值。

②动态评价

动态评价得分根据各县年度间保障率的变化情况确定。当年保障率达到 100% 及以上的，得满分。当年保障率在 100% 以下的，比上年每增加 1 个百分点的得 0.1 分，最高以分项重点支出分值乘以 30% 为限（即该项重点支出的动态分值上限）。

（2）社会保障和就业、节能环保、农林水事务三项支出

主要考核县级上述三项重点支出占其公共财政预算支出的比重，分静态和动态评价。社会保障和就业、节能环保、农林水事务三项支出分值分别为 8 分、4 分、9 分。其中，各项支出的静态评价占各项分值的 70%，动态评价占 30%。

①静态评价

第一步：参照总体保障评价分档情况进行分档。第二步：计算某县上述三项重点支出与所在档平均重点支出占比的差。第三步：计算某县得分，某项重点支出占比超过所在档平均水平 10 个百分点及以上的，得满分；某项重点支出占比低于所在档平均水平 10 个百分点及以上的，得 0 分；该项重点支出占比在两者之间的，在 0 分和满分之间计算确定。

得分 =［某县占比差 - min（所在档占比差）］÷［max（所在档占比差）- min（所在档占比差）］×（分项重点支出的分值 ×70%）

其中：

某县占比差 = 某县上述某项重点支出占比 - 所在档重点支出平均占比

max（所在档占比差）指各县所在档上述某项重点支出占比差大于 -10% 小于 10% 之间的最大值；

min（所在档占比差）指各县所在档上述某项重点支出占比差大于 -10% 小于 10% 之间的最小值。

②动态评价

动态评价得分根据各县年度间某项重点支出占比的增长率情况确定。

得分 = [上述某项重点支出占比增长率 - min(增长率)] ÷ [max(增长率) - min(增长率)] × (分项重点支出的分值 × 30%)

其中：

上述某项重点支出占比增长率 = (当年上述某项重点支出占比 - 上年上述某项重点支出占比) ÷ 上年上述某项重点支出占比 × 100%

max（增长率）指各县上述某项重点支出占比增长率的最大值；

min（增长率）指各县上述某项重点支出占比增长率的最小值。

（二）财政供养人员控制（20 分）

以标准在职财政供养人员数为评价标准，评价县级财政实际在职供养人员数的控制情况。

1. 标准在职财政供养人员数

标准在职财政供养人员数按照总人口、面积等客观因素，分类、分档计算确定。

某县标准在职财政供养人员数 = 某县按总人口因素分档计算的标准人员数 × 85% + 某县按面积因素分档计算的标准人员数 × 15%

2. 得分

（1）实际在职财政供养人员数低于或等于标准人员数的，得满分。

（2）实际在职财政供养人员数高于标准人员数的，以超出率为评价指标，超出率高于或等于 50% 的，得 0 分；超出率低于 50% 的，在 0 分和满分之间计算确定。

得分 = [max(超出率) - 某县超出率] ÷ [max(超出率) - min(超出率)] × 20

其中：

某县超出率 =（实际在职财政供养人员数 - 标准在职财政供养人员数）÷标准在职财政供养人员数 ×100%

max（超出率）指各县超出率低于 50% 范围内的最高值；

min（超出率）指各县超出率低于 50% 范围内的最低值。

（三）财政管理水平（20 分）

以预算收支平衡、总预算暂存暂付款、债务风险、年终结转为主要评价内容，评价县级财政在上述几方面的管理水平。

1. 预算收支平衡（6 分）

预算净结余大于或等于零的，得满分；预算净结余小于零的，得 0 分。

2. 总预算暂存暂付款（2 分）

以总预算暂存款、暂付款期末余额占当年公共财政预算支出的比率分别进行评价，每项各为 1 分。暂存款、暂付款比率低于或等于零的按照 1 分计算，高于或等于 50% 的按照 0 分计算。在两者之间的，在 0 分和 1 分之间计算确定。

（1）暂付款

得分 =［max（暂付款率）- 某县暂付款率］÷［max（暂付款率）- min（暂付款率）］×1

其中：

某县暂付款率 = 暂付款 ÷ 公共财政支出 ×100%

max（暂付款率）指各县暂付款率低于 50% 的最高值；

min（暂付款率）指各县暂付款率高于 0 的最低值。

（2）暂存款

得分 =［max（暂存款率）- 某县暂存款率］÷［max（暂存款率）- min（暂存款率）］×1

其中：

某县暂存款率 = 暂存款 ÷ 公共财政支出 ×100%

max（暂存款率）指各县暂存款率低于 50% 的最高值；

min（暂存款率）指各县暂存款率高于 0 的最低值。

3. 债务风险（8 分）

债务风险得分根据债务风险程度指标分档确定，各县具体得分通过地方政府性债务风险预警机制测算得出。

4. 年终结转（4 分）

以当年年终结转占公共财政预算支出的比率进行考核，低于或等于零的按照 4 分计算，高于或等于 50% 的按照 0 分计算。在两者之间的，在 0 分和 4 分之间计算确定。

得分 = [max(年终结转率) − 某县年终结转率] ÷ [max(年终结转率) − min(年终结转率)] ×4

其中：

某县年终结转率 = 年终结转 ÷ 公共财政支出 ×100%

max（年终结转率）指各县年终结转率低于 50% 的最高值；

min（年终结转率）指各县年终结转率高于 0 的最低值。

四、评价结果及应用

财政部每年组织对上年度县级财政支出管理绩效进行综合评价，按得分进行排名。对得分排名前 200 名的县，由财政部予以通报表扬，并给予激励性奖励。同时，分省下发所辖县评价得分及全国排名情况。对管理基础较好、综合得分较高（所辖县平均得分前 10 名）的省，由中央财政给予适当奖励；对管理基础较差、综合得分较低（所辖县平均得分后 10 名）的省，督促其采取措施加强对县级财政管理的指导。

五、其他事项

评价数据来源于各地财政总决算、地方财政分析评价系统、地方政府性债务管理系统及其他统计数据。

本方案自 2012 年开始执行。

附：县级财政支出管理绩效综合评价内容表

附：

县级财政支出管理绩效综合评价内容表

评价内容	分值	评价标准概要
分值合计	100	
一、重点支出保障程度 （一）总体保障评价（20分） （二）分项保障评价（40分） 1. 教育（10分） 2. 医疗卫生（6分） 3. 文化体育与传媒（3分） 4. 社会保障和就业（8分） 5. 节能环保（4分） 6. 农林水事务（9分）	60	以6项重点支出为评价内容，评价县级财政对重点支出的保障程度和重视程度。 以县级财政6项重点支出的总和占其公共财政预算支出的比重为评价内容，以分档的县级重点支出平均占比水平为评价标准进行评价。 教育、医疗卫生、文化体育与传媒三项支出主要考核县级重点支出的保障率，即将县级某项重点支出的实际支出与该项标准支出进行比较，分静态和动态评价。 社会保障和就业、节能环保、农林水事务三项支出主要考核县级重点支出占该县公共财政预算支出的比重，分静态和动态评价。
二、财政供养人员控制	20	以标准在职财政供养人数为评价标准，评价县级实际在职财政供养人数的控制情况。低于或等于标准的得满分，超出标准50%以上的得0分，超出标准在50%以下的按一定公式计算得分。
三、财政管理水平 （一）预算收支平衡（6分） （二）总预算暂存暂付款（2分） （三）债务风险（8分） （四）年终结转（4分）	20	以预算收支平衡、总预算暂存暂付款、债务风险、年终结转为主要评价内容，评价县级财政在上述几方面的管理水平。 预算净结余大于或等于零的得满分，预算净结余小于零的得0分。 以总预算暂存款、暂付款期末余额占当年公共财政预算支出的比率分别进行评价，每项各占1分。 根据债务风险程度指标分档确定。 以年终结转占公共财政预算支出的比率进行评价。

附件 3：

部门支出管理绩效综合评价方案

为深入贯彻落实科学发展观，完善公共财政体系，不断提高财政管理科学化精细化水平，根据《财政部关于推进预算绩效管理的指导意见》（财预［2011］416 号）、《财政支出绩效评价管理暂行办法》（财预［2011］285 号）和《预算绩效管理工作规划（2012—2015 年）》，制定本方案。

一、评价目的

通过开展部门支出管理绩效综合评价，促进部门从整体上提升预算绩效管理工作水平，提高财政资金使用效益，保障部门更好地履行职责。

二、评价主体和范围

各级财政部门是本级部门支出管理绩效综合评价的主体。评价范围为本级各预算部门。

三、评价内容和指标

评价内容主要是预算绩效管理工作，具体包括基础工作管理、绩效目标管理、绩效运行监控、绩效评价实施、评价结果应用、绩效管理创新、监督发现问题七个方面，评价得分采用百分制和加减分制相结合。

（一）基础工作管理（20 分）

1. 推进度（20 分）

推进度是指通过对部门组织队伍、规章制度、专家中介库、指标体系、宣传培训等基础工作的评价，反映部门绩效管理整体推进情况。

得分 =（部门自评得分 ×40% + 财政部门再评得分 ×60%）×20/100

部门自评得分，是指部门根据财政部门制定的预算绩效管理工作考核办法，自我评价得分；财政部门再评得分，是指财政部门在部门自评的基础上，审核确认的得分。

（二）绩效目标管理（25分）

2. 申报率（10分）

申报率是指通过对部门年度实际申报绩效目标项目数与按规定应申报绩效目标项目数进行比较，反映部门落实财政部门项目绩效目标申报要求的数量情况。

申报率=实际申报绩效目标项目数/应申报绩效目标项目数×100%。

应申报绩效目标项目数，是根据财政部门在布置年度预算时提出的相关要求所确定的部门应该编报绩效目标的项目数。

申报率达到年度预算布置要求的得10分。每低于要求10个百分点扣2分，扣完为止。

3. 目标覆盖率（10分）

目标覆盖率是指通过对部门本年实际申报绩效目标项目资金额与部门项目预算资金总额的比较，反映部门落实财政部门绩效目标申报要求的资金覆盖情况。

$$覆盖率=\frac{实际申报绩效目标项目资金额}{部门项目预算资金总额}\times 100\%$$

覆盖率达到年度预算布置要求的得10分。每低于要求10个百分点扣2分，扣完为止。

4. 细化率（5分）

细化率是指通过对填报细化量化绩效指标的项目数、资金额与实际申报绩效目标项目数、资金额的分别比较，反映绩效目标的细化程度。

得分=(有细化量化绩效指标的项目数/实际申报绩效目标项目数×40%+有细化量化绩效指标的项目资金额/实际申报绩效目标项目资金总额×60%)×5

（三）绩效运行监控（10分）

5. 监控率（10分）

监控率是指通过对是否有项目运行跟踪监控措施，以及纳入绩效监控的项目数量比重和资金规模比重进行评价，反映部门在项目运行中实施绩效管理的水平和程度。

得分 =（有无绩效监控措施）×5 +（实施绩效监控项目数/实际申报绩效目标项目数 ×40% + 实施绩效监控项目资金额/实际申报绩效目标项目资金总额 ×60%）×5

有为 1，无为 0。

（四）绩效评价实施（20 分）

6. 评价覆盖率（20 分）

是指通过部门实施绩效评价项目资金占部门项目预算资金总额比重的评价，反映部门实施绩效评价项目资金覆盖情况。

覆盖率 = 实施绩效评价项目资金额/部门项目预算资金总额 ×100%。

覆盖率达到年度预算布置要求的得 20 分。每低于要求 10 个百分点扣 2 分，扣完为止。

（五）评价结果应用（25 分）

7. 应用率（25 分）

是指通过对部门应用绩效评价结果项目与绩效评价项目的比较，反映绩效评价结果的利用水平和程度。

得分 = 向财政部门报告评价结果的项目数/绩效评价项目数 ×5 + 向被评单位反馈评价结果的项目数/绩效评价项目数 ×5 + 评价结果内部公开的项目数/绩效评价项目数 ×5 + 已落实整改措施项目数/应整改绩效评价项目数 ×10。

绩效评价项目数包括按财政部门要求开展绩效评价的项目数和部门自主开展绩效评价的项目数。

已落实整改措施包括调整预算结构、改进预算管理、整改发现问题、健全制度措施、实施绩效问责等。

（六）绩效管理创新（加分项目，20 分）

8. 目标管理创新（7 分）

是指通过对部门编报整体绩效目标和申报绩效目标资金数量、规模超过规定要求的评价，反映部门绩效目标管理创新工作情况。

得分 = 规定要求外绩效目标数量（小于等于 3）×1 +（申报绩效目标资金规模是否超过规定规模）×1 +（部门是否编报整体绩效目标）×3

部门在财政部门要求的绩效目标填报数量之外自行扩大1个绩效目标项目为1，最高为3。

是为1，否为0 。

9. 评价推进创新（7分）

是指通过对部门自主组织开展绩效评价项目数量、绩效评价项目资金规模覆盖率超过规定规模以及对下级预算单位开展整体绩效评价的考核，反映部门拓展评价模式、扩大评价范围等创新情况。

得分=自主组织开展绩效评价项目数量（小于等于3）×1+（绩效评价项目资金规模覆盖率是否超过规定要求）×1+（是否对下级预算单位开展整体绩效评价）×3

部门每自主组织开展1个绩效评价项目为1，最高为3。

是为1，否为0。

10. 结果应用创新（6分）

是指通过对部门将绩效结果主动对外公开、预算绩效管理工作开展情况向同级政府报告的评价，反映部门在评价结果应用方面的创新情况。

得分=（是否主动对社会公开）×3+（是否将预算绩效管理工作情况向同级政府报告）×3

是为1，否为0。

涉密部门不考核对社会公开因素，相应分值分别计入“9. 评价推进创新”的3个项下。

（七）监督发现问题（减分项目，-10分）

11. 违规率（-10分）

是指存在违规问题的绩效评价项目数量和资金金额分别占部门实施绩效评价项目数量和资金总额的比率，反映部门预算资金管理使用的合法、合规情况。

得分=（存在违规问题的绩效评价项目数/实施绩效评价项目数×50%+存在违规问题的绩效评价资金额/实施绩效评价项目资金总额×50%）×（-10）

违规问题是指单位或个人存在违反《财政违法行为处罚处分条例》相关规定并已受到处理处罚的行为。

四、评价程序

（一）部门自评

各部门按照相关要求，开展自评工作，撰写部门支出管理绩效综合评价自评报告，报同级财政部门。

（二）开展评价

财政部门成立评价工作组，收集相关基础资料，必要时采用适当的方式开展现场评价。

（三）撰写报告

评价工作组对部门评价结果分类分析，形成部门支出管理绩效综合评价报告。

对涉密部门的绩效评价工作单独组织开展。

五、评价结果和应用

（一）绩效评价结果分为优秀、良好、合格和不合格四个等级。

（二）评价结果反馈相关部门，对评价中发现的问题，责成部门进行整改。相关部门将整改结果报告财政部门。

（三）绩效评价结果在一定范围内进行通报和报告。

（四）对绩效评价结果为优秀的部门，给予激励性奖励。

六、其他

（一）本方案自 2013 年开始实施。

（二）各级财政部门依据本方案制定年度具体评价实施方案；部门对所属单位支出绩效综合评价试点可参照本方案执行。

附：部门支出管理绩效综合评价指标体系

附：

部门支出管理绩效综合评价指标体系

评价内容	评价指标	指标解释	分值	评价标准	计算方法
一、基础工作管理	推进度	包括组织队伍、规章制度、专家中介库、指标体系、宣传培训等基础工作推进情况	20	年度预算绩效管理工作考核情况	得分 =（部门自评得分 ×40% + 财政部门审核确认得分 ×60%）×20/100
二、绩效目标管理	申报率	部门年度申报绩效目标项目数与应申报绩效目标项目数的比率	10	年度预算布置要求	申报率 = 实际申报绩效目标项目数/应申报绩效目标项目数 ×100%。申报率与年度预算布置要求比较，达到要求的得 10 分，每低于 10 个百分点扣 2 分，扣完为止
	目标覆盖率	部门年度申报绩效目标项目资金额占部门项目预算总额的比率	10	年度预算布置要求	覆盖率 = 实际申报绩效目标项目资金额/部门项目预算资金总额 ×100%。覆盖率与年度预算布置要求比较，达到要求的得 10 分，每低于 10 个百分点扣 2 分，扣完为止
	细化率	填报细化量化绩效指标的项目数、资金额与申报绩效目标项目数、资金额的比率	5	绩效指标细化程度	得分 =（有细化量化绩效指标的项目数/实际申报绩效目标项目数 ×40% + 有细化量化绩效指标的项目资金额/实际申报绩效目标项目资金总额 ×60%）×5
三、绩效运行监控	监控率	实施绩效监控的项目数量和资金规模与申报绩效目标项目数量和资金规模的比率	10	绩效监控实施	得分 =（有无绩效监控措施）×5 +（实施绩效监控项目数/实际申报绩效目标项目数 ×40% + 实施绩效监控项目资金额/实际申报绩效目标项目资金总额 ×60%）×5　　有为 1，无为 0

续表

评价内容	评价指标	指标解释	分值	评价标准	计算方法
四、绩效评价实施	评价覆盖率	部门实施绩效评价项目资金与部门项目预算资金总额的比率	20	年度预算布置要求	覆盖率 = 实施绩效评价项目资金额/部门项目预算资金总额 × 100%。覆盖率与年度预算布置要求比较，达到要求的得 20 分，每低于 10 个百分点扣 2 分，扣完为止
五、评价结果应用	应用率	应用绩效评价结果的项目数与绩效评价项目数的比率	25	评价结果应用方式	得分 = 向财政部门报告评价结果的项目数/绩效评价项目数 ×5 + 向被评单位反馈评价结果的项目数/绩效评价项目数 ×5 + 评价结果向内部公开的项目数/绩效评价项目数 ×5 + 已落实整改措施项目数/应整改绩效评价项目数 ×10
六、绩效管理创新	目标管理创新	部门编报整体绩效目标和扩大绩效目标申报数量、资金规模等创新	7	超出既定要求、突破原有模式、超越既定标准	得分 = 规定要求外绩效目标数量（小于等于 3）×1 +（申报绩效目标资金规模是否超过规定规模）×1 +（部门是否编报整体绩效目标）×3　　是为 1，否为 0
	评价推进创新	拓展评价模式、扩大评价范围等创新	7		得分 = 自主组织开展绩效评价项目数量（小于等于 3）×1 +（绩效评价项目资金规模覆盖率是否超过规定要求）×1 +（是否对下级预算单位开展整体绩效评价）×3　　是为 1，否为 0
	结果应用创新	评价结果公开、向同级政府报告预算绩效管理工作开展情况等方面的创新	6		得分 =（是否主动对社会公开）×3 +（是否将预算绩效管理工作开展情况向同级政府报告）×3　　是为 1，否为 0
七、监督发现问题	违规率	存在违规问题的绩效评价项目数量和资金金额分别占部门实施绩效评价项目数量和资金总额的比率	-10	处理处罚结果	得分 =（存在违规问题的绩效评价项目数/实施绩效评价项目数 ×50% + 存在违规问题的绩效评价项目金额/实施绩效评价项目资金总额 ×50%）×（-10）

附录十四

财政部关于印发《预算绩效评价共性指标体系框架》的通知

（2013 年 4 月 21 日 财预［2013］53 号）

党中央有关部门，国务院各部委、各直属机构，总后勤部，武警各部队，全国人大常委会办公厅，全国政协办公厅，高法院，高检院，有关人民团体，各省、自治区、直辖市、计划单列市财政厅（局），新疆生产建设兵团财务局，有关中央管理企业：

为贯彻落实《预算绩效管理工作规划（2012—2015 年）》（财预［2012］396 号）有关要求，逐步建立符合我国国情的预算绩效评价指标体系，不断规范和加强预算绩效评价工作，提高绩效评价的统一性和权威性，全面推进预算绩效管理，我们制定了《预算绩效评价共性指标体系框架》，现予以印发。

需要说明的是：一是此次印发的共性指标体系为参考性的框架模式，主要用于在设置具体共性指标时的指导和参考，并需根据实际工作的进展不断予以完善。二是各级财政部门和预算部门开展绩效评价工作时，既要根据具体绩效评价对象的不同，以《预算绩效评价共性指标体系框架》为参考，在其中灵活选取最能体现绩效评价对象特征的共性指标，也要针对具体绩效评价对象的特点，另行设计具体的个性绩效评价指标，同时，赋予各类评价指标科学合理的权重分值，明确具体的评价标准，从而形成完善的绩效评价指标体系。

特此通知。

附件：1. 项目支出绩效评价共性指标体系框架

2. 部门整体支出绩效评价共性指标体系框架

3. 财政预算绩效评价共性指标体系框架

附件 1：

项目支出绩效评价共性指标体系框架

一级指标	二级指标	三级指标	指标解释	指标说明
投入	项目立项	项目立项规范性	项目的申请、设立过程是否符合相关要求，用以反映和考核项目立项的规范情况。	评价要点： ①项目是否按照规定的程序申请设立； ②所提交的文件、材料是否符合相关要求； ③事前是否已经过必要的可行性研究、专家论证、风险评估、集体决策等。
		绩效目标合理性	项目所设定的绩效目标是否依据充分，是否符合客观实际，用以反映和考核项目绩效目标与项目实施的相符情况。	评价要点： ①是否符合国家相关法律法规、国民经济发展规划和党委政府决策； ②是否与项目实施单位或委托单位职责密切相关； ③项目是否为促进事业发展所必需； ④项目预期产出效益和效果是否符合正常的业绩水平。
		绩效指标明确性	依据绩效目标设定的绩效指标是否清晰、细化、可衡量等，用以反映和考核项目绩效目标的明细化情况。	评价要点： ①是否将项目绩效目标细化分解为具体的绩效指标； ②是否通过清晰、可衡量的指标值予以体现； ③是否与项目年度任务数或计划数相对应； ④是否与预算确定的项目投资额或资金量相匹配。
	资金落实	资金到位率	实际到位资金与计划投入资金的比率，用以反映和考核资金落实情况对项目实施的总体保障程度。	资金到位率 =（实际到位资金/计划投入资金）×100%。 实际到位资金：一定时期（本年度或项目期）内实际落实到具体项目的资金。 计划投入资金：一定时期（本年度或项目期）内计划投入到具体项目的资金。
		到位及时率	及时到位资金与应到位资金的比率，用以反映和考核项目资金落实的及时性程度。	到位及时率 =（及时到位资金/应到位资金）×100%。 及时到位资金：截至规定时点实际落实到具体项目的资金。 应到位资金：按照合同或项目进度要求截至规定时点应落实到具体项目的资金。

续表

一级指标	二级指标	三级指标	指标解释	指标说明
过程	业务管理	管理制度健全性	项目实施单位的业务管理制度是否健全，用以反映和考核业务管理制度对项目顺利实施的保障情况。	评价要点： ①是否已制定或具有相应的业务管理制度； ②业务管理制度是否合法、合规、完整。
		制度执行有效性	项目实施是否符合相关业务管理规定，用以反映和考核业务管理制度的有效执行情况。	评价要点： ①是否遵守相关法律法规和业务管理规定； ②项目调整及支出调整手续是否完备； ③项目合同书、验收报告、技术鉴定等资料是否齐全并及时归档； ④项目实施的人员条件、场地设备、信息支撑等是否落实到位。
		项目质量可控性	项目实施单位是否为达到项目质量要求而采取了必需的措施，用以反映和考核项目实施单位对项目质量的控制情况。	评价要点： ①是否已制定或具有相应的项目质量要求或标准； ②是否采取了相应的项目质量检查、验收等必需的控制措施或手段。
	财务管理	管理制度健全性	项目实施单位的财务制度是否健全，用以反映和考核财务管理制度对资金规范、安全运行的保障情况。	评价要点： ①是否已制定或具有相应的项目资金管理办法； ②项目资金管理办法是否符合相关财务会计制度的规定。
		资金使用合规性	项目资金使用是否符合相关的财务管理制度规定，用以反映和考核项目资金的规范运行情况。	评价要点： ①是否符合国家财经法规和财务管理制度以及有关专项资金管理办法的规定； ②资金的拨付是否有完整的审批程序和手续； ③项目的重大开支是否经过评估认证； ④是否符合项目预算批复或合同规定的用途； ⑤是否存在截留、挤占、挪用、虚列支出等情况。
		财务监控有效性	项目实施单位是否为保障资金的安全、规范运行而采取了必要的监控措施，用以反映和考核项目实施单位对资金运行的控制情况。	评价要点： ①是否已制定或具有相应的监控机制； ②是否采取了相应的财务检查等必要的监控措施或手段。

续表

一级指标	二级指标	三级指标	指标解释	指标说明
产出	项目产出	实际完成率	项目实施的实际产出数与计划产出数的比率，用以反映和考核项目产出数量目标的实现程度。	实际完成率 =（实际产出数/计划产出数）×100%。 实际产出数：一定时期（本年度或项目期）内项目实际产出的产品或提供的服务数量。 计划产出数：项目绩效目标确定的在一定时期（本年度或项目期）内计划产出的产品或提供的服务数量。
		完成及时率	项目实际提前完成时间与计划完成时间的比率，用以反映和考核项目产出时效目标的实现程度。	完成及时率 =［（计划完成时间 - 实际完成时间）/计划完成时间］×100%。 实际完成时间：项目实施单位完成该项目实际所耗用的时间。 计划完成时间：按照项目实施计划或相关规定完成该项目所需的时间。
		质量达标率	项目完成的质量达标产出数与实际产出数的比率，用以反映和考核项目产出质量目标的实现程度。	质量达标率 =（质量达标产出数/实际产出数）×100%。 质量达标产出数：一定时期（本年度或项目期）内实际达到既定质量标准的产品或服务数量。既定质量标准是指项目实施单位设立绩效目标时依据计划标准、行业标准、历史标准或其他标准而设定的绩效指标值。
		成本节约率	完成项目计划工作目标的实际节约成本与计划成本的比率，用以反映和考核项目的成本节约程度。	成本节约率 =［（计划成本 - 实际成本）/计划成本］×100%。 实际成本：项目实施单位如期、保质、保量完成既定工作目标实际所耗费的支出。 计划成本：项目实施单位为完成工作目标计划安排的支出，一般以项目预算为参考。

续表

一级指标	二级指标	三级指标	指标解释	指标说明
效果	项目效益	经济效益	项目实施对经济发展所带来的直接或间接影响情况。	此四项指标为设置项目支出绩效评价指标时必须考虑的共性要素，可根据项目实际并结合绩效目标设立情况有选择的进行设置，并将其细化为相应的个性化指标。
		社会效益	项目实施对社会发展所带来的直接或间接影响情况。	
		生态效益	项目实施对生态环境所带来的直接或间接影响情况。	
		可持续影响	项目后续运行及成效发挥的可持续影响情况。	
		社会公众或服务对象满意度	社会公众或服务对象对项目实施效果的满意程度。	社会公众或服务对象是指因该项目实施而受到影响的部门（单位）、群体或个人。一般采取社会调查的方式。

附件 2：

部门整体支出绩效评价共性指标体系框架

一级指标	二级指标	三级指标	指标解释	指标说明
投入	目标设定	绩效目标合理性	部门（单位）所设立的整体绩效目标依据是否充分，是否符合客观实际，用以反映和考核部门（单位）整体绩效目标与部门履职、年度工作任务的相符性情况。	评价要点： ①是否符合国家法律法规、国民经济和社会发展总体规划； ②是否符合部门“三定”方案确定的职责； ③是否符合部门制定的中长期实施规划。
		绩效指标明确性	部门（单位）依据整体绩效目标所设定的绩效指标是否清晰、细化、可衡量，用以反映和考核部门（单位）整体绩效目标的明细化情况。	评价要点： ①是否将部门整体的绩效目标细化分解为具体的工作任务； ②是否通过清晰、可衡量的指标值予以体现。 ③是否与部门年度的任务数或计划数相对应； ④是否与本年度部门预算资金相匹配。
	预算配置	在职人员控制率	部门（单位）本年度实际在职人员数与编制数的比率，用以反映和考核部门（单位）对人员成本的控制程度。	在职人员控制率 =（在职人员数/编制数）×100%。 在职人员数：部门（单位）实际在职人数，以财政部确定的部门决算编制口径为准。 编制数：机构编制部门核定批复的部门（单位）的人员编制数。
		“三公经费”变动率	部门（单位）本年度“三公经费”预算数与上年度“三公经费”预算数的变动比率，用以反映和考核部门（单位）对控制重点行政成本的努力程度。	“三公经费”变动率 =［（本年度“三公经费”总额 - 上年度“三公经费”总额）/上年度“三公经费”总额］×100%。 “三公经费”：年度预算安排的因公出国（境）费、公务车辆购置及运行费和公务招待费。
		重点支出安排率	部门（单位）本年度预算安排的重点项目支出与部门项目总支出的比率，用以反映和考核部门（单位）对履行主要职责或完成重点任务的保障程度。	重点支出安排率 =（重点项目支出/项目总支出）×100%。 重点项目支出：部门（单位）年度预算安排的，与本部门履职和发展密切相关、具有明显社会和经济影响、党委政府关心或社会比较关注的项目支出总额。 项目总支出：部门（单位）年度预算安排的项目支出总额。

续表

一级指标	二级指标	三级指标	指标解释	指标说明
过程	预算执行	预算完成率	部门（单位）本年度预算完成数与预算数的比率，用以反映和考核部门（单位）预算完成程度。	预算完成率 =（预算完成数/预算数）×100%。 预算完成数：部门（单位）本年度实际完成的预算数。 预算数：财政部门批复的本年度部门（单位）预算数。
		预算调整率	部门（单位）本年度预算调整数与预算数的比率，用以反映和考核部门（单位）预算的调整程度。	预算调整率 =（预算调整数/预算数）×100%。 预算调整数：部门（单位）在本年度内涉及预算的追加、追减或结构调整的资金总和（因落实国家政策、发生不可抗力、上级部门或本级党委政府临时交办而产生的调整除外）。
		支付进度率	部门（单位）实际支付进度与既定支付进度的比率，用以反映和考核部门（单位）预算执行的及时性和均衡性程度。	支付进度率 =（实际支付进度/既定支付进度）×100%。 实际支付进度：部门（单位）在某一时点的支出预算执行总数与年度支出预算数的比率。 既定支付进度：由部门（单位）在申报部门整体绩效目标时，参照序时支付进度、前三年支付进度、同级部门平均支付进度水平等确定的，在某一时点应达到的支付进度（比率）。
		结转结余率	部门（单位）本年度结转结余总额与支出预算数的比率，用以反映和考核部门（单位）对本年度结转结余资金的实际控制程度。	结转结余率 = 结转结余总额/支出预算数×100%。 结转结余总额：部门（单位）本年度的结转资金与结余资金之和（以决算数为准）。

续表

一级指标	二级指标	三级指标	指标解释	指标说明
过程	预算执行	结转结余变动率	部门（单位）本年度结转结余资金总额与上年度结转结余资金总额的变动比率，用以反映和考核部门（单位）对控制结转结余资金的努力程度。	结转结余变动率＝［（本年度累计结转结余资金总额－上年度累计结转结余资金总额）/上年度累计结转结余资金总额］×100%
		公用经费控制率	部门（单位）本年度实际支出的公用经费总额与预算安排的公用经费总额的比率，用以反映和考核部门（单位）对机构运转成本的实际控制程度。	公用经费控制率＝（实际支出公用经费总额/预算安排公用经费总额）×100%
		“三公”经费控制率	部门（单位）本年度“三公”经费实际支出数与预算安排数的比率，用以反映和考核部门（单位）对“三公”经费的实际控制程度。	“三公”经费控制率＝（“三公”经费实际支出数/“三公”经费预算安排数）×100%
		政府采购执行率	部门（单位）本年度实际政府采购金额与年初政府采购预算的比率，用以反映和考核部门（单位）政府采购预算执行情况。	政府采购执行率＝（实际政府采购金额/政府采购预算数）×100% 政府采购预算：采购机关根据事业发展计划和行政任务编制的、并经过规定程序批准的年度政府采购计划。

续表

一级指标	二级指标	三级指标	指标解释	指标说明
过程	预算管理	管理制度健全性	部门（单位）为加强预算管理、规范财务行为而制定的管理制度是否健全完整，用以反映和考核部门（单位）预算管理制度对完成主要职责或促进事业发展的保障情况。	评价要点： ①是否已制定或具有预算资金管理办法、内部财务管理制度、会计核算制度等管理制度； ②相关管理制度是否合法、合规、完整； ③相关管理制度是否得到有效执行。
		资金使用合规性	部门（单位）使用预算资金是否符合相关的预算财务管理制度的规定，用以反映和考核部门（单位）预算资金的规范运行情况。	评价要点： ①是否符合国家财经法规和财务管理制度规定以及有关专项资金管理办法的规定； ②资金的拨付是否有完整的审批程序和手续； ③项目的重大开支是否经过评估论证； ④是否符合部门预算批复的用途； ⑤是否存在截留、挤占、挪用、虚列支出等情况。
		预决算信息公开性	部门（单位）是否按照政府信息公开有关规定公开相关预决算信息，用以反映和考核部门（单位）预决算管理的公开透明情况。	评价要点： ①是否按规定内容公开预决算信息； ②是否按规定时限公开预决算信息。 预决算信息是指与部门预算、执行、决算、监督、绩效等管理相关的信息。
		基础信息完善性	部门（单位）基础信息是否完善，用以反映和考核基础信息对预算管理工作的支撑情况。	评价要点： ①基础数据信息和会计信息资料是否真实； ②基础数据信息和会计信息资料是否完整； ③基础数据信息和会计信息资料是否准确。

续表

一级指标	二级指标	三级指标	指标解释	指标说明
过程	资产管理	管理制度健全性	部门（单位）为加强资产管理、规范资产管理行为而制定的管理制度是否健全完整，用以反映和考核部门（单位）资产管理制度对完成主要职责或促进社会发展的保障情况。	评价要点： ①是否已制定或具有资产管理制度； ②相关资金管理制度是否合法、合规、完整； ③相关资产管理制度是否得到有效执行。
		资产管理安全性	部门（单位）的资产是否保存完整、使用合规、配置合理、处置规范、收入及时足额上缴，用以反映和考核部门（单位）资产安全运行情况。	评价要点： ①资产保存是否完整； ②资产配置是否合理； ③资产处置是否规范； ④资产账务管理是否合规，是否账实相符； ⑤资产是否有偿使用及处置收入及时足额上缴。
		固定资产利用率	部门（单位）实际在用固定资产总额与所有固定资产总额的比率，用以反映和考核部门（单位）固定资产使用效率程度。	固定资产利用率 =（实际在用固定资产总额/所有固定资产总额）×100%
产出	职责履行	实际完成率	部门（单位）履行职责而实际完成工作数与计划工作数的比率，用以反映和考核部门（单位）履职工作任务目标的实现程度。	实际完成率 =（实际完成工作数/计划工作数）×100% 实际完成工作数：一定时期（年度或规划期）内部门（单位）实际完成工作任务的数量。 计划工作数：部门（单位）整体绩效目标确定的一定时期（年度或规划期）内预计完成工作任务的数量。

续表

一级指标	二级指标	三级指标	指标解释	指标说明
产出	职责履行	完成及时率	部门（单位）在规定时限内及时完成的实际工作数与计划工作数的比率，用以反映和考核部门履职时效目标的实现程度。	完成及时率 =（及时完成实际工作数/计划工作数）×100% 及时完成实际工作数：部门（单位）按照整体绩效目标确定的时限实际完成的工作任务数量。
		质量达标率	达到质量标准（绩效标准值）的实际工作数与计划工作数的比率，用以反映和考核部门履职质量目标的实现程度。	质量达标率 =（质量达标实际工作数/计划工作数）×100% 质量达标实际工作数：一定时期（年度或规划期）内部门（单位）实际完成工作数中达到部门绩效目标要求（绩效标准值）的工作任务数量。
		重点工作办结率	部门（单位）年度重点工作实际完成数与交办或下达数的比率，用以反映部门（单位）对重点工作的办理落实程度。	重点工作办结率 =（重点工作实际完成数/交办或下达数）×100% 重点工作是指党委、政府、人大、相关部门交办或下达的工作任务。
效果	履职效益	经济效益	部门（单位）履行职责对经济发展所带来的直接或间接影响。	此三项指标为设置部门整体支出绩效评价指标时必须考虑的共性要素，可根据部门实际并结合部门整体支出绩效目标设立情况有选择的进行设置，并将其细化为相应的个性化指标。
		社会效益	部门（单位）履行职责对社会发展所带来的直接或间接影响。	
		生态效益	部门（单位）履行职责对生态环境所带来的直接或间接影响。	
		社会公众或服务对象满意度	社会公众或部门（单位）的服务对象对部门履职效果的满意程度。	社会公众或服务对象是指部门（单位）履行职责而影响到的部门、群体或个人。一般采取社会调查的方式。

附件 3：

财政预算绩效评价共性指标体系框架

一级指标	二级指标	三级指标	指标解释	指标说明
投入	预算安排	人员经费保障率	本年度预算安排的在职人均人员经费与在职人员经费标准的比率，用以反映和考核某一地区财政“保工资”状况。	人员经费保障率 =（在职人均人员经费/在职人员经费标准）×100% 在职人均人员经费 = 在职人员经费总额/在职财政供养人数 在职人员经费标准：根据合规合法的相关政策核定的当地在职人员人均经费水平。
		公用经费保障率	本年度预算安排的在职人员人均公用经费与在职人员人均公用经费标准的比率，用以反映和考核某一地区财政“保运转”水平。	公用经费保障率 = 人均公用经费/人均公用经费标准 人均公用经费 = 公用经费总额/在职财政供养人数 人均公用经费标准：同类地区人均公用经费的平均水平。
		人均公用经费变动率	本年度在职人均公用经费与上年度在职人均公用经费的变动比率，用以反映和考核某一地区财政改善“保运转”状况的努力程度。	人均公用经费变动率 =［（本年度人均公用经费 - 上年度人均公用经费）/上年度人均公用经费］×100%
		民生支出占比	本年度民生支出数占当年公共财政预算支出的比重，一般通过与同类地区民生支出占比的比较，用以反映和考核某一地区财政“保民生”状况。	民生支出占比 =（民生支出数/当年公共财政预算支出数）×100% 民生支出数：以财政部确定的民生支出统计口径为准。
		民生支出占比变动率	本年度民生支出占比与上年度民生支出占比的变动比率，用以反映和考核某一地区财政改善民生的努力程度。	民生支出占比变动率 =［（本年度民生支出占比 - 上年度民生支出占比）/上年度的民生支出占比］×100%

续表

一级指标	二级指标	三级指标	指标解释	指标说明
投入	预算安排	“三公”经费变动率	本年度“三公”经费支出总额与上年度“三公”经费支出总额的变动比率，用以反映和考核某一地区财政控制和压缩重点行政成本的努力程度。	“三公”经费变动率＝［（本年度“三公”经费支出总额－上年度“三公”经费支出总额）/上年度“三公”经费支出总额］×100%
		预算完整性	纳入政府预算管理的各类预算是否完整，用以反映和考核某一地区财政预算综合管理的水平。	评价要点： ①公共财政预算是否纳入政府预算管理； ②国有资本经营预算是否纳入政府预算管理； ③政府性基金预算是否纳入政府预算管理； ④社会保障预算是否纳入政府预算管理。
		预算平衡性	本地区财政预算收支差额（预算净结余）是否为非负，用以反映和考核某一地区财政预算平衡情况。	预算净结余＝预算收入数－预算支出数
		财政供养人员控制率	本年度实际在职财政供养人员与标准在职财政供养人员的比率，反映和考核对某一地区财政对本级财政供养人数的实际控制程度。	财政供养人员控制率＝［（实际在职财政供养人员数－标准在职财政供养人数）/标准在职财政供养人数］×100%
		债务率	本年末本级政府性债务余额占综合财力的比重，反映和考核某一地区财政对债务规模和债务风险的控制程度。	债务率＝（本年末本级政府性债务余额/本年本地综合财力）×100% 综合财力：即政府公共财政预算支出、政府性基金支出、国有资本经营预算支出之和。

续表

一级指标	二级指标	三级指标	指标解释	指标说明
过程	预算执行	收入完成率	本年度公共财政预算收入实际完成数与公共财政收入预算数的比率，用以反映和考核某一地区收入预算的完成程度。	收入完成率 =（预算收入实际完成数/收入预算数）×100% 收入预算数：当地政府预算批复的本年度公共财政预算收入数。
		支出完成率	本年度公共财政预算支出完成数与公共财政支出预算数的比率，用以反映和考核某一地区支出预算的实际执行情况。	支出完成率 =（预算支出完成数/支出预算数）×100% 预算支出完成数：某一地区本年度实际完成的公共财政预算支出数。 预算支出数：当地政府预算批复的本年度公共预算支出数。
		支出均衡率	某一时点公共财政预算支出执行进度与支出进度标准的比率，用以反映和考核支出预算及时性和均衡性程度。	支出均衡率 =（支出执行进度/支出进度标准）×100% 支出执行进度：某一地区财政在某一时点的公共财政支出预算执行数与本年度公共财政支出预算的比率。 支出进度标准：某一地区财政部门参照序时支付近度、前三年平均支付进度、同一地区同级财政部门平均支付进度等确定的年度支出进度计划。
		资金结转率	本年度结转资金总额与公共财政支出预算的比率，用以反映和考核某一地区财政对结转资金的控制程度。	资金结转率 =（结转资金总额/公共财政支出预算）×100%
		资金结转变动率	本年度结转资金总额与上年度结转资金总额的变动比率，反映和考核某一地区财政控制结转资金的努力程度。	资金结转变动率 =［（本年度结转资金总额 - 上年度结转资金总额/上年度结转资金总额］×100%

续表

一级指标	二级指标	三级指标	指标解释	指标说明
过程	预算执行	“三公”经费控制率	本年度“三公”经费实际支出数与预算数的比率，用以反映和考核某一地区财政对重点行政成本的控制程度。	“三公”经费控制率 =（本年度“三公”经费实际支出数/“三公”经费预算数）×100%
		总预算暂存暂付率	总预算暂存款、暂付款期末余额与当年公共财政支出预算的比率，用以反映和考核某一地区财政对本级财政周转资金规模的控制程度。	总预算暂存暂付率 =（总预算暂存款、暂付款期末余额/当年公共财政支出预算）×100%
效果	经济效益	财政总收入占 GDP 的比重	本年度财政总收入占国内生产总值（GDP）的比重，用以反映和考核某一地区筹集财政收入及当地对经济和社会发展调控能力的水平。	财政总收入占 GDP 的比重 = 财政总收入/GDP 财政总收入：指当地当年的公共财政收入、政府性基金收入（不含国有土地使用权收入）、国有资本经营收入、社会保障收入。
		税收收入占比	本年度税收收入占公共财政预算收入的比重，一般可与同类地区税收收入占比的平均水平或与本地区确定的税收收入占比目标比较，用以反映和考核某一地区公共财政收入质量情况。	税收收入占比 =（税收收入/公共财政预算收入）×100%
		税收收入占比变动率	本年度税收收入占比与上年度税收收入占比的变动比率，用以反映和考核某一地区在改善公共财政收入质量方面的努力程度。	税收收入占比变动率 =［（本年度税收收入占比 - 上年度税收收入占比）/上年度税收收入占比］×100%

续表

一级指标	二级指标	三级指标	指标解释	指标说明
效果	经济效益	非税收入占比	本年度非税收入占公共财政预算收入的比重，一般可与同类地区非税收入占比的平均水平或与本地区确定的非税收入占比目标比较，用以反映和考核某一地区公共财政收入质量情况。	非税收入占比=（非税收入/公共财政预算收入）×100%
		非税收入占比变动率	本年度非税收入占比与上年度非税收入占比的变动比率，用以反映和考核某一地区在改善公共财政收入质量方面的努力程度。	非税收入占比变动率=［（本年度非税收入占比-上年度非税收入占比）/上年度非税收入占比］×100%
		财政支出乘数	当地国内生产总值（GDP）变动量与公共财政预算支出变动量之间的比值，用以反映和考核某一地区财政支出对当地经济的带动效应。	财政支出乘数=当地GDP变动量/公共财政预算支出变动量 GDP变动量=当年GDP-上年GDP 公共财政预算支出变动量=当年公共财政预算支出-上年公共财政预算支出
	社会效益	城镇居民人均可支配收入变动率	本年城镇居民人均可支配收入与上年城镇居民人均可支配收入的变动比率，用以反映和考核某一地区城镇居民的生活水平改善程度。	城镇居民人均可支配收入变动率=［（本年城镇居民人均可支配收入-上年城镇居民人均可支配收入）/上年城镇居民人均可支配收入）］×100% 城镇居民人均可支配收入=城镇居民可支配收入/当地城镇居民人口
		农村居民人均纯收入变动率	本年农村居民人均纯收入与上年农村居民人均纯收入的变动比率，用以反映和考核某一地区农村居民生活水平的改善程度。	农村居民人均纯收入变动率=［（本年农村居民人均纯收入-上年农村居民人均纯收入）/上年农村居民人均纯收入］×100% 农村居民人均纯收入=农村纯收入/当地农村居民人口

续表

一级指标	二级指标	三级指标	指标解释	指标说明
效果	社会效益	人均受教育年限变动率	本年人均受教育年限与上年人均受教育年限的变动比率，用以反映和考核某一地区教育普及的改善程度。	人均受教育年限变动率＝［（本年人均受教育年限－上年人均受教育年限/上年人均受教育年限］×100% 人均受教育年限＝受教育总年限/当地总人口
		人均期望寿命变动率	某一地区本年人均期望寿命值与上年人均期望寿命值的变动比率，用以反映和考核某一地区居民健康水平改善程度。	人均期望寿命变动率＝［（本年人均期望寿命－上年人均期望寿命/上年人均期望寿命］×100% 人均期望寿命：0岁人口的平均预期寿命
		城镇登记失业率变动率	本年城镇登记失业率与上年城镇登记失业率的变动比率，用以反映和考核某一地区城镇居民就业状况的改善程度。	城镇登记失业率变动率＝［（本年城镇登记失业率－上年城镇登记失业率）/上年城镇登记失业率］×100% 城镇登记失业率＝城镇登记失业人员期末实有人数/（城镇期末从业人员总数＋城镇登记失业人员期末实有人数）×100%
	生态效益	空气质量变动率	当年空气质量与上年空气质量的变动比率，用以反映和考核某一地区空气质量的改善程度。	空气质量变动率＝［（当年空气质量监测均值－上年空气质量监测均值）/上年空气质量监测均值］×100% 空气质量监测均值＝全年空气质量监测值之和/12
		人均公共绿地面积变动率	当地居民拥有的平均绿地面积的变动情况，用以反映和考核某一地区生态环境的改善程度。	人均公共绿地面积变动率＝［（当年人均公共绿地面积－上年人均公共绿地面积/上年人均公共绿地面积］×100% 人均公共绿地面积＝绿地总面积/当地居民总人数
		万元GDP能耗变动率	当年万元GDP能耗与上年万元GDP能耗的变动比率，用以反映和考核某一地区节能减排水平的改善程度。	万元GDP能耗变动率＝［（当年万元GDP能耗－上年万元GDP能耗/上年万元GDP能耗］×100% 万元GDP能耗＝综合能源消费量（吨标准煤）/GDP（万元）
	社会公众满意度		社会公众对当地财政理财效果的满意程度。	社会公众是指辖区内的部门（单位）、群体或个人，一般采取社会调查的方式。

附录十五

财政部关于进一步做好预算信息公开工作的指导意见

（2010 年 3 月 1 日　财预［2010］31 号）

党中央有关部门，国务院各部委、各直属机构，总后勤部，武警各部队，全国人大常委会办公厅，全国政协办公厅，高法院，高检院，有关人民团体，新疆生产建设兵团，有关中央管理企业，各省、自治区、直辖市、计划单列市财政厅（局）：

根据《中华人民共和国政府信息公开条例》（国务院令第 492 号，以下简称《条例》）和《国务院办公厅关于施行中华人民共和国政府信息公开条例若干问题的意见》（国办发［2008］36 号）、《国务院办公厅关于做好政府信息依申请公开工作的意见》（国办发［2010］5 号）、《财政部关于进一步推进财政预算信息公开的指导意见》（财预［2008］390 号）等文件要求，现就进一步做好预算信息公开工作提出如下意见：

一、充分认识做好预算信息公开工作的重要性和紧迫性

预算反映整个国家的政策，规定政府活动的范围和方向。预算信息公开是公共财政的本质要求，是推进政务公开的重要内容，也是各级财政部门和各部门贯彻落实《条例》要求的具体体现。当前，随着社会主义民主政治进程的推进，社会各界对预算信息公开的期望和呼声也越来越高。做好预算信息公开工作，有助于保障公民的知情权、参与权和监督权，推动社会主义政治文明与和谐社会建设；有助于建设高效廉洁政府，提高政府执政能力和办事效率；有助于促进依法理财、民主理财，加强财政科学化精细化管理；有助于提升预算管理水平，提高财政资金使用效益。各级财政部门和各部门一定要高度重视，充分认识当前推进预算信息公开工作的

重要性和紧迫性，认真做好预算信息公开工作。

二、积极做好预算信息主动公开工作

已向社会主动公开预算信息的地区和部门，要继续按照《条例》要求，进一步做好预算信息主动公开工作；还没有向社会主动公开预算信息的地区和部门，要认真按照《条例》要求，抓紧做好预算信息主动公开工作。在此基础上，还应按照下列要求，进一步大力推进预算信息公开工作。

（一）明确预算公开主体

各级政府财政部门负责本级政府总预算、决算的公开，各部门负责本部门预算、决算的公开。

（二）主动公开预算、决算

经同级人大或其常委会（以下简称“人大”）审议批准的预算、决算要主动向社会公开。公开的预算、决算，一要完整，原则上应包括一般预算收支预算表、一般预算收支决算表、政府性基金预算收支预算表、政府性基金预算收支决算表（参考格式见附件1、附件2、附件3、附件4）等。二要真实，预算、决算要真实反映本级财政收支情况，要将本地区从上级获得的转移性收入按规定列入本级预算、决算，同时在本级预算、决算中反映对下级的转移性支出。三要细化，一般预算收支预算表和一般预算收支决算表的收支项目按照《政府收支分类科目》的收入分类和支出功能分类基本编列到款级科目，政府性基金预算收支预算表和政府性基金预算收支决算表按照具体的基金收支项目编列。

（三）积极推动部门预算公开

各部门要按照《条例》相关规定，做好本部门预算信息公开工作。凡是《条例》规定应该公开、能够公开的事项，都应及时、主动公开。中央部门在公开部门预算时，原则上应将报送全国人大审议通过的部门预算中的收支预算总表和财政拨款支出预算表（参考格式见附件5、附件6），作为部门预算公开的最基本格式和内容先行公开。

（四）各级人大对于预算、决算报表以及部门预算报表的格式和内容有其他要求的，或要求另行报送其他报表的，按人大要求报送。

（五）大力推进重大民生支出公开

按照十七大关于着力保障和改善民生的“学有所教、劳有所得、病有所医、老有所养、住有所居”的要求，对预算安排的教育、医疗卫生、社会保障和就业、“三农”、保障性住房等涉及民生的重大财政专项支出的管理办法、分配因素等，要积极主动公开。

除上述按照规定要求主动公开的内容外，各地还可结合当地预算公开的实际情况，按照《条例》要求公开其他预算信息，积极主动做好预算信息公开工作。

三、认真做好预算信息依申请公开工作

公民、法人或者其他组织（以下简称“申请人”）根据自身生产、生活、科研等特殊需要申请获取预算信息的，各地区、各部门要依法受理，认真研究，妥善处理。

（一）依法受理依申请公开事项

要严格按照《条例》规定接受申请人申请的预算信息公开事项，核实申请的相关信息，对申请的形式和内容进行审查。对一些要求公开项目较多的申请，可要求申请人按照“一事一申请”原则对申请方式加以调整：即一个政府信息公开申请只对应一个政府信息项目。申请材料不符合要求或申请内容不明确的，应告知申请人做出更改、补充。同时，进一步完善申请的受理、审查、处理、答复程序，有关记录应当保存备查。

（二）认真研究依申请公开内容

要对申请内容进行认真分析与研究，区别不同情况进行答复。符合《条例》规定的，要及时向申请人公开。属于涉及秘密事项的信息，不予公开。属于制作过程中的信息或不存在的信息，以及不属于本部门公开的信息，要明确告知申请人。对申请人申请公开与本人生产、生活、科研等特殊需要无关的预算信息，可以不予提供。

（三）妥善处理依申请公开有关问题

要妥善处理依申请公开的有关问题，改进依申请公开服务。在办理过程中，应主动与申请人沟通。对于按照《条例》规定可以公开的信息，要在规定的程序和时限内及时予以答复；需要延期答复的，应办理延期答复

手续。不能公开的，应明确告知不能公开的理由，并耐心、细致地做好解释说明工作。同时，按照有关规定妥善处理研究课题类的申请。

四、切实做好预算信息公开相关基础工作

要进一步提高思想认识，加强协调配合，积极深化预算改革，完善制度机制，共同推进预算公开工作。

（一）进一步统一思想，提高认识

要高度重视预算信息公开工作，加强组织领导，认真学习《条例》及国务院关于贯彻落实政府信息公开的有关要求，掌握《条例》和文件的实质和精髓，进一步统一思想，提高认识，为做好预算信息公开工作打牢思想基础。

（二）建立协调机制，加强沟通配合

要建立健全预算信息公开工作协调机制，加强与同级政府信息公开主管部门、人大、审计等部门的沟通协调，预算信息公开工作中遇到的重大问题要及时向上级财政部门和主管部门反馈。要完善预算信息公开保密审查机制，规范审查程序，落实审查责任。省级财政部门要加强对市县财政部门预算信息公开工作的指导，上级主管部门要加强对下属单位预算信息公开工作的指导。

（三）深化预算改革，夯实公开基础

进一步深化预算管理改革，完善预算支出标准体系和政府收支分类体系，细化预算编制，提高年初预算到位率，增强预算编制的准确性、科学性。加快预算执行进度，减少结转和结余资金，提高财政资金使用绩效。加强政府网站建设，为预算信息公开提供技术保障。

（四）健全披露制度，强化公开责任

建立健全预算信息披露制度，充分利用政府门户网站、政府公告、新闻媒体、档案馆等途径，拓宽公开渠道。强化预算信息公开责任制度，制订预算信息公开工作考核办法，落实责任，加强考核，确保预算信息公开工作顺利开展。

附件：1. 地方财政一般预算收支预算表

　　　2. 地方财政一般预算收支决算表

3. 地方财政政府性基金预算收支预算表

4. 地方财政政府性基金预算收支决算表

5. 中央部门收支预算总表

6. 中央部门财政拨款支出预算表

附件：

1. 地方财政一般预算收支预算表

单位：亿元

收入		支出	
项目	预算数	项目	预算数
一、税收收入		一、一般公共服务	
增值税		其中：人大事务	
营业税		政协事务	
企业所得税		政府办公厅（室）及相关机构事务	
企业所得税退税		发展与改革事务	
个人所得税		统计信息事务	
资源税		财政事务	
固定资产投资方向调节税		审计事务	
城市维护建设税		海关事务	
房产税		人力资源事务	
印花税		人口与计划生育事务	
城镇土地使用税		商贸事务	
土地增值税		知识产权事务	
车船税		工商行政管理事务	
耕地占用税		质量技术监督与检验检疫事务	
契税		民族事务	
烟叶税		档案事务	
其他税收收入		群众团体事务	

续表

收入		支出	
项目	预算数	项目	预算数
二、非税收入		其他一般公共服务支出	
专项收入		二、外交	
行政事业性收费收入		其中：外交管理事务	
罚没收入		对外援助	
国有资本经营收入		三、国防	
国有资源（资产）有偿使用收入		四、公共安全	
其他收入		其中：武装警察	
		公安	
		法院	
		司法	
		缉私警察	
		其他公共安全支出	
		五、教育	
		教育管理事务	
		普通教育	
		职业教育	
		成人教育	
		广播电视教育	
		留学教育	
		特殊教育	
		教师进修及干部继续教育	
		教育费附加支出	
		其他教育支出	
		六、科学技术	
		其中：基础研究	
		应用研究	
		科技条件与服务	
		社会科学	
		科学技术普及	
		科技交流与合作	

续表

收　入		支　出	
项　　目	预算数	项　　目	预算数
		七、文化体育与传媒	
		文化	
		文物	
		体育	
		广播影视	
		新闻出版	
		其他文化体育与传媒支出	
		八、社会保障和就业	
		人力资源和社会保障管理事务	
		民政管理事务	
		财政对社会保险基金的补助	
		行政事业单位离退休	
		企业改革补助	
		就业补助	
		抚恤	
		退役安置	
		社会福利	
		残疾人事业	
		城市居民最低生活保障	
		其他城镇社会救济	
		自然灾害生活救助	
		红十字事业	
		农村最低生活保障	
		其他农村社会救济	
		其他社会保障和就业支出	
		九、医疗卫生	
		医疗卫生管理事务	
		公立医院	
		基层医疗卫生机构	
		公共卫生	
		医疗保障	
		中医药	
		食品和药品监督管理事务	
		其他医疗卫生支出	

续表

收　入		支　出	
项　目	预算数	项　目	预算数
		十、环境保护	
		环境保护管理事务	
		环境监测与监察	
		污染防治	
		自然生态保护	
		天然林保护	
		退耕还林	
		风沙荒漠治理	
		退牧还草	
		已垦草原退耕还草	
		能源节约利用	
		污染减排	
		可再生能源	
		资源综合利用	
		能源管理事务	
		其他环境保护支出	
		十一、城乡社区事务	
		城乡社区管理事务	
		城乡社区规划与管理	
		城乡社区公共设施	
		城乡社区环境卫生	
		建设市场管理与监督	
		其他城乡社区事务支出	
		十二、农林水事务	
		农业	
		林业	
		水利	
		南水北调	
		扶贫	
		农业综合开发	
		农村综合改革	
		其他农林水事务支出	

续表

收入		支出	
项目	预算数	项目	预算数
		十三、交通运输	
		其中：公路水路运输	
		车辆购置税支出	
		铁路运输	
		石油价格改革对交通运输的补贴	
		邮政业支出	
		其他交通运输支出	
		十四、资源勘探电力信息等事务	
		其中：资源勘探开发和服务支出	
		建筑业	
		电力监管支出	
		工业和信息产业监管支出	
		安全生产监管	
		国有资产监管	
		支持中小企业发展和管理支出	
		其他资源勘探电力信息等事务支出	
		十五、商业服务业等事务	
		商业流通事务	
		旅游业管理与服务支出	
		涉外发展服务支出	
		十六、金融监管等事务支出	
		其中：金融发展支出	
		农村金融发展支出	
		十七、地震灾后恢复重建支出	
		十八、国土资源气象等事务	
		国土资源事务	
		海洋管理事务	
		测绘事务	
		地震事务	
		气象事务	
		十九、住房保障支出	
		保障性住房支出	
		住房改革支出	
		城乡社区住宅	

续表

收　入		支　出	
项　　目	预算数	项　　目	预算数
		二十、粮油物资储备管理事务	
		其中：粮油事务	
		二十一、预备费	
		二十二、国债付息支出	
		其中：国内债务付息	
		国外债务付息	
		国内外债务发行	
		补充还贷准备金	
		财政部代理发行地方政府债券付息	
		二十三、其他支出	
		其中：汶川地震捐赠支出	
收入合计		支出合计	
债务收入		**国债还本支出**	
财政部代理发行地方政府债券收入		财政部代理发行地方政府债券还本	
转移性收入		**转移性支出**	
上级补助收入		补助下级支出	
返还性收入		返还性支出	
一般性转移支付收入		一般性转移支付支出	
专项转移支付收入		专项转移支付支出	
地震灾后恢复重建补助收入		地震灾后恢复重建补助支出	
省补助计划单列市收入		上解上级支出	
下级上解收入			
债券转贷收入		债券转贷支出	
转贷财政部代理发行地方政府债券收入		转贷财政部代理发行地方政府债券支出	
上年结余收入		增设预算周转金	
调入预算稳定调节基金		安排预算稳定调节基金	
调入资金		调出资金	
地震灾后恢复重建调入资金		年终结余	
收入总计		支出总计	

附件：

2. 地方财政一般预算收支决算表

单位：亿元

收入		支出	
项目	决算数	项目	决算数
一、税收收入		一、一般公共服务	
增值税		其中：人大事务	
营业税		政协事务	
企业所得税		政府办公厅（室）及相关机构事务	
企业所得税退税		发展与改革事务	
个人所得税		统计信息事务	
资源税		财政事务	
固定资产投资方向调节税		审计事务	
城市维护建设税		海关事务	
房产税		人力资源事务	
印花税		人口与计划生育事务	
城镇土地使用税		商贸事务	
土地增值税		知识产权事务	
车船税		工商行政管理事务	
耕地占用税		质量技术监督与检验检疫事务	
契税		民族事务	
烟叶税		档案事务	
其他税收收入		群众团体事务	
二、非税收入		其他一般公共服务支出	
专项收入		二、外交	
行政事业性收费收入		其中：外交管理事务	
罚没收入		对外援助	
国有资本经营收入		三、国防	

续表

收　入		支　出	
项　目	决算数	项　目	决算数
国有资源（资产）有偿使用收入		四、公共安全	
其他收入		其中：武装警察	
		公安	
		法院	
		司法	
		缉私警察	
		其他公共安全支出	
		五、教育	
		教育管理事务	
		普通教育	
		职业教育	
		成人教育	
		广播电视教育	
		留学教育	
		特殊教育	
		教师进修及干部继续教育	
		教育费附加支出	
		其他教育支出	
		六、科学技术	
		其中：基础研究	
		应用研究	
		科技条件与服务	
		社会科学	
		科学技术普及	
		科技交流与合作	
		七、文化体育与传媒	
		文化	
		文物	
		体育	
		广播影视	
		新闻出版	
		其他文化体育与传媒支出	

续表

收　入		支　出	
项　目	决算数	项　目	决算数
		八、社会保障和就业	
		人力资源和社会保障管理事务	
		民政管理事务	
		财政对社会保险基金的补助	
		行政事业单位离退休	
		企业改革补助	
		就业补助	
		抚恤	
		退役安置	
		社会福利	
		残疾人事业	
		城市居民最低生活保障	
		其他城镇社会救济	
		自然灾害生活救助	
		红十字事业	
		农村最低生活保障	
		其他农村社会救济	
		其他社会保障和就业支出	
		九、医疗卫生	
		医疗卫生管理事务	
		公立医院	
		基层医疗卫生机构	
		公共卫生	
		医疗保障	
		中医药	
		食品和药品监督管理事务	
		其他医疗卫生支出	
		十、环境保护	
		环境保护管理事务	
		环境监测与监察	
		污染防治	
		自然生态保护	

续表

收　入		支　出	
项　目	决算数	项　目	决算数
		天然林保护	
		退耕还林	
		风沙荒漠治理	
		退牧还草	
		已垦草原退耕还草	
		能源节约利用	
		污染减排	
		可再生能源	
		资源综合利用	
		能源管理事务	
		其他环境保护支出	
		十一、城乡社区事务	
		城乡社区管理事务	
		城乡社区规划与管理	
		城乡社区公共设施	
		城乡社区环境卫生	
		建设市场管理与监督	
		其他城乡社区事务支出	
		十二、农林水事务	
		农业	
		林业	
		水利	
		南水北调	
		扶贫	
		农业综合开发	
		农村综合改革	
		其他农林水事务支出	
		十三、交通运输	
		其中：公路水路运输	
		车辆购置税支出	
		铁路运输	
		石油价格改革对交通运输的补贴	
		邮政业支出	
		其他交通运输支出	

续表

收　入		支　出	
项　　目	决算数	项　　目	决算数
		十四、资源勘探电力信息等事务	
		其中：资源勘探开发和服务支出	
		建筑业	
		电力监管支出	
		工业和信息产业监管支出	
		安全生产监管	
		国有资产监管	
		支持中小企业发展和管理支出	
		其他资源勘探电力信息等事务支出	
		十五、商业服务业等事务	
		商业流通事务	
		旅游业管理与服务支出	
		涉外发展服务支出	
		十六、金融监管等事务支出	
		其中：金融发展支出	
		农村金融发展支出	
		十七、地震灾后恢复重建支出	
		十八、国土资源气象等事务	
		国土资源事务	
		海洋管理事务	
		测绘事务	
		地震事务	
		气象事务	
		十九、住房保障支出	
		保障性住房支出	
		住房改革支出	
		城乡社区住宅	
		二十、粮油物资储备管理事务	
		其中：粮油事务	

续表

收　　入		支　　出	
项　　目	决算数	项　　目	决算数
		二十一、预备费	
		二十二、国债付息支出	
		其中：国内债务付息	
		国外债务付息	
		国内外债务发行	
		补充还贷准备金	
		财政部代理发行地方政府债券付息	
		二十三、其他支出	
		其中：汶川地震捐赠支出	
收入合计		支出合计	
债务收入		国债还本支出	
财政部代理发行地方政府债券收入		财政部代理发行地方政府债券还本	
转移性收入		转移性支出	
上级补助收入		补助下级支出	
返还性收入		返还性支出	
一般性转移支付收入		一般性转移支付支出	
专项转移支付收入		专项转移支付支出	
地震灾后恢复重建补助收入		地震灾后恢复重建补助支出	
省补助计划单列市收入		上解上级支出	
下级上解收入			
债券转贷收入		债券转贷支出	
转贷财政部代理发行地方政府债券收入		转贷财政部代理发行地方政府债券支出	
上年结余收入		增设预算周转金	
调入预算稳定调节基金		安排预算稳定调节基金	
调入资金		调出资金	
地震灾后恢复重建调入资金		年终结余	
收入总计		支出总计	

附件：

3. 地方财政政府性基金预算收支预算表

单位：万元

收　入		支　出	
项　　目	预算数	项　　目	预算数
一、农网还贷资金收入		一、三峡工程建设基金支出	
二、山西省煤炭可持续发展基金收入		二、农网还贷资金支出	
三、山西省电源基地建设基金收入		三、山西省煤炭可持续发展基金支出	
四、福建省铁路建设附加费收入		四、山西省电源基地建设基金支出	
五、海南省高等级公路车辆通行附加费收入		五、福建省铁路建设附加费支出	
六、转让政府还贷道路收费权收入		六、民航机场管理建设费支出	
七、港口建设费收入		七、海南省高等级公路车辆通行附加费支出	
八、散装水泥专项资金收入		八、转让政府还贷道路收费权支出	
九、新型墙体材料专项基金收入		九、港口建设费支出	
十、文化事业建设费收入		十、散装水泥专项资金支出	
十一、地方教育附加收入		十一、新型墙体材料专项基金支出	
十二、江苏省地方教育基金收入		十二、对外贸易发展基金支出	
十三、国家电影事业发展专项资金收入		十三、旅游发展基金支出	
十四、新菜地开发建设基金收入		十四、援外合资合作项目基金支出	
十五、新增建设用地土地有偿使用费收入		十五、国家茧丝绸发展风险基金支出	
十六、育林基金收入		十六、文化事业建设费支出	
十七、森林植被恢复费		十七、地方教育附加支出	
十八、水利建设基金收入		十八、江苏省地方教育基金支出	
十九、南水北调工程建设基金收入		十九、国家电影事业发展专项资金支出	
二十、山西省水资源补偿费收入		二十、新菜地开发建设基金支出	
二十一、残疾人就业保障金收入		二十一、新增建设用地土地有偿使用费支出	
二十二、政府住房基金收入		二十二、育林基金支出	
二十三、城市公用事业附加收入		二十三、森林植被恢复费支出	

续表

收　入		支　出	
项　目	预算数	项　目	预算数
二十四、国有土地使用权出让金收入		二十四、水利建设基金支出	
二十五、国有土地收益基金收入		二十五、南水北调工程建设基金支出	
二十六、农业土地开发资金收入		二十六、山西省水资源补偿费支出	
二十七、大中型水库库区基金收入		二十七、残疾人就业保障金支出	
二十八、彩票公益金收入		二十八、政府住房基金支出	
二十九、城市基础设施配套费收入		二十九、城市公用事业附加支出	
三十、小型水库移民扶助基金收入		三十、国有土地使用权出让金支出	
三十一、国家重大水利工程建设基金收入		三十一、国有土地收益基金支出	
三十二、车辆通行费		三十二、农业土地开发资金支出	
三十三、船舶港务费		三十三、大中型水库移民后期扶持基金支出	
三十四、外国团体来华登山注册费		三十四、大中型水库库区基金支出	
三十五、其他政府性基金收入		三十五、三峡水库库区基金支出	
		三十六、彩票公益金支出	
		三十七、城市基础设施配套费支出	
		三十八、小型水库移民扶助基金支出	
		三十九、国家重大水利工程建设基金支出	
		四十、车辆通行费支出	
		四十一、船舶港务费支出	
		四十二、外国团体来华登山注册费支出	
		四十三、其他政府性基金支出	
收入合计		支出合计	
转移性收入		转移性支出	
政府性基金转移收入		政府性基金转移支付	
地震灾后恢复重建补助收入		地震灾后恢复重建补助支出	
上年结余收入		调出资金	
调入资金		年终结余	
收入总计		支出总计	

附件：

4. 地方财政政府性基金预算收支决算表

单位：万元

收入		支出	
项目	决算数	项目	决算数
一、农网还贷资金收入		一、三峡工程建设基金支出	
二、山西省煤炭可持续发展基金收入		二、农网还贷资金支出	
三、山西省电源基地建设基金收入		三、山西省煤炭可持续发展基金支出	
四、福建省铁路建设附加费收入		四、山西省电源基地建设基金支出	
五、海南省高等级公路车辆通行附加费收入		五、福建省铁路建设附加费支出	
六、转让政府还贷道路收费权收入		六、民航机场管理建设费支出	
七、港口建设费收入		七、海南省高等级公路车辆通行附加费支出	
八、散装水泥专项资金收入		八、转让政府还贷道路收费权支出	
九、新型墙体材料专项基金收入		九、港口建设费支出	
十、文化事业建设费收入		十、散装水泥专项资金支出	
十一、地方教育附加收入		十一、新型墙体材料专项基金支出	
十二、江苏省地方教育基金收入		十二、对外贸易发展基金支出	
十三、国家电影事业发展专项资金收入		十三、旅游发展基金支出	
十四、新菜地开发建设基金收入		十四、援外合资合作项目基金支出	
十五、新增建设用地土地有偿使用费收入		十五、国家茧丝绸发展风险基金支出	
十六、育林基金收入		十六、文化事业建设费支出	
十七、森林植被恢复费		十七、地方教育附加支出	
十八、水利建设基金收入		十八、江苏省地方教育基金支出	
十九、南水北调工程建设基金收入		十九、国家电影事业发展专项资金支出	
二十、山西省水资源补偿费收入		二十、新菜地开发建设基金支出	
二十一、残疾人就业保障金收入		二十一、新增建设用地土地有偿使用费支出	
二十二、政府住房基金收入		二十二、育林基金支出	

续表

收　　入		支　　出	
项　　目	决算数	项　　目	决算数
二十三、城市公用事业附加收入		二十三、森林植被恢复费支出	
二十四、国有土地使用权出让金收入		二十四、水利建设基金支出	
二十五、国有土地收益基金收入		二十五、南水北调工程建设基金支出	
二十六、农业土地开发资金收入		二十六、山西省水资源补偿费支出	
二十七、大中型水库库区基金收入		二十七、残疾人就业保障金支出	
二十八、彩票公益金收入		二十八、政府住房基金支出	
二十九、城市基础设施配套费收入		二十九、城市公用事业附加支出	
三十、小型水库移民扶助基金收入		三十、国有土地使用权出让金支出	
三十一、国家重大水利工程建设基金收入		三十一、国有土地收益基金支出	
三十二、车辆通行费		三十二、农业土地开发资金支出	
三十三、船舶港务费		三十三、大中型水库移民后期扶持基金支出	
三十四、外国团体来华登山注册费		三十四、大中型水库库区基金支出	
三十五、其他政府性基金收入		三十五、三峡水库库区基金支出	
		三十六、彩票公益金支出	
		三十七、城市基础设施配套费支出	
		三十八、小型水库移民扶助基金支出	
		三十九、国家重大水利工程建设基金支出	
		四十、车辆通行费支出	
		四十一、船舶港务费支出	
		四十二、外国团体来华登山注册费支出	
		四十三、其他政府性基金支出	
收入合计		支出合计	
转移性收入		转移性支出	
政府性基金转移收入		政府性基金转移支付	
地震灾后恢复重建补助收入		地震灾后恢复重建补助支出	
上年结余收入		调出资金	
调入资金		年终结余	
收入总计		支出总计	

附件：

5. 中央部门收支预算总表

单位：万元

收入		支出	
项目	预算数	项目	预算数
一、财政拨款		一、一般公共服务	
二、行政单位预算外资金		二、外交	
三、事业收入		三、国防	
四、事业单位经营收入		四、教育	
五、其他收入		五、科学技术	
		六、文化体育与传媒	
		……	
		……	
本年收入合计		本年支出合计	
用事业基金弥补收支差额		结转下年	
上年结转			
收入总计		支出总计	

附件：

6. 中央部门财政拨款支出预算表

单位：万元

科目编码	科 目	合 计	基本支出	项目支出	备注
201	一般公共服务				
20101	人大事务				
……	……				
……	……				
……	……				
……	……				
……	……				
……	……				
……	……				
	合计				

注：本表按照政府收支分类科目列示到款级科目。

附录十六

财政部关于进一步做好预算执行工作的指导意见

（2010年1月22日　财预［2010］11号）

党中央有关部门，国务院各部委、各直属机构，总后勤部，武警各部队，全国人大常委会办公厅，全国政协办公厅，高法院，高检院，有关人民团体，新疆生产建设兵团，有关中央管理企业，各省、自治区、直辖市、计划单列市财政厅（局）：

近年来，各地区、各部门积极采取措施，切实加强预算管理，取得了一定成效，但预算执行仍然存在一些问题。为发挥财政政策在扩内需、保增长、调结构、惠民生等方面的积极作用，增强预算执行的时效性和均衡性，提高财政资金使用效益，现就进一步做好预算执行工作提出如下意见：

一、进一步完善预算编制

预算编制与预算执行关系密切，各地区、各部门、各单位要采取有效措施，进一步做细、做实、做准预算，为预算执行打下良好基础。

各级财政部门、有预算分配权的主管部门、其他有关部门要积极推进预算编制改革，严格控制代编预算规模，提高预算到位率，切实把预算细化到部门，细化到基层单位，细化到具体项目。

各单位要科学合理编制本单位预算，基本支出预算应严格按照定额管理要求编制，项目支出预算要提高精细化水平，做好项目评估和可行性论证，确保列入年度预算的项目切实可行，对跨年度项目要根据项目进度分年安排，推动项目的滚动管理。

要完善预算编制与预算执行相结合的机制，加强结转和结余资金管理。对部门、单位年底形成的财政拨款结转和结余资金，各级财政部门应统筹安排使用。

二、及时批复和下达预算

各级财政部门应当自本级人民代表大会批准本级政府预算之日起 30 日内批复本级各部门预算。本级各部门应当自本级财政部门批复本部门预算之日起 15 日内批复所属各单位预算。

对年初代编预算，各级财政部门、有预算分配权的主管部门、其他有关部门要及时做好资金分配方案的细化和指标下达工作。各级财政部门年初代编安排的预算（包括有预算分配权的主管部门分配的资金），要尽量在 6 月 30 日前落实到部门和单位，超过 9 月 30 日仍未落实到部门和单位且无正当理由的，除据实结算项目外，全部收回总预算，调剂用于其他支出或平衡预算。各部门代编的预算要尽量在 6 月 30 日前全部细化到所属预算单位，超过 9 月 30 日仍未细化到具体承担单位而无法执行的预算，要全部作调减预算处理。

上级财政部门要按照《财政部关于进一步提高地方预算编报完整性的通知》（财预［2008］435 号）的规定将转移支付预计数告知下级财政部门，下级财政部门要将上级财政部门告知的转移支付预计数列入本级预算。本级财政安排的一般性转移支付和专项转移支付，除据实结算等特殊项目外，原则上应在本级人民代表大会批准预算后 90 日内尽快下达。据实结算等特殊项目，可先下达、后清算或分季下达。对上级财政下达的转移支付，本级财政部门要在 30 日内分解下达到本级有关部门和下级财政部门。

三、规范追加预算管理

对预备费、当年预计要安排的超收收入，各级财政部门要结合经济和社会事业发展情况，提前做好支出安排预案，并严格依照程序报经批准后，及时落实到具体单位和项目。

各地区、各部门申请追加预算，除特殊事项外，应在 8 月 31 日前将追加预算的申请报财政部门；财政部门要在 9 月 30 日前办理完毕，超过上述时限，财政部门不再办理。

四、加强预算资金支付管理

在本级人民代表大会批准政府预算草案前，各级财政部门要按照规定，认真做好资金的预拨工作。对可以预拨的各部门、各单位的基本支出，要按照年度均衡性原则拨付；项目支出，要结合项目实施进度按照一定比例拨付。对一些特殊项目，要根据实际工作需要，引入预拨和清算制度，及时拨付资金。

各部门、各单位要根据工作和事业发展计划，认真做好项目预算执行的各项前期准备。要根据年度预算安排和项目实施进度等认真编制分月用款计划，及时提出支付申请。各级财政部门要及时审核、下达用款额度或支付，同时，要加强资金支付管理，防止超预算、超进度拨款。

各级财政部门要根据部门和单位用款计划，结合全年收入入库情况，加强库款管理和资金调度，完善预算周转金管理，切实保障基层财政部门资金周转和用款单位支出需要。

五、切实做好预算执行基础工作

各部门、各单位要建立健全预算支出责任制度，明确考核指标，将责任落实到岗，任务落实到人，并与工作业绩考核挂钩，完善内部约束和激励机制。

要加强预算执行分析，及时掌握预算执行动态，做好督促检查工作，并加大对重点单位、重点项目特别是各类建设项目的监控力度，促进重点单位、重点项目切实加快执行进度。对有关单位存在的预算执行不力等问题，要采取通报、约谈等方式，督促有关单位及时解决。

各地区、各部门要充分认识加强预算执行管理的重要意义，加强组织领导，坚持依法理财，推进财政科学化、精细化管理，健全财政管理体制机制，提高工作效率，切实把预算执行工作抓紧抓实抓好。

附录十七

国务院办公厅转发财政部关于深化收支两条线改革进一步加强财政管理意见的通知

（2001 年 12 月 10 日　国办发［2001］93 号）

各省、自治区、直辖市人民政府，国务院各部委、各直属机构：

财政部《关于深化收支两条线改革进一步加强财政管理的意见》已经国务院同意，现转发给你们，请认真贯彻执行。

附件：关于深化收支两条线改革进一步加强财政管理的意见

附件：

关于深化收支两条线改革进一步加强财政管理的意见

党的十五届六中全会通过的《中共中央关于加强和改进党的作风建设的决定》明确提出，要“推行和完善部门预算、国库集中收付、政府采购、招投标等制度。”“强化预算管理和审计监督，经费按预算支出，不得随意追加。加强财政专户管理，逐步实行预算内外资金统管的财政综合预算。清理和取消‘小金库’，严禁设立账外账。”“执收执罚部门都要严格执行收支两条线制度。”从制度上、源头上治理腐败，加强和改进党的作风建设。为了认真贯彻这一精神，从根本上解决预算外资金管理中存在的突出问题，我部在反复研究并征求有关部门意见的基础上，对深化收支两条线改革，进一步加强财政管理提出以下意见。

一、目前预算外资金管理的有关情况

近年来，各地区、各部门按照国务院和中纪委的有关规定，不断推进和加强政府收费和罚没收入“收支两条线”的管理工作，财政部先后会同有关部门制定了一系列收费和罚没收入“收支两条线”管理以及银行账户管理等方面的规定。罚没收入和相当一部分收费收入已纳入预算管理，对绝大部分预算外资金实行了财政专户管理。当前存在的主要问题是：上缴的收费和罚没收入与执收单位的支出安排仍存在挂钩现象；部门预算未将执收单位预算内外资金统筹安排；中央本级大部分收费仍由单位自收自缴，没有实行收缴分离；执收单位预算外资金使用仍不够规范、合理等，从而导致部门之间行政开支、职工收入水平差距较大，收费和罚没收入中乱收、乱罚、截留、挪用现象比较突出，群众意见较大，影响了党和政府的形象。

二、深化“收支两条线”改革的意见

深化“收支两条线”改革需要做好三个方面的工作：一是要将各部门的预算外收入全部纳入财政专户管理，有条件的纳入预算管理，任何部门不得“坐收”、“坐支”。二是部门预算要全面反映部门及所属单位预算内外资金收支状况，提高各部门支出的透明度。同时，财政部门要合理核定支出标准，并按标准足额供给经费。三是要根据新的情况，修订、完善有关法规和规章制度，使“收支两条线”管理工作法制化、制度化、规范化。

（一）对中央部门区分不同情况，分别采取将预算外资金纳入预算管理或实行收支脱钩管理等办法

1. 抓好基础工作，继续清理整顿现行收费。在进一步清理整顿的基础上，陆续公布取消不合法、不合理的收费项目；将部分不体现政府行为的行政事业性收费转为经营服务性收费并依法征税。同时，加强对收费的财政审批管理和监督检查，规范收费行为。

2. 将公安部、最高人民法院、海关总署、工商总局、环保总局 5 个行政执法部门按规定收取的预算外收入（不含所属院校的收费，下同。见附

件1）全部纳入预算，全额上缴中央国库；其支出由财政部按该部门履行职能的需要核定，确保经费供给。

3. 对国家质检总局、外经贸部、证监会、保监会等28个中央部门的预算外资金（见附件2），实行收支脱钩管理。其预算外收入缴入财政专户，财政部按核定的综合定额标准，统筹安排年度财政支出，编制综合财政预算。

4. 改变国税系统、海关系统按收入比例提取经费的办法，实行"预算制"。从2002年起，按照部门预算的统一要求核定经费支出。

5. 为了保证试点单位的支出需要，对上述实行预算外收入纳入预算管理和收支脱钩试点的部门，按适当的比例核定部门机动经费，由部门按规定使用。

6. 其他有预算外收入的部门，暂维持现行管理方式，但要进一步强化预算外收支管理，今后将根据改革的进展情况研究制订规范的管理办法。

（二）从2002年开始，在编制部门预算时，中央级行政事业单位要编制基本支出预算、项目预算以及政府采购预算

1. 对中央级行政单位和依照国家公务员制度管理的一级事业单位所开支的行政性经费，以及具备试行定员定额管理条件的事业单位开支的事业费，要按定员定额管理方法编制基本支出预算。

2. 所有编制基本支出预算的单位，要同时编制项目预算。项目支出预算要在对申报项目进行充分的可行性论证和严格审核的基础上，按照轻重缓急进行项目排序，并结合当年财力状况，优先安排急需、可行的项目。对财政预算安排的项目，其实施过程及完成结果要进行绩效考评，追踪问效。

3. 所有编制项目预算的单位，都要正式编制政府采购预算，财政部在批复其部门预算时一并批复。

（三）改革预算外资金收缴制度，实行收缴分离

从2002年开始，按照财政国库管理制度改革方案的要求，对中央单位现行的预算外资金收缴制度进行改革，实行收缴分离。

1. 取消现行各执收单位开设的各类预算外资金账户，改由财政部门按执收单位分别开设预算外资金财政汇缴专户，从根本上避免资金的截留、挤占、挪用和坐收坐支。该账户只能用于预算外收入收缴，不得用于执收

单位的支出。应缴纳有关收费的单位或个人，根据执收单位发出的缴款通知，直接将收入缴入指定的预算外资金财政汇缴专户。暂时难以直接缴入财政汇缴专户的少量零星收入和当场执收的收入（如工本费等），可先由缴款单位和个人直接缴给执收单位，再由执收单位及时将收入缴入预算外资金财政汇缴专户。同时，取消原对一些单位实行的预算外收入按一定比例留用、不上缴财政专户的管理办法。

2. 对预算外资金汇缴专户实行零余额管理。预算外资金财政汇缴专户的收缴清算业务，由财政部门按规定程序委托代理银行办理。每日由代理银行通过资金汇划清算系统将缴入预算外资金财政汇缴专户的资金，全部划转到预算外资金财政专户，实行零余额管理。同时，代理银行根据财政部门的规定，按照与财政部门签订的委托代理协议的要求，对收缴的收入按部门进行分账核算，并及时向执收单位及其主管部门、财政部门反馈有关信息。

预算外资金收入收缴制度改革是实施财政收入收缴制度改革的第一步。今后，还将对纳入预算管理的其他非税收收入和税收收入收缴制度实施改革。

（四）促进地方加大“收支两条线”改革力度

从总体上看，地方都在大力推进“收支两条线”的改革工作，但地区之间不平衡。为了进一步促进地方加强“收支两条线”管理，从 2002 年起，地方公安、法院、工商、环保、计划生育等执收执罚部门的预算外收费收入要全部上缴地方国库，纳入预算管理。地方其他行政事业单位收费一律缴入财政专户管理。在收缴制度上，继续推行和完善收费、罚没收入实行“单位开票、银行代理、财政统管”的征管体制。同时，地方要加快部门预算的改革步伐。2002 年省级财政都要对公安、法院、工商、环保、计划生育等部门实行部门预算，并尽可能扩大省级实行部门预算的范围；地（市）级财政也要对上述部门实行部门预算，并为扩大部门预算改革范围做好准备；有条件的地区还可以在县级财政进行部门预算改革试点。2003 年省级财政对全部行政单位都要实行部门预算，省以下单位实行部门预算的范围要进一步扩大。

三、推进上述改革需要注意解决的几个问题

对实行规范的“收支两条线”管理可能遇到的有关问题，采取以下措施妥善解决：

1. 关于各单位津贴补助水平问题。目前，各部门为了解决本单位福利待遇问题，在国家统一规定的工资之外，还发放了数额不等的津贴。这些津贴补助所需资金有的来自预算外收入，有的来自机关服务中心或从下属单位集中的资金。改革后，由于这部分津贴失去部分资金来源，可能要影响到部分单位的津贴补助水平。对此，应通过建立规范的津贴制度解决。考虑到2002年部门预算已经开始编制，为在2002年部门预算中体现深化“收支两条线”改革的要求，先采取以下过渡办法：请各部门如实报送上年发放津贴补助的数额及资金来源，在核定的基础上，对其中用预算外资金安排的部分，由财政在部门预算中予以安排；用其他资金来源安排的部分可暂维持原渠道。采取上述办法后，各部门不得再从预算外资金中另行安排相应的支出。

2. 关于差旅费等公用经费问题。过去财政核定的差旅费等公用经费标准偏低，是造成各部门行政经费紧张的重要原因之一，相当一些部门用预算外资金或向下转移等办法弥补差旅费、会议费、接待费等公用经费的不足。对此，财政部已经在2001年进行定员定额试点时，较大幅度提高了行政单位的支出定额。在编制2002年部门预算时，财政部将进一步提高支出定额，逐步使行政经费预算能够基本符合行政单位行使职能的实际支出需要，杜绝部门乱拉、挪用其他资金弥补行政支出的问题。在提高行政单位支出定额的同时，财政部要积极会同有关部门抓紧研究修改差旅费等公用经费开支标准。

3. 关于公费医疗经费超支问题。目前一些部门公费医疗经费超支严重，许多部门使用预算外收入弥补公费医疗经费不足。由于2002年中央、国家机关和事业单位将按属地化的原则参加北京市的公费医疗制度改革，单位缴付的基本医疗保险费和公务员的医疗补助经费由财政列入当年财政预算予以保证，并实行专款专用、单独建账、单独管理，因此不会再出现公费医疗经费超支的情况。对于以前年度积累下来的公费医疗超支经费，

财政部将会同有关部门尽快研究解决办法。

4. 关于事业单位改革问题。中央事业单位的预算外资金规模较大，加强这部分预算外资金的管理，需要与事业单位改革结合起来。我们将根据事业单位改革的进展情况，提出事业单位预算外资金管理改革的措施。

5. 关于一些单位支出水平过高的问题。目前有些单位因情况特殊和历史原因，人员经费、日常公用经费水平很高，又缺乏相应的开支标准，实行收支脱钩管理后，支出核定亟须制定相应的标准。为保证 2002 年部门预算及时编制，对有关单位暂维持其现有开支水平。同时，由财政部会同有关部门抓紧研究制订这些单位的经费开支标准，待国务院批准后，从 2003 年起改按新的开支标准核定支出。

6. 关于超编人员的经费处理问题。目前，一些部门，尤其是地方部门的超编人员经费主要通过预算外资金解决，深化“收支两条线”改革后，各项收费全部纳入预算上缴国库，支出由财政根据职能需要重新核定，超编人员经费将失去来源。在国务院有关部门研究提出妥善解决人员超编问题的办法之前，可采取过渡办法，即在一定时间内财政只安排超编人员的个人经费，不再安排公用经费。

7. 关于可能出现上缴收入下降问题。实行收支脱钩以后，如果管理工作跟不上，一些部门和相关人员可能出现应收不收、应罚不罚，弱化执法力度问题，也会加大中央和地方财政的支出压力。对此，有关部门要切实贯彻《违反行政事业性收费和罚没收入收支两条线管理规定行政处分暂行规定》（国务院令第 281 号），加强监督检查，对不履行职责，应收不收，应罚不罚的有关责任人员，要予以严肃查处，并选择典型案例予以曝光，确保预算外资金的依法收缴和清算。

8. 关于严肃财经纪律问题。深化“收支两条线”改革后，各部门必须严格执行国务院有关规定，将罚没收入、行政性收费和预算外收入，及时足额地缴入国库或预算外资金财政专户，严禁转移、截留资金，严禁私设过渡性收入账户滞留不缴，严禁挪用、坐支，严禁私分或擅自用于职工福利，严禁将执收执罚权力擅自下放给所属事业单位。违反上述规定的，监察部门要严肃追究有关部门主要领导和相关人员的责任，给予必要的政纪处分。触犯刑律的，要追究刑事责任。

深化“收支两条线”改革是一项复杂的工作。财政部门要切实转变工作作风，从讲政治、顾大局、反腐败的高度认识这项改革的重大意义，增强改革意识、服务意识和保障意识。该保证的经费要足额安排，该拨付的资金要及时拨付，确保预算单位行使职能不受影响。要充分考虑改革单位的实际情况，实事求是地合理核定收支规模与支出标准。2002 年中央和地方预算安排都要留有余地，确保如出现收入下降时能保证必需的支出。

附件：1. 预算外资金纳入预算管理部门及预算外收入项目表

2. 预算外资金实行收支脱钩管理部门及预算外收入项目表

附件 1：

预算外资金纳入预算管理部门及预算外收入项目表

	部门名称	预算外收入项目
1	公安部	消防产品质量认证收费
2	最高人民法院	诉讼费
3	海关总署	车辆超时占用验场费，报关员培训考试发证费，货物行李物品保管费，验车费
4	环保局	环境监测服务费，核设施环境影响报告审评费，化学品进口登记费，利用外资项目管理费
5	工商总局	经济合同示范文本工本费

注：各部门预算外收入均未包括其高校、中专的院校收费。

附件2：

预算外资金实行收支脱钩管理部门及预算外收入项目表

	部门名称	预算外收入项目
1	外交部	驻外使馆公证翻译费，代办外国签证费，代发电报收费，其他预算外收入
2	外经贸部	机电产品进口证明工本费，政府性基金（援外合资合作基金、对外工程保函基金）
3	国土资源部	饮用天然矿泉水生产审评费，地质成果资料有偿使用费，地质勘察报告审批费，探矿权、采矿权使用费和价款，大型精密仪器协作共用费
4	人事部	高级公务员培训费，价格鉴定师执业资格考试考务费，经济员资格考试报名考务费，人才流动服务费，职称外语等级考试合格证书工本费，注册城市规划师资格考试考务费，专业技术资格证书工本费，机关事业单位工人技术岗位证书费，国际商务师考务费，执业药师考务费，监理工程师考务费，造价工程师考务费，注册税务师考务费，企业法律顾问考务费，资产评估师考务费
5	测绘局	测绘成果成图资料收费，测绘产品质量监检费，测绘仪器检测收费，测绘工作证、资格证工本费，主管部门集中的收入
6	民航总局	其他预算外收入
7	中国贸促会	货物原产地证明书费，认证费，仲裁费，涉外经贸调解费，ATA单证册收费
8	药品监管局	药品检验费，麻醉药品、精神药物进出口许可证费，特殊化学品出口许可证费
9	劳动保障部	主管部门集中收入
10	国防科工委	核应急准备基金
11	中直机关事务管理局	明传电报收费，商用密码产品科研、生产单位证估费，商用密码产品特许销售年费
12	海洋局	海洋废弃物倾倒费
13	文化部	其他预算外收入
14	建设部	城市规划设计证书收费

续表

	部门名称	预算外收入项目
15	国管局	培训费，考试费，会计证工本费
16	档案局	档案收费，科学技术档案信息资源收费
17	统计局	统计专业职称资格考试报名费，统计人员岗位培训费
18	中国对外友好协会	其他预算外收入
19	铁道部	罐车安全生产许可证费
20	人民银行	贷款证收费
21	知识产权局	专利代理人资格考试报名考务费，知识产权培训中心办学经费
22	中央党校	其他预算外收入
23	行政学院	培训费
24	武警消防局	消防产品生产许可证费，消防产品质量认证费
25	外文出版发行事业局	主管部门集中收入
26	质检总局	条型码服务费，统一代码标识证书费，计量器具检定收费，仲裁检定费，新产品定型检定费，计量检定费，定级鉴定费，制造、修理计量器具许可证费，棉花监督检验收费，棉花检验师资格考试收费，产品质量监督检验费，计量器具型式合格证书费，锅炉压力容器、管道及特许设备制造许可证费，生产许可证收费，进出口商品检验鉴定费，进出境动植物检疫费，国境卫生检疫费，进口食品卫生检验费
27	证监会	证券、期货市场监管费，报名考试费，证券、期货从业人员资格证书工本费
28	保监会	保险业务监管费，精算师资格考试费，保险中介人资格考试费，《保险代理人资格证书》工本费，《保险经纪人资格证书》工本费，《保险公估人资格证书》工本费

注：各部门预算外收入均未包括其高校、中专的院校收费。

附录十八

财政部关于将按预算外资金管理的收入纳入预算管理的通知

（2010 年 6 月 1 日　财预［2010］88 号）

国务院各部委、各直属机构，总后勤部，高法院，高检院，各省、自治区、直辖市、计划单列市财政厅（局），新疆生产建设兵团财务局：

为贯彻落实全国人大和国务院有关规定，决定从 2011 年 1 月 1 日起，将按预算外资金管理的收入（不含教育收费，以下简称预算外收入）全部纳入预算管理，现就有关事宜通知如下：

一、预算管理方式

自 2011 年 1 月 1 日起，中央各部门各单位（以下简称中央部门）的教育收费（包括目前在财政专户管理的高中以上学费、住宿费，高校委托培养费，党校收费，教育考试考务费，函大、电大、夜大及短训班培训费等，以下简称教育收费）作为本部门的事业收入，纳入财政专户管理，收缴比照非税收入收缴管理制度执行。

中央部门预算外收入（含以前年度欠缴及未缴财政专户的资金和财政专户结余资金）全部上缴中央国库，支出通过一般预算或政府性基金预算安排。根据各项收入的性质，纳入预算管理的具体方式如下：

（一）交通运输部集中的航道维护收入纳入政府性基金预算管理。

（二）中央部门收取的主管部门集中收入、国有资产出租出借收入、广告收入、捐赠收入、回收资金、利息收入等预算外收入纳入一般预算管理，使用时用于收入上缴部门的相关支出，专款专用。

二、收入预算级次和支出安排原则

预算外收入纳入预算管理后，收入预算级次保持不变，原上缴中央财政专户的收入上缴中央国库。

财政部门要及时核拨预算资金，保障相关中央部门的正常运转经费和相关事业开支。纳入政府性基金预算的，执收单位所需支出按政府性基金方式管理。纳入一般预算的，原执收单位为财政补助事业单位的，支出由同级财政安排；原执收单位为经费自理事业单位的，由同级财政通过安排其上级主管部门相关项目支出解决。

教育收费的资金拨付，由财政部门根据部门预算和用款申请，从财政专户中核拨。

三、2011年政府收支分类科目修订

全部预算外收入纳入预算管理后，相应修订《2011年政府收支分类科目》，取消全部预算外收支科目，具体修订情况如下：

（一）收入分类

1. 删除下列收入科目。

（1）10304款“行政事业性收费”所有项级科目下的99目“其他缴入财政专户的××行政事业性收费”和103044467目“农科院研究生院研究生培养费”。

（2）11006款“预算外转移收入”及其下的01项“预算外补助收入”和02项“预算外上解收入”。

（3）1100804项“预算外上年结余收入”。

（4）1101003项“调入预算外资金”。

2. 增设有关收入科目。

（1）增设1030170项“长江口航道维护收入”，科目说明为“中央收入科目。反映交通运输部集中的航道维护收入。”

（2）在1030299项“其他专项收入”下增设01目“广告收入”、99目“其他专项收入”，科目说明统一为“中央与地方共用收入科目”。

（3）在10304款“行政事业性收费收入”下除教育、党校外的其他项级科目下新增71目“教育收费”，科目说明为“中央与地方共用收入科目，反映缴入财政专户、实行专项管理的高中以上学费、住宿费，高校委托培养费，函大、电大、夜大及短训班培训费等教育收费”。

3. 修改部分科目的说明，将预算外专户收入科目全部调整为一般预算科目。

（1）删除以下科目说明中“一般预算和预算外专户收入科目，根据具体文件确定”的内容：

1030705 项“利息收入”下的 02 目“财政专户存款利息收入”、03 目“有价证券利息收入”、99 目“其他利息收入”，1030706 项“非经营性国有资产收入”，1030707 项“出租车经营权有偿出让和转让收入”，1030799 项“其他国有资源（资产）有偿使用收入”，1039901 项“捐赠收入”及其下的 03 目“汶川地震捐赠收入”，1039999 项“其他收入”。

（2）删除以下科目说明中“预算外专户收入”的内容：1039904 项“主管部门集中收入”、1039905 项“国际赠款有偿使用费收入”、1039906 项“乡镇统筹和自筹收入”。

（3）将 1039910 项“彩票发行机构和彩票销售机构的业务费用”的科目说明调整为“中央与地方共用事业收入科目。反映缴入财政专户的彩票发行机构和彩票销售机构上缴财政的业务费用。”

（4）将 10304 款“行政事业性收费收入”的科目说明调整为“中央与地方共用收入科目。反映依据法律、行政法规、国务院有关规定、国务院财政部门会同价格主管部门共同发布的规章或者规定以及省、自治区、直辖市的地方性法规、政府规章或者规定，省、自治区、直辖市人民政府财政部门会同价格主管部门共同发布的规定所收取的各项收费收入。目前行政事业性收费没有设置科目的，地方在增设科目时可从科目编码 98 开始从大至小、逐一列目级科目反映，不宜列目的，统一在各部门行政事业性收费项级科目下的 50 目‘其他缴入国库的××行政事业性收费’反映。”

（5）将 11010 款“地震灾后恢复重建调入资金”的科目说明调整为“反映因汶川地震灾后恢复重建调入一般预算的预算稳定调节基金等。”

（二）支出分类

1. 删除下列支出科目。

（1）23006 款“预算外转移支出”及其下的 01 项“预算外补助支出”和 02 项“预算外上解支出”。

（2）2300904 项“预算外年终结余”。

2. 增设 2140191 项"长江口航道维护支出"，科目说明为"反映用交通运输部集中的长江口航道维护收入安排的支出"。

3. 修改 22102 款"住房改革支出"的科目说明，删除"预算外资金"的内容。

四、其他事项

（一）中央部门应抓紧清理目前仍作为预算外资金管理的各项收入。2011 年 1 月 1 日以后发生的以前年度超缴、欠缴、漏缴的各项收入，按修订后的科目办理清退和补缴手续。

（二）各执收单位要继续严格按照规定及时足额征收各项收入，除国家另有规定外，不得擅自减免、不收、缓收、少收或截留、挤占、挪用。

（三）财政部驻各省、自治区、直辖市、计划单列市财政监察专员办事处，各级审计部门及有关主管部门要加强监督检查，保证各项收入按规定及时上缴国库。对违反规定的，要按照《中华人民共和国预算法》和《财政违法行为处罚处分条例》（国务院令第 427 号）等有关法律法规予以处理。

（四）地方各级财政部门要按照国务院关于把政府所有收支全部纳入预算管理的规定，在 2011 年 1 月 1 日以前将全部预算外收入纳入预算管理。

附录十九

财政部关于印发《国外无偿援助资金预算管理办法》的通知

（2013 年 3 月 28 日　财预［2013］35 号）

国务院各部委、各直属机构，有关人民团体：

为规范国外无偿援助资金管理，加强对国外无偿援助资金使用情况的监督，我们制定了《国外无偿援助资金预算管理办法》。现予印发，请遵照执行。

附件：国外无偿援助资金预算管理办法

附件：

国外无偿援助资金预算管理办法

第一章　总　　则

第一条　为规范国外无偿援助资金（以下简称国外援款）管理，加强对国外援款使用情况的监督，提高资金使用效益，依据《中华人民共和国预算法》、《预算法实施条例》等有关法律法规的规定，制定本办法。

第二条　本办法所称国外援款是指国务院各部委、各直属机构、全国性社会团体以中国政府名义接受的来自外国政府、国际组织（以下统称援助方）等货币形式的无偿援助。

第三条　国外援款按照援助方是否指定受援单位或受援项目，分为定向国外援款和非定向国外援款两类。

定向国外援款原则上纳入部门预算管理。非定向国外援款原则上纳入中央公共财政预算管理，统筹安排使用。

第二章 定向国外援款

第四条 定向国外援款是指国外援助方指定国内受援单位或受援项目的国外援款。

第五条 负责与援助方签订定向国外援款协议或项目协议的中央部门称为中央归口管理部门。具体执行定向国外援款项目的国内单位称为项目单位。

按照援助方的要求和国内相关规定，中央归口管理部门负责资金管理或拨付定向国外援款的，原则上应将其收到的定向国外援款存放在财政部门按币种开设的定向国外援款财政专户，并按协议规定及时、足额拨付给项目单位。

第六条 编报部门预算的项目单位应将其使用的定向国外援款纳入本单位的部门预算管理，根据定向国外援款协议金额和项目执行进度编制本单位定向国外援款支出预算和相应的收入预算。

不编报部门预算的项目单位应对定向国外援款资金单独核算，根据定向国外援款协议金额和项目执行进度编制定向国外援款年度资金使用计划。

第七条 项目单位应将定向国外援款上年资金使用情况和当年预算或资金使用计划报送中央归口管理部门。中央归口管理部门应于每年 1 月 10 日前，将本部门管理的定向国外援款上年度执行数和当年预算数报财政部部门预算管理司，经审核后报预算司汇总，作为中央预算草案的附表。

第八条 编报部门决算的项目单位应将其使用的定向国外援款纳入本单位的部门决算。不编报部门决算的项目单位应编制定向国外援款年度资金使用情况。

项目单位应将定向国外援款上年决算或资金使用情况报送中央归口管理部门。中央归口管理部门应于每年 4 月 30 日前，将本部门管理的定向国外援款上年决算数报财政部部门预算管理司，经审核后报预算司汇总，作为中央决算草案的附表。

第九条 中央归口管理部门在协调定向国外援款具体使用单位和项目时，应将定向国外援款项目与其他资金安排的项目统筹考虑，合理布局，以充分发挥定向国外援款的效用，提高其使用效益。

第十条 定向国外援款用于资本性支出，形成属于国有资产权益时，项目单位应当按照国有资产管理的相关规定履行职责，防止国有资产流失。

第十一条 中央归口管理部门原则上应制定本部门管理的定向国外援款的具体管理办法，指导、督促实行部门预算管理的项目单位将定向国外援款纳入本单位的部门预算。

第十二条 已与援助方签订定向国外援款协议的，仍按照原协议执行。

第三章 非定向国外援款

第十三条 非定向国外援款是指国外援助方未指定国内受援单位或受援项目，可由中国政府统筹安排使用的国外援款。

第十四条 非定向国外援款作为政府非税收入，纳入中央预算管理，统筹安排使用。

第十五条 国内单位收到非定向国外援款时，应按照国库集中收缴的有关规定，及时足额上缴中央财政，列政府收支分类“其他收入—捐赠收入—国外捐赠收入”科目。

第四章 附 则

第十六条 国外援款以人民币为记账本位币。国外援款为外币的，按照结账当日中国人民银行公布的人民币外汇汇率折算成人民币记账，同时注明折算汇率。

第十七条 本办法自 2013 年 1 月 1 日起施行。

附：1. 利用定向国外无偿援助资金项目收支预算表

2. 利用定向国外无偿援助资金项目收支决算表

附 1：

利用定向国外无偿援助资金项目收支预算表

填报单位：　　　　　　　　　　　　　　　　　　　　　　　　　单位：亿元人民币

项　目	20 ** 年		20 ** 年	
	预算数	执行数	预算数	比上年执行数增减%
一、收入合计				
（一）外国政府定向无偿援助				
1. ** 国				
（1） ** 国 ** 项目				
（2） ** 国 ** 项目				
…				
2. ** 国				
（1） ** 国 ** 项目				
（2） ** 国 ** 项目				
…				
（二）联合国定向无偿援助				
1. 联合国 ** 组织				
（1）联合国 ** 组织 ** 项目				
（2）联合国 ** 组织 ** 项目				
…				
2. 联合国 ** 组织				
（1）联合国 ** 组织 ** 项目				
（2）联合国 ** 组织 ** 项目				
…				
（三）国际金融组织定向无偿援助				
1. 世界银行				
（1）世界银行 ** 项目				
（2）世界银行 ** 项目				
…				
2. 亚洲开发银行				
（1）亚洲开发银行 ** 项目				
（2）亚洲开发银行 ** 项目				
…				

续表

项　　目	20 ** 年		20 ** 年	
	预算数	执行数	预算数	比上年执行数增减%
（四）其他国际组织定向无偿援助				
1. ** 组织				
（1） ** 组织 ** 项目				
（2） ** 组织 ** 项目				
…				
2. ** 组织				
（1） ** 组织 ** 项目				
（2） ** 组织 ** 项目				
…				
二、支出合计				
（一）外国政府定向无偿援助				
1. ** 国				
（1） ** 国 ** 项目				
（2） ** 国 ** 项目				
…				
2. ** 国				
（1） ** 国 ** 项目				
（2） ** 国 ** 项目				
…				
（二）联合国定向无偿援助				
1. 联合国 ** 组织				
（1）联合国 ** 组织 ** 项目				
（2）联合国 ** 组织 ** 项目				
…				
2. 联合国 ** 组织				
（1）联合国 ** 组织 ** 项目				
（2）联合国 ** 组织 ** 项目				
…				
（三）国际金融组织定向无偿援助				

续表

项　目	20 ** 年		20 ** 年	
	预算数	执行数	预算数	比上年执行数增减%
1. 世界银行				
（1）世界银行 ** 项目				
（2）世界银行 ** 项目				
…				
2. 亚洲开发银行				
（1）亚洲开发银行 ** 项目				
（2）亚洲开发银行 ** 项目				
…				
（四）其他国际组织定向无偿援助				
1. ** 组织				
（1） ** 组织 ** 项目				
（2） ** 组织 ** 项目				
…				
2. ** 组织				
（1） ** 组织 ** 项目				
（2） ** 组织 ** 项目				
…				

注：1. 本表由定向国外无偿援助中央归口管理部门填报。

2. 本表以资金来源和项目名称分类统计，填报单位根据本部门管理的定向国外无偿援助情况分类填报，没有该资金来源或项目的为空，本表未列示的资金来源或项目由填报单位自行增加。

3. 填报时应注明汇率，上年执行数与上年预算数、当年预算数与上年执行数差异超过30%的要注明原因。

附 2：

利用定向国外无偿援助资金项目收支决算表

填报单位： 单位：亿元人民币

项　　目	20 ** 年		
	预算数	决算数	决算数比预算数增减%
一、收入合计			
（一）外国政府定向无偿援助			
1. ** 国			
（1） ** 国 ** 项目			
（2） ** 国 ** 项目			
…			
2. ** 国			
（1） ** 国 ** 项目			
（2） ** 国 ** 项目			
…			
（二）联合国定向无偿援助			
1. 联合国 ** 组织			
（1）联合国 ** 组织 ** 项目			
（2）联合国 ** 组织 ** 项目			
…			
2. 联合国 ** 组织			
（1）联合国 ** 组织 ** 项目			
（2）联合国 ** 组织 ** 项目			
…			
（三）国际金融组织定向无偿援助			
1. 世界银行			
（1）世界银行 ** 项目			
（2）世界银行 ** 项目			
…			
2. 亚洲开发银行			
（1）亚洲开发银行 ** 项目			
（2）亚洲开发银行 ** 项目			
…			

续表

项　　目	20 ** 年		
	预算数	决算数	决算数比预算数增减%
（四）其他国际组织定向无偿援助			
1. ** 组织			
（1） ** 组织 ** 项目			
（2） ** 组织 ** 项目			
…			
2. ** 组织			
（1） ** 组织 ** 项目			
（2） ** 组织 ** 项目			
…			
二、支出合计			
（一）外国政府定向无偿援助			
1. ** 国			
（1） ** 国 ** 项目			
（2） ** 国 ** 项目			
…			
2. ** 国			
（1） ** 国 ** 项目			
（2） ** 国 ** 项目			
…			
（二）联合国定向无偿援助			
1. 联合国 ** 组织			
（1）联合国 ** 组织 ** 项目			
（2）联合国 ** 组织 ** 项目			
…			
2. 联合国 ** 组织			
（1）联合国 ** 组织 ** 项目			
（2）联合国 ** 组织 ** 项目			
…			
（三）国际金融组织定向无偿援助			

续表

项　目	20 ** 年		
	预算数	决算数	决算数比 预算数增减%
1. 世界银行			
（1）世界银行 ** 项目			
（2）世界银行 ** 项目			
…			
2. 亚洲开发银行			
（1）亚洲开发银行 ** 项目			
（2）亚洲开发银行 ** 项目			
…			
（四）其他国际组织定向无偿援助			
1. ** 组织			
（1） ** 组织 ** 项目			
（2） ** 组织 ** 项目			
…			
2. ** 组织			
（1） ** 组织 ** 项目			
（2） ** 组织 ** 项目			
…			

注：1. 本表由定向国外无偿援助中央归口管理部门填报。

2. 本表以资金来源和项目名称分类统计，填报单位根据本部门管理的定向国外无偿援助情况分类填报，没有该资金来源或项目的为空，本表未列示的资金来源或项目由填报单位自行增加。

3. 填报时应注明汇率，决算数与预算数差异超过 30% 的要注明原因。

附录二十

国务院办公厅关于印发中央预算单位 2013—2014 年政府集中采购目录及标准的通知

(2012 年 12 月 19 日　国办发［2012］56 号)

国务院各部委、各直属机构：

《中央预算单位 2013—2014 年政府集中采购目录及标准》已经国务院同意，现印发给你们，请遵照执行。

附件：中央预算单位 2013—2014 年政府集中采购目录及标准

附件：

中央预算单位 2013—2014 年政府集中采购目录及标准

一、集中采购机构采购项目

（一）以下项目必须按规定委托集中采购机构代理采购：

目录项目	适用范围	备　注
一、货物类		
台式计算机		
便携式计算机		
计算机软件	京内单位	指可以直接从市场购买的标准软件等非定制开发的商业软件，不包括定制软件和对购买的标准软件再进行第二次开发的软件

续表

目录项目	适用范围	备 注
服务器		仅限于非系统集成项目
计算机网络设备		指网络交换机、网络路由器、无线局域网产品、网络存储设备、网络测试设备、网络监控设备、网络安全产品、网络应用加速器。仅限于非系统集成项目
复印机		
显示器		指台式计算机的液晶显示器
多功能一体机		
打印设备		指喷墨打印机、激光打印机、热式打印机、针式打印机。外交专用的外交文书打印设备、贴纸（签证、认证）打印机、护照打印机、护照加注及旅行证打印机除外
传真机		
扫描仪		外交专用的护照照片扫描仪除外
投影仪		
碎纸机	京内单位	
电视机	京内单位	
电冰箱	京内单位	
复印纸	京内单位	
打印复印用通用耗材	京内单位	指打印、复印用鼓粉盒
乘用车		指单价在5万元以上的轿车、越野车、商务车
客车		指单价在5万元以上的小型客车、大中型客车
电梯	京内单位	指单价在10万元以上的电梯
锅炉	京内单位	指额定蒸发量为1t/h（含）以上的锅炉
空调机		指除中央空调（中央空调指冷水机组、溴化锂吸收式冷水机组、水源热泵机组等）以外的空调
办公家具	京内单位	指单项或批量金额在2万元以上的木制或木制为主、钢制或钢制为主的家具
二、工程类		
限额内工程	京内单位	指中央国家机关各部门及其在京所属各级行政事业单位使用财政性资金投资预算在60万元至200万元之间的建设工程

续表

目录项目	适用范围	备　注
装修工程	京内单位	指中央国家机关各部门及其在京所属各级行政事业单位使用财政性资金投资预算在60万元以上，与建筑物、构筑物新建、改建、扩建无关的单独的装修工程
拆除工程	京内单位	指中央国家机关各部门及其在京所属各级行政事业单位使用财政性资金投资预算在60万元以上，与建筑物、构筑物新建、改建、扩建无关的单独的拆除工程
修缮工程	京内单位	指中央国家机关各部门及其在京所属各级行政事业单位使用财政性资金投资预算在60万元以上，与建筑物、构筑物新建、改建、扩建无关的单独的修缮工程
三、服务类		
车辆维修和保养服务	京内单位	
机动车保险服务		京外中央预算单位可择优选择是否属地化采购
车辆加油服务	京内单位	
合同能源管理服务		中央预算单位与节能服务公司以合同形式约定节能目标，节能服务公司提供必要的服务，中央预算单位以节能效益支付节能服务公司投入及其合理利润的服务项目
印刷服务	京内单位	指单项或批量金额在2万元以上的本单位文印部门（含本单位下设的出版部门）不能承担的票据、证书、期刊、文件、公文用纸、资料汇编、信封等印刷业务
会议服务	京内单位	指单项会议金额在2万元以上
工程监理服务	京内单位	指对建设工程（包括建筑物和构筑物的新建、扩建、装修、拆除、修缮）的监理
物业管理服务	京内单位	指单项或批量金额在50万元以上，用于机关办公场所水电供应、设备运行、建筑物门窗保养维护、保洁、保安、园林绿化等项目

注：表中“适用范围”栏中未注明的，均适用所有中央预算单位。

（二）列入财政部、发展改革委制定的节能产品政府采购清单中的产品应当委托集中采购机构实行集中采购。

二、部门集中采购项目

部门集中采购项目是指部门或系统有特殊要求，需要由部门或系统统一配置的货物、工程和服务类专用项目。

部门	品 目	备 注
外交部	边界勘界和联检专用设备，其他打印设备项下外交文书打印设备、贴纸（签证、认证）打印机、护照打印机、护照加注及旅行证打印机，其他识别输入设备项下护照阅读机，扫描仪项下护照照片扫描仪，其他办公设备项下护照塑封机、外交及领事专用设备	
公安部	警车，其他专用汽车项下公安执法执勤用车（集中采购机构采购项目中的乘用车、客车除外），专用飞机项下警用航空器，机动船项下警用船艇，被服装具，物证检验鉴定设备，安全、检查、监视、报警设备，爆炸物处置设备，技术侦察取证设备，防护防暴装备，通信设备，信息安全设备，其他政法、检测专用设备项下现场勘查装备、物证保全装备、核生化处置装备、灾害救援装备、指挥调度系统、音视频图像装备等	
民政部	边界勘界和联检专用设备	
水利部	泵，发电机，变频设备，车、船用灯，水下照明灯，应急照明灯，绝缘电线和电缆，钻探机，桩工机械，排灌机械，特种作业船，机动船，加工天然石材、石料，其他橡胶制品	
人口计生委	其他避孕药物用具项下宫内节育器、避孕套，避孕药注射液，避孕药片剂	
人民银行	运钞专用车，工业车辆项下蓄电池叉车，钞票处理设备，货币清分处理设备，货币销毁处理设备，其他货币处理设备，其他印刷服务项下重要空白凭证、货币发行业务会计核算凭证印刷，其他维修和保养服务项下货币处理专用设备维修和保养，审计服务项下基建项目社会中介机构审计	重要空白凭证、货币发行业务会计核算凭证印刷项目适用范围为中国人民银行机关本级以外的人民银行系统
海关总署	制服，鞋，被服附件，其他专用汽车项下改装查验车辆，机动船项下交通艇、缉私艇、监管艇、摩托艇，安全、检查、监视、报警设备项下集装箱和车辆检查设备、X 光机检查设备、电子地磅、辐射探测检查设备、金属探测设备、检查工具箱、毒品检测仪、车底盘扫描仪、施封锁、化验仪器，技术侦察取证设备，其他交换设备项下程控交换机，不间断电源，信息安全设备，视频监控设备，单证印刷服务项下海关业务单证印刷，行业应用软件开发服务，信息系统集成实施服务，硬件运维服务，软件运维服务，纺织品、服装和皮革制品制造业服务项下海关制服加工，其他维修和保养服务项下集装箱检查设备维护、缉私船艇维修	海关业务单证印刷项目适用范围为海关总署以外的直属海关

续表

部门	品　目	备　注
税务总局	被服，信息技术服务，单证印刷服务项下车辆购置税完税证明印制，票据印刷服务项下增值税专用发票、增值税普通发票、印花税票印制	车辆购置税完税证明印制项目，增值税专用发票、增值税普通发票、印花税票印制项目适用范围为税务总局以外的税务系统
质检总局	其他分析仪器项下定量聚合酶链式反应（PCR）仪、全自动生化分析仪、微生物鉴定仪、蛋白质测定仪、气相色谱—质谱联用仪、电感耦合等离子体发射光谱仪、原子吸收分光光度计、能量色散X射线荧光光谱仪、红外光谱仪、紫外可见分光光度计、原子荧光光度计、X光机，色谱仪项下离子色谱仪、气相色谱仪、液相色谱仪，饮水器项下纯水机，离心机，其他政法、检测专用设备项下前处理系统（全自动固相、超临界、加速溶解、微波消化等萃取仪）、B超机、酶标仪、微波消化器、放射性检测仪、生物芯片检测系统、培养箱、碳硫元素测定仪、生物安全柜、红外体温测量仪、其他质检大型仪器设备，行业应用软件开发服务，软件运维服务	其他质检大型仪器设备指单项或批量采购金额一次性达到120万元（含）以上的仪器设备，行业应用软件开发服务、软件运维服务指单项或批量采购金额一次性达到120万元（含）以上的信息管理系统开发和维护
广电总局	广播、电视、电影设备	
体育总局	体育设备，医疗设备	
地震局	地震专用仪器项下测震观测系统设备、强震动观测系统设备、重力观测系统设备、地形变观测系统设备、地磁场观测系统设备、地电场观测系统、地下水观测系统设备、地震数据分析处理设备、地震计量检测仪器设备、地震灾害救援仪器设备，其他卫星通信设备项下地震卫星通信设备，移动通信（网）设备，其他专用汽车项下地震探察和救援专用车辆，专用飞机项下地震现场遥感灾情采集小飞机	

续表

部门	品　目	备　注
气象局	气象仪器项下能见度仪、固态降水自动观测设备、自动土壤水分观测仪、闪电监测设备（含闪电定位仪、电场仪）、车载移动气象台、气象计量及标校设备、大气化学观测及分析设备、人工影响天气作业设备，地面气象雷达项下天气雷达、L 波段探空雷达、风廓线雷达	大气化学观测及分析设备项目适用范围为气象局所属京内中央预算单位
海洋局	海洋仪器设备	
测绘地信局	测绘专用仪器项下经纬仪、水准仪、测深仪、地下管道探测仪、航空摄影设备、全数字摄影测量系统、遥感图像处理系统、测距仪、重力测量仪、水平仪、卫星导航定位数据处理系统、三维激光测量仪、地质雷达、全站型速测仪，卫星定位导航 GPS 设备，其他专用汽车项下移动测量车，专用飞机项下低空无人驾驶摄影飞机	
高法院	制服，被服附件项下领带、徽章，人民法院特种专业技术用车项下囚车、执行死刑用车、执行车、巡回审判车，其他输入输出设备项下法庭庭审记录设备，行业应用软件项下司法政务管理系统、审判业务管理系统，其他不另分类的物品项下法徽、法槌、人民法庭门楣标识、人民法庭名称标识、路口指示牌	

注：①表中“品目”栏中所列项目名称均为《政府采购品目分类目录（试用）》（财库［2012］56 号）中的专有名称。

②表中所列部门所属各级中央预算单位均执行本目录。

三、分散采购限额标准

除集中采购机构采购项目和部门集中采购项目外，各部门自行采购单项或批量金额达到 50 万元以上的货物和服务的项目、60 万元以上的工程项目应按《中华人民共和国政府采购法》和《中华人民共和国招标投标法》有关规定执行。

四、公开招标数额标准

政府采购货物或服务的项目，单项采购金额达到 120 万元以上的，必须采用公开招标方式。政府采购工程公开招标数额标准按照国务院有关规定执行，200 万元以上的工程项目应采用公开招标方式。

附录二十一

财政部关于印发《中央行政单位国有资产处置收入和出租出借收入管理暂行办法》的通知

（2009 年 10 月 12 日　财行［2009］400 号）

党中央有关部门，国务院有关部委、有关直属机构，全国人大常委会办公厅，全国政协办公厅，高法院，高检院，有关人民团体，新疆生产建设兵团财务局：

为了规范和加强中央行政单位国有资产收入管理，防止国有资产流失，根据《行政单位国有资产管理暂行办法》（财政部令第 35 号）、《中共中央办公厅、国务院办公厅转发〈中央纪委、中央组织部、监察部、财政部、人事部、审计署关于做好清理规范津贴补贴工作的意见〉的通知》（中办发［2005］21 号）、《中共中央办公厅、国务院办公厅印发〈关于深入开展“小金库”治理工作的意见〉的通知》（中办发［2009］18 号）等有关文件规定，我们制定了《中央行政单位国有资产处置收入和出租出借收入管理暂行办法》。现印发你们，请遵照执行。执行中有何问题，请及时向我们反映。

附件：中央行政单位国有资产处置收入和出租出借收入管理暂行办法

附件：

中央行政单位国有资产处置收入和出租出借收入管理暂行办法

第一条　为了规范和加强中央行政单位国有资产收入管理，防止国有资产流失，根据《行政单位国有资产管理暂行办法》（财政部令第 35 号）以及国家其他有关规定，制定本办法。

第二条　本办法适用于以下机关和单位（以下统称中央行政单位）：

（一）中共中央直属机关，国务院各部委、各直属机构、办事机构，全国人大常委会办公厅，全国政协办公厅，最高人民法院，最高人民检察院，各民主党派中央等；

（二）中央垂直管理系统行政单位；

（三）驻外机构，指驻外使领馆、常驻联合国和其他国际组织代表团、中央行政单位驻外非外交性质代表机构等。

第三条　本办法所称中央行政单位国有资产处置收入是指中央行政单位国有资产产权的转移或核销所产生的收入，包括国有资产的出售收入、出让收入、置换差价收入、报废报损残值变价收入等。

本办法所称中央行政单位国有资产出租出借收入是指中央行政单位在保证完成正常工作的前提下，经审批同意，出租、出借国有资产所取得的收入。

中央行政单位国有资产处置收入和出租出借收入，以下统称为国有资产收入。

第四条　中央行政单位处置国有资产，应按照规定程序履行报批手续。未经批准，不得处置。

中央行政单位拟将占有、使用的国有资产对外出租、出借的，无论是本单位实施，还是委托后勤服务单位或者其他单位实施，都应按照规定程序履行报批手续；未经批准，不得出租、出借。

第五条　国有资产收入属于中央政府非税收入，是中央财政收入的重要组成部分，由财政部负责收缴和监管。

第六条　国有资产处置收入上缴中央国库，纳入预算；出租出借收入上缴中央财政专户，支出从中央财政专户中拨付。国家另有规定的除外。

第七条　中央行政单位处置和出租、出借国有资产应缴纳的税款和所发生的相关费用（资产评估费、技术鉴定费、交易手续费等），在收入中抵扣，抵扣后的余额按照政府非税收入收缴管理有关规定上缴中央财政。

第八条　中央行政单位应按照有关规定做好国有资产收入收缴工作，

并监督检查下属单位国有资产收入缴纳情况。

第九条　中央行政单位取得的国有资产收入，应区分不同情况，按照以下几种方式上缴：

（一）对已开设中央财政汇缴专户的预算单位，应按照财政部非税收入收缴制度有关规定，在收入抵扣后两个工作日内，将余额缴入中央财政汇缴专户。

（二）对未开设中央财政汇缴专户的预算单位，应按照财政部非税收入收缴制度有关规定，分下列不同情况上缴国有资产收入：

1. 一级预算单位。由财政部为其开设中央财政汇缴专户，一级预算单位在收入抵扣后两个工作日内，将余额缴入其中央财政汇缴专户。

2. 二级预算单位。对于无下属预算单位的二级预算单位，由财政部为其主管一级预算单位开设中央财政汇缴专户，二级预算单位在收入抵扣后两个工作日内，将余额直接缴入一级预算单位的中央财政汇缴专户；对于有下属预算单位的二级预算单位，由财政部为二级预算单位开设中央财政汇缴专户，二级预算单位在收入抵扣后两个工作日内，将余额直接缴入其中央财政汇缴专户。

3. 三级及三级以下预算单位。由财政部为其主管二级预算单位开设中央财政汇缴专户，三级及三级以下预算单位在收入抵扣后两个工作日内，将余额直接缴入其主管二级预算单位的中央财政汇缴专户。

第十条　中央行政单位上缴国有资产收入时，使用以下收入科目：

出租出借收入，使用“行政单位国有资产出租收入（103070601）”科目；

处置收入，使用“行政单位国有资产处置收入（103070602）”科目。

第十一条　中央行政单位应当记录和反映国有资产收入，并按照有关规定报送统计报告。

第十二条　财政部驻各地财政监察专员办事处负责对中央行政单位国有资产收入缴纳情况进行监督检查。

第十三条　国有资产收入有关收支，应统一纳入部门预算统筹安排。

国有资产收入原来用于发放津贴补贴的部分，上缴中央财政后，由财政部统筹安排，作为规范后中央行政单位统一发放津贴补贴的资金来源。

除此之外，国有资产收入不得再用于人员经费支出。

其余国有资产收入原则上由财政部统筹安排用于中央行政单位固定资产更新改造和新增资产配置，可优先安排用于收入上缴单位。

第十四条 中央行政单位要如实反映和缴纳国有资产收入，不得隐瞒；不得截留、挤占、坐支和挪用国有资产收入；不得违反规定使用国有资产收入。

中央行政单位要切实履行监管职责，加强对下属单位国有资产的监督管理，建立健全国有资产收入形成、收缴、使用、监督管理等方面的规章制度，防止隐瞒、截留、挤占、坐支和挪用国有资产收入。

第十五条 财政部、中央行政单位和个人违反本办法规定的，应根据《财政违法行为处罚处分条例》（国务院令第 427 号）等国家有关规定追究法律责任。

第十六条 中央行政单位公有住房按国家现行住房分配货币化改革的政策进行出售、出租的收入，按照国家有关规定执行，不执行本办法。

第十七条 参照公务员法管理、执行行政单位财务和会计制度的中央级事业单位和社会团体的国有资产收入管理，依照本办法执行。

对于人民银行系统和外汇管理局系统因行政经费支出形成的国有资产收入管理，依照本办法执行。

第十八条 本办法自发布之日起施行。此前发布的有关中央行政单位国有资产处置收入和出租出借收入管理的规定，凡与本办法规定不一致的，以本办法为准。

附录二十二

财政部关于实施《中央行政单位国有资产处置收入和出租出借收入管理暂行办法》有关问题的补充通知

（2009 年 12 月 30 日　财行［2009］567 号）

党中央有关部门，国务院有关部委、有关直属机构，全国人大常委会办公厅，全国政协办公厅，高法院，高检院，有关人民团体，新疆生产建设兵团财务局：

近日，财政部下发了《中央行政单位国有资产处置收入和出租出借收入管理暂行办法》（财行［2009］400 号，以下简称《办法》）。现就《办法》实施的有关问题补充通知如下：

一、《办法》有关收入范围的界定问题

（一）产权在行政单位，由事业单位管理的房屋等固定资产，有关处置收入和出租出借收入属于行政单位国有资产收入，按照《办法》有关规定管理。

（二）行政单位所属独立核算的企业整体或者部分产权（股权）转让、经营租赁等的收入，属于国有资产收入，在国有资本经营预算法律法规全面实施之前，按照《办法》有关规定管理。

（三）《办法》所称公有住房出售收入，是指行政单位按照房改政策，向职工出售单位自管公房取得的收入；所称公有住房出租收入，是指产权在行政单位的公有住房，出租给本单位职工，用于自居用途的出租收入。

（四）资产处置有关土地收益处理方式如下：因处置土地取得的收益（包括对地上建筑物的补偿），按照《财政部关于将中央单位土地收益纳入预算管理的通知》（财综［2006］63 号）规定，上缴“其他国有资源（资产）有偿使用收入（1030799）”科目；因处置房产产生的收入，不再区分土地收益，全部上缴“行政单位国有资产处置收入（103070602）”科目，按照《办法》有关规定管理。

（五）中央行政单位出租、出借国有资产，在出租出借合同中明确由出租方负担的维护费用（包括水费、电费、物业费等）可以在缴纳前抵扣，相关人员开支不得抵扣。

二、关于资产处置和出租出借的审批程序问题

（一）中共中央直属机关、国务院各部委（各直属机构、办事机构）机关的资产处置和出租出借事项，分别报中直管理局、国管局审批后，报财政部备案（一式三份）。个别事项由中直管理局、国管局会同财政部审批。

全国人大行政单位、全国政协行政单位、各民主党派中央、全国工商联行政单位、中央垂直管理系统行政单位和驻外机构，有关资产处置和出租出借审批事项，按照《全国人大行政单位国有资产管理暂行实施办法》、《全国政协行政单位国有资产管理暂行实施办法》、《财政部、政协全国委员会办公厅关于各民主党派中央、全国工商联行政单位国有资产管理有关问题的通知》、《中央垂直管理系统行政单位国有资产管理暂行实施办法》、《驻外机构国有资产管理暂行实施办法》等文件规定报财政部审批或备案（一式三份）。

（二）为防止国有资产流失，中央行政单位无偿出借资产的，应从严审批。

三、《办法》实施前后的衔接问题

（一）《办法》发布之前已经发生的出租出借事项，由各部门将有关出租出借的资料汇总报财政部备案（一式三份），报表格式附后。

（二）2009 年年底之前形成的有关资产收入，由各行政单位按原来做法处理。

四、《办法》实施后有关具体程序问题

（一）《办法》实施后收入的缴款程序如下：按照《办法》第九条规定，预算单位在收入抵扣后两个工作日内，将余额缴入财政部为相关预算单位开设的中央财政汇缴专户，相关预算单位填写《非税收入一般缴款书》办理缴款。对未开设中央财政汇缴专户的预算单位，财政部在批复相关事项或收到相关备案文件后，即按照第九条规定为相关预算单位开设中央财政汇缴专户。

（二）中央行政单位本级、垂管单位及驻外机构所有资产收入必须全部纳入部门预算，其支出由财政部按照《办法》有关规定和部门履行职能的需要核定。

（三）2010 年中央行政单位国有资产收入及相关支出应列入部门预算统一批复。各部门可以就该部分预算提出细化方案，由财政部再次批复后执行。

2011 年及以后年度中央行政单位国有资产收入及相关支出，按照部门预算编报、审批程序执行。

五、对人行系统和外管局系统因行政经费支出形成的国有资产收入及相关支出的具体管理程序和工作流程，财政部将按照《办法》和本通知精神另行制定。

附件：2009 年及以前年度中央行政单位资产出租出借事项汇总表

附件：

2009年及以前年度中央行政单位资产出租出借事项汇总表

序号	出租出借标的物				租用方	合同签订时间	合同有效期限	合同截止时间	租金规定（元/月）	合同总价（元）	其中：2010年年度租金总额（元）	其中：2011年年度租金总额（元）	其他需要说明的内容	备查合同号
	资产类别	地点	资产原值	产权证编号										
1														
2														
3														
4														
5														
6														
7														
合计														

说明：1. 资产类别：包括土地、房屋建筑物、车辆、大型设备和其他（其他应具体列明何类资产）。

2. 地点：土地房屋建筑物类资产，按坐落地址填报，其他资产按存放地点填报。

3. 产权证：土地房屋建筑物类资产，按土地证、房产证编号填报；车辆按行驶证编号填报。

4. 其他需要说明的内容：包括有无提供服务等变相租金等的合同其他条款。

附录二十三

财政部关于印发《中央级事业单位国有资产处置管理暂行办法》的通知

（2008年12月16日　财教［2008］495号）

党中央有关部门，国务院各部委、各直属机构，全国人大常委会办公厅，全国政协办公厅，高法院，高检院，有关人民团体，有关中央管理企业，新疆生产建设兵团财务局：

为进一步加强中央级事业单位的国有资产管理，根据《事业单位国有资产管理暂行办法》（财政部令第36号）、《中央级事业单位国有资产管理暂行办法》（财教［2008］13号）的有关规定，我们制定了《中央级事业单位国有资产处置管理暂行办法》。现印发给你们，请遵照执行。

附件：中央级事业单位国有资产处置管理暂行办法

附件：

中央级事业单位国有资产处置管理暂行办法

第一章　总　则

第一条　为规范中央级事业单位国有资产处置行为，维护国有资产的安全和完整，保障国家所有者权益，根据《事业单位国有资产管理暂行办法》（财政部令第36号）和《中央级事业单位国有资产管理暂行办法》（财教［2008］13号），制定本办法。

第二条　本办法适用于执行事业单位财务和会计制度的中央级各类事

业单位。

第三条 本办法所称的中央级事业单位国有资产处置，是指中央级事业单位对其占有、使用的国有资产，进行产权转让或注销产权的行为。

第四条 中央级事业单位国有资产处置应遵循公开、公正、公平和竞争、择优的原则，严格履行审批手续，未经批准不得擅自处置。

第五条 财政部、中央级事业单位主管部门（以下简称主管部门）按照规定权限对中央级事业单位国有资产处置事项进行审批（审核）或备案。

第六条 财政部、主管部门对中央级事业单位国有资产处置事项的批复，以及中央级事业单位按规定处置国有资产报主管部门备案的文件，是财政部安排中央级事业单位有关资产配置预算项目的参考依据，中央级事业单位应当依据其办理产权变动和进行账务处理。账务处理按照现行事业单位财务和会计制度的有关规定执行。

第七条 中央级事业单位拟处置的国有资产权属应当清晰。权属关系不明确或者存在权属纠纷的资产，须待权属界定明确后予以处置；被设置为担保物的国有资产处置，应当符合《中华人民共和国担保法》、《中华人民共和国物权法》等法律的有关规定。

第二章 处置范围和基本程序

第八条 中央级事业单位国有资产处置的范围包括：闲置资产，报废、淘汰资产，产权或使用权转移的资产，盘亏、呆账及非正常损失的资产，以及依照国家有关规定需要处置的其他资产。按资产性质分为流动资产、固定资产、无形资产、对外投资等。

处置方式包括无偿调拨（划转）、对外捐赠、出售、出让、转让、置换、报废报损、货币性资产损失核销等。

第九条 中央级事业单位国有资产处置按以下权限予以审批：

（一）中央级事业单位一次性处置单位价值或批量价值（账面原值，下同）在 800 万元人民币（以下简称规定限额）以上（含 800 万元）的国有资产，经主管部门审核后报财政部审批；

（二）中央级事业单位一次性处置单位价值或批量价值在规定限额以

下的国有资产，由财政部授权主管部门进行审批。主管部门应当于批复之日起15个工作日内，将批复文件（一式三份）报财政部备案。

第十条 财政部批复的中央级事业单位国有资产处置文件，应当抄送财政部驻当地财政监察专员办事处（以下简称专员办）；中央级事业单位收到主管部门国有资产处置的批复文件后，将复印件报当地专员办备案。

第十一条 中央级事业单位处置规定限额以上的国有资产，应当按以下程序办理：

（一）单位申报。中央级事业单位处置国有资产，须填写《中央级事业单位国有资产处置申请表》，并附相关材料，以正式文件向主管部门申报。

（二）主管部门审核。主管部门对中央级事业单位的申报处置材料进行合规性、真实性等审核后，报财政部审批。

（三）财政部审批。财政部对主管部门报送的国有资产处置事项进行审核批复。数量较大的国有资产处置，财政部可委托专员办对国有资产处置有关情况进行实地核查。

（四）评估备案与核准。中央级事业单位根据财政部的批复，委托具有资产评估资质的评估机构对国有资产进行评估，评估结果报财政部或主管部门备案。评估结果按照国家有关规定须经核准的，报财政部核准。

（五）公开处置。中央级事业单位对申报处置的国有资产进行公开处置。

中央级事业单位处置规定限额以下的国有资产，按照单位申报—主管部门审批—评估备案与核准—公开处置的程序，由主管部门审批后，报财政部备案。

第三章　无偿调拨（划转）和捐赠

第十二条 无偿调拨（划转）是指在不改变国有资产性质的前提下，以无偿转让的方式变更国有资产占有、使用权的行为。

第十三条 无偿调拨（划转）的资产包括：

（一）长期闲置不用、低效运转、超标准配置的资产；

（二）因单位撤销、合并、分立而移交的资产；

（三）隶属关系改变，上划、下划的资产；

（四）其他需调拨（划转）的资产。

第十四条　无偿调拨（划转）应当按以下程序办理：

（一）同一部门所属事业单位之间、事业单位与行政单位之间以及事业单位对企业的国有资产无偿调拨（划转），按规定限额审批。

（二）跨部门国有资产的无偿调拨（划转）。划出方和接收方协调一致（附意向性协议），分别报主管部门审核同意后，由划出方主管部门报财政部审批，并附接收方主管部门同意无偿调拨（划转）的有关文件。

（三）跨级次国有资产的无偿调拨（划转）。中央级事业单位国有资产无偿调拨（划转）给地方的，应附省级主管部门和财政部门同意接收的相关文件，由中央级事业单位主管部门报财政部审批；地方单位国有资产无偿调拨（划转）给中央级事业单位的，经地方单位同级财政部门审批后，办理国有资产无偿调拨（划转）手续。中央级事业单位应将接收资产的有关情况报主管部门备案。主管部门应在 15 个工作日内报财政部备案。

第十五条　中央级事业单位申请国有资产无偿调拨（划转），应提交以下材料：

（一）无偿调拨（划转）申请文件；

（二）《中央级事业单位国有资产处置申请表》；

（三）资产价值凭证及产权证明，如购货发票或收据、工程决算副本、国有土地使用权证、房屋所有权证、股权证等凭据的复印件（加盖单位公章）；

（四）因单位撤销、合并、分立而移交资产的，需提供撤销、合并、分立的批文；

（五）拟无偿调拨（划转）国有资产的名称、数量、规格、单价等清单；

（六）其他相关材料。

第十六条　对外捐赠是指中央级事业单位依照《中华人民共和国公益事业捐赠法》，自愿无偿将其有权处分的合法财产赠与给合法的受赠人的行为，包括实物资产捐赠、无形资产捐赠和货币性资产捐赠等。

第十七条　中央级事业单位国有资产对外捐赠，应提交以下材料：

（一）对外捐赠申请文件；

（二）《中央级事业单位国有资产处置申请表》；

（三）捐赠报告，包括：捐赠事由、途径、方式、责任人、资产构成及其数额、交接程序等；

（四）捐赠单位出具的捐赠事项对本单位财务状况和业务活动影响的分析报告，使用货币资金对外捐赠的，应提供货币资金的来源说明等；

（五）主管部门、中央级事业单位决定捐赠事项的有关文件；

（六）能够证明捐赠资产价值的有效凭证，如购货发票或收据、工程决算副本、记账凭证、固定资产卡片及产权证明等凭据的复印件（加盖单位公章）；

（七）其他相关材料。

第十八条　实际发生的对外捐赠，应当依据受赠方出具的同级财政部门或主管部门统一印（监）制的捐赠收据或者捐赠资产交接清单确认；对无法索取同级财政部门或主管部门统一印（监）制的捐赠收据的，应当依据受赠方所在地城镇街道、乡镇等基层政府组织出具的证明确认。

第十九条　中央级事业单位接受捐赠的国有资产，应及时办理入账手续，并报主管部门备案。主管部门应在 15 个工作日内报财政部备案。

第四章　出售、出让、转让和置换

第二十条　出售、出让、转让是指变更中央级事业单位国有资产所有权或占有、使用权并取得相应收益的行为。

第二十一条　中央级事业单位国有资产出售、出让、转让，应当通过产权交易机构、证券交易系统、协议方式以及国家法律、行政法规规定的其他方式进行。中央级事业单位国有资产出售、出让、转让应当严格控制产权交易机构和证券交易系统之外的直接协议方式。

第二十二条　中央级事业单位国有资产出售、出让、转让，以按规定权限由财政部、主管部门备案或核准的资产评估报告所确认的评估价值作为市场竞价的参考依据，意向交易价格低于评估结果 90% 的，应当按规定权限报财政部或主管部门重新确认后交易。

第二十三条　中央级事业单位申请出售、出让、转让国有资产，应提交以下材料：

（一）出售、出让、转让申请文件；

（二）《中央级事业单位国有资产处置申请表》；

（三）资产价值凭证及产权证明，如购货发票或收据、工程决算副本、国有土地使用权证、房屋所有权证、股权证等凭据的复印件（加盖单位公章）；

（四）出售、出让、转让方案，包括资产的基本情况，处置的原因、方式等；

（五）出售、出让、转让合同草案，属于股权转让的，还应提交股权转让可行性报告；

（六）其他相关材料。

第二十四条　置换是指中央级事业单位与其他单位以非货币性资产为主进行的交换。这种交换不涉及或只涉及少量的货币性资产（即补价）。

第二十五条　中央级事业单位申请国有资产置换，应提交以下材料：

（一）置换申请文件；

（二）《中央级事业单位国有资产处置申请表》；

（三）资产价值凭证及产权证明，如购货发票或收据、工程决算副本、国有土地使用权证、房屋所有权证、股权证等凭据的复印件（加盖单位公章）；

（四）对方单位拟用于置换资产的基本情况说明、是否已被设置为担保物等；

（五）双方草签的置换协议；

（六）对方单位的法人证书或营业执照的复印件（加盖单位公章）；

（七）中央级事业单位近期的财务报告；

（八）其他相关材料。

第五章　报废报损和核销

第二十六条　报废是指按有关规定或经有关部门、专家鉴定，对已不能继续使用的资产，进行产权注销的资产处置行为。

第二十七条　报损是指由于发生呆账损失、非正常损失等原因，按有关规定对资产损失进行产权注销的资产处置行为。

第二十八条　中央级事业单位申请国有资产报废、报损，应提交以下材料：

（一）报废、报损申请文件；

（二）《中央级事业单位国有资产处置申请表》；

（三）能够证明盘亏、毁损以及非正常损失资产价值的有效凭证。如购货发票或收据、工程决算副本、记账凭证、固定资产卡片、盘点表及产权证明等凭据的复印件（加盖单位公章）；

（四）报废、报损价值清单；

（五）非正常损失责任事故的鉴定文件及对责任者的处理文件；

（六）因房屋拆除等原因需办理资产核销手续的，提交相关职能部门的房屋拆除批复文件、建设项目拆建立项文件、双方签定的房屋拆迁补偿协议；

（七）其他相关材料。

第二十九条　中央级事业单位国有资产对外投资、担保（抵押）发生损失申请损失处置的，应提交以下材料：

（一）对外投资、担保（抵押）损失处置申请文件；

（二）《中央级事业单位国有资产处置申请表》；

（三）被投资单位的清算审计报告及注销文件；

（四）债权或股权凭证、形成呆坏账的情况说明和具有法定依据的证明材料；

（五）申请仲裁或提起诉讼的，提交相关法律文书；

（六）其他相关材料。

第三十条　货币性资产损失核销是指单位按现行财务与会计制度，对确认形成损失的货币性资产（现金、银行存款、应收账款、应收票据等）进行核销的行为。

第三十一条　中央级事业单位申请货币性资产损失核销，应提交以下材料：

（一）货币性资产损失核销申请文件；

（二）《中央级事业单位国有资产处置申请表》；

（三）债务人已被依法宣告破产、撤销、关闭，用债务人清算财产清偿后仍不能弥补损失的，提供宣告破产的民事裁定书以及财产清算报告、注销工商登记或吊销营业执照的证明、政府有关部门决定关闭的文件；

（四）债务人死亡或者依法被宣告失踪、死亡的，提供其财产或遗产不足清偿的法律文件；

（五）涉及诉讼的，提供判决裁定申报单位败诉的人民法院生效判决书或裁定书，或虽胜诉但因无法执行被裁定终止执行的法律文件。

第六章　处置收入和支出管理

第三十二条　处置收入是指在出售、出让、转让、置换、报废报损等处置国有资产过程中获得的收入，包括出售实物资产和无形资产的收入、置换差价收入、报废报损残值变价收入、保险理赔收入、转让土地使用权收益等。

第三十三条　中央级事业单位国有资产处置收入，在扣除相关税金、评估费、拍卖佣金等费用后，按照政府非税收入管理和财政国库收缴管理的规定上缴中央国库，实行“收支两条线”管理。

土地使用权转让收益，按照《财政部关于将中央单位土地收益纳入预算管理的通知》（财综［2006］63 号）规定，上缴中央国库，实行“收支两条线”管理。

出售实物资产和无形资产收入、置换差价收入、报废报损残值变价收入、保险理赔收入等上缴中央国库，实行“收支两条线”管理。

科技成果转化（转让）收入，按照《国务院办公厅转发科技部等部门关于促进科技成果转化若干规定的通知》（国办发［1999］29 号）的有关规定，在扣除奖励资金后上缴中央国库。

国家另有规定的，从其规定。

第三十四条　中央级事业单位利用国有资产对外投资形成的股权（权益）的出售、出让、转让收入，按以下规定办理：

（一）利用现金对外投资形成的股权（权益）的出售、出让、转让，属于中央级事业单位收回对外投资，股权（权益）出售、出让、转让收入纳入单位预算，统一核算，统一管理；

（二）利用实物资产、无形资产对外投资形成的股权（权益）的出售、出让、转让收入，按以下情形分别处理：

1. 收入形式为现金的，扣除投资收益，以及税金、评估费等相关费用后，上缴中央国库，实行“收支两条线”管理；投资收益纳入单位预算，统一核算，统一管理。

2. 收入形式为资产和现金的，现金部分扣除投资收益，以及税金、评估费等相关费用后，上缴中央国库，实行“收支两条线”管理；

（三）利用现金、实物资产、无形资产混合对外投资形成的股权（权益）的出售、出让、转让收入，按照本条第（一）、（二）项的有关规定分别管理。

第三十五条　中央级事业单位应上缴的国有资产处置收入和应上缴的利用国有资产对外投资形成的股权（权益）的出售（出让、转让）收入，根据实际情况，按以下方式上缴：

（一）已开设中央财政汇缴专户的预算单位，按照财政部非税收入收缴制度有关规定，在取得处置收入后 2 个工作日内，全额缴入中央财政汇缴专户。

（二）未开设中央财政汇缴专户的预算单位，应按下列不同情况上缴国有资产处置收入：

1. 一级预算单位。由财政部为其开设中央财政汇缴专户，一级预算单位在取得处置收入后 2 个工作日内，全额缴入其中央财政汇缴专户。

2. 二级预算单位。其主管一级预算单位为行政事业单位的，二级预算单位如无下属预算单位，由财政部为其主管一级预算单位开设中央财政汇缴专户，二级预算单位在取得处置收入后 2 个工作日内，全额直接缴入一级预算单位的中央财政汇缴专户；二级预算单位如有下属预算单位，由财政部为二级预算单位开设中央财政汇缴专户，二级预算单位在取得处置收入后 2 个工作日内，全额直接缴入其中央财政汇缴专户。其主管部门为企业集团的，由财政部为二级预算单位开设中央财政汇缴专户，二级预算单位在取得处置收入后 2 个工作日内，全额直接缴入其中央财政汇缴专户。

3. 三级及三级以下预算单位。由财政部为其主管二级预算单位开设中央财政汇缴专户，三级及三级以下预算单位在取得处置收入后 2 个工作日内，全额直接缴入其主管二级预算单位的中央财政汇缴专户。

第三十六条 中央级事业单位上缴的国有资产处置收入，纳入预算管理。事业单位因事业发展产生的资产配置需求，在编制部门预算时由财政部根据有关资产配置标准及中央财力情况统筹安排。

第七章 监督检查和法律责任

第三十七条 财政部对主管部门在授权范围内审批的中央级事业单位国有资产处置情况进行监督，可定期或不定期对中央级事业单位国有资产处置情况开展专项检查。

专员办对所在地的中央级事业单位国有资产处置情况进行监督检查。

第三十八条 主管部门应建立国有资产处置事后检查制度，定期或不定期对所属事业单位资产处置情况进行监督检查。

第三十九条 主管部门和中央级事业单位在国有资产处置过程中不得有下列行为：

（一）未按规定程序申报，擅自越权对规定限额以上的国有资产进行处置；

（二）对不符合规定的申报处置材料予以审批；

（三）串通作弊、暗箱操作，压价处置国有资产；

（四）截留资产处置收入；

（五）其他造成单位资产损失的行为。

第四十条 财政部、主管部门、中央级事业单位和个人违反本办法规定的，应根据《财政违法行为处罚处分条例》（国务院令第 427 号）等国家有关规定追究法律责任。

第八章 附 则

第四十一条 执行《民间非营利组织会计制度》的中央级社会团体及民办非企业单位涉及国有资产处置的，参照本办法执行。

第四十二条 主管部门可根据本办法的规定，结合本部门实际情况，制定本部门所属事业单位国有资产处置管理办法。主管部门可以根据实际工作需要，授权所属事业单位一定限额的国有资产处置权限，报财政部备案。

第四十三条　对涉及国家安全和秘密的中央级事业单位国有资产处置，应当按照国家有关保密制度的规定，做好保密工作，防止失密和泄密。

第四十四条　事业单位所办全资企业及控股企业的国有资产处置，按照《企业财务通则》（财政部令第41号）、《企业国有资本与财务管理暂行办法》（财企［2001］325号）、《企业国有产权转让管理暂行办法》（国资委　财政部令第3号）等有关规定，由财政部实施监督管理。

第四十五条　本办法自2009年1月1日起施行。此前颁布的有关规定与本办法不一致的，以本办法为准。

附：中央级事业单位国有资产处置申请表

附：

中央级事业单位国有资产处置申请表

申报单位（签章）　　　　申报日期　　年　月　日　　　　金额：万元

序号	资产名称	资产类别					资产来源	型号规格	单位	数量（股份）	购置（投资）日期	价值			处置方式	备注
		流动资产	固定资产	无形资产	对外投资	其他资产						账面原值	已折旧额	账面净值		

处置原因			
事业单位意见	资产管理部门负责人（签章） 年　月　日	预算（财务）管理部门负责人（签章） 年　月　日	单位负责人（签章） 年　月　日
主管部门审核意见	资产管理部门负责人（签章） 年　月　日	预算（财务）管理部门负责人（签章） 年　月　日	备注

说明：1. 本表适用于事业单位国有资产出售、出让、转让、置换、报废报损、货币性资产核销等处置事项申请。

2. 资产类别：（1）固定资产：①土地、房屋及构筑物；②通用设备；③专用设备；④交通运输设备；⑤电气设备；⑥电子产品及通信设备；⑦仪器仪表及其他；⑧文艺体育设备；⑨图书、文物及陈列品；⑩家具用具及其他。（2）流动资产：①货币性资金；②有价证券；③应收账款；④应付账款；⑤其他。（3）无形资产：①专利权；②著作权；③商标权；④土地使用权；⑤其他。（4）对外投资。（5）其他资产。

3. 资产来源：（1）财政性资金形成（包括预算外资金）；（2）单位自筹资金形成；（3）单位合并形成；（4）上级拨付资金形成；（5）上级调入形成；（6）接受捐赠形成；（7）其他。

4. 资产处置方式：（1）拍卖；（2）招投标；（3）协议转让；（4）其他方式。

5. 表中资产类别、资产来源、资产处置方式等均用代码填写。

中央级事业单位国有资产处置申请表

申报单位（签章）　　　　申报日期　　年　月　日　　　　金额：万元

序号	资产名称	资产类别					型号规格	单位	数量（股份）	购置（投资）日期	价值				处置方式	备注
		流动资产	固定资产	无形资产	对外投资	其他资产					账面原值	已折旧额	账面净值	评估价值		

<table>
<tr><td colspan="5">处置原因</td></tr>
<tr><td rowspan="2">划出方</td><td>单位意见</td><td>资产管理部门负责人签章
年　月　日</td><td>预算（财务）管理部门负责人签章
年　月　日</td><td>单位负责人签章
年　月　日</td></tr>
<tr><td>主管部门审核意见</td><td>资产管理部门负责人签章
年　月　日</td><td>预算（财务）管理部门负责人签章
年　月　日</td><td>备注</td></tr>
<tr><td rowspan="2">接收方</td><td>单位意见</td><td>资产管理部门负责人签章
年　月　日</td><td>预算（财务）管理部门负责人签章
年　月　日</td><td>单位负责人签章
年　月　日</td></tr>
<tr><td>主管部门审核意见</td><td>资产管理部门负责人签章
年　月　日</td><td>预算（财务）管理部门负责人签章
年　月　日</td><td>备注</td></tr>
</table>

说明：1. 本表适用于事业单位国有资产无偿调拨（划转）、对外捐赠等处置事项申请。

2. 资产类别：（1） 固定资产：①土地、房屋及构筑物；②通用设备；③专用设备；④交通运输设备；⑤电气设备；⑥电子产品及通信设备；⑦仪器仪表及其他；⑧文艺体育设备；⑨图书、文物及陈列品；⑩家具用具及其他。（2） 流动资产：①货币性资金；②有价证券；③应收账款；④预付账款；⑤其他。（3） 无形资产：①专利权；②著作权；③商标权；④土地使用权；⑤其他。（4） 对外投资。（5） 其他资产。

3. 资产处置方式：（1） 同部门之间不改变资产属性的调拨；（2） 跨部门之间调拨；（3） 中央级单位和地方单位之间资产无偿调拨；（4） 固定资产捐赠；（5） 流动资产捐赠；（6） 无形资产捐赠；（7） 其他形式捐赠；（8） 其他。

4. 表中资产类别、资产处置方式等均用代码填写。

附录二十四

财政部关于印发《中央级事业单位国有资产使用管理暂行办法》的通知

（2009 年 8 月 28 日 财教［2009］192 号）

党中央有关部门，国务院各部委、各直属机构，全国人大常委会办公厅，全国政协办公厅，高法院，高检院，有关人民团体，有关中央企业，新疆生产建设兵团财务局：

为进一步加强中央级事业单位的国有资产管理，根据《事业单位财务规则》（财政部令第 8 号）、《事业单位国有资产管理暂行办法》（财政部令第 36 号）、《中央级事业单位国有资产管理暂行办法》（财教［2008］13 号）的有关规定，我们制定了《中央级事业单位国有资产使用管理暂行办法》。现印发给你们，请遵照执行。

附件：中央级事业单位国有资产使用管理暂行办法

附件：

中央级事业单位国有资产使用管理暂行办法

第一章 总 则

第一条 为了规范和加强中央级事业单位国有资产使用管理，提高资产使用效益，防止国有资产流失，根据《事业单位财务规则》、《事业单位国有资产管理暂行办法》、《中央级事业单位国有资产管理暂行办法》，制定本办法。

第二条　本办法适用于执行事业单位财务和会计制度的中央级各类事业单位。

第三条　中央级事业单位国有资产使用应遵循权属清晰、安全完整、风险控制、注重绩效的原则。

第四条　中央级事业单位国有资产使用包括单位自用、对外投资和出租、出借等，国有资产使用应首先保证事业发展的需要。

第五条　财政部、中央级事业单位主管部门（以下简称主管部门）按照规定权限对中央级事业单位国有资产对外投资和出租、出借等事项进行审批（审核）或备案。中央级事业单位负责本单位国有资产使用的具体管理。

第六条　财政部、主管部门对中央级事业单位国有资产使用事项的批复，以及中央级事业单位报主管部门备案的文件，是中央级事业单位办理产权登记和账务处理的重要依据。账务处理按照国家事业单位财务和会计制度的有关规定执行。

第七条　中央级事业单位应对本单位对外投资和出租、出借资产实行专项管理，并在单位财务会计报告中对相关信息进行披露。

第八条　中央级事业单位国有资产使用应按照国有资产信息化管理的要求，及时将资产变动信息录入管理信息系统，对本单位国有资产实行动态管理。

第九条　中央级事业单位拟对外投资和出租、出借的国有资产的权属应当清晰。权属关系不明确或者存在权属纠纷的资产不得进行对外投资和出租、出借。

第二章　资产自用

第十条　中央级事业单位资产自用管理应本着实物量和价值量并重的原则，对实物资产进行定期清查，完善资产管理账表及有关资料，做到账账、账卡、账实相符，并对资产丢失、毁损等情况实行责任追究制度。

第十一条　中央级事业单位要建立健全自用资产的验收、领用、使用、保管和维护等内部管理流程，并加强审计监督和绩效考评。

第十二条　中央级事业单位国有资产管理部门对单位购置、接受捐赠、无偿划拨等方式获得的资产应及时办理验收入库手续，严把数量、质量关，验收合格后送达具体使用部门；自建资产应及时办理竣工验收、竣工财务决算编报以及按要求办理资产移交和产权登记。中央级事业单位财务管理部门应根据资产的相关凭证或文件及时进行账务处理。

第十三条 中央级事业单位应建立资产领用交回制度。资产领用应经主管领导批准。资产出库时保管人员应及时办理出库手续。办公用资产应落实到人，使用人员离职时，所用资产应按规定交回。

第十四条 中央级事业单位应认真做好自用资产使用管理，经常检查并改善资产使用状况，减少资产的非正常损耗，做到高效节约、物尽其用，充分发挥国有资产使用效益，防止国有资产使用过程中的损失和浪费。

第十五条 财政部、主管部门应积极引导和鼓励中央级事业单位实行国有资产共享共用，建立资产共享共用与资产绩效、资产配置、单位预算挂钩的联动机制。中央级事业单位应积极推进本单位国有资产的共享共用工作，提高国有资产使用效益。

第十六条 中央级事业单位应加强对无形资产的管理和保护，并结合国家知识产权战略的实施，促进科技成果转化。

第十七条 中央级事业单位应建立资产统计报告制度，定期向单位领导报送资产统计报告，及时反映本单位资产使用以及变动情况。

第三章 对外投资

第十八条 中央级事业单位利用国有资产对外投资，单项或批量价值（账面原值，下同）在 800 万元人民币以上（含 800 万元）的，经主管部门审核后报财政部审批；单项或批量价值在 800 万元以下的，由主管部门按照有关规定进行审批，并于批复之日起 15 个工作日内将审批文件（一式三份）报财政部备案。

第十九条 中央级事业单位应在科学论证、公开决策的基础上提出对外投资申请，附相关材料，报主管部门审核或者审批。主管部门应对中央级事业单位申报材料的完整性、决策过程的合规性、拟投资项目资金来源的合理性等进行审查，并报财政部审批或者备案。

中央级事业单位对外投资效益情况是主管部门审核新增对外投资事项的参考依据。主管部门要严格控制资产负债率过高的中央级事业单位的对外投资行为。

第二十条　中央级事业单位申请利用国有资产对外投资，应提供如下材料，并对材料的真实性、有效性、准确性负责：

（一）中央级事业单位对外投资事项的书面申请；

（二）拟对外投资资产的价值凭证及权属证明，如购货发票或收据、工程决算副本、国有土地使用权证、房屋所有权证、股权证等凭据的复印件（加盖单位公章）；

（三）中央级事业单位进行对外投资的可行性分析报告；

（四）中央级事业单位拟同意利用国有资产对外投资的会议决议或会议纪要复印件；

（五）中央级事业单位法人证书复印件、拟合作方法人证书复印件或企业营业执照复印件、个人身份证复印件等；

（六）拟创办经济实体的章程和工商行政管理部门下发的企业名称预先核准通知书；

（七）中央级事业单位与拟合作方签订的合作意向书、协议草案或合同草案；

（八）中央级事业单位上年度财务报表；

（九）经中介机构审计的拟合作方上年财务报表；

（十）其他材料。

第二十一条　中央级事业单位转让（减持）对外投资形成的股权，按照《中央级事业单位国有资产处置管理暂行办法》的有关规定办理。

第二十二条　中央级事业单位经批准利用国有资产进行对外投资的，应聘请具有相应资质的中介机构，对拟投资资产进行资产评估。资产评估事项按规定履行备案或核准手续。

第二十三条　中央级事业单位不得从事以下对外投资事项：

（一）买卖期货、股票，国家另有规定的除外；

（二）购买各种企业债券、各类投资基金和其他任何形式的金融衍生品或进行任何形式的金融风险投资，国家另有规定的除外；

（三）利用国外贷款的事业单位，在国外债务尚未清偿前利用该贷款形成的资产对外投资；

（四）其他违反法律、行政法规规定的。

第二十四条 中央级事业单位应在保证单位正常运转和事业发展的前提下，严格控制货币性资金对外投资。不得利用财政拨款和财政拨款结余对外投资。

第二十五条 中央级事业单位应加强无形资产对外投资的管理，防止国有资产流失。

第二十六条 中央级事业单位利用国有资产进行境外投资的，应遵循国家境外投资项目核准和外汇管理等相关规定，履行报批手续。

第二十七条 中央级事业单位应加强对外投资形成的股权的管理，依法履行出资人的职能。

第二十八条 中央级事业单位利用国有资产对外投资取得的收益，应按照预算管理及事业单位财务和会计制度的有关规定纳入单位预算，统一核算，统一管理。

第二十九条 财政部、主管部门应加强对中央级事业单位国有资产对外投资的考核。中央级事业单位应建立和完善国有资产内控机制和保值增值机制，确保国有资产的安全完整，实现国有资产的保值增值。

第四章 出租、出借

第三十条 中央级事业单位国有资产出租、出借，资产单项或批量价值在 800 万元人民币以上（含 800 万元）的，经主管部门审核后报财政部审批；资产单项或批量价值在 800 万元以下的，由主管部门按照有关规定进行审批，并于 15 个工作日内将审批结果（一式三份）报财政部备案。

第三十一条 中央级事业单位国有资产出租、出借，应在严格论证的基础上提出申请，附相关材料，报主管部门审核或者审批。主管部门应对中央级事业单位申报材料的完整性、决策过程的合规性进行审查，按规定报财政部审批或者备案。

第三十二条 中央级事业单位申请出租、出借国有资产，应提供如下材料，并对材料的真实性、有效性、准确性负责：

（一）中央级事业单位拟出租、出借事项的书面申请；

（二）拟出租、出借资产的价值凭证及权属证明，如购货发票或收据、工程决算副本、国有土地使用权证、房屋所有权证、股权证等凭据的复印件（加盖单位公章）；

（三）中央级事业单位进行出租、出借的可行性分析报告；

（四）中央级事业单位同意利用国有资产出租、出借的内部决议或会议纪要复印件；

（五）中央级事业单位法人证书复印件、拟出租出借方的事业单位法人证书复印件或企业营业执照复印件、个人身份证复印件等；

（六）其他材料。

第三十三条　中央级事业单位国有资产有下列情形之一的，不得出租、出借：

（一）已被依法查封、冻结的；

（二）未取得其他共有人同意的；

（三）产权有争议的；

（四）其他违反法律、行政法规规定的。

第三十四条　中央级事业单位国有资产出租，原则上应采取公开招租的形式确定出租的价格，必要时可采取评审或者资产评估的办法确定出租的价格。中央级事业单位利用国有资产出租、出借的，期限一般不得超过五年。

第三十五条　中央级事业单位国有资产出租、出借取得的收入，应按照预算管理及事业单位财务和会计制度的有关规定纳入单位预算，统一核算、统一管理。

第五章　监督管理

第三十六条　财政部、主管部门应加强对中央级事业单位国有资产使用行为及其收入的日常监督和专项检查。

财政部驻各地财政监察专员办事处（以下简称专员办）对所在地的中央级事业单位国有资产使用情况进行监督检查。

第三十七条　财政部批复的中央级事业单位国有资产对外投资和出

租、出借文件，应抄送相关的专员办；中央级事业单位收到主管部门对其国有资产对外投资和出租、出借的批复文件后，应将复印件报当地专员办备案。

第三十八条 主管部门、中央级事业单位在国有资产使用过程中不得有下列行为：

（一）未按规定权限申报，擅自对规定限额以上的国有资产进行对外投资和出租、出借；

（二）对不符合规定的对外投资和出租、出借事项予以审批；

（三）串通作弊，暗箱操作，违规利用国有资产对外投资和出租、出借；

（四）其他违反国家有关规定造成单位资产损失的行为。

第三十九条 主管部门、中央级事业单位违反本办法规定的，依照《财政违法行为处罚处分条例》等国家有关规定追究法律责任。

第四十条 中央级事业单位应依照《中华人民共和国企业国有资产法》、《中华人民共和国公司法》、《企业财务通则》和《企业国有产权转让管理暂行办法》等企业国有资产监管的有关规定，加强对所投资全资企业和控股企业的监督管理。

第四十一条 中央级事业单位应于每个会计年度终了后，按照财政部规定的部门决算报表格式、内容和要求，对其国有资产使用情况做出报告，报主管部门的同时抄送当地专员办备案，由主管部门汇总后报财政部。

第六章 附 则

第四十二条 参照《中华人民共和国公务员法》管理并执行事业单位财务和会计制度的中央级事业单位国有资产使用管理，按照本办法执行。

执行《民间非营利组织会计制度》的中央级社会团体及民办非企业单位国有资产使用管理，参照本办法执行。

实行企业化管理并执行企业财务和会计制度的中央级事业单位，其国有资产使用按照企业国有资产监督管理的有关规定实施监督管理。

第四十三条 主管部门应依据本办法，结合本部门实际制定本部门所属事业单位（包括驻外机构）国有资产使用的具体实施办法，报财政部备案。主管部门可以根据实际工作需要，授予所属事业单位一定限额的国有资产使用权限并报财政部备案。

第四十四条 对涉及国家安全的中央级事业单位国有资产使用管理活动，应按照国家有关保密制度的规定，做好保密工作，防止失密和泄密。

第四十五条 本办法自2009年9月1日起施行。此前颁布的有关规定与本办法不一致的，以本办法为准。

附录二十五

关于政府购买服务有关预算管理问题的通知

（2014 年 1 月 24 日　财预［2014］13 号）

党中央有关部门，国务院各部委、各直属机构，总后勤部，武警各部队，全国人大常委会办公厅，全国政协办公厅，高法院，高检院，有关人民团体，新疆生产建设兵团财务局，有关中央管理企业，各省、自治区、直辖市、计划单列市财政厅（局）：

为全面贯彻落实党的十八大和十八届二中、三中全会精神，加快政府职能转变，改进政府提供公共服务方式，优化资源配置，提高财政资金使用效益，根据《国务院办公厅关于政府向社会力量购买服务的指导意见》（国办发［2013］96 号）有关要求，现就推进政府购买服务有关预算管理工作通知如下：

一、妥善安排购买服务所需资金

政府购买服务所需资金列入财政预算，从部门预算经费或经批准的专项资金等既有预算中统筹安排。对预算已安排资金且明确通过购买方式提供的服务项目，按相关规定执行；对预算已安排资金但尚未明确通过购买方式提供的服务，可根据实际情况，调整通过政府购买服务的方式交由社会力量承办。既要禁止一些单位将本应由自身承担的职责，转嫁给社会力量承担，产生“养懒人”现象，也要避免将不属于政府职责范围的服务大包大揽，增加财政支出压力。

二、健全购买服务预算管理体系

要加强调查研究，总结试点经验，立足成本效益分析，加快建立购买服务支出标准体系，推进购买服务项目库建设，逐步在预算编报、资金安排、预算批复等方面建立规范流程，不断健全预算编制体系，提高购买服务预算编制的科学化、规范化。

三、强化购买服务预算执行监控

财政部门和预算单位要对购买服务提供进行全过程跟踪，对合同履行、绩效目标实施等，发现偏离目标要及时采取措施予以纠正，确保资金规范管理、安全使用和绩效目标如期实现。承接主体要认真履行合同规定，采取有效措施增强服务能力，提高服务水平，确保提供服务的数量、质量等达到预期目标。

四、推进购买服务预算信息公开

严格执行《中华人民共和国政府信息公开条例》有关规定，建立健全购买服务信息公开机制，拓宽公开渠道，搭建公开平台，及时将购买的服务项目、服务标准、服务要求、服务内容、预算安排、购买程序、绩效评价标准、绩效评价结果等购买服务预算信息向社会公开，提高预算透明度，回应社会关切，接受社会监督。

五、实施购买服务预算绩效评价

购买服务预算绩效评价是全过程预算绩效管理的有机组成部分。要按照建立全过程预算绩效管理机制的要求，强调结果导向，大力推进购买服务预算绩效评价工作，将预算绩效管理理念贯穿于购买服务预算管理全过程，强化部门支出责任，加强成本效益分析，控制降低公共成本，节约社会资源，加强绩效评价和结果应用。评价结果作为以后年度编制预算和选择承接主体的重要参考依据，不断提高对财政资金使用效益和公共服务的质量。

六、严格购买服务资金监督检查

使用购买服务预算资金要严格遵守相关财政财务管理规定，不得截留和挪用财政资金。要加强对政府购买服务预算资金使用的监督检查，适时开展抽查检查，确保预算资金的规范管理和合理使用。对发现的违法行为，依照《财政违法行为处罚处分条例》（国务院令第427号）等有关规定追究法律责任。

附录二十六

关于印发《行政事业单位内部控制规范（试行）》的通知

（2012年11月29日　财会［2012］21号）

党中央有关部门，国务院各部委、各直属机构，全国人大常委会办公厅，全国政协办公厅，高法院，高检院，各民主党派中央，有关人民团体，各省、自治区、直辖市、计划单列市财政厅（局），新疆生产建设兵团财务局：

为了进一步提高行政事业单位内部管理水平，规范内部控制，加强廉政风险防控机制建设，根据《中华人民共和国会计法》、《中华人民共和国预算法》等法律法规和相关规定，我部制定了《行政事业单位内部控制规范（试行）》，现印发给你们，自2014年1月1日起施行。执行中有何问题，请及时反馈我部。

附件：行政事业单位内部控制规范（试行）

附件：

行政事业单位内部控制规范（试行）

第一章　总　则

第一条　为了进一步提高行政事业单位内部管理水平，规范内部控制，加强廉政风险防控机制建设，根据《中华人民共和国会计法》、《中华人民共和国预算法》等法律法规和相关规定，制定本规范。

第二条　本规范适用于各级党的机关、人大机关、行政机关、政协机关、审判机关、检察机关、各民主党派机关、人民团体和事业单位（以下统称单位）经济活动的内部控制。

第三条　本规范所称内部控制，是指单位为实现控制目标，通过制定制度、实施措施和执行程序，对经济活动的风险进行防范和管控。

第四条　单位内部控制的目标主要包括：合理保证单位经济活动合法合规、资产安全和使用有效、财务信息真实完整，有效防范舞弊和预防腐败，提高公共服务的效率和效果。

第五条　单位建立与实施内部控制，应当遵循下列原则：

（一）全面性原则。内部控制应当贯穿单位经济活动的决策、执行和监督全过程，实现对经济活动的全面控制。

（二）重要性原则。在全面控制的基础上，内部控制应当关注单位重要经济活动和经济活动的重大风险。

（三）制衡性原则。内部控制应当在单位内部的部门管理、职责分工、业务流程等方面形成相互制约和相互监督。

（四）适应性原则。内部控制应当符合国家有关规定和单位的实际情况，并随着外部环境的变化、单位经济活动的调整和管理要求的提高，不断修订和完善。

第六条　单位负责人对本单位内部控制的建立健全和有效实施负责。

第七条　单位应当根据本规范建立适合本单位实际情况的内部控制体系，并组织实施。具体工作包括梳理单位各类经济活动的业务流程，明确业务环节，系统分析经济活动风险，确定风险点，选择风险应对策略，在此基础上根据国家有关规定建立健全单位各项内部管理制度并督促相关工作人员认真执行。

第二章　风险评估和控制方法

第八条　单位应当建立经济活动风险定期评估机制，对经济活动存在的风险进行全面、系统和客观评估。

经济活动风险评估至少每年进行一次；外部环境、经济活动或管理要求等发生重大变化的，应及时对经济活动风险进行重估。

第九条 单位开展经济活动风险评估应当成立风险评估工作小组，单位领导担任组长。

经济活动风险评估结果应当形成书面报告并及时提交单位领导班子，作为完善内部控制的依据。

第十条 单位进行单位层面的风险评估时，应当重点关注以下方面：

（一）内部控制工作的组织情况。包括是否确定内部控制职能部门或牵头部门；是否建立单位各部门在内部控制中的沟通协调和联动机制。

（二）内部控制机制的建设情况。包括经济活动的决策、执行、监督是否实现有效分离；权责是否对等；是否建立健全议事决策机制、岗位责任制、内部监督等机制。

（三）内部管理制度的完善情况。包括内部管理制度是否健全；执行是否有效。

（四）内部控制关键岗位工作人员的管理情况。包括是否建立工作人员的培训、评价、轮岗等机制；工作人员是否具备相应的资格和能力。

（五）财务信息的编报情况。包括是否按照国家统一的会计制度对经济业务事项进行账务处理；是否按照国家统一的会计制度编制财务会计报告。

（六）其他情况。

第十一条 单位进行经济活动业务层面的风险评估时，应当重点关注以下方面：

（一）预算管理情况。包括在预算编制过程中单位内部各部门间沟通协调是否充分，预算编制与资产配置是否相结合、与具体工作是否相对应；是否按照批复的额度和开支范围执行预算，进度是否合理，是否存在无预算、超预算支出等问题；决算编报是否真实、完整、准确、及时。

（二）收支管理情况。包括收入是否实现归口管理，是否按照规定及时向财会部门提供收入的有关凭据，是否按照规定保管和使用印章和票据等；发生支出事项时是否按照规定审核各类凭据的真实性、合法性，是否存在使用虚假票据套取资金的情形。

（三）政府采购管理情况。包括是否按照预算和计划组织政府采购业务；是否按照规定组织政府采购活动和执行验收程序；是否按照规定保存政府采购业务相关档案。

（四）资产管理情况。包括是否实现资产归口管理并明确使用责任；是否定期对资产进行清查盘点，对账实不符的情况及时进行处理；是否按照规定处置资产。

（五）建设项目管理情况。包括是否按照概算投资；是否严格履行审核审批程序；是否建立有效的招投标控制机制；是否存在截留、挤占、挪用、套取建设项目资金的情形；是否按照规定保存建设项目相关档案并及时办理移交手续。

（六）合同管理情况。包括是否实现合同归口管理；是否明确应签订合同的经济活动范围和条件；是否有效监控合同履行情况，是否建立合同纠纷协调机制。

（七）其他情况。

第十二条　单位内部控制的控制方法一般包括：

（一）不相容岗位相互分离。合理设置内部控制关键岗位，明确划分职责权限，实施相应的分离措施，形成相互制约、相互监督的工作机制。

（二）内部授权审批控制。明确各岗位办理业务和事项的权限范围、审批程序和相关责任，建立重大事项集体决策和会签制度。相关工作人员应当在授权范围内行使职权、办理业务。

（三）归口管理。根据本单位实际情况，按照权责对等的原则，采取成立联合工作小组并确定牵头部门或牵头人员等方式，对有关经济活动实行统一管理。

（四）预算控制。强化对经济活动的预算约束，使预算管理贯穿于单位经济活动的全过程。

（五）财产保护控制。建立资产日常管理制度和定期清查机制，采取资产记录、实物保管、定期盘点、账实核对等措施，确保资产安全完整。

（六）会计控制。建立健全本单位财会管理制度，加强会计机构建设，提高会计人员业务水平，强化会计人员岗位责任制，规范会计基础工作，加强会计档案管理，明确会计凭证、会计账簿和财务会计报告处理程序。

（七）单据控制。要求单位根据国家有关规定和单位的经济活动业务流程，在内部管理制度中明确界定各项经济活动所涉及的表单和票据，要求相关工作人员按照规定填制、审核、归档、保管单据。

（八）信息内部公开。建立健全经济活动相关信息内部公开制度，根据国家有关规定和单位的实际情况，确定信息内部公开的内容、范围、方式和程序。

第三章　单位层面内部控制

第十三条　单位应当单独设置内部控制职能部门或者确定内部控制牵头部门，负责组织协调内部控制工作。同时，应当充分发挥财会、内部审计、纪检监察、政府采购、基建、资产管理等部门或岗位在内部控制中的作用。

第十四条　单位经济活动的决策、执行和监督应当相互分离。

单位应当建立健全集体研究、专家论证和技术咨询相结合的议事决策机制。

重大经济事项的内部决策，应当由单位领导班子集体研究决定。重大经济事项的认定标准应当根据有关规定和本单位实际情况确定，一经确定，不得随意变更。

第十五条　单位应当建立健全内部控制关键岗位责任制，明确岗位职责及分工，确保不相容岗位相互分离、相互制约和相互监督。

单位应当实行内部控制关键岗位工作人员的轮岗制度，明确轮岗周期。不具备轮岗条件的单位应当采取专项审计等控制措施。

内部控制关键岗位主要包括预算业务管理、收支业务管理、政府采购业务管理、资产管理、建设项目管理、合同管理以及内部监督等经济活动的关键岗位。

第十六条　内部控制关键岗位工作人员应当具备与其工作岗位相适应的资格和能力。

单位应当加强内部控制关键岗位工作人员业务培训和职业道德教育，不断提升其业务水平和综合素质。

第十七条　单位应当根据《中华人民共和国会计法》的规定建立会计机构，配备具有相应资格和能力的会计人员。

单位应当根据实际发生的经济业务事项按照国家统一的会计制度及时

进行账务处理、编制财务会计报告，确保财务信息真实、完整。

第十八条　单位应当充分运用现代科学技术手段加强内部控制。

对信息系统建设实施归口管理，将经济活动及其内部控制流程嵌入单位信息系统中，减少或消除人为操纵因素，保护信息安全。

第四章　业务层面内部控制

第一节　预算业务控制

第十九条　单位应当建立健全预算编制、审批、执行、决算与评价等预算内部管理制度。

单位应当合理设置岗位，明确相关岗位的职责权限，确保预算编制、审批、执行、评价等不相容岗位相互分离。

第二十条　单位的预算编制应当做到程序规范、方法科学、编制及时、内容完整、项目细化、数据准确。

（一）单位应当正确把握预算编制有关政策，确保预算编制相关人员及时全面掌握相关规定。

（二）单位应当建立内部预算编制、预算执行、资产管理、基建管理、人事管理等部门或岗位的沟通协调机制，按照规定进行项目评审，确保预算编制部门及时取得和有效运用与预算编制相关的信息，根据工作计划细化预算编制，提高预算编制的科学性。

第二十一条　单位应当根据内设部门的职责和分工，对按照法定程序批复的预算在单位内部进行指标分解、审批下达，规范内部预算追加调整程序，发挥预算对经济活动的管控作用。

第二十二条　单位应当根据批复的预算安排各项收支，确保预算严格有效执行。单位应当建立预算执行分析机制。定期通报各部门预算执行情况，召开预算执行分析会议，研究解决预算执行中存在的问题，提出改进措施，提高预算执行的有效性。

第二十三条　单位应当加强决算管理，确保决算真实、完整、准确、及时，加强决算分析工作，强化决算分析结果运用，建立健全单位预算与决算相互反映、相互促进的机制。

第二十四条　单位应当加强预算绩效管理，建立“预算编制有目标、预算执行有监控、预算完成有评价、评价结果有反馈、反馈结果有应用”的全过程预算绩效管理机制。

第二节 收支业务控制

第二十五条 单位应当建立健全收入内部管理制度。

单位应当合理设置岗位，明确相关岗位的职责权限，确保收款、会计核算等不相容岗位相互分离。

第二十六条 单位的各项收入应当由财会部门归口管理并进行会计核算，严禁设立账外账。

业务部门应当在涉及收入的合同协议签订后及时将合同等有关材料提交财会部门作为账务处理依据，确保各项收入应收尽收，及时入账。财会部门应当定期检查收入金额是否与合同约定相符；对应收未收项目应当查明情况，明确责任主体，落实催收责任。

第二十七条 有政府非税收入收缴职能的单位，应当按照规定项目和标准征收政府非税收入，按照规定开具财政票据，做到收缴分离、票款一致，并及时、足额上缴国库或财政专户，不得以任何形式截留、挪用或者私分。

第二十八条 单位应当建立健全票据管理制度。财政票据、发票等各类票据的申领、启用、核销、销毁均应履行规定手续。单位应当按照规定设置票据专管员，建立票据台账，做好票据的保管和序时登记工作。票据应当按照顺序号使用，不得拆本使用，做好废旧票据管理。负责保管票据的人员要配置单独的保险柜等保管设备，并做到人走柜锁。

单位不得违反规定转让、出借、代开、买卖财政票据、发票等票据，不得擅自扩大票据适用范围。

第二十九条 单位应当建立健全支出内部管理制度，确定单位经济活动的各项支出标准，明确支出报销流程，按照规定办理支出事项。

单位应当合理设置岗位，明确相关岗位的职责权限，确保支出申请和内部审批、付款审批和付款执行、业务经办和会计核算等不相容岗位相互分离。

第三十条 单位应当按照支出业务的类型，明确内部审批、审核、支付、核算和归档等支出各关键岗位的职责权限。实行国库集中支付的，应当严格按照财政国库管理制度有关规定执行。

（一）加强支出审批控制。明确支出的内部审批权限、程序、责任和相关控制措施。审批人应当在授权范围内审批，不得越权审批。

（二）加强支出审核控制。全面审核各类单据。重点审核单据来源是否合法，内容是否真实、完整，使用是否准确，是否符合预算，审批手续是否齐全。支出凭证应当附反映支出明细内容的原始单据，并由经办人员签字或盖章，超出规定标准的支出事项应由经办人员说明原因并附审批依据，确保与经济业务事项相符。

（三）加强支付控制。明确报销业务流程，按照规定办理资金支付手续。签发的支付凭证应当进行登记。使用公务卡结算的，应当按照公务卡使用和管理有关规定办理业务。

（四）加强支出的核算和归档控制。由财会部门根据支出凭证及时准确登记账簿；与支出业务相关的合同等材料应当提交财会部门作为账务处理的依据。

第三十一条　根据国家规定可以举借债务的单位应当建立健全债务内部管理制度，明确债务管理岗位的职责权限，不得由一人办理债务业务的全过程。大额债务的举借和偿还属于重大经济事项，应当进行充分论证，并由单位领导班子集体研究决定。

单位应当做好债务的会计核算和档案保管工作。加强债务的对账和检查控制，定期与债权人核对债务余额，进行债务清理，防范和控制财务风险。

第三节　政府采购业务控制

第三十二条　单位应当建立健全政府采购预算与计划管理、政府采购活动管理、验收管理等政府采购内部管理制度。

第三十三条　单位应当明确相关岗位的职责权限，确保政府采购需求制定与内部审批、招标文件准备与复核、合同签订与验收、验收与保管等不相容岗位相互分离。

第三十四条　单位应当加强对政府采购业务预算与计划的管理。建立预算编制、政府采购和资产管理等部门或岗位之间的沟通协调机制。根据本单位实际需求和相关标准编制政府采购预算，按照已批复的预算安排政府采购计划。

第三十五条 单位应当加强对政府采购活动的管理。对政府采购活动实施归口管理，在政府采购活动中建立政府采购、资产管理、财会、内部审计、纪检监察等部门或岗位相互协调、相互制约的机制。

单位应当加强对政府采购申请的内部审核，按照规定选择政府采购方式、发布政府采购信息。对政府采购进口产品、变更政府采购方式等事项应当加强内部审核，严格履行审批手续。

第三十六条 单位应当加强对政府采购项目验收的管理。根据规定的验收制度和政府采购文件，由指定部门或专人对所购物品的品种、规格、数量、质量和其他相关内容进行验收，并出具验收证明。

第三十七条 单位应当加强对政府采购业务质疑投诉答复的管理。指定牵头部门负责、相关部门参加，按照国家有关规定做好政府采购业务质疑投诉答复工作。

第三十八条 单位应当加强对政府采购业务的记录控制。妥善保管政府采购预算与计划、各类批复文件、招标文件、投标文件、评标文件、合同文本、验收证明等政府采购业务相关资料。定期对政府采购业务信息进行分类统计，并在内部进行通报。

第三十九条 单位应当加强对涉密政府采购项目安全保密的管理。对于涉密政府采购项目，单位应当与相关供应商或采购中介机构签订保密协议或者在合同中设定保密条款。

第四节　资产控制

第四十条 单位应当对资产实行分类管理，建立健全资产内部管理制度。

单位应当合理设置岗位，明确相关岗位的职责权限，确保资产安全和有效使用。

第四十一条 单位应当建立健全货币资金管理岗位责任制，合理设置岗位，不得由一人办理货币资金业务的全过程，确保不相容岗位相互分离。

（一）出纳不得兼管稽核、会计档案保管和收入、支出、债权、债务账目的登记工作。

（二）严禁一人保管收付款项所需的全部印章。财务专用章应当由专人保管，个人名章应当由本人或其授权人员保管。负责保管印章的人员要配置单独的保管设备，并做到人走柜锁。

（三）按照规定应当由有关负责人签字或盖章的，应当严格履行签字或盖章手续。

第四十二条　单位应当加强对银行账户的管理，严格按照规定的审批权限和程序开立、变更和撤销银行账户。

第四十三条　单位应当加强货币资金的核查控制。指定不办理货币资金业务的会计人员定期和不定期抽查盘点库存现金，核对银行存款余额，抽查银行对账单、银行日记账及银行存款余额调节表，核对是否账实相符、账账相符。对调节不符、可能存在重大问题的未达账项应当及时查明原因，并按照相关规定处理。

第四十四条　单位应当加强对实物资产和无形资产的管理，明确相关部门和岗位的职责权限，强化对配置、使用和处置等关键环节的管控。

（一）对资产实施归口管理。明确资产使用和保管责任人，落实资产使用人在资产管理中的责任。贵重资产、危险资产、有保密等特殊要求的资产，应当指定专人保管、专人使用，并规定严格的接触限制条件和审批程序。

（二）按照国有资产管理相关规定，明确资产的调剂、租借、对外投资、处置的程序、审批权限和责任。

（三）建立资产台账，加强资产的实物管理。单位应当定期清查盘点资产，确保账实相符。财会、资产管理、资产使用等部门或岗位应当定期对账，发现不符的，应当及时查明原因，并按照相关规定处理。

（四）建立资产信息管理系统，做好资产的统计、报告、分析工作，实现对资产的动态管理。

第四十五条　单位应当根据国家有关规定加强对对外投资的管理。

（一）合理设置岗位，明确相关岗位的职责权限，确保对外投资的可行性研究与评估、对外投资决策与执行、对外投资处置的审批与执行等不相容岗位相互分离。

（二）单位对外投资，应当由单位领导班子集体研究决定。

（三）加强对投资项目的追踪管理，及时、全面、准确地记录对外投资的价值变动和投资收益情况。

（四）建立责任追究制度。对在对外投资中出现重大决策失误、未履行集体决策程序和不按规定执行对外投资业务的部门及人员，应当追究相应的责任。

第五节　建设项目控制

第四十六条　单位应当建立健全建设项目内部管理制度。

单位应当合理设置岗位，明确内部相关部门和岗位的职责权限，确保项目建议和可行性研究与项目决策、概预算编制与审核、项目实施与价款支付、竣工决算与竣工审计等不相容岗位相互分离。

第四十七条　单位应当建立与建设项目相关的议事决策机制，严禁任何个人单独决策或者擅自改变集体决策意见。决策过程及各方面意见应当形成书面文件，与相关资料一同妥善归档保管。

第四十八条　单位应当建立与建设项目相关的审核机制。项目建议书、可行性研究报告、概预算、竣工决算报告等应当由单位内部的规划、技术、财会、法律等相关工作人员或者根据国家有关规定委托具有相应资质的中介机构进行审核，出具评审意见。

第四十九条　单位应当依据国家有关规定组织建设项目招标工作，并接受有关部门的监督。

单位应当采取签订保密协议、限制接触等必要措施，确保标底编制、评标等工作在严格保密的情况下进行。

第五十条　单位应当按照审批单位下达的投资计划和预算对建设项目资金实行专款专用，严禁截留、挪用和超批复内容使用资金。

财会部门应当加强与建设项目承建单位的沟通，准确掌握建设进度，加强价款支付审核，按照规定办理价款结算。实行国库集中支付的建设项目，单位应当按照财政国库管理制度相关规定支付资金。

第五十一条　单位应当加强对建设项目档案的管理。做好相关文件、材料的收集、整理、归档和保管工作。

第五十二条　经批准的投资概算是工程投资的最高限额，如有调整，应当按照国家有关规定报经批准。

单位建设项目工程洽商和设计变更应当按照有关规定履行相应的审批程序。

第五十三条 建设项目竣工后，单位应当按照规定的时限及时办理竣工决算，组织竣工决算审计，并根据批复的竣工决算和有关规定办理建设项目档案和资产移交等工作。

建设项目已实际投入使用但超时限未办理竣工决算的，单位应当根据对建设项目的实际投资暂估入账，转作相关资产管理。

第六节 合同控制

第五十四条 单位应当建立健全合同内部管理制度。

单位应当合理设置岗位，明确合同的授权审批和签署权限，妥善保管和使用合同专用章，严禁未经授权擅自以单位名义对外签订合同，严禁违规签订担保、投资和借贷合同。

单位应当对合同实施归口管理，建立财会部门与合同归口管理部门的沟通协调机制，实现合同管理与预算管理、收支管理相结合。

第五十五条 单位应当加强对合同订立的管理，明确合同订立的范围和条件。对于影响重大、涉及较高专业技术或法律关系复杂的合同，应当组织法律、技术、财会等工作人员参与谈判，必要时可聘请外部专家参与相关工作。谈判过程中的重要事项和参与谈判人员的主要意见，应当予以记录并妥善保管。

第五十六条 单位应当对合同履行情况实施有效监控。合同履行过程中，因对方或单位自身原因导致可能无法按时履行的，应当及时采取应对措施。

单位应当建立合同履行监督审查制度。对合同履行中签订补充合同，或变更、解除合同等应当按照国家有关规定进行审查。

第五十七条 财会部门应当根据合同履行情况办理价款结算和进行账务处理。未按照合同条款履约的，财会部门应当在付款之前向单位有关负责人报告。

第五十八条 合同归口管理部门应当加强对合同登记的管理，定期对合同进行统计、分类和归档，详细登记合同的订立、履行和变更情况，实行对合同的全过程管理。与单位经济活动相关的合同应当同时提交财会部门作为账务处理的依据。

单位应当加强合同信息安全保密工作，未经批准，不得以任何形式泄露合同订立与履行过程中涉及的国家秘密、工作秘密或商业秘密。

第五十九条 单位应当加强对合同纠纷的管理。合同发生纠纷的，单位应当在规定时效内与对方协商谈判。合同纠纷协商一致的，双方应当签订书面协议；合同纠纷经协商无法解决的，经办人员应向单位有关负责人报告，并根据合同约定选择仲裁或诉讼方式解决。

第五章 评价与监督

第六十条 单位应当建立健全内部监督制度，明确各相关部门或岗位在内部监督中的职责权限，规定内部监督的程序和要求，对内部控制建立与实施情况进行内部监督检查和自我评价。

内部监督应当与内部控制的建立和实施保持相对独立。

第六十一条 内部审计部门或岗位应当定期或不定期检查单位内部管理制度和机制的建立与执行情况，以及内部控制关键岗位及人员的设置情况等，及时发现内部控制存在的问题并提出改进建议。

第六十二条 单位应当根据本单位实际情况确定内部监督检查的方法、范围和频率。

第六十三条 单位负责人应当指定专门部门或专人负责对单位内部控制的有效性进行评价并出具单位内部控制自我评价报告。

第六十四条 国务院财政部门及其派出机构和县级以上地方各级人民政府财政部门应当对单位内部控制的建立和实施情况进行监督检查，有针对性地提出检查意见和建议，并督促单位进行整改。

国务院审计机关及其派出机构和县级以上地方各级人民政府审计机关对单位进行审计时，应当调查了解单位内部控制建立和实施的有效性，揭示相关内部控制的缺陷，有针对性地提出审计处理意见和建议，并督促单位进行整改。

第六章 附 则

第六十五条 本规范自2014年1月1日起施行。

后　　记

部门预算是政府预算的重要组成部分。部门预算编制的质量，直接影响到部门职能的正常履行，直接影响到党和国家政策方针的贯彻落实，直接影响到社会经济的可持续健康发展。部门预算编制既是宏观的、全局的，又是微观的、具体的。编好部门预算，既要深刻领会党和国家的大政方针，又要全面把握部门预算改革的来龙去脉；既要准确理解部门预算管理的各项规章制度，又要熟练掌握部门预算编制的方式方法。

2015 年是全面贯彻落实党的十八届三中全会精神、全面深化改革的关键一年，为提高各部门预算编制质量和水平，推进部门预算改革向纵深发展，我们组织编写了《中央部门预算编制指南（2015 年）》一书。按照注重政策性、全面性和实效性的总体原则，本书总结提炼了十余年部门预算改革的宝贵经验，详细介绍了部门预算改革的新情况和新进展，全面收集整理了部门预算管理的规章制度，深入解读分析了部门预算管理政策规定，系统介绍了 2015 年部门预算编制的各项要求。相信本书的出版，将对中央部门顺利完成 2015 年预算编制工作、提高部门预算管理水平、不断深化部门预算改革起到积极推动作用。

由于编写时间仓促，书中难免存在疏漏及不足之处，敬请读者批评指正。

财政部预算司

2014 年 6 月

后 记